Excel을 활용한
경제경영통계학

STATISTICS
FOR BUSINESS AND ECCNOMICS
Using Excel

MEDIA JIPHIL
(주)지필미디어

권혁제 | 김상봉 | 여대환 지음

|저자소개|

권혁제

연세대학교 경제학과 졸업
연세대학교 경영대학원 경제학과 졸업(경제학 석사)
연세대학교 대학원 경제학과 졸업(경제학 박사)
일본 게이오대학 경제학부 연구원
현) 한성대학교 경제학과 교수

김상봉

서강대학교 경제학과 졸업
서강대학교 경제학과 대학원 졸업(경제학 석사)
Texas A&M University 경제학과(경제학 박사)
Arizona State University 경제학과 방문학자
현) 한국신용카드학회, 한국사회적기업학회 편집위원장
현) 국가미래연구원 연구위원(경제1 간사)
현) 한성대학교 경제학과 교수

여대환

한성대학교 대학원 경제·부동산학과 부동산학 박사 수료
현) 한성대학교 부동산연구소 연구원 및 강사

Excel을 활용한 경제경영통계학

지 은 이 권혁제·김상봉·여대환
발 행 처 (주)지필미디어
주 소 경기도 파주시 문발로 132, 402호(구, 문발동 531-4/우편번호 10881)
전 화 (031)957-4504/(031)957-8401
팩 스 (031)957-4503
이 메 일 book@jiphil.co.kr
홈페이지 jiphil.co.kr
발 행 인 김성남

발 행 일 2016년 3월 15일 초판 1쇄
등록번호 2제 312-1997-000043호 (1997년 07월 16일)
ISBN 979-11-86674-32-1 93320
값 33,000원

머리말

PenPaperProblemPracticePerfectPleasurePeace
Patience and Persistence…
and Consistency

Dance with the Excel
FREE as the wind

감사하는 마음
기도하는 마음
사랑하는 마음

Nature
Let It Be…
ONE AND ALL

차 례

차 례

차 례

제1장 통계학이란

CONTENTS

1.1 통계학의 정의

통계학

효율적인 의사결정을 하기 위해 자료를 수집, 요약, 분석하고 그리고 그 분석결과를 해석하는 과정 및 기법을 연구하는 학문이다.

통계학의 정의에 비추어 볼 때 통계학의 핵심은 (1) 자료의 수집 (2) 자료의 요약 분석 (3) 결과의 해석에 있으며 이러한 과정의 목적은 좀 더 정확한 의사결정을 하는데 도움이 되는 정보를 얻는데 있는 것이다. 따라서 통계학은 경제, 경영, 정치학, 심리학, 교육학, 생물학, 물리학, 의학 등 의사결정과 관련된 거의 모든 분야에 걸쳐 활용되고 있다.

예제 1.1 당신이 다음과 같은 직책에 있다고 할 때, 통계학을 이용하여 의사결정에 유용한 정보를 얻으려 한다면 그것에는 어떠한 것이 있을 수 있는지 제시해 보시오.

(1) 선거참모
(2) 전구 생산공장의 생산부장
(3) 마케팅 담당자
(4) 의약품 개발 연구원
(5) 자동차보험회사의 보험료 책정 책임자
(6) 교육학자

풀이 각 직책에 있는 사람들은 통계학을 이용하여 여러 가지 형태의 의사결정 정보를 얻을 수 있으며 여기에서는 대표적인 것 한 가지씩을 제시하기로 한다.

(1) 선거참모인 경우 당신은 우리 당 후보자에 대한 유권자들의 지지도가 연령별 지역별로 얼마인가를 알아내어 이에 대한 대응전략을 세우고자 할 것이다.
(2) 전구 생산공장의 생산부장은 생산되는 전구의 불량률을 알아내어 이를 낮추는 대책을 세우고자 할 것이다.
(3) 마케팅 담당자는 제품에 대한 소비자들의 선호도를 알아내어 판매전략에 이용하고자 할 것이다.
(4) 새로운 의약품을 개발한 사람은 환자에게 투약했을 경우 치료효과가 있는지를 알고 싶을 것이다.
(5) 자동차보험회사의 보험료 책정 책임자는 연령별·남녀별·직업별 사고율을 알아내어 정확하게 차등화하여 보험료를 부과하여 할 것이다.
(6) 교육학자인 당신이 새로운 학습방법을 개발했을 때 당신은 그것이 학생들의 학습효과에 얼마나 영향을 미치는지 알고 싶을 것이다.

1.2 모집단과 표본

통계학에서 가장 기본적인 용어인 모집단과 표본을 정의하면 다음과 같다.

모집단

통계분석에서 어떤 관심분야에 대한 측정 대상들의 집합을 말한다.

표본

모집단의 일부 즉 모집단의 부분집합을 말한다.

신입생 정원이 2,000명인 대학에서 이들 신입생의 한 달 평균용돈이 얼마인가를 조사한다고 했을 때 조사대상이 되는 것은 바로 신입생 2,000명이다. 따라서 이 조사에서는 신입생 2,000명이 모집단이 되고 조사항목에는 여러 가지가 있겠으나 여기서는 신입생들의 한 달 용돈이 조사항목이 된다. 그러나 2,000명을 모두 조사하는 것이 시간적으로나 비용면에서 어려움이 있어 일부만 뽑아 200명을 조사하였다면 이 경우 모집단의 부분(집합)인 200명은 표본이 된다.

모집단과 표본의 관계를 그림으로 표시하면 다음과 같다.

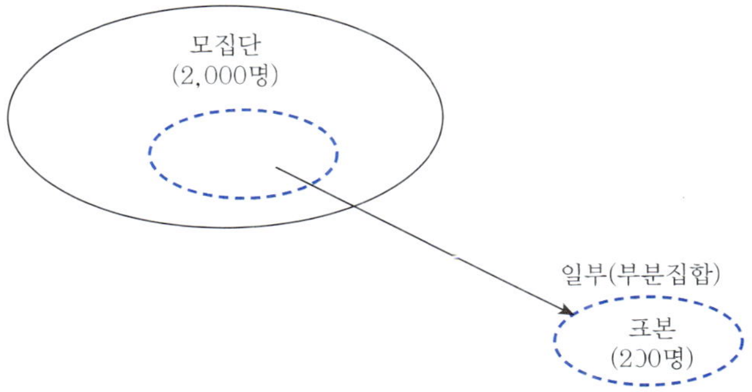

그림 1-1 모집단과 표본의 관계

예제 1.2 거의 대부분의 통계조사는 모집단이 아닌 표본조사에 의해 이루어지고 있는데 그 이유는 무엇인가? 그리고 표본조사의 한 예를 들어 보시오.

풀이 표본조사를 하는 이유는 모집단 전체를 조사하려면 막대한 비용과 시간이 소요되기 때문이며 또 어떤 경우는 모집단 자체를 조사하는 것이 불가능할 때도 있기 때문이다. 한 예로 선거일 전에 당선 예상자를 조사하려는 경우 모집단에 해당하는 유권자 전체를 조사한다는 것은 불가능한 일이기 때문에 모집단의 일부를 뽑아 표본조사를 하는 것이 불가피한 것이다.

모수와 통계량(parameter and statistic)

모집단(population)을 요약하여 하나의 값으로 표시하는 척도를 모수(parameter)라 하고 표본(sample)을 요약하여 하나의 값으로 표시하는 척도를 통계량(statistic)이라 한다.

예제 1.3 통계학을 배우는 학생들이 가장 많이 혼동하는 것 중의 하나가 바로 이 모수와 통계량의 구분이다. 다음 예를 살펴보자. 모집단의 데이터 값이 {1, 2, 3, 4, 5}이고 표본의 데이터 값이 (2, 4)로 구성되어 있다고 하자. 모집단을 이루는 5개의 데이터 값들을 요약하여 하나의 값으로 나타내기 위해 평균을 구하여 3의 값을 얻었다고 할 때 모집단의 평균, 즉 모평균 3을 모수(parameter)라 한다. 마찬가지로 표본을 이루는 2개의 데이터 값들을 요약하여 하나의 값으로 나타내기 위해 평균을 구하여 3의 값을 얻었을 때 표본평균 3을 통계량(statistic)이라 한다.

Note

여기에서 주의할 것은 모집단이든 표본이든 구성 데이터 값들을 요약하여 하나의 값으로 표시하는 방법, 즉 측정척도는 여러 가지가 있을 수 있다는 점이다. 위의 예에서 평균은 단지 모집단이나 표본의 구성 데이터 값들을 하나의 값으로 요약하는 방법 중의 하나일 뿐인 것이다. 그리고 현실적으로 데이터 값들은 모집단보다는 표본을 통해 얻은 것이 대부분이므로 당연히 통계분석에서 주로 활용되는 것은 통계량인 것이며 통계분석의 중요한 역할 중의 하나는 바로 이 통계량을 통해 모수를 추정하는 데 있는 것이다.

예제 1.4 다음에서 따옴표로 표시한 데이터 값을 요약하는 측정척도가 통계량인지 모수인지를 확인하시오.

(1) 통계학을 수강하는 40명의 학생으로부터 5명을 뽑아 이들의 통계학 중간시험 점수를 '합계'하였다.
(2) 수학능력시험 응시자 전원의 점수를 조사하여 '평균'을 구하였다.
(3) 대학생 200명을 임의로 선정하여 이들의 '흡연비율'을 조사한 결과 70%로 나타났다.
(4) 주식투자자 100명을 뽑아 이들의 작년 한해 동안의 주식투자 수익률 가운데 '최고 수익률'이 얼마인지 조사하였다.

풀이 (1) 5명의 표본에 대한 점수를 하나의 값으로 요약하기 위한 방법이므로 통계량에 해당한다.
(2) 응시자 전원을 대상으로 구한 모평균에 해당하므로 모수이다.
(3) 표본 200명에 대해 조사한 것이므로 흡연비율 70%는 통계량이다.
(4) 표본 100명의 투자수익률을 대상으로 한 최고수익률이므로 이는 통계량이다.

1.3 기술통계학과 추측통계학

통계학은 크게 기술통계학과 추측통계학으로 구분된다.

기술통계학

수집된 자료를 요약 분석하여 자료에 내재되어 있는 특성을 알기 쉽게 나타내는 통계적 방법을 말한다.

다시 말해 자료의 내용, 즉 특성을 나타내는 데 통계학이 활용되고 있다면 그것은 기술통계학의 분야에 속하는 것이다. 기술통계학을 활용한 예로 인구 센서스 조사를 들 수 있다. 이 센서스 자료를 통해 1차적으로 알려고 하는 것은 인구가 얼마인가 하는 것이다. 그러나 이 자료를 연령별로 구분하여 분석한 결과 70세 이상의 인구가 20%였다면 이 20%라는 숫자는 조사자료에서 노인인구의 비중을 기술하는 것이고 이 정보는 사회복지 정책에 대한 의사결정에 중요한 정보가 되는 것이다.

추측통계학

표본에 포함된 정보를 통해 이 표본이 뽑혀진 모집단의 특성을 추측하는 데 사용되는 통계적 방법을 말한다.

고등학교 학생의 흡연비율을 알기 위해 고등학생 200명을 표본으로 뽑아 조사한 결과 54%가 흡연하는 것으로 나타났다면, 여기서 우리는 표본 200명에 대한 흡연비율 54%를 기초로 모집단, 즉 고등학교 학생 전체의 54%가 흡연을 하는 것으로 추측하는 것이기 때문에 이는 추측통계학에 속하는 것이다.

예제 1.5 어느 전자대리점의 판매부장이 지난 1년간 TV, 냉장고, 세탁기의 매출액을 월별로 작성하여 제품별로 월평균 매출액과 함께 최고 매출액을 기록한 달과 최저 매출액을 기록한 달을 알아내려고 한다면 이는 기술통계학, 추측통계학 중 어디에 속하는 문제인가?

풀이 이는 조사된 자료를 요약 정리하여 서술하는 것이기 때문에 기술통계학의 문제에 속한다.

예제 1.6 직경 10mm의 베어링을 하루 10,000개씩 생산하는 공장이 있다. 그러나 직경의 오차가 0.1mm가 넘는 제품은 불량품으로 분류되어 판매할 수 없다. 이 공장의 생산책임자가 불량률을 조사하기 위해 100개의 베어링을 임의로 선택하여 검사한 결과 5개의 불량품이 나왔다면 이는 기술통계학, 추측통계학 중 어디에 속하는 문제인가?

풀이 하루 생산량 10,000개를 모두 검사한 것이 아니라 표본 100개를 대상으로 하여 5%의 불량률을 계산한 것이고 이를 기초로 모집단 10,000개에 대한 불량품은 500개가 될 것으로 추측하는 것이기 때문에 이는 추측통계학 문제에 속한다.

예제 1.7 기업체 대표 200명을 표본으로 하여 고혈압 여부를 검사한 결과 이 중 42명이 고혈압인 것으로 나타났다. 이 표본조사 결과를 기초로 모집단인 전체 기업체 대표에 대해 어떤 추측을 할 수 있는가?

풀이 표본 200명 중 42명이 고혈압이고 이는 21%(=42/200*100)에 해당하므로 기업체 대표 전체의 21% 정도는 고혈압 증세를 보인다고 추측할 수 있다. 그리고 물론 이는 추측통계학에 해당하는 문제이다.

1.4 자료의 측정유형

통계자료를 측정하는 자(scale)에 해당하는 척도는 명목척도(nominal level), 순위척도(ordinal level), 등간척도(interval level), 비율척도(ratio level)의 네 가지로 크게 구분되며 이러한 척도로 측정된 변수를 각각 명목(척도)변수, 순위(척도)변수, 등간(척도)변수, 비율(척도)변수라 한다.

명목척도

측정 대상이 어떤 범주에 속하는지 분류하는데 사용되는 척도이다.

예를 들어 어느 대학에서 신입생에 대해 종교를 가지고 있는지 유무를 조사하였다고 하자. 그러면 이 때 대답은 '있다' 또는 '없다'일 것이며 이는 어떤 범주에 속하느냐를 나타내는 것에 불과하다. 따라서 종교유무를 나타내는 변수의 측정결과는 '있다' '없다'의 두 가지 분류를 표시하는 명목척도에 의해 측정된 것이다.

예제 1.8 남녀별로 종교유무를 조사하기 위한 조사표 설문을 만든다면 당신은 어떻게 만들겠는가?

풀이 먼저 조사대상자가 남자인지 여자인지를 알아야 하고 또 종교유무를 알아야 하므로 두 가지 항목을 조사하여야 한다.

(1) 귀하의 성은?
남자(M) ( ) 여자(F) ( )

(2) 귀하는 종교를 가지고 있습니까?
예(Y) ( ) 아니오(N) ( )

예제 1.9 위의 설문에 대한 조사를 마치고 설문지에 나타난 측정내용을 데이터로 작성하려고 할 때 변수는 몇 개가 필요하며 각 변수의 측정척도는 무엇인가?

풀이 성을 표시하는 변수(X_1)와 종교유무(X_2)를 표시하는 변수 2개가 필요하다. 이 때 남녀를 각각 M, F로 표시하였다고 하면 성을 나타내는 변수의 값은 M, F 두 종류로서 명목척도에 의해 측정된 것이다. 종교유무를 나타내는 변수 역시 Y, N 두 종류의 값을 가지며 명목척도에 의해 측정된 명목변수에 해당한다. 만약 5명에 대해 조사가 이루어지고 이에 대한 데이터 작성이 완료되었다면 그 데이터는 아래 표와 유사한 형태를 띨 것이다.

	X_1	X_2
1	M	Y
2	M	N
3	F	N
4	F	Y
5	M	Y

위 표에서 첫 번째 열(column)은 설문응답자의 번호이다. 여기서는 5명에 대한 조사가 이루어졌음을 표시하고 있으며 X_1, X_2로 이름 붙여진 두 번째 열과 세 번째 열은 각각 성과 종교유무를 타나내는 변수이다. 이에 반해 설문응답자 번호가 붙여진 각 행은 각 응답자의 응답 내용을 표시하고 있다. 즉 첫 번째 응답자는 남자이고 종교를 가지고 있음을 나타내고 있다.

예제 1.10 위에서 종교가 '있다'라고 답한 경우를 '1'로 표시하고 '없다'라고 답한 경우를 '2'로 표시한다고 해도 종교여부를 나타내는 변수는 여전히 명목척도변수라고 할 수 있는가?

풀이 종교를 나타내는 변수가 취할 수 있는 값은 '1' 또는 '2'이고 이 때 이 값은 크기를 나타내는 것이 아니고 단지 어떤 범위를 나타내는 문자에 불과한 것이다. 이는 '있다'를 'Y' 그리고 '없다'를 'N'으로 표시하는 것과 동일하다. 즉 이 경우는 '2'가 '1'의 두 배라는 이야기는 할 수 없다. 결국 여기서의 '1'과 '2'는 분류를 나타내는 문자에 불과하므로 종교여부를 나타내는 변수는 여전히 명목척도변수이다.

순위척도

등급 또는 중요성의 정도에 따라 순위를 측정하는 척도이다.

어느 식당에서 종업원의 손님에 대한 친절도를 조사하기 위해 '아주 친절하다', '약간 친절하다', '보통이다', '약간 불친절하다', '아주 불친절하다'의 다섯 가지로 나누었다면 친절도 변수가 취할 수 있는 값은 친절의 정도를 나타내는 다섯 가지로서 순위로 표시하고 있으므로 친절도는 순위척도에 의해 측정된 것이다.

Note

위 설명에서 친절도 변수가 취할 수 있는 '값'이라는 표현에서 통계학을 처음 배우는 학생의 경우 혼란을 일으킬 때가 많다. 이는 '값'이라는 표현에서 먼저 수치를 생각하기 때문이다. 그러나 여기서 '값'이라는 표현은 측정내용을 의미하는 것이기 때문에 반드시 숫자만을 뜻하는 것은 아니다. 다시 말해 위에서 친절도를 표시하는 순위변수는 '아주 친절하다', '약간 친절하다', '보통이다', '약간 불친절하다', '아주 불친절하다'의 다섯 가지 값을 가지고 있다.

예제 1.11 자동차 회사에서 소비자를 대상으로 자동차 구입 후 애프터 서비스에 대한 만족도를 조사하려 한다. 이에 대한 조사표 설문 항목을 만들어 보시오. 그리고 이에 대한 데이터를 작성하려고 할 때 만족도 변수가 나타내는 값은 어떻게 표시하면 좋겠는가?

풀이 설문 항목은 일반적으로 다음과 같은 형태를 가질 것이다.

자동차 구입후 애프터 서비스에 대해 당신은 얼마나 만족하고 있습니까?

(1) 아주 만족한다 ( )

(2) 조금 만족한다 ( )

(3) 보통이다 ( )

(4) 다소 불만이다 ( )

(5) 아주 불만이다 ( )

그리고 데이터를 작성할 때 만족도 변수 값의 표시는 '아주 만족한다'를 '1', '조금 만족한다'를 '2', '보통이다'를 '3', 그리고 '다소 불만이다'를 '4', '아주 불만이다'를 '5'로 나타낼 수 있는데, 여기서 1, 2, 3, 4, 5는 순위를 나타내는 서수의 의미를 지니고 있다.

다른 방법으로 '아주 만족한다'를 '5', '조금 만족한다'를 '4', '보통이다'를 '3', '다소 불만이다'를 '2', 그리고 '아주 불만이다'를 '1'로 나타낼 수도 있는데 높은 만족도가 큰 숫자와 연계되어 이해하기가 쉽다.

어떤 경우라 라더라고 이 숫자는 만족도의 크기가 아닌 순서를 나타내고 있음에 유의해야 한다. 즉 5와 4의 차이와 2와 1의 차이가 동일하게 1이라 해서 5(아주 만족)와 4(조금 만족) 사이의 만족도 차이가 2(다소 불만)와 1(아주 불만)사이의 만족도 차이와 동일한 것은 아니다. 더 나아가 4와 2의 두 배라고 해서 만족의 정도가 두 배임을 뜻하는 것은 더욱 아닌 것이다.

등간척도

측정척도 사이의 간격이 일정한 경우를 등간척도라 한다.

등간척도의 가장 좋은 예로는 온도를 측정하는 척도인 섭씨나 화씨를 들 수 있다. 이러한 등간척도의 특징은 측정척도의 간격이 동일하기 때문에 데이터 값을 기준으로 이들 사이에 순위를 매길 수 있음은 물론 데이터 값들 사이의 차이가 의미를 가진다는 점이다.

여기서 데이터 값들 사이의 차이가 의미를 가진다는 말은 측정척도 사이의 간격이 일정하기 때문에 데이터 값 사이의 차이가 크게 난 경우가 적게 난 경우보다 더 큰 격차를 보인다고 해석할 수 있다는 뜻이다. 다시 말해 기온이 섭씨 10도에서 20도로 상승한 경우와 기온이 섭씨 15도에서 20도로 상승한 경우가 있을 때 전자가 후자보다 온도의 변화가 더 크게 일어났다고 말할 수 있는 것이다.

바로 이 점이 등간척도가 순위척도와 구별되는 점이다. [예제 1.11]에서 언급한 것처럼 순위척도에서 친절도의 데이터 값이 1, 2, 3, 4, 5로 나타났을 때 이 값이 순위를 나타낼 수는 있으나 각 데이터 값 사이의 차이가 일정한 측정수준(친절도)을 표시하지는 않기 때문에 등간척도에서와는 달리 2에서 4로의 변화가 4에서 5로의 변화보다 더 큰 친절도의 변화를 표시한다고 할 수 없는 것이다.

그러나 등간척도로 측정된 변수에서 주의할 것은 어떤 등간척도를 사용하느냐에 따라 그 데이터 값이 얼마든지 달라질 수 있기 때문에 등간척도에 의해 측정된 값들의 비율은 어떤 의미도 가질 수 없다.

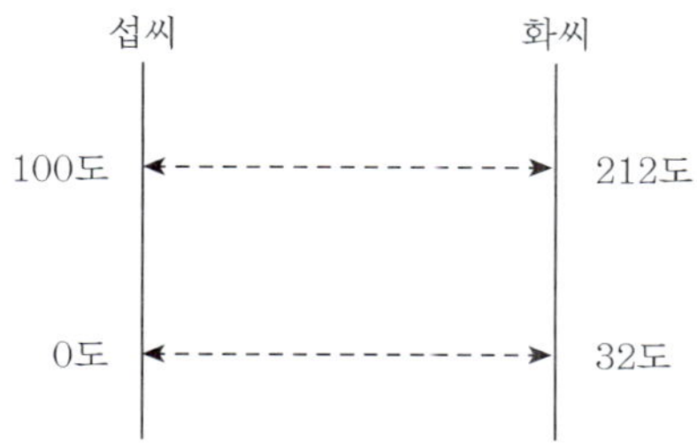

그림 1-2 섭씨온도와 화씨온도의 관계

Note

섭씨와 화씨의 관계식은 $F=32+\frac{9}{5}C$ (C: 섭씨, F: 화씨)이다.

즉 온도를 측정하는 척도로써 섭씨를 사용했을 경우 10도, 15도, 20도로 측정된 온도가 화씨로 측정하게 되면 50도, 59도, 68도가 되어 동일한 기온에 대해서 섭씨를 이용한 데이터 값과 화씨를 이용한 데이터 값이 다르게 나타나게 된다. 다시 말해 위의 예에서 본 바와 같이 섭씨온도 상에서의 5도 차이는 화씨를 기준으로 했을 때는 9도로 다르게 나타나고 있어 등간척도로 측정된 값인 온도들 사이의 비율은 아무런 의미를 지니지 못한다. 더 나아가 얼음이 처음 어는 기온을 섭씨에서는 0도로 하여 측정하고 있는 반면 바로 동일한 온도를 화씨에서는 32도를 기준으로 하여 측정하고 있기 때문에 '0'이라는 데이터 값도 '0'이라는 일반적 의미보다는 단순히 어떤 측정수준을 '0'으로 간주한 것에 불과하다.

예제 1.12 A지역과 B지역의 연평균 기온은 각각 섭씨 20도와 섭씨 10도라고 한다. 두 지역의 기온을 측정한 척도는 무엇인가? 그리고 다음과 같은 해석을 할 수 있는가?

(1) A지역의 기온이 B지역보다 섭씨 10도 높다.

(2) A지역와 B지역의 기온은 섭씨 10도의 차이가 난다.

(3) A지역의 기온은 B지역보다 2배 높다.

풀이 기온을 측정하는 섭씨 단위는 등간척도에 의한 척도이다. 그리고 등간척도에 의해 측정된 값은 차이에 대한 의미는 가지고 있으나 비율에 대한 의미는 없기 때문에 (1)과 (2)의 해석은 가능하나 비율에 의한 해석인 (3)은 의미가 없다.

다시 말해서 A, B지역의 기온은 화씨로 나타내면 화씨 50도 68도가 되어 동일한 두 지역의 기온에 대해서 섭씨 기준으로는 A지역의 기온이 B지역의 2배인 결과를 보인 반면 화씨 기준에 의하면 A지역의 기온이 B지역의 1.36배인 것으로 서로 다른 결과를 보이고 있어 등간척도에 의한 데이터 값의 비율은 의미가 없음을 확인할 수 있다.

비율척도

측정 척도의 간격이 일정할 뿐 아니라 측정 척도 자체에 비율의 의미가 내제되어 있는 척도이다.

비율척도가 등간척도와 구별되는 특징은 비율척도가 '0'의 의미를 가지고 있을 뿐 아니라 데이터 값 사이의 비율 역시 의미를 지니고 있다는 점이며 이러한 면에서 비율척도는 등간척도보다 더 정교한 측정척도라 할 수 있는데, 비율척도의 예로는 화폐단위를 들 수 있다.

예제 1.13 달러로 표시한 A, B, C 세 사람의 연간 총소득이 각각 $20,000, $16,000, $10,000라고 할 때 이 소득이 측정된 척도는 무엇이며 이를 등간척도와 구별하여 설명하시오.

풀이 세 사람의 소득은 달러라는 화폐단위를 나타내는 비율척도에 의해 측정된 것이다. 비율척도가 등간척도와 구별되는 점은 등간척도가 측정하는 내용을 모두 포함하면서 동시에 비율척도에 의해 측정된 값만이 가지는 '0'의 의미와 데이터 값들 사이의 비율에 대한 의미를 동시에 가지고 있다는 점이다.

따라서 먼저 데이터 값의 크기에 따라 소득수준의 순위를 A, B, C 순서로 정할 수 있으며 척도의 간격이 달러라는 화폐단위로 일정하므로 A와 B의 소득격차($4,000)보다 B와 C의 소득격차($6,000)가 더 크다고 이야기할 수 있다. 또한 비율의 의미를 지니고 있다는 면에서 A의 소득은 C의 2배에 달한다고 말할 수 있다. 만약 D의 소득이 $0로 측정되었다면 이는 D의 소득이 없다는 것을 의미하는 것으로써 '0'의 의미를 지니고 있다.

예제 1.14 명목척도, 순위척도, 등간척도, 비율척도를 측정척도의 정교함에 따라 올바르게 배열한 것은?

(1) 순위척도 명목척도 등간척도 비율척도

(2) 명목척도 순위척도 비율척도 등간척도

(3) 명목척도 등간척도 비율척도 순위척도

(4) 명목척도 순위척도 등간척도 비율척도

풀이 등간척도는 척도 사이의 간격이 일정하기 때문에 순위척도에 의해 측정되는 내용을 모두 포함하고 있으며 또 비율척도는 등간척도가 지니고 있지 못한 데이터 값들에 대한 비율의 의미와 '0'의 의미를 모두 지니고 있으므로 명목척도 순위척도 등간척도 비율척도의 순으로 비율척도에 접근할수록 측정척도의 정교성은 높아진다. 따라서 (4)가 답이다.

제2장

수집자료의 요약

CONTENTS

수집된 자료 자체는 정리가 되지 않은 상태이기 때문에 이로부터 자료가 내포하고 있는 내용을 파악한다는 것은 쉬운 일이 아니다. 따라서 자료가 포함하고 있는 내용을 파악하기 위해서는 먼저 자료를 일목요연하게 정리하여야 하며 이와 같이 자료를 정리 요약하는 방법에는 도수분포표를 이용하는 방법과 그래프를 이용하는 방법이 있다.

2.1 도수분포를 이용한 자료의 요약

도수분포

미리 구간을 설정해 놓고 각 구간의 범위에 조사된 데이터 값들이 몇 개씩 속하는가를 표시한 표를 도수분포(frequency distribution) 또는 도수분포표(frequency table)라 한다.

예제 2.1 통계학을 수강하는 학생 100명으로부터 20명을 표본으로 추출하여 통계학 점수를 조사하여 다음과 같은 결과를 얻었다.

88 67 76 80 86 94 78 84 82 75 80 75 65 84 78 82 71 60 87 75

(1) 80점에서 89점 사이의 계급에 속하는 도수는 얼마인가? 그리고 이 계급의 급간은 얼마인가?

(2) 계급을 60점 이상 69점 이하, 70점 이상 79점 이하, 80점 이상 89점 이하, 90점 이상의 네 계급으로 나누어 도수를 구하고 이를 기반으로 도수분포표를 작성하시오.

풀이 (1) 80점에서 89점 사이의 구간에 속하는 점수는 88 80 86 84 82 80 84 82 87로써 9개가 있다. 따라서 80점에서 89점 사이 계급의 도수는 9라고 말한다. 급간은 9점(=89−80)이 된다.
(2) (1)과 같은 방법으로 주어진 각 계급의 도수를 구하여 도수분포표를 구하면 다음과 같다.

계 급	도 수
60점 이상~69점 이하	3
70점 이상~79점 이하	7
80점 이상~89점 이하	9
90점 이상	1

20명의 점수가 정리되지 않은 채 나열되어 있는 경우 이 자료가 어떤 내용을 가지고 있는지 발견하기가 쉽지 않으나 이를 정리하여 도수분포를 작성하면 위에서 보는 바와 같이 일목요연하게 자료가 요약됨으로써 80점대의 점수를 받은 학생이 9명으로 가장 많고 그 다음 70점대가 7명이 되어 결국

20명 중 16명이 70점 이상~89점 이하에 속해 있음을 쉽게 파악할 수 있다. 위의 도수분포표는 급간이 9인 4개의 계급으로 이루어져 있으나 계급의 수와 급간의 설정은 자료를 정리하는 사람에 따라 달라질 수 있으며 도수분포를 작성하는 사람은 미리 계급의 수, 급간, 계급의 경계를 결정해야 한다.

Note

계급의 경계란 계급 구간에서의 하한값과 상한값을 말하여 이 값들이 해당 계급에 속할 것인지의 여부를 확실하게 해야 한다. [예제 2-1 풀이]의 (2)에 있는 도수분포표에서 세 번째 급간의 하한값과 상한값은 각각 80과 89이고 이들 값은 '이상'과 '이하'로 나타나 있으므로 해당 급간에 속한다.

위 예의 경우 데이터의 크기가 적기 때문에 도수분포표를 작성하는데 큰 어려움이 없다. 그러나 데이터의 크기가 커지면 결과를 도출하기 위한 소프트웨어를 이용하지 않으면 안 된다. 아래에서는 엑셀을 이용하여 원하는 결과를 어떻게 얻을 수 있는지를 단계별로 설명하기로 한다. 도수분포표를 도출하기 위해서는 FREQUENCY (data_array, bins_array) 함수를 이용한다. 여기서 FREQUENCY 함수에 입력하게 되는 데이터 배열(data_array)에는 도수분포표로 나타내고자 하는 데이터의 범위를 지정하고, 계급 배열(bins_array)에는 계급(class)을 나타내는 범위를 지정한다.

여기서 주의할 것은 각 계급을 나타내는 값은 각 계급의 상한값으로 표시된다는 점이다. 예를 들어 위의 예제에서 요구하는 바와 같이 60점 이상~69점 이하, 70점 이상~79점 이하, 80점 이상~89점 이하, 그리고 90점 이상의 4개 계급으로 구분하고자 하는 경우, bins_array에 지정되게 되는 첫 번째 계급은 이 계급의 상한값인 69점으로, 그리고 두 번째 계급(70~79)과 세 번째 계급(80~89)은 각각 이들 계급의 상한값인 79점과 89점으로 입력한다. 따라서 89점으로 입력된 세 번째 계급의 하한값은 두 번째 계급의 상한값 79점을 상회하는 80점이 된다.

Note

정확히 말하면 상한값이 89점인 세 번째 계급의 하한값은, 두 번째 계급의 상한값이 79점이므로 79점을 넘는 어떤 점수도 될 수 있다. 그러나 여기 문제에서는 점수가 정수로 나타나 있으므로 세 번째 계급의 하한값은 80점이 된다.

이러한 측면에서 본다면 상한값이 69점으로 표시된 첫 번째 계급의 하한값은 이보다 낮은 계급이 없으므로 존재하지 않는다.

따라서 첫 번째 계급을 정확히 표시하면 '69점 이하'가 되어 FREQUENCY 함수는 이 계급에 대해 69점 이하인 도수를 계산하게 된다.

단지 이 예제에서는 69점 미만의 점수가 없기 때문에 60점 이상~69점 이하로 표시하고 있을 뿐이다.

또 한 가지 FREQUENCY 함수를 이용하여 도수분포표를 작성하고자 할 때 주의할 것은 도수분포표에서 가장 상위 계급에 해당하는 계급의 상한값은 '생략'할 수 있다는 점이다.

즉 이 예제에서처럼 60점 이상~69점 이하, 70점 이상~79점 이하, 80점 이상~89점 이하, 그리고 90점 이상의 네 계급으로 구분하고자 하는 경우, 네 번째 계급의 상한값은 생략할 수 있다.

그 이유는 FREQUENCY 함수가 마지막 계급인 네 번째 계급의 급간을, 세 번째 계급(80이상 89이하)의 상한값을 기준으로 하여 89점을 상회하는 점수 즉 90점 이상을 자동으로 네 번째 계급의 하한값으로 지정하고, 90점 이상의 도수를 계산하게 되어 있기 때문이다.

결과적으로 FREQUENCY 함수가 인식하는 계급의 급간은 상한값을 기준으로 하기 때문에 해당 계급의 하한값의 경계는 당연히 이 계급보다 한 계급 낮은 계급의 상한값이 기준이 된다.

이러한 이유 때문에 마지막 계급의 상한값은 생략이 가능한 것이며 첫 번째 계급의 경우는 이보다 낮은 계급이 없기 때문에 하한값은 존재하지 않는다.

이상의 내용을 위의 예에 적용하여 보기로 하자. 즉 도수분포표를 구하기 위해 계급을 69점 이하, 70점 이상 79점 이하, 80점 이상 89점 이하, 그리고 90점 이상의 네 계급으로 구분하였다고 하자.

이에 대한 결과를 FREQUENCY 함수를 통해 구하고자 하는 경우 FREQUENCY 함수에는 마지막 네 번째 계급을 생략한 나머지 계급의 상한값을 입력하게 되므로 69, 79, 89를 지정하면 된다.

계 급	상 한 값
69점 이하	69
70점 이상~79점 이하	79
80점 이상~89점 이하	89
90점 이상	

Note

물론 가장 상위 계급의 상한값을 생략하지 않고 99로 지정해도 무방하다. 이렇게 했을 경우 FREQUENCY 함수는 지정된 상한값이 69, 79, 89, 99이므로 각 계급은 69 이하, 70 이상~79 이하, 80 이상~89 이하, 90 이상~99 이하의 네 계급에 대한 도수를 계산한다. 그러나 상위계급의 상한값을 생략하게 되면 FREQUENCY 함수가 계산하는 네 번째 계급의 도수는 90이상의 값을 갖는 모든 도수를 계산하게 된다. 여기서는 100점 이상의 관찰치가 존재하지 않으므로 가장 상위 계급의 상한값을 생략하여 90점 이상의 도수를 계산한 것이나 상한값을 99점으로 지정하여 90 이상~99 이하에 속하는 도수를 계산한 것이나 동일한 계산 결과를 가져오지만 만약 100점 이상의 관찰치가 존재하는 경우는 양자의 계산 결과에는 차이가 나타나게 된다(가장 상위 계급의 상한값을 생략하지 않고 도수를 계산하는 경우의 예는 [예제 2.12]를 참조하기 바람).

입력과정

① A2에서 A21까지의 셀에 아래 그림과 같이 데이터를 입력한다.

	A	B	C	D	E
1	점수		계급	도수	
2	88		69		
3	67		79		
4	76		89		
5	80				
6	86				
7	94				
8	78				
9	84				
10	82				
11	75				
12	80				
13	75				
14	65				
15	84				
16	78				
17	82				
18	71				
19	60				
20	87				
21	75				
22					

② 도수분포표의 계급을 69점 이하, 70점 이상~79점 이하, 80점 이상~89점 이하, 90점 이상의 네 계급으로 구분하기 위해 C2에서 C4에 각 계급의 상한값 69, 79, 89를 입력한다. 위에서 지적한 바와 같이 상위 계급의 상한값은 생략할 수 있다.

FREQUENCY(data_array, bins_array) 함수의 bins_array 부분에 이들 값이 계급의 급간을 구분하는 값으로 지정되면 FREQUENCY 함수는 69점 이하, 70점 이상~79점 이하, 80점 이상~89점 이하, 90점 이상의 네 계급에 속하는 도수를 구하여 도수분포표를 구성하게 된다.

③ 다음에는 도수를 표시할 범위를 지정해야 한다. 계급이 표시되어 있는 오른쪽에 도수가 표시되도록 D2부터 D5까지 범위를 지정해야 한다. 여기서 주의할 것은 D2에서 D4까지가 아니라 D5까지 지정해야 한다는 점이다. 다시 말해 D5에는 상한값 지정이 생략되어 있는 C5에 대응하는 90점 이상의 도수가 표시되어야 하기 때문이다.

④ 위 그림과 같이 도수의 출력범위가 지정된 상태에서 D2 셀에 다음과 같이
= FREQUENCY(A2:A21,C2:C4)
를 입력하고 난 후, [control]-[shift]-[enter] 키를 동시에 누른다.
FREQUENCY 함수에 입력된 A2:A21은 데이터가 입력되어 있는 범위를 표시하고 있으며 C2:C4에 구하고자 하는 도수분포표 계급의 상한값이 입력된 범위가 지정되어 있다.

⑤ D2에서 D5에 각 계급의 도수가 계산되어 있다. 즉 69점 이하인 학생이 3명이고 70점 이상~79점 이하인 학생은 7명, 80점 이상~89점 이하인 학생은 9명임을 나타내고 있다. 그리고 D5에 표시된 도수는 89점을 상회하는 학생, 즉 90점 이상의 학생이 1명임을 보여주고 있다.

	A	B	C	D	E
1	점수		계급	도수	
2	88		69	3	
3	67		79	7	
4	76		89	9	
5	80			1	
6	86				

위에서 구한 도수분포표는 아래와 같이 히스토그램 대화상자를 이용하여 도출할 수도 있다.

입력과정

① 메뉴 바에 있는 [데이터]탭을 클릭하고 이 때 나타나는 풀다운 메뉴에서 [데이터 분석]을 찾아 클릭하면 [통계 데이터 분석] 창이 열린다.

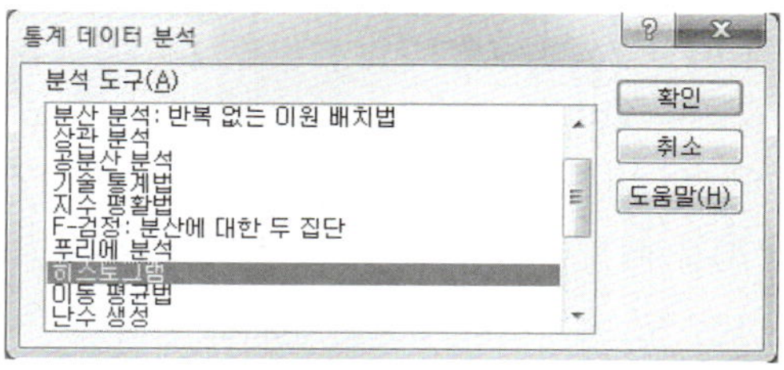

Note

만약 메뉴 바에 있는 [데이터]탭을 클릭했을 때 [데이터 분석] 항목이 없으면 [추가기능] 항목을 클릭한다. 이 때 [추가기능] 창이 열리면 [분석도구] 항목을 찾아 클릭한 후 [확인] 버튼을 클릭한다. 이러한 과정을 거친 후 메뉴 바에 있는 [데이터]탭을 클릭하면 [데이터 분석] 항목이 나타난다.

② 여기서 스크롤바를 이용하여 [히스토그램] 항목을 찾아 클릭하고 [확인] 버튼을 누르면 [히스토그램] 창이 열린다. [히스토그램] 창이 열리면 먼저 입력범위를 표시하기 위한 입력상자를 클릭한 후 여기에 데이터가 입력되어 있는 범위를 지정한다. 이 때 입력범위의 지정은 마우스를 이용하여 A2부터 A21까지 드래그 하여 지정하든가 입력범위 상자에 직접 A2:A21을 입력해도 된다. 다음에는 계급구간 입력상자를 클릭하고 마우스를 이용하여 계급구간이 입력되어 있는 C2부터 C4까지 드래그 하여 지정하든가 직접 C2:C4를 입력한다.

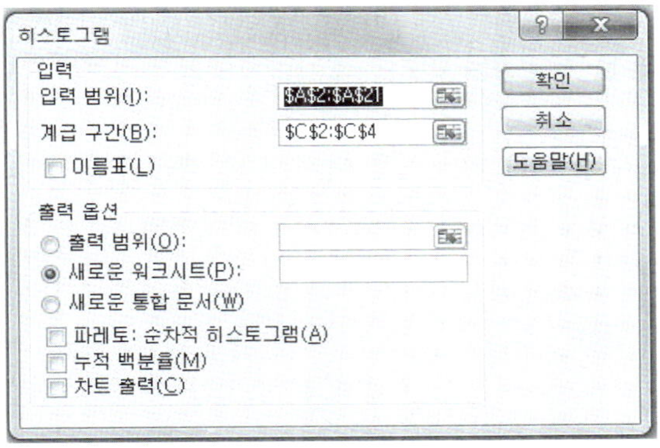

③ 이러한 과정을 끝내고 [확인] 버튼을 누르면 아래와 같은 도수분포표가 새로운 시트에 출력되어 나타난다.

	A	B	C
1	계급	빈도수	
2	69	3	
3	79	7	
4	89	9	
5	기타	1	
6			

계급 수의 결정

$$계급의\ 수 = (자료의\ 측정값들의\ 개수)^{(1/3)}$$

계급의 수를 결정하야 하는 경우 그 기준이 확실하게 정해진 것은 아니다. 대개 위의 공식에 따라 계급 수를 결정한다.

예제 2.2 데이터 값이 200개로 구성된 자료에 대해 도수분포표를 작성하려고 할 때 계급의 수는 몇 개로 하면 좋겠는가?

풀이 데이터 값이 200개이므로 $200^{(1/3)} = 5.84\cdots$가 되어 계급 수는 약 6개로 설정하면 된다.

Note

공식에 의해 구해지는 계급의 수는 이를 기준으로 자료의 특성에 따라 계급의 수를 정하면 되는 것이기 때문에 그 결과에 전적으로 의존할 필요는 없다. [예제 2.1]의 경우 데이터 값이 20개이므로 위에서 제시된 공식에 따르면 $20^{(1/3)} = 2.714\cdots$로써 계급 수가 약 3개로 나타나고 있으나 자료의 특성이 점수이기 때문에 60점대 70점대 80점대 90점대 등 4개의 계급으로 나누는 것이 효율적이다.

계급의 수가 정해지면 다음 단계는 각 계급의 구간인 급간을 결정해야 하는데 이는 다음 공식에 따라 결정하는 것이 일반적이다.

급간의 결정

$$급간 = \frac{가장\ 큰\ 측정값 - 가장\ 작은\ 측정값}{계급\ 수}$$

예제 2.3 [예제 2.1]에서 계급을 4개로 할 경우 급간은 얼마로 하는 것이 좋겠는가?

풀이 최고 점수와 최저 점수가 각각 94점과 60점이고 계급 수를 4개로 하였으므로 급간은 $\frac{94-60}{4} = 8.5$로 나타나 약 9점이나 10점 정도로 정하면 무리가 없을 것이다.

계급의 수와 급간이 정해지면 끝으로 각 계급의 상한과 하한값을 어느 계급에 포함시킬 것인지를 정하여 계급 사이의 경계값이 중복되는 일이 없도록 해야 한다.

입력과정

① 임의의 셀을 클릭하고(여기서는 B3) 여기서 관찰치 수 200을 입력한다.

② B4에 계급 수를 결정하는 식인 계급의 수 = (자료의 측정값의 수)$^{(1/3)}$을 다음과 같이 입력한다.

= B3^(1/3)

	A	B	C
1	계급 수의 결정		
2			
3	관찰치 수=	200	
4	계급의 수=	5.848035	
5			

③ 이는 B3 셀에 입력되어 있는 값(200)을 불러내어 200$^{(1/3)}$을 계산한다. 계산결과가 B4에 5.84로 나타나 있다. 물론 이 결과는 임의의 셀에 = 200^(1/3)이라고 직접 입력하여 계산할 수도 있으나 여기서는 대입과정을 설명하기 위해 이러한 과정을 거친 것뿐이다.

예제 2.4 [예제 2.1]의 (2)에서 구한 도수분포표의 계급 및 급간을 다음과 같이 정해도 무리가 없겠는가?

계 급	상 한 값
70점 미만	3
70점 이상~80점 미만	7
80점 이상~90점 미만	9
90점 이상	1

풀이 계급과 계급 사이의 경계값이 중복이 되지 않으므로 위와 같이 도수분포표를 작성해도 무방하다. 예를 들어 경계값이 되는 80점의 경우 세 번째 계급은 하한값이 80점 이상이고 그 아래 계급은 상한값이 80점 미만이므로 세 번째 계급 하나에만 속하며 중복되는 일이 없다.

입력과정

① [예제 2.1]에 있는 20명의 통계학 점수를 A2에서 A21까지 입력한다. 아래 그림에는 9행부터 19행까지의 중간부분이 생략되어 있다. 그리고 그림에 나타난 바와 같이 C열에 필요한 내용을 입력한다.

② 20명의 점수 중 최대값을 구하기 위해 MAX 함수를 이용한다. D3에 다음

과 같이 입력한다.

= MAX(A2:A21)

이를 통해 A2에서 A21에 입력되어 있는 값 중에서 최대값을 구할 수 있다. 이 함수의 실행결과가 D3에 94로 나타나 있어 최고점수가 94점임을 알 수 있다.

③ 최소값을 구하기 위해 D4에 다음과 같이 입력한다.

= MIN(A2:A21)

최소값에 대한 실행 결과가 D4에 60점으로 나타나 있다.

④ 계급 수를 4개로 하였으므로 D5에 4를 입력한다.

⑤ 급간을 구하는 공식이 (최대측정값 – 최소측정값)/계급 수이고 이들 값들이 D3, D4, D5에 입력되어 있으므로 D7에 다음과 같이 입력한다.

= (D3−D4)/D5

계산 결과가 D7에 8.5로 나타나 있다.

	A	B	C	D	E
1	점수		급간의 결정		
2	88				
3	67		최대 측정값 =	94	
4	76		최소 측정값 =	60	
5	80		계급 수 =	4	
6	86				
7	94		급간의 수=	8.5	
8	78				
20	87				
21	75				
22					

상대도수와 상대도수분포

어느 계급에 속한 도수가 전체 도수에서 차지하는 비율을 상대도수(relative frequency)라하며 이러한 상대도수를 각 계급별로 표시한 것을 상대도수분포(relative frequency distribution) 또는 상대도수분포표(relative frequency table)라 한다.

Note

따라서 각 계급에 속한 상대도수를 모두 합하면 '1'이 된다. 이는 뒤에서 살펴볼 확률분포(probability distribution)의 근간이 된다.

예제 2.5 [예제 2.1(2)]에서 구한 도수분포표에서 '80점 이상~89점 이하'의 계급의 상대도수는 다음과 같이 구한다.

풀이 '80점 이상~89점 이하' 계급의 도수는 9이고 전체 도수는 20(=3+7+9+1)이므로 상대도수는 $\frac{9}{20}=0.45$이다.

예제 2.6 [예제 2.1(2)]에서 구한 도수분포표로부터 상대도수분포표를 작성하시오.

풀이 [예제 2.5]와 같은 방법으로 먼저 각 계급의 상대도수를 계산한다. 전체 도수가 20이므로 각 계급의 상대도수는 각각 0.15, 0.35, 0.45, 0.05가 되므로 다음과 같이 상대도수분포표를 작성할 수 있다.

계 급	상 한 값
60점 이상~69점 이하	0.15
70점 이상~79점 이하	0.35
80점 이상~89점 이하	0.45
90점 이상~99점 이하	0.05
전체	1.00

누적도수와 누적도수분포

어느 계급의 누적도수는 이 계급의 도수와 그 아래 계급에 속하는 도수를 모두 합하여 구하며 이러한 누적도수를 각 계급별로 표시한 것을 누적도수분포(cumulative frequency distribution) 또는 누적도수분포표(cumulative frequency table)라 한다.

예제 2.7 [예제 2.1(2)]에서 구한 도수분포표에서 '80점 이상~89점 이하' 계급의 누적도수는 다음과 같이 구한다.

풀이 '80점 이상~89점 이하' 계급의 도수는 9이고 그 아래 계급인 '70점 이상~79점 이하' 계급과 '60점 이상~69점 이하' 계급의 도수가 각각 7과 3이므로 누적도수는 19(=9+7+3)가 된다.

Note

어느 계급의 누적도수가 전체 도수에서 차지하는 비율을 누적상대도수라고 한다.

입력과정

① 먼저 [예제 2.1]에서 살펴본 과정에 따라 도수분포표를 작성한다. 여기서는 [예제 2.1]에서 이미 FREQUENCY 함수를 이용하여 도수분포표를 작성하였으므로 이를 그대로 이용하기로 한다. 아래 그림에 나타난 바와 같이 각

계급의 도수가 D2에서부터 D5에 계산되어 있다.

② 상대도수를 계산하기 위해 먼저 총도수를 구해야 하는데 이는 SUM 함수를 이용하면 쉽게 구할 수 있다. 즉 SUM 함수에 합계를 구하고자 하는 값들의 입력되어 있는 범위를 지정하기만 하면 된다. D6에 다음과 같이 입력한다.

= SUM(D2:D5)

총도수가 20으로 나타나 있다.

③ 이제는 각 계급의 도수를 총도수 20으로 나누면 상대도수를 구할 수 있다. 이를 위해 마우스로 첫 번째 계급의 상대도수를 계산할 셀인 E2를 클릭하여 활성화한 후, 다음과 같이 입력한다.

= D2/$D$6

E2에 상대도수가 0.15로 계산되어 있다. 이는 바로 3/20을 계산한 결과이다.

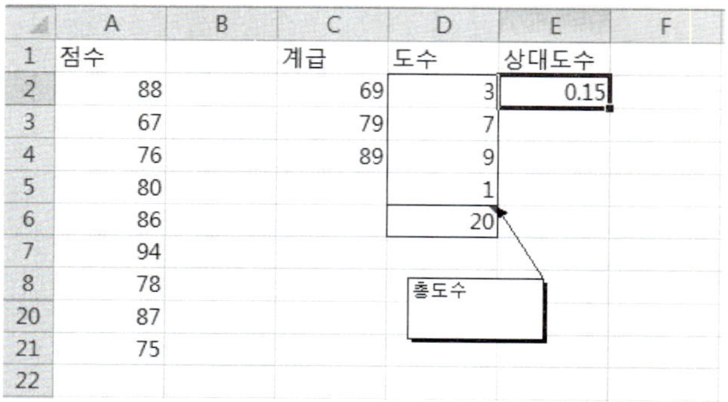

	A	B	C	D	E	F
1	점수		계급	도수	상대도수	
2	88		69	3	0.15	
3	67		79	7		
4	76		89	9		
5	80			1		
6	86			20		
7	94					
8	78					
20	87					
21	75					
22						

Note

셀을 활성화(activate)한다는 것은 그 해당 셀을 입력 상태로 전환한다는 것을 의미한다. 따라서 어떤 내용을 입력하면 바로 활성화된 셀에 그 내용이 입력되고 [enter] 키를 누르면 입력내용을 실행하게 된다.

④ 마우스로 E2셀을 클릭하여 E2셀을 다시 활성화한다. 위 그림의 화살표가 가리키는 곳을 보면, 작은 사각형 모양으로 된 부분이 있는데 마우스 포인터를 이 부분에 갖다 놓으면 마우스 포인터가 '+'모양으로 바뀌게 된다.

Note

이 '+' 모양의 마우스 포인터를 자동채우기 핸들(autofill handle)이라고 한다.

이 상태에서 왼쪽 마우스 버튼을 누른 채로 아래 E5까지 드래그한 후 왼쪽 마우스 버튼을 놓는다. 이러한 과정은 E2에 입력한 계산 내용에 따라 E3에서 E5까지 계산하도록 하는 계산의 복사과정에 해당한다. 각 계급의 상대도수가 E2에서 E5의 범위에 0.15, 0.35, 0 45, 0.05로 나타나 있다. 80점 이상 89점 이하가 전체의 45%, 그리고 90점 이상이 5%임을 알 수 있다.

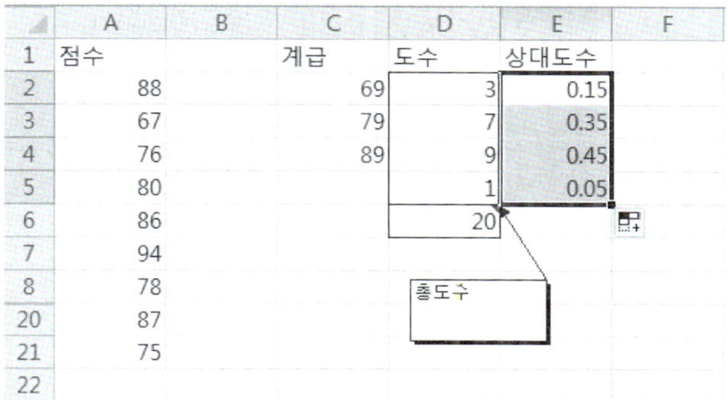

	A	B	C	D	E	F
1	점수		계급	도수	상대도수	
2	88		69	3	0.15	
3	67		79	7	0.35	
4	76		89	9	0.45	
5	80			1	0.05	
6	86			20		
7	94					
8	78					
20	87					
21	75					
22						

Note

각 계급의 상대도수는 각 계급의 절대도수를 총도수로 나누어 구하게 되므로 분모에 해당하는 총도수는 변함이 없다. 엑셀에서는 셀의 주소(reference)를 표시할 때, 예를 들어 D6와 같이 열(A, B, C, …)과 행(1, 2, 3, …)을 이용하여 표시하게 되는데 만약 이 D6 셀이 다른 셀과 연계되어 계산에 참여하게 되는 경우, 연계된 셀과 항상 상대적인 관계를 유지하면서 변하게 된다. 여기서 상대적 관계를 유지한다는 의미는, 예를 들어 첫 번째 계급(69이하)에 대한 상대도수를 E2 셀에서 구하고자 하는 경우 이는 =D2/D6에 따라 계산할 수 있다. 만약 두 번째 계급의 상대도수를 구하기 위해 E2 셀의 계산 내용을 E3에 복사하는 경우, 엑셀은 내부적으로 E2에서 E3로의 변화를 열(column)과 행(row) 측면에서 파악한다.

E2에서 E3를 비교하면 열은 변동이 없고 행만 2행에서 3행으로 한 행 증가하여 아래로 이동했음을 알 수 있다. 이 때 E2의 내용(0.15)이 D2/D6에 따라 계산되었으므로, 행만 한 행 증가한 E3에서는 D2 셀과 D6 셀도 행만 한 행 증가한 'D3/D7'에 따라 계산된 내용이 출력되게 된다. 그러나 우리가 원하는 것은 두 번째 계급의 상대도수를 표시할 E3에서 사용하는 계급의 도수는 D3가 되나 분모에 해당하는 총도수는 D7이 아닌 첫 번째 상대도수를 구할 때 사용했던 D6을 그대로 유지해야 된다.

이 때 D6와 같이 계산 내용을 복사할 때 D6를 절대주소(absolute reference)로 그대로 유지하도록 하기 위해서는 주소를 나타내는 열(A, B, C, …)과 행(1, 2, 3, …)의 앞에 $ 표시를 붙이면 된다. 따라서 E2에 입력한 D2/$D$6은 분모인 총도수를 고정시키기 위해 D6가 아닌 $D$6으로 입력한 것이다. 실로는 상대도수를 표시하는 영역인 E2에서 E5까지로 행의 변화만 있을 뿐 열은 E로 변함이 없어 $D$6대신 D$6으로 입력해도 상관없다.

$D$6와 같이 $ 표시로 열과 행을 고정시켜 사용할 때 이러한 주소를 절대주소(absolute reference)라 하고 그렇지 않은 주소를 상대주소(relative reference)라 한다. D6를 상

대주소 형태가 아닌 절대주소 형태로 사용할 경우 [F4] 기능키를 사용하면 편리하다. 즉 D6를 입력한 후 [F4]를 한 번씩 누르면 $D$6, D$6, $D6 등으로 바뀌게 된다.

⑤ 상대도수가 올바르게 계산되었는지를 확인하기 위해 E6에 다음과 같이 입력하여 상대도수의 합이 1이 되는지를 계산해 본다.
= SUM(E2:E5)

	A	B	C	D	E	F	G
1	점수		계급	도수	상대도수		
2	88		69	3	0.15		
3	67		79	7	0.35		
4	76		89	9	0.45		
5	80			1	0.05		
6	86			20	1		
7	94						
8	78						
20	87						
21	75						
22							

총도수

상대도수의 합

예제 2.8 [예제 2.1(2)]에서 구한 도수분포표로부터 누적도수분포표를 작성하시오.

풀이 [예제 2.7]과 같은 방법으로 먼저 각 계급의 누적도수를 계산하면 각 계급의 누적도수는 3, 10(=3+7), 19(=3+7+9), 20(=3+7+9+1)이 된다. 따라서 도수와 상대도수 그리고 누적도수를 하나의 표에 다음과 같이 나타낼 수 있다.

계 급	도 수	상대도수	누적도수
60점 이상~69점 이하	3	0.15	3
70점 이상~79점 이하	7	0.35	10
80점 이상~89점 이하	9	0.45	19
90점 이상~99점 이하	1	0.05	20
전체	20	1.00	

예제 2.9 아래는 미국에 있는 45개 대학의 등록금에 대한 자료이다(단위는 천 달러). 이 자료에 대해 도수분포표를 작성한다면

(1) 계급의 수는 얼마가 적당하겠는가?

(2) 급간을 어느 정도로 설정하는 것이 좋겠는가?

(3) 도수분포표와 상대도수분포표를 작성하시오

6.5	4.0	7.1	8.3	5.4	7.6	9.0	15.7	16.7
6.4	5.0	8.5	5.7	7.7	7.2	12.4	7.1	5.5
9.7	4.4	7.0	6.3	8.3	6.9	5.7	7.6	7.9
7.9	6.0	8.2	10.4	9.9	3.9	9.8	8.2	5.6
7.9	6.4	7.4	7.0	13.0	8.7	6.4	6.7	7.4

풀이 (1) 계급의 수 = (자료의 측정값들의 개수)$^{(1/3)}$에 따라 계급의 수를 결정하면 데이터 값들의 개수가 모두 45개이므로 계급의 수 = $(45)^{(1/3)} \approx 3.5$가 되고 다라서 4개의 계급을 지정할 수 있다.

(2) 급간 = $\dfrac{\text{가장 큰 측정값} - \text{가장 작은 측정값}}{\text{계급 수}}$에 의해 급간이 결정되므로 먼저 데이터 값들 중에서 가장 큰 값과 가장 작은 값이 각각 16.7, 3.9이고 계급의 수는 (1)에서 4개로 정해졌으므로 이들 값을 공식에 대입하면 $\dfrac{16.7-3.9}{4} = 3.2$의 급간 값을 구할 수 있다.

그러나 급간은 가능한한 정수로 하는 것이 편리하므로 급간은 3으로 하면 될 것이다.

이 때 주의할 것은 급간이 3이고 계급의 수가 4이드로 최저 경계값과 최고 경계값의 차이는 $12(=3\times4)$가 되는데 이는 자료에 있는 최저 데이터 값과 최고 데이터 값의 차이 12.8(=16.7−3.9)보다 작으므로 자료에 있는 모든 데이터 값을 포함할 수 없게 된다.

따라서 급간을 3으로 하고 계급의 수를 하나 증가시켜 5로 하면 도수분포표를 구성하는 최저 경계값과 최고 경계값의 차이는 15가 되어 자료에 있는 모든 데이터 값을 포함할 수 있다.

최저 경계값을 3으로 하고 급간을 3으로 하여 5개의 계급을 구성하면 다음과 같은 도수분포표를 작성할 수 있다.

이 도수분포표로부터 등록금이 6,000달러 이상~9,000달러 미만의 대학이 60%로 가장 큰 비중을 차지하고 있음을 알 수 있다.

계　급	도　수	상대도수(%)	누적도수
3.0 이상~6.0 미만	9	20.0	9
6.0 이상~9.0 미만	27	60.0	36
9.0 이상~12.0 미만	5	11.1	41
12.0 이상~15.0 미만	2	4.4	43
15.0 이상~18.0 미만	2	4.4	45

Note

위의 도수분포표를 작성할 때 급간과 계급의 수를 편의에 따라 달리 할 수 있으며 이렇게 할 경우 도수분포표의 결과도 달라지게 된다. 예를 들어 급간을 2로 하려면 계급의 수를 증가시키면 된다.

입력과정

① B1:J5 범위에 데이터를 입력한다.

② 계급의 수 = (자료의 측정값들의 개수)$^{(1/3)}$에 따라 계급 수를 결정하기 위해 COUNT 함수를 이용하여 먼저 측정값들의 개수를 구해야 한다. B8에 다음과 같이 입력한다.

= COUNT(B1:J5)

관찰치 개수가 B8에 45개인 것으로 나타나 있다.

그리고 계급의 수를 구하기 위해 B9에 다음과 같이 입력한다.

= B8^(1/3)

계산결과가 3.55로 나타나 있다.

③ 급간 = $\frac{\text{최대 측정값} - \text{최소측정값}}{\text{계급 수}}$ 에 따라 급간을 구하기 위해 먼저 최대값과 최소값을 구한다. 이를 위해 MAX 함수와 MIN 함수를 이용하여 B10과 B11에 각각 다음과 같이 입력한다.

= MAX(B1:J5)

= MIN(B1:J5)

따라서 급간은 B12에 다음과 같이 입력하여 구할 수 있다.

= (B10–B11)/4

B12에 3.2로 계산되어 있어 급간은 3정도의 정수값으로 정할 수 있다.

④ FREQUENCY 함수를 이용하여 도수분포를 구하기 위해 먼저 D8에서 D11의 범위에 각 계급의 상한값을 지정한다.

위에서와 같이 급간을 3으로 하여 3.0 이상~6.0 미만, 6.0 이상~9.0 미만, 9.0 이상~12.0 미만, 12.0 이상~15.0 미만, 15.0 이상~18.0 미만 등으로 구분할 때 주의할 것은 FREQUENCY 함수는 각 계급에서 지정된 상한값 '이하'의 값을 가지는 관찰치 도수를 계산하므로 3.0 이상~6.0 미만의 계급에는 5.9를 상한값으로 지정한다.

이 경우 FREQUENCY 함수는 5.9 이하의 값, 즉 6.0 미만의 값을 갖는 관찰치 도수를 계산하게 되는데 최소값이 3.9이므로 실제로 이 계급은 3.0 이상~6.0 미만의 급간을 가지게 된다.

동일한 방법으로 6.0 이상~9.0 미만의 계급에 대해서는 이에 대한 상한값으로 D9에 8.9를 입력한다. 따라서 D8에서 D11의 범위에 각 계급의 상한값으로 5.9, 8.9, 11.9, 14.9를 입력한다.

	A	B	C	D	E	F	G	H
7				계급	도수	상대도수	누적도수	
8	관찰치 수=	45		5.9	9	0.2	9	
9	계급 수=	3.556893		8.9	27	0.6	36	
10	최대 값=	16.7		11.9	5	0.111111	41	
11	최소 값=	3.9		14.9	2	0.044444	43	
12	급간=	3.2		15이상	2	0.044444	45	
13				총도수	45			
14								

⑤ D8:D11에 지정한 각 계급에 대한 도수를 계산하기 위해 이들 도수가 출력될 범위를 지정한다. 즉 E8에서 E12까지(E11까지가 아님) 왼쪽 마우스 버튼을 누른 채 드래그하여 범위를 지정한다. 그리고 활성화 셀인 E8에 다음과 같이 입력한 후 [control]−[shift]−[enter] 키를 동시에 누른다.

= FREQUENCY(B1:J5,D8:D11)

E12에는 D11에 입력되어 있는 계급의 상한값 14.9를 상회하는 값, 즉 15 이상의 값을 갖는 계급에 속하는 도수가 자동 계산되어 있다.

이를 표시하기 위해 D12에는 '15 이상'으로 계급의 이름을 지정하였다.

	A	B	C	D	E	F	G	H	I	J	K
1	등록금	6.5	4	7.1	8.3	5.4	7.6	9	15.7	16.7	
2		6.4	5	8.5	5.7	7.7	7.2	12.4	7.1	5.5	
3		9.7	4.4	7	6.3	8.3	6.9	5.7	7.6	7.9	
4		7.9	6	8.2	10.4	9.9	3.9	9.8	8.2	5.6	
5		7.9	6.4	7.4	7	13	8.7	6.4	6.7	7.4	
6											
7				계급	도수	상대도수	누적도수				
8	관찰치 수=	45		5.9	9	0.2	9				
9	계급 수=	3.556893		8.9	27	0.6	36				
10	최대 값=	16.7		11.9	5	0.111111	41				
11	최소 값=	3.9		14.9	2	0.044444	43				
12	급간=	3.2		15이상	2	0.044444	45				
13				총도수	45						
14											

⑥ 상대도수를 구하기 위해 먼저 총고수를 계산한다. 총도수는 SUM 함수를 이용하여 구할 수 있으므로 E13에 다음과 같이 입력한다.

= SUM(E8:E12)

E13에 총도수가 45로 나타나 있다.

⑦ 첫 번째 계급의 상대도수를 구하기 위해 F8에 다음과 같이 입력한다.

= E8/$E$13

F8에 상대도수가 0.2로 나타나 있다. F8 셀을 클릭하여 활성화시킨 후 마우스로 자동채우기 핸들을 이용하여 F12까지 복사한다(복사 과정은 [예제 2.7]의 [입력과정] ④ 참조).

각 계급의 상대도수가 F8에서 F12의 범위에 0.2, 0.6, 0.11, 0.04, 0.04로 나타나 있다.

이는 등록금이 5.9(천달러) 이하인 대학이 전체 45개 대학의 20%, 그리고 6.0 이상~9.0 미만인 경우는 60%에 달하고 있으며, 15 이상인 대학은 4.4%에 달하고 있음을 나타내는 것이다.

⑧ 누적도수는 SUM 함수를 이용하여 간단히 구할 수 있다. 먼저 G8에 다음과 같이 입력한다.

= SUM($E$8:E8)

SUM 함수 안에 입력한 $E$8:E8은 E8에서 E8까지의 범위의 합계를 구하라는 의미이다.

':'을 중심으로 왼쪽의 주소(reference)는 범위의 시작 주소를 그리고 오른쪽 주소는 범위의 끝을 나타내는 주소이다.

여기서는 단지 복사 기능을 이용하여 각 계급의 누적도수를 구하기 위해 범위의 시작 주소는 고정시켜 놓아야 하므로 E8이 아닌 $E$8의 절대주소로 지정하였을 뿐이다.

G8에는 SUM($E$8:E8)에 따라 E8에서 E8까지 범위의 합계를 구하는 것이므로 당연히 첫 번째 계급의 도수인 9가 계산 결과로 출력된다.

⑨ 나머지 계급의 누적도수는 복사 기능을 이용한다. 즉 G8을 클릭하여 활성화 셀로 만든 후 마우스로 자동채우기 핸들을 이용하여 G12까지 복사한다. 따라서 두 번째 계급에 대한 누적도수는 SUM($E$8:E9), SUM($E$8:E10)에 따라 계산된 누적도수가 각각 36, 41로 나타나 있다.

Note

여기서는 누적도수를 구하기 위해 SUM 함수를 사용하였으나 FREQUENCY 함수를 이용하면 누적도수를 직접 구할 수 있다. FREQUENCY 함수를 이용한 누적도수의 계산은 [예제 2.13]에서 다루고 있다.

2.2 그래프를 이용한 자료의 요약

위에서 살펴본 도수분포표가 조사된 자료의 특성을 나타내는데 효과적이지만 이 그래프에 의해 자료를 요약할 때 그 특성이 좀 더 분명하게 나타나는 경우가 많이 있다. 여기서는 그래프에 의한 자료요약 방법인 히스토그램(histogram의 줄기 잎 그림(stem-and-leaf diagram) 그리고 오자이브(ogive) 곡선에 대해 살펴보기로 한다.

히스토그램

도수분포표에 나타나는 각 계급의 도수를 막대그래프로 표시한 것을 히스토그램(histogram)이라고 한다.

예제 2.10 [예제 2.9]에서 구한 도수분포표를 히스토그램으로 나타내시오.

풀이 도수분포표를 히스토그램으로 나타내면 한 눈에 각 계급의 도수분포를 파악할 수 있다. 즉 각 계급의 도수가 얼마인지가 막대의 높이에 나타나고 있으며 6.0 이상~9.0 미만을 표시하는 계급 2는 도수가 27로써 가장 높은 막대로 그려져 있다.

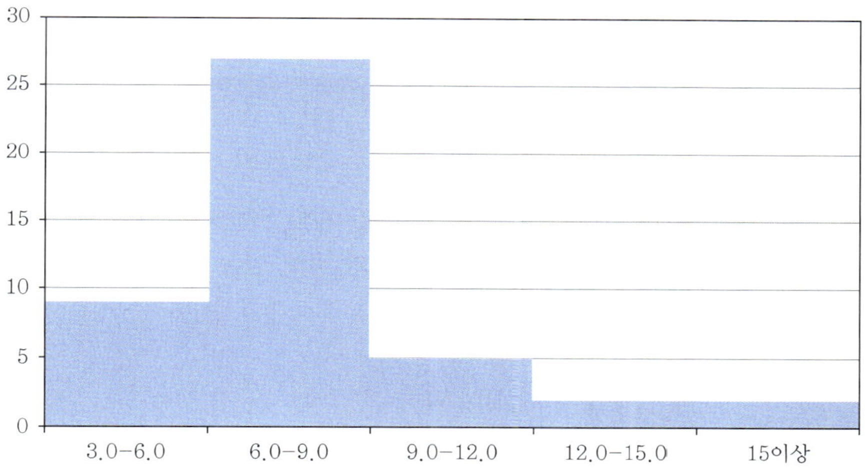

그림 2-1 도수분포표에 대한 히스토그램

[그림 2-1]은 결과물의 도수분포표를 히스토그램으로 나타낸 것으로서 한 눈에 각 계급의 도수분포를 파악할 수 있다. 즉 각 계급의 도수가 얼마인지가 막대의 높이에 의해 나타나고 있으며 6.0 이상~9.0 미만을 표시하는 계급 2는 도수가 27로써 가장 높은 막대로 그려져 있다.

입력과정

① A2:A6에 아래 그림과 같이 계급을 입력한다. 여기서는 [예제 2.9]에서 도수분포를 구하기 위해 FREQUENCY 함수에 지정했던 5.9, 8.9, 11.9, 14.9의 각 계급의 상한값을 이해하기 쉽게 급간을 나타내는 형태로 표시하

였다. 즉 첫 번째 계급의 상한값 5.9에 대한 도수 9는 6.0 미만의 도수에 해당하지만 3.0 미만의 값이 없으므로 여기서는 3.0 이상~6.0 미만으로 표시하였다. 마찬가지로 두 번째 계급의 상한값 8.9에 대한 도수 27은 6.0 이상~8.9 이하의 도수를 나타내는 것이므로 6.0 이상~9.0 미만으로 표시하였다.

② [예제 2.9]에서 구한 도수를 B2:B6에 차례로 입력한다.

	A	B	C
1	계급	도수	
2	3.0-6.0	9	
3	6.0-9.0	27	
4	9.0-12.0	5	
5	12.0-15.0	2	
6	15이상	2	
7			

③ [삽입] 탭에 있는 [차트]에서 [세로 막대형] 아이콘을 클릭 후, [2차원 세로 막대형]의 [묶은 세로 막대형]을 클릭하면 막대그래프 그림이 나타난다.

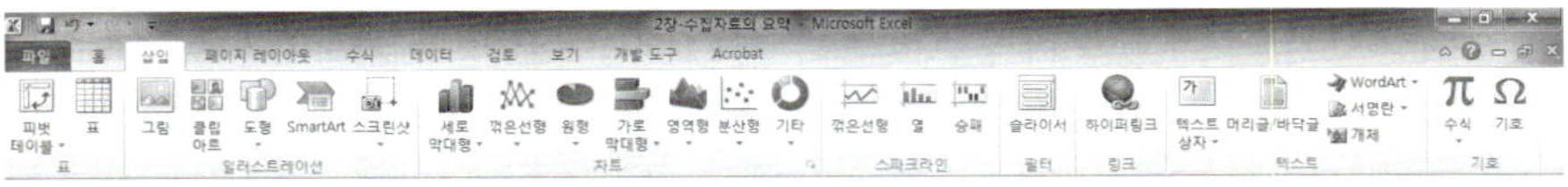

④ 여기서 각 계급의 도수를 표시하는 막대 5개 중 어느 한곳으로 마우스 포인터를 이동하면 잠시 후 그 막대가 속해 있는 계급의 도수가 표시된다. 이 상태에서 마우스의 오른쪽 버튼을 클릭하여 나타나는 메뉴 창에서 [데이터 계열 서식] 항목을 클릭한다.

[데이터 계열 서식] 창이 나타나면 [계열 옵션] 탭에 있는 [간격 너비(W)]의 값을 '0'으로 지정하고 [확인] 버튼을 클릭하면 히스토그램을 구할 수 있다. 6.0 이상~9.0 미만인 계급의 도수가 27로 가장 높게 나타나 있다.

	A	B
1	계급	도수
2	3.0-6.0	9
3	6.0-9.0	27
4	9.0-12.0	5
5	12.0-15.0	2
6	15이상	2

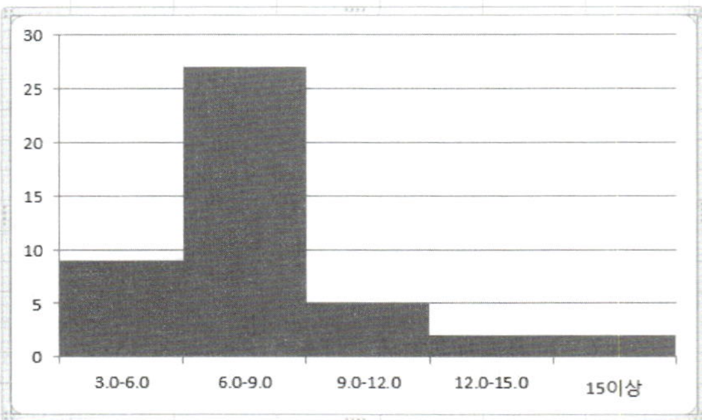

줄기 잎 그림

도수분포표는 자료의 중요한 특성을 서술적 방법으로 나타내는데 효과적이며 이를 시각적으로 나타내려면 히스토그램이 효과적이다. 이러한 서술적인 면과 그래프의 시각적인 면을 동시에 고려하여 자료의 특성을 나타내고자 할 때 이용되는 것이 바로 줄기 잎 그림(stem-and-leaf diagram)이다.

줄기 잎 그림의 작용

줄기 잎 그림을 작성할 때 가장 중요한 것은 자료를 구성하는 각각의 데이터 값들을 줄기(stem)와 잎(leaf)으로 구분하는 것이다. 데이터 값들을 줄기와 잎으로 구분하는 일반적인 방법은 데이터 값의 가장 오른쪽 한 자리를 차지하고 있는 수를 잎으로 하고 나머지 왼쪽 자리에 있는 수를 줄기로 지정하는 방법이다. 그러므로 데이터 값이 57인 경우 잎은 7이고 줄기는 5가 된다. 이와 같이 줄기와 잎의 지정방법이 결정되면 모든 데이터 값에 대해 줄기와 잎을 구분하여 최종적으로 자료에 대한 줄기 잎 그림을 작성하게 되는데, 이때 주의할 것은 줄기는 오름차순으로 수직배열하고 잎의 경우는 오름차순으로 수평배열 한다는 점이다.

예제 2.11 아래 자료는 어느 슈퍼마켓에 근무하는 점원 16명에 대한 나이를 조사한 것이다. 점원의 나이에 관련된 자료의 특성을 파악하기 위해 줄기 잎 그림을 그리려고 할 때 그 과정은 다음과 같다.

18	21	22	19	34	32	40	42
56	58	64	28	29	29	36	35

풀이 먼저 줄기와 잎을 구분한다. 가장 오른쪽 한 자리 즉 일의 자리 수를 잎으로 하고 나머지 왼쪽 자리인 십의 자리 수를 줄기로 지정하기로 한다. 다음에 줄기를 오름차순으로 수직배열하고 각 줄기에 속하는 잎을 수평배열한다.

줄기의 수직배열

위 자료에서 개별 데이터 값에 대한 줄기는 1, 2, 2, 1, 3, 3, 4, 4, 5, 5, 6, 2, 2, 2, 3, 3이므로 오름차순으로 배열하면 1, 2, 3, 4, 5, 6이라는 여섯 개의 줄기를 형성할 수 있다. 이는 결국 점원의 나이가 10대부터 60대까지 있다는 의미이다.

잎의 수평배열

줄기가 3인 경우 즉 30대인 점원은 4명으로 나이가 34, 32, 36, 35이다. 따라서 줄기가 3일 때 잎은 4, 2, 6, 5가 된다. 이를 오름차순으로 수평배열하면 2, 4, 5, 6이 되며 이를 줄기 3의 오른쪽에 나열한다. 다른 줄기에 대해서도 같은 방법으로 잎을 구성하면 아래와 같은 줄기 잎 그림을 얻을 수 있다.

줄기	잎
1	8 9
2	1 2 8 9 9
3	2 4 5 6
4	0 2
5	6 8
6	4

이 줄기 잎 그림을 통해 점원의 나이는 줄기가 2인 20대가 5명으로 가장 많고 그 나이는 각각 21, 22, 28, 29, 29세임을 알 수 있으며 그리고 30대가 4명 그리고 60대는 1명으로 그 나이는 64세임을 쉽게 파악할 수 있다. 도수분포표와 비교해 볼 때 줄기는 계급에 해당하고 잎의 개수는 도수를 나타내고 있음을 알 수 있으며 동시에 잎의 수평배열은 히스토그램의 수평막대로 파악할 수 있어 서술적인 면과 시각적인 면을 모두 보여주고 있다.

Note

위 표에서 줄기는 위에서 아래로 수직배열 하였으나 반대로 아래에서 위로 수직배열해도 특성을 파악하는 데는 아무런 지장이 없다.

예제 2.12 엑셀에는 줄기 잎을 직접 출력해 주는 기능이 포함되어 있지 않아 엑셀의 부가 프로그램(add-in)을 이용하지 않는 한 [예제 2.11]에서와 같은 줄기 잎 그림은 얻을 수 없다. 그러나 줄기 잎 그림에서 줄기가 계급의 역할을 하고 있고 잎의 개수가 해당 줄기에 대한 계급의 도수를 나타내기 때문에 이를 가로형 막대그래프로 나타내면 간접적인 형태로 줄기 잎 그림을 얻을 수 있다. 간접적인 방법을 통해 [예제 2.11]의 자료에 대한 줄기 잎 그림을 그리는 과정을 살펴보기로 하자.

입력과정

① A1:A16의 범위에 데이터를 입력한다.

② 계급을 지정하기 위해 입력한 데이터의 최소값과 최대값을 먼저 구한다. D1, D2에 각각 다음과 같이 입력한다.

= MIN(A1:A16)

= MAX(A1:A16)

D1, D2에 최소값과 최대값이 각각 18, 64로 나타나 있다. 따라서 줄기는 10, 20, 30, 40, 50, 60이 되도록 계급을 지정해야 함을 알 수 있다. 그런데 FREQUENCY 함수가 잎(leaf)에 대한 도수를 구할 때 이용하는 계급은 각 계급의 상한값을 필요로 하므로 줄기 10에 대한 계급의 상한값은 19로

그리고 줄기 20에 대한 계급의 상한값은 29로 지정해야 한다.

③ C5:C10의 범위에 이들 계급의 상한값을 그림에 나타난 바와 같이 입력한다. 최대값이 64이므로 C10에 지정된 상한값 69가 FREQUENCY 함수에 입력되면 60 이상~69 이하에 속하는 도수를 계산하게 된다. 이 결과는 가장 상위 계급의 상한값 69를 생략했을 때 얻게 되는 도수 즉 60 이상의 값을 갖는 도수와 동일하게 됨을 알 수 있다([예제 2.1]의 (NOTE) 참조). 그리고 D5:D10에 줄기는 '1–', '2–' 등으로 표시한다.

④ 마우스를 이용하여 E5:E10을 범위로 설정한 다음 E5에 다음과 같이 입력한다.

= FREQUENCY(A1:A16,C5:C10)

즉 데이터 범위와 계급의 구간이 FREQUENCY 함수에 지정되어 있다. 이 상태에서 [control]–[shift]–[enter] 키를 동시에 누른다

각 계급의 줄기에 대한 잎의 도수가 계산되면 이를 히스토그램으로 나타내면 된다.

⑤ 마우스를 이용하여 D5:E10을 범위로 설정한 후, [삽입] 탭에 있는 [차트]에서 [가로 막대형] 아이콘을 클릭 후, [2차원 가로 막대형]의 [가은 세로 막대형]을 클릭하면 막대그래프 그림이 나타난다.

	A	B	C	D	E
1	18		최소값=	18	
2	21		최대값=	64	
3	22				
4	19		계급상한값	줄기	도수
5	34		19	1-	2
6	32		29	2-	5
7	40		39	3-	4
8	42		49	4-	2
9	56		59	5-	2
10	58		69	6-	1
11	64				
12	28				
13	29				
14	29				
15	36				
16	35				
17					

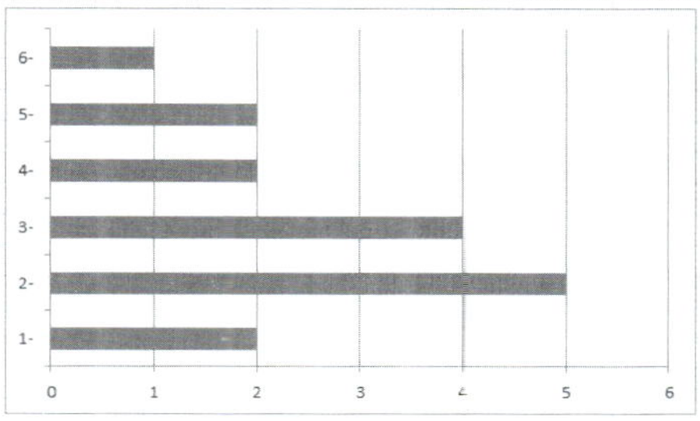

오자이브

어떤 특정한 수준 이하의 값을 가지는 데이터 값이 얼마나 많은지를 나타내는 그래프로서 누적도수곡선(cumulative frequency polygon)이라고도 한다. 즉 데이터 값에 대한 도수분포를 히스토그램에 의해 그래프로 표시할 수 있는 것과 같이 누적도수분포는 오자이브(ogive)에 그래프로 표시할 수 있다.

예제 2.13 [예제 2.1]의 20명에 대한 통계학 점수에 대해 이를 오자이브(ogive) 그래프로 나타내는 과정을 살펴보기로 하자.

오자이브를 그리기 위해서는 먼저 누적도수분포표를 구해야 하는데 이를 구하기 위해서는 또한 계급을 결정해야 한다. 여기서는 60점 이상~69점 이하, 70점 이상~79점 이하, 80점 이상~89점 이하, 90점 이상의 4개 계급으로 한 누적도수분포표를 구하고 이를 오자이브로 나타내기로 한다.

입력과정

① A2:A21에 통계학 점수를 입력한다.

② C2:C5에 계급의 상한값을 각각 입력한다.

③ C2:C5에 입력한 각 계급의 상한값에 대한 계급의 구간을 쉽게 알아볼 수 있도록 D2:D5에 이들 계급의 하한값과 상한값을 표시하였다. 즉 C2의 69점은 60점 이상~69점 이하의 계급에 대한 상한값에 해당한다. 앞에서도 언급하였지만 다시 한번 주의할 것은 FREQUENCY 함수에 C2의 69점이 상한값으로 입력될 경우 FREQUENCY 함수는 69점 이하인 학생 수를 계산한다. 그러나 여기에 주어진 자료에서 60점 미만의 학생이 없으므로 69점을 상한값을 가진 계급을 60점 이상~69점 이하로 표시한 것이다.

④ 69점 이하의 점수를 받은 학생 수를 구하기 위해 E2에 아래와 같이 입력한다.
= FREQUENCY($A$2:$A$21,C2)
위 식에서 $A$2:$A$21은 데이터가 입력되어 있는 범위를 지정한 것이고 C2는 누적도수를 구하기 위한 상한값을 지정한 것이다. 따라서 이 식은 통계학 점수가 C2에 지정되어 있는 69점 이하인 학생 수를 계산하게 된다.

⑤ E2 셀을 클릭하여 활성화시킨 후 마우스로 자동채우기 핸들을 이용하여 E2에서 E5까지 복사한다. E3에는 C3에 지정되어 있는 값인 79점 이하의 점수를 받은 학생수가 10명임을 나타내고 있다.

⑥ 오자이브 곡선을 그리기 위해 마우스로 D2:E5의 범위를 지정한다.

Note

D2:E5까지 범위의 지정은 범위의 시작 주소인 D2를 마우스 왼쪽 버튼으로 클릭한 후, 왼쪽 버튼을 누른 상태를 유지하면서 범위의 끝 주소인 E5까지 드래그하고 왼쪽 버튼을 놓으면 된다.

⑦ [삽입] 탭에 있는 [차트]에서 [꺾은선형] 아이콘을 클릭 후, [2차원 꺾은선형]의 [표식이 있는 꺾은선형]을 클릭하면 누적도수분포표를 그래프로 표시한 오자이브곡선을 얻을 수 있다.

이를 통해 70점대, 80점대로 계급이 변화할 때 이들 계급에서 증가 도수는 비슷한 경향을 보이고 있으나 90점대로 변화하면서 도수의 증가가 급격히 감소하고 있음을 보여주고 있다.

	A	B	C	D	E
1	점수		계급상한값	계급	누적도수
2	88		69	60~69	3
3	67		79	70~79	10
4	76		89	80~89	19
5	80		99	90이상	20
6	86				
7	94				
8	78				
9	84				
10	82				
11	75				
12	80				
13	75				
14	65				
15	84				
16	78				
17	82				
18	71				
19	60				
20	87				
21	75				
22					

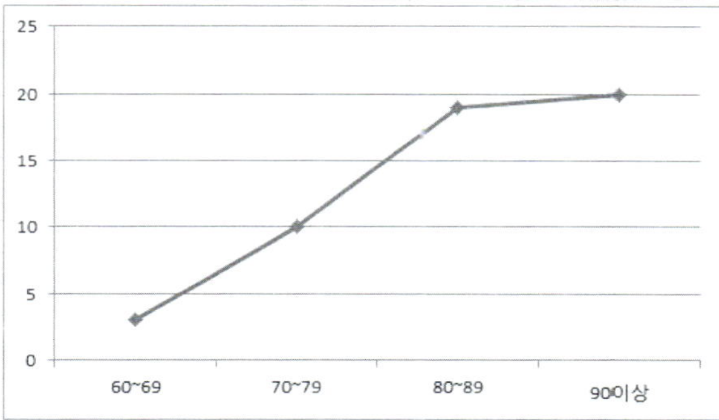

2장 연습문제

▪ 그래프를 이용한 자료의 요약

연습 2.1 다음은 무작위로 추출한 20명에 대해 일주일 동안의 인터넷 사용시간을 조사한 것이다.

인터넷 사용시간				
9.2	10.4	10.8	11.2	6.2
10.5	12.2	6.8	14.9	15.8
11.5	13.8	9.8	7.5	12.2
7.8	14.4	11.5	10.5	11.6

(1) 계급의 급간을 2시간으로 한 도수분포표와 상대도수분포표를 작성하시오.

(2) 위에서 구한 도수분포표에 대한 히스토그램을 그리시오.

풀이 (1) 최소값이 6.2이고 최대값이 15.8이므로, 계급의 상–하한값의 차이를 나타내는 급간을 2시간으로 하려면 각 계급은 6이상~8미만, 8이상~10미만, 10이상~12미만, 12이상~14미만, 14이상~16미만으로 구성하여 도수를 구하면 된다.

입력과정

① A1:A20에 데이터를 입력한다.

② 최소값과 최대값을 구하기 위해 D1과 D2에 각각 다음과 같이 입력한다.

= MIN(A1:A20)

= MAX(A1:A20)

최소값과 최대값이 각각 6.2, 15.8시간으로 나타나 있다. 따라서 첫 번째 계급은 급간을 2시간으로 할 때 6이상~8미만이 된다. 그러나 FREQUENCY 함수를 이용하여 도수를 구하는 경우 각 계급의 상한값까지를 기준으로 계산하기 때문에 본문에서도 강조한 바와 같이 각 계급의 상한값을 '이하'의 개념으로 입력되어야 한다. 즉 6이상~8미만의 계급은 6이상~7.9이하의 형태로 입력되어야 한다.

③ C5에서 C9까지 각 계급의 구간이 입력되어 있다.

④ 이제는 FREQUENCY 함수를 이용하여 도수를 구해야 한다. 여기서는 [예제 2.1]에서와는 달리 계급구간을 직접 입력하여 도수를 구하는 방법을 사용하여 보기로 한다.

먼저 D5셀을 클릭하여 활성화한 후 도수가 출력될 범위인 D5:D9를 마우스로 드래그하여 지정한다.

범위가 지정된 상태에서 D5에 다음과 같이 입력한 후 [control]-[shift]-[enter]키를 동시에 누른다.

= FREQUENCY($A$1:$A$20,{7.9,9.9,11.9,13.9,15.9})

위의 식에서 보는 바와 같이 각 계급에 대응하는 상한값이 중괄호 { }속에 직접 지정되어 있다. 10시간 이상~12시간 미만의 도수가 8로 가장 높게 나타나고 있다.

⑤ 상대도수를 구하기 위해 D10에서 SUM 함수를 이용하여 총도수를 계산한다.

= SUM(D5:D9)

총도수가 D10에서 20으로 출력되어 있다.

⑥ 각 계급의 상대도수는 각 계급의 도수를 총도수 20으로 나누어 얻게 된다. 따라서 E5에 다음과 같이 입력한다.

= D5/$D$10

여기서 분모인 총도수는 각 계급의 도수에 대해 동일하게 적용되어야 하므로 절대주소로 전환하여 입력하는 것에 유의해야 한다.

그리고 E5의 계산내용을 나머지 계급에 대해서도 그대로 적용하여 위해 E5셀을 클릭하여 활성화시킨 후 마우스로 자동채우기 핸들을 이용하여 E9까지 복사한다.

E7에 계급 10.0~11.9의 상대도수가 0.4로 가장 높게 나타나 있다. 그리고 E10에 상대도수의 합이 1로 나타나 있다.

풀이 (2) 히스토그램을 그리기 위해 [차트]를 이용한다.

입력과정

① 계급과 도수가 포함되어 있는 C5:D9를 마우스를 이용하여 범위로 설정한다.

② [삽입] 탭에 있는 [차트]에서 [세로 막대형] 아이콘을 클릭 후, [2차원 세로 막대형]의 [묶은 세로 막대형]을 클릭하면 막대그래프 그림이 나타난다.

여기에서 각 계급의 도수를 표시하는 막대 5개 중 어느 한 곳으로 마우스 포인터를 이동하면 잠시 후 그 막대에 속해 있는 계급의 도수가 표시된다. 이 상태에서 마우스의 오른쪽 버튼을 클릭하여 나타나는 메뉴 창에서 [데이터 계열 서식] 항목을 클릭한다.

[데이터 계열 서식] 창이 나타나면 [계열 옵션] 탭을 클릭한 후 여기서 [항목 너비(W)]의 값을 '0'으로 지정하고 [확인] 버튼을 클릭하면 히스토그램을 구할 수 있다.

10.0이상~12.0미만인 계급의 도수가 8로 가장 높게 나타나 있다.

	A	B	C	D	E	F	G	H	I	J
1	9.2		최소값 =	6.2						
2	10.5		최대값 =	15.8						
3	11.5									
4	7.8		사용시간	도수	상대도수					
5	10.4		6.0-7.9	4	0.2					
6	12.2		8.0-9.9	2	0.1					
7	13.8		10.0-11.9	8	0.4					
8	14.4		12.0-13.9	3	0.15					
9	10.8		14.0-15.9	3	0.15					
10	6.8		총도수 =	20	1					
11	9.8									
12	11.5									
13	11.2									
14	14.9									
15	7.5									
16	10.5									
17	6.2									
18	15.8									
19	12.2									
20	11.6									
21										
22										
23										
24										
25										

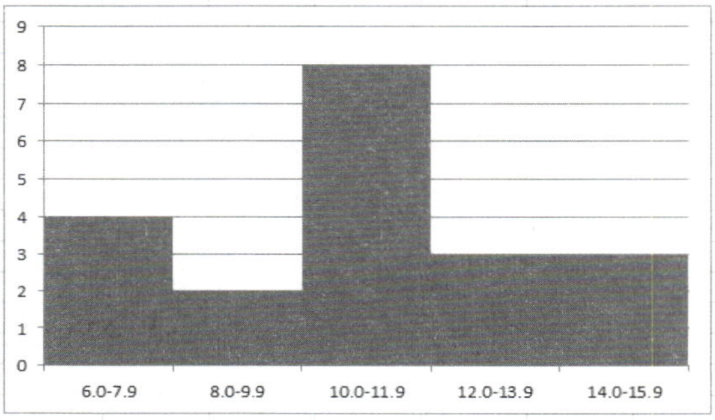

연습 2.2 [연습 2.1]에서 주어진 데이터와 계급으로 누적도수분포표를 작성하고 오자이브를 그리시오.

입력과정

① A1:A20에 데이터를 입력한다.

② C2:C6에 계급의 상한값을 각각 입력한다.

③ C2:C6에 입력한 각 계급의 상한값에 대한 계급의 구간을 쉽게 알아볼 수 있도록 D2:D6에 이들 계급의 하한값과 상한값을 표시하였다. 예를 들어 C2의 7.9는 6.0이상~7.9이하의 계급에 대한 상한값에 해당한다.

④ 7.9이하의 사용시간을 갖는 사용자 수를 구하기 위해 E2에 아래와 같이 입력한다.

= FREQUENCY($A$1:$A$20, C2)

위 식에서 $A$1:$A$20은 데이터가 입력되어 있는 범위를 지정한 것이고 C2는 누적도수를 구하기 위한 상한값을 지정한 것이다. 따라서 이 식은 인터넷 사용시간이 C2에 지정되어 있는 7.9시간 이하인 사용자 수를 계산하게 된다.

⑤ E2셀을 클릭하여 활성화시킨 후 마우스로 자동채우기 핸들을 이용하여 E3에서 E6까지 복사한다. E4에는 C4에 지정되어 있는 11.9이하의 사용시간을 갖는 사용자 수가 14명임을 나타내고 있다.

⑥ 오자이브 곡선을 그리기 위해 마우스로 D2:E6의 범위를 마우스로 지정한다.

⑦ [삽입] 탭에 있는 [차트]에서 [꺾은선형] 아이콘을 클릭 후, [2차원 꺾은선형]의 [표식이 있는 꺾은선형]을 클릭하면 누적도수분포표를 그래프로 표시한 오자이브곡선을 얻을 수 있다.

	A	B	C	D	E
1	9.2		계급상한값	사용시간	누적도수
2	10.5		7.9	6.0-7.9	4
3	11.5		9.9	8.0-9.9	6
4	7.8		11.9	10.0-11.9	14
5	10.4		13.9	12.0-13.9	17
6	12.2		15.9	14.0-15.9	20
7	13.8				
8	14.4				
9	10.8				
10	6.8				
11	9.8				
12	11.5				
13	11.2				
14	14.9				
15	7.5				
16	10.5				
17	6.2				
18	15.8				
19	12.2				
20	11.6				
21					

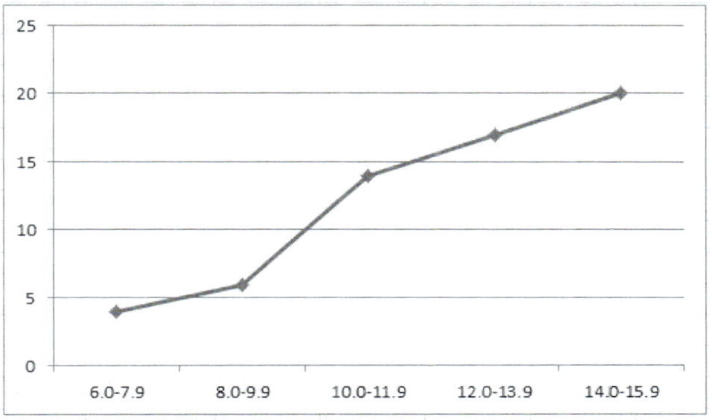

연습 2.3 아래 데이터는 어느 패스트푸드점에서 판매된 햄버거 개수를 일주일 단위로 15주 동안 조사하여 얻은 것이다. 이 데이터를 줄기 잎 그림으로 나타내시오.

2566	2824	2688	2768	2884	2921	3057	2824
2719	2684	3004	2825	2966	2951	2744	

풀이 최소값이 2,566이고 최대값이 3,057이므로, 15주 동안의 판매량 '변화'는 백 단위를 기준으로

이루어지고 있음을 알 수 있다. 따라서 백 단위까지를 줄기로 하고 십 단위는 잎으로 처리하여 줄기 잎 그림을 작성하는 것이 타당하다.

그러므로 첫 주의 판매량 2,566의 경우 줄기는 25, 잎은 6이 되며, 7주째의 판매량 3,057은 줄기가 30이고 잎은 5가 된다. 이러한 과정을 통해 줄기를 수직으로 배열한 후, 각 줄기에 대한 잎을 수평으로 배열하면 줄기 잎 그림을 작성할 수 있다.

(잎 단위 = 10)

줄기	잎
25	7
26	8 9
27	2 4 7
28	2 2 2 8
29	2 5 7
30	0 6

줄기가 28인 관찰치는 4개로 각각 282, 282, 282, 288임을 알 수 있는데 잎의 단위가 10이므로 이들 판매량은 각각 2,820개 수준이 3개, 2,880개 수준이 1개임을 보여주고 있다.
FREQUENCY 함수를 이용하여 도수분포표를 작성한 후 이를 가로 막대형 그래프로 표시하면 간접적으로 줄기 잎 그림을 나타낼 수 있다.

입력과정

① A1:A15의 범위에 데이터를 입력한다.

② 계급을 지정하기 위해 입력한 데이터의 최소값과 최대값을 먼저 구한다.
D1, D2에 각각 다음과 같이 입력한다.
= MIN(A1:A15)
= MAX(A1:A15)
D1, D2에 최소값과 최대값이 각각 2566, 3057로 나타나 있다. 15주 동안의 판매량이 백 단위를 기준으로 변화하고 있으므로 줄기는 2500, 2600, 2700, 2800, 2900, 3000이 되도록 계급을 지정해야 함을 알 수 있다.

③ 그런데 FREQUENCY 함수가 잎(leaf)에 대한 도수를 구할 때 이용하는 계급은 각 계급의 상한값을 필요로 하므로 줄기에 대한 계급의 상한값은 2599, 2699, 2799, 2899, 2999, 3099로 지정한다. 이들 계급의 상한값을 그림에 나타난 바와 같이 C5:C10의 범위에 입력한다.
최대값이 3057이므로 C10에 지정된 상한값 3099가 FREQUENCY 함수에 입력되면 3000이상~3099이하에 속하는 도수를 계산하게 된다. 이 결과는 가장 상위 계급의 상한값 3099를 생략했을 때 얻게 되는 도수 즉 3000이상의 값을 갖는 도수와 동일하게 됨을 알 수 있다([예제 2.1]의 [NOTE] 참조).

그리고 D5:D10에 줄기를 '25-', '26-', '27-' 등으로 표시한다.

④ 마우스를 이용하여 E5:E10을 범위로 설정한 다음 E5에 다음과 같이 입력한다.

= FREQUENCY(A1:A15,C5:C10)

즉 데이터 범위와 계급의 구간이 FREQUENCY 함수에 지정되어 있다. 이 상태에서 [control]-[shift]-[enter]키를 동시에 누른다.

각 계급의 줄기에 대한 잎의 도수가 계산되며 이를 히스토그램으로 나타내면 된다.

⑤ 마우스를 이용하여 D5:E10을 범위로 설정한 후, [삽입] 탭에 있는 [차트]에서 [가로 막대형] 아이콘을 클릭 후, [2차원 가로 막대형]의 [묶은 가로 막대형]을 클릭하면 줄기 잎 그림을 얻을 수 있다.

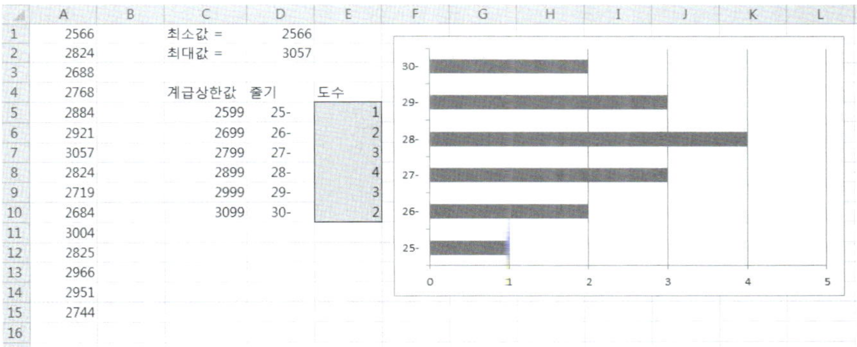

제3장

수집자료의 기술통계적 측정

CONTENTS

2장에서 살펴본 도수분포표나 히스토그램은 표본의 모든 데이터 값들을 하나의 도표에 표시하고 있어 데이터 값들이 어떻게 분포되어 있는가를 파악하는데 편리하였다. 여기에서는 이러한 분포의 특성을 도표가 아닌 수치로 나타내는 방법에 대해 살펴보기로 한다.

분포의 특성을 타나내는 방법은 먼저 자료의 데이터 값들이 주로 어느 값을 중심으로 '위치'해 있는가를 파악하는 중심위치 성향의 측정(measures of central location)과 또 이러한 데이터 값들이 서로 얼마나 차이를 두고 넓게 '퍼져 있는가'를 파악하는 분산의 측정(measures of dispersion)의 두 가지를 들 수 있다.

아래 [그림 3-1]에서 (a)의 경우는 측적된 값들이 4에서 6사이의 계급을 중심으로 0에서 10까지의 범위에 걸쳐 퍼져 있는 반면, (b)에서는 데이터 값들이 6에서 8 사이의 계급을 중심으로 0.에서 16가지의 범위에 걸쳐 (a)보다 더 넓게 퍼져 있음을 보여주고 있다.

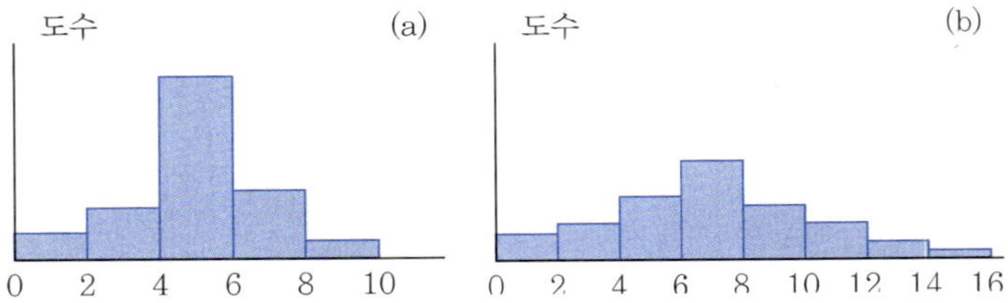

그림 3-1 데이터 값들의 중심위치와 분산

3.1 중심위치의 측정

자료의 중심이 어디에 있는가를 측정하는 가장 대표적인 세 가지 개념으로는 평균값(mean), 중앙값(median), 최빈값(mode)을 들 수 있다.

평균

데이터 값들의 평균(mean)은 데이터 값들을 모두 더한 후, 이를 데이터 값들의 개수로 나누어
구한다. 즉 표본조사를 통해 얻은 n개의 데이터 값이 x_1, x_2, $\cdots$, x_n일 때 이 표본에 대한 평균 ($\bar{x}$)은 다음과 같이 구할 수 있으며 이를 산술평균(arithmetic mean)이라고도 한다.

$$\bar{x} = \frac{1}{n}\sum_{i=1}^{n} x_i$$

Note

N개의 데이터 $X_1,\ X_2,\ \cdots,\ X_N$으로 구성된 모집단에 대한 평균은 표본자료를 통해 얻은 표본평균(sample mean) 측정 $\bar{x}$와 구분하기 위해 다음과 같이 그리스 문자 μ 표시한다. 그리고 이를 모집단으로부터 얻은 평균이라 하여 모평균(population mean)이라 한다.

$$\mu = \frac{1}{N}\sum_{i=1}^{N} X_i$$

예제 3.1 5명의 체중을 조사한 결과가 아래와 같이 주어졌을 때 평균은 다음과 같이 구한다(단위 : kg).

72 67 60 78 82

풀이 먼저 5명의 체중을 모두 더한 후 이를 5로 나누면 평균을 얻을 수 있다. 따라서 평균은 $\bar{x} = \frac{1}{5}(72+67+60+78+82) = \frac{359}{5} = 71.8$(kg)이 된다.

예제 3.2 위의 [예제 3.1]에서 자료를 이용하여 평균을 비롯하여 최소값, 최대값 그리고 관찰치수를 엑셀을 통해 얻는 과정을 살펴보기로 하자.

풀이 평균은 엑셀에 내장되어 있는 AVERAGE 함수를 이용하면 쉽게 구할 수 있으며 최소값, 최대값은 각각 MIN, MAX 함수를 이용하여 구한다. COUNT 함수는 숫자가 들어 있는 셀의 개수를 구하는 함수인데 이를 이용하면 바로 관찰치 수를 구할 수 있다.

입력과정

① A2:A6에 체중에 대한 데이터를 입력한다.

② D2에 다음과 같이 입력하여 평균을 구한다.
= AVERAGE(A2:A6)
평균이 71.8로 계산되어 있다.

③ 최소값과 최대값을 구하기 위해 D3과 D4에 각각 다음과 같이 입력한다.
= MIN(A2:A6)
= MAX(A2:A6)

④ 관찰치 수를 구하기 위해 D5에 다음과 같이 입력한다.
= COUNT(A2:A6)
관찰치 수가 5개로 나타나 있다.

	A	B	C	D	E
1	체중				
2	72		평균 =	71.8	
3	67		최소값 =	60	
4	60		최대값 =	82	
5	78		관찰치 수 =	5	
6	82				
7					

예제 3.3 관찰치 수가 많은 일반적인 데이터에 대해서도 평균을 구하는 과정은 동일하다. 여기서는 [예제 2.1]에서 다루었던 통계학 점수의 평균, 관찰치 수, 그리고 최저 및 최고 점수를 구해보기로 하자.

통계학 점수									
88	67	76	80	86	94	78	84	82	75
80	75	65	84	78	82	71	60	87	75

입력과정

① A2:A21에 20명의 통계학 점수를 입력한다. 아래 그림에는 관찰치 일부가 생략되어 있다.

② D2에 AVERAGE 함수를 이용하여 평균을 구하기 위해 다음과 같이 입력한다.

= AVERAGE(A2:A21)

평균이 78.35로 계산되어 있다.

③ 관찰치 수를 구하기 위해 D3에 다음과 같이 입력한다.

= COUNT(A2:A21)

표본의 크기인 관찰치 수가 20으로 나타나 있다.

④ 최소값과 최대값을 구하기 위해 D4와 D5에 각각 다음과 같이 입력한다.

= MIN(A2:A21)

= MAX(A2:A21)

최저 점수와 최고 점수가 각각 60, 94인 것으로 나타나 있다.

	A	B	C	D	E
1	점수				
2	88		평균 =	78.35	
3	67		관찰치 수 =	20	
4	76		최저점수 =	60	
5	80		최고점수 =	94	
6	86				
20	87				
21	75				
22					

중앙값

모든 데이터 값을 오름차순으로 배열하였을 때 중앙에 위치한 데이터 값을 중앙값(median)이라 한다.

중앙값의 기본 개념은 데이터 값을 모두 오름차순으로 배열했을 때 중앙값보다 큰 데이터 값들의 수와 중앙값보다 작은 데이터 값의 수가 동일하도록 결정된 값인 것이다. 따라서 데이터 값들의 수가 홀수일 때는 중앙값이 하나가 되지만, 데이터 값들의 수가 짝수일 때는 중앙에 위치한 값이 두 개가 되므로 이러한 경우에는 이 두 데이터 값을 평균하여 중앙값으로 한다.

예제 3.4 아래는 어느 상담부서의 전화 통화시간을 측정한 것이다. 이 자료의 중앙값을 구하시오.

$$7 \quad 2 \quad 3 \quad 7 \quad 6 \quad 9 \quad 10 \quad 8 \quad 9 \quad 9 \quad 10$$

풀이 먼저 오름차순으로 자료를 다음과 같이 정리한다.

$$\underbrace{2 \quad 3 \quad 6 \quad 7 \quad 7}_{5\text{개}} \quad \underset{\uparrow}{8} \quad \underbrace{9 \quad 9 \quad 9 \quad 10 \quad 10}_{5\text{개}}$$

데이터 값이 11개로 홀수이므로 중앙에 위치한 순위는 6번째$\left(\frac{11+1}{2}=6\right)$이다. 따라서 6번째 위치한 8

이 중앙값이 된다.

입력과정

① A2:A12에 전화통화시간에 대한 데이터를 입력한다. 그림에는 관찰치 일부가 생략되어 있다.

② D2에 MEDIAN 함수를 이용하여 중앙값을 구하기 위해 다음과 같이 입력한다.
= MEDIAN(A2:A12)
중앙값이 8로 나타나 있다.

	A	B	C	D	E
1	통화시간				
2	7		중앙값 =	8	
3	2				
4	3				
11	9				
12	10				
13					

예제 3.5 학생 10명에 대한 수학 점수가 아래와 같을 때 이 자료의 중앙값을 구하시오.

92 76 84 95 86 78 62 90 89 73

풀이 10명의 점수를 다음과 같이 오름차순으로 배열한다.

62 73 76 78 84 86 89 90 92 95

(62 73 76 78: 4명, ↑84 ↑86, 89 90 92 95: 4명)

데이터 값이 10개로 짝수이므로 중앙에 위치하는 점수는 5번째와 6번째의 84점과 86점이다. 따라서 중앙값은 이 두 점수를 평균한 85점이 된다.

입력과정

① A2:A11에 10명에 대한 수학 점수를 입력한다. 아래 그림에는 데이터 일부가 생략되어 있다.

② D2에 MEDIAN 함수를 이용하여 중앙값을 구하기 위해 다음과 같이 입력한다.
= MEDIAN(A2:A11)
중앙값이 85로 나타나 있다.

	A	B	C	D	E
1	수학점수				
2	92		중앙값 =	85	
3	76				
4	84				
10	89				
11	73				
12					

최빈값

데이터 값들 중에서 빈도수가 가장 높은 데이터 값을 최빈값(mode)이라 한다.

예제 3.6 아래에 주어진 자료에 대해 최빈값을 구하면 다음과 같다.

1 2 2 2 3 4 3 5 7 9

풀이 10개의 데이터 값들 중에서 2의 빈도수가 3으로 가장 크므로 이 경우 최빈값은 2이다.

관찰치 값	1	2	3	4	5	7	9
도수	1	3	2	1	1	1	1

입력과정

최빈값은 MODE 함수를 이용하면 간단히 구할 수 있다.

① A2:A11에 자료를 입력한다. 아래 그림에는 관찰치 일부가 생략되어 있다.

② D2에 MODE 함수를 이용하여 최빈값을 구하기 위해 다음과 같이 입력한다.

= MODE(A2:A11)

최빈값이 2로 나타나 있다.

	A	B	C	D	E
1	관찰치값				
2	1		최빈값 =	2	
3	2				
4	2				
10	7				
11	9				
12					

가중평균

n개의 데이터 값이 $x_1, x_2, \cdots, x_n$일 때, 이들 값에 대해 각각 $w_1, w_2, \cdots, w_n$의 가중치를 부여하여 얻은 평균을 가중평균(weighted mean)이라 하며 이는 다음과 같이 계산한다.

$$\bar{x} = \frac{w_1 x_1 + w_2 x_2 + \cdots + w_n x_n}{w_1 + w_2 + \cdots + w_n} = \frac{\sum_{i=1}^{n} w_i x_i}{\sum_{i=1}^{n} w_i}$$

위의 공식을 풀어 쓰면 $\bar{x} = \frac{w_1}{\sum w_i} x_1 + \frac{w_2}{\sum w_i} x_2 + \cdots + \frac{w_n}{\sum w_i} x_n$이 되는데, 여기서 w_i를 x_i에 대한 도수라고 하면 $\frac{w_i}{\sum w_i}$는 x_i의 도수 w_i를 전체 도수 $\sum w_i$로 나눈 것이므로 x_i의 상대도수에 해당한다. 그리고 $\frac{w_i}{\sum w_i}$를 모두 합하면 즉 $\sum_{i=0}^{n} \frac{w_i}{\sum w_i} = 1$이다.

예제 3.7 가중평균에 대한 개념은 다음과 같은 예를 생각하면 쉽게 이해할 수 있다. 갑, 을 두 학생이 통계학(3학점)과 전산개론(2학점)을 수강한 결과 갑은 통계학에서 A, 전산개론에서 B학점을 얻은 반면, 을은 통계학에서 B, 전산개론에서 A를 받았다. 이 두 학생의 성적은 동일하다고 할 수 있는가?

풀이 통계학과 전산개론의 학점 수가 3학점으로 동일하다면 이들 두 학생의 성적은 평균적으로 동일하다고 할 수 있다. 그러나 통계학이 3학점이고 전산개론이 2학점이라 한다면 학점 수가 높은 통계학에서 A를 받은 갑의 성적이 더 높다고 평가하는 것이 옳을 것이다. 이 경우 학점 수가 가중치(weight)의 역할을 하는 것이다.

예제 3.8 위의 [예제 3.7]에서 A학점의 평점이 4, B학점의 평점이 3일 때, 학점 수를 가중치로 한 갑과을 두 학생의 평균평점을 구하시오.

풀이 학점 수를 가중치로 한 평점에 대한 가중평균을 구하는 것이다.

$$\bar{x}=\frac{\sum x_i w_i}{\sum w_i}=\sum\frac{w_i}{\sum w_i}x_i=\frac{w_1}{w_1+w_2}x_1+\frac{w_2}{w_1+w_2}x_2$$

에서 학점을 가중치로 사용하였으므로 $w_1=3$, $w_2=2$이고, $x_1=4$, $x_2=3$이 된다.

갑의 평균평점 : $\frac{(4\times3)+(3\times2)}{3+2}=\frac{18}{5}=3.6$

을의 평균평점 : $\frac{(3\times3)+(4\times2)}{3+2}=\frac{17}{5}=3.4$

예제 3.9 어느 중학교 학급의 수학 점수별 학생 수가 아래와 같을 때, 이 학급의 수학 평균점수를 구하시오.

점수	학생수
90	3
80	12
70	15
60	5

풀이 평균점수를 구하려면 이 학급 학생이 얻은 총점수를 총학생수로 나누어야 한다.
따라서 이 경우는 학생 수를 가중치로 하여 평균을 구하여야 한다.
아래 식에서 분자는 학생 전체가 얻은 총점수이고, 분모는 총학생 수에 해당한다.

$$\bar{x}=\frac{\sum x_i w_i}{\sum w_i}=\frac{(90\times3)+(80\times12)+(70\times15)+(60\times5)}{3+12+15+5}=\frac{2580}{35}=73.7$$

Note

위 식에서 분자가 의미하는 것은 전체 학생 35명(=3+12+15+5)이 받은 총점으로서 이를 90점을 받은 학생이 3명, 80점을 받은 학생이 12명, 그리고 70점과 60점을 받은 학생이 각각 15명, 5명이므로 해당 점수에 그 점수를 받은 학생 수를 곱하여 합계한 것이다. 따라서 가중평균 점수는 35명의 총점수를 학생 수(35명)으로 나누어 얻게 된다.

입력과정

① A2:B5의 범위에 수학 점수와 학생 수를 입력한다.

② 총점을 구하기 위해 먼저 C2에 다음과 같이 입력한다.

= A2*B2

그리고 C2셀을 클릭하여 활성화시킨 후 마우스로 자동채우기 핸들을 이용하여 C2에서 C5까지 복사한다.

③ 총학생 수를 구하기 위해 B6에 다음과 같이 입력한다.

= SUM(B2:B5)

총학생 수가 35명으로 출력되어 있다.

④ 전체 학생이 얻은 총점을 구하기 위해 C6에 다음과 같이 입력한다.

= SUM(C2:C5)

총학생 수 35명이 얻은 총점이 2580점으로 출력되어 있다. 이 총점을 총학생 수로 나누면 평균을 구할 수 있다.

⑤ F6에 다음과 같이 입력한다.

= C6/B6

평균점수가 73.7로 나타나 있다.

	A	B	C	D	E	F	G
1	점수	학생수	점수*학생수				
2	90	3	270				
3	80	12	960				
4	70	15	1050				
5	60	5	300				
6		35	2580		평균 =	73.71429	
7							

3.2 분산의 측정

자료의 분포에 대한 특성을 정확히 파악하기 위해서는 자료의 중심을 나타내는 평균의 측정과 함께 자료의 데이터 값들이 이 평균을 중심으로 얼마나 퍼져 있는가를 측정하여야 한다. 아래 [그림 3-2]는 바로 평균 개념만으로는 분포의 특성을 정확히 파악할 수 없다는 사실을 보여준다. (a)와 (b)는 모두 평균이 $\bar{x}$로 동일하나, (a)의 경우는 (b)에 비해 데이터 값들이 평균을 중심으로 집중되어 있음을 보여주고 있다.

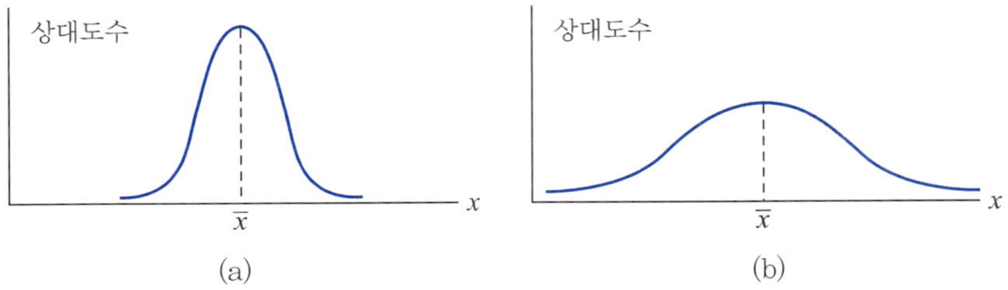

그림 3-2 분포의 퍼짐 정도

> **Note**
>
> [그림 3-2]에서 상대도수분포를 나타내는 그래프가 막대그래프의 히스토그램이 아닌 곡선으로 그려져 있는데, 이는 x의 값이 뒤에서 살펴본 연속적(continuous)인 경우의 분포에 해당한다. 만약 x가 불연속적(discrete)인 경우는 히스토그램에 있는 각 계급의 중앙값을 횡축에 표시하고, 이에 대응하는 해당 계급의 상대도수를 종축에 표시한 후 이들 각 점들을 연결한 것으로 파악하면 된다.

이러한 자료의 퍼짐을 측정하는 방법으로는 범위(range), 분산(variance), 표준편차(standard deviation) 등이 있다.

> **범위**
>
> 데이터 값들 중에서 최대값과 최소값 사이의 차이를 범위(range)라고 한다.

예제 3.10 [예제 3.1]에서 제시된 5명의 체중(kg) 자료인 72, 67, 60, 78, 82에 대한 범위를 계산하시오.

풀이 5명의 체중(kg)이 각각 72, 67, 60, 78, 82이므로, 범위는 최대값 82와 최소값 60의 차이인 22이다.

엑셀을 이용하여 범위를 구하고자 하는 경우 MAX 함수와 MIN 함수를 이용한다.

입력과정

① A2:A6의 범위에 체중 데이터를 입력한다.

② 범위를 구하기 위해 D2에 다음과 같이 입력한다.

= MAX(A2:A6)−MIN(A2:A6)

범위가 22로 나타나 있다.

	A	B	C	D	E
1	체중				
2	72		범위 =	22	
3	67				
4	60				
5	78				
6	82				
7					

분산

평균이 $\bar{x}$인 n개의 데이터 값 $x_1, x_2, \cdots, x_n$에 대한 표본분산은 다음과 같이 정의된다.

$$s^2 = \frac{\sum_{i=1}^{n}(x_i - \bar{x})^2}{n-1} = \frac{\sum_{i=1}^{n}x_i^2 - \frac{\left(\sum_{i=1}^{n}x_i\right)^2}{n}}{n-1}$$

위 식에서 $(x_i - \bar{x})$는 데이터 값이 평균으로부터 얼마나 떨어져 있는지를 나타내는 것으로서 편차(deviation)라 하는데, 분산은 바로 이러한 편차를 각각의 데이터 값에 대해 구한 후 이를 제곱하여 합한 것을 $(n-1)$로 나눈 것이다. 따라서 표본의 데이터 값들이 평균으로부터 떨어져 있을수록 분산은 커지게 된다.

Note

통계학을 처음 배우면서 항상 혼란을 일으키는 것이 모집단과 표본의 구분이다. 즉 위에서 정의된 분산은 n개의 데이터 값들로 이루어진 '표본'을 대상으로 한 것이다. N개의 데이터 값들로 구성된 '모집단'에 대한 분산은

$$\sigma^2 = \frac{\sum_{i=1}^{N}(X_i - \mu)^2}{N} = \frac{\sum_{i=1}^{N}X_i^2}{N} - \left(\frac{\sum_{i=1}^{N}X_i}{N}\right)^2$$

로 정의된다(여기서 μ는 모집단의 평균인 모평균이다). 표본이든 모집단이든 간에 분산에 대한 개념의 차이가 있는 것은 아니다. 그러나 문제가 되는 것은 모분산의 경우는 그대로 N으로 나누는 데 반해 표본분산은 표본을 구성하는 데이터 값의 개수에서 1을 뺀 $(n-1)$로 나눈다는 점인데, 이는 표본분산의 경우 편차 제곱의 합을 n으로 나누게 되면 이 결과가 모분산의 추정량으로 사용하기에는 과소평가되는 경향이 있기 때문에 이를 조정하기 위해 $(n-1)$로 나누는 것이다. $(n-1)$로 나누는 이론적 근거는 자유도(degree of freedom)라는 개념이다. 이를 간단히 설명하면 편차의 합은 0이기 때문에

(즉 $\sum_{i=1}^{n}(x_i - \bar{x}) = \sum_{i=1}^{n}x_i - n\bar{x} = \sum_{i=1}^{n}x_i - n\frac{\sum_{i=1}^{n}x_i}{n} = 0$), n개의 편차 중 $(n-1)$개의 편차가

결정되면 나머지 1개는 자동적으로 결정되게 된다. 이러한 의미에서 표본분산은 $(n-1)$의 자유도를 가지고 있다고 하며, 분산을 구할 때는 편차의 합이 0이 되는 것을 피하기 위해 편차를 제곱한 것의 합을 구하고 이를 자유도로 나누는 것이다. 또한 분석대상이 되는 자료는 대부분 표본조사에 의해 얻은 데이터 값들이기 때문에 현실적으로는 표본분산이 주로 활용된다.

표준편차

분산에 양(+)의 제곱근을 취한 것을 표준편차(standard deviation)라 한다.

$$s = \sqrt{\frac{\sum_{i=1}^{n}(x_i - \overline{x})^2}{n-1}} = \sqrt{\frac{\sum_{i=1}^{n}x_i^2 - \frac{\left(\sum_{i=1}^{n}x_i\right)^2}{n}}{n-1}}$$

Note

데이터 값들이 평균으로부터 얼마나 떨어져 있는지를 측정하는 수단으로 분산을 계산하나, 이 분산의 단위는 데이터 값 단위와 일치하지 않기 때문에 분산에 대한 해석을 데이터 값의 단위를 기준으로 비교하는 데는 적절하지 못한 면이 있다.

Note

예를 들어 신장에 대한 데이터 값들의 단위가 cm 이었다면, 분산은 제곱의 계산 과정을 통해 cm^2가 되기 때문이다. 이러한 분산의 단위를 원래 데이터 값들의 단위로 환원하기 위해 분산에 다시 제곱근을 취하게 되었으며, 이것이 바로 표준편차인 것이다. 모집단에 대한 표준편차 역시 모분산에 양의 제곱근을 취하여 얻게 되는데, 모분산은 $\sigma^2 = \frac{\sum(x_i - \mu)^2}{N}$에 따라 계산된다는 것이 표본분산과 다를 뿐이다.
따라서 모집단의 표준편차는

$$\sigma = \sqrt{\frac{\sum_{i=1}^{N}(x_i - \mu)^2}{N}}$$

으로 표시할 수 있다.

예제 3.11 [예제 3.1]에서 제시된 5명의 체중(kg) 자료인 72, 67, 60, 78, 82에 대한 분산과 표준편차를 구하시오.

풀이 먼저 5명의 체중 평균을 구한다.

$$\bar{x} = \frac{(72+67+60+78+82)}{5} = 71.8(\text{kg})$$

따라서 분산과 표준편차는 다음과 같이 구할 수 있다.

$$s^2 = \frac{(72-71.8)^2+(67-71.8)^2+(60-71.8)^2+(73-71.8)^2+(82-71.8)^2}{(5-1)} = 76.2$$

$$s = \sqrt{76.2} = 8.729$$

입력과정

분산과 표준편차는 VARIANCE 함수와 STDEV 함수를 이용하여 쉽게 구할 수 있다.

① A2:A6의 범위에 체중 데이터를 입력한다.

② 분산과 표준편차를 구하기 위해 D3과 D4에 각각 다음과 같이 입력한다.

= VAR(A2:A6)

= STDEV(A2:A6)

분산과 표준편차가 각각 76.2, 8.73으로 계산되어 있다.

D2에는 AVERAGE 함수를 이용하여 평균을 구한 결과가 71.8로 나타나 있다.

	A	B	C	D	E
1	체중				
2	72		평균 =	71.8	
3	67		분산 =	76.2	
4	60		표준편차 =	8.729261	
5	78				
6	82				
7					

3.3 비대칭성의 측정

변동계수

표준편차를 평균에 대한 백분율로 표시한 것을 변동계수(coefficient of variation)이라 한다.

$$CV = \frac{s}{\bar{x}} \times 100$$

Note

만약 평균과 표준편차가 모집단으로부터 계산된 것이라면 위의 변동계수를 나타내는 식은 $CV=\frac{\sigma}{\mu}$라고 나타낼 수 있다.

$CV=\frac{s}{x}\times 100$에서 만약 x를 투자에 대한 수익률(rate of return)이라 하면, 평균 $\bar{x}$는 투자자의 기대수익률(expected rate of return)이며, 표준편차 s는 수익률이 기대수익률로부터 얼마나 떨어져 있는가를 표시하는 것이므로 투자자의 위험(risk)을 측정하는 기준이 된다. 따라서 이 경우의 변동계수는 기대수익률을 기준으로 위험이 어느 정도인지를 나타내는 척도가 되는 것이다.

예제 3.12 A, B 두 회사의 주가를 한 달 동안 조사하여 평균주가($\bar{x}$)와 표준편차(s)를 조사한 결과 다음과 같은 결과를 얻었다.

$$\bar{x}_A = 45{,}000\text{원} \qquad s_A = 3{,}000\text{원}$$
$$\bar{x}_B = 5{,}000\text{원} \qquad s_B = 2{,}000\text{원}$$

이 자료로부터 우리는 A회사 주식의 변동폭이 B회사보다 더 크다고 할 수 있는가?

풀이 평균주가가 동일한 수준이라면 주가의 표준편차가 클수록 주가변동이 심하다고 할 수 있다. 그러나 위와 같이 A회사 주가의 표준편차는 3,000원으로 B회사의 표준편차 2,000원보다 크지만, A회사 주가의 표준편차는 평균주가 45,000원을 기준으로 한 3,000원인데 비해 B회사 주가의 표준편차는 평균주가 5,000원을 기준으로 한 2,000원이므로 B회사의 주가 변동이 더 심하다고 볼 수 있다. 이와 같이 상대적인 측면에서 변동 정도를 파악한 것이 변동계수인 것이다. A, B 두 회사 주가의 변동계수를 구하면

$$\frac{3{,}000}{45{,}000}\times 100 = 6.7(\%)$$

$$\frac{2{,}000}{5{,}000}\times 100 = 40(\%)$$

로 B회사의 주가변동 정도가 더 높음을 나타내고 있다.

입력과정

① B2:C3의 범위에 두 기업의 평균주가와 표준편차를 입력한다.

② A기업의 변동계수를 구하기 위해 D2에 다음과 같이 입력한다.

= C2/B2

③ D2셀을 클릭하여 활성화시킨 후 마우스로 자동채우기 핸들을 이용하여 D2에서 D3까지 복사한다.

	A	B	C	D	E
1		평균주가	표준편차	변동계수	
2	A 기업	45000	3000	0.066667	
3	B 기업	5000	2000	0.4	
4					

A기업과 B기업의 변동계수가 각각 6.7%, 40%로 나타나 있다. 즉 A기업은 표준편차가 평균주가의 6.7%인 데 반해, B기업은 표준편차가 평균주가의 40%에 이르고 있어 B기업의 주가변동이 심하다는 사실을 확인할 수 있다.

예제 3.13 다음은 5명의 고객이 어느 상점에서 지출한 금액(단위 : 원)이다. 엑셀을 이용하여 변동계수를 구하시오.

30,950	5,800	87,600	45,100	34,000

입력과정

① A2:A6의 범위에 지출액 데이터를 입력한다.

② 변동계수는 표준편차를 평균으로 나눈 것이므로 D2에 다음과 같이 입력한다.
= STDEV(A2:A6)/AVERAGE(A2:A6)
즉 STDEV 함수를 통해 표준편차를 구하고, 평균은 AVERAGE 함수를 이용하여 구하고 있다. D2에 변동계수가 73.5%로 나타나 있다.

	A	B	C	D	E
1	지출액				
2	30950		변동계수 =	0.734916	
3	5800				
4	87600				
5	45100				
6	34000				
7					

왜도

자료의 분포가 좌우 대칭 상태에서 얼마나 벗어났는가를 나타내는 것이 왜도(skewness)이다. 아래 그림과 같이 자료의 분포가 좌우 대칭 상태에서 벗어나는 경우 자료의 분표는 어느 한 쪽으로 경사진 모양을 보이게 되는데, (a)의 경우는 왼쪽으로 기울어진 형태이며 (b)의 경우는 오른쪽으로 기울어진 형태를 보여주고 있다.

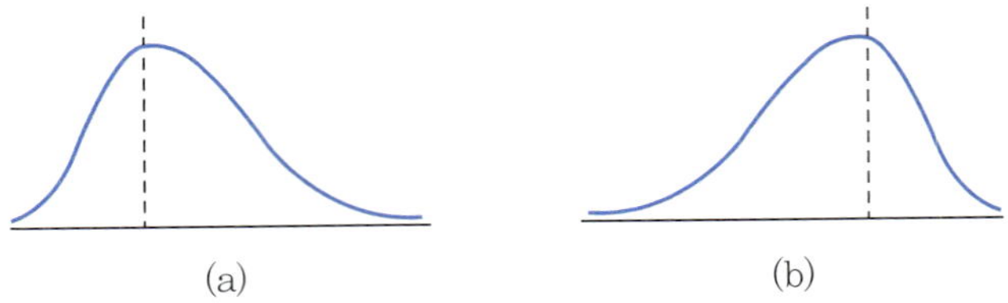

그림 3-3 분포의 대칭성

이러한 왜도는 다음과 같은 공식에 의해 계산할 수 있다.

$$g = \frac{m_3}{\sigma_3}$$

여기서

$$m_3 = \frac{\sum_{i=1}^{n}(x_i - \overline{x})^3}{n}, \qquad \sigma = \sqrt{\frac{\sum_{i=1}^{n}(x_i - \overline{x})^2}{n}}$$

이 때 $g=0$이면 자료의 분포는 대칭을 이루게 된다. $g \neq 0$이면 대칭 상태에서 벗어나게 되는데, $g > 0$이면 오른쪽 분포의 꼬리가 길게 늘어짐으로써 오른쪽으로 완만한 경사를 보이며 $g < 0$이면 왼쪽 분포의 꼬리가 길게 늘어짐으로써 왼쪽으로 완만한 경사를 보인다. 그러므로 위의 그림에서 (a)는 왜도값이 $g > 0$이며 (b)는 $g < 0$임을 알 수 있다.

Note

왜도를 측정하는 방법은 하나로 고정된 것이 아니다. 위의 방법 외에 $\frac{\overline{x} - M_e}{s}$ 또는 $\frac{\overline{x} - M_o}{s}$ 등으로 측정하기도 한다(여기서 M_e는 중앙값, M_o는 최빈값). 또한 SAS나 Excel 등에서 계산되는 왜도는 $\frac{n}{(n-1)(n-2)}\sum\left(\frac{x_i - \overline{x}}{s}\right)^3$에 따라 계산된 결과라는 사실에 주의해야 한다. 따라서 왜도 값의 크기보다는 부호에 더 큰 의미를 부여해야 할 것이다. $g=0$가 되어 자료의 분포가 좌우 대칭인 경우 앞에서 살펴본 산술평균, 최빈값, 중앙값은 모두 일치하나, $g \neq 0$가 되어 자료의 분포가 좌우 비대칭으로 이루어진 경우는 중앙값이 최빈값과 산술평균 사이에 위치하게 된다.

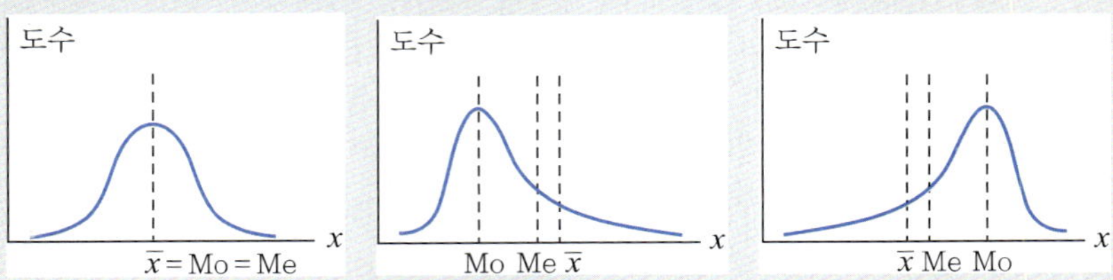

그림 3-4 분포의 대칭정도에 따른 산술평균, 최빈값, 중앙값의 위치

예제 3.14 다음 자료의 평균, 중앙값, 최빈값을 구하고 이들 값들의 관계를 통해 분포의 대칭성 여부를 확인하시오. 그리고 왜도를 구하고 이를 통해 분포가 어느 쪽으로 기울었는지를 확인하시오.

11	17	18	10	22	14	13	12

풀이

$$\bar{x} = \sum x_i / n = 117/8 = 14.625$$

$$\sum (x_i - \bar{x})^2 = 115.88$$

$$\sum (x_i - \bar{x})^3 = 283.78$$

따라서

$$m_3 = \frac{\sum (x_i - \bar{x})^3}{n} = \frac{283.78}{8} = 38.47$$

$$\sigma = \sqrt{\frac{\sum (x_i - \bar{x})^2}{n}} = \sqrt{\frac{115.88}{8}} = 3.81$$

이므로 왜도는

$$\frac{m_3}{\sigma^3} = \frac{35.47}{3.81^3} = 0.64$$

이다. 그러므로 이 분포는 왜도가 양의 값을 가지므로 꼬리가 오른쪽으로 길게 늘어진 형태를 보일 것이다.

x	$(x - \bar{x})^2$	$(x - \bar{x})^3$
11	13.14	−47.63
17	5.64	13.40
18	11.39	38.44
10	21.39	−98.93
22	54.39	401.13
14	0.39	−0.24
13	2.64	−4.29
12	6.89	−18.09

입력과정

① A2:A9의 범위에 데이터를 입력한다.

② 평균을 구하기 위해 D2에 다음과 같이 입력한다.

= AVERAGE(A2:A9)

D2에 평균이 14.625로 계산되어 있다.

③ 중앙값을 구하기 위해 D3에 다음과 같이 입력한다.

= MEDIAN(A2:A9)

D3에 중앙값이 13.5로 계산되어 있다.

④ 최빈값을 구하기 위해 D4에 다음과 같이 입력한다.

= MODE(A2:A9)

데이터 값이 모두 서로 각기 다른 값을 가지고 있는 경우 MODE 함수는 #N/A로 표시되는 에러값을 출력한다.

최빈값이 구해지지 않았으나 평균(14.625)과 중앙값(13.5)만을 비교해 볼 때 이들 값들이 서로 일치하지 않으므로 대칭이 아님을 알 수 있으며, 또한 중앙값 < 평균의 관계가 성립하고 있어 데이터의 분포가 오른쪽으로 길게 늘어져 있음을 확인할 수 있다.

⑤ 왜도는 SKEW 함수를 이용하여 구할 수 있으며 D5에 다음과 같이 입력한다.

= SKEW(A2:A9)

D5에 왜도가 $g = 0.803$으로 양(+)의 값으로 나타나고 있어 위에서 평균과 중앙값을 통해 확인한 바와 같이 데이터의 분포가 오른쪽으로 완만하게 경사를 이루고 있음을 나타내고 있다.

	A	B	C	D	E
1	x				
2	11		평균 =	14.625	
3	17		중앙값 =	13.5	
4	18		최빈값 =	#N/A	
5	10		왜도 =	0.802577	
6	22				
7	14				
8	13				
9	12				
10					

Note

여기서 주의할 것은 엑셀에서 출력되는 왜도는 $\frac{n}{(n-1)(n-2)}\sum\left(\frac{x_i-\bar{x}}{s}\right)^3$ 에 따라 계산된 결과이므로 위에서 계산한 왜도값 0.64와는 차이를 보이고 있다(여기서 s는 표본의 표준편차임).

4분위 값

4분위 값을 이해하기 위해서는 먼저 %분위 값(percentile)을 정의해야 한다. k%분위 값이란 데이터들에 대한 도수분포를 작성했을 때 k%분위 값을 중심으로 이보다 작은 값을 가지는 데이터 값들의 도수가 적어도 전체 도수의 $k\%$가 되는 값을 의미하며 이를 P_k로 표시한다. 따라서 $k\%$분위 값보다 큰 데이터 값들의 도수는 전체 도수의 (100−k)%에 이를 것이다. 예를 들어 50%분위 값인 P_{50}은 이보다 작은 데이터 값들의 도수가 전체도수의 50%이고 P_{50}보다 큰 데이터 값들의 도수가 전체 도수의 50%가 되므로 이는 바로 모든 데이터 값들을 오름차순으로 나열하였을 때 중앙에 위치한 값 즉 중앙값에 해당한다. 특히 P_{25}, P_{50}, P_{75}는 데이터 값들을 오름차순으로 나열했을 때 1/4의 간격을 가지고 위치해 있기 때문에 이들을 각각 1사분위 값(the first quartile), 2사분위 값, 3사분위 값이라고 하며, %분위 값과 구분하여 각각 Q_1, Q_2, Q_3로 표시한다. 또한 Q_1과 Q_3의 범위를 4분위 범위(interquartile range)라 한다.

Note

n개의 데이터 값으로 구성된 자료에서 $k\%$분위 값은 P_k를 구하는 과정은 다음과 같다.

(1) P_k는 정의에 의해 P_k값 보다 작은 값을 가지는 데이터의 도수가 전체 도수의 $k\%$가 된다는 것을 의미하므로, P_k의 위치를 알기 위해서는 먼저 데이터 값들을 모두 오름차순으로 배열해야 한다.
즉 전체 도수가 n이라 할 때 전체 도수의 $k\%$가 P_k값 보다 작아야 하므로 P_k값의 위치는 오름차순으로 배열한 데이터 값들의 순위에서 $n\times\frac{k}{100}$번째가 될 것이다.

(2) 이 때
$n\times\frac{k}{100}$가 정수이면 P_k의 '위치'는 $n\times\frac{k}{100}+0.5$이고,
$n\times\frac{k}{100}$가 정수가 아니면 P_k의 '위치'는 $n\times\frac{k}{100}$ 다음의 정수가 된다.

(3) 끝으로 자료의 데이터 값들을 오름차순으로 순위를 정하고 이로부터 (2)에서 구한 P_k의 위치에 해당하는 값을 택하면 이것이 $k\%$분위 값인 것이다.

예제 3.15 다음 자료에서 30%분위 값(P_{30})과 1사분위 값(Q_1)을 구하시오.

136	182	166	132	130	186	140	155

풀이 〈30%분위 값〉

(1) 데이터를 구성하는 관찰치가 모두 8개이므로 $n=8$이다. 따라서 30%분위 값의 위치는
$n\times\frac{k}{100}=8\times\frac{30}{100}=2.4$(번째)이고 이의 의미는 데이터 값들을 오름차순으로 배열했을 때 아래부터 2.4개의 도수가 전체 도수의 30%에 해당한다는 것이다.

(2) 즉 30%분위 값을 구하기 위해서는 적어도 2.4개의 도수를 포함하고 있어야 하므로 2.4 다음의 정수인 3번째에 위치하는 데이터 값을 P_{30}으로 택하게 되는 것이다.

(3) 위의 데이터 값들을 오름차순으로 배열하면

위치	1	2	③	4	5	6	7	8
데이터값	130	132	136	140	155	166	182	186

↑
2.4번째

위에서 보는 바와 같이 $n \times \frac{k}{100}$에 따라 계산한 30%분위 값의 위치가 2.4번째로 정수가 아니므로 2.4 다음의 정수인 3을 택하게 되고 이에 따라 30%분위 값은 위의 오름차순으로 배열한 관찰치에서 3번째 위치에 있는 136이 된다.

이는 위의 8개 데이터 값으로 이루어진 자료에서 136보다 작은 값을 가지는 관찰치들의 도수가 '적어도' 전체 도수의 30%가 됨을 의미하는 것이다.

〈1사분위 값〉

(1) $n \times \frac{k}{100} = 8 \times \frac{25}{100} = 2$

(2) 위에서 구한 값이 정수이므로 P_{25}는 $n \times \frac{k}{100} + 0.5 = 8 \times \frac{25}{100} + 0.5 = 2.5$번째에 위치한 값을 찾으면 된다.

2.5번째에 위치하는 수는 2번째 데이터 값 132에서 3번째 데이터 값인 136쪽으로 0.5만큼 떨어져 있다고 가정하여 2번째 데이터 값과 3번째 값의 차이인 4(=136−132)에 0.5를 곱한 것을 2번째 데이터 값 132에 더함으로써 25%분위 값 즉 1사분위 값 Q_1을 구하게 된다. 따라서 1사분위 값은 132+(136−132)×0.5=134가 된다.

2.5번째
↓

위치	1	2	3	4	5	6	7	8
데이터값	130	132	136	140	155	166	182	186

Note

k%분위 값(P_k)은 $\frac{k(n+1)}{100}$번째 값으로 정의되어지기도 한다. 그러나 엑셀에서 PERCENTILE 함수에 의해 계산되는 %분위 값은 $\frac{kn+(100-k)}{100}$번째 값으로 정의되어지기 때문에 50% 분위 값 즉 중앙값의 경우는 어떤 방법을 택하든 동일한 결과를 낳지만, 이외의 다른 %분위 값은 정의되는 식이 어느 것이냐에 따라 서로 다른 결과를 낳게 된다.

입력과정

① A2:A9의 범위에 데이터를 입력한다.

② %분위 값은 PERCENTILE 함수를 이용하여 구할 수 있다. 30%분위 값 (P_{30})을 구하기 위해 D2에 다음과 같이 입력한다.

= PERCENTILE(A2:A9,0.3)

D2에 30%분위 값(P_{30})이 136.4로 출력되어 있다. 여기서 구한 (P_{30})은 위에서 계산한 %분위 값 136과 다른데 이는 위의 [NOTE]에서 언급한 바와 같이 계산하는 식이 다르게 때문이다.

③ Q_1은 25%분위 값에 해당하므로 PERCENTILE(A2:A9,0.25)에 따라 구할 수도 있으나 여기서는 QUARTILE 함수를 이용하여 구하기로 한다.

QUARTILE 함수에 지정하는 변수는 배열(array)과 4분위 위치 값(quart)을 지정해야 한다. 즉 QUARTILE(array, quart)의 형태로 입력하게 되는데 여기서 배열은 데이터의 범위를 의미하며 4분위 위치 값은 0, 1, 2, 3, 4의 값 중 어느 하나를 지정하여 입력한다. 즉 1사분위 값 Q_1을 구하는 경우 4분위 위치 값으로 '1'을 지정하며 3분위 값 Q_3을 구하는 경우는 4분위 위치 값으로 '3'을 지정한다. 따라서 4분위 위치 값 '0'과 '4'가 지정되는 경우는 각각 최소값과 최대값을 산출하게 된다. 물론 4분의 위치 값 '2'가 지정되는 경우 2사분위 값 Q_2를 계산하게 되는데 이는 바로 중앙값을 의미하는 것이기도 하다. 여기서는 1사분위 값 Q_1을 구하는 것이므로 D3에 다음과 같이 입력한다.

= QUARTILE(A2:A9,1)

D3에 1사분위 값 Q_1이 135로 나타나 있다.

	A	B	C	D	E
1	x				
2	136		P30 =	136.4	
3	182		Q1 =	135	
4	166				
5	132				
6	130				
7	186				
8	140				
9	155				
10					

Note

여기서 주의할 것은 엑셀에서 Q_1과 Q_3을 구하기 위해 사용하는 식은 각각 $\frac{n+3}{4}$번째 값과 $\frac{3n+1}{4}$번째 값으로 정의되기 때문에 엑셀에서 계산한 1사분위 값 Q_1은 135로 위에서 공식에 따라 계산한 134와 상이한 결과를 보이고 있다.

상자그림

상자그림(box plot)은 자료의 분포 형태를 4분위 값(Q_1, Q_2, Q_3)과 최소값, 최대값의 다섯가지 정보를 이용하여 그래프로 나타낸 것으로서 데이터 값들이 어떤 분포의 형태를 띠고 있으며 이들 데이터 값들 중 이상값(outlier)이 있는지 여부를 알아내는데 유용하다.

Note

이상값(outlier)이란 데이터 값들의 분포를 그렸을 때 평균으로부터 4×표준편차 이상 떨어진 곳에 위치한 데이터 값을 말한다. 즉 어떤 표본의 평균이 $\overline{x}$이고 표준편차가 s일 때 데이터 값이 $\overline{x}+4\frac{s}{\sqrt{x}}$보다 크거나 $\overline{x}-4\frac{s}{\sqrt{x}}$보다 작으면 이 데이터 값을 이상값 이라고 한다(3.5 [경험법칙] 참조). 이러한 이상값이 존재하게 되면 이로 인해 평균이나 분산이 크게 영향을 받게 되기 때문에 자료 분석에서 이상값 유무를 확인하는 것은 매우 중요하다.

예제 3.16 어느 회사에서 사원들의 출근에 소요되는 시간을 조사하여 아래의 결과를 얻었을 때 이 자료의 상자그림은 다음과 같이 작성한다.

최소값=20, $Q_1=40$, $Q_2=50$, $Q_3=80$, 최대값=120 (단위 : 분)

풀이 먼저 수평축을 그린 후 25%분위 값에 해당하는 1사분위 값 Q_1과 75%분위 값인 3사분위 값 Q_3를 표시한다. 그리고 그 위에 이들 값 사이의 범위를 가로 크기로 하여 아래와 같은 상자 모양의 형태로 표시한다(이 때 상자의 세로 크기는 상자가 직사각형이 되도록 임의로 정하면 된다). 다음에 중앙값인 2사분위 값 Q_2를 작은 막대의 모양으로 상자 안에 표시한다. 끝으로 상자 양 끝에 최소값과 최대값을 표시하고 이들을 상자에 점선으로 연결시킨다.

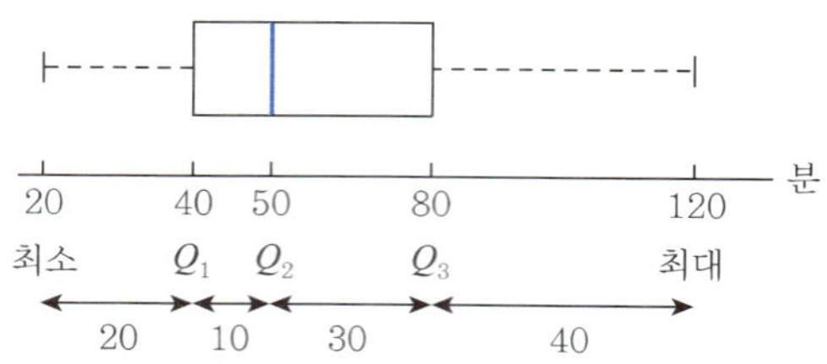

그림 3-5 상자그림과 4분위수

상자그림(box plot)의 경우 이를 그리는 것보다 이것이 나타내는 의미를 파악하는 것이 더욱 중요하다. 먼저 위의 예에서 상자그림은 4분위범위, 즉 Q_1에서 Q_3 사이에 전체 도수의 50%가 속해 있으므로, 이로부터 우리는 사원의 50%가 출근하는데 40분에서 80분 사이의 시간을 소비하고 있음을 확인할 수 있다. 그리고 이들 50%의 반인 25%는 40분에서 50분의 시간이 소요되고 나머지 25%는 50분에서 80분 사이의 시간이 소요되고 있음을 보여주고 있다. 여기서 상자그림이 보여주는 아주 중요한 사실은, 상자가 표시하는 범위에서 Q_1과 Q_2에 속하는 도수와 Q_2와 Q_3에 속하는 도수는 각각 25%로서 동일하나 그 구간의 출근시간 범위는 각각 10분(=50−40)과 30분(=80−50)으로서 Q_1과 Q_2의 출근시간 범위가 작기 때문에, 이를 도수분포 측면에서 보면 도수가 1사분위 값 Q_1과 2사분위 값 Q_2 사이에 '집중되어 있다'는 사실을 확인할 수 있다는 점이다. 즉 다시 말해 Q_1과 Q_2 사이 그리고 Q_2와 Q_3 사이에는 각각 전체 도수의 25%가 속해 있으나 전자의 경우는 동일한 도수가 40분과 50분 사이에 속해 있는 반면, 후자의 경우는 50분과 80분 사이에 속해 있으므로 전자의 Q_1과 Q_2 범위에 비해 후자의 Q_2와 Q_3 범위에는 도수가 상대적으로 넓게 퍼져 있음을 알 수 있다. 상자그림은 이러한 사실을 2사분위 값 Q_2를 표시하는 상자 안의 굵은 세로 줄이 상자의 중앙에 위치한 것이 아니라 왼쪽으로 치우쳐서 위치해 있다는 사실을 통해 우리에게 쉽게 확인시켜 준다. 또한 상자를 벗어나 왼쪽으로는 최소값까지 연결된 점선과 오른쪽으로는 최대값까지 연결된 '점선의 길이'를 비교함으로써 도수분포가 어느 쪽으로 기울었는지를 파악할 수 있는데 위의 예에서는 오른쪽의 점선의 길이가 왼쪽보다 길기 때문에 분포가 오른쪽으로 완만한 경사를 보이는 형태임을 추측할 수 있다.

예제 3.17 상자그림이 다음과 같은 경우 상자그림이 나타내는 자료의 도수분포의 개략적인 형태를 그려보시오.

(1)

(2)

(3)

풀이 (1) 3사분위 값 Q_3에서 최대값까지 연결한 오른쪽 점선의 길이가 2사분위 값 Q_2에서 최소값까지 연결한 왼쪽 점선의 길이보다 길므로 분포는 아래 그림과 같이 오른쪽으로 길게 완만한 경사를 지닌 모양을 가질 것이다.

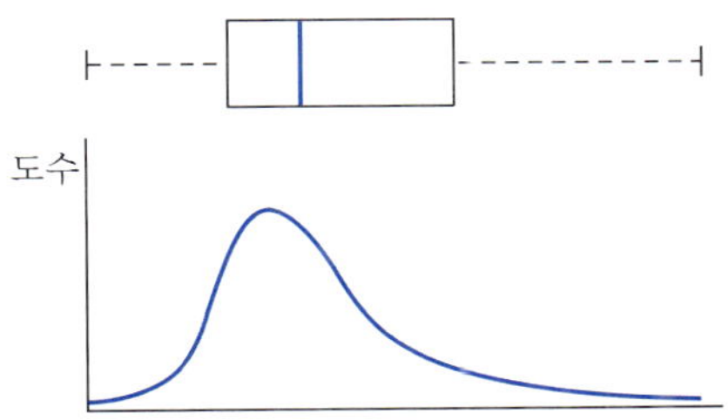

그림 3-6(1) 상자그림과 도수분포

> **Note**
>
> 위에서처럼 반드시 봉우리가 하나로 나타난다고 보장할 수 없다. 그러므로 상자그림의 경우는 분포가 어느 쪽으로 기울어져 있는가를 확인하는 데 유효하며 계급별 도수를 통해 실제 분포의 모양을 확인하는 경우에는 줄기 잎 그림을 이용하는 것이 더 효과적이다.

(2) 왼쪽 점선의 길이가 오른쪽 점선의 길이보다 길기 때문에 이 자료의 도수분포는 왼쪽으로 길게 완만한 경사를 지니는 형태를 보일 것이다.

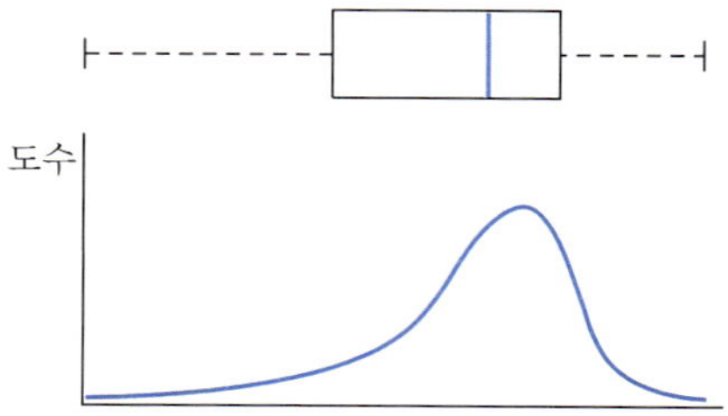

그림 3-6(2) 상자그림과 도수분포

(3) 왼쪽과 오른쪽의 점선의 길이가 거의 같고 중앙값인 2사분위 값 Q_2가 상자의 중앙에 위치해 있으므로 분포형태는 좌우 대칭의 모양을 가질 것이다.

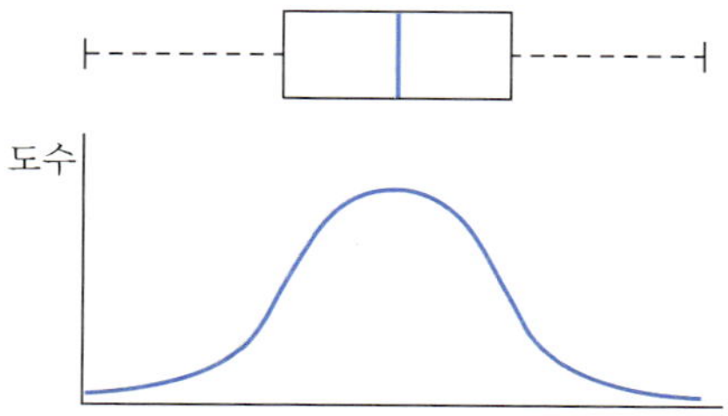

그림 3-6(3) 상자그림과 도수분포

예제 3.18 상자그림을 이용하여 아래에 주어진 데이터의 분포형태를 확인하시오.

38, 74, 13, 58, 26, 55, 80, 26, 51, 46
19, 34, 69, 30, 39, 29, 37, 47, 9, 52

풀이 앞에서 언급한 바와 같이 상자그림은 이를 그리는 것보다 그것이 의미하는 바를 이해하는 것이 더 중요한데 그 이유는 대부분의 통계분석 패키지들이 상자그림을 쉽게 구해 주기 때문이다. 엑셀에서도 부가(add-in) 프로그램을 활용하면 상자그림을 쉽게 그릴 수 있으나 아직 상자그림을 그리기 위한 자체 내장함수(built-in function)는 가지고 있지 않은 상태이다. 그러나 4분위 값만 알고 있다면 개략적 분포의 형태는 확인할 수 있으므로 여기서는 QUARTILE 함수를 이용한 4분위 값의 도출을 통해 분포형태를 확인해 보기로 한다.

입력과정

① A2:A21의 범위에 데이터를 입력한다. 아래 그림에서 일부 데이터는 그림에 나타나 있지 않을 뿐이다.

② 4분위 값을 구하기 위해 QUARTILE 함수를 이용한다. 최소값과 최대값은

MIN, MAX 함수를 이용해도 되나 여기서는 QUARTILE 함수를 이용하여 구하기로 한다. 즉 최소값은 QUARTILE 함수의 4분위 위치 값으로 '0'을 지정하고 최대값은 '4'를 지정한다(예제 3.15 참조).

D2에서 D6까지의 셀에 각각 최소값(Q_0), Q_1, Q_2, Q_3 그리고 최대값(Q_4)을 구하기 위해 다음과 같이 입력한다.

= QUARTILE(A2:A21,0)

= QUARTILE(A2:A21,1)

= QUARTILE(A2:A21,2)

= QUARTILE(A2:A21,3)

= QUARTILE(A2:A21,4)

최소값과 최대값이 각각 9, 80이고 중앙값인 2사분위 값은 38.5, 그리고 1사분위 값과 3사분위 값은 각각 28.25, 52 75로 나타나 있다. 이로부터 전체 도수의 50%가 28.25($= Q_1$)와 52.75($= Q_3$)사이에 속해 있음을 확인할 수 있다.

③ 4분위범위는 1사분위 값 Q_1과 Q_3의 차이로 정의되므로 이들 값이 계산되어 있는 D3과 D5 두 셀을 이용하여 구한다. D8에 4분위 범위가 24.5로 나타나 있다.

= D5−D3

이미 D2에서 D6의 셀에 4분위 값들이 계산되어 있으므로 이를 이용하여 인접하고 있는 4분위 값 사이의 차이를 계산한다. 이들 값이 D9에서 D12 사이의 셀에 계산되어 있다.

	A	B	C	D	E	F
1	x					
2	38		Q0(min) =	9		
3	74		Q1 =	28.25		
4	13		Q2 =	38.5		
5	58		Q3 =	52.75		
6	26		Q4(max) =	80		
7	55					
8	80		Q3-Q1 =	24.5	4분위 범위	
9	26		Q1-Q0 =	19.25	왼쪽 접선길이	
10	51		Q2-Q1 =	10.25		
11	46		Q3-Q2 =	14.25		
12	19		Q4-Q3 =	27.25	오른쪽 접선길이	
13	34		평균 =	41.6		
20	9					
21	52					
22						

Q_2와 Q_1사이와 Q_3과 Q_2사이에는 동일하게 전체 도수의 25%가 속해 있는데 아래 결과에 나타난 바와 같이 Q_2와 Q_1사이의 차이(=10.25)가 Q_3과 Q_2사이의 차이(=14.25)보다 작으므로 Q_3과 Q_2사이의 구간보다는 Q_2와 Q_1사이의 구간에서 데이터의 집중성향이 높게 나타나고 있음을 알 수 있다. 또한 D9의 19.25는 최소값과 1사분위 값 사이의 차이로서 바로 상자그림에서의 왼쪽 점선길이를 표시하며, D12의 27.25는 최대값과 3사분위 값 사이의 차이로서 상자그림의 오른쪽 점선길이를 나타내고 있다. 여기서 오른쪽 점선길이가 왼쪽 점선의 길이보다 크므로 분포형태는 오른쪽으로 길게 완만한 경사를 지니고 있음을 알 수 있다.

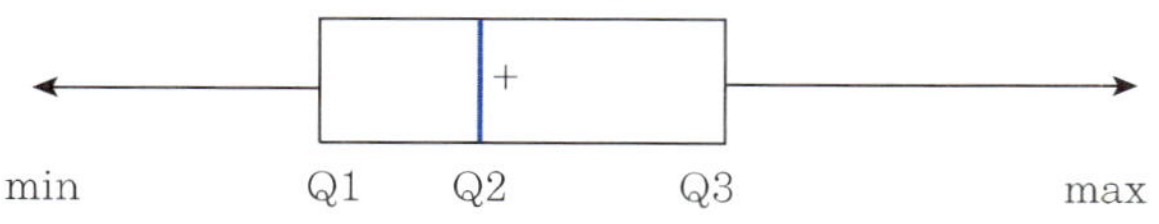

Note

위의 상자그림에서 상자 안의 '+'표시는 평균의 위치를 표시한다. 즉 평균이 중앙값인 2사분위 값보다 큰 값을 가지고 있음을 알 수 있다. 통계전용 패키지인 SAS(Strategic Analysis System)에서는 Q_1과 Q_3에서 왼쪽과 오른쪽으로 점선을 그릴 때 데이터 값 중에서 이상값이 발생할 가능성을 파악하기 위해서 몇 가지 기준에 따라 표시방법을 달리하고 있다. 즉 아래 그림에서 보는 바와 같이 Q_1과 Q_3에서 그려지는 점선은 상자의 하단과 상단이 표시하는 Q_1과 Q_3에서 각각 위 아래로 4분위범위($R = Q_3 - Q_1$)의 1.5배만큼 떨어진 곳까지를 경계로 하여 점선으로 표시하며, 이 경계값을 넘어 각각 4분위범위의 3배만큼 떨어진 곳까지의 범위에 속하는 데이터 값이 있는 경우 이는 'O'로 표시하고 있다. 그리고 이보다 더 멀리 떨어져 있는 데이터 값은 '*'로 표시하고 있다. 따라서 '*'로 표시된 데이터 값은 이상값(outlier)이 될 소지가 충분히 있다.

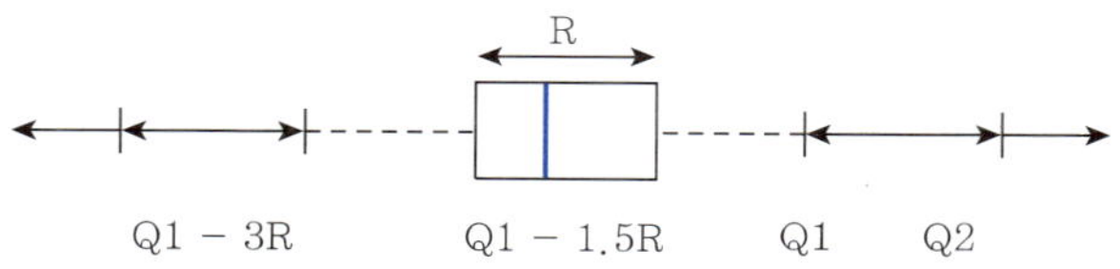

예제 3.19 [예제 3.18]에서 사용한 데이터의 일부가 다음과 같이 변경되었다. $Q_1 - 1.5R$과 $Q_3 + 1.5R$(여기서 R은 4분위범위)을 기준으로 이상값(outlier)을 판단한다고 할 때 이 데이터에서 이상값으로 간주할 수 있는 것은 어느 것인가?

38, 174, 13, 58, 26, 155, 80, 26, 51, 46
19, 134, 69, 30, 39, 29, 37, 47, 9, 52

풀이 $Q_1 - 1.5R$과 $Q_3 + 1.5R$을 기준으로 이상값을 판단한다는 것은, Q_1보다 4분위범위 R의 1.5배 더 작은 값을 가지는 관찰치와 Q_3보다 4분위범위 R의 1.5배 더 큰 값을 가지는 관찰치를 이상값으로 간주한다는 의미이다. 따라서 이러한 기준에 맞는 이상값을 확인하기 위해서는 먼저 Q_1과 Q_3, 그리고 4분위범위(R)을 계산한 후 각각의 관찰치가 이상값을 판단하는 기준에 속하는지 여부를 판단해야 하는데, 여기서는 이를 위해 IF 함수와 OR 함수를 활용하기로 한다

> **Note**
>
> 이상값(outlier)는 IF(logical_test, value_if_true, value_if_false)와 같이 세 개의 인수의 지정으로 구성되는데 여기서 첫 번째 인수인 logical_test는 조건문으로서 지정된 조건이 참(true)이면 두 번째 인수인 value_if_true에서 지정한 값을 출력하고 조건문이 거짓이면 세 번째 인수인 value_if_false에서 지정한 값을 출력하도록 하는 함수이다.
> 또한 OR함수는 OR(logical1, logical2, …)의 형태로 구성되는데 조건으로 지정되는 인수 중 하나 이상의 인수가 조건을 만족시키면 "TRUE" 값을, 그리고 모든 인수가 조건을 만족시키지 않으면 "FALSE"값을 출력한다.

입력과정

① A2:A21의 범위에 주어진 데이터를 입력한다.

② 1사분위 값과 3사분위 값을 구하기 위해 D2와 D3에 다음과 같이 입력한다.

=QUARTILE(A2:A21,1)

=QUARTILE(A2:A21,3)

1사분위 값과 3사분위 값이 각각 28.25, 60.75로 나타나 있다.

③ $R = Q_3 - Q_1$에 따라 4분위범위를 구하기 위해 D4에 다음과 같이 입력한다.

=D3−D2

④ D5와 D6에서 이상값 판단의 기준이 되는 하한값($Q_1 - 1.5R$)과 상한값($Q_3 + 1.5R$)을 구한다. 즉 D2, D3, D4에 Q_1과 Q_3, 그리고 사분위범위 R이 계산되어 있으므로 D5와 D6에 각각 다음과 같이 입력한다.

=D2−1.5*D4

=D3+1.5*D4

이상값 판단을 위한 하한임계값이 -20.5, 그리고 상한임계값이 109.5로 나타나 있다.

⑤ A2에 입력되어 있는 관찰치 38이 이상값인지 여부를 확인하기 위해 E2에 다음과 같이 입력한다.

=IF(OR(A2<$D$5,A2>$D$6),"*","")

먼저 위 식에서 OR(A2<$D$5,A2>$D$6는 IF 함수에 대한 첫 번째 인수로

서 조건인수에 해당한다. 즉 OR 함수에는 두 개의 인수가 지정되어 있는데, 이는 첫 번째 인수(A2〈$D$5)의 조건 즉 A2셀의 값 38이 D5셀의 하한임계값($Q_1 - 1.5R$) −20.5보다 작거나, 또는 두 번째 인수(A2〉$D$6)의 조건 A2셀의 값 38이 D6셀의 상한임계값($Q_3 + 1.5R$) 109.5보다 큰 경우 "TRUE"값을 출력하고 그렇지 않으면 "FALSE"값을 출력하게 된다. 이 때 D5와 D6에 있는 기준값은 모든 관찰치에 대해 적용되는 값이므로 절대주소(absolute reference)로 지정하였다.

A2셀의 값 38의 경우 OR(A2〈$D$5,A2〉$D$6)의 결과는 "FALSE"로 나타나게 되는데 이는 IF함수의 첫 번째 인수로 적용되므로 IF함수에서 세 번째 인수로 공란("")이 지정된 값인 공란(blank)이 E2에 출력될 것이다.

⑥ 나머지 다른 관찰치에 대해서도 이상값 여부를 확인하기 위해 E2셀을 클릭하여 활성화시킨 후 마우스로 자동채우기 핸들을 이용하여 E2에서 E21까지 복사한다.

⑦ "*"표시가 되어 있는 174, 155, 134 등의 세 관찰치가 이상값인 것으로 나타나 있다.

	A	B	C	D	E	F
1	x				이상값	
2	38		Q1 =	28.25		
3	174		Q3 =	60.75	*	
4	13		R =	32.5		
5	58		Q1-1.5R =	-20.5		
6	26		Q3+1.5R =	109.5		
7	155				*	
8	80					
9	26					
10	51					
11	46					
12	19					
13	134				*	
14	69					
15	30					
16	39					
17	29					
18	37					
19	47					
20	9					
21	52					
22						

3.4 그룹화된 자료의 중심위치와 분산의 측정

그룹화된 자료의 평균

데이터 값이 도수분포표의 형태로 그룹화되어 있는 자료에 대한 평균은 도수를 가중치로 사용하여 구하게 된다.
즉 각 계급의 중앙에 위치한 중앙값을 구하고, 여기에 해당 계급의 도수를 곱한 후 이를 총도수로 나누어 계산한다. 이를 수식으로 나타내면 다음과 같이 표시할 수 있다.

$$\bar{x} = \frac{\sum_{i=1}^{k} f_i x_i}{n}$$

여기서 $\bar{x}$: 평균
f_i : i번째 계급의 도수
x_i : i번째 계급의 중앙값
k : 계급의 수
n : 총도수$\left(\sum_{i=1}^{k} f_i\right)$

예제 3.20 아래 도수분포표는 어느 회사의 연령별 근로자 수를 나타내는 자료이다. 이로부터 이 회사 근로자들의 평균 연령을 구하시오.

계급(이상~미만)	도수
10~20	4
20~30	66
30~40	47
40~50	36
50~60	12
60~70	4

풀이

계급(이상~미만)	도수(f)	계급 중앙값(x)	$x \times f$
10~20	4	15	60
20~30	66	25	1650
30~40	47	35	1645
40~50	36	45	1620
50~60	12	55	660
60~70	4	65	260
합계	$\sum f_i = 169$		$\sum f_i x_i = 5895$

따라서 평균은 $\bar{x} = \frac{\sum f_i x_i}{\sum f_i} = \frac{5895}{169} = 34.88$

Note

앞에서 살펴본 가중평균 산출방식과 동일함을 알 수 있다.

입력과정

① A2:B7의 범위에 데이터를 입력한다. 계급을 입력할 때 한 가지 주의할 것은 10이상~20미만의 계급을 10~20으로 입력하고자 하는 경우 먼저 작은 따옴표(')를 입력한 후 10~20을 입력해야 한다. 작은 따옴표(')를 입력하지 않을 경우 엑셀은 10~20을 날짜로 인식하게 된다.

② C2:C7의 범위에 각 계급의 중앙값을 입력한다.

③ $\bar{x} = \frac{\sum f_i x_i}{\sum f_i}$에서 분자를 계산하기 위해서는 먼저 각 계급별로 중앙값(x)과 도수(f)를 곱하고 이 값들의 합계를 구하면 된다. 이를 위해 D2에 다음과 같이 입력한다.

= C2*B2

즉 C2의 중앙값과 B2의 도수를 곱한 결과가 D2에 60으로 나타나 있다. 이러한 과정을 나머지 다른 계급에 대해서도 적용하기 위해 D2셀을 클릭하여 활성화시킨 후 마우스로 자동채우기 핸들을 이용하여 D2에서 D7까지 복사한다.

④ 도수의 합계($\sum f_i$)를 구하기 위해 B8에 SUM 함수를 이용하여 다음과 같이 입력한다.

= SUM(B2:B7)

B8에 도수의 합계가 169로 나타나 있다.

⑤ $\sum f_i x_i$를 구하기 위해 D8에 다음과 같이 입력한다.

= SUM(D2:D7)

D8에 $\sum f_i x_i$의 값이 5895로 나타나 있다.

⑥ F2에서 $\bar{x} = \frac{\sum f_i x_i}{\sum f_i}$에 따라 평균을 구한다. 이 때 분자는 D8에, 그리고 분모는 B8에 해당값이 출력되어 있으므로 G2에는 다음과 같이 입력한다.

= D8/B8

G2에 평균이 34.88로 나타나 있다.

	A	B	C	D	E	F	G	H
1	계급	도수(f)	중앙값(x)	x*f				
2	10~20	4	15	60		평균 =	34.88166	
3	20~30	66	25	1650				
4	30~40	47	35	1645				
5	40~50	36	45	1620				
6	50~60	12	55	660				
7	60~70	4	65	260				
8	합계	169		5895				
9								

그룹화된 자료의 중앙값

중앙값은 앞에서 정의한 바와 같이 데이터 값들을 크기의 순서대로 나열했을 때 중앙에 위치한 값을 뜻한다. 따라서 측정 자료가 도수분포표의 형태로 그룹화되어 있는 경우에는 먼저 중앙값이 속해 있는 계급을 확인한 후, 그 계급에서 중앙값이 위치해 있는 순위가 몇 번째인지를 계산하여 이에 보간법(interpolation)을 적용하여 중앙값을 산출한다. 이는 다음과 같은 식으로 나타낼 수 있다.

$$\text{median} = L + \frac{(n/2) - f_c}{f} \times i$$

여기서 L : 중앙값이 속해 있는 계급의 하한값(lower limit)

n : 총도수

f_c : 중앙값이 속해 있는 바로 전 계급까지의 누적도수

f : 중앙값이 속해 있는 계급의 도수

i : 중앙값이 속해 있는 계급의 급간

예제 3.21 다음 도수분포표로부터 중앙값을 계산하시오.

계 급	도 수
3.55~3.65	1
3.65~3.75	1
3.75~3.85	6
3.85~3.95	6
3.95~4.05	10
4.05~4.15	10
4.15~4.25	13
4.25~4.35	11
4.35~4.45	13
4.45~4.55	7
4.55~4.65	6
4.65~4.75	7
4.75~4.85	5
4.85~4.95	4

풀이 먼저 누적도수를 구하여 중앙값이 위치해 있는 계급을 찾는다. 아래의 누적도수분포를 보면 총도수가 100으로 짝수이므로 중앙값은 50번째와 51번째의 값을 평균하여 얻는 것이 원칙이다. 그러나 여기서 주어진 자료는 도수분포표의 형태로 그룹화되어 있는 자료이기 때문에 위의 공식에 나타난 바와 같이 $n/2=100/2=50$으로부터 중앙값은 50번째에 위치해 있는 것으로 간주한다.

누적도수 열을 보면 50번째의 데이터 값은 '4.25~4.35'의 계급에 속해 있음을 알 수 있다. 급간이 0.1인 이 계급에는 48번째부터 58번째까지의 11개 데이터 값이 포함되어 있는데 이들이 계급에서 동일 간격을 두고 위치해 있다고 가정하면, 50번째의 중앙값은 이전 계급인 '4.15~4.25'까지의 누적도수가 47이므로 '4.25~4.35'의 계급에 속해 있는 11개 도수 중 3번째(=50−47)에 해당하며 이는 급간(0.1)의 측면에서 보면 이 계급의 하한값 4.25에서 $0.1\times\frac{3}{11}$만큼 떨어져 있는 것으로 간주할 수 있다.

따라서 중앙값은

$$L+\frac{\left(\frac{n}{2}\right)-f_c}{f}\times i=4.25+\frac{\frac{100}{2}-47}{11}\times 0.1=4.28$$

이 된다.

계 급	도 수	누적도수
3.55~3.65	1	1
3.65~3.75	1	2
3.75~3.85	6	8
3.85~3.95	6	14
3.95~4.05	10	24
4.05~4.15	10	34
4.15~4.25	13	47
4.25~4.35	11	58
4.35~4.45	13	71
4.45~4.55	7	78
4.55~4.65	6	84
4.65~4.75	7	91
4.75~4.85	5	96
4.85~4.95	4	100

입력과정

① A2:B15의 범위에 계급과 도수에 대한 데이터를 입력한다.

② SUM 함수를 이용하여 누적도수를 구하기 위해 C2에 다음과 같이 입력한다.

= SUM($B$2:B2)

이는 합계를 구하여야 할 셀의 범위를 SUM 함수의 인수로서 지정하고 있는데, 이 때 주의할 것은 셀 범위의 지정은 콜론(:)을 이용하게 되는데 콜론의 왼쪽 셀 주소는 범위의 시작 셀을 의미하고 콜론의 오른쪽 셀 주소는 범위가 끝나는 셀의 주소를 의미한다는 점이다.

따라서 위 식의 의미는 B2에서 B2까지의 범위의 값의 합을 구하라는 것인데, 우리는 B2에서 시작하여 B3, B4, …, B15까지 누적도수를 구하는 것이므로 콜론 왼쪽에 위치한 시작하는 셀의 주소는 절대주소로 지정하고 있다.

물론 C2의 값은 B2에서 B2까지의 합계이므로 당연히 B2자체의 값인 1이 된다.

③ 각 계급별로 누적도수를 구하기 위해 C2셀을 클릭하여 활성화시킨 후 마우스로 자동채우기 핸들을 이용하여 C2에서 C15까지 복사한다.

④ F2에서 $n/2$를 계산한다. 전체 도수 n은 바로 마지막 계급까지의 누적도수(= C2)와 동일하므로 다음과 같이 구할 수 있다.

= C15/2

⑤ $L+\dfrac{\left(\dfrac{n}{2}\right)-f_c}{f}\times i$에 따라 F9에서 중앙값을 계산하기 위해 다음과 같이 입력한다.

= 4.25+(F2−C8)/B9*0.1

중앙값이 F9에 4.277로 나타나 있다.

	A	B	C	D	E	F	G
1	계급	도수	누적도수				
2	3.55 - 3.65	1	1		n/2 =	50	
3	3.65 - 3.75	1	2				
4	3.75 - 3.85	6	8				
5	3.85 - 3.95	6	14				
6	3.95 - 4.05	10	24				
7	4.05 - 4.15	10	34				
8	4.15 - 4.25	13	47				
9	4.25 - 4.35	11	58		중앙값 =	4.277273	
10	4.35 - 4.45	13	71				
11	4.45 - 4.55	7	78				
12	4.55 - 4.65	6	84				
13	4.65 - 4.75	7	91				
14	4.75 - 4.85	5	96				
15	4.85 - 4.95	4	100				
16							
17							
18							

그룹화된 자료의 중앙값

앞으로 최빈값은 빈도수가 가장 높은 데이터 값으로 정의하였다. 그러나 그룹화된 자료에서 최빈값은 일반적으로 빈도수가 가장 높은 계급을 의미하는 것이기 때문에 정확하게 표현한다면 최빈계급(modal class)이라는 용어가 더 적절할 것이다. 만약 계급이 아닌 하나의 값을 최빈값으로 취하고자 한다면 최빈계급의 하한값과 상한값의 중간에 위치한 값을 최빈값으로 한다.

예제 3.22 아래 도수분포표로부터 최빈값을 구하시오.

계 급	도 수
10~19	4
20~29	66
30~39	47
40~49	36
50~59	12
60~69	4
합 계	169

풀이 최빈계급은 빈도수가 가장 높은 두 번째 계급인 '20~29'임을 쉽게 파악할 수 있다. 여기서 최빈값을 구하려면 이 계급의 하한값과 상한값을 알아야 하는데 이 때 주의할 것은 계급과 계급 사이에 불연속 부분이 존재하고 있다는 점이다.

예를 들어 19와 20 사이의 값은 첫 번째와 두 번째 계급의 어느 것에도 속하지 않고 있다. 따라서 이러한 경우는 어느 계급에도 속하지 않는 부분을 동일하게 나누어 양쪽 계급에 분할하여 계급의 급간을 정하게 된다.

따라서 첫 번째 계급의 급간인 '9.5~19.5'가 되고 두 번째 계급의 급간은 '19.5~29.5'가 되어, 두 번째 계급의 하한값과 상한값은 19.5, 29.5임을 알 수 있으며, 이들 값 사이의 중간에 위치한 $24.5\left(=\dfrac{19.5+29.5}{2}\right)$가 최빈값이 된다.

그룹화된 자료의 분산과 표준편차

도수분포표의 형태로 자료가 그룹화되어 있을 때 분산은 다음과 같이 정의된다.

$$s^2 = \frac{\sum_{i=1}^{n}(x_i - \overline{x})^2 f_i}{n-1} = \frac{\sum_{i=1}^{n} f_i x_i^2 - \frac{\left(\sum_{i=1}^{n} f_i x_i\right)^2}{n}}{n-1}$$

여기에서 s^2 : 표본의 분산

x_i : i번째 계급의 중앙값

f_i : i번째 계급의 도수

n : 총도수($\sum f_i$)

예제 3.23 자료가 아래와 같은 도수분포표로 주어졌을 때 분산과 표준편차를 구하시오.

계 급	도 수
10~19	4
20~29	66
30~39	47
40~49	36
50~59	12
60~69	4
합 계	169

풀이 위에 주어진 도수분포표를 이용하여 아래와 같은 계산표를 작성한다.

계 급	도 수(f)	중앙값(x)	$f\times x$	$f\times x^2$
10~19	4	14.5	58.0	841.00
20~29	66	24.5	1617.0	39616.50
30~39	47	34.5	1621.5	55941.75
40~49	36	44.5	1602.0	71289.00
50~59	12	54.5	654.0	35643.00
60~69	4	64.5	258.0	16641.00
합 계	169		5810.5	219972.25

위의 계산 결과를 분산 공식에 대입하면

$$s^2 = \frac{\sum_{i=1}^{n} f_i x_i^2 - \frac{\left(\sum_{i=1}^{n} f_i x_i\right)^2}{n}}{n-1} = \frac{219972.25 - \frac{(5810.50)^2}{169}}{169-1} = 120.22$$

그리고 이의 제곱근을 구하면 표준편차를 구할 수 있다.

$$s = \sqrt{120.22} = 10.96$$

입력과정

① A2:B7에 문제에서 제시된 데이터를 입력한다.

② 각 계급의 중앙값을 C2에서 C7까지 입력한다.

③ $\sum_{i=1}^{n} f_i x_i$를 계산하기 위해 먼저 각 계급별로 중앙값에 도수를 곱한 $f_i x_i$를 계산한다. 이를 위해 D2에 다음과 같이 입력한다.

= B2*C2

이러한 과정은 다른 계급에도 반복하여 적용하기 위해 D2셀을 클릭하여 활성화시킨 후 마우스로 자동채우기 핸들을 이용하여 D2에서 D7까지 복사한다.

④ $\sum_{i=1}^{n} f_i x_i^2$를 계산하기 위해 먼저 각 계급별로 중앙값의 제곱에 도수를 곱한 $f_i x_i^2$를 계산한다. 이를 위해 E2에 다음과 같이 입력한다.

= B2*C2^2

이러한 과정을 다른 계급에도 반복하여 적용하기 위해 E2셀을 클릭하여 활성화시킨 후 마우스로 자동채우기 핸들을 이용하여 E2에서 E7까지 복사한다.

⑤ 도수의 합$\left(n = \sum f_i\right)$을 구하기 위해 SUM함수를 이용하여 B8에 다음과 같이 입력한다.

= SUM(B2:B7)

도수의 합이 169로 나타나 있다.

⑥ $\sum_{i=1}^{n} f_i x_i$와 $\sum_{i=1}^{n} f_i x_i^2$는 각각 D2:D7의 범위와 E2:E7의 범위에 속한 셀 값의 합계를 구하면 된다. 그런데 이 때 이미 B8에서 구한 총도수는 B2:B7의 범위에 속한 셀 값의 합을 구한 것으로서 D2:D7, E2:E7과 비교할 때 열(column)만 다를 뿐, 행(row)은 2행에서 7행까지 모두 동일하므로 B8에서의 계산결과를 이용할 수 있다.

즉 B8셀을 클릭하여 활성화시킨 후 [control]-[c] 키를 눌러 이를 복사한다. 다음에 마우스로 D8:E8의 범위를 드래그한 후 [control]-[v] 키를 눌러 복사 내용에 대한 붙이기를 실행한다.

D8과 E8에 각각 $\sum_{i=1}^{n} f_i x_i$와 $\sum_{i=1}^{n} f_i x_i^2$의 값이 계산되어 나타나 있다.

⑦ 최종적으로 분산을 구하기 위해 $s^2 = \dfrac{\sum_{i=1}^{n} f_i x_i^2 - \dfrac{\left(\sum_{i=1}^{n} f_i x_i\right)^2}{n}}{n-1}$에 따라 H2에 다음과 같이 입력한다.

= (E8−D8^2/B8)/(B8−1)

H2에 분산이 120.2로 계산되어 있다.

⑧ 표준편차는 H2에 계산되어 있는 분산의 제곱근이므로 SQRT 함수를 이용하면 간단히 구할 수 있다. H3에 다음과 같이 입력한다.

= SQRT(H2)

H2에 표준편차가 10.96으로 나타나 있다.

	A	B	C	D	E	F	G	H	I
1	계급	도수(f)	중앙값(x)	f*x	f*x^2				
2	10-19	4	14.5	58	841		분산 =	120.224	
3	20-29	66	24.5	1617	39616.5		표준편차 =	10.96467	
4	30-39	47	34.5	1621.5	55941.75				
5	40-49	36	44.5	1602	71289				
6	50-59	12	54.5	654	35643				
7	60-69	4	64.5	258	16641				
8	합계	169		5810.5	219972.3				
9									

3.5 표준편차에 대한 경험법칙

경험법칙

데이터 값들의 도수분포가 좌우 대칭(symmetric)이고 종 모양(bell-shaped)의 형태를 지니는 경우 평균과 표준편차 사이에 다음과 같은 경험적 사실이 성립한다.

(1) 관찰된 데이터 값들의 약 68.26%는 $\bar{x}-s$에서 $\bar{x}+s$사이에 들어 있다.

(2) 관찰된 데이터 값들의 약 95.45%는 $\bar{x}-2s$에서 $\bar{x}+2s$사이에 들어 있다.

(3) 관찰된 데이터 값들의 약 99.73%는 $\bar{x}-3s$에서 $\bar{x}+3s$사이에 들어 있다.

Note

위의 경험법칙은 데이터 값이 표본을 통해 관찰된 것이냐 그렇지 않으면 모집단으로부터 관찰된 것이냐에 관계없이 성립한다. 단지 모집단의 경우는 평균과 표준편차를 각각 μ와 σ로 표시하는 것이 다를 뿐이다.

아래는 이러한 경험법칙을 그림으로 표시한 것이다.

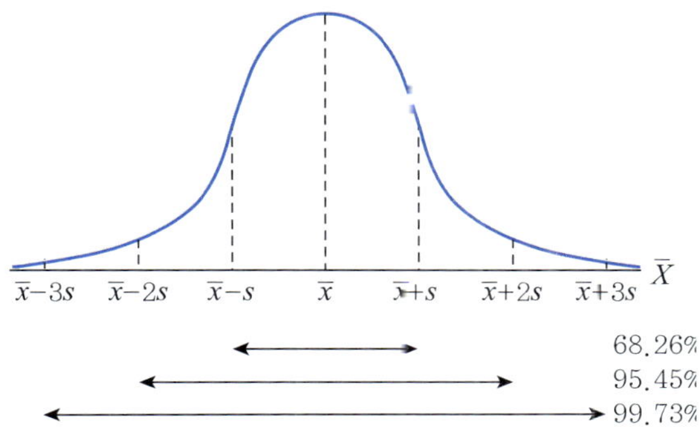

그림 3-7 표준편차에 관한 경험법칙

Note

위 그림에서 $\bar{x}\pm s$사이에 포함되는 데이터 값은 68.26%이고, 분포가 좌우 대칭이므로 데이터 값이 $\bar{x}-s$에서 $\bar{x}$사이에 속하는 것은 68.26%의 1/2인 34.13%에 달할 것이다. 마찬가지로 데이터 값이 $\bar{x}-2s$에서 $\bar{x}$에 속하는 것은 95.45%의 1/2인 47.72%에 이를 것이다. 자료의 분포에서 어떤 데이터의 값이 평균으로부터 표준편차의 4배 이상 떨어진 곳에 위치하고 있을 때 이를 이상값(outlier)이라고 한다. 즉 경험법칙 측면에서 볼 때 $\bar{x}\pm 3s$ 사이에 속하는 값을 가지는 데이터는 분포를 이루는 전체 데이터의 99.73%에 달하는데, 이보다 더 큰 범위인 $\bar{x}\pm 4s$를 설정할 경우 거의 모든 데이터가 이 범위에 속한다고 볼 수 있다. 이러한 면에서 데이터 값이 $\bar{x}-4s$보다 작거나 $\bar{x}+4s$보다 크면 이는 정상적인 범위를 벗어났다고 판단하여 이상값(outlier)이라고 한다.

예제 3.24 어느 제빵회사에서 생산하는 식빵의 중량은 평균이 $\bar{x}=400(\mathrm{g})$, 표준편차가 $s=4(\mathrm{g})$이 되도록 제품 사양이 정해져 있다. 식빵 중량의 분포가 좌우 대칭이고 종 모양을 가진다고 가정할 때 다음 물음에 답하시오.

(1) 중량이 396g과 404g 사이에 있는 식빵은 몇 %가 되겠는가?

(2) 중량이 392g과 408g 사이에 있는 식빵은 몇 %가 되겠는가?

(3) 중량이 388g과 412g 사이에 있는 식빵은 몇 %가 되겠는가?

(4) 중량이 408g보다 적은 식빵은 몇 %가 되겠는가?

(5) 중량이 396g과 408g 사이에 있는 식빵은 몇 %가 되겠는가?

풀이 (1) 396g과 404g은 각각 $\bar{x}+s=400-4=396$, $\bar{x}+s=400+4=404$에 해당하므로 중량이 이 범위에 속하는 식빵은 약 68.26%에 이를 것이다.

(2) 392g과 408g은 각각 $\bar{x}+2s=400-(2\times4)=392$, $\bar{x}+2s=400+(2\times4)=408$에 해당하므로 중량이 이 범위에 속하는 식빵은 약 95.45%에 이를 것이다.

(3) 388g과 412g은 각각 $\bar{x}-3s=400-(3\times4)=388$, $\bar{x}+3s=400+(3\times4)=412$에 해당하므로 중량이 이 범위에 속하는 식빵은 약 99.73%에 이를 것이다.

(4) 평균 408g을 중심으로 분포가 대칭이므로 400g보다 적은 중량을 가진 식빵은 50%이고, 400g과 408g 사이의 중량을 가진 식빵은 392g과 408g 사이에 있는 식빵의 비율은 95.45%의 1/2에 해당하는 47.72%이므로, 중량이 408g 이내에 있는 것은 50%+47.72%=97.72%에 이를 것이다.

(5) 먼저 396g($=\bar{x}+s$)과 400g($\bar{x}$) 사이의 중량을 가지는 식빵의 비율이 34.13%이고, 400g과 408g ($\bar{x}+2s$) 사이에 속하는 식빵의 비율이 47.72%이므로 396g과 408g 사이의 구간에 속하는 것은 81.85%이다.

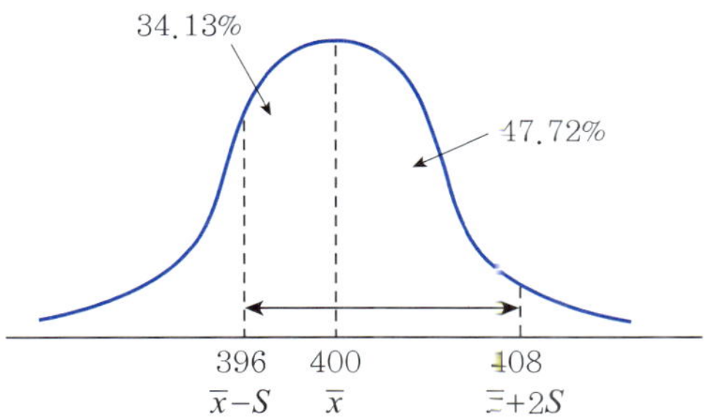

그림 3–8 표준편차와 경험법칙

표준편차의 근사값

분포가 종 모양(bell–shaped)으로 좌우 대칭이고 평균과 표준편차가 각각 $\bar{x}$, s일 때 경험법칙은 99.73%에 이르는 거의 모든 데이터 값이 $\bar{x}-3s$와 $\bar{x}+3s$ 사이에 속한다는 것을 보여준다.

이로부터 우리는 분포의 최대값이 $\bar{x}+3s$ 근처에 위치하고 있고, 최소값은 $\bar{x}-3s$ 근처에 위치해 있다고 볼 수 있으므로 최대값과 최소값은 각각 다음과 같이 지정할 수 있다.

$$\text{최대값} \simeq \bar{x}+3s, \qquad \text{최소값} \simeq \bar{x}-3s$$

이러한 사실로부터 최대값과 최소값의 차이로 정의되는 범위(range)와 표준편차의 관계를 도출할 수 있다. 특히 표본의 크기가 100을 넘는 경우 위의 경험법칙이 거의 그대로 성립하기 때문에 범위는 표준편차의 약 6배에 해당한다. 따라서 표준편차의 근사값은 다음과 같이 표시할 수 있다.

$$s = \frac{\text{범위}}{6}$$

Note

표본의 크기가 30에서 100 이내인 경우는 표준편차의 근사값은 $s = \frac{\text{범위}}{6}$보다는 $s = \frac{\text{범위}}{4}$에 의해 더 정확하게 계산되며, 표본크기가 30 미만인 경우는 범위와 표준편차 사이의 관계가 안정적으로 성립하지 않기 때문에 근사값의 정확성이 떨어진다.

체비세프 정리

경험법칙은 일반적으로 분포의 형태가 좌우 대칭이고 종 모양을 가진다는 전제하에 성립하는 것인데, 러시아 수학자 체비세프(P. L. Chebyshev, 1821~1894)는 이보다 한 걸음 더 나아가 모든 분포에 대해 적용할 수 있는 체비세프 정리(Chebyshev's theorem)를 제시하였다. 체비세프 정리에 따르면, 자료의 분포의 형태에 관계없이 데이터 값이 평균을 중심으로 표준편차의 k배 사이의 범위 즉 $\bar{x} \pm ks$ 사이에 속하는 데이터 값들의 비율은 '최소한' $1-\frac{1}{k^2}$ 이 된다(여기서 k는 $k>1$인 상수).

예제 3.25 표본평균이 20이고 표준편차가 2.5일 때 15에서 25 사이의 범위에 속하는 값을 가지는 데이터는 전체 데이터의 몇 %에 달하는지 체비세프 정리를 이용하여 계산하시오.

풀이 평균을 중심으로 표준편차의 2배만큼의 범위에 해당하므로 k는 2이다. $k=2$일 때 체비세프 정리에 따르면 '적어도' 전체 데이터 값들의 75%$\left(=1-\frac{1}{2^2}\right)$가 $\bar{x} \pm 2s$ 사이에 속한다고 말할 수 있다. 이는 또한 임의로 데이터를 하나 뽑았을 때 그 값이 이 범위의 값을 가질 확률이 적어도 75%가 된다고 해석할 수도 있다. 만약 이 데이터들의 분포가 대칭이고 종 모양을 가진다면 경험법칙에 따라 $\bar{x} \pm 2s$의 범위에 속하는 데이터들은 전체 데이터의 95.45%에 이른다고 볼 수 있다.

3장 연습문제

■ 중심위치의 측정

연습 3.1 다음 표본자료에 대해 평균, 중앙값 그리고 최빈값을 구하시오.

11, 12, 22, 15, 13, 12, 22, 16, 22, 24

풀이 앞에서 우리는 주어진 데이터에 대한 평균과 중앙값 그리고 최빈값을 구하기 위해 각각 AVERAGE, MEDIAN, MODE 함수를 이용하였다. 그러나 이미 이러한 함수 사용법에 대해서 살펴보았으므로 여기서는 엑셀에 내장되어 있는 [데이터 분석] 모듈(module)을 이용하여 좀 더 편리하게 여러 기술통계량을 구하는 방법을 알아보기로 한다.

입력과정

① A2:A11에 주어진 데이터를 입력한다.

② 메뉴 바에 있는 [데이터]탭을 클릭하고 이 때 나타나는 풀다운 메뉴에서 [데이터 분석]을 찾아 클릭하면 [통계 데이터 분석] 창이 열린다.

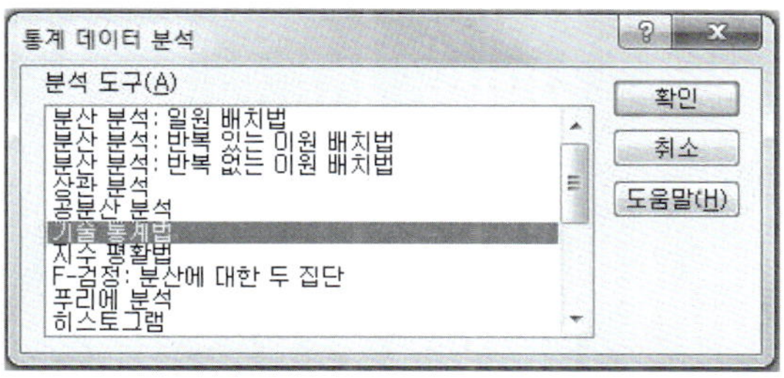

③ 여기서 스크롤바를 이용하여 [기술 통계법] 항목을 찾아 클릭하고, [확인] 버튼을 누르면 [기술 통계법] 창이 열린다.
[기술 통계법] 창이 열리면 먼저 입력범위(I)에 대한 입력상자를 클릭한 후, 여기에 데이터가 입력되어 있는 범위(A2:A11)을 지정한다. 이 때 입력범위의 지정은 마우스를 이용하여 A2부터 A11까지 드래그 하여 지정하든가 또는 입력범위 상자에 직접 A2:A11을 입력해도 된다.
데이터 방향이 열(C)로 지정되어 있는가를 확인한 후, 출력범위(O)를 체크하고 출력범위의 입력상자를 클릭한 다음 여기에 분석결과가 출력될 셀의 주소를 마우스로 클릭하거나 입력상자에 직접 입력한다(여기서는 C1로 지정).
끝으로 구하고자 하는 것이 기술통계량이므로 [요약 통계량(S)] 항목을 지정한 후 [확인] 버튼은 누른다.

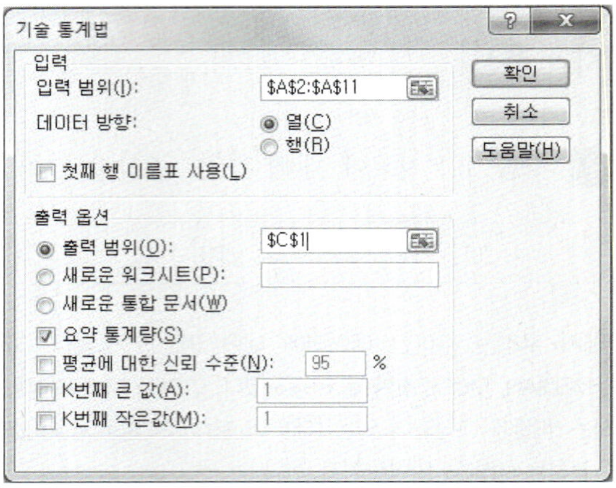

④ 결과물이 C1:D15의 범위에 출력되어 있다.
평균이 16.9, 중앙값과 최빈값이 각각 15.5, 22로 나타나 있다.

	A	B	C	D	E
1	x		Column1		
2	11				
3	12		평균	16.9	
4	22		표준 오차	1.601735	
5	15		중앙값	15.5	
6	13		최빈값	22	
7	12		표준 편차	5.065131	
8	22		분산	25.65556	
9	16		첨도	-1.95833	
10	22		왜도	0.265361	
11	24		범위	13	
12			최소값	11	
13			최대값	24	
14			합	169	
15			관측수	10	
16					

연습 3.2 아래 표본 자료에 대해 답하시오.

3, 5, 5, 7, 8, 12, 12, 14, 22, 23

(1) 평균, 중앙값, 최빈값을 구하시오.

(2) $\sum(x-\bar{x})=0$을 증명하시오.

풀이 (1) 10개의 표본자료를 모두 더한 후 이를 10으로 나누면 평균을 얻을 수 있다. 따라서 평균은 $\bar{x}=\frac{3+5+5+7+8+12+12+14+22+33}{10}=\frac{121}{10}=12.1$이 된다.

중앙값은 10개의 표본자료를 다음과 같이 오름차순으로 배열한다.

$$\underbrace{3\ \ 5\ \ 5\ \ 7}_{4\text{명}}\ \ \underset{\uparrow}{8}\ \ \underset{\uparrow}{12}\ \ \underbrace{12\ \ 14\ \ 22\ \ 33}_{4\text{명}}$$

데이터 값이 10개로 짝수이므로 중앙에 위치하는 데이터는 5번째와 6번째의 8과 12이다. 따라서 중앙값은 이 두 데이터를 평균한 10이 된다.

위의 주어진 자료에 대해 최빈값을 구하면 다음과 같다.

관찰치 값	3	5	7	8	12	14	22	33
도수	1	2	1	1	2	1	1	1

10개의 데이터 값들 중에서 5와 12의 빈도수가 2로 가장 크므로 이 경우 최빈값은 5, 12이다.

입력과정

① A2:A11에 주어진 데이터를 입력한다.

② 메뉴 바에 있는 [데이터]탭을 클릭하고, 이 때 나타나는 풀다운 메뉴에서 [데이터 분석]을 찾아 클릭하면 [통계 데이터 분석] 창이 열린다.

③ 여기서 스크롤바를 이용하여 [기술 통계법] 항목을 찾아 클릭하고 [확인] 버튼을 누르면 [기술 통계법] 창이 열린다. [기술 통계법] 창이 열리면 먼저 입력범위(I)에 대한 입력상자를 클릭한 후 여기에 데이터가 입력되어 있는 범위를 마우스를 이용하여 A2부터 A11까지 드래그 하여 지정하든가 또는 입력범위 상자에 직접 A2:A11을 입력한다. 데이터 방향이 열(C)로 지정되어 있는가를 확인한 후, 출력범위(O)를 체크하고 출력범위의 입력상자를 클릭한 다음, 여기에 분석결과가 출력될 셀의 주소를 마우스로 클릭하거나 입력상자에 직접 입력한다(여기서는 C1로 지정).

끝으로 구하고자 하는 것이 기술통계량이므로 [요약 통계량(S)] 항목을 지정한 후 [확인] 버튼을 누른다.

④ 분석결과가 C1:D15의 범위에 출력되어 있다.

평균이 12.1, 중앙값과 최빈값이 각각 10, 5로 나타나 있다.

Note

위의 데이터에서 각 관찰치에 대한 도수를 보면 5와 12에 대한 관찰치의 도수가 각각 2로 동일하게 나타나 있고 나머지 관찰치는 모두 도수가 1이므로 최빈값은 5와 12가 된다. 그러나 이와 같이 최대 도수를 가진 관찰치는 한 개가 아니라 복수로 나타나는 경우 엑셀은 복수의 최빈값 중 대표적으로 가장 작은 값을 최빈값으로 택하도록 되어 있기 때문에 5가 최빈값으로 나타나 있는 것이다.

	A	B	C	D	E
1	x		Column1		
2	3				
3	5		평균	12.1	
4	5		표준 오차	2.915285	
5	7		중앙값	10	
6	8		최빈값	5	
7	12		표준 편차	9.218942	
8	12		분산	84.98889	
9	14		첨도	2.106431	
10	22		왜도	1.495327	
11	33		범위	30	
12			최소값	3	
13			최대값	33	
14			합	121	
15			관측수	10	
16					

(2) $\sum(x-\bar{x})=0$에서 x는 데이터 값 그리고 $\bar{x}$는 평균을 나타냄으로 이를 대입하면 (3−12.1)+(5−12.1)+(5−12.1)+(7−12.1)+(8−12.1)+(12−12.1)+(12−12.1)+(14−12.1)+(22−12.1)+(33−12.1) = 0

Note

이는 일반적으로 다음과 같이 증명할 수 있다.

$$\sum(x-\bar{x})=\sum x-\sum\bar{x}=\sum x-n\bar{x}=\sum x-n\frac{\sum x}{n}=0$$

입력과정

① 먼저 각 관찰치별로 편차 $x-\bar{x}$를 계산한다. 위에서 보는 바와 같이 데이터는 A2:A11의 범위에 그리고 평균은 12.1로 D3셀에 나타나 있으므로 F2에 다음과 같이 입력한다.

= A2−$D$3

여기서 D3의 평균은 각 관찰치별로 $x-\bar{x}$를 계산할 때 동일하게 적용되는 것이므로 절대주소로 지정하였다.

② 모든 관찰치에 대하여 이러한 편차를 계산한다. 이를 위해 F2셀을 클릭하여

활성화시킨 후 마우스로 자동채우기 핸들을 이용하여 F2에서 F11까지 복사한다.

③ F2:F11의 범위에 계산되어 있는 편차의 합을 SUM함수를 이용하여 계산하기 위해 F12에 다음과 같이 입력한다.

= SUM(F2:F11)

F12에 각 관찰치에 대한 편차의 합이 $\sum(x-\bar{x})=0$으로 나타나 있다.

	A	B	C	D	E	F	G
1	x		Column1			x-xbar	
2	3					-9.1	
3	5		평균	12.1		-7.1	
4	5		표준 오차	2.915285		-7.1	
5	7		중앙값	10		-5.1	
6	8		최빈값	5		-4.1	
7	12		표준 편차	9.218942		-0.1	
8	12		분산	84.98889		-0.1	
9	14		첨도	2.106431		1.9	
10	22		왜도	1.495327		9.9	
11	33		범위	30		20.9	
12			최소값	3		0	
13			최대값	33			
14			합	121			
15			관측수	10			
16							

연습 3.3 어느 회사의 생산 현장은 200명의 인원으로 구성되어 있다. 이 중 50명은 기술자, 100명은 기능공 그리고 나머지 50명은 기능보조원이다. 이들의 시간당 임금은 각각 14,000원, 10,000원, 8,000원일 때 이 회사 근로자의 시간당 평균 임금은 얼마인가?

풀이 기술자, 기능공, 기능보조원의 인원수가 다르기 때문에 평균임금을 구하기 위해서는 인원을 가중치로 한 가중평균을 구해야 한다. 즉 200명에게 임금으로 지출되는 총임금액을 구하고 이를 전체 인원수인 200으로 나누면 된다.

$$\bar{x}=\frac{\sum f_i x_i}{\sum f_i}=\frac{(14000\times 50)+(10000\times 100)+(8000\times 50)}{50+100+50}=10,500(\text{원/시간})$$

입력과정

엑셀에는 먼저 다음과 같이 적합한 형태로 데이터를 구성하여 입력한다.

임 금	인원수
8000	50
10000	100
14000	50

① A2:B4의 범위에 임금과 인원수에 대한 데이터를 입력한다.

② 가중평균은 $\bar{x}=\frac{\sum f_i x_i}{\sum f_i}$에 따라 계산하므로 분자를 $\sum f_i x_i$를 구하기 위해 먼저 C2에 다음과 같이 입력한다.

= A2*B2

③ 다른 관찰치에 대해서도 동일한 계산과정을 반복하기 위해 C2셀을 클릭하여 활성화시킨 후 마우스로 자동채우기 핸들을 이용하여 C2에서 C4까지 복사한다.

④ $\sum f_i$와 $\sum f_i x_i$를 계산하기 위해 B6과 C6에 다음과 같이 입력한다.

= SUM(B2:B4)

= SUM(C2:C4)

⑤ 가중평균은 $\bar{x}=\frac{\sum f_i x_i}{\sum f_i}$이고 $\sum f_i$와 $\sum f_i x_i$의 값이 각각 B6과 C6에 저장되어 있으므로 평균임금을 구하기 위해 F2에 다음과 같이 입력한다.

= C6/B6

시간당 평균임금이 F2에 10,500원으로 계산되어 있다.

	A	B	C	D	E	F	G
1	임금(x)	인원수(f)	x*f				
2	8000	50	400000		평균임금 =	10500	
3	10000	100	1000000				
4	14000	50	700000				
5							
6	합계 =	200	2100000				
7							

연습 3.4 데이터 값이 비율로 측정되었을 때 이러한 자료의 중심 위치를 측정하는 방법의 하나가 기하평균(geometric mean)이다. 양수인 n개의 측정값이 x_1,

x_2, …, x_n일 때 이들 값에 대한 기하평균은 다음과 같이 정의된다.

$$gm = \sqrt[n]{x_1 \times x_2 \times \cdots \times x_n}$$

이러한 기하평균은 주식의 수익률이나 물가상승률과 같이 '비율'로 측정된 데이터 값들의 중심위치를 계산하는 데 주로 이용되는데, 여기서 주의할 것은 측정된 데이터 값이 비율이기 때문에 절대적 의미가 아닌 상대적 의미를 지니고 있다는 점이다. 따라서 수익률이나 증가율과 같은 상대적인 측정값에 대해 기하평균을 계산할 때는 아래와 같이 상대적 개념을 바탕으로 구하고 있다.

$$gm = \sqrt[n]{(1+r_1)(1+r_2)\cdots(1+r_n)} - 1$$

여기에서 gm : 기하평균, r : 소수점 형태로 나타낸 비율

예를 들어 A, B, C 세 주식에 대한 수익률이 각각 18%, −6.8%, 12%인 경우 평균 수익률을 기하평균으로 구하면

$$gm = \sqrt[3]{(1+0.18)(1-0.068)(1+0.12)} - 1 = \sqrt[3]{1.2317} - 1 = 0.0719$$

가 되어 세 주식의 평균수익률은 약 7.2%가 된다. 이를 산술평균으로 구하면 (18+(−6.8)+12)/3=23.2/3=7.7(%)로 나타난다.
이러한 기하평균의 장점은 극단적인 이상값(outlier)이 존재할 때 이것이 평균에 미칠 수 있는 영향을 줄일 수 있다는 데 있다. 이러한 예를 다음 문제를 통해 살펴보기로 하자.
아래는 1990년 5개 회사의 전년 대비 주가 상승률(%)을 나타내고 있다. 이들 회사의 평균 주식가격 상승률을 기하평균으로 구하고 이를 산술평균으로 구한 결과와 비교해 보시오.

15.5, 82.6, 12.4, 21.4, 8.0

풀이 주가 상승률은 상대적 측정값에 해당하므로 아래의 식을 이용하도록 한다.

$$\begin{aligned} gm &= \sqrt[n]{(1+r_1)(1+r_2)\cdots(1+r_n)} - 1 \\ &= \sqrt[5]{(1+0.155)(1+0.826)(1+0.124)(1+0.214)(1+0.08)} - 1 \\ &= \sqrt[5]{3.108} - 1 = 0.2546 \end{aligned}$$

5개 회사의 평균주가 상승률이 약 25.5%로 나타나고 있다.

이를 산술평균으로 구하면 (15.5+82.6+12.4+21.4+8.0)/5=139.9/5=28.0(%)로 기하평균보다 높게 나타난다. 결국 다른 4개 기업에 비해 월등히 높은 주가 상승률인 82.6%가 미치는 영향이 산술평균보다

는 기하평균에서 적게 나타나고 있음을 알 수 있다.

입력과정

① A2:A6에 %로 표시된 주가 상승률 데이터를 십진법(decimal) 형태로 입력한다.

② 각 관찰치에 1을 더한 값을 계산하기 위해 B2에 다음과 같이 입력한다.
= 1+A2
B2셀을 클릭하여 활성화시킨 후 마우스로 자동채우기 핸들을 이용하여 B2에서 B6까지 복사한다.

③ $gm = \sqrt[n]{(1+r_1)(1+r_2)\cdots(1+r_n)} - 1$에 따라 주가상승률에 대한 기하평균을 구하기 위해 PRODUCT 함수를 이용하여 E2에 다음과 같이 입력한다.
= (PRODUCT(B2:B6))^(1/5)−1
여기서 PRODUCT 함수는 인수로 지정된 범위 즉 B2에서 B6의 범위에 있는 각 셀의 값을 모두 곱한 결과를 출력해 준다.

④ E2에 기하평균의 계산결과가 0.25458로 나타나 있다. 따라서 기하평균에 의해 계산된 평균주가상승률은 약 25.5%임을 알 수 있다.

	A	B	C	D	E	F
1	상승률	1+r				
2	0.155	1.155		기하평균 =	0.25458	
3	0.826	1.826				
4	0.124	1.124				
5	0.214	1.214				
6	0.080	1.080				
7						

연습 3.5 다음은 1990년부터 1996년까지의 소비자 물가지수이다. 6년간의 평균 소비자물가 상승률을 기하평균으로 구하시오.

연도	지수
1990	100.0
1991	109.3
1992	116.1
1993	121.7
1994	129.3
1995	135.1
1996	141.9

풀이 아래와 같이 연도별 증가율을 구하고 이를 기초로 기하평균을 계산한다.

연도	지수	증가율
1990	100.0	–
1991	109.3	0.0930
1992	116.1	0.0622
1993	121.7	0.0482
1994	129.3	0.0624
1995	135.1	0.0449
1996	141.9	0.0496

위의 표에서 구한 증가율을 이용하여 아래 식에 따라 물가상승률에 대한 기하평균을 구한다.

$$gm = \sqrt[n]{(1+r_1)(1+r_2)\cdots(1+r_n)} - 1$$
$$= \sqrt[6]{1.0930 \times 1.0622 \times 1.0482 \times 1.0624 \times 1.0449 \times 1.0496} - 1$$
$$= \sqrt[6]{1.418} = 0.060$$

따라서 연평균 소비자물가 상승률은 약 6%이다.

Note

이 경우 다음과 같은 지수식을 이용하면 간단히 구할 수 있다.
1990년의 지수가 100.0이고 1996년의 지수가 141.8이므로 이 기간 동안의 연평균 증가율을 r로 매년 물가가 상승했다고 가정하면 다음과 같은 식을 만들 수 있다.

$$100.0 \times (1+r)^6 = 141.8$$

따라서 $r = \left(\frac{141.8}{100}\right)^{(1/6)} - 1 = 0.06$, 즉 연평균 소비자물가 상승률은 약 6%가 된다.

입력과정

① A2:B8의 범위에 연도별 물가지수 데이터를 입력한다.

② 연도별로 전년도 대비 물가지수의 비율을 계산한다. 이 비율에서 1을 빼면 바로 증가율이 된다. 기하평균을 구하기 위해서는 증가배수인 이 비율을 알아야 하므로 C3에 다음과 같이 입력한다.

= B3/B2

C3에 1.0930으로 나타나 있으므로 1991년도 소비자물가는 1990년에 비해 9.3% 상승했음을 알 수 있다.

C3셀을 클릭하여 활성화시킨 후 마우스로 자동채우기 핸들을 이용하여 C3에서 C8까지 복사하여 1996년까지 증가배수 비율을 계산한다.

③ $gm = \sqrt[n]{(1+r_1)(1+r_2)\cdots(1+r_n)} - 1$ 에 따라 기하평균을 구하기 위해 PRODUCT 함수를 이용하여 D10에 다음과 같이 입력한다.

= PRODUCT(C3:C8)^(1/6)−1

D10에 연평균 소비자물가 상승률이 약 0.06, 즉 6%로 계산되어 있다.

④ D12에는 지수식에 따라 계산하기 위해 다음과 같이 입력한다.

= (B8/B2)^(1/6)−1

D12에 계산된 상승률 0.06은 D10의 결과와 동일함을 알 수 있다.

	A	B	C	D	E
1	연도	지수	1+r		
2	1990	100.0			
3	1991	109.3	1.0930		
4	1992	116.1	1.0622		
5	1993	121.7	1.0482		
6	1994	129.3	1.0624		
7	1995	135.1	1.0449		
8	1996	141.8	1.0496		
9					
10	연평균 소비자물가 상승률 =			0.059935	
11					
12	지수식에 의한 계산결과 =			0.059935	
13					

■ 분산의 측정

연습 3.6 다음 표본 자료에 대해 평균과 범위, 분산, 표준편차를 구하시오.

23.1, 25.4, 26.7, 29.8, 32.1, 27.5

풀이 표본 자료에 대한 분산을 구하는 것이므로 아래의 식을 이용한다.

$$s^2 = \frac{\sum_{i=1}^{n}(x_i - \bar{x})^2}{n-1}$$

이를 위해 먼저 표본에 대한 평균을 구한 후, 각 관찰치별로 편차 $(x - x_i)$를 계산하고 이로부터 편차의 제곱$(x - x_i)^2$과 편차의 제곱합 $\sum(x - x_i)^2$을 구한다.

$$\bar{x} = \frac{\sum x_i}{n} = \frac{23.1 + 25.4 + \cdots + 27.5}{6} = 27.4$$

x	$(x-\bar{x})$	$(x-\bar{x})^2$
23.1	−4.3	18.49
25.4	−2.0	4.00
26.7	−0.7	0.49
29.8	2.4	5.76
32.1	4.7	22.09
27.5	0.1	0.01
	합계	50.84

여기서

$$\sum_{i=1}^{6}(x_i-\bar{x})^2 = 50.84$$

이고 $n=6$이므로 표본분산은

$$s^2 = \frac{50.84}{(6-1)} = 10.17$$

이 된다. 따라서 표준편차는 $s=\sqrt{10.17}=3.19$가 된다.

또한 범위는 최대값이 32.1이고 최소값이 23.1이므로 9이다.

입력과정

① A2:A7의 범위에 데이터를 입력한다.

② D2에서 평균을 구하기 위해 AVERAGE 함수를 이용한다.
= AVERAGE(A2:A7)
D2에 평균이 27.4로 나타나 있다.

③ 범위(range)는 최대값과 최소값의 차이이므로 MAX 함수와 MIN 함수를 이용하면 쉽게 구할 수 있다. D3에 다음과 같이 입력한다.
= MAX(A2:A7)−MIN(A2:A7)
D3에 범위가 9로 계산되어 있다.

④ D4와 D5에서 분산과 표준편차를 구하기 위해 VAR 함수와 STDEV 함수를 이용한다.
= VAR(A2:A7)
= STDEV(A2:A7)
D4와 D5에 분산과 표준편차가 각각 약 10.17, 3.19로 나타나 있다.

	A	B	C	D	E
1	x				
2	23.1		평균 =	27.43333	
3	25.4		범위 =	9	
4	26.7		분산 =	10.16667	
5	29.8		표준편차 =	3.188521	
6	32.1				
7	27.5				
8					

연습 3.7 다음 표본 자료에 대해 답하시오.

13, 23, 16, 4, 12, 6, 8, 15

(1) 평균과 표준편차를 구하시오.

(2) 분포상으로 볼 때 최대값인 23은 평균에서 얼마나 떨어져 있는가? 그리고 편차는 표준편차의 몇 배인가?

풀이 (1) 아래에서 AVERAGE 함수와 STDEV 함수를 실행한 결과, 평균은 12.13, 표준편차는 6.13으로 나타나 있다.

(2) 평균이 $\bar{x}=12.13$이므로 $x=23$의 값을 갖는 관찰치는 평균으로부터

$$x-\bar{x}=23-12.13=10.87$$

만큼 떨어져 있다.

관찰치가 평균으로부터 얼마나 떨어져 있는가를 표시하는 이러한 차이를 편차라고 한다.

편차가 10.87이고, 표준편차가 6.13이므로 10.87/6.13=1.77배에 이르고 있음을 나타내고 있는데, 이는 23의 값을 갖는 관찰치가 평균으로부터 표준편차의 1.77배만큼 떨어져 있음을 의미한다.

입력과정

① A2:A9의 범위에 데이터를 입력한다.

② AVERAGE 함수와 STDEV 함수를 이용하여 평균과 표준편차를 구하기 위해 D2와 D3에 각각 다음과 같이 입력한다.

= AVERAGE(A2:A9)

= STDEV(A2:A9)

③ 두 번째 관찰치 23의 편차는 표준편차의 몇 배인가를 D5에서 계산하기 위해 다음과 같이 입력한다.

= (23−D2)/D3

	A	B	C	D	E
1	x				
2	13		평균 =	12.125	
3	23		표준편차 =	6.128	
4	16				
5	4		(x-xbar)/s =	1.775	
6	12				
7	6				
8	8				
9	15				
10					

연습 3.8 표본의 관찰치 수가 $n=10$이고 $\sum x_i = 251$, $\sum x_i^2 = 8069$라 할 때 분산과 표준편차를 구하시오.

풀이 표본에 대한 분산을 구하는 식은

$$s^2 = \frac{\sum_{i=1}^{n}(x_i - \overline{x})^2}{n-1} = \frac{\sum_{i=1}^{n} x_i^2 - \frac{\left(\sum_{i=1}^{n} x_i\right)^2}{n}}{n-1}$$

이므로 여기에 $n=10$, $\sum x_i = 251$, $\sum x_i^2 = 8069$를 대입하면 분산은

$$s^2 = \frac{8069 - \frac{251^2}{10}}{10-1} = 196.54$$

가 된다.

따라서 표준편차는 $s = \sqrt{196.54} = 14.02$이다.

Note

만약 위의 자료가 표본이 아닌 모집단으로 나온 것이라면 모분산을 구하는 식에 대입하여야 한다.

$$\sigma^2 = \frac{\sum_{i=1}^{N}(X_i - \mu)^2}{N} = \frac{\sum_{i=1}^{N} X_i^2}{N} - \left(\frac{\sum_{i=1}^{N} X_i}{N}\right)^2$$

따라서 모분산과 표준편차는

$$\sigma^2 = \frac{8069}{10} - \left(\frac{251}{10}\right)^2 = 176.89$$

$$\sigma = \sqrt{176.89} = 13.3$$

이 된다.

입력과정

① B1:B3의 범위에 $n = 10$, $\sum x_i = 251$, $\sum x_i^2 = 8069$의 값을 입력한다.

② $s^2 = \dfrac{\sum_{i=1}^{n}(x_i - \bar{x})^2}{n-1} = \dfrac{\sum_{i=1}^{n} x_i^2 - \dfrac{\left(\sum_{i=1}^{n} x_i\right)^2}{n}}{n-1}$에 따라 분산을 계산하기 위해 해당 값들이 입력되어 있는 셀의 주소를 적용하여 E2에 다음과 같이 입력한다.

= (B3−B2^2/B1)/(B1−1)

분산이 196.54로 출력되어 있다.

③ 표준편차는 E2의 분산에 대한 제곱근을 구하면 되므로 E3에 다음과 같이 입력한다.

= SQRT(E2)

표준편차가 약14.02로 나타나 있다.

	A	B	C	D	E	F
1	n=	10				
2	sumx =	251		분산 =	196.5444	
3	ssqx =	8069		표준편차 =	14.01943	
4						

연습 3.9 서울에서 로스앤젤레스까지 여행하는 승객의 나이를 표본으로 10명을 조사한 결과 다음과 같은 데이터 값을 얻었다.

34, 48, 27, 62, 56, 20, 71, 58, 48, 33

(1) 표본평균과 표준편차를 구하시오.

(2) 나이를 나타내는 위의 데이터 값들을 x변수로 표시하고, x에서 최소한 20을 뺀 값으로 구성된 새로운 변수를 y로 표시하여 $y = x - 20$로 변환시켰을 때, y의 표준편차는 원래 x의 표준편차와 동일한지 여부를 계산해 보시오.

풀이 x변수를 $y = x - 20$로 변환하여 y변수를 새로이 만든 후, x와 y에 대한 표준편차를 구해 비교해 보기로 하자.

입력과정

① A2:A11의 범위에 데이터를 입력한다.

② x변수를 구성하는 각 관찰치 값을 $y = x - 20$에 따라 변환하여 y변수를 생성한다. 이를 위해 B2에 다음과 같이 입력한다.

= A2−20

이러한 변환과정을 다른 관찰치에 대해서도 실행하기 위해 B2셀을 클릭하여 활성화시킨 후 마우스로 자동채우기 핸들을 이용하여 B2에서 B11까지 복사한다.

③ E2와 E3에서 x변수의 평균과 표준편차를 구하기 위해 다음과 같이 입력한다.

= AVERAGE(A2:A11)

= STDEV(A2:A11)

E2와 E3에서 x변수의 평균과 표준편차가 각각 45.7, 16.6으로 계산되어 있다.

④ y변수에 대한 평균과 표준편차는 이미 E2:E3의 범위에 x변수의 평균과 표준편차가 계산되어 있으므로 복사기능을 이용하여 간단히 구할 수 있다.

즉 E2:E3의 범위를 마우스를 클릭하여 활성화시킨 후, 자동채우기 핸들을 이용하여 F2에서 F3까지 복사한다.

y변수에 대한 평균과 표준편차가 25.7, 16.6으로 표준편차의 경우 x변수와 동일하게 나타나고 있다.

그리고 x, y의 평균은 20만큼의 차이(= 45.7 − 25.7)를 보이고 있다.

즉 변환시킨 크기($y = x - 20$)만큼 평균의 위치가 이동할 뿐 분포의 표준편차에는 변함이 없음을 알 수 있다.

	A	B	C	D	E	F	G
1	x	y			x	y	
2	34	14		평균 =	45.7	25.7	
3	48	28		표준편차 =	16.60689	16.60689	
4	27	7					
5	62	42					
6	56	36					
7	20	0					
8	71	51					
9	58	38					
10	48	28					
11	33	13					
12							

■ 비대칭성의 측정

연습 3.10 A, B 두 투자신탁회사의 투자 수익률을 전수조사한 결과 다음과 같은 자료를 얻었다. 어느 회사가 투자 수익률에 대한 변동이 심하다고 할 수 있는가?

투자신탁회사	평균	표준편차
A	11.2	2.8
B	9.6	1.5

풀이 투자 수익률 하나만 본다면 A회사에 투자하는 것이 유리할 것이다. 그러나 표준편차가 크기 때문에 A회사 수익률의 분포는 B회사보다 평균을 중심으로 더 넓게 퍼져 있음을 나타내고 있으며 이는 바로 투자자에게 위험이 더 크다는 것을 의미하는 것이다. 이러한 경우 변동계수(coefficient of variation)를 구하면 이들 두 회사의 평균에 대한 변동정도를 쉽게 비교할 수 있다.

$$CV_A = \frac{\sigma}{\mu} \times 100 = \frac{2.8}{11.2} \times 100 = 25.0(\%)$$

$$CV_B = \frac{\sigma}{\mu} \times 100 = \frac{1.5}{9.6} \times 100 = 15.6(\%)$$

상대적 분산 측면에서 B회사의 수익률 변동성이 A회사보다 더 작게 나타나고 있다. 따라서 위험을 회피하고자 하는 투자자는 B회사에 투자할 것이다. 그러나 위험을 선호하는 투자자는 A회사를 선택할 것이다. 결국 위험을 감수하는 대가로 높은 수익률을 얻을 기회를 가지는 것이다.

입력과정

① A2:C3의 범위에 투신사별 수익률에 대한 평균과 표준편차를 입력한다.

② $CV = \frac{\sigma}{\mu} \times 100$에 따라 두 판매원의 자동차 판매량에 대한 변동계수를 구하기 위해 D2에 다음과 같이 입력한다.

= C2/B2*100

= C3/B3*100

투신사별 변동계수가 각각 25%, 15.625%로 나타나 있다.

	A	B	C	D	E
1	투신사	평균	표준편차	변동계수	
2	A	11.2	2.8	25	
3	B	9.6	1.5	15.625	
4					

연습 3.11 다음은 두 자동차 판매원의 지난 1년간의 월별 자동차 판매 대수를 정

리한 자료이다. 두 판매원의 상대적 변동성을 비교하시오.

판매원	월별 자동차 판매 대수											
A	6	8	18	22	20	24	30	25	20	19	15	12
B	8	11	20	20	24	35	38	28	29	23	17	8

풀이 변동계수를 구하기 위해서는 먼저 평균과 표준편차를 그해야 한다. 그리고 표준편차를 평균으로 나누면 두 판매원의 변동계수를 구할 수 있다.

입력과정

① A2:B13의 범위에 두 판매원의 월별 자동차 판매대수를 입력한다.

② $CV = \frac{\sigma}{\mu} \times 100$에 따라 두 판매원의 자동차 판매량에 대한 변동계수를 구하기 위해 E2에 각각 다음과 같이 입력한다.

= STDEV(A2:A13)/AVERAGE(A2:A13)*100

E2에 A판매원의 변동계수가 38.5%로 나타나 있다.

③ B판매원의 변동계수는 F2에 다음과 같이 입력하든가 또는 E2셀을 복사하여 F2에 붙이기를 실행하여 얻는다.

= STDEV(B2:B13)/AVERAGE(B2:B13)*100

F2에 B판매원의 변동계수가 45.1%로 계산되어 B의 판매대수에 대한 상대적 변동이 A보다 높게 나타나고 있다.

	A	B	C	D	E	F	G
1	A	B			A	B	
2	6	8		변동계수 =	38.47163	45.13865	
3	8	11					
4	18	20					
5	22	20					
6	20	24					
7	24	35					
8	30	38					
9	25	28					
10	20	29					
11	19	23					
12	15	17					
13	12	8					
14							

연습 3.12 아래 표본 자료의 분포가 대칭인지 여부를 확인하시오.

39.4, 23.7, 18.2, 21.1, 36.6, 31.5, 1.9, 26.6

풀이 자료의 분포가 대칭인지의 여부는 왜도(skewness)를 측정하여 그 값이 0인지를 확인하면 된다. 왜도 값이 0이면 분포는 대칭(symmetry)이며 이 때는 평균과 중앙값, 최빈값이 모두 일치하게 된다. 엑셀에서 왜도는 SKEW 함수에 의해 구할 수 있다.

입력과정

① A2:A9의 범위에 데이터를 입력한다.

② 메뉴 바에 있는 [데이터]탭을 클릭하고 이 때 나타나는 풀다운 메뉴에서 [데이터 분석]을 찾아 클릭하면 [통계 데이터 분석] 창이 열린다.

③ 여기서 스크롤바를 이용하여 [기술 통계법] 항목을 찾아 클릭하고 [확인] 버튼을 누르면 [기술 통계법] 창이 열린다.

[기술 통계법] 창이 열리면 먼저 입력 범위(I)를 지정하는 입력상자를 클릭한 후, 여기에 데이터가 입력되어 있는 범위인 A2부터 A9까지 마우스로 드래그하여 지정한다.

데이터 방향이 열(C)로 지정되어 있는가를 확인한 후, 출력 범위(O)를 체크하고 출력범위의 입력상자를 클릭한 다음 여기에 분석결과가 출력될 셀의 주소를 마우스로 클릭하거나 입력상자에 직접 입력한다(여기서는 C1으로 지정).

끝으로 [요약 통계량(S)] 항목을 지정한 후 [확인] 버튼을 누른다.

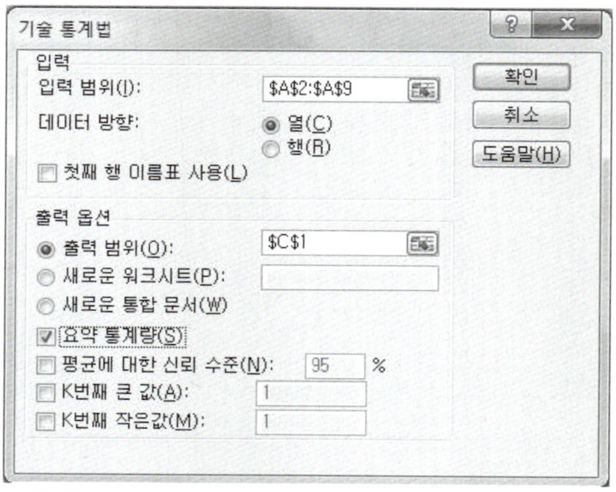

④ 분석결과가 C1:D15의 범위에 출력되어 있다.

왜도값이 −0.8589로서 0이 아닌 음의 값을 가지고 있다. 따라서 이 자료는 분포의 왼쪽 꼬리가 길게 늘어진 비대칭 분포가 될 것이다.

실제 데이터 값을 보면 20대와 30대의 크기에 집중되어 있으나, 1.9라는 값을 가진 관찰치로 인해 분포가 비대칭이 되는 요인이 되고 있다.

	A	B	C	D	E
1	x		Column1		
2	39.4				
3	23.7		평균	24.875	
4	18.2		표준 오차	4.190455	
5	21.1		중앙값	25.15	
6	36.6		최빈값	#N/A	
7	31.5		표준 편차	11.8524	
8	1.9		분산	140.4793	
9	26.6		첨도	1.114063	
10			왜도	-0.8589	
11			범위	37.5	
12			최소값	1.9	
13			최대값	39.4	
14			합	199	
15			관측수	8	
16					

연습 3.13 아래 데이터에 대해 다음 %분위 값을 구하시오.

52, 35, 79, 63, 81, 93, 85 71, 73, 57, 77, 96

(1) Q_1, Q_2, Q_3의 4분위 값

(2) 33%분위 값, 67%분위 값, 80%분위 값

(3) 4분위범위

풀이 4분위 값을 비롯한 %분위 값을 구하기 위해서 QUARTILE 함수와 PERCENTILE 함수를 이용하기로 한다.

입력과정

① A2:A13에 데이터를 입력한다.

② Q_1, Q_2, Q_3의 4분위 값들을 구하기 위해 QUARTILE 함수를 이용하여 D2에서 D4에 각각 다음과 같이 입력한다.

= QUARTILE(A2:A13, 1)

= QUARTILE(A2:A13,2)

= QUARTILE(A2:A13,3)

QUARTILE 함수의 첫 번째 인수에는 범위를 지정하고 두 번째 인수에는 4분위 값의 위치를 나타내는 값을 입력한다. 즉 Q_3를 구하기 위해서는 3을 지정하면 된다.

Q_1, Q_2, Q_3의 4분위 값들이 D2:D4의 범위에 각각 61.5, 75, 82로 계산되어 있다.

이러한 Q_1, Q_2, Q_3의 4분위 값들을 각각 25%분위 값, 50%분위 값, 75%분위 값에 해당하므로 PERCENTILE 함수를 이용하여 구할 수도 있다.

③ 33%분위 값, 67%분위 값, 80%분위 값을 PERCENTILE 함수를 이용하여 구하기 위해 D5에서 D7의 범위에 각각 다음과 같이 입력한다.

= PERCENTILE(A2:A13,0.33)

= PERCENTILE(A2:A13,0.67)

= PERCENTILE(A2:A13,0.8)

PERCENTILE 함수의 첫 번째 인수에는 데이터의 범위가 지정되어 있고, 두 번째 인수에는 %분위 값의 위치를 나타내는 값으로 0과 1 사이의 값으로 지정하여야 하므로, 33%분위 값은 0.33으로 지정되어 있다.

이들 %분위 값이 각각 68.0, 79.7, 84.2로 나타나 있다.

④ 4분위범위는 $Q_3 - Q_1$이므로 이미 D2:D4셀에 계산되어 있는 값을 이용한다.

= D4−D2

4분위범위 값이 20.5로 나타나 있다.

	A	B	C	D	E
1	x				
2	52		Q1 =	61.5	
3	35		Q2 =	75	
4	79		Q3 =	82	
5	63		33%분위 값=	68.04	
6	81		67%분위 값=	79.74	
7	93		80%분위 값=	84.2	
8	85		4분위범위 값=	20.5	
9	71				
10	73				
11	57				
12	77				
13	96				
14					

> **Note**
>
> 위에서 구한 4분위 값 및 %분위 값은 계산 방식의 차이로 인해 SAS 등 다른 통계패키지에서 구한 결과와 다를 수 있으나 결과 해석에 차이가 있는 것은 아니다.

연습 3.14 최대값=12.5, 최소값=5.5, 75%분위 값(P_{75})=9.4, 중앙값=8.0, 4분위범위=2.4인 자료에 대해 다음 물음에 답하시오.

(1) 상자그림을 그리시오.

(2) 상자그림을 통해 이 자료의 분포가 대칭을 이루고 있는지 확인하시오.

풀이 $P_{75}=9.4$는 75%분위 값으로서 3사분위 값 Q_3에 해당하며 Q_3-Q_1인 4분위범위가 2.4이므로 $Q_3-Q_1=9.4-Q_1=2.4$로부터 $Q_1=7.0$이다.

또 2사분위 값 Q_2는 바로 중앙값이기 때문에 8.0임을 알 수 있다.

여기에 최대값과 최소값이 주어졌으므로 아래와 같은 상자그림을 그릴 수 있다.

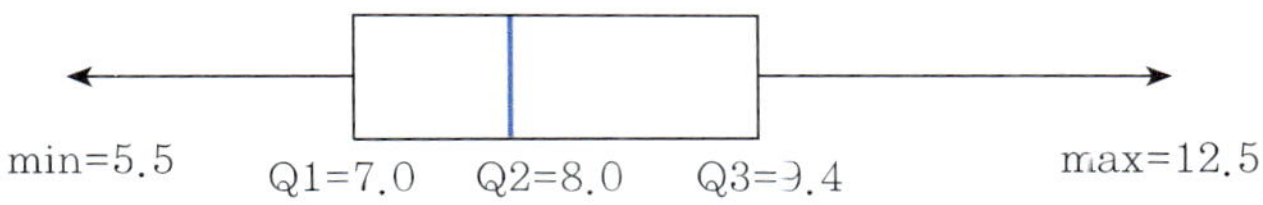

(2) 상자그림으로부터 이 자료의 분포는 오른쪽으로 꼬리가 길게 늘어져 있음을 알 수 있으며 대칭이 아니다.

연습 3.15 아래 자료에 대해 4분위 값과 4분위범위를 구하고 이를 이용하여 상자그림을 그리시오. 또 왜도(skewness)를 구하고 이를 통해 이 분포의 대칭여부를 확인하시오.

18.2	15.9	16.0	20.2	21.1
17.8	16.7	15.4	18.0	17.2
21.8	17.6	21.7	19.4	22.0
20.5	17.5	19.9	18.4	20.6
20.2	15.9	15.9	16.7	22.0
21.5	17.1	17.1	18.9	21.9

풀이 QUARTILE 함수와 SKEW 함수를 이용하여 4분위 값과 왜도를 구한다.

입력과정

① A2:E7의 범위에 데이터를 입력한다.

② 최소값과 최대값을 구하기 위해 H2와 H3에 각각 다음과 같이 입력한다.
= MIN(A2:E7)
= MAX(A2:E7)
최소값과 최대값이 각각 15.4, 22.0으로 나타나 있다.

③ 4분위 값 Q_1, Q_2, Q_3을 구하기 위해 H4:H6 사이의 셀에 다음과 같이 입력한다.
= QUARTILE(A2:E7,1)
= QUARTILE(A2:E7,2)
= QUARTILE(A2:E7,3)
2사분위 값 Q_2, 즉 중앙값이 G5에 18.5로 나타나 있다.

④ Q_1, Q_3이 이미 계산되어 있으므로 이를 이용하여 4분위범위를 H8에서 다음과 같이 계산한다.
= H6−H4

⑤ 평균을 구하기 위해 H7에 다음과 같이 입력한다.
= AVERAGE(A2:E7)
평균이 18.8로 나타나 있다.
또한 평균이 중앙값(18.3)보다 크기 때문에 이 데이터의 분포는 오른쪽으로 꼬리가 길게 늘어진 형태를 보이고 있음을 알 수 있다.
4분위 값과 최대값, 최소값을 이용하면 다음과 같은 상자그림을 그릴 수 있다('+'는 평균을 표시).

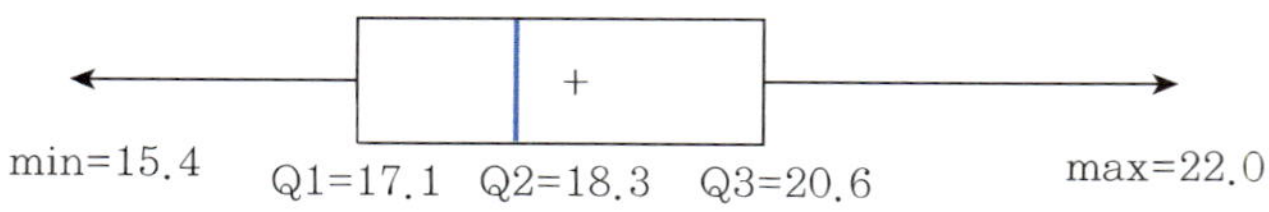

⑥ SKEW 함수를 통해 H9에서 왜도를 구한다.
= SKEW(A2:E7)
왜도가 0.128로 양(+)의 값을 가지고 있으므로 이 분포는 앞에서 확인한 바와 같이 오른쪽으로 길게 늘어진 형태를 갖고 있음을 확인할 수 있다.

	A	B	C	D	E	F	G	H	I
1	x								
2	18.2	15.9	16.0	20.2	21.1		최소값 =	15.4	
3	17.8	16.7	15.4	18.0	17.2		최대값 =	22	
4	21.8	17.6	21.7	19.4	22.0		Q1 =	17.1	
5	20.5	17.5	19.9	18.4	20.6		Q2 =	18.3	
6	20.2	15.9	15.9	16.7	22.0		Q3 =	20.575	
7	21.5	17.1	17.1	18.9	21.9		평균 =	18.8	
8							4분위범위 =	3.475	
9							왜도 =	0.127964	
10									

연습 3.16 영어 점수를 조사한 결과 $Q_2 = 65$이고 전체 관찰치의 75%가 57점을 상회하고 있으며, 범위(range)와 4분위범위(interquartile range)가 각각 62, 75이고 최저점수는 32점인 것을 알았다. 영어 점수 분포의 상자그림을 그리고 분포의 대칭여부를 확인하시오.

풀이 상자그림을 그리기 위해서는 4분위 값과 최소값, 최대값을 알아야 한다.

관찰치의 75%가 57점을 상회하고 있다는 사실은 나머지 25%가 57점을 하회하고 있다는 것이며, 이는 바로 %분위 값의 정의에 따라 25%분위 값 즉 1사분위 값 Q_1이 57점임을 나타내는 것이다. 그리고 $Q_3 - Q_1$인 4분위범위가 25이므로 $Q_3 - Q_1 = Q_3 - 57 = 25$로부터 Q_3은 82인 것이다.

또한 최대값과 최소값의 차이인 범위(range)가 62이고 최저점수가 32이므로 범위=최대값−최소값=최대값−32=62로부터 최고점수는 94임을 알 수 있다.

$Q_1 = 57$, $Q_2 = 65$, $Q_3 = 82$, 최저점수=32, 최고점수=94로부터 상자그림을 그리면 아래와 같이 왼쪽으로 꼬리가 늘어져 있음을 알 수 있다. 즉 대칭이 아니다.

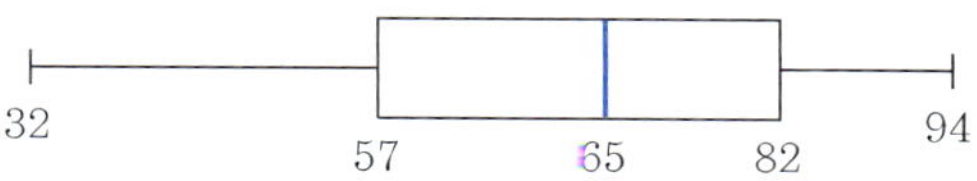

연습 3.17 MBA과정 지원자에 대한 GMAT점수를 학부에서의 경영학 전공자(A)와 비전공자(B)로 구분하여 조사한 결과 아래와 같은 결과를 얻었다. A, B 두 집단의 GMAT점수에 대한 상자그림을 그리고 이를 비교하시오.

	A	B
표본크기	46	54
평균	502	604
중앙값	492	590
최대값	586	700
최소값	320	496
25%분위 값	420	570
75%분위 값	584	680

풀이 분포의 분산이 A그룹보다는 B그룹에서 작게 나타나고 있다. 그리고 B그룹이 더 높은 점수대에 분포되어 있다.

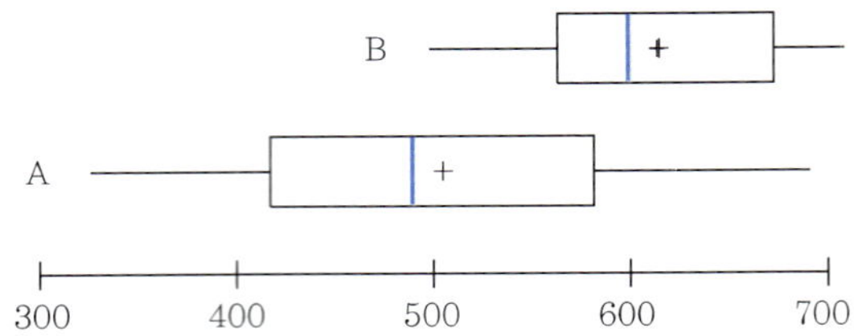

▪ 그룹화된 자료의 중심위치와 분산의 측정

연습 3.18 아래 도수분포표의 빈 칸을 계산하고 이를 이용하여 평균, 중앙값, 최빈값, 범위 그리고 분산과 표준편차를 구하시오.

계급	도수(f)	계급중앙값(x)	$f\times x$	$(x-\bar{x})$	$(x-\bar{x})^2$	$f\times(x-\bar{x})^2$	$f\times x^2$
4~6	3						
6~8	5						
8~10	9						
10~12	7						
12~14	1						

풀이 각 계급의 중앙값(midpoint-value)은 하한값과 상한값 사이의 중간에 위치한 값이므로 $\frac{\text{하한값}+\text{상한값}}{2}$에 따라 구한다. 그리고 평균과 분산은 아래 식에 따라 구한다.

$$\bar{x}=\frac{\sum_{i=1}^{k} f_i x_i}{\sum_{i=1}^{k} f_i}$$

$$s^2=\frac{\sum_{i=1}^{n}(x_i-\bar{x})^2 f_i}{n-1}=\frac{\sum_{i=1}^{n} f_i x_i^2-\frac{\left(\sum_{i=1}^{n} f_i x_i\right)^2}{n}}{n-1}$$

계급	도수(f)	중앙값(x)	$f\times x$	$(x-\bar{x})$	$(x-\bar{x})^2$	$f\times(x-\bar{x})^2$	$f\times x^2$	누적도수
4~6	3	5	15	−3.84	14.7456	44.2368	75	3
6~8	5	7	35	−1.84	3.3856	16.9280	245	8
8~10	9	9	81	0.16	0.0256	0.2304	729	17
10~12	7	11	77	2.16	4.6656	32.6592	847	24
12~14	1	13	13	4.16	17.3056	17.3056	169	25
	25		221			111.3600	2065	

위의 표에서

$$\sum_{i=1}^{k} f_i = 25, \ \sum_{i=1}^{k} f_i x_i = 221, \ \sum_{i=1}^{n} f_i x_i^2 = 2065$$

이므로 평균과 분산은 각각

$$\bar{x} = \frac{\sum_{i=1}^{k} f_i x_i}{\sum_{i=1}^{k} f_i} = \frac{221}{25} = 8.84,$$

$$s^2 = \frac{\sum_{i=1}^{n} f_i x_i^2 - \frac{\left(\sum_{i=1}^{n} f_i x_i\right)^2}{n}}{n-1} = \frac{2065 - \frac{221^2}{25}}{(25-1)} = 4.64$$

가 된다.

따라서 표준편차는 $s = \sqrt{4.64} = 2.15$이다.

또 '8~10' 계급의 도수가 가장 크므로 계급의 중앙값인 9가 최빈값이 된다.

그룹화된 자료의 중앙값(median)은 총도수 $n = 25$로부터 $n/2 = 12.5$번째에 위치해 있으므로 세 번째 계급(8~10)에 속해 있음을 알 수 있다.

따라서 $L = 8$, $n = 25$, $f_c = 8$, $f = 9$, $i = 2$이므로

$$L + \frac{(n/2) - f_c}{f} \times i = 8 + \frac{(25/2) - 8}{9} \times 2 = 9$$

가 되고 범위는 8(=13−5)이 된다(3장의 3.4절 참조).

입력과정

① A2:B6에 주어진 도수분포표 데이터를 먼저 입력하고 C2:C6에는 각 계급의 중앙값을 입력한다.

② $\sum f_i x_i$를 구하기 위해 먼저 각 계급별로 계급의 중앙값(x)에 도수(f)를 곱한 값을 계산한다. D2에 다음과 같이 입력한다.

= B2*C2

이 과정을 다른 계급에 대해서도 반복하기 위해 D2셀을 클릭하여 활성화시킨 후 마우스로 자동채우기 핸들을 이용하여 D2에서 D6까지 복사한다.

③ $\sum f_i x_i^2$을 구하기 위해 먼저 각 계급별로 계급의 중앙값(x)의 제곱에 도수(f)를 곱한 값을 계산한다. E2에 다음과 같이 입력한다.

= B2*C2^2

이 과정을 다른 계급에 대해서도 반복하기 위해 E2셀을 클릭하여 활성화시킨 후 마우스로 자동채우기 핸들을 이용하여 E2에서 E6까지 복사한다.

④ 각 계급별로 누적도수를 구하기 위해 F2에 다음과 같이 입력한다.
= SUM($B$2:B2)
시작 셀이 절대주소로 지정되어 있음에 유의해야 한다. 이 과정을 반복하기 위해 F2셀을 클릭하여 활성화시킨 후 마우스로 자동채우기 핸들을 이용하여 F2에서 F6까지 복사한다.

⑤ 분산을 계산하기 위해 먼저 $\sum f_i$, $\sum f_i x_i$, $\sum f_i x_i^2$ 값을 계산한다. 이를 위해 B8:B10의 셀에 각각 다음과 같이 입력한다.
= SUM(B2:B6)
= SUM(D2:D6)
= SUM(E2:E6)
B8에서 B10의 각 셀에 $\sum f_i = 25$, $\sum f_i x_i = 221$, $\sum f_i x_i^2 = 2065$로 계산되어 있다.

⑥ E8에서 $\overline{x} = \frac{\sum_{i=1}^{k} f_i x_i}{\sum_{i=1}^{k} f_i}$에 따라 평균을 구한다.
= B9/B8
평균이 8.84로 계산되어 있다.

⑦ 분산을 구하기 위해 $s^2 = \frac{\sum_{i=1}^{n} f_i x_i^2 - \frac{\left(\sum_{i=1}^{n} f_i x_i\right)^2}{n}}{n-1}$에 따라 E12에 다음과 같이 입력한다.
= (B10−B9^2/B8)/(B8−1)
분산이 4.64로 나타나 있다.

⑧ E13에서 분산에 대한 제곱근 즉 표준편차를 구한다.
= SQRT(E12)
표준편차가 2.15로 나타나 있다.

	A	B	C	D	E	F	G	H
1	계급	도수(f)	중앙값(x)	f*x	f*x^2	누적도수		
2	4 - 6	3	5	15	75	3		
3	6 - 8	5	7	35	[illegible]45	8		
4	8 - 10	9	9	81	[illegible]29	17	<- 12.5	
5	10 - 12	7	11	77	[illegible]47	24		
6	12 - 14	1	13	13	[illegible]69	25		
7								
8	sum_f =	25		평균 =	[illegible].84			
9	sum_fx =	221		중앙값 =	9			
10	sum_fx^2 =	2065		최빈값 =	9			
11				범위 =	8			
12				분산 =	[illegible].64			
13				표준편차 =	2.15[illegible]066			
14								

연습 3.19 아래와 같이 주어진 도수분포표 자료에 대해 평균, 최빈값, 중앙값, 분산, 표준편차를 구하시오.

계급	도수
240~300	13
300~360	10
360~420	18
420~480	13
480~540	6
540~600	3

풀이 아래 엑셀을 통해 실행한 결과물에 평균이 388.1, 분산과 표준편차가 각각 7312.4, 85.5로 나타나 있다. 또한 중앙값과 최빈값은 390으로 나타나 있다.

입력과정

① A2:B7에 주어진 도수분포표 데이터를 먼저 입력하고 C2:C7에는 각 계급의 중앙값을 입력한다.

② $\sum f_i x_i$를 구하기 위해 먼저 각 계급별로 계급의 중앙값(x)에 도수(f)를 곱한 값을 계산한다. D2에 다음과 같이 입력한다.

= B2*C2

이 과정을 다른 계급에 대해서도 반복하기 위해 D2셀을 클릭하여 활성화시킨 후 마우스로 자동채우기 핸들을 이용하여 D2에서 D7까지 복사한다.

③ $\sum f_i x_i^2$를 구하기 위해 먼저 각 계급별로 계급의 중앙값(x)의 제곱에 도수(f)를 곱한 값을 계산한다. E2에 다음과 같이 입력한다.

= B2*C2^2

이 과정을 다른 계급에 대해서도 반복하기 위해 E2셀을 클릭하여 활성화시킨 후 마우스로 자동채우기 핸들을 이용하여 E2에서 E7까지 복사한다.

④ 각 계급별로 누적도수를 구하기 위해 F2에 다음과 같이 입력한다.

= SUM($B$2:B2)

이 때 시작 셀을 절대주소로 지정해야 한다. 이 과정을 반복하기 위해 F2셀을 클릭하여 활성화시킨 후 마우스로 자동채우기 핸들을 이용하여 F2에서 F7까지 복사한다.

⑤ 분산을 계산하기 위해 먼저 $\sum f_i$, $\sum f_i x_i$, $\sum f_i x_i^2$ 값을 계산한다. 이를 위해 B9:B11의 셀에 각각 다음과 같이 입력한다.

= SUM(B2:B7)

= SUM(D2:D7)

= SUM(E2:E7)

B9에서 B11의 각 셀에 $\sum f_i = 63$, $\sum f_i x_i = 24{,}450$, $\sum f_i x_i^2 = 9{,}942{,}300$으로 계산되어 있다.

⑥ E9에서 $\bar{x} = \dfrac{\sum_{i=1}^{k} f_i x_i}{\sum_{i=1}^{k} f_i}$에 따라 평균을 구한다.

= B10/B9

평균이 388.1로 계산되어 있다.

⑦ B9에서 B11의 각 셀에 $\sum f_i = 63$, $\sum f_i x_i = 24{,}450$,

$\sum f_i x_i^2 = 9{,}942{,}300$으로 저장되어 있으므로 $s^2 = \dfrac{\sum_{i=1}^{n} f_i x_i^2 - \dfrac{\left(\sum_{i=1}^{n} f_i x_i\right)^2}{n}}{n-1}$

에 따라 분산을 구하기 위해 E12에 다음과 같이 입력한다.

= (B11−B10^2/B9)/(B9−1)

분산이 7312로 나타나 있다.

⑧ E13에서 분산에 대한 제곱근 즉 표준편차를 구한다.

= SQRT(E12)

표준편차가 85.5로 나타나 있다.

⑨ 그룹화된 자료의 중앙값(median)은 총도수 $n = 63$으로부터 $n/2 = 31.5$번째에 위피해 있으므로 세 번째 계급(360~420)에 속해 있음을 알 수 있다.

따라서 $L=360$, $n=63$, $f_c=23$, $f=18$, $i=60(=420-360)$이므로

$$L+\frac{(n/2)-f_c}{f}\times i=360+\frac{63/2-23}{18}\times 60$$

을 계산하기 위해 다음과 같이 입력한다.

= 360+(63/2−23)/18*60

중앙값이 E10에 388.3으로 계산되어 있다.

또 '360~420' 계급의 도수가 18로 가장 크므로 계급의 중앙값인 390이 최빈값이 된다.

	A	B	C	D	E	F	G	H
1	계급	도수(f)	중앙값(x)	f*x	f*x^2	누적도수		
2	240 - 300	13	270	3510	947700	13		
3	300 - 360	10	330	3300	1089000	23		
4	360 - 420	18	390	7020	2737800	41	<- 31.5	
5	420 - 480	13	450	5850	2632500	54		
6	480 - 540	6	510	3060	1560600	60		
7	540 - 600	3	570	1710	974700	63		
8								
9	sum_f =	63		평균 =	388.0952			
10	sum_fx =	24450		중앙값 =	388.3333			
11	sum_fx^2 =	9942300		최빈값 =	390			
12				분산 =	7312.442			
13				표준편차 =	85.51282			
14								

■ 표준편차에 대한 경험법칙

연습 3.20 평균이 180이고 표준편차가 30인 종모양의 대칭분포를 가진 자료에서 아래의 범위에 속하는 데이터는 대략 몇 %가 되는지 경험법칙에 따라 답하시오.

(1) 90에서 150사이의 구간

(2) 210이상의 구간

(3) 120에서 210사이의 구간

풀이 분포가 종모양의 형태를 지닐 때 경험법칙에 따르면 $\bar{x}\pm s$사이의 구간에 속하는 관찰치가 전체 관찰치의 약 68.26%, $\bar{x}\pm 2s$사이의 구간에 속하는 관찰치는 약 95.45% 그리고 $\bar{x}\pm 3s$ 사이의 구간에 속하는 관찰치는 약 99.73%에 이른다.

또한 좌우 대칭의 분포이므로 $\bar{x}-s$와 $\bar{x}$사이의 값을 가지는 관찰치는 전체 관찰치의 34.13%에 이르고 $\bar{x}-2s$와 $\bar{x}$사이의 값을 가지는 관찰치는 95.45%의 1/2인 47.72% 그리고 $\bar{x}-3s$와 $\bar{x}$사이의 값을 가지는 관찰치는 99.73%의 1/2인 49.87%에 이른다.

(1) 90에서 150사이의 값을 가지는 관찰치의 비율은 $\bar{x}-3s$에서 $\bar{x}$사이의 값을 가지는 비율 49.87%에

서 $\bar{x}-s$에서 $\bar{x}$사이의 값을 가지는 비율 34.13%를 뺀 15.74%가 된다.

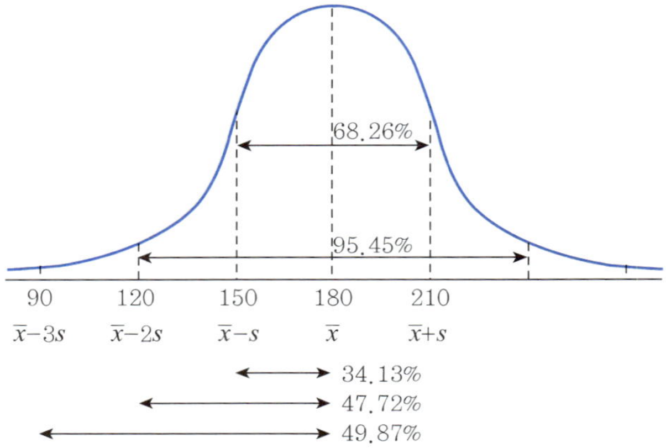

(2) 평균인 180을 상회하는 값을 가지는 관찰치의 비율이 50%이고, 180과 210사이의 구간의 값을 가지는 관찰치의 비율이 34.13%이므로 210을 상회하는 값을 가지는 관찰치의 비율은 50−34.13=15.87(%)가 된다.

(3) 120과 180사이의 값을 가지는 관찰치의 비율 47.72% 180과 210사이의 값을 가지는 관찰치의 비율 34.13%를 더한다. 즉 81.85%이다.

연습 3.21 평균이 72이고 표준편차가 12인 자료의 분포가 종모양을 가진다고 할 때 경험법칙에 의거하여 아래의 구간에 속하는 데이터는 약 몇%에 달하는지 답하시오.

(1) 60이하　　(2) 60과 96사이

(3) 48이상　　(4) 72와 108사이

(5) 36과 96사이

풀이 (1) 50−34.13=15.87(%)　　(2) 34.13+47.72=81.85(%)

(3) 47.72+50=97.72(%)　　(4) 49.87(%)

(5) 49.87+47.72=97.59(%)

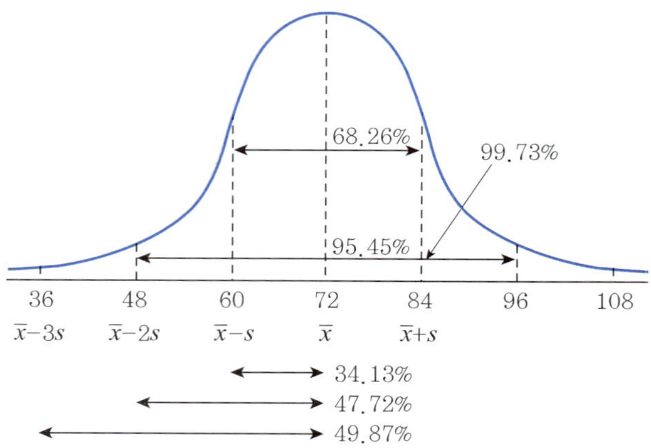

제4장 확률

CONTENTS

4.1 확률 개념

우리가 매일 접하게 되는 생활 정보 중의 하나가 일기예보이다. 이 일기예보에서 내일 비가 내릴 것으로 예보되었다고 해서 '반드시' 내일 비가 오는 것은 아니다. 분명한 것은 내일 비가 내리지 않을 수도 있다는 사실이며 여기에는 불확실성이 내제되어 있는 것이다.

다른 예로서 주가가 상승할 것으로 예상하여 어떤 주식을 샀을 때 이 주식이 반드시 오르는 것은 아니다. 이 주가는 오를 수도 있고 내릴 수도 있는 것으로 여기에도 불확실성이 내제되어 있는 것이다.

또 앞에서 우리는 통계 분석의 대상이 되는 자료의 수집은 대부분 모집단 전체가 아닌 표본조사에 의해 이루어진다는 사실을 살펴보았다. 이렇게 표본조사에 의할 경우 항상 문제가 되는 것은 모집단의 일부인 표본에 의한 분석 결과를 통해 모집단 전체를 추정하는 과정에서 발생하는 불확실성의 문제이다. 즉 표본조사 자체가 전수조사를 하지 않고 일부만 조사하고 그 결과를 가지고 모집단을 추정하는 것이기 때문에 표본조사 결과가 반드시 모집단 전체를 '항상' 정확히 나타낸다고 확신할 수 없는 것이며 이러한 과정에서 불확실성이 존재하게 되는 것이다.

이와 같이 불확실성이 존재할 때 정확한 의사결정을 하기 위해 중요한 것은 이러한 불확실성이 어느 정도인가를 파악하는 것인데 이 때 이용되는 개념이 확률인 것이다. 예를 들어 '내일 비가 올 확률이 80%이다'라고 했을 때 여기는 우리가 내일 비가 확실히 내린다고 볼 수는 없지만 비가 내릴 가능성이 어느 정도인지를 파악함으로써 불확실성의 정도를 판단할 수 있는 것이다.

확률

확률(probability)은 사건(event)이 일어날 수 있는 가능성의 정도를 나타내는 '0'과 '1' 사이의 수이다.

예제 4.1 확률의 최대값과 최소값은 얼마인가?

풀이 확률은 정의에 따라 어떤 사건이 일어날 수 있는 가능성을 나타내는 '0'과 '1' 사이의 수이므로 1보다 크거나 0보다 작을 수 없다. 따라서 확률은 최대값이 1이고 최소값은 0이다. 어떤 사건의 확률이 1이라는 것은 그 사건이 반드시 일어나는 경우로써 불확실성이 전혀 존재하지 않는 것을 의미한다. 확률이 0인 것은 해당 사건이 절대 일어나지 않는 경우로써, 이 또한 불확실성이 존재하지 않는다.

그러나 예를 들어 어느 석유 시추 작업에 대해 석유가 나올 확률이 0.05라 했을 때, 이는 석유가 나올 가능성이 5%이고 그렇지 않을 가능성이 95%가 된다는 것이며 석유가 나올 수도 그렇지 않을 수도 있는 불확실성이 존재하는 것이다.

확률에 관련된 세 가지 중요한 용어는 실험(experiment), 결과(outcome), 사건(event)이다. 실험이란 어떤 대상에 대한 관찰이나 측정 행위를 말하며 결과란 실험에 의해 나타날 수 있는 모든 개별적 사항을 의미한다. 이 결과들 중 관심의 대상이 되는 일부분을 사건이라 한다.

예제 4.2 아래 문제에 대해 확률을 계산하시오.

(1) 주사위를 던져 5가 나올 확률

(2) 어느 농구선수는 최근 10게임에서 100번의 슛을 던져 78개를 성공시켰다. 이 선수의 슛 성공 확률은?

(3) 동전을 던져 앞면이 나올 확률

(4) 오후 9시에서 10시 사이에 주요 방송국별 TV 시청 가구를 조사한 결과 다음과 같은 결과를 얻었다. 임의의 TV 시청 가구가 A방송을 시청하고 있을 확률은?

(단위 : 가구)

방송국	시청가구수
A	450
B	580
C	370
기타	200

풀이 (1) 주사위를 던져 나타날 수 있는 결과는 1, 2, 3, 4, 5, 6이다. 5는 여섯 가지 결과 중의 하나이므로 1/6의 확률을 가진다.

(2) 100번의 슛 가운데 78개가 성공하였으므로 슛 성공률은 78/100=0.78 즉 78%이다.

(3) 동전을 던져 나타날 수 있는 결과는 앞면과 뒷면이 나타나는 두 가지이다. 따라서 앞면은 이 두 가지 중의 하나이므로 1/2의 확률을 가진다.

(4) 위의 방송국별 시청 가구수는 도수분포표에 해당한다. 조사된 시청가구 수가 1,600가구(=450+580+370+200)이고 이 중 450가구가 A방송을 시청하고 있었으므로 A방송을 시청할 확률은 450/1,600=0.281이 된다.

예제 4.3 [예제 4.2]의 (1) (2) (3) (4)의 확률 계산에서 실험(experiment), 결과(outcome), 사건(event)에 해당하는 것은 무엇인가?

풀이 (1) 주사위를 던지는 행위가 실험이 되며 여기서 나타날 수 있는 1, 2, 3, 4, 5, 6이 결과이다. 이들 결과 중 관심의 대상이 되는 것은 5로서 이것이 나타날 확률을 구하는 것이므로 주사위를 던져서 5가 나타나는 것이 사건에 해당한다.

(2) 농구선수가 슛을 하는 행위가 실험이 되며 이 실험의 결과 나타날 수 있는 슛의 성공 또는 실패가 결과에 해당한다. 여기서 관심의 대상이 되는 것은 슛의 성공이므로 이것이 사건에 해당한다.
(3) 동전을 던지는 행위가 실험이며 결과는 동전의 앞면과 뒷면이다. 나타날 수 있는 두 가지 결과 중 관심의 대상이 되는 앞면이 나오는 것이 사건에 해당한다.
(4) 방송국별로 TV 시청 가구를 조사하는 행위가 실험이 된다. 또 각 가구의 방송국 채널의 선택에 따라 나타나게 되는 방송국별 시청가구수가 결과가 되는데 위의 조사 결과는 나타날 수 있는 무수히 많은 결과들 중의 하나에 해당한다. A방송을 시청하는 경우가 사건에 해당한다.

Note

불확실성을 판단하는데 이용되는 확률을 측정의 접근방법에 따라 객관적 확률(objective probability)과 주관적 확률(subjective probability)로 구분되며 객관적 확률은 다시 고전적 확률(classical probability)과 경험적 확률(empirical probability)로 구분된다.
[예제 4.2]의 (1)의 경우와 같이 나타날 수 있는 여섯 가지 결과인 1, 2, 3, 4, 5, 6이 모두 동일한 가능성을 가지고 나타날 수 있을 때 이로부터 계산된 확률을 고전적 확률이라 한다. (3)의 경우도 나타날 수 있는 결과가 앞면 또는 뒷면으로 동일한 가능성을 가지고 나타날 수 있기 때문에 고전적 확률에 해당한다. 따라서 고전적 확률은 나타날 수 있는 결과의 가능성이 모두 동일하기 때문에 확률을 구할 때 모든 가능한 '결과의 개수'와 발생하는 '사건의 개수'가 확률 계산의 기초가 되는 것이다.
이에 반해 (2)와 (4)의 경우와 같이 표본조사를 통한 '실제 결과'에 기초하여 관찰치들에 대한 상대도수 개념으로 계산된 확률을 경험적 확률이라 한다.
주관적 확률은 용어가 의미하는 바와 같이 개인이 자신의 정보를 이용하여 제시하는 확률을 말한다. 예를 들어 지질학자가 어느 지역에서 5년 내에 지진이 발생할 확률이 0.08이라고 했을 때 이는 주관적 확률에 해당하는 것이다.

4.2 주변확률과 조건확률

주변확률

조건이 부가되지 않은 상태에서 어떤 하나의 사건이 발생할 확률을 비조건확률(unconditional probability) 또는 주변확률(marginal probability)이라고 한다. 사건을 A라 할 때 주변확률은 $P(A)$로 표시한다.

예를 들어 52장으로 이루어진 카드에서 하트, 에이스가 뽑힐 확률을 구하면 1/52이 되는데 이는 하트, 에이스가 뽑히는 하나의 사건이 발생할 확률을 내포하고 있을 뿐이며 어떤 조건하에서 하트, 에이스가 뽑히는 사건이 발생할 확률을 의미하는 것이 아닌 것이다.

조건확률

이미 한 사건이 발생한 상태에서 다른 하나의 사건이 발생할 가능성을 나타내는 확률을 조건확률(conditional probability)이라 한다. 이미 A사건이 발생한 상태에서 B사건이 발생할 조건확률은 $P(B|A)$로 표시한다.

주변확률에서 들었던 예를 다시 들어보자. 52장의 카드에서 먼저 12장의 하트 카드만을 뽑은 후에 이 '12장의 하트 중에서' 한 장의 카드를 뽑을 때 하트-에이스가 뽑힐 확률을 구하면 1/12가 될 것이다. 이 때 1/12의 확률은 '이미 발생한 사건'인 12장의 하트 카드 중에서 하트-에이스가 뽑히는 사건에 대한 확률인 것이며 이는 발생한 사건이 전제 조건이 되는 조건확률에 해당한다.

예제 4.4 아래는 대학생 100명에 대해 그들이 좋아하는 스포츠를 조사한 것이다. 이로부터 주변확률과 조건확률을 비교해 보자.

성별/스포츠	농구	야구	축구	배구	계
남	24	20	10	4	58
여	16	14	8	4	42
계	40	34	18	8	100

풀이 위와 같이 변수별로 도수를 나타낸 표를 분할표(cross-tabulation 또는 contigency table)라 하는 데 위의 분할표는 성을 나타내는 변수와 스포츠를 나타내는 두 변수로 구분하여 도수를 표시하고 있다(이 때 성을 나타내는 변수가 가지는 값은 '남'과 '여'이고 스포츠를 나타내는 변수가 가지는 값은 '농구', '야구', '축구', '배구' 이므로 이 두 변수는 질적변수에 해당한다).

위 분할표에서 '계'라고 이름 붙여진 행(row)과 열(column)의 숫자는 분할표의 주변합계(marginal totla)라 하는데 이는 주변확률을 계산할 때 이용되는 사건의 수에 해당한다. 행으로 표시된 계가 의미하는 것은 남녀를 불문하고 100명이 좋아하는 스포츠에 대한 종류별로 드수를 표시하고 있다.

그러므로 이 조사를 기준으로 판단할 때 대학생이 여러 스포츠 가운데 농구를 좋아할 확률은 40/100 즉 0.4가 되며 이는 바로 주변확률 또는 비조건확률인 것이다.

마찬가지로 열로 표시된 계는 100명의 응답자 중 58명이 남자이고 42명이 여자임을 나타내고 있으며 우리는 이로부터 조사에 답한 응답자가 남성일 확률은 58/100 즉 0.58이라고 말할 수 있는데 이 확률 또는 주변확률임을 알 수 있다.

그런데 '남'으로 표시된 행이 의미하는 것은 남자 응답자 58명 중 농구, 야구, 축구, 배구를 좋아하는 대학생이 각각 24, 20, 10, 4명이라는 것이다.

따라서 '남학생 중에서' 농구를 좋아할 확률은 24/58 즉 0.414가 되며 이는 남자라는 사건이 이미 확실하게 결정된 상태에서 여러 스포츠 중 농구를 좋아할 확률을 구한 것이므로 조건확률에 해당하는 것이다. 즉 아래와 같은 표에서 농구를 좋아할 확률을 구하는 것과 같다.

성별/스포츠	농구	야구	축구	배구	계
남	24	20	10	4	58

일반적으로 A사건이 이미 발생한 후에 B사건이 발생할 조건확률은 $P(B|A)$로 표시한다. 남학생으로서 농구를 좋아할 확률 24/58은 바로 A사건이 남학생이고 B사건이 농구일 때의 조건확률이 $P(B|A)=24/58=0.414$임을 의미하는 것이다.

예제 4.5 위의 [예제 4.4]의 분할표를 보고 다음에 답하시오.

(1) 대학생에게 좋아하는 스포츠가 무엇인지를 물었을 때 야구를 좋아한다고 대답할 확률은 얼마인가? 그리고 이 확률은 주변확률인가 조건확률인가?

(2) 여대생에게 좋아하는 스포츠가 무엇인지를 물었을 때 배구를 좋아한다고 대답할 확률은 얼마인가? 그리고 이 확률은 주변확률인가 조건확률인가?

풀이 (1) 100명의 응답자 중 야구를 좋아하는 대학생은 34명이므로 이 조사에 따르면 대학생이 야구를 좋아할 확률은 34/100=0.34이다. 그리고 이는 조건이 전제되지 않은 상태에서 단지 야구를 좋아하는 것을 하나의 사건으로 간주하여 이에 대한 확률을 구한 것이므로 주변확률에 해당한다.

(2) 먼저 응답자를 여대생으로 한정하여 즉 여학생이라는 조건하에서 배구를 좋아할 확률을 구하는 것이므로 이는 조건확률에 해당하며, 이 조사에 따라 판단한다면 4/42=0.095의 조건확률을 가질 것이다.

결합확률

앞에서 살펴본 바와 같이 주변확률 또는 비조건확률은 하나의 사건을 기준으로 이 사건이 발생할 가능성을 나타내는 것이며, 조건확률은 두 가지 사건을 기준으로 하되 한 사건이 이미 발생한 상태에서 나머지 한 사건이 발생할 가능성을 나타내는 것이다. 이에 반해 결합확률은 두 가지 사건을 기준으로 하되 두 사건이 '동시에' 발생할 가능성을 나타내는 확률이다. A사건과 B사건이 동시에 발생할 결합확률은 $P(A \text{ and} B)$ 또는 $P(A \cap B)$로 표시한다.

Note

여기서 두 사건이 '동시에' 일어난다는 의미는 두 사건이 일어나는 시점이 동일하다는 것이 아니라 A가 먼저 발생하든 B가 먼저 발생했든지 상관없이 두 사건이 '모두' 발생했다는 의미로 해석해야 한다.

예제 4.6 아래는 결합확률을 살펴보기 위해 [예제 4.4]의 분할표를 옮겨 놓은 것이다.

성별/스포츠	농구	야구	축구	배구	계
남	24 ①	20	10	4	58
여	16	14	8	4	42
계	40	34	18	8	100

위의 분할표에는 성을 나타내는 변수가 두 가지 값(남, 여)을 가지고 있고 스포츠 종류를 나타내는 변수가 네 가지 값(농구, 야구, 축구, 배구)을 가지고 있으므로 2×4=8개의 칸(cell)이 생기며 이 8개의 칸에 100명의 학생수가 분할되어 분포해 있는 것이다.

①에 있는 24명은 100명의 응답자 학생 중 남자이면서 농구를 좋아하는 학생수를 표시한다. 따라서 100명의 대학생을 대상으로 한 이 조사에서 ①의 칸에 속하는 학생은 남학생이면서 '동시에' 농구를 좋아하는 학생이다. 즉 남학생이라는 사건과 농구를 좋아한다는 사건이 동시에 만족되어야 되는 것이다. 이 조사에 따라 판단한다면 임의로 대학생을 선정했을 때 그 학생이 남학생이면서 농구를 좋아할 확률은 24/100=0.24라고 말할 수 있으며 이는 사건이 동시에 발생할 확률을 나타내고 있으므로 결합확률에 해당한다. 다시 반복하지만 결합확률은 두 사건이 동시에 발생할 가능성을 구하는 것이며 조건확률은 이미 한 사건이 확실히 발생한 상태에서 나머지 한 사건이 발생할 가능성을 구하는 것이므로, 결합확률은 전체 학생수 100명이 결과(outcome)의 대상이 되는 반면 남학생 중에서 농구를 좋아할 조건확률은 남학생 58명이 결과(outcome)의 대상이 되는 것이다.

예제 4.7 위의 [예제 4.6]의 분할표에 따라 답하시오. 임의로 대학생 한 사람을 뽑았을 때 이 학생이 축구를 좋아라는 여학생일 확률을 구하시오.

풀이 여학생이라는 사건과 축구를 좋아한다는 사건이 동시에 발생해야하므로 결합확률을 구해야 하며 8/100=0.08이 된다.

확률의 기본법칙 : 덧셈법칙

$$P(A \cup B) = P(A) + P(B) - P(A \cap B)$$

A, B 두 사건 중 어느 한 사건이 발생할 확률 $P(A \cup B)$는 A사건이 발생할 확률 $P(A)$에 B사건이 발생할 확률 $P(B)$를 더한 후 $P(A \cap B)$를 뺀 결과와 같다.

즉 A사건과 B사건이 발생할 확률은 각각의 주변확률을 더하고 여기에서 A, B 두 사건이 동시에 발생할 결합확률을 뺀 결과와 같다. 이를 벤다이어그램(Venn Diagram)으로 표시하면 쉽게 이해할 수 있다.

A사건이 일어날 확률은 U로 표시된 직사각형에서 A로 표시된 원의 면적이 차지하는 비율이고 마찬가지로 B사건이 일어날 확률은 직사각형 U에서 사각형 B가 차지하는 비율이다. 여기서 A사건이나 또는 B사건이 발생할 확률을 구하기 위해서는 $P(A)$와 $P(B)$를 더해야 하는데 이렇게 했을 경우 원 A와 사각형 B가 겹치는 부분이 중복되어 계산되므로 이 부분 즉 $P(A \text{ and } B)$를 빼는 것이다.

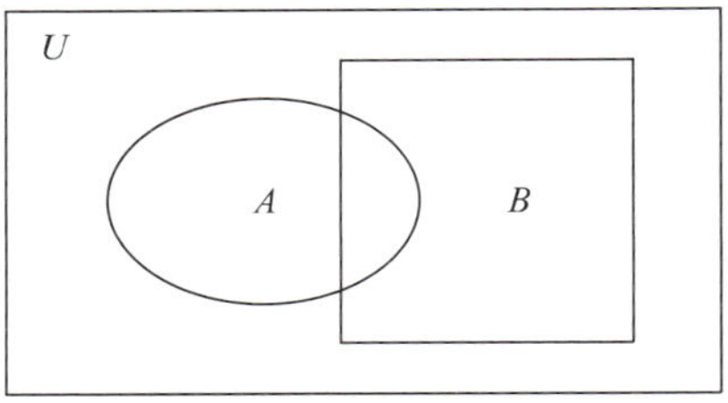

그림 4-1 확률의 덧셈법칙

Note

$P(A \text{ and } B) \neq \varnothing$일 때 즉 A사건과 B사건이 동시에 발생할 확률이 공집합이 아니라는 것은 A와 B사건이 동시에 발생할 수 있다는 것을 의미하는 것으로써 위의 벤다이어그램에서 보면 A와 B사이에 겹치는 부분이 존재한다는 것을 뜻한다.
그러나 $P(A \text{ and } B) \neq \varnothing$인 경우는 A와 B사건이 동시에 발생할 수 없다는 것으로서 벤다이어그램에서와 같이 겹치는 부분이 존재하지 않는다는 것을 의미한다.

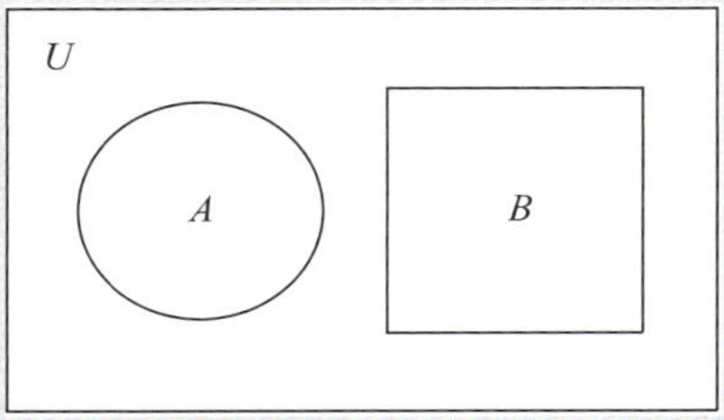

그림 4-2 배타적 확률

이와 같이 $P(A \text{ and } B) \neq \varnothing$가 되어 A사건과 B사건이 동시에 발생할 수 없을 때, A, B는 서로 '배타적(exclusive)'이라고 한다. A와 B가 서로 배타적일 때 A 또는 B사건이 발생할 확률은 $P(A \cup B) = P(A) + P(B) - P(A \cap B)$가 된다.

예제 4.8 위의 [예제 4.6]의 분할표에 따를 때 임의로 대학생 한 사람을 뽑았을 경우 그 학생이 남학생이거나 또는 야구를 좋아할 확률은 얼마인가?

풀이 $P(\text{남} \cup \text{야구}) = P(\text{남}) + P(\text{야구}) - P(\text{남} \cap \text{야구})$에서
$P(\text{남}) = 0.58$, $P(\text{야구}) = 0.34$, $P(\text{남} \cap \text{야구}) = 0.2$이므로
$P(\text{남} \cup \text{야구}) = 0.58 + 0.34 - 0.2 = 0.72$이다.

확률의 기본법칙 : 곱셈법칙

$$P(A \cap B) = P(A) \cdot P(B|A)$$

즉 A와 B가 동시에 일어날 결합확률 $P(A \cap B)$는 A의 주변확률 $P(A)$에서 A가 발생한 상태하에서 B가 일어날 조건확률 $P(B|A)$를 곱하여 구할 수 있다.

이를 아래의 벤다이어그램을 통해 살펴보면 곱셈법칙의 의미를 쉽게 확인할 수 있다.

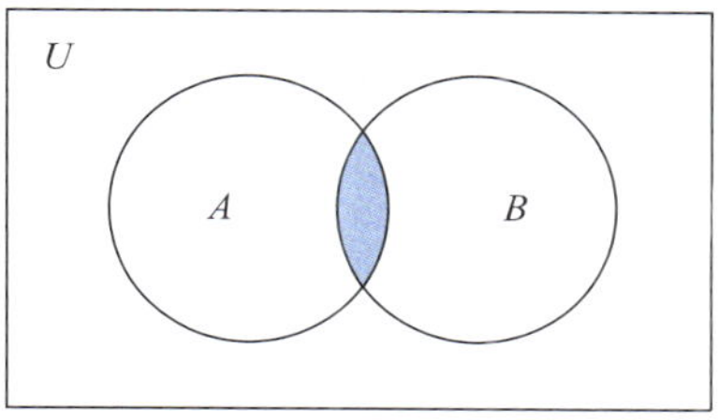

그림 4-3 확률의 곱셈법칙

결합확률 $P(A \cap B)$는 전체 집합 U의 면적에서 빗금 친 브분의 면적이 차지하는 비율에 해당한다. 그리고 이것은 A가 U에서 차지하는 비율에다 빗금 친 부분이 A에서 차지하는 비율을 곱한 것과 동일하다는 것을 알 수 있다. 그런데 이 빗금 친 부분은 A사건의 내용과 B사건의 내용을 모두 가지고 있으므로 빗금 친 부분이 A에서 차지하는 비율은 바로 A가 발생한 상태에서 B가 발생할 조건확률 $P(B|A)$로 볼 수 있다.

따라서 $P(A \cap B) = P(A) \cdot P(B|A)$의 곱셈법칙이 성립하는 것이다.

전체 집합 U에서 빗금 친 부분이 차지하는 비율은 다른 한편으로 B가 U에서 차지하는 비율에다 빗금 친 부분이 B에서 차지하는 비율을 곱한 것과도 동일하기 때문에 $P(A \cap B) = P(B) \cdot P(A|B)$의 곱셈법칙도 성립한다.

즉 A와 B가 동시에 발생할 결합확률은 이들 사건에 대한 주변확률과 조건확률로서 표현할 수 있다.

$$P(A \cap B) = P(A) \cdot P(B|A) = P(B) \cdot P(A|B)$$

이러한 곱셈법칙으로부터 다음과 같이 조건확률을 나타낼 수 있다.

$$P(A|B) = \frac{P(A \cap B)}{P(B)}$$

$$P(B|A) = \frac{P(A \cap B)}{P(A)}$$

예제 4.9 위의 [예제 4.6]의 분할표를 보고 다음 확률을 구하시오.

(1) $P(\text{남} \cap \text{배구})$

(2) $P(\text{남})$

(3) $P(\text{배구})$

(4) $P(\text{남}|\text{배구})$와 $P(\text{배구}|\text{남})$을 (1), (2), (3)에서 구한 주변확률과 결합확률을 이용하여 구하시오.

(5) 응답자 100명중에서 1명을 뽑았을 때 이 학생이 남학생이 되는 결과와 배구를 좋아하는 결과 즉 남학생이라는 사건과 배구선호라는 사건은 서로 독립적인지 확인하시오.

풀이 (1) 100명의 대학생 중 남학생이면서 배구를 좋아하는 학생은 4명이므로 결합확률 $P(\text{남} \cap \text{배구})$는 4/100이다.

(2) 100명 중 58명이 남학생이므로 주변확률 $P(\text{남})$은 58/100이다.

(3) 100명 중 8명이 배구를 좋아하므로 주변확률 $P(\text{배구})$는 8/100이다.

(4) $P(\text{남}|\text{배구}) = \frac{P(\text{남} \cap \text{배구})}{P(\text{배구})} = \frac{4/100}{8/100} = \frac{1}{2}$이다. $P(\text{남}|\text{배구})$는 배구를 좋아한다는 사건이 이미 발생한 후의 상태(조건)하에서 즉 배구를 좋아하는 학생들만 분류해 놓은 상태에서 한 사람을 뽑을 때 그 학생이 남학생이 될 조건확률로서, 이를 분할표에서 구하면 배구를 좋아하는 8명 중 남학생이 4명이므로 확률은 1/2이 된다.

$P(\text{배구}|\text{남}) = \frac{P(\text{남} \cap \text{배구})}{P(\text{남})} = \frac{4/100}{58/100} = \frac{4}{58}$이다. 실제 분할표에서 보듯이 남학생 58명 중에서 배구를 좋아하는 학생이 4명이므로 남학생 중 배구를 좋아할 확률은 4/58가 된다.

(5) 남학생 그리고 배구선호라는 두 사건이 서로 독립적이기 위해서는 정의에 의해 $P(\text{남} \cap \text{배구}) = P(\text{남}) \cdot P(\text{배구})$의 관계가 성립해야 한다. 그런데 $P(\text{남} \cap \text{배구}) = 4/100 = 0.04$이고 $P(\text{남}) \cdot P(\text{배구}) = \frac{58}{100} \cdot \frac{8}{100} = \frac{464}{10000} = 0.0464$로 서로 다르다. 따라서 서로 독립적이 아니다.

Note

$P(A|B) = P(A)$ 또는 $P(B|A) = P(B)$일 때 A, B 두 사건은 서로 독립적(independent)이라고 정의한다. 이것은 A, B 중 어느 한 사건이 발생했을 때 이것이 나머지 한 사건이 발생할 확률에 영향을 미치지 않는다는 것을 의미한다. 예를 들어 동전 두 개를 던져서 모두 앞면이 나올 확률을 구할 때 첫 번째 동전이 앞면이 나오든 뒷면이 나오든 이것이 두 번째 동전이

어떤 면이 나오느냐에 영향을 주는 것이 아니다.
이와같이 A, B 두 사건이 서로 독립적일 때 위의 곱셈법칙에서 A, B 두 사건의 결합확률은 $P(A \cap B) = P(A) \cdot P(B)$이 된다.

예제 4.10 다음 문제에 대한 확률을 구하시오.

(1) 동전 두 개를 던져 모두 뒷면이 나올 확률

(2) 주사위 2번 던졌을 때 첫 번째에는 1 그리고 두 번째에는 6이 나올 확률

풀이 (1) 첫 번째 동전을 던져 뒷면이 나올 확률이 1/2, 두 번째 동전이 뒷면이 될 확률이 1/2이고 이들 사건은 서로 독립적이기 때문에 $\frac{1}{2} \times \frac{1}{2} = \frac{1}{4}$의 확률을 가진다.

(2) 처음 던진 주사위에서 1이 나올 확률이 1/6이고 두 번째로 던진 주사위에서 6이 나올 확률이 1/6이며 또 이들 사건이 독립적이기 때문에 두 사건의 확률을 곱하면 1/36이 된다.

나무그림

분할표의 내용을 나무가 가지를 쳐 나가듯이 그림으로 표시한 것이 나무그림(tree diagram)인데 조건확률과 결합확률을 나타내는데 아주 유용하다.

예제 4.11 [예제 4.4]에서 제시된 분할표의 내용을 나무그림으로 나타내는 방법을 단계별로 살펴보자.

(1) 첫 단계로 먼저 변수의 순서를 정한다.
[예제 4.4]의 분할표에 나타난 변수는 성별로 표시하는 변수와 스포츠 종류를 나타내는 변수 2개가 있으며 순서는 성별 변수, 스포츠 변수의 순으로 하기로 한다.

(2) 변수의 순서가 정해지면 줄기에 해당하는 시작점을 표시하고 여기에 각 변수가 취할 수 있는 값의 개수만큼을 가지로 표시한다.
즉 위의 분할표에서 성별 변수는 질적변수로서 이 변수가 취할 수 있는 값은 남학생과 여학생 두 가지 값을 가지므로 두 개의 가지를 실선으로 표시하고 실선의 적당한 위치에 성별 변수의 각 값이 나타날 수 있는 확률을 표시한다.

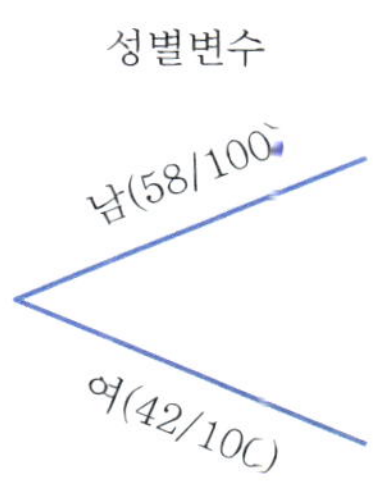

그림 4-4 나무그림

(3) 다음에는 각각의 가지를 다시 시작점으로 하여 두 번째 변수인 스포츠 변수가 취할 수 있는 값인 농구, 야구, 축구, 배구에 대한 가지를 실선으로 표시하고 이들 실선의 적당한 위치에 스포츠 변수의 각 값이 나타날 수 있는 확률을 기재한다. 여기서 표시하는 확률은 1단계로 성별에 따라 구분한 가지를 기준으로 표시하는 것이므로 조건확률에 해당한다.
예를 들어 아래 나무그림에 나타난 바와 같이 남학생 가지에서 시작한 스포츠 변수의 가지들은 남학생 58명을 대상으로 했을 때 이들이 농구 야구 등을 좋아할 확률을 표시하는 조건확률인 것이다.
즉 남학생이라는 사건이 확정적으로 발생한 상태에서 이들이 어떤 스포츠를 좋아하는지를 나타내는 확률인 것이다.
따라서 어떤 사건도 이미 발생하지 않은 상태에서 남학생이라는 사건과 농구를 좋아한다는 사건이 동시에 발생하는 결합확률은 $P(\text{남}) \cdot P(\text{농구}|\text{남})$이므로 1단계 가지의 주변확률 58/100에 2단계 조건확률 24/58를 곱한 24/100가 된다.

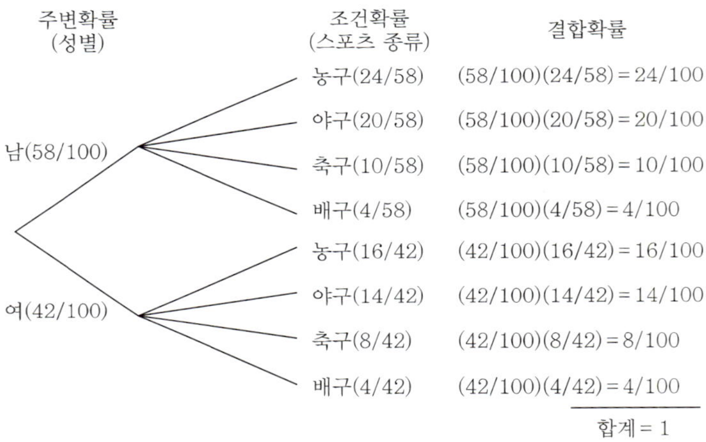

그림 4–5 확률과 나무그림

예제 4.12 아래는 어느 상점에서 200명의 고객에 대해 구매액과 지불방법을 조사하여 분할표로 작성한 결과이다. 이를 기준으로 다음에 답하시오.

구매액\지불방법	현금	카드	계
10만원 미만	40	45	85
10만원 이상	32	83	115
계	72	128	200

(1) 구매액, 지불방법의 순서에 따라 나무그림을 그리시오.

(2) 이 상점에서 고객이 10만원 이상을 구매할 확률은?

(3) 고객이 10만원 미만의 물품을 구입하고 이를 카드로 지불할 확률은?

(4) 10만원 이상의 물품을 구매한 고객 중에서 구매액을 현금으로 지불할 확률은?

(5) 구매액이 10만원 미만이거나 지불방법으로 현금을 택할 고객의 확률은?

(6) 구매액이 10만원 미만이 되는 사건과 지불방법이 현금이 되는 두 사건은 서로 독립적인가?

(7) (1)에서 그린 나무그림을 변수의 순서를 바꾸어 지불방법, 구매액의 순서에 따라 다시 그리시오. 그리고 두 사건이 동시에 발생하는 결합확률을 계산하고 이를 (1)의 나무그림에서 계산한 결합확률과 비교하시오.

풀이 (1) 구매액 지불방법 순에 따라 나무그림을 그리면 다음과 같다.

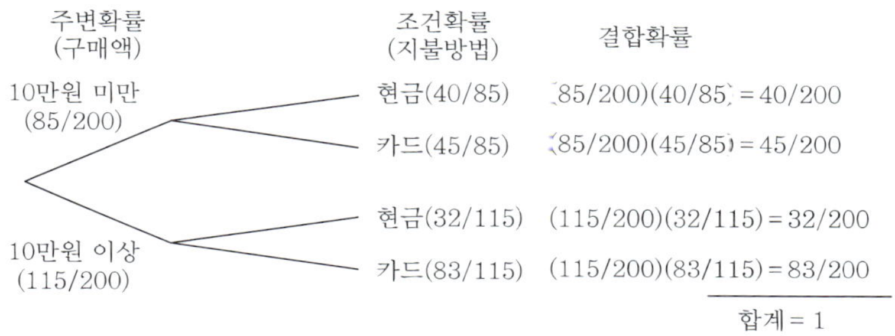

그림 4-6 확률과 나무그림

(2) 지불방법에는 관계없이 구매액이 10만원 이상이 되는 하나의 사건만이 관심의 대상이 되므로 이는 주변확률에 해당하며 115/200이다. 나무그림에서는 1단계 구매액에 의해 구분되는 2개의 가지 중 아래의 가지에 해당한다.

(3) 구매액이 10만원 미만이라는 사건과 지불방법이 카드가 되는 사건이 동시에 발생하는 확률이므로 이는 결합확률로서 45/200이다.

이는 $P(\text{10만원 미만} \cap \text{카드}) = P(\text{10만원 미만}) \cdot P(\text{카드}|\text{10만원 미만})$이므로 1단계에서 10만원 미만의 가지가 나타내는 주변확률 85/200와, 10만원 미만의 구매 고객 중 지불방법이 카드인 2단계에서의 주변확률 45/85를 곱하면 45/200의 결합확률을 얻게 된다.

(4) 구매액이 10만원 이상이라는 사건이 이미 발생한 상태에서 현금지불이라는 사건이 발생할 확률을 구하는 것이므로 이는 주변확률 $P(\text{현금}|\text{10만원 이상})$에 해당하며 이는 나무그림에서 32/115로 나타나 있다.

(5) 구매액이 10만원 미만이라는 사건과 지불방법이 현금이라는 사건 중 어느 한 사건이라도 발생하는 경우의 확률이므로 분할표에 나타난 확률을 덧셈법칙에 대입하면

$$P(\text{10만원 미만} \cup \text{현금}) = P(\text{10만원 미만}) + P(\text{현금}) - P(\text{10만원 미만} \cap \text{현금})$$

$$= \frac{85}{200} + \frac{72}{200} - \frac{40}{200} = \frac{117}{200}$$

이 된다.

(6) 두 사건이 독립적인지를 확인하기 위해서는 정의에 따라

$$P(\text{10만원 미만} \cap \text{현금}) = P(\text{10만원 미만}) \cdot P(\text{현금})$$

의 관계식이 성립하는지를 확인해야 한다. 여기서

$$P(\text{10만원 미만} \cap \text{현금}) = \frac{40}{200} = 0.2\text{이고}$$

$$P(\text{10만원 미만}) \cdot P(\text{현금}) = \frac{85}{200} \cdot \frac{72}{200} = 0.153$$

으로서 양변이 서로 다르다. 따라서 두 사건은 독립적이 아니다.

(7) 두 나무그림이 나타내는 결학확률은 동일하다. 예를 들어 (1)의 나무그림에서 계산한 결합확률 $P(\text{10만원 이상} \cap \text{현금})$이나 아래 나무그림에서 계산한 결합확률 $P(\text{10만원 이상} \cap \text{현금})$은 모두 32/200로 같다. A, B 두 사건의 결합확률은 $P(A \cap B) = P(B \cap A)$로 동일하다.

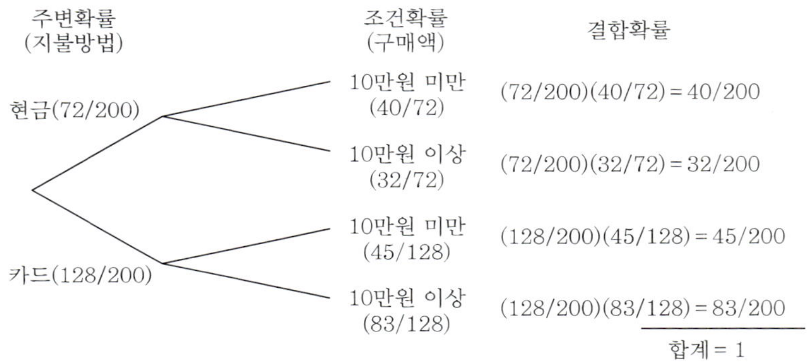

그림 4-7 확률과 나무그림

4.3 베이즈 정리

주변확률 $P(A)$와 조건확률 $P(B|A)$를 이미 알고 있을 때 우리는 $P(A) \cdot P(B|A)$를 통해 결합확률 $P(A \cap B)$를 구할 수 있다. 그런데 여기서 관심의 대상이 되는 것은 이미 알고 있는 $P(A)$와 $P(B|A)$를 이용하여 역으로 $P(A|B)$를 알 수 있는가 하는 것이다. 18세기 영국의 장로교 목사인 베이즈(Rev. Thomas Bayes)는 여기에 관심을 갖고 연구하였으며 후에 이는 베이즈 정리(Bayes theorem)로 완성되었다.

이 때 이미 알려져 있는 조건확률 $P(B|A)$를 사전확률(prior probability)이라고 하며 이러한 정보를 이용하여 사후적으로 알아낸 조건확률 $P(A|B)$를 사후확률(posterior probability)이라고 한다. 베이즈 정리의 중요성은 바로 이러한 사후확률을 실험을 통하지 않고 이미 알려진 사전확률을 이용해 알아낼 수 있다는 점에 있

는 것이다.

예제 4.13 아프리카 어느 종족은 인구의 10%가 그 종족 특유의 풍토병에 걸린다고 한다. 그리고 이 풍토병에 걸렸는지 여부를 검사할 수 있는 시약이 있는데 이 검사 시약은 100% 정확한 것이 아니어서, 실제로 풍토병에 걸린 사람을 검사했을 때 풍토병에 걸렸다는 양성 반응을 보이는 비율은 90%이며 또한 풍토병에 걸리지 않은 사람을 검사했을 때 풍토병에 걸렸다는 양성 반응의 비율은 15%에 이른다고 한다.

(1) 풍토병에 걸린 경우를 A_1, 걸리지 않은 경우를 A_2라 표시할 때 주변확률 $P(A_1)$과 $P(A_2)$를 구하시오.

(2) 검사 결과가 양성으로 나타나는 경우를 B_1으로 표시할 때 조건확률 $P(B_1|A_1)$과 $P(B_1|A_2)$를 구하시오.

(3) 결합확률 $P(B_1 \cap A_1)$과 $P(B_1 \cap A_2)$를 구하시오.

(4) 위의 내용은 결국 검사 결과가 양성으로 나왔다고 해서 모두 풍토병에 걸렸다고 볼 수 없다는 것을 의미한다. 그러면 여기에서 사후확률 측면에서 우리의 관심의 대상이 되는 조건확률은 무엇인가?

(5) 위 예제의 내용을 나무그림으로 그리시오.

풀이 (1) 인구의 10%가 풍토병에 걸림므로 $P(A_1)=0.1$이다. 따라서 풍토병에 걸리지 않을 확률은 $P(A_2)=1-P(A_1)=0.9$이다.

Note

풍토병을 하나의 변수로 간주할 때 이는 질적 변수(qualiative variable)로서 이 변수가 취할 수 있는 값은 양이 아닌 질적인 내용을 표시하는 '풍토병에 걸린 경우(A_1)'와 '풍토병에 걸리지 않은 경우(A_2)'의 두 가지이다. 여기서 A_1과 A_2는 같이 발생할 수 있는 사건이 아니기 때문에 서로 배타적(exclusive)이다. 또한 위에서 언급한 아프리카 종족은 A_1과 A_2 중의 어느 하나에 속하기 때문에 A_1 집합과 A_1 집합을 합하면 전체 집합 즉 아프리카의 어느 종족을 나타내게 된다. 이와 같이 일어날 수 있는 사건이 서로 배타적($A_1 \cap A_2 = \varnothing$)이고 이들 사건들의 합집합이 전체 집합($U$)이 될 때 ($A_1 \cup A_2 = U$), 특히 이러한 사건을 완전배타적(exhaustive)이라고 한다. 베이즈 정리에서는 바로 이러한 완전배타적 사건을 전제로 한 것이다. 아래 그림 (A)는 이러한 완전배타적 사건을 벤다이어그램으로 표시한 것이다. 그림 (B)는 A_1과 A_2가 배타적이지만 $A_1 \cup A_2 = U$가 성립하지 않으므로 완전배타적은 아니다.

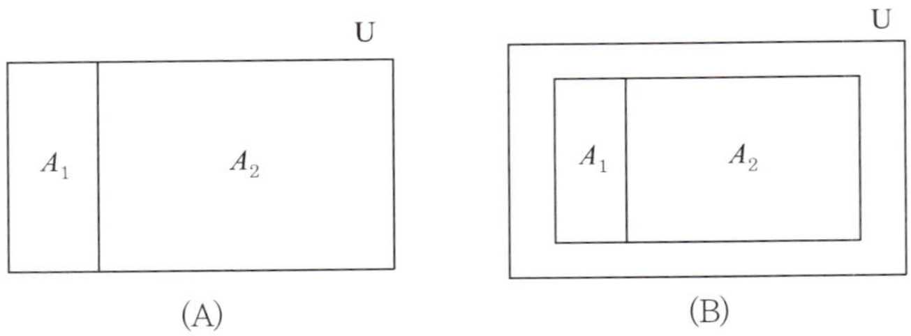

그림 4-8 완전배타적 사건(A)과 배타적 사건(B)

(2) $P(B_1|A_1)$은 풍토병에 걸린 것으로 확인된 사람을 검사했을 때 양성반응을 보일 조건확률이므로 0.9가 된다. 이는 실제 풍토병에 걸린 사람을 검사 시약 결과가 풍토병에 걸린 것으로 올바르게 판단할 확률이 90%임을 의미한다. $P(B_1|A_2)$는 풍토병에 걸리지 않은 것으로 확인된 사람을 검사했을 때 검사 결과가 양성 반응을 보일 조건확률이므로 0.15가 된다. 이는 실제 풍토병에 걸리지 않은 사람을 걸린 것으로 잘못 판단할 확률이 15%에 이름을 의미한다.

(3) $P(B_1 \cap A_2) = P(A_2) \cdot P(B_1|A_2) = 0.9 \times 0.15 = 0.135$

(4) 검사 결과가 양성 반응을 보였을 때 주의할 점은 이 양성 반응은 실제 풍토병에 걸려서 양성 반응이 나타날 수도 있으나 실제 풍토병에 걸리지 않았음에도 양성 반응이 나타날 수도 있다는 점이다. 전자의 경우는 풍토병에 걸린 사람에 대해 양성 반응을 보인 것이므로 올바른 결과를 나타낸 것이지만, 후자의 경우는 풍토병에 걸리지 않은 사람을 걸린 것으로 양성 반응을 보인 것이므로 잘못된 결과를 나타낸 것이다. 따라서 우리의 관심의 대상이 되는 것은 어떤 사람의 검사 결과가 양성 반응을 보였을 때 이 사람이 풍토병에 걸렸을 확률이 얼마가 될 것인가 하는 것으로서 이는 바로 조건확률 $P(A_1|B_1)$을 의미하는 것이다. $P(A_1|B_1)$은 위에서처럼 $P(A_1)$, $P(A_2)$, $P(B_1|A_1)$, $P(B_1|A_2)$ 등의 확률이 이미 알려져 있는 경우 베이즈 정리를 통해 쉽게 사후적으로 구할 수 있는 사후확률이다.

(5) 풍토병 발병 여부에 관계없이 분석대상이 되는 것은 검사결과가 양성(B_1)으로 나타난 경우이므로 나무그림에서 B_1이 아닌 사건(B_2로 표시됨)은 점선으로 나타내었다.

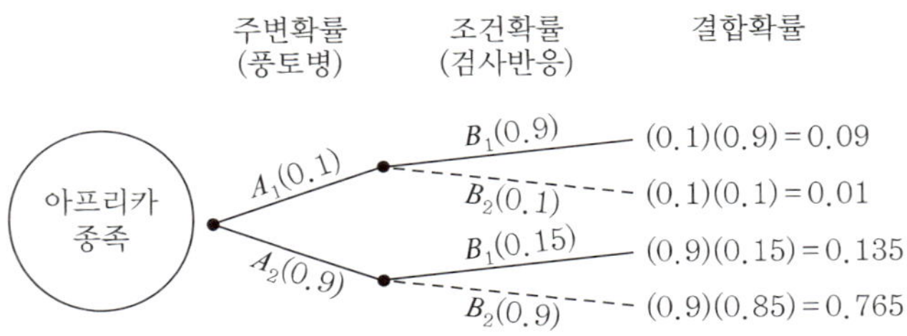

그림 4-9 사전확률과 나무그림

베이즈 정리

A_1과 A_2가 완전배타적일 때 사후확률 $P(A_1|B_1)$은 이미 알려진 사전확률 $P(A_1)$, $P(B_1 \cap A_1)$, $P(A_2)$, $P(B_1 \cap A_2)$로 나타낼 수 있다.

$$P(A_1|B_1) = \frac{P(A_1)P(B_1|A_1)}{P(A_1)P(B_1|A_1) + P(A_2)P(B_1|A_2)}$$

베이즈 정리는 다음과 같이 쉽게 도출해 낼 수 있다.

먼저 사후확률 $P(A_1|B_1)$은 $P(A_1|B_1)=\dfrac{P(A_1\cap B_1)}{P(B_1)}$으로 나타낼 수 있는데 여기에서 분자에 있는 결합확률은 $P(A_1\cap B_1)=P(B_1\cap A_1)=P(A_1)\cdot P(B_1|A_1)$이다.

그리고 아래 나무그림에 나타난 바와 같이 B_1사건이 동시에 발생할 결합확률 $P(A_2\cap B_1)$을 더한 것이므로 $P(B_1)=P(A_1\cap B_1)+P(A_2\cap B_1)=P(A_1)\cdot P(B_1|A_1)+P(A_2)\cdot P(B_1|A_2)$이 된다. 이를 분모에 대입하면 베이즈 정리의 결과를 얻을 수 있다.

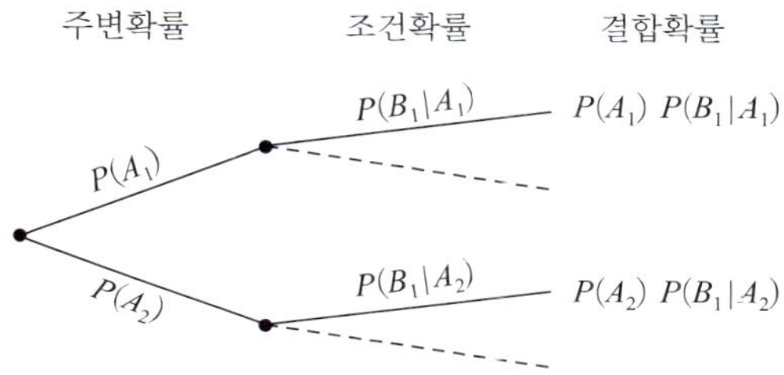

그림 4-10 결합확률과 나무그림

> **Note**
>
> k개의 완전배타적 사건 $A_1, A_2, \cdots, A_k$에 대한 일반적인 베이즈 정리는 다음과 같다.
>
> $$P(A_1|B_1)=\frac{P(A_1)\cdot P(B_1|A_1)}{P(A_1)\cdot P(B_1|A_1)+P(A_2)\cdot P(B_1|A_2)+\cdots+P(A_k)\cdot P(B_1|A_k)}$$

예제 4.14 위의 [예제 4.13]에서 풍토병 검사 결과가 양성으로 나왔을 때 이 사람이 실제로 풍토병에 걸렸을 확률을 구하시오.

풀이 풍토병에 걸린 경우를 A_1, 그렇지 않은 경우를 A_2, 그리고 양성 반응을 보이는 것을 B_1으로 표시했을 때 사후확률 $P(A_1|B_1)$을 구하는 것에 해당한다. 즉 양성반응은 풍토병에 걸렸을 때 뿐만 아니라 풍토병에 걸리지 않은 상대에서도 나타날 수 있기 때문에 여기서는 바로 양성 반응이 나타난 경우 실제 풍토병에 걸렸다고 볼 수 있는 확률을 구하고자 하는 것이다. 베이즈 정리를 이용하면

$$P(A_1|B_1)=\frac{P(A_1)\cdot P(B_1|A_1)}{P(A_1)\cdot P(B_1|A_1)+P(A_2)\cdot P(B_1|A_2)}=\frac{0.1\times 0.9}{0.1\times 0.9+0.9\times 0.15}=\frac{0.09}{0.225}=0.4$$

입력과정

위의 계산은 복잡한 것이 아니기 때문이 굳이 엑셀을 활용해야 할 필요는 없으나 여기서는 나무그림의 가지가 여러 개로 주어진 경우를 대비하여 배열(array) 계산을 통해 어떻게 사후확률을 계산할 수 있는지를 알아보기로 한다.

① B3:B4 그리고 E3:F4의 범위에 주변확률과 조건확률을 각각 입력한다. 여기서 B3는 풍토병에 걸릴 확률이 $P(A_1)=0.1$임을 나타내고 E3는 풍토병에 걸린 사람으로서 양성 반응을 보일 확률이 $P(B_1|A_1)=0.9$임을 나타내고 있다.

② 결합확률을 $P(A\cap B)=P(A)\cdot P(B|A)$에 따라 계산하기 위해 배열 계산을 이용하기로 한다. 배열 계산에서 주의할 것은 계산 결과가 나타날 범위를 먼저 지정해야 한다는 점이다. A1, A2 각각에 대해 B1, B2의 두 개의 가지가 생성되므로 4개의 결합확률을 계산할 수 있다.
I3 셀을 클릭하여 활성화시킨 후 I3에서 J4까지 마우스를 드래그하여 범위를 설정하고 다음과 같이 입력한 후 [control]–[shift]–[enter] 키를 동시에 누른다.
= B3:B4*E3:F4
I3에서 J4의 범위에 결합확률이 계산되어 있다. I3셀의 0.09는 결합확률 $P(A_1\cap B_1)$을 표시하고 있으며 I4 셀의 0.135는 $P(A_2\cap B_1)$을 나타내고 있다.

③ 구하고자 하는 사후확률 $P(B_1|A_1)$은

$$P(A_1|B_1)=\frac{P(A_1)P(B_1|A_1)}{P(A_1)P(B_1|A_1)+P(A_2)P(B_1|A_2)}=\frac{P(A_1\cap B_1)}{P(A_1\cap B_1)+P(A_2\cap B_1)}$$

이므로 결합확률이 계산되어 있는 I3, I4 셀을 이용하여 I6에 다음과 같이 입력한다.
= I3/SUM(I3:I4)
사후확률 $P(A_1|B_1)$ 즉 양성 반응을 보인 사람이 실제로 풍토병에 걸렸을 확률이 0.4로 나타나 있다.

	A	B	C	D	E	F	G	H	I	J	K
1	주변확률			조건확률				결합확률			
2	P(A)			P(B|A)	B1	B2		P(A∩B)	B1	B2	
3	A1	0.1		A1	0.9	0.1		A1	0.09	0.01	
4	A2	0.9		A2	0.15	0.85		A2	0.135	0.765	
5											
6								P(A1|B1)=	0.4		
7											

예제 4.15 어느 자동차 회사는 자동차 생산에 필요한 전자부품을 A, B, C 세 중소기업으로부터 전량 공급받고 있으며 구매비율은 각각 20%, 30%, 50%이다. 그리고 A, B, C 세 기업의 부품에 대한 불량률은 각각 4%, 3%, 1%라고 한다. 이러한 상황을 나무그림으로 그리시오. 그리고 만약 자동차 회사에 납품된 부품 1개를 임의로 뽑아 검사한 결과 불량으로 판정되었을 때 이 부품이 A기업 제품일 확률은 얼마인가?

풀이 부품이 불량으로 나타나는 사건을 D라고 표시하고 나무그림을 그리면 다음과 같다.

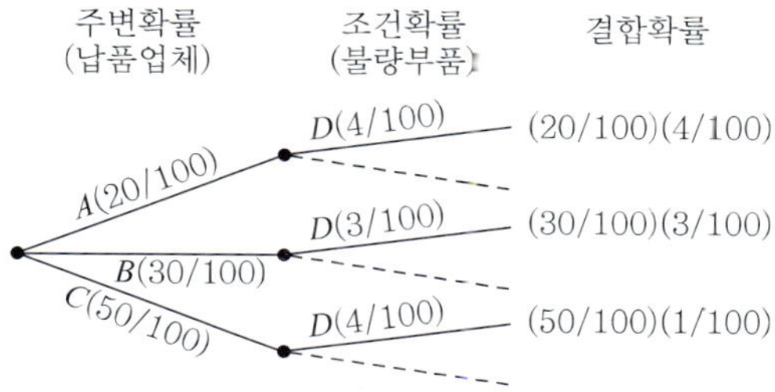

그림 4-11 조건확률과 나무그림

불량품으로 판정된 부품이 A회사 제품일 확률을 구하는 것이므로 이는 사후확률 $P(A|D)$에 해당한다. 그리고 이는 베이즈 정리에 따라

$$P(A|D) = \frac{P(A)P(D|A)}{P(A)P(D|A)+P(B)P(D|B)+P(C)P(D|C)}$$

$$= \frac{P(A\cap D)}{P(A\cap D)+P(B\cap D)+P(C\cap D)}$$

$$= \frac{0.2\times 0.04}{0.2\times 0.04+0.3\times 0.03+0.5\times 0.01} = \frac{0.008}{0.022} = 0.364$$

가 된다. 즉 A회사에서 제조된 불량품일 확률은 36.4%이다.

입력과정

① B3:B5 그리고 D3:D5의 범위에 주변확률과 조건확률을 각각 입력한다. 여기서 B3은 A회사 부품일 확률이 $P(A)=0.2$임을 나타내고 D3은 A회사에서 납품 받은 부품으로서 불량일 확률이 $P(B|A)=0.04$임을 나타내고 있다.

② 결합확률을 $P(A\cap D)=P(A)\cdot P(D|A)$에 따라 계산하기 위해 F3에 다음과 같이 입력한다.

= B3*D3

그리고 F3 셀을 클릭하여 활성화시킨 후 마우스로 자동채우기 핸들을 이용하여 F3에서 F5까지 복사한다.

결합확률 $P(A \cap D)$가 F3에 0.008로 나타나 있다.

③ 구하고자 하는 사후확률 $P(A|D)$는

$$P(A|D) = \frac{P(A)P(D|A)}{P(A)P(D|A) + P(B)P(D|B) + P(C)P(D|C)}$$
$$= \frac{P(A \cap D)}{P(A \cap D) + P(B \cap D) + P(C \cap D)}$$

이고 여기서 분모의 값은 주변확률 $P(D)$로서 결합확률이 계산되어 있는 F3:F5 범위의 셀을 모두 더하면 된다. 이를 위해 F7에 다음과 같이 입력한다.

= SUM(F3:F5)

주변확률이 $P(D) = 0.022$로 나타나 있다.

④ 사후확률 $P(A|D)$를 구하기 위해 I3에 다음과 같이 입력한다.

= F3/$F$7

그리고 I3 셀을 클릭하여 활성화시킨 후 마우스로 자동채우기 핸들을 이용하여 I3에서 I5까지 복사한다.

I3에 사후확률 $P(A|D)$ 즉 불량으로 분류된 부품 중 이것이 A회사로부터 납품되었을 확률이 0.36로 나타나 있다. I4와 I5에는 사후확률 $P(B|D)$와 $P(C|D)$가 각각 0.41, 0.23으로 계산되어 있다.

	A	B	C	D	E	F	G	H	I	J
1	주변확률		조건확률		결합확률					
2	P(X)		P(D|X)	D	P(A∩B)	D				
3	A	0.2	A	0.04	A	0.008		P(A|D)=	0.363636	
4	B	0.3	B	0.03	B	0.009		P(B|D)=	0.409091	
5	C	0.5	C	0.01	C	0.005		P(C|D)=	0.227273	
6										
7					P(D)=	0.022				
8										

확률변수

변수의 값이 확률에 따라 결정되는 경우 이러한 변수를 확률변수(random variable)라 한다. 그리고 확률변수의 값이 불연속적이냐 연속적이냐에 따라 이산형 확률변수(discrete random variable)와 연속형 확률변수(continuous random variable)로 구분된다.

예제 4.16 다음 확률변수는 이산형인가 연속형인가?

(1) 주사위를 던져 나타나는 숫자

(2) 임의로 뽑은 대학생 100명을 표본으로 하여 이들에 대해 성별(x), 체중(y)을 조

사하였다.

풀이 (1) 주사위를 던졌을 때 나타나는 숫자를 x라고 한다면 x는 1, 2, 3, 4, 5, 6의 값만을 가질 수 있는 변수이며 동시에 여섯 개의 값 중 어느 값을 가질 것인지는 1/6의 확률에 따라 결정될 것이다. 따라서 x는 이산형 확률변수이다.

(2) x는 '남학생', '여학생'의 질적 개념의 값(qualitative value)을 가지는 명목변수인 동시에 이 변수가 어떤 값을 가지느냐는 모집단의 분포에 따라 확률적으로 결정되는 것이므로 이산형 확률변수에 해당한다. 이에 반해 체중을 나타내는 y는 연속형 확률변수이다.

Note

확률변수는 용어가 표시하고 있듯이 확률변수의 값이 발생할 확률이 관심의 대상이 되는데 확률변수 x가 x_1의 값을 가질 확률은 $P(x=x_1)$ 드는 $P(x_1)$으로 표현한다.

4장 연습문제

▪ 확률 개념

연습 4.1 다음은 저녁 9시 뉴스를 시청하고 있는 가구수를 A, B, C, D 네 방송국별로 표시한 것이다. 뉴스를 시청하고 있는 가구가 B 방송국 뉴스를 시청하고 있을 확률은 얼마인가?

방송국	가구수
A	286
B	324
C	218
D	172

풀이 조사대상이 된 1,000(=286+324+218+172) 가구 중 B방송국 뉴스를 시청하고 있는 가구수는 324가구이므로 B방송국 뉴스를 시청하고 있을 확률은 324/1000=0.324 즉 32.4%가 된다.

입력과정

① A2:B5의 범위에 데이터를 입력한다.

② SUM 함수를 이용하여 B6에서 총 가구수를 구한다.

= SUM(B2:B5)

③ 각 방송국에 대한 시청 확률은 상대도수를 통해 구할 수 있다. 따라서 먼저 C2에 다음과 같이 입력한다.

= B2/$B$6

다른 방송국에 대한 상대도수를 구할 경우에도 분모에 해당하는 총 조사대상 가구수는 고정되어 있어야 하므로 B6는 절대주소로 지정하고 있다.

C2 셀을 클릭하여 활성화시킨 후 마우스로 자동채우기 핸들을 이용하여 C2에서 C5까지 복사한다. C3에 B방송국 뉴스를 시청하고 있을 확률이 0.324로 나타나 있다.

	A	B	C	D
1	방송국	가구수	상대도수	
2	A	286	0.286	
3	B	324	0.324	
4	C	218	0.218	
5	B	172	0.172	
6	총가구수	1000		
7				

연습 4.2 벤처기업으로 창업한 458개의 기업을 대상으로 조사한 결과 창업시점을 기준으로 1년 후에 201개의 기업이 그리고 2년 후, 3년 후에 각각 72개, 50개의 기업이 폐업한 것으로 나타났다. 벤처기업이 1년 후, 2년 후, 3년 후까지 살아남을 확률은 각각 얼마인가?

풀이 1년 후까지 생존한 기업은 458개 기업 중 257개(=458-201)이므로 1년 이상 생존할 확률은 257/458=0.561이다. 마찬가지로 2년 후까지 생존한 기업은 185(=458-201-72)개 이므로 2년 이상 생존할 확률은 185/458=0.404이다. 3년 후까지 생존한 기업은 135(=458-201-72-50)개 이므로 3년 이상 생존할 확률은 135/458=0.295이다.

연습 4.3 다음 확률이 객관적 확률인지 주관적 확률인지 확인하고 만약 객관적 확률이라면 이것이 고전적 확률(classical probability) 경험적 확률(empirical probability) 가운데 어느 것에 해당하는지 답하시오.

(1) 어느 야구선수가 전기 리그에서 250타석 가운데 75개의 안타를 쳐냄으로써 안타를 칠 확률이 0.3에 달했다.

(2) 어느 은행에서 정기예금 가입자 중 1명을 뽑아 정기예금 확정이자율의 2배를 지불한다고 했을 때 당첨된 확률

(3) 기상학자가 지금과 같은 배기가스 허용도를 유지할 경우 지구 온난화 현상으로 인해 100년 후에는 육지의 10%가 물에 잠길 확률이 0.3에 이른다고 하였다.

풀이 (1) 타석수와 안타수를 조사하여 이를 기초로 안타확률을 구한 것이므로 객관적 확률에 속하며 또한 안타와 범타의 사건이 동일한 가능성을 가지고 발생하는 것이 아니므로 경험적 확률에 해당한다.
(2) 정기예금 가입자수와 당첨자로 뽑을 사람의 수(1명)에 따라 결정되는 확률이므로 객관적 확률에 속하며 가입자 중 어느 누구도 당첨될 가능성이 모두 동일하기 때문에 이는 고전적 확률에 해당한다.
(3) 이는 기상학자 자신의 연구결과에 따라 주관적으로 분석한 확률이므로 주관적 확률에 속한다.

연습 4.4 다음은 50명의 여성을 대상으로 낙태의 합법화에 대한 의견을 조사한 것이다. 이 표를 보고 물음에 답하시오.

합법화여부	응답자수
찬성	36
반대	12
무응답	2

(1) 실험(experiment)에 해당하는 것은 무엇인가?

(2) 결과(outcome)에 해당하는 것은 무엇인가?

(3) 사건(event)에 해당하는 것은 무엇인가? 그리고 이들 사건은 서로 배타적

(mutually exclusive)인가?

(4) 위의 조사결과에 따를 때 임의의 여성이 낙태의 합법화에 대해 반대할 확률은 얼마인가?

(5) (4)에서 구한 확률개념은 주관적 확률인가 객관적 확률인가? 그리고 이것이 만약 객관적 확률이라면 고전적 확률과 경험적 확률 중 어느 것에 해당하는가?

풀이 (1) 50명의 여성을 대상으로 낙태의 합법화에 대한 의견을 조사한 행위가 실험에 해당한다.

(2) 실험을 통해 나타날 수 있는 여러 개별적 사항이 결과(outcome)이므로 여기서는 찬성 반대 또는 무응답 등이 결과에 해당한다.

(3) 실험의 결과 중 관심의 대상이 되는 부분을 사건(event)라 하며 여기서는 낙태에 대한 찬성 또는 반대 등이 사건이 될 수 있다. 그리고 찬성과 반대의 사건은 동시에 발생할 수 없으므로 이들 사건은 서로 배타적이다. 즉 응답자가 찬성하면서 또 반대할 수 없는 것이다.

(4) 전체 조사대상 응답자 50명(=36+12+2) 중 12명이 반대하였으므로 이 자료에 기초할 경우 여성이 낙태에 반대할 확률은 12/50=0.24가 된다.

(5) 먼저 위에서 구한 확률은 개인의 주관에 의해 계산된 것이 아니고 50명의 여성을 대상으로 조사한 결과로부터 얻어낸 것이므로 객관적 확률에 해당한다. 또한 응답자가 낙태에 대해 찬성이라고 답하는 사건과 반대라고 답하는 사건이 '동일한' 가능성을 가지고 발생하는 것이 아니며 표본조사 결과를 기초로 상대도수 개념으로 파악한 확률이므로 경험적 확률에 해당한다.

■ 주변확률과 조건확률

연습 4.5 아래의 확률이 주변확률, 조건확률, 결합확률 중 어디에 속하는지를 구분하시오.

(1) $P(A \cap B)$

(2) $P(A)$

(3) $P(B|A)$

풀이 (1) A사건과 B사건이 동시에 발생할 확률을 표시하는 결합확률이다.

(2) 주변확률 또는 비조건확률에 해당한다.

(3) A사건이 발생한 상태하에서 B사건이 발생할 확률을 표시하는 조건확률이다.

연습 4.6 아래는 A, B, C 세 공장에서 생산되는 반도체의 품질에 대한 합격비율을 나타낸 표이다. 이를 보고 다음에 답하시오.

불량여부\공장	A	B	C
양호(G)	0.402	0.330	0.185
불량(D)	0.018	0.030	0.035

(1) $P(A)$, $P(B)$, $P(C)$, $P(G)$, $P(D)$를 구하시오.

(2) $P(G \cap A)$를 구하시오.

(3) $P(G|B)$의 의미를 설명하고 확률값을 구하시오.

(4) $P(G \cup C)$를 구하시오.

(5) C 공장에서 생산된 제품 중 불량일 확률을 구하시오.

(6) $P(A \cap B)$를 구하시오.

풀이 위에 주어진 표에 나타난 수자는 불량여부를 나타내는 양호(G)와 불량(D)의 두 사건과 생산공장을 나타내는 A, B, C 세 사건 중 두 사건이 결합하여 동시에 발생할 경우의 결합확률을 표시하고 있다. 예를 들어 '양호(G)'로 표시된 행과 'A'로 표시된 열이 만나는 곳에 있는 0.402는 A공장에서 생산된 제품으로서 동시에 품질이 양호할 결합확률 $P(G \cap A)$를 나타내는 것이다.

(1) $P(G)$, $P(D)$의 주변확률은 양호, 불량을 나타내는 각 행의 결합확률을 더하여 구한다.

$$P(G) = P(G \cap A) + P(G \cap B) + P(G \cap C) = 0.402 + 0.330 + 0.185 = 0.917$$
$$P(D) = P(D \cap A) + P(D \cap B) + P(D \cap C) = 0.018 + 0.030 + 0.035 = 0.083$$

마찬가지로 $P(A)$, $P(B)$, $P(C)$의 주변확률은 각 열의 결합확률을 더하여 구한다.

$$P(A) = P(A \cap G) + P(A \cap D) = 0.402 + 0.018 = 0.420$$
$$P(B) = P(B \cap G) + P(B \cap D) = 0.330 + 0.030 = 0.360$$
$$P(C) = P(C \cap G) + P(C \cap D) = 0.185 + 0.035 = 0.220$$

이상의 결과를 위의 분할표에 부가하여 표시하면 다음과 같다.

불량여부\공장	A	B	C	주변확률
양호(G)	0.402	0.330	0.185	0.917
불량(D)	0.018	0.030	0.035	0.083
주변확률	0.420	0.360	0.220	1.000

(2) $P(G \cap A)$는 제품 하나를 뽑았을 때 그것이 양호한 품질을 보이면서 동시에 A회사 제품일 결합확률로서 분할표에 0.402로 나타나 있다.

(3) $P(G|B)$는 조건확률로서 B공장에서 생산된 제품 중에서 품질이 양호한 것으로 나타날 확률이므로 베이즈 정리를 이용하면 $\frac{P(G \cap B)}{P(B)} = \frac{0.330}{0.360} = 0.917$이 된다.

(4) $P(G \cup C)$는 제품의 품질이 양호하거나 C공장에서 생산된 제품일 확률로써 덧셈법칙에 따라 $P(G \cup C) = P(G) + P(C) - P(G \cap C) = 0.917 + 0.220 - 0.185 = 0.952$가 된다.

(5) C공장에서 생산된 제품을 대상으로 했을 때의 불량율 확률을 구하는 것이므로 이는 조건확률 $P(D|C)$에 해당한다. 이를 베이즈 정리를 이용하여 구하면

$$P(D|C) = \frac{P(D \cap C)}{P(C)} = \frac{0.035}{0.220} = 0.159\text{가 된다.}$$

(6) 위의 제품은 A, B, C 세 공장 중의 어느 한 공장에서 생산되는 것이므로 $P(A \cap B)$에서 의미하는 바와 같이 제품이 A공장의 생산제품이면서 동시에 B공장의 생산제품일 확률은 0이다. 즉 제품이 어

느 공장에서 생산된 것인가를 표시하는 A, B, C 세 사건은 서로 배타적이다.

입력과정

① B2:D3의 범위에 분할표에 주어진 결합확률을 입력한다.

② $P(G) = P(G \cap A) + P(G \cap B) + P(G \cap C)$이므로 주변확률 $P(G)$를 구하기 위해 E2에 다음과 같이 입력한다. 즉 B2, C2, D2 셀의 결합확률을 더하면 된다.

= SUM(B2:D2)

주변확률 $P(G)$가 0.917로 나타나 있다.

E2의 내용을 E3에 복사하면 주변확률 $P(D) = 0.083$을 구할 수 있다.

③ $P(A) = P(A \cap G) + P(A \cap D)$이므로 주변확률 $P(A)$를 구하기 위해 B4에 다음과 같이 입력한다. 즉 B2, B3 셀의 결합확률을 더한 결과이다.

= SUM(B2:B3)

주변확률 $P(A)$가 0.420로 나타나 있다. B4 셀을 클릭하여 활성화시킨 후 마우스로 자동채우기 핸들을 이용하여 B4에서 D4까지 복사한다. E4는 결합확률을 모두 더한 것으로서 그 결과는 당연히 1이다.

	A	B	C	D	E	F
1		A	B	C	주변확률	
2	양호(G)	0.402	0.330	0.185	0.917	
3	불량(D)	0.018	0.030	0.035	0.083	
4	주변확률	0.420	0.360	0.220	1.000	
5						

연습 4.7 다음은 작년 한 해 동안의 광고 방송을 조사하여 여기에 출연한 모델들의 성별, 연령별로 분할표를 구성한 것이다. 이 조사결과를 토대로 다음 물음에 답하시오.

(단위 : 명)

성별\연령	20대	30대	40대	50대
여성	42	54	38	18
남성	25	36	61	38

(1) 광고 모델 가운데 한 사람을 임의로 뽑았을 때 이 모델의 나이가 20대일 확률은?

(2) 여성 모델 가운데 한 사람을 임의로 뽑았을 때 이 모델의 나이가 20대일 확률은?

(3) 20대의 모델 가운데 한 사람을 임의로 뽑았을 때 이 모델이 여성일 확률은?

(4) 광고 모델 가운데 한 사람을 임의로 뽑았을 때 이 모델이 남성이고 나이는 40대 일 확률은?

풀이 주변확률 등을 쉽게 구하기 위하여 먼저 성별, 연령별로 합계를 구하여 다음과 같이 분할표를 새로 작성한다.

(단위 : 명)

성별\연령	20대	30대	40대	50대	계
여성	42	54	38	18	152
남성	25	36	61	38	160
계	67	90	99	56	312

(1) 성에 관계 없이 나이가 20대인 모델이 뽑힐 확률이므로 이는 주변확률에 해당한다. 그리고 20대 모델은 67명이고 조사대상 전체 모델은 312명이므로 모델이 20대일 확률은 $P(20\text{대}) = 67/312 = 0.215$이다.

(2) 여성 모델 중에서 20대 모델이 뽑힐 확률을 구하는 것이므로 152명의 모델 중에서 20대의 여성이 차지하는 비율을 구하면 된다. 즉 조건확률 $P(20\text{대}|\text{여성})$에 해당한다. 따라서 $P(20\text{대}|\text{여성}) = 42/152 = 0.276$이 된다.

(3) 20대의 모델을 대상으로 하였을 때 여성이 뽑힐 확률이므로 이는 조건확률 $P(\text{여성}|20\text{대})$에 해당한다. 이를 구하면 $P(\text{여성}|20\text{대}) = 42/67 = 0.627$이다.

(4) 모델이 남성이면서 동시에 40대이어야 하므로 이는 남성과 40대라는 두 사건이 모두 같이 발생해야 할 결합확률 $P(\text{남성} \cap 40\text{대})$에 해당한다. 그런데 40대 남성 모델은 전체 312명 중 61명이므로 결합확률은 $P(\text{남성} \cap 40\text{대}) = 61/312 = 0.196$이다.

입력과정

① B2:E3의 범위에 광고방송 조사결과를 입력한다.

② 연령과 관계없이 여성과 남성 전체의 도수를 구하기 위해 F2에 다음과 같이 입력한다.

= SUM(B2:E2)

또 F3에 '= SUM(B3:E3)'라고 입력하든가 F2 셀을 F3에 복사한다.

여성과 남성 모델이 각각 152명, 160명으로 나타나 있다.

③ 성별에 관계없이 연령별 도수를 구하기 위해 B4에 다음과 같이 입력한다.

= SUM(B2:B3)

B4 셀을 클릭하여 활성화시킨 후 마우스로 자동채우기 핸들을 이용하여 B4에서 F4까지 복사한다. 40대 모델이 99명으로 가장 많고 50대 모델은 56명으로 가장 적은 것으로 나타나고 있다. F4 셀에 조사대상 전체 도수가 312명인 것으로 나타나 있다.

④ 결합확률 및 주변확률을 구하기 위해 먼저 B7에 다음과 같이 입력한다.

= B2/$F$4

이는 모델이 여성이면서 동시에 20대일 결합확률로서 0.135로 계산되어 있다. 다른 사건에 해당하는 결합확률 및 주변확률을 구하기 위해 B7 셀을 클릭하여 활성화시킨 후 마우스로 자동채우기 핸들을 이용하여 B7에서 B9까지 복사한다.

B7:E8의 범위에는 결합확률이 그리고 B9:E9의 범위와 F7:F8의 범위에는 각각 연령과 성별에 대한 주변확률이 계산되어 있다.

특히 위의 문제 (4)에서 구하고자 하는 결합확률 $P(\text{남성} \cap 40\text{대})$이 B8 셀에 0.196으로 계산되어 있으며 B9 셀에는 문제 (1)에서 구하고자 하는 주변확률 $P(20\text{대})$가 0.215로 계산되어 있다.

⑤ 조건확률 $P(\text{연령}|\text{성별})$을 구하기 위해 먼저 B12에 다음과 같이 입력한다.

= B2/$F$2

B12 셀의 결과인 0.276은 바로 문제 (2)에서 구하고자 하는 $P(20\text{대}|\text{여성})$의 조건확률을 의미한다. 다른 연령에 대한 조건확률을 구하기 위해 B12 셀을 클릭하여 활성화시킨 후 마우스로 자동채우기 핸들을 이용하여 B12에서 F12까지 복사한다. 이를 위해서 위의 입력식에서 분모에 해당하는 셀의 주소를 $F2로 열(column)에 대해서만 절대주소를 지정하였다.

이미 조건확률 $P(\text{연령}|\text{여성})$이 계산된 상태에서 조건확률 $P(\text{연령}|\text{남성})$은 복사기능을 이용하여 간단히 구할 수 있다. 즉 B12:F12의 범위를 마우스로 드래그하여 활성화시킨 후 자동채우기 핸들을 이용하여 B12:F13 범위까지 복사한다.

⑥ 조건확률 $P(\text{성별}|\text{연령})$을 구하기 위해 먼저 B17에 다음과 같이 입력한다.

= B2/B$4

B17 셀의 결과인 0.627은 바로 문제 (3)에서 구하고자 하는 $P(\text{여성}|20\text{대})$의 조건확률을 의미한다. $P(\text{남성}|20\text{대})$의 조건확률을 구하기 위해 B17 셀을 클릭하여 활성화시킨 후 마우스로 자동채우기 핸들을 이용하여 B17에서 B19까지 복사한다.

이미 조건확률 $P(\text{성별}|20\text{대})$이 계산된 상태에서 30대, 40대, 50대 연령에 대한 조건확률 $P(\text{성별}|\text{연령})$은 복사기능을 이용하여 간단히 구할 수 있다. 즉 B17:B19의 범위를 마우스로 드래그하여 활성화시킨 후 자동채우기 핸들을 이용하여 B17:E19 범위까지 복사한다.

	A	B	C	D	E	F	G
1	성별:연령	20대	30대	40대	50대	계	
2	여성	42	54	38	18	152	
3	남성	25	36	61	38	160	
4	계	67	90	99	56	312	
5							
6	결합확률	20대	30대	40대	50대	주변확률	
7	여성	0.135	0.173	0.122	0.058	0.487	
8	남성	0.080	0.115	0.196	0.122	0.513	
9	주변확률	0.215	0.288	0.317	0.179	1.000	
10							
11	P(연령|성별)	20대	30대	40대	50대	계	
12	여성	0.276	0.355	0.250	0.118	1.000	
13	남성	0.156	0.225	0.381	0.238	1.000	
14							
15							
16	P(성별|연령)	20대	30대	40대	50대		
17	여성	0.627	0.600	0.384	0.321		
18	남성	0.373	0.400	0.616	0.679		
19	계	1.000	1.000	1.000	1.000		
20							

연습 4.8 어느 의사가 새로 개발된 심장병 검사방법의 유용성을 확인하기 위해 이 검사법에 따라 심장병 여부를 조사하였다. 그리고 아래는 이 결과를 분할표로 작성한 것이다. 이를 보고 다음에 답하시오.

실제 심장상태\검사결과	정상(B_1)	비정상(B_2)
정상 (A_1)	0.82	0.03
비정상(A_2)	0.01	0.14

(1) 검사 대상자의 심장상태로 실제로 비정상이거나 또는 검사결과가 비정상으로 나타날 확률은?

(2) 검사결과가 비정상으로 나타났으나 실제 심장상태는 정상일 확률은?

(3) 심장 상태가 실제로는 정상인데 검사결과가 비정상으로 나타날 확률은?

(4) 위의 분할표를 이용하여 나무그림(tree diagram)을 그리시오.

풀이 (1) 확률의 덧셈법칙에 따라 심장 상태가 비정상인 사건의 확률(A_2)과 검사결과가 비정상인 사건(B_2)을 더한 후 여기서 이들 두 사건의 결합확률을 빼면 된다. 즉,

$$P(A_2 \cup B_2) = P(A_2) + P(B_2) - P(A_2 \cap B_2)$$

이를 계산하기 위해 먼저 위 분할표에 나타난 확률 즉 결합확률을 행과 열 별로 합하여 각 사건의 주변확률을 구한다.

실제 심장상태\검사결과	정상(B_1)	비정상(B_2)	주변확률
정상(A_1)	0.82	0.03	0.85
비정상(A_2)	0.01	0.14	0.15
주변확률	0.83	0.17	1.00

따라서 $P(A_2 \cup B_2) = P(A_2) + P(B_2) - P(A_2 \cap B_2) = 0.15 + 0.17 - 0.14 = 0.18$

(2) 위의 분할표에서 보는 바와 같이 검사결과가 비정상인 사건의 확률 0.17에는 실제 심장 상태가 정상인 경우와 비정상인 경우 두 가지가 모두 포함되어 있다. 따라서 검사결과가 비정상으로 나타났으나 실제 심장 상태가 정상일 확률은 0.03/0.17=0.176이 된다. 이는 베이즈 정리에 따라 다음과 같이 나타낼 수 있다.
검사결과가 비정상으로 나타났으나 실제 심장상태는 정상일 확률은 $P(A_1|B_2)$의 조건확률에 해당하므로

$$P(A_1|B_2) = \frac{P(A_1 \cap B_2)}{P(B_2)} = \frac{0.03}{0.17} = 0.176\text{이 된다.}$$

(3) 실제 심장 상태가 정상일 주변확률 0.85에는 실제 상태가 정상이면서 검사결과 역시 정상으로 나타날 결합확률 0.82와 실제 상태가 정상이면서 검사결과는 비정상으로 나타날 결합확률 0.03이 포함되어 있는 것이다. 따라서 실제 심장 상태가 정상으로 나타난 상황에서 검사결과가 비정상으로 나타날 확률 $P(B_2|A_1)$은 조건확률로서 0.03/0.85=0.03이다. 이는 바로 베이즈 정리의 다음 결과와 동일하다. 즉

$$P(B_2|A_1) = \frac{P(B_2 \cap A_1)}{P(A_1)} = \frac{0.03}{0.85} = 0.03$$

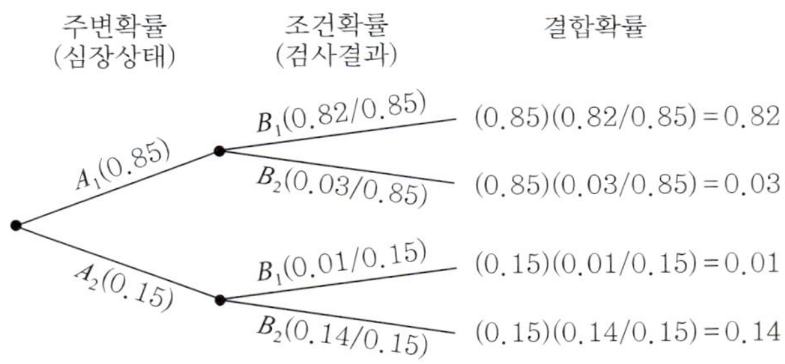

그림 4-12 결합확률과 나무그림

입력과정

① B2:C3의 범위에 분할표에 제시된 결합확률을 입력한다.

② 주변확률 $P(A_1)$를 구하기 위해 먼저 D2에 다음과 같이 입력한다.

=SUM(B2:C2)

D2에 나타난 계산결과 0.85는 바로 주변확률 $P(A_1)$을 의미하는 것이다.

$P(A_2)$의 주변확률은 D2 셀을 D3 셀에 복사하여 얻을 수 있다.

③ 주변확률 $P(B_1)$를 구하기 위해 B4에 다음과 같이 입력한다.

= SUM(B2:B3)

B4에 주변확률 $P(B_1)$이 0.83으로 나타나 있다. $P(B_2)$의 주변확률은 B4 셀을 C4 셀에 복사하여 얻을 수 있다. D4에는 B2:C3 범위에 입력되어 있는 모든 결합확률의 합으로서 1로 나타나 있다.

④ A사건을 조건으로 한 B사건이 일어날 확률 $P(B|A)$를 $P(B|A) = \frac{P(A \cap B)}{P(A)}$에 따라 구하기 위해 B7에 다음과 같이 입력한다.

= B2/$D2

이는 실제 정상인 심장상태가 검사에서도 정상으로 나타날 조건확률 $P(B_1|A_1)$을 계산하는 식으로서 B7에 0.965로 나타나 있다.

B7셀을 B7:C8의 범위에 있는 셀에 복사하기 위해 B7셀을 클릭하여 활성화시킨 후 마우스로 자동채우기 핸들을 이용하여 C7까지 복사한다. 이 때 가시 B7:C7의 범위가 활성화되어 있는 상태에서 자동채우기 핸들을 이용하여 B8:C8 범위까지 복사한다. 이러한 복사과정을 통해 각 경우의 조건확률 $P(B|A)$를 구할 수 있다.

그 결과 C7에는 문제 (3)에서 구하고자 하는 조건확률 $P(B_2|A_1)$이 0.03으로 계산되어 있다.

⑤ B사건을 조건으로 한 A사건이 일어날 확률 $P(A|B)$를 $P(A|B) = \frac{P(A \cap B)}{P(B)}$에 따라 구하기 위해 B11에 다음과 같이 입력한다.

= B2/B$4

이는 실제 정상인 심장상태가 검사에서도 정상으로 나타날 조건확률 $P(A_1|B_1)$을 계산한 것으로서 B11에 0.988로 나타나 있다.

B11셀을 B11:C12의 범위에 있는 셀에 복사하기 의해 B11셀을 클릭하여 활성화시킨 후 마우스로 자동채우기 핸들을 이용하여 B12까지 복사한다. 이 때 B11:B12의 범위가 활성화되어 있는 상태에서 다시 자동채우기 핸들을 이용하여 C11:C12 범위까지 복사한다. 이러한 복사과정을 통해 각 경우의 조건확률 $P(A|B)$를 구할 수 있다.

그 결과 C11에는 문제 (2)에서 구하고자 하는 조건확률 $P(A_1|B_2)$이 0.176으로 계산되어 있다.

	A	B	C	D	E
1	P(A∩B)	정상(B1)	비정상(B2)	주변확률	
2	정상(A1)	0.82	0.03	0.85	
3	비정상(A2)	0.01	0.14	0.15	
4	주변확률	0.83	0.17	1	
5					
6	P(B|A)	정상(B1)	비정상(B2)		
7	정상(A1)	0.965	0.035		
8	비정상(A2)	0.067	0.933		
9					
10	P(A|B)	정상(B1)	비정상(B2)		
11	정상(A1)	0.988	0.176		
12	비정상(A2)	0.012	0.824		
13					

연습 4.9 다음은 어느 보험회사가 자동차 보험에 가입한 운전자를 대상으로 흡연 여부와 사고발생 건수 사이의 관계를 분할표로 표시한 것이다.

흡연여부\사고발생여부	무사고(B_1)	사고(B_2)
흡연자(A_1)	102	358
비흡연자(A_2)	476	514

(1) B_1사건의 주변확률을 구하시오.

(2) A_1사건이 이미 발생한 상태하에서 B_1사건에 대한 조건확률을 구하시오.

(3) A_1, B_1 두 사건이 독립적인지를 확인하시오.

풀이 주변확률 및 조건확률을 쉽게 구하기 위해 먼저 위에서 주어진 분할표에 대해 흡연 여부별 그리고 사고발생 여부별로 각 행과 열의 도수 합계를 구한다.

흡연여부\사고발생여부	무사고(B_1)	사고(B_2)	계
흡연자(A_1)	102	358	460
비흡연자(A_2)	476	514	990
계	578	872	1,450

(1) 전체 도수(frequency)가 1450(=102+358+476+514)이고 무사고 도수가 578(=102+476)이므로 $P(B_1)=578/1450=0.399$이다.

(2) A_1사건 즉 흡연자의 총도수가 460(=102+358)이고 이 중에서 무사고 도수는 102이므로 조건확률은 $P(B_1|A_1)=102/460=0.222$가 된다.

(3) A_1, B_1 두 사건이 독립적이라면 정의에 의해 $P(A_1 \cap B_1)=P(A_1)\cdot P(B_1)$이 성립해야 한다. 여기서

$$P(A_1 \cap B_1)=102/1450=0.070$$

$$P(A_1) \cdot P(B_1) = (460/1450) \cdot (578/1450) = 0.126$$

으로서 서로 다르다. 따라서 A_1, B_1 두 사건은 독립적이 아니다.
또는 다른 방법으로는 베이즈정리를 이용하면

$$P(A_1 \cap B_1) = P(B_1) \cdot P(A_1|B_1) = P(A_1) \cdot P(B_1|A_1)$$

이므로 A_1, B_1 두 사건이 독립적이기 위해서는 결국

$$P(A_1) \cdot P(B_1|A_1) = P(A_1) \cdot P(B_1)$$

이 성립해야 한다. 즉 $P(B_1|A_1) = P(B_1)$의 성립여부를 확인하면 된다. 그런데 (1)과 (2)에서 $P(B_1)$과 $P(B_1|A_1)$은 각각 0.399, 0.222로 서로 다르므로 A, B_1 두 사건은 서로 독립적이 아님을 알 수 있다.

입력과정

① B2:C3의 범위에 분할표의 데이터를 입력한다.

② 흡연여부별로 각 행의 도수 합계를 구하기 위해 D2에 다음과 같이 입력한다.

= SUM(B2:C2)

D2셀을 D3에 복사하면 비흡연자의 도수를 구할 수 있다.

③ 사고발생여부별로 각 열의 도수 합계를 구하기 위해 B4에 다음과 같이 입력한다.

= SUM(B2:B3)

B4셀을 C4와 D4에 복사한다. D4에는 총도수가 1450으로 나타나 있다.

④ 주변확률 $P(B_1)$을 구하기 위해 G2에 다음과 같이 입력한다.

= B4/D4

⑤ 조건확률 $P(B_1|A_1)$을 구하기 위해 G3에 다음과 같이 입력한다.

= B2/D2

⑥ 결합확률 $P(A_1 \cap B_1)$을 구하기 위해 G4에 다음과 같이 입력한다.

= B2/D4

⑦ $P(A_1) \cdot P(B_1)$을 구하기 위해 G5에 다음과 같이 입력한다.

= (D2/D4)*(B4/D4)

$P(A_1 \cap B_1)$가 0.07이고 $P(A_1) \cdot P(B_1)$가 0.126이므로 서로 상이하므로, A_1, B_1 두 사건은 서로 독립적이 아니다.

	A	B	C	D	E	F	G	H
1	흡연/사고	무사고(B1)	사고(B2)	계				
2	흡연자(A1)	102	358	460		P(B1)	0.398621	
3	비흡연자(A2)	476	514	990		P(B1|A1)	0.221739	
4	계	578	872	1450		P(A1∩B1)	0.070345	
5						P(A1)P(B1)	0.126459	
6								

연습 4.10 남녀 모두 185명의 관리자를 두고 있는 회사가 이들을 이사급, 부장급, 과장급의 세 직급으로 나누어 직급별 성별로 분포를 조사하였다. 조사결과 24명의 이사급 관리자 중 4명만이 여성이고 전체 남자 관리자 중 1/2은 과장급, 그리고 45명의 전체 여성관리자 중 8명이 부장급 관리자로 나타났다.

(1) 위의 조사내용을 기초로 이 회사 관리자들의 직급별 성별 분할표를 작성하시오.

(2) 이 회사 관리자 중에서 한 명을 임의로 뽑았을 때 이 관리자가 남성일 확률을 구하시오.

(3) 이 회사 관리자 중에서 한 명을 임의로 뽑았을 때 이 관리자가 부장급 여성일 확률을 구하시오.

(4) 여성관리자 중에서 임의로 뽑힌 관리자가 이사급일 확률은?

(5) 이 회사 관리자 중에서 한 명을 임의로 뽑았을 때 이 관리자가 남성이거나 이사급일 확률은?

풀이 (1) 185명의 관리자 중 여성이 45명이므로 나머지 140명은 남성관리자이며 이 중 1/2이 과장급이므로 남성 과장급 관리자는 70명임을 알 수 있다. 이러한 사실들을 토대로 분할표를 작성하면 다음과 같다.

직급\성별	남성	여성	계
이사	(20)	4	24
부장	(50)	8	(58)
과장	(70)	(33)	(103)
계	(140)	45	185

(2) $P(\text{남성}) = 140/185 = 0.757$

(3) 여성이면서 또 부장급이라는 두 사건은 동시에 발생할 결합확률이다.
따라서 $P(\text{부장} \cap \text{여성}) = 8/185 = 0.043$이다.

(4) 여성관리자라는 사건이 이미 발생한 상태에서 이사급 관리자가 뽑힐 확률을 나타내는 것이므로 이는 조건확률에 해당한다. 즉 45명의 여성관리자 중에서 이사가 4명이므로 조건확률은 $P(\text{이사}|\text{여성}) = 4/45 = 0.089$가 된다.

(5) 덧셈법칙을 이용한다. 즉

$$P(\text{남성} \cup \text{이사}) = P(\text{남성}) + P(\text{이사}) - P(\text{남성} \cap \text{이사})$$

$$= \frac{140}{185} + \frac{24}{185} - \frac{20}{185} = \frac{144}{185} = 0.778$$

입력과정

[연습 4.9]에서와 같은 방법으로 계산하면 아래와 같은 결과를 얻을 수 있으므로 입력과정은 생략하기로 한다.

	A	B	C	D	E	F	G	H
1	직급/성별	남성	여성	계				
2	이사	20	4	24		P(남성)	0.756757	
3	부장	50	8	58		P(부장∩여성)	0.043243	
4	과장	70	33	103		P(이사|여성)	0.088889	
5	계	140	45	185		P(남성∪이사)	0.778378	
6								

■ 베이즈 정리

연습 4.11 A가 A_1, A_2 두 사건으로 구성되어 있고 이와 관련된 확률이 다음과 같이 주어졌을 때 베이즈 정리를 이용하여 $P(A_1|B)$를 구하시오.

$$P(A_1) = 0.6 \qquad P(A_2) = 0.4 \qquad P(B|A_1) = 0.4 \qquad P(B|A_2) = 0.2$$

풀이 베이즈 정리에 따라

$$P(A_1|B) = \frac{P(A_1 \cap B)}{P(B)}$$

$$= \frac{P(A_1) \cdot P(B|A_1)}{P(A_1) \cdot P(B|A_1) + P(A_2) \cdot P(B|A_2)} = \frac{0.6 \times 0.4}{0.6 \times 0.4 + 0.4 \times 0.2} = 0.75$$

연습 4.12 어느 백화점의 의류부문 총매출액 중 남성의류가 35%를 차지하고 있으며 여성의류는 45%, 그리고 아동복을 비롯한 기타의류가 20%를 차지하고 있다. 또한 판매는 통신판매와 매장판매 두 가지로 이루어지는데 남성의류 판매액 중 65%와 여성의류 판매액의 55%, 그리고 기타의류 판매액의 30%는 통신판매에 의해 이루어지고 있다.

(1) 백화점 의류부문 총매출액에서 통신판매에 의한 남성의류, 여성의류, 기타의류가 차지하는 매출비율은 각각 확률기호를 사용하여 나타내시오. 이 때 통신판매에 의한 여성의류 매출액의 비율은 얼마인가?

(2) 통신판매 중에서 남성의류의 매출비중은 얼마인가?

풀이 (1) 의류를 A, 판매방법을 B라 표시하고, 의류 종류별로 남성의류를 A_1, 여성의류를 A_2, 기타의류를 A_3로, 그리고 판매방법 종류별로 통신판매는 B_1, 매장판매는 B_2로 표시하면 통신판매에 의한 남성의류 매출액 비율은 남성의류와 통신판매의 두 사건이 동시에 발생하는 결합확률에 해당하므로 $P(A_1 \cap B_1)$으로 나타낼 수 있다.

마찬가지로 통신판매에 의한 여성의류와 기타의류의 매출액 비율은 각각 $P(A_2 \cap B_1)$, $P(A_3 \cap B_1)$으로 나타낼 수 있다.

따라서 통신판매에 의한 여성의류 매출액의 비율은

$$P(A_2 \cap B_1) = P(A_2) \cdot P(B_1 | A_2) = 0.45 \times 0.55 = 0.248$$

이 된다.

즉 이 백화점 의류부문 총매출액 중 통신판매에 의한 여성의류의 매출액이 차지하는 비율은 24.8%에 이른다.

(2) 통신판매 중에서 남성의류의 매출비중을 확률기호로 표시하면 조건확률 $P(A_1 | B_1)$에 해당한다.

$P(A_1 | B_1) = \dfrac{P(A_1 \cap B_1)}{P(B_1)}$이 되는데 위에서 주변확률 $P(B_1)$은 직접 구할 수 없으므로 베이즈 정리를 이용한다. 즉

$$\begin{aligned} P(A_1 | B_1) &= \frac{P(A_1 \cap B_1)}{P(B_1)} \\ &= \frac{P(A_1 \cap B_1)}{P(A_1 \cap B_1) + P(A_2 \cap B_1) + P(A_3 \cap B_1)} \\ &= \frac{P(A_1) \cdot P(B_1 | A_1)}{P(A_1) \cdot P(B_1 | A_1) + P(A_2) \cdot P(B_1 | A_2) + P(A_3) \cdot P(B_1 | A_3)} \\ &= \frac{0.35 \times 0.65}{0.35 \times 0.65 + 0.45 \times 0.55 + 0.2 \times 0.3} = 0.425 \end{aligned}$$

입력과정

① 문제에서 주어진 주변확률과 조건확률을 B2:B4와 D2:D4의 범위에 입력한다.

② 주변확률과 조건확률이 주어졌으므로 결합확률을 구할 수 있다.

$P(A_1 \cap B_1)$을 구하기 위해 $P(A_1 \cap B_1) = P(A_1) \cdot P(B_1 | A_1)$에 따라 F2에 다음과 같이 입력한다.

= B2*D2

F2에 $P(A_1 \cap B_1) = 0.2275$로 계산되어 있다.

F2셀을 클릭하여 활성화시킨 후 마우스로 자동채우기 핸들을 이용하여 F2에서 F4까지 복사한다.

③ $P(B_1) = P(A_1 \cap B_1) + P(A_2 \cap B_1) + P(A_3 \cap B_1)$이므로 주변확률 $P(B_1)$는 F2:F4 범위에 있는 결합확률의 합과 같다.

$P(B_1)$를 구하기 위해 F5에 다음과 같이 입력한다.

= SUM(F2:F4)

$P(B_1)$가 0.535로 계산되어 있다.

④ F6에서 조건확률 $P(A_1|B_1)$을 $P(A_1|B_1)=\dfrac{P(A_1\cap B_1)}{P(B_1)}$에 따라 계산한다.

= F2/F5

통신판매 매출액 중에서 남성의류의 매출비중이 0.425인 것으로 나타나 있다.

	A	B	C	D	E	F	G
1		주변확률		조건확률		결합확률	
2	P(A1)	0.35	P(B1|A1)	0.65	P(A1∩B1)=	0.2275	
3	P(A2)	0.45	P(B1|A2)	0.55	P(A2∩B1)=	0.2475	
4	P(A3)	0.20	P(B1|A3)	0.30	P(A3∩B1)=	0.06	
5					P(B1)=	0.535	
6					P(A1|B1)=	0.425234	
7							

연습 4.13 베어링 제조회사는 A_1, A_2, A_3 세 기계로부터 각각 전체 베어링 생산량의 50%, 35%, 15%를 생산하고 있다. 그리고 이들 세 기계로부터 생산되는 제품의 불량률은 각각 1.4%, 2%, 2.4%이다. 품질 검사과정에서 임의로 뽑은 베어링이 불량품으로 판정되었을 때 이것이 A_1 기계르부터 생산된 제품일 확률은 얼마인가? 그리고 이 회사에서 생산된 제품이 불량품일 확률은 얼마인가?

풀이 불량품(D라고 표시하자)으로 판정되었을 때 이것이 A_1 기계로부터 생산된 제품일 확률은 바로 사후조건확률인 $P(A_1|D)$이다. 베이즈 정리를 이용하면

$$
\begin{aligned}
P(A_1|D) &= \frac{P(A_1\cap D)}{P(D)} \\
&= \frac{P(A_1)\cdot P(D|A_1)}{P(A_1)\cdot P(D|A_1)+P(A_2)\cdot P(D|A_2)+P(A_3)\cdot P(D|A_3)} \\
&= \frac{0.5\times 0.014}{0.5\times 0.014+0.35\times 0.02\times 0.15\times 0.024}=0.398
\end{aligned}
$$

이다.

이 회사에서 생산된 제품이 불량품일 확률은 $P(D)$로서 이는 생산에 투입된 세 기계와 불량품의 결합확률 즉 $P(A_1\cap D)$, $P(A_2\cap D)$, $P(A_3\cap D)$을 모두 합한 것이다.

$$P(A_1\cap D)+P(A_2\cap D)+P(A_3\cap D)=0.5\times 0.014+0.35\times 0.02+0.15\times 0.024=0.0176$$

즉 이 회사 제품의 불량률은 1.76%이다.

입력과정

① 생산비율과 불량률을 B2:B4와 D2:D4의 범위에 입력한다. 여기서 생산비율은 주변확률로 그리고 각 기계별 불량률은 조건확률로 이용할 수 있다.

② 주변확률과 조건확률을 이용하여 결합확률을 구한다. 즉 결합확률 $P(A_1 \cap D)$를 구하기 위해 $P(A_1 \cap D) = P(A_1) \cdot P(D|A_1)$에 따라 F2에 다음과 같이 입력한다.

= B2*D2

F2에 $P(A_1 \cap D) = 0.007$로 계산되어 있다. F2셀을 클릭하여 활성화시킨 후 마우스로 자동채우기 핸들을 이용하여 F2에서 F4까지 복사한다.

③ $P(D) = P(A_1 \cap D) + P(A_2 \cap D) + P(A_3 \cap D)$이므로 주변확률 $P(D)$는 F2:F4 범위에 있는 결합확률의 합과 같다. $P(D)$를 구하기 위해 F5에 다음과 같이 입력한다.

= SUM(F2:F4)

$P(D)$가 0.0176이므로 계산되어 있다.

④ F6에서 조건확률 $P(A_1|D)$를 $P(A_1|D) = \dfrac{P(A_1 \cap D)}{P(D)}$에 따라 계산한다.

= F2/F5

$P(A_1|D)$ 즉 생산된 불량품 중 이것이 A기계에서 생산되었을 확률은 0.398로 나타나 있다.

	A	B	C	D	E	F	G
1	생산비중	주변확률	불량률	조건확률		결합확률	
2	P(A1)	0.50	P(D|A1)	0.014	P(A1∩D)=	0.007	
3	P(A2)	0.35	P(D|A2)	0.020	P(A2∩D)=	0.007	
4	P(A3)	0.15	P(D|A3)	0.024	P(A3∩D)=	0.0036	
5					P(D)=	0.0176	
6					P(A1|D)=	0.397727	
7							

연습 4.14 다음 내용이 옳은지 여부를 확인하시오.

(1) A, B 두 사건이 서로 배타적(mutually exclusive)일 때 A 또는 B 사건이 발생할 확률은 $P(A \cup B) = P(A) + P(B)$이 된다.

(2) A, B 두 사건이 독립적(independent)이라면 $P(B|A) = P(A)$이다.

(3) $P(A \cap B) = \varnothing$ 이면 $P(A \cup B) = \varnothing$ 이다.

풀이 (1) $P(A \cap B) = \varnothing$ 이면 A, B 두 사건은 서로 배타적이다. 따라서

$$P(A \cup B) = P(A) + P(B) - P(A \cap B) = P(A) + P(B)$$

이 성립되므로 옳은 내용이다.

(2) $P(B|A) = P(B)$ 이면 두 사건은 독립적이다. 따라서 두 사건이 독립적일 때

$$P(A \cap B) = P(A) \cdot P(B|A) = P(A) \cdot P(B)$$

이 성립한다. $P(B|A)$은 $P(A)$가 아니라 $P(B)$가 되므로 문제의 내용은 옳지 않다.

(3) 틀린 내용이다.

연습 4.15 다음은 어느 회사 지원자의 연령과 경력여부에 관한 자료이다.

A : 20~24세의 지원자

B : 25~29세의 지원자

C : 30세 이상의 지원자

D : 1년 이상의 경력을 가진 지원자

E : 1년 미만의 경력을 가진 지원자

$$P(A) = 0.25 \qquad P(D) = 0.64$$
$$P(A \cap D) = 0.12 \qquad P(B \cap D) = 0.21 \qquad P(C \cap E) = 0.18$$

(1) 위 자료를 이용하여 분할표를 작성하시오.

(2) 1년 미만의 경력을 가진 지원자의 비율은 얼마인가?

(3) 어느 지원자가 30세 이상이라고 할 때 이 지원자가 1년 이상의 경력을 가지고 있을 확률은 얼마인가?

풀이 먼저 주변확률과 결합확률을 분할표에 기입한다. 분할표에서 행과 열이 교차하는 칸에는 결합확률이 표시하는데, 여기서 결합확률을 어느 하나의 행이나 열을 기준으로 합하면 주변확률이 되며 또 이 주변확률을 행이나 열을 기준으로 합하면 1이 되는 것을 이용한다.

Note

분할표에서 행과 열이 교차하는 칸(cell), 즉 예를 들어 아래 분할표에서 A로 표시되는 행과 D로 표시되는 열이 교차하는 칸은 바로 A사건과 D사건이 동시에 발생하는 경우에 해당하므로 여기에 표시되는 확률은 결합확률 $P(A \cap D)$인 것이다.

(1)

구분	D	E	계
A	0.12	(0.13)②	0.25
B	0.21	(0.05)④	(0.26)⑤
C	(0.31)①	0.18	(0.49)⑥
계	0.64	(0.36)③	1.00

$P(D)=0.64$이므로 D열의 결합확률을 합하면 주변확률 0.64가 되어야 하고 $P(A)=0.25$이므로 A행의 결합확률을 합하면 주변확률 0.25가 되어야 한다. 따라서

① = 0.64−0.12−0.21=0.31 ② = 0.25−0.12=0.13 ③ = 1.00−0.64=0.36
④ = 0.36−0.13−0.18=0.05 ⑤ = 0.21+0.05=0.26 ⑥ = 0.31+0.18=0.49

(2) $P(E)=0.36$

(3) $P(D|C)=\dfrac{P(D\cap C)}{P(C)}=\dfrac{0.31}{0.49}=0.633$이 된다.

연습 4.16 어느 나라 국민의 8%가 어떤 유전병을 가지고 있다고 하자. 그리고 이 유전병을 가지고 있는지를 확인하는 검사법은 실제 유전병을 가지고 있는 사람을 검사했을 때 양성 반응을 보일 확률은 96%이며 그렇지 않은 건강한 사람을 검사했을 때 음성반응을 보일 확률은 98%라 한다. 이러한 상황을 나무그림으로 나타내고 검사결과가 양성으로 나타난 사람이 실제 유전병을 가지고 있을 확률을 계산하시오.

풀이 유전병이 있는 경우와 없는 경우를 각각 A_1, A_2라 표시하고 양성반응을 보이는 경우를 B_1, 그리고 음성반응을 보이는 경우를 B_2로 하여 나무그림을 그리면 다음과 같다.

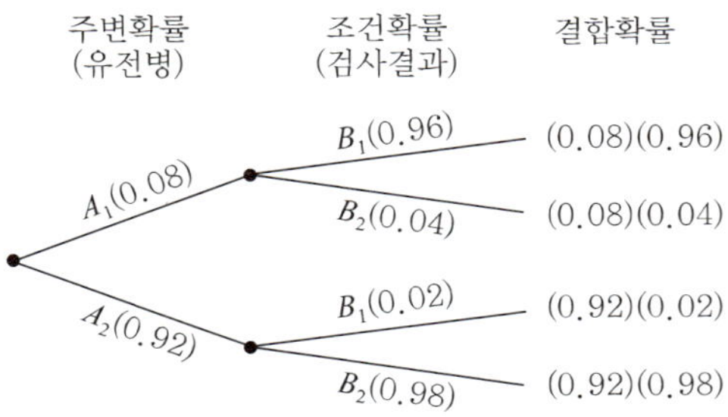

그림 4-13 조건확률과 나무그림

그러면 검사결과가 양성으로 나타난 사람이 실제 유전병을 가지고 있을 확률은 사후조건확률 $P(A_1|B_1)$에 해당한다. 따라서

$$P(A_1|B_1)=\frac{P(A_1\cap B_1)}{P(B_1)}$$
$$=\frac{P(A_1)\cdot P(B_1|A_1)}{P(A_1)\cdot P(B_1|A_1)+P(A_2)\cdot P(B_1|A_2)}$$

$$= \frac{0.08 \times 0.96}{0.08 \times 0.96 + 0.92 \times 0.02} = 0.807$$

입력과정

① 주변확률과 조건확률을 각각 B3:B4, E3:E4의 범위에 입력한다. 여기서 E4는 조건확률 $P(B_1|A_2)$가 0.02임을 나타내고 있다.

② 주변확률과 조건확률을 이용하여 결합확률을 $P(A \cap B) - P(A) \cdot P(B|A)$에 따라 계산한다. 여기서 A는 A_1, A_2 그리고 B는 B_1, B_2로 각각 두 가지 이므로 결합확률 $P(A \cap B)$는 네 가지가 존재한다. 배열(array) 계산을 이용하면 이러한 결합확률을 한 번에 계산할 수 있다.
먼저 I3:J4의 구역을 범위로 설정하기 위해 I3를 클릭한 후 왼쪽 마우스 버튼을 누른 상태로 J4까지 드래그한다.

③ I3:J4의 구역이 범위로 설정된 상태에서 I3에 다음과 같이 입력한 후 [control]−[shift]−[enter] 키를 동시에 누른다.
= B3:B4*E3:F4
실행 결과인 결합확률이 I3:J4의 범위에 나타나 있다. I3 셀은 $P(A_1 \cap B_1) = 0.076$임을 표시하고 있다.

④ 조건확률 $P(A_1|B_1)$을 구하기 위해 $P(A_1|B_1) = \frac{P(A_1 \cap B_1)}{P(B_1)}$에 따라 I6에 다음과 같이 입력한다.
= I3/SUM(I3:I4)
$P(A_1|B_1)$ 즉 검사에서 양성을 보인 사람이 실제로 유전병에 걸렸을 확률이 0.807로 계산되어 있다.

	A	B	C	D	E	F	G	H	I	J	K
1	주변확률			조건확률				결합확률			
2	P(A)			P(B|A)	B1	B2		P(A∩B)	B1	B2	
3	A1	0.08		A1	0.96	0.04		A1	0.0768	0.0032	
4	A2	0.92		A2	0.02	0.98		A2	0.0184	0.9016	
5											
6								P(A1|B1)=	0.806723		
7											

제5장

확률분포

CONTENTS

5.1 이산형 확률분포

이산형 확률변수

4장에서 살펴본 바와 같이 변수의 값이 확률에 의해 결정되는 변수를 확률변수라 하며 이러한 확률변수의 값이 불연속적일 때 이를 이산형 확률변수(discrete random variables)라 한다.

주사위를 던져서 나오는 숫자를 x라 했을 때 x는 1에서 6사이의 여섯 개 값을 가질 수 있는 변수이다. 그리고 이 때 나오는 각 숫자는 각각 1/6의 확률을 가지고 나타나기 때문에 x는 확률변수인 것이다. 특히 x는 1, 2, 3, 4, 5, 6의 여섯 개 값만을 가지므로 이산형 확률변수인 것이다.

예제 5.1 동전을 던져서 앞면 또는 뒷면이 나오는 결과를 이산형 확률변수라 할 수 있는가?

풀이 동전을 던져서 앞면 또는 뒷면이 나오는 결과를 x라 하고 앞면이 나왔을 때를 1, 뒷면이 나왔을 때를 2라고 표시하기로 한다면 x는 1과 2의 값을 가지는 변수가 되는데, 이 때 x가 가질 수 있는 1과 2의 두 값은 1/2의 확률에 의해 결정되므로 x는 이산형 확률변수에 해당한다.

이산형 확률분포

이산형 확률변수의 각 변수값과 이 변수값이 나타날 확률을 도표, 그래프, 수식 등으로 나타낸 것을 이산형 확률변수의 확률분포(probability distribution for discrete random variables) 또는 간단히 이산형 확률분포라 한다.

동전을 던져서 나오는 앞면 또는 뒷면의 결과를 x라 할 때, x에 대한 확률분포는 다음과 같이 도표, 그래프, 수식으로 나타낼 수 있다. 동전의 앞면이 나올 때를 1, 뒷면이 나올 때를 2로 표시하기로 하면 x는 1과 2의 값을 가지게 될 것이며 이들 두 값 가운데 어느 값을 가지는가는 1/2의 확률에 의해 결정되므로 이산형 확률변수에 해당한다. 확률분포는 확률변수가 취할 수 있는 모든 값과 이 확률변수 값이 나타날 확률을 표시한 것이므로 이를 먼저 도표로 나타내면 다음과 같다.

(1) 도표로 표시한 확률분포

x	$P(x)$
1	0.5
2	0.5

위에서 $P(x)$는 확률변수 x가 나타날 확률을 표시한다. 즉 $P(1)=0.5$, $P(2)=0.5$임을 표시하는 것으로서 이는 동전의 앞면이 나오는 경우를 1, 뒷면이 나오는 경우를 2로 나타내었으므로 $P(\text{앞면})=0.5$, $P(\text{뒷면})=0.5$임을 의미하는 것이다.

> **Note**
>
> $P(x)$는 확률변수 x가 어떤 특정값을 가질 확률이므로 다음과 같은 조건이 성립한다.
>
> ① $0 \le P(x) \le 1$ ② $\sum_{all\,x} P(x) = 1$
>
> 즉 $P(x)$는 확률이므로 당연히 0과 1사이의 값을 가지며 모든 확률변수 값에 대한 확률을 합하면 1이 된다.

(2) 그래프로 표시한 확률분포

이는 횡축에 확률변수를 표시하고 종축에 각 확률변수 값이 나타날 확률을 표시하여 나타내는 것으로서 상대도수분포표와 유사한 형태를 지닌다.

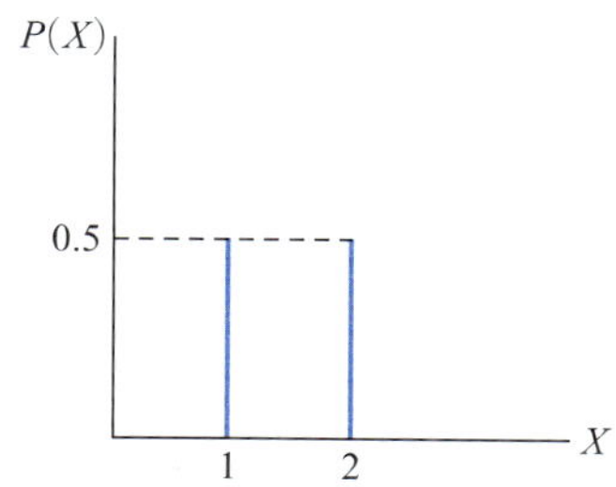

그림 5-1 상대도수와 확률

(3) 수식으로 표시한 확률분포

$$P(x) = 0.5 \quad (x = 1,\ 2)$$

여기서 $P(x)$는 확률변수 x가 나타날 확률을 표시하는 것으로서 $P(x)=0.5$는 확률변수가 1과 2의 값을 가질 확률이 0.5로 동일함을 나타내고 있다. 이와 같이 확률변수 x값에 대한 확률이 동일할 때 이러한 확률분포를 균등분포(uniform distribution)이라 한다.

> **Note**
>
> 모든 확률변수에 대한 확률분포를 수식으로 나타내는 것이 쉬운 일은 아니다. 그러나 통계학을 배우는 현 단계에서 필요한 것은 확률분포의 수식을 구하는 데 있는 것이 아니고 분석대상이 되는 확률변수에 대한 분포가 이미 알려진 어느 확률분포에 근사한지를 알아내는 데 있는 것이기 때문에 확률분포의 식을 구하는 데 따른 어려움을 겪지 않아도 된다.

예제 5.2 주사위를 던져서 나오는 숫자를 x라 했을 때 x의 확률분포를 도표와 그래프, 수식으로 표시하시오. 그리고 $0 \leq P(x) \leq 1$과 $\sum_{x=1}^{6} P(x) = 1$이 됨을 확인하시오.

풀이 x는 1에서 6사이의 정수 값을 갖는 이산형 확률변수로서 이들 확률변수 값들은 모두 동일하게 1/6의 확률을 가지고 나타나게 된다.

(도표로 표시한 확률분포)

x	$P(x)$
1	1/6
2	1/6
3	1/6
4	1/6
5	1/6
6	1/6

상대도수분포표와 유사함을 알 수 있다.

(그래프로 표시한 확률분포)

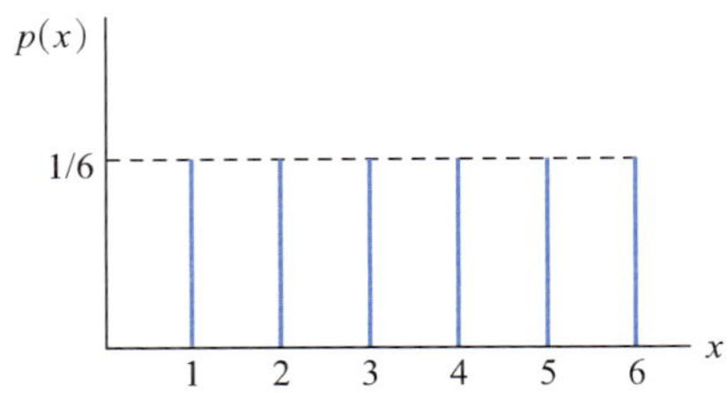

그림 5–2 이산형 확률분포

$$P(x) = 1/6, \quad x = 1, 2, \cdots, 6$$

주사위를 던져서 어떤 숫자가 나오는 확률 $P(x)$는 1/6로서 $0 \leq P(x) \leq 1$이고

$$P(1) + P(2) + P(3) + P(4) + P(5) + P(6) = 1$$

이 되어 $\sum_{x=1}^{6} P(x) = 1$임을 확인할 수 있다. 위의 예제에서 주사위를 던져서 1이나 2가 나타날 확률은

다음과 같이 수식으로 표시한다.

$$P(x=1 \text{ or } x=2)+P(1)+P(2)=1/6+1/6=1/3$$

$$\text{또는 } 1 \leq P(x) \leq 2 = P(1)+P(2)=1/3$$

예제 5.3 어느 공장에서 생산한 전자제품을 무작위로 100개를 뽑아 조사한 결과 2개는 불량품으로 그리고 나머지는 합격품으로 판정되었다. 이 경우 확률변수로 간주할 수 있는 것은 무엇인가? 그리고 이 확률변수의 확률분포를 도표와 그래프로 표시하시오.

풀이 불량품과 합격품은 각각 0.02와 0.98의 확률을 가지고 나타날 수 있기 때문에 생산된 제품이 불량품인가 합격품인가를 확률변수로 볼 수 있다. 즉 불량품을 0으로 합격품을 1로 표시하기로 하고 이를 나타내는 확률변수를 x라 하면 x는 0과 1의 값을 갖는 이산형 확률변수인 것이다.

x	$P(x)$
0	0.02
1	0.98

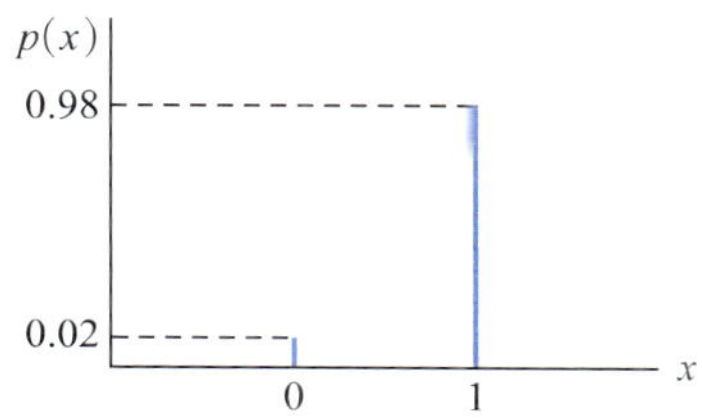

그림 5-3 이산형 확률분포

이산형 확률변수의 평균

확률변수에 대한 평균을 기댓값(expected value)이라 하며 다음과 같이 구한다.

$$\mu = \sum x \cdot P(x)$$

즉 확률변수 x에 대한 각각의 값에다 그 값이 나타날 확률 $P(x)$를 곱한 후 이를 모두 더한 것이다.

이를 도수분포표 측면에서 보면 $P(x)$는 상대도수에 해당하는 것으로서 가중치 역할을 하고 있음을 알 수 있다. 따라서 기댓값은 확률변수에 대한 가중산술평균인 것이다.

Note

$P(x)$를 가중치로 한 x에 대한 가중산술평균은 $\dfrac{\sum x \cdot P(x)}{\sum P(x)}$에 따라 구할 수 있다. 그런데 여기서 $P(x)$는 $\sum P(x)=1$이므로 가중산술평균은 $\sum x \cdot P(x)$가 되는 것이다(가중산술평균은 3장 3.1을 참조할 것).

예제 5.4 아래 표는 자동차 보유대수별 가구수를 조사한 결과이다. 이로부터 자동차 보유대수에 대한 기댓값을 구하는 과정을 살펴보자.

x	0	1	2	3
$P(x)$	0.10	0.65	0.20	0.05

풀이 이는 상대도수분포표로서 자동차 보유대수별로 조사대상 가구에 대한 비율 또는 상대도수를 표시한 것이다. 즉 자동차를 1대 보유한 가구가 조사대상 전체 가구의 65%이며 2대를 보유한 가구는 20%에 달한다는 것을 보여준다.

이는 역으로 조사대상 가구 중에서 한 가구를 임의로 뽑았을 때 이 가구가 자동차를 2대 보유하고 있을 확률은 0.2에 이른다는 것을 나타내는 것이기도 하다. 따라서 자동차 보유대수를 나타내는 x는 0, 1, 2, 3의 값을 가지며 각 값은 상대도수인 확률에 의해 결정되는 이산형 확률변수인 것이다.

이 때 한 가구당 몇 대의 자동차를 보유하고 있는지를 알려면 확률변수 x의 가중평균 즉 기댓값을 구하면 된다. 확률변수 x의 기댓값을 $E(x)$라 하면

$$E(x) = \sum x \cdot P(x) = 0 \times 0.1 + 1 \times 0.65 + 2 \times 0.2 + 3 \times 0.05 = 1.2$$

가 된다. 따라서 가구당 1.2대 꼴로 자동차를 보유하고 있음을 알 수 있다.

입력과정

① B1:E2의 범위에 상대도수분포에 대한 데이터를 입력한다.

기댓값 $E(x) = \sum x \cdot P(x)$을 구하기 위해 여기서는 SUMPRODUCT 함수를 이용하기로 한다.

> **Note**
>
> SUMPRODUCT에 지정되는 인수는 배열(array)로서 SUMPRODUCT(array1, array2, …)의 형태로 입력되는데 이를 실행하면 각 배열의 동일한 위치에 있는 대응되는 값끼리 곱한 후 이 값들을 합계한 결과를 출력한다. 기댓값 $E(x) = \sum x \cdot P(x)$은 확률변수가 취할 수 있는 각각의 값(x)에 그 값에 대응하는 확률 $P(x)$을 곱한 후 이를 모두 합계한 것이므로 SUMPRODUCT 함수를 이용하면 간단히 기댓값을 계산할 수 있다.

② G2에 다음과 같이 입력한다.

= SUMPRODUCT(B1:E1,B2:E2)

SUMPRODUCT 함수는 B1:E1의 배열과 B2:E2의 배열에서 동일한 위치에 있는 대응값을 곱한 후 이들 값을 합계한 (0×0.1)+(1×0.65)+(2×0.2)+(3×0.05)의 결과를 출력해 준다. G2에 기댓값이 1.2로 나타나 있다.

	A	B	C	D	E	F	G	H
1	x	0	1	2	3			
2	P(x)	0.1	0.65	0.2	0.05	E(x)=	1.2	
3								

이산형 확률변수의 분산과 표준편차

이산형 확률변수의 분산(variance)과 표준편차(standard deviation)는 다음과 같이 정의된다.

분산 : $\sigma^2 = \sum(x-\mu)^2 P(x)$　　표준편차 : $\sigma = \sqrt{\sigma^2} = \sqrt{\sum(x-\mu)^2 P(x)}$

예제 5.5 위의 예제에서 살펴 본 자동차 보유대수별 가구수에 대한 상대도수분포표를 예로 하여 이산형 확률변수인 x의 분산과 표준편차를 구하는 과정을 살펴보기로 하자.

풀이 먼저 분산을 구하려면 확률변수 x의 평균 즉 기댓값을 알아야 하는데 위의 예제에서 구한 바와 같이 평균, 즉 기댓값은 $\mu = E(x) = 1.2$이다.

x	$P(x)$	$(x-\mu)$	$(x-\mu)^2$	$(x-\mu)^2 \cdot P(x)$
0	0.10	−1.2	1.44	0.144
1	0.65	−0.2	0.04	0.026
2	0.20	0.8	0.64	0.128
3	0.05	1.8	3.24	0.162

$$\sigma^2 = \sum(x-\mu)^2 \cdot P(x) = 0.144 + 0.026 + 0.128 + 0.162 = 0.46$$

$$\sigma = \sqrt{0.46} = 0.678$$

Note

이산형 확률변수에 대한 분산은 아래와 같은 변형된 식으로 구할 수도 있다.

$$\sigma^2 = \sum x^2 \cdot P(x) - \mu^2$$

위의 식은 다음의 도출과정을 통해 쉽게 얻을 수 있다.

$$\begin{aligned}
\sigma^2 &= \sum(x-\mu)^2 \cdot P(x) \\
&= \sum(x^2 - 2\mu x + \mu^2) \cdot P(x) \\
&= \sum x^2 \cdot P(x) - 2\mu\sum x \cdot P(x) + \sum \mu^2 \cdot P(x)
\end{aligned}$$

(여기서 $\sum x \cdot P(x) = \mu$, $\sum P(x) = 1$)

$$\begin{aligned}
&= \sum x^2 \cdot P(x) - 2\mu^2 + \mu^2 \\
&= \sum x^2 \cdot P(x) - \mu^2
\end{aligned}$$

입력과정

아래에서는 이산형 확률변수에 대한 분산을 $\sigma^2 = \sum x^2 \cdot P(x) - \mu^2$에 따라 구해 보기로 하자.

① A2:B5의 범위에 확률변수 x와 이에 대한 확률 $P(x)$ 값을 입력한다.

② 확률변수 x의 제곱값을 구하기 위해 C2에 다음과 같이 입력한다.

= A2^2

C2셀을 마우스로 자동채우기 핸들을 이용하여 C5까지 복사한다.

③ $\sigma^2 = \sum x^2 \cdot P(x) - \mu^2$의 식에 따라 분산을 구하기 위해 F2에 다음과 같이 입력한다.

= SUMPRODUCT(C2:C5,B2:B5)−SUMPRODUCT(A2:A5,B2:B5)^2

위의 입력식에서 SUMPRODUCT(C2:C5,B2:B5)는 $\sum x^2 \cdot P(x)$를 계산하기 위한 것이며 SUMPRODUCT(A2:A5,B2:B5)^2는 μ^2를 계산하기 위한 것이다.

F2에 분산이 0.46으로 나타나 있다.

④ 표준편차는 분산에 대한 제곱근을 구하면 되므로 F3에 다음과 같이 입력한다.

= SQRT(F2)

분산이 계산되어 있는 F2셀에 대한 제곱근을 구한 결과 표준편차가 0.678로 계산되어 있다.

	A	B	C	D	E	F	G
1	x	P(x)	x^2				
2	0	0.10	0		sigma2=	0.46	
3	1	0.65	1		sigma=	0.678233	
4	2	0.20	4				
5	3	0.05	9				
6							

예제 5.6 아래 확률분포표의 빈칸에 알맞은 수를 기입하고 이를 이용하여 확률변수 x의 기댓값과 분산 그리고 표준편차를 구하시오.

x	$P(x)$	$x \cdot P(x)$	x^2	$x^2 \cdot P(x)$
1	0.10			
2	0.10			
3	0.20			
4	0.25			
5	0.35			

$\sum x \cdot P(x) = (\quad)$ $\sum x^2 \cdot P(x) = (\quad)$ $\sum x^2 \cdot P(x) - \mu^2 = (\quad)$

풀이

x	$P(x)$	$x \cdot P(x)$	x^2	$x^2 \cdot P(x)$
1	0.10	(0.1)	(1)	(0.1)
2	0.10	(0.2)	(4)	(0.4)
3	0.20	(0.6)	(9)	(1.8)
4	0.25	(1.0)	(16)	(4.0)
5	0.35	(1.75)	(25)	(8.75)

$\sum x \cdot P(x) = ($ 3.65 $)$ $\sum x^2 \cdot P(x) = ($ 15.05 $)$ $\sum x^2 \cdot P(x) - \mu^2 = ($ 1.728 $)$

확률변수 x의 기댓값과 분산은 각각 3.65, 1.728임을 알 수 있다. 그리고 표준편차는 분산의 제곱근인 $\sqrt{1.728} = 1.314$이다.

입력과정

① A2:B6의 범위에 주어진 데이터를 입력한다.

② 각각의 확률변수 값에 대한 $x \cdot P(x)$, x^2, $x^2 \cdot P(x)$를 계산하기 위해 C2, D2, E2에 각각 다음과 같이 입력한다.

= A2*B2

= A2^2

= D2*B2

C2:E2의 범위를 마우스로 지정한 후 자동채우기 핸들을 이용하여 E6까지 드래그하여 복사과정을 실행한다.

③ $\sum x \cdot P(x)$를 계산하기 위해 C8에 다음과 같이 입력한다.

= SUM(C2:C6)

기댓값이 C8에 3.65로 나타나 있다.

C8셀을 마우스로 지정하여 활성화시킨 후 자동채우기 핸들을 이용하여 E8까지 드래그하여 복사과정을 실행한다.

D8과 E8에 $\sum x^2$, $\sum x^2 \cdot P(x)$의 값이 각각 55, 15.05로 나타나 있다.

④ 분산을 구하기 위해 $\sum x^2 \cdot P(x) - \mu^2$에 따라 H2에 다음과 같이 입력한다.

= E8−C8^2

분산이 1.728로 계산되어 있다.

⑤ 표준편차를 구하기 위해 H3에 다음과 같이 입력한다.

= SQRT(H2)

표준편차가 1.314로 계산되어 있다.

	A	B	C	D	E	F	G	H	I
1	x	P(x)	xP(x)	x^2	x^2P(x)				
2	1	0.1	0.1	1	0.1		분산=	1.7275	
3	2	0.1	0.2	4	0.4		표준편차=	1.3143	
4	3	0.2	0.6	9	1.8				
5	4	0.25	1	16	4				
6	5	0.35	1.75	25	8.75				
7									
8	sum :		3.65	55	15.05				
9									

예제 5.7 x에 대한 확률분포가 다음과 같을 때 x의 기댓값과 표준편차를 구하시오.

x	0	5	10	15	20
$P(x)$	0.06	0.12	0.62	0.15	0.05

입력과정

① A2:B6의 범위에 확률변수 값과 이에 대응하는 확률을 입력한다.

② $\sum x \cdot P(x)$에 따라 기댓값을 구하기 위해 E2에 다음과 같이 입력한다.

= SUMPRODUCT(A2:A6,B2:B6)

기댓값이 E2에 10.05로 나타나 있다.

③ E3에서 $\sum x^2 \cdot P(x)-\mu^2$의 식에 따라 분산을 구하기 위해 다음과 같이 입력한다.

= SUMPRODUCT(A2:A6^2,B2:B6)−E2^2

여기서 SUMPRODUCT가 가지고 있는 내제된 기능을 활용하여 계산과정을 축소할 수 있는 방법을 사용하였다. 즉 SUMPRODUCT 함수에 지정된 첫 번째 인수 A2:A6^2의 의미는 배열 (A2:A6)를 구성하는 각 값을 제곱하여 새로운 배열을 구성하라는 것을 뜻한다. 다시 말해 A2:A6의 각 셀에 {0, 5, 10, 15, 20}의 값이 입력되어 있으므로 A2:A6^2의 형태로 인수를 지정하게 되면 각 셀의 값을 제곱한 형태인 {0, 25, 100, 225, 400}으로 인수를 지정한 것과 동일한 결과를 낳게 되는 것이다. 따라서 $\sum x^2 \cdot P(x)-\mu^2$에서 $\sum x^2 \cdot P(x)$ 부분을 계산하기 위해 x^2를 계산하는 과정을 생략할 수 있다.

E3에 분산이 17.75로 나타나 있다.

④ 분산이 이미 계산되어 있으므로 이의 제곱근을 구하여 표준편차를 E4에서 구한다.

= SQRT(E3)

E4에 표준편차가 4.21로 계산되어 있다.

	A	B	C	D	E	F
1	x	P(x)				
2	0	0.06		기대값=	10.05	
3	5	0.12		분산=	17.7475	
4	10	0.62		표준편차=	4.212778	
5	15	0.15				
6	20	0.05				
7						

5.2 이항분포

■ 이항분포

이산형 확률분포에서 가장 널리 이용되는 분포인 이항분포(binominal distribution)는 다음과 같은 특성을 가지고 있다.

(1) 실험(experiment)의 결과는 '두 가지'로 이들은 상호 배타적(mutually exclusive)이다. 일반적으로 두 결과 중 하나를 성공(success), 다른 한 결과를 실패(failure)라 한다. 여기서 말하는 성공과 실패는 단지 두 결과를 나타내는 상황을 표시하는 것일 뿐 '좋고 나쁜 의미의 성공과 실패는 아니다'라는 점에 유의해야 한다.

또한 두 결과가 상호 배타적이라는 의미는 성공과 실패가 동시에 발생할 수 없음을 의미하는 것으로서 두 가지 결과만이 나타날 수 있는 상태에서 성공이 나타날 확률을 p라 하면 실패는 당연히 $(1-p)$가 된다.

Note

동전을 던지는 실험을 했을 때 나타나는 결과는 앞면 아니면 뒷면의 두 가지이다. 따라서 앞면을 성공으로 표시하면 뒷면은 실패로 표시할 수 있으며 앞면과 뒷면이 동시에 나타날 수 없다는 점에서 이 실험 결과는 상호 배타적이다. 물론 이 때 앞면이 나타날 확률 p와 뒷면이 나타날 확률 $(1-p)$는 모두 0.5이다.

(2) 실험은 수차례의 시행(trial)에 의해 이루어지는데, 이 때 각 시행은 독립적(independent)이며 매번 시행 때마다 나타나는 성공의 확률은 동일하다. 여기서 독립적이라는 것은 어느 한 시행에 의해 나타나는 결과가 다른 시행으로 인해 나타나는 결과에 영향을 미치지 않는다는 것을 의미한다.

> **Note**
>
> 동전을 던져서 앞면과 뒷면 가운데 어떤 면이 나오는가를 실험했을 때 동전을 한 번 던지는 행위가 시행(trial)에 해당한다. 따라서 동전을 n번 던져서 앞면이 몇 번 나오는지를 조사하는 실험을 했다면 이 실험은 n번의 시행으로 이루어진 실험이다. 그리고 각 시행 때마다 즉 동전을 한 번 던질 때마다 앞면이 나타날 확률은 0.5로 동일하다. 이와 같이 어느 한 시행에서 동전의 앞면이 나올 확률이 다음 시행에서 앞면이 나올 확률에 영향을 미치지 않을 때 각 시행은 독립적이라고 말한다.

(3) 이항분포에서의 확률변수는 n번의 시행을 통해서 얻은 성공의 횟수를 나타내는 변수이다.

> **Note**
>
> 이항분포에서 가장 주의 깊게 이해해야 할 부분이 바로 이 부분이다. 예를 들어 동전을 5번 던지는 실험을 했을 때 매번 나타나는 결과는 앞면이거나 뒷면의 두 가지 중의 하나가 될 것이다. 그런데 여기서 앞면(이를 '성공', '실패' 중 '성공'이라고 하자)이 5번 동전을 던지는 시행과정에서 몇 번 나오는가를 조사한다고 했을 때 앞면이 나타나는 성공의 횟수는 0, 1, 2, 3, 4, 5가 될 것이다. 다시 말해서 성공의 횟수가 0이라는 것은 5번 동전을 던져서 앞면이 한 번도 나타나지 않은 경우이며 앞면이 세 번 나오고 뒷면이 두 번 나왔다면 성공의 횟수는 3이 되는 것이다.
>
> 그러므로 5번 동전을 던졌을 때 앞면이 나타나는 성공의 횟수는 0, 1, 2, 3, 4, 5 가운데 어느 한 값이 될 것이고, 이는 앞면이 나타나는 확률에 의존하므로 성공의 횟수를 나타내는 변수는 확률변수가 되는 것이다.

예제 5.8 PC를 보유하고 있는 사람 중 100명을 임의로 선정하여 PC를 구입할 때 어떤 기종을 선택할 것인가에 대한 정보를 어디로부터 얻었는가를 조사한 결과 다음과 같은 자료를 얻었다. 이는 이항분포의 특성을 만족시키고 있는가?

정보수집 방법	응답자수
신문 TV 광고	20
PC 전문잡지 광고	32
PC 전문가	48

풀이 표본을 구성하는 100명의 응답자 각자에 대한 PC 구입관련 정보수집 방법은 세 가지로 나타나고 있으므로 이항분포가 가지는 특성을 지니고 있지 않다.

예제 5.9 통계학을 수강하는 학생들에게 강의 첫 날 교수가 수강생들의 수준을 알아보기 위해 통계학 관련 문제 10개를 4지선다형 객관식으로 출제하여 실시하였다. 어느 학생이 응답하는 정답의 개수를 x라 할 때 이 x는 이항분포의 특성을 만족시키는 확률변수라고 할 수 있는가?

풀이 이항분포의 특성을 만족시키고 있는지 차례로 살펴보자.

(1) 수강생이 각 문제에 대해 응답한 결과는 정답, 오답의 두 가지뿐이며 또 이 두 가지 결과가 동시에 나타날 수 없기 때문에 상호배타적이다.

(2) 이 실험은 문제 수인 10번의 시행으로 이루어졌다고 볼 수 있으며 어느 한 문제에서 정답을 택할 확률이 다른 문제에서 정답을 택할 확률에 영향을 미치지 않으므로 각 시행은 독립적이며 각 시행에서의 성공확률도 동일하다.

(3) 끝으로 이항분포에서의 확률변수는 n번의 시행을 통해서 얻은 성공의 횟수가 되는데 여기에서 성공의 횟수는 정답의 개수이므로 x는 0, 1, 2, ⋯, 10 가운데 어느 한 값을 가질 수 있으며 각 값을 가질 확률은 성공확률에 의존하므로 x는 이항분포의 특성을 만족시키는 확률변수가 된다.

이항분포의 확률함수

이항분포의 확률함수는 n번의 시행에서 성공의 횟수 즉 이항분포의 확률변수 x의 값이 각각 0, 1, 2, ⋯, n일 때의 확률이 각각 얼마인가를 나타내는 것으로서, n번의 시행에서 p의 확률을 가진 성공이 x번 나타날 확률을 구하는 이항분포 확률함수는 다음과 같다.

$$P(x) = \frac{n!}{x!(n-x)!} p^x (1-p)^{n-x} \qquad (5\text{–}1)$$

예제 5.10 자동차 매연검사에서 합격할 확률은 0.9라고 한다. 이 경우 임의로 10대를 선정하여 검사결과를 조사하였을 때 8대가 검사에서 합격할 확률은 다음과 같이 구한다.

풀이 먼저 자동차 1대에 대해 매연검사를 했을 때 그 결과는 합격, 불합격, 즉 성공, 실패의 두 가지이며, 또 동일한 조사를 10대에 대해 시행한 것이므로 표본수 10대가 시행횟수에 해당한다. 그리고 검사를 통과한 자동차 대수인 성공횟수는 0, 1, 2, ⋯, 10의 값을 갖는 이항분포의 확률변수이다.

다시 말해서 조사한 10대가 모두 불합격하여 성공횟수가 0일 수도 있고 모두 합격하여 10이 될 수도 있는데 여기에서 구하고자 하는 것은 바로 10대 중 8대가 검사에 통과할 확률 즉 확률변수가 $x=8$이 될 확률을 구하는 것이므로, 이는 이항분포 확률변수에 $n=10$, $x=8$, $p=0.9$을 대입하여 구할 수 있다.

$$P(8)=\frac{10!}{8!2!}\times 0.9^8\times 0.1^2=45\times 0.43046721\times 0.01=0.1937$$

즉 합격확률이 0.9인 매연검사에서 10대를 조사하여 8대가 합격할 확률은 약 19.4%에 이른다는 것을 알 수 있다.

입력과정

엑셀에는 이항분포함수의 확률을 계산할 수 있는 BINOMDIST 함수가 내장되어 있어 성공횟수(x)와 시행횟수(n)와 그리고 성공확률(p)의 값을 지정하면 $P(x)=\frac{n!}{x!(n-x)!}p^x(1-p)^{n-x}$에 따라 계산한 확률을 출력해 준다.

이 때 BINOMDIST 함수에는 네 개의 인수가 BINOMDIST(number_s, trials, probability_s, cumulative)의 형태로 지정되어야 하는데 첫 번째 인수 number_s에는 시행에서 성공할 횟수(x)를 지정하고 두 번째 인수 trials에는 시행횟수(n)를 그리고 세 번째 인수 probability_s에는 성공확률(p)를 '순서대로' 지정한다. 그리고 끝으로 cumulative 인수에는 누적확률을 구할 것인지의 여부를 지정해야 하는데 누적확률을 구할 경우에는 'TRUE'(따옴표를 제외하고 입력) 또는 '1'을 지정하고 단순히 주어진 성공횟수에 대한 확률을 구하고자 할 경우에는 'FALSE' 또는 '0'을 지정하면 된다.

① B2:B4의 범위에 성공횟수(x) 그리고 실패횟수(n) 및 성공확률(p) 등을 입력한다.

② $x=8$, $n=10$, $p=0.9$일 때의 이항분포 확률을 $P(x)=\frac{n!}{x!(n-x)!}p^x(1-p)^{n-x}$에 따라 구하기 위해 E2에 BINOMDIST 함수를 이용하여 다음과 같이 입력한다.

= BINOMDIST(B2,B3,B4,0)

10대를 대상으로 매연검사를 했을 때 8대가 검사에서 합격할 확률은 0.194인 것으로 나타나 있다. 이 때 BINOMDIST(8, 10, 0.9, FALSE)라고 직접 해당 값을 입력해도 동일한 결과를 얻을 수 있다.

	A	B	C	D	E	F
1	이항분포					
2	x=	8		p(x=8)=	0.19371	
3	n=	10				
4	p=	0.9				
5						

예제 5.11 위의 [예제 5.10]에서 10대 중 6대가 불합격할 확률을 구하시오.

풀이 이 경우는 검사에서 불합격하는 대수가 이항분포에서 성공횟수를 나타내는 확률변수가 된다. 앞에서 언급한 바와 같이 이항분포에서 말하는 성공, 실패는 좋다, 나쁘다의 의미가 아니라 이항분포에서 나타나는 두 가지 결과 중 확률변수 값으로 택한 어느 한 결과를 성공이라고 하는 것이므로 여기서는 불합격 대수가 이항분포에서의 성공횟수에 해당한다. 따라서 성공 확률 p는 불합격 확률인 0.1이 되어 10대 중 6대가 불합격할 확률은

$$P(6) = \frac{10!}{6!4!} \times 0.1^6 \times 0.9^4 = 210 \times 0.000006561 = 0.000137781$$

이 된다. 이는 물론 4대가 합격할 확률과 동일하다.

입력과정

① B2:B4의 범위에 성공횟수, 실패횟수, 그리고 성공확률을 입력한다.

② $x=6$, $n=10$, $p=0.1$일 때의 이항분포 확률을 $P(x) = \frac{n!}{x!(n-x)!} p^x (1-p)^{n-x}$에 따라 구하기 위해 E2에 BINOMDIST 함수를 이용하여 다음과 같이 입력한다.

= BINOMDIST(B2,B3,B4,0)

10대를 대상으로 매연검사를 했을 때 6대가 검사에서 불합격할 확률은 0.000138로 나타나 있다.

	A	B	C	D	E	F
1	이항분포					
2	x=	6		p(x=6)=	0.000138	
3	n=	10				
4	p=	0.1				
5						

예제 5.12 어느 카드회사 회원의 20%는 카드 사용액을 기한 내에 납부하지 않는다고 한다. 회원 중 5명을 임의로 뽑는다면, 기한 내에 납부하지 않은 회원 수는 0에서 5까지의 정수 값을 갖는 확률변수가 될 것이다. 이 때 각 확률변수 값에 대한 확률을 구하시오.

풀이 표본이 5명이고 조사 결과는 기한 내 납부와 그렇지 않은 경우의 두 가지이다. 따라서 이는 5번의 시행으로 이루어진 이항분포를 따르는 실험이며 확률변수의 값인 성공횟수는 바로 카드사용액을 기한 내에 납부하지 않은 회원 수가 된다. 확률변수 값이 0에서 5까지이므로 이들 값에 따른 확률을 구하기 위해 식(5.1)을 이용한다.

성공횟수(x)	확률
0	$P(0)=\frac{5!}{0!5!}\times 0.2^0 \times 0.8^5 = 0.3277$
1	$P(1)=\frac{5!}{1!4!}\times 0.2^1 \times 0.8^4 = 0.4096$
2	$P(2)=\frac{5!}{2!3!}\times 0.2^2 \times 0.8^3 = 0.2048$
3	$P(3)=\frac{5!}{3!2!}\times 0.2^3 \times 0.8^2 = 0.0512$
4	$P(4)=\frac{5!}{4!1!}\times 0.2^4 \times 0.8^1 = 0.0064$
5	$P(5)=\frac{5!}{5!0!}\times 0.2^5 \times 0.8^0 = 0.0003$

위의 표는 일종의 x에 대한 상대도수분포표로서 x가 확률변수이기 때문에 확률분포(probability distribution)의 의미도 갖는다. 특히 위의 x는 이항분포의 확률변수이기 때문에 위와 같은 분포표를 이항확률분포 또는 간단히 이항분포라고 한다.

위의 이항확률분포에서 확률변수가 취할 수 있는 값을 횡축에 그리고 각 확률변수의 값이 나타날 확률을 종축에 표시하면 이항확률분포를 다음과 같은 도표로 나타낼 수 있다.

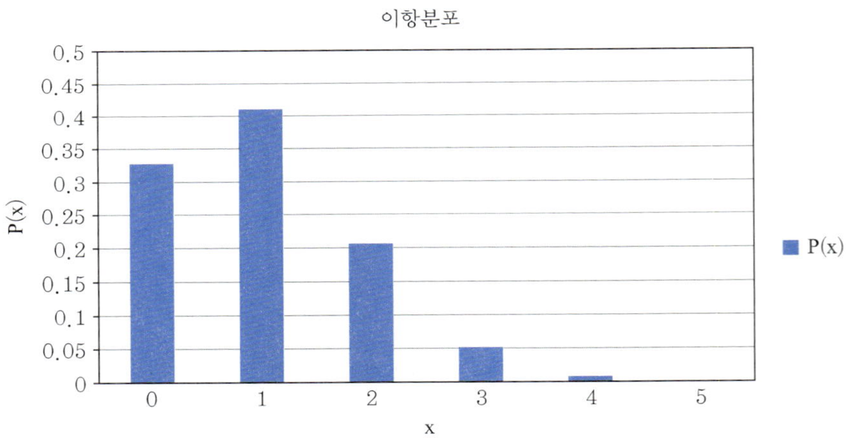

그림 5-4 이항확률분포

입력과정

① B2와 B3에 시행횟수와 성공확률을 입력하고 D2:D7의 범위에는 확률변수가 취할 수 있는 값 즉 성공횟수를 입력한다.

② 성공횟수를 나타내는 확률변수 x값이 0일 때의 이항분포 확률을 구하기 위해 다음과 같이 입력한다.

= BINOMDIST(D2, $B$2, $B$3, 0)

위의 입력식은 확률변수 x가 취할 수 있는 모든 값에 대해서도 확률을 구하기 위해 시행횟수 n과 성공확률 p는 절대주소로 고정시켜 놓았다.

③ E2셀을 마우스로 지정하여 활성화시킨 후 자동채우기 핸들을 이용하여 E7까지 드래그 하여 복사과정을 실행한다. E2:E7의 범위에 각 확률변수 값에 대응하는 확률이 계산되어 있다.

	A	B	C	D	E	F
1	이항분포			x	P(x)	
2	n=	5		0	0.32768	
3	p=	0.2		1	0.4096	
4				2	0.2048	
5				3	0.0512	
6				4	0.0064	
7				5	0.00032	
8						

Note

위의 예제에서 임의로 뽑힌 5명의 회원 중 4명 이상이 기한 내 납부를 하지 않을 확률을 구하고자 하는 경우, 이는 4명이 기한 내 납부를 하지 않을 확률과 5명이 기한 내 납부를 하지 않을 확률을 더하면 된다. 즉 $P(x \geq 4) = P(4) + P(5) = 0.0064 + 0.0003 = 0.0067$이 된다.

이항분포표

실제로 이항분포를 하는 확률변수의 확률을 하나하나 계산한다는 것은 상당히 귀찮은 일이기 때문에 일반적으로 통계학 서적에는 이항확률분포표를 부록으로 제시하고 있다. 이항확률분포표를 이용하면 계산과정을 거치지 않고서도 주어진 시행횟수(n)와 성공횟수(x) 및 성공확률(p)에 따라 쉽게 확률을 알아낼 수 있다.

[예제 5.12]에서 구한 각 확률변수 값에 대한 확률을 이항분포표를 통해 구하는 방법은 다음과 같다. $n = 5$이므로 먼저 부록에 있는 이항분포표에서 가장 왼쪽에 있는 시행횟수 n을 표시하는 열에서 5를 찾는다. 그리고 오른쪽에는 성공횟수 x를 표시하는 열이 있고 표의 첫 번째 행에는 성공확률 p가 0.05간격으로 나열되어 있다. 따라서 $n = 5$, $x = 2$, $p = 0.2$인 경우 x가 2인 행과 $p = 0.2$인 열이 만나는 곳에 표시된 0.2048이 확률이 되는 것이다.

		p		
n	x	0.15	0.2	0.25
5	0	0.4437	0.32768	0.2373
	1	0.3915	0.4096	0.3955
	2	0.1382	0.2048	0.2637
	3	0.0244	0.0512	0.087891
	4	0.0022	0.0064	0.0146
	5	0.0001	0.00032	0.0010

이항분포의 확률은 SAS에 있는 PROBBNML 함수를 이용하면 더욱 쉽게 구할 수 있다. 그런데 주의할 것은 PROBBNML 함수는 누적확률(cumulative probability)을 계산해 주므로 각각의 성공 확률을 구하기 위해서는 이를 약간 변형시켜 이용하면 된다.

PROBBNML 함수의 기본형식
PROBBNML (p, n, x)

위의 PROBBNML (p, n, x) 함수에서 p는 성공확률, n은 시행횟수 그리고 x는 성공횟수인데 여기에서 계산되는 확률은 성공횟수가 0, 1, 2, …, x일 때의 확률 즉 확률변수 값이 각각 0부터 x까지의 값을 가진 확률을 모두 더한 $P(0)+P(1)+\cdots+P(x)$의 누적확률이라는 점에 유의해야 한다.

[예제 5.13] 위의 [예제 5.12]에서 확률변수 x에 대한 누적확률을 구하시오.

입력과정

① [예제 5.12]에서 도출한 결과에 다음 과정을 추가한다. 즉 F2에 아래의 식을 입력한다.

= BINOMDIST(D2,$B$2,$B$3,1)

E2에 입력한 식 BINOMDIST(E2,$B$2,$B$3,0)과 다른 점은 네 번째 인수에 '0'이 아닌 '1'을 지정하는 것으로 누적확률의 계산을 마무리할 수 있다. F2셀을 마우스로 지정하여 활성화시킨 후 자동채우기 핸들을 이용하여 F7까지 드래그 하여 복사과정을 실행한다.

F2:F7의 범위에 각 확률변수 값까지의 누적확률이 계산되어 있다.

예를 들어 F3은 확률변수의 값이 1이하의 값을 가질 확률 즉 $P(x \leq 1)$이 0.73728임을 나타내고 있다.

이는 또한 $P(x \leqq 1) = P(0) + P(1)$이므로 E2와 E3 셀이 표시하는 $P(0) = 0.32768$, $P(1) = 0.4096$을 더한 결과가 된다.

	A	B	C	D	E	F	G
1	이항분포			x	P(x)	P(x<=x0)	
2	n=	5		0	0.32768	0.32768	
3	p=	0.2		1	0.4096	0.73728	
4				2	0.2048	0.94208	
5				3	0.0512	0.99328	
6				4	0.0064	0.99968	
7				5	0.00032	1	
8							

Note

이항분포의 모양은 성공확률인 p와 시행횟수 n에 의존하는데 아래 [그림 5.5]는 p에 따라 분포의 모양이 어떻게 변하는가를 보여주고 있다. 즉 $p < 0.5$인 경우는 확률을 나타내는 막대가 왼쪽으로 치우쳐지는 모양을 보이며 $p > 0.5$인 경우는 분포가 오른쪽으로 치우쳐지는 모양을 보이고 있다. 반면에 $p = 0.5$일 때는 좌우가 거의 대칭되는 모양을 보이고 있다. 또한 [그림 5-6]에서 보듯이 동일한 p하에서 n이 커짐에 따라 분포의 모양은 좌우 대칭의 형태로 되어 가고 있음을 알 수 있다.

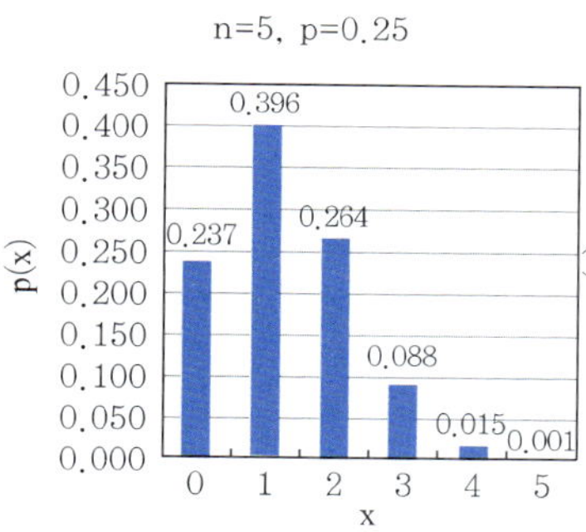

그림 5-5(a) $n = 5$, $p = 0.25$

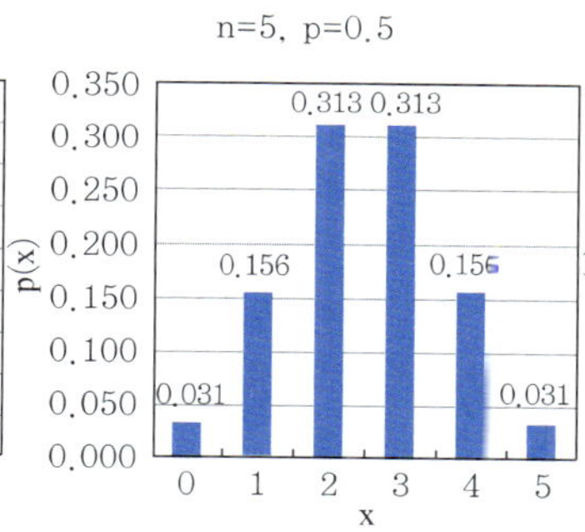

그림 5-5(b) $n = 5$, $p = 0.5$

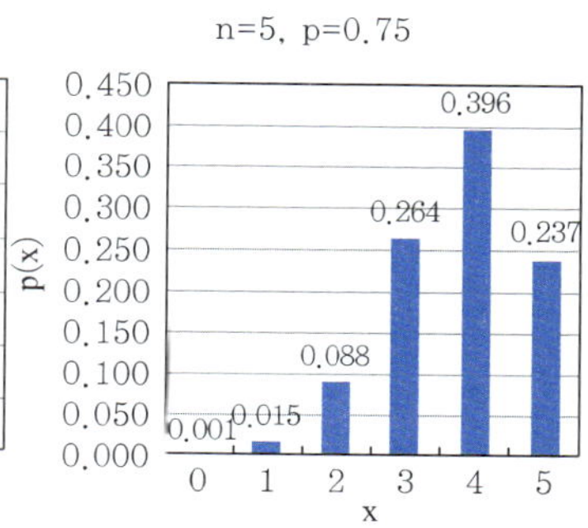

그림 5-5(c) $n = 5$, $p = 0.75$

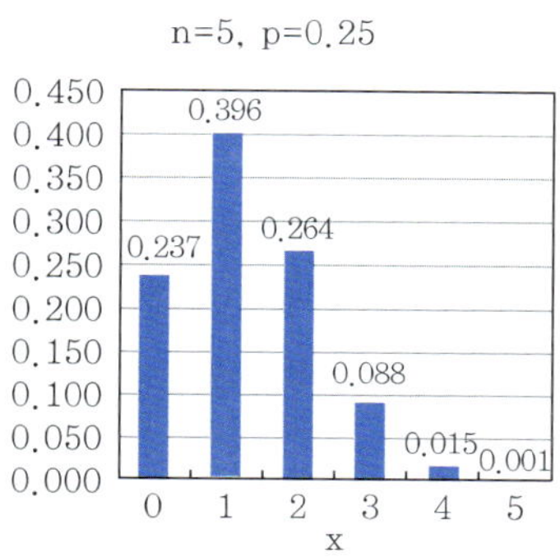

그림 5-6(a) $n = 5$, $p = 0.25$

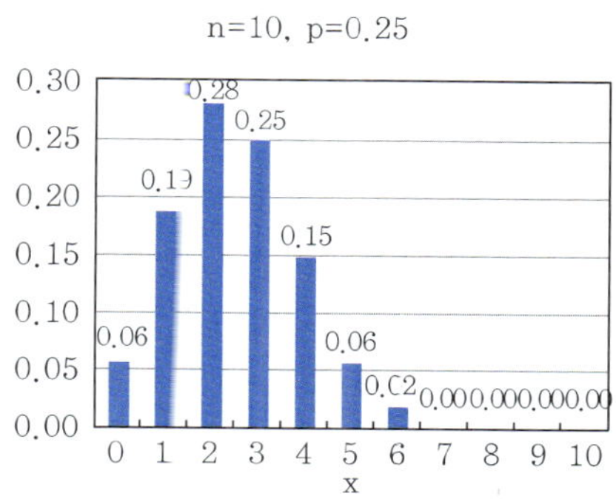

그림 5-6(b) $n = 10$, $p = 0.25$

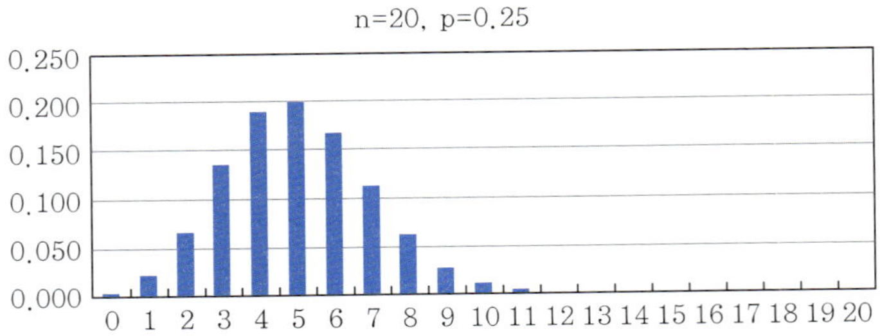

그림 5-6(c) $n=20,\ p=0.25$

이항분포의 평균과 표준편차

시행횟수가 n이고 성공확률 p인 이항분포의 평균과 표준편차는 아래의 식에 따라 쉽게 구할 수 있다.

$$\text{평균} : np$$
$$\text{표준편차} : \sigma = \sqrt{np(1-p)} \tag{5-2}$$

예제 5.14 은행에 주택 구입자금을 신청한 사람들이 실제로 은행으로부터 대출을 받는 비율은 75%라고 한다. 대출 신청자 중 20명을 표본으로 하고, 대출 받는 사람 수를 x라 했을 때 x에 대한 평균과 표준편차는 다음과 같이 구한다.

풀이 여기서 표본 수 20명은 시행횟수 n에 해당하며 시행의 결과는 대출승인 또는 비승인의 두 가지이고, 또한 이 때 관심의 대상이 되는 것은 대출승인으로서 이의 성공확률이 0.75라 볼 수 있으므로, 신청자 중 몇 명이 대출을 받을 것인가의 확률은 이항분포에 따라 결정될 것이다. 즉 확률변수 x는 이항분포를 하므로 x의 평균과 표준편차는 식(5.2)에 따라 구할 수 있다.

대출을 받을 수 있는 평균인원과 표준편차는

$$\mu = np = 20 \times 0.15 = 15(\text{명})$$
$$\sigma = \sqrt{20 \times 0.75 \times (1-0.75)} = 1.9$$

가 된다. 그리고 성공확률 p가 0.75로서 0.5보다 크므로 이항분포의 모양은 오른쪽으로 치우친 형태를 가질 것이다.

예제 5.15 어느 건설현장의 경우 아주 무더운 여름날에는 근로자의 10%가 결근한다고 한다. 본사에서는 이에 대한 대책을 세우기 위해 임의로 뽑은 10명을 표본으로 하여 결근 확률에 대한 몇 가지 조사를 하였다. 아래의 물음은 이 조사 과정의 일부이다.

(1) 여기에서 확률변수는 무엇인가? 그리고 이 확률변수는 이산형인가 연속형인가?

(2) 표본으로 뽑힌 10명 중 한 명도 결근하지 않을 확률은?

(3) 이 실험의 이항분포표를 작성하시오.
(4) 이 실험의 이항분포표를 도표로 그리시오.
(5) 확률변수의 평균과 표준편차를 구하시오.

풀이 (1) 어느 한 근로자를 임의로 선정했을 때 이 사람이 대한 실험 결과는 결근과 출근 두 가지 중의 하나이며 이 사람이 결근할 확률은 0.1이다. 따라서 10명을 표본으로 한 위 실험에서 결근자수에 대한 확률은 시행횟수 n이 10이고 성공확률 p가 0.1인 이항분포를 하며 이 때 확률변수는 결근자 수가 된다. 확률변수의 값은 0에서 10까지의 정수 값을 가지므로 이산형 확률변수임을 알 수 있다.

(2) 시행횟수가 n이고 성공확률이 p일 때 성공횟수가 x반 나타날 확률은 식(5.1)에 따라 구할 수 있다. 여기에서 관심의 대상이 되는 사건(event)은 결근이므로 성공확률은 결근확률이 되고 성공횟수는 결근자수가 됨을 알 수 있으며 시행횟수는 10명을 표본으로 하였으므로 $n=10$이 된다. 따라서 한 명도 결근하지 않을 확률은 성공횟수를 나타내는 확률변수 x가 0임을 의미하므로 이를 식 (5.1)에 대입하면

$$P(0)=\frac{10!}{0!(10-10)!}\times 0.1^0\times(1-0.1)^{10}=0.349$$

가 된다.

(3) 확률변수 x가 취할 수 있는 각 값에 대하여 확률을 구하여 이항분포표를 작성할 수 있으나 이것은 지루한 계산과정을 거쳐야 하므로 통계학 관련 도서의 부록에 수록되어 있는 이항분포표의 해당 부분을 이용하는 것이 일반적이다. 즉 부록에 있는 이항분포표에서 $n=10$일 때 x값을 나타내는 11개의 행($x=0, 1, \cdots, 10$)과 이항분포표의 가장 위에 표시된 성공 확률이 0.1이 되는 열이 만나는 부분을 찾으면 된다.

	p	
n	x	0.1
10	0	0.349
	1	0.387
	2	0.194
	3	0.057
	4	0.011
	5	0.001
	6	0.000
	7	0.000
	8	0.000
	9	0.000
	10	0.000

위의 이항분포표는 BINOMDIST 함수를 이용하면 간단히 구성할 수 있다.

입력과정

① B2와 B3 셀에 시행횟수와 결근 확률을 입력하고 D2:D12의 범위에는 확률변수 x가 취할 수 있는 값을 입력한다.

② $x = 0$일 때의 확률을 구하기 위해 E2에 다음과 같이 입력한다.

= BINOMDIST(D2, $B$2, $B$3, 0)

$P(x = 0)$의 값이 E2에 0.349로 계산되어 있다.

다른 확률변수 값에 대해서도 동일한 과정을 적용하기 위해 E2셀을 마우스로 지정하여 활성화시킨 후 자동채우기 핸들을 이용하여 E12까지 드래그하여 복사 과정을 실행한다.

	A	B	C	D	E	F
1	이항분포			x	P(x)	
2	n=	10		0	0.349	
3	p=	0.1		1	0.387	
4				2	0.194	
5				3	0.057	
6				4	0.011	
7				5	0.001	
8				6	0.000	
9				7	0.000	
10				8	0.000	
11				9	0.000	
12				10	0.000	
13						

(4) 위에서 구한 이항분포표를 그래프로 나타내기 위해 차트 마법사를 이용한다.

입력과정

① 이항분포의 확률이 계산되어 있는 E2:E12의 범위를 마우스로 드래그한다.

② [삽입] 탭에 있는 [차트]에서 [세로 막대형] 아이콘을 클릭 후, [2차원 세로 막대형]의 [묶은 세로 막대형]을 클릭하면 확률을 표시하는 막대그래프가 나타난다.

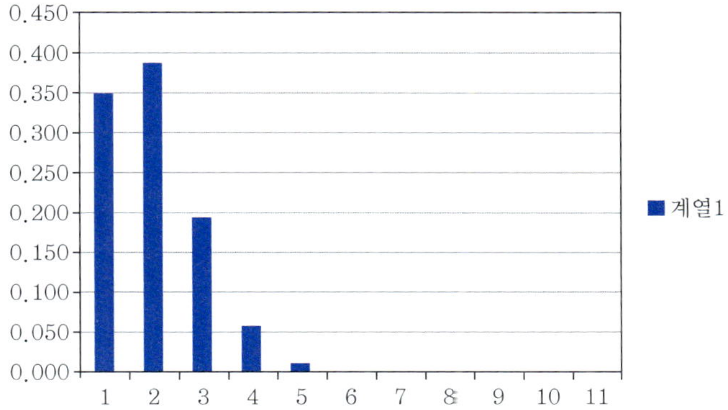

그러나 여기서 주의할 것은 이 그래프의 횡축에는 확률변수의 값을 제대로 지정되지 않은 상태에서 그려진 것이므로 다음 단계에서 횡축에 확률변수의 값을 지정하는 과정을 거쳐야 한다.

이를 위해 그래프 그림영역에서 마우스 오른쪽을 클릭하여 [데이터 선택]을 선택한 뒤, [데이터 원본 선택] 창의 오른쪽 하단에 있는 [가로(항목) 축 레이블]의 [편집]을 클릭하고 여기에 확률변수 값이 입력되어 있는 D2:D12의 범위를 마우스로 드래그한 후 [확인] 버튼을 누른다.

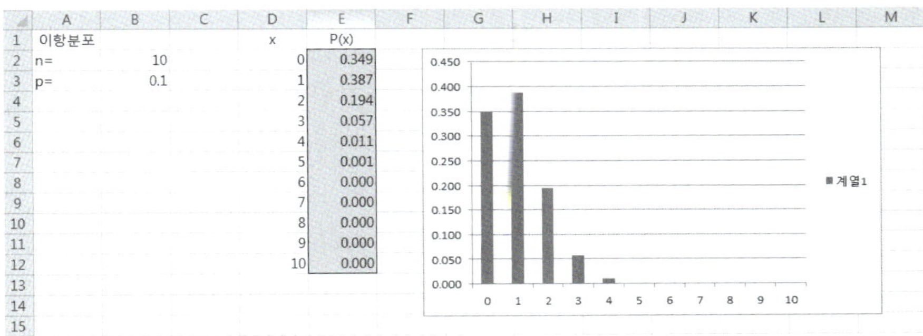

5.3 포아송분포

포아송분포

이산형 확률분포에서 이항분포와 함께 가장 널리 활용되는 분포가 포아송분포(Poisson distribution)이다. 포아송분포는 시간이나 거리 면적과 같이 어떤 특정 기간이나 구역에서 관심의 대상이 되는 사건(event)의 발생 횟수에 대한 확률을 구하는데 이용된다.

Note

다음은 포아송분포를 하는 확률변수의 예이다.

(1) 8시에서 9시 사이에 고속도로 요금 정산소를 통과하는 승용차 수.
여기서는 한 시간을 특정 구간으로 하고 있으며 관심이 되는 사건은 요금 정산소를 통과하는 승용차 대수인데, 이 경우 정해진 한 시간 동안에 승용차가 x대 통과할 확률은 포아송분포에 따라 결정된다. 물론 확률변수는 정산소를 통과하는 승용차 대수인 x가 된다.

(2) 하루 동안에 공장에서 생산되는 불량품 수.
하루 동안이라는 시간이 일정하게 주어졌으며 관심의 대상이 되는 사건은 불량품 수이다. 따라서 하루 동안에 불량품이 x대 발생할 확률은 포아송분포를 한다. 이 경우 포아송분포의 확률변수는 불량품 수가 된다.

(3) 도로 1Km 거리의 구간에 있는 움푹 패인 구덩이 수.
1Km라는 일정한 거리의 구간이 정해졌으며 관심의 대상이 되는 사건은 구덩이 수이다. 이 경우 정해진 구간에서 구덩이가 x개 발생할 확률은 포아송분포에 따라 결정된다.

(4) 자동차 공장 생산라인의 도색 과정에서 새로 도색한 자동차 표면에 나타난 흠집 수. 자동차 표면이 일정한 구역이 되고 이 구역에서 관심의 대상이 되는 사건인 흠집이 x번 발생할 확률은 포아송분포에 따라 결정된다.

위의 예제에서 보듯이 포아송분포는 확률변수가 이산형으로서 사건의 발생횟수를 나타내고 있다는 점에서 이항분포와 유사하다. 그러나 중요한 차이점 중의 하나는 이항분포와는 달리 포아송분포에는 표본의 크기 개념이 없다는 점이다. 즉 이항분포가 주어진 표본 크기를 시행횟수로 간주하여 이 중에서 성공횟수에 대한 확률의 분포를 가리키는데 반해, 포아송분포는 일정한 기간이나 구역 안에서 발생하는 사건의 횟수에 대한 확률의 분포인 것이다. 또한 이항분포의 경우 한 번 시행을 통해 나타나는 결과가 성공과 실패의 두 가지인 반면 포아송분포는 한 가지 결과만이 관심의 대상이 된다.

Note

8시에서 9시 사이에 고독도로 요금 정산소를 통과하는 승용차 수가 x대일 확률은 포아송분포를 한다는 것을 위에서 보았다. 이 경우 한 시간 동안에 정산소를 통과하는 승용차들 중 몇 대를 표본으로 하여 이를 분석 대상으로 한 것이 아니라 표본의 수가 정해지지 않은 상태에서 해당 시간대에 통과한 승용차 수가 관심의 대상이 되므로 확률변수 x의 값은 0이상의 모든 정수가 될 수 있다. 그러나 이항분포는 조사된 표본 수 n을 기준으로 한 것이기 때문에 이 때 확률변수 x가 취할 수 있는 값은 0에서 n가지의 정수 값이 된다.
또한 이 경우 관심의 대상이 되는 실험의 결과는 해당 시간대에 통과한 승용차 대수로서 한 가지이다. 물론 이항분포에서와 같이 성공, 실패의 두 가지로 구분한다면 해당 시간대에 통과한 승용차와 통과하지 않은 승용차의 두 가지로 구분이 가능하다. 그러나 여기에서는 이항분포와는 달리 표본의 수가 정해져 있지 않기 때문에 해당 시간대에 정산소를 통과하지 않은 승용차의 수를 알 수도 없을 뿐 아니라 이에 관심을 갖는다는 것도 의미가 없다. 이와 같이 포아송분포의 관심 대상은 한 가지에만 국한된다.

구분 \ 분포		포아송분포	이항분포
유사점	분포형태	이산형	이산형
	확률변수(x)	사건의 발생횟수	성공횟수
차이점	x값의 범위	x=0, 1, 2, ⋯	x=0, 1, 2, ⋯, n
	표본크기의 개념	없음	있음
	구간 개념	있음	없음
	관심대상의 결과	한 가지	두 가지

포아송분포의 확률함수와 포아송분포표

확률변수 x가 일정한 기간 동안이나 지정된 구역에서 발생하는 사건의 횟수를 표시하는 확률변수라 할 때 사건이 x번 발생할 확률을 나타내는 포아송분포의 확률함수는 다음과 같다.

$$P(x) = \frac{\lambda^x e^{-\lambda}}{x!} \qquad (x = 0,\ 1,\ 2,\ 3,\ \cdots) \tag{5.3}$$

λ =일정 기간 동안에 일어나는 사건의 평균 발성횟수
e =자연대수의 밑수로서 2.71828

Note

식 (5.3)에서 λ는 일정 기간 동안에 일어나는 사건 발생 횟수에 대한 기댓값이므로 n번의 시행 중 사건이 발생할 확률이 p인 경우 $\lambda = np$에 따라 λ를 구할 수 있다.

식 (5.3)에 따라 포아송분포를 하는 확률변수의 확률을 구하려 할 때 이를 모두 계산할 필요는 없다. 대부분 통계학 서적에는 부록으로 이항분포표와 함께 포아송분포표가 함께 제시되어 있기 때문에 이를 이용하면 매우 편리하다.

예제 5.17 1977년부터 1987년 사이에 미국의 어느 조그만 시에서 발생한 자살 발생건수를 조사한 결과 월평균 2.75명이 자살하는 것으로 나타났으며 월평균 자살자 수의 분포는 포아송분포를 하는 것으로 확인되었다. 임의로 선택한 어느 달에서 5명의 자살자가 발생할 확률을 구하려고 한다면 다음과 같은 과정을 거쳐 확률을 계산할 수 있다.

풀이 월평균 자살자 수인 2.75명이 λ에 해당하고 확률변수 x가 5의 값을 가질 때의 확률을 구하는 것이므로 이를 식 (5.3)에 대입하면

$$P(5) = \frac{2.75^5 e^{-2.75}}{5!} = 0.084$$

가 된다.

여기에서 만약 자살자 수가 2명 이하일 확률을 구한다면 확률변수 x가 각각 $x = 0,\ 1,\ 2$일 때의 확률을 구하여 더하면 된다.

$$\begin{aligned} P(0) + P(1) + P(2) &= \frac{2.75^0 e^{-2.75}}{0!} + \frac{2.75^1 e^{-2.75}}{1!} + \frac{2.75^2 e^{-2.75}}{2!} \\ &= 0.064 + 0.176 + 0.242 = 0.481 \end{aligned}$$

다음에는 이를 부록에 있는 포아송분포표를 통해 확률 값을 구해 보도록 하자.

먼저 부록에 있는 포아송분포표를 보면 상단의 행에 λ값이 나열되어 있고 왼쪽 가장자리에는 사건의 발생횟수를 나타내는 x값이 열로 나열되어 있다. 따라서 λ값이 기재된 열과 왼쪽 가장자리의 x값이 기재된 행이 만나는 곳의 수치가 바로 사건이 x번 발생할 확률이 되는 것이다. 즉 λ가 2.7이고 x가 0일 때의 확률을 표에서 찾으면 0.0672임을 알 수 있다.

Note

그런데 위의 예에서처럼 λ값이 2.75이고 x가 0인 경우의 확률을 구하려고 할 때 표에는 λ값이 2.7과 2.8인 경우만 기재되어 있어 직접 구할 수 없다. 그러나 분명한 것은 λ가 2.75일 때의 확률은 λ값이 2.7일 때의 확률과 2.8일 때의 확률 사이에 있으며 λ값 2.75는 2.7과 2.8의 1/2이 되는 위치에 있기 때문에 이러한 경우는 λ값이 2.7에 해당하는 확률과 2.8에 해당하는 확률의 차이를 구하여 이 값이 1/2를 곱한 값을, λ값이 2.7에 해당하는 확률값에 더해 준다.

입력과정

포아송분포를 하는 확률변수에 대한 확률은 POISSON 함수를 이용하면 간단히 구할 수 있다. 이 함수에 대한 인수의 입력은 POISSON(x, mean, cumulative)의 형태로 이루어 지는데, 여기서 x는 확률변수 값을 그리고 mean은 포아송 확률함수 $P(x) = \dfrac{\lambda^x e^{-\lambda}}{x!}$에서 주어진 일정 기간 동안에 발생

하는 사건의 평균 횟수 λ를 가리킨다. 세 번째의 인수인 cumulative에는 누적확률을 구하고자 할 때는 'TRUE' 또는 '1'을 지정하고 그렇지 않을 때는 'FALSE' 또는 '0'을 지정하면 된다.

① B2에 λ값 2.75를 입력한다.

② $P(x=5)$와 누적확률 $P(x \leq 2)$를 계산하기 위해 E2와 E3에 각각 다음과 같이 입력한다.

= POISSON(5,B2,0)

= POISSON(2,B2,1)

$P(x=5)=0.084$, $P(x \leq 2)=0.481$로 계산되어 있다.

	A	B	C	D	E	F
1	포아송분포					
2	lambda	2.75		P(x=5)=	0.083786	
3				P(x<=2)=	0.481457	
4						

예제 5.18 위의 [예제 5.17]에서 한 달 동안 2명에서 4명 사이의 자살자가 발생할 확률을 구하시오.

풀이 $P(2 \leq x \leq 4)$의 확률을 구하는 것으로 $x=5$까지의 누적확률에서 $x=1$까지의 누적확률을 빼면 된다. 즉 $P(2 \leq x \leq 4) = P(x \leq 4) - P(x \leq 1)$에 따라 계산한다.

입력과정

① E2에 다음과 같이 입력한다.

= POISSON(4,B2,1)−POISSON(1,B2,1)

E2에 $P(2 \leq x \leq 4)=0.616$으로 나타나 있다.

	A	B	C	D	E	F
1	포아송분포					
2	lambda	2.75		P(2<=x<=4)=	0.615649	
3						

예제 5.19 어느 항공사에 고객이 예약 확인을 위해 오전 중(9시~12시)에 전화를 걸었을 때 평균 6명의 고객이 통화 중이라는 메시지를 받는 것으로 알려져 있다. 그리고 통화중 메시지를 받게 되는 고객수(x)는 포아송분포를 하는 것으로 알려져 있다. 오늘 오전에 예약확인 전화를 한 고객 중 적어도 5명 이상이 통화중이라는 메시지를 받을 확률을 얼마인가?

풀이 오전에 전화를 한 고객 중 평균 6명이 통화중이라는 메시지를 받게 되므로 $\lambda=6$이다. 따라서 5명 이상이 통화중임을 경험할 확률은 포아송분포의 확률함수 $P(x)=\dfrac{\lambda^x e^{-\lambda}}{x!}$을 이용하여 $P(x \geqq 5)$를 구하면 된다.

이는 확률변수 x가 4이하의 값을 가질 확률 $P(x \leqq 4)$를 구한 후 이를 1에서 빼면 된다. 부록에 있는 포아송분포표를 이용하여 $P(x \leqq 4)$를 계산하면

$$\begin{aligned}P(x \leqq 4) &= P(0)+P(1)+P(2)+P(3)+P(4)\\ &= 0.0025+0.0149+0.0446+0.0892+0.1339=0.2851\end{aligned}$$

이 된다. 따라서 적어도 5명 이상이 통화중이라는 메시지를 받을 확률은

$$P(x \geqq 5)=1-P(x \leqq 4)=1-0.2851=0.7149$$

이다.

입력과정

① $P(x \geqq 5)$를 구하기 위해 E2에 다음과 같이 입력한다.
= 1−POISSON(4,B2,1)

	A	B	C	D	E	F
1	포아송분포					
2	lambda	6		P(x>=5)=	0.714943	
3						

포아송분포의 평균과 표준편차

포아송분포의 평균, 즉 기댓값은 포아송분포의 확률함수에 나타난 λ이고 표준편차는 λ의 제곱근이 된다.

평균 : λ 표준편차 : $\sqrt{\lambda}$

예제 5.20 생산과정에서 발생하게 되는 대형 판유리 내부의 공기방울 수는 $1m^2$ 당 0.04로서 포아송분포를 하는 것으로 알려져 있다. $10m^2$의 대형 유리창을 설치하려고 하는데 이 유리창에서 공기방울이 하나도 없을 확률을 구하시오. 그리고 이 포아송분포의 평균은 얼마인가?

풀이 공기방울이 $1m^2$당 0.04개 나타나므로 $10m^2$의 대형 유리창에서는 $10\times0.04=0.4$(개)의 공기방울이 나타난다고 할 수 있다. 따라서 λ값은 $10m^2$의 대형 유리창에서 발견되는 평균 공기방울 수인 0.4가 된다. 공기방울이 하나도 발견되지 않을 확률은 $x=0$이므로

$$P(x=0,\ \lambda=0.4)=\frac{e^{-\lambda}\lambda^x}{x!}=\frac{2.718^{-0.4}\times0.4^0}{0!}=2.718^{-0.4}=0.670$$

이다. 또한 포아송분포의 평균은 바로 λ값이므로 0.4가 된다.

> **Note**
>
> 모든 포아송분포는 왼쪽으로 치우친 모양을 보이는데 아래 그림에서처럼 λ값이 커짐에 따라 왼쪽으로 치우친 정도가 완화되어 좌우대칭의 모양에 접근함을 알 수 있다.

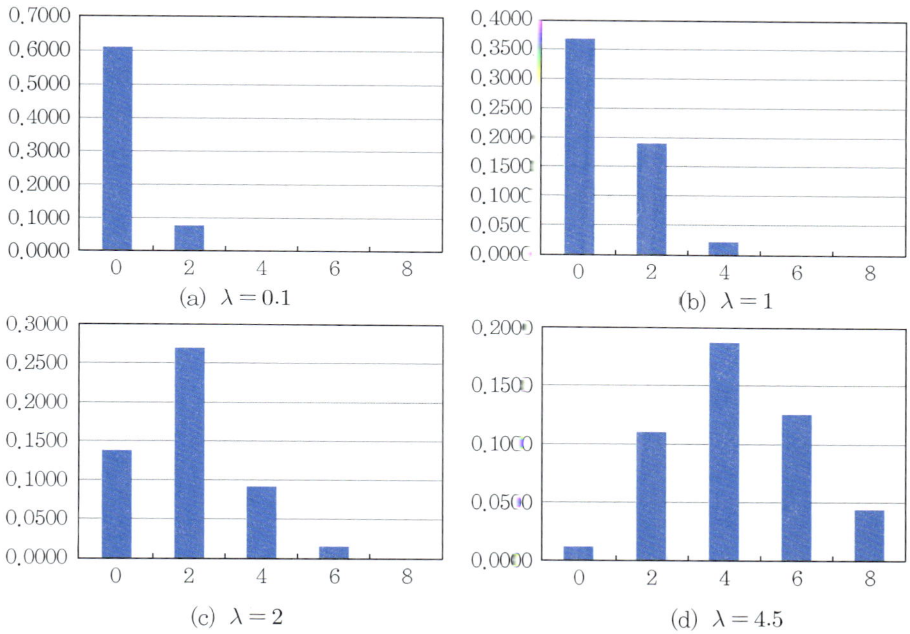

그림 5-7 λ의 크기와 포아송분포의 대칭성

5.4 연속형 확률분포

연속형 확률변수

앞에서 살펴본 이항분포와 포아송분포의 확률변수와 같이 이산형 확률변수의 경우는 확률변수가 어떤 특정값을 가질 확률을 구하는 것이 가능하였다. 즉 확률변수 x가 2일 확률을 구한다든가 또는 x가 2이하의 값을 가질 확률을 구하려고 할 때는 확률함수에 각 확률변수 값을 대입하여 각각 $P(2)$ 그리고 $P(x \leq 2) = P(0) + P(1) + P(2)$ 등을 계산하면 되었다. 그러나 연속형 확률변수의 경우는 확률변수가 가질 수 있는 값 자체가 연속형인 관계로 무한히 많기 때문에 이 중 어느 특정한 값을 가질 확률은 당연히 0이 되므로 이산형에서와 같은 특정값에 대한 확률을 구한다는 것은 무의미하다.

주사위를 던졌을 때 나오는 숫자는 1/6의 확률을 가진 확률변수이고 확률변수 값은 1에서 6까지의 자연수이므로 이산형 확률변수이다. 이 경우 각 확률변수 값에 따른 확률을 계산할 수 있다. 그러나 만약 확률변수가 1이상 6이하의 값을 갖는 연속형이라면 1에서 6까지 사이에 무한히 많은 확률변수 값이 존재하기 때문에 이러한 무한히 많은 확률변수 값 중에서 어느 특정한 값이 나타날 확률은 0이 된다는 것이다.

Note

연속형 확률변수의 경우 구간이 아닌 특정한 값을 가질 확률이 0이기 때문에 연속형 확률변수 x가 x_1이하의 값을 가질 확률 $P(x \leq x_1)$이나 x_1미만의 값을 가질 확률 $P(x < x_1)$은 동일하다는 점에 주의해야 한다.

연속형 확률분포

연속형 확률변수 x에 대한 확률함수를 $f(x)$라고 할 때 x가 1과 같은 특정한 값을 가질 확률은 이산형 확률변수의 확률을 구할 때와 같이 확률함수에 1을 대입하여 구한 $f(1)$에 의해 계산되는 것이 아니다. 연속형 확률함수 $f(x)$는 확률을 나타내는 것이 아니고 확률분포의 그래프를 나타내는 하나의 함수에 해당하는 것이다. 즉 확률함수 $f(x)$는 단지 $f(x) \geqq 0$이면서 동시에 $f(x)$와 x축 사이의 면적이 확률을 나타내기 때문에 확률변수 x의 전구간에 걸친 $f(x)$의 면적이 1이 되는 조건을 만족시키는 확률함수인 것이다. 이러한 연속형 확률함수 $f(x)$를 확률밀도함수(probability density function)라 한다.

확률변수 x를 a에서 b까지의 값($a < b$)을 갖는 연속형 확률변수라 하자. 그리고 확률변수 x의 분포를 나타내는 확률밀도함수가 $f(x)$라고 하자. 이 때 확률변수가 가질 수 있는 모든 값에 대한 확률을 더하면 1이 되는데 x가 이산형이 아닌 연속형이므로 이를 식으로 나타내려면 $\sum$가 아닌 적분기호로 표시해야 한다.

$$\int_a^b f(x)dx = 1$$

이는 $f(x)$의 그래프가 아래 그림과 같이 그려졌을 때 a에서 b까지 구간의 그래프 아래의 면적이 1이 됨을 의미한다. 따라서 확률변수 x가 c에서 d까지의 값을 가질 확률은 $P(c \leqq x \leqq d) = \int_c^d f(x)dx$로서 빗금 친 부분의 면적이 된다.

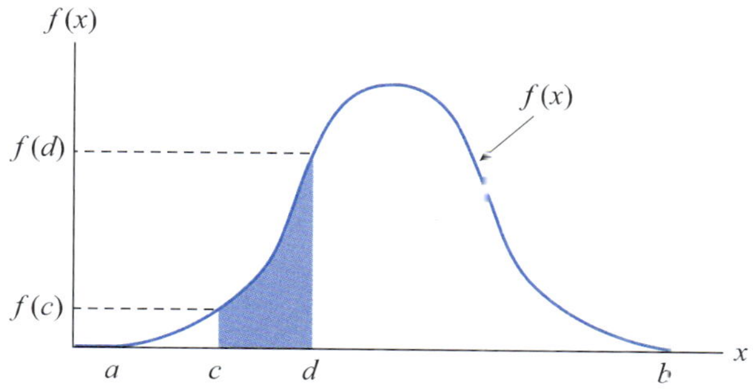

그림 5–8 연속형 확률분포

종축에 표시된 $f(c)$는 확률분포의 그래프를 나타내는 함수인 $f(x)$에서 $x=c$일 때의 함수 값인 것이다. x가 c의 값을 가질 때으 확률은 c에서 c까지의 $f(x)$ 그래프 아래 면적이므로 $P(c \leq x \leq c) = \int_{c}^{c} f(x)dx = 0$이 되는 것이다. 따라서 확률밀도함수 $f(x)$는 연속형 확률변수의 확률분포 그래프를 나타내는 함수로서 $f(x) \geq 0$이면서 동시에 $f(x)$ 아래의 면적이 1이 되는 조건을 만족시키는 함수인 것이지 이 자체가 확률을 나타내는 것은 아닌 것이다.

예제 5.21 아래 표는 연속형 확률변수 x에 다한 누적확률을 표시한 것이다. 다음 확률을 구하시오.

k	0	1	2	3	4	5
$P(x \leq k)$	0	0.008	0.064	0.216	0.512	1.0

(1) $P(x=1)$

(2) $P(x \leq 1)$

(3) $P(x > 3)$

(4) $P(2 \leq x \leq 4)$

풀이 (1) 확률변수 x는 연속형이기 때문에 어떤 특정 확률변수 값에 대한 확률은 0이다. 즉 $P(x=1)=0$이다.

(2) 위의 표가 누적확률을 표시하고 있으므로 $P(x \leq 1) = 0.008$이다.

(3) 확률변수 x가 3보다 클 확률은 x가 3까지의 값을 가질 누적확률을 1에서 빼면 된다.
즉 $P(x>3) = 1 - P(x \leq 3) = 1 - 0.216 = 0.784$

(4) $P(2 \leq x \leq 4) = P(x \leq 4) - P(x \leq 2) = 0.512 - 0.064 = 0.448$

예제 5.22 아래 표에서 x는 연속형 확률변수로서 x가 취할 수 있는 몇 개 값들에 대한 누적확률이 제시되어 있다. 이를 기초로 다음 확률을 계산하시오.

k	0	0.1	1	2	3	4	5	6	7
$P(x \leq k)$	0	0.0488	0.3935	0.6321	0.7769	0.8647	0.9179	0.9502	1

(1) $P(x \geq -2)$

(2) $P(x = 4)$

(3) $P(x \leq 4)$

(4) $P(2 \leq x \leq 5)$

(5) $P(x < 1 \text{ or } x > 5)$

풀이 (1) 위의 표에서 x는 0에서 7까지 구간의 모든 실수 값을 갖는 연속형 확률변수임을 알 수 있다. 따라서 x가 −2이상의 값을 가질 확률은 $P(x \geq -2) = 1$이다.

(2) x는 연속형 확률변수이므로 특정한 값 4를 가질 확률은 $P(x = 4) = 0$이다.

(3) $P(x \leq 4) = 0.8647$

(4) $P(2 \leq x \leq 5) = P(x \leq 5) - P(x \leq 2) = 0.9179 - 0.6321 = 0.2858$

(5) $P(x < 1 \text{ or } x > 5) = P(x < 1) + P(x > 5)$

$= P(x < 1) + 1 - P(x \leq 5) = 0.3935 + 1 - 0.9179 = 0.4756$

5.5 정규분포

정규분포

통계학의 모든 분야에서 가장 중요한 분포인 정규분포는 다음과 같은 특성을 가지고 있다.

(1) 평균 μ를 중심으로 좌우 대칭의 종 모양을 하고 있다.

(2) 확률변수 x는 $-\infty$에서 $+\infty$ 범위의 값을 가지며 정규분포 확률 및 도함수 $f(x)$는 점근적 성질을 갖는다.

(3) 정규분포 곡선 아래의 면적은 1이다. 이 특성은 정규분포가 확률분포라는 사실을 의미한다.

(4) 정규분포에서 평균을 중심으로 양쪽으로 표준편차만큼의 거리에 수직선을 그어 이 구간에 있는 정규분포 곡선 아래의 면적을 구하면 전체 정규분포 곡선 아래 면적의 약 68.26%에 달한다.

그리고 평균을 중심으로 양쪽으로 표준편차의 2배 거리에 수직선을 그어 이 구간에 있는 정규분포 곡선 아래의 면적을 구하면 전체 정규분포 곡선 아래 면적의 약 95.45%에 달하며, 표준편차의 3배 거리까지 구간을 설정하는 경우 정규분포 곡선의 면적은 전체의 99.73%에 이른다.

(5) 정규분포는 전적으로 평균과 표준편차를 나타내는 두 모수 μ와 σ에 의해 결정된다. 여기서 μ는 평균으로서 분포의 중심값을 나타내며 σ는 표준편차로서 분포의 퍼짐 정도를 나타내는 값이다. 따라서 μ와 σ의 값에 따라 정규분포 모양도 다르게 나타난다.

예제 5.23 아래는 평균이 μ인 정규분포의 그래프를 나타낸다. 아래 정규분포 그래프를 통해 위에서 언급한 정규분포의 특성을 살펴보기로 하자.

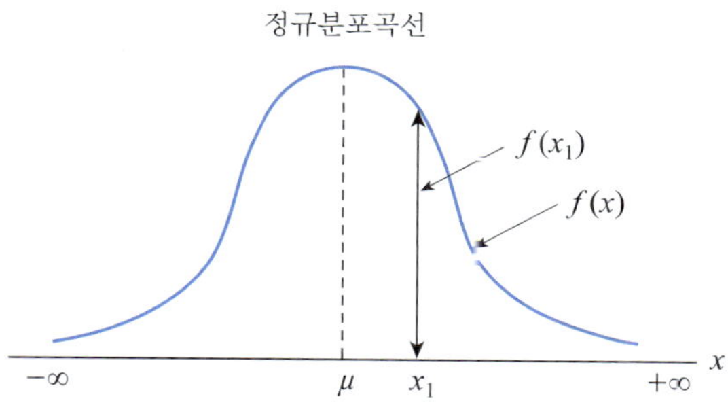

그림 5-9 정규분포

풀이 〈특성 1〉 평균 μ를 중심으로 좌우 대칭을 이루는 종을 엎어놓은 모양을 하고 있다.

〈특성 2〉 정규분포는 x가 $+\infty$ 또는 $-\infty$로 접근함에 따라 $f(x)$는 0에 수렴하는 점근적 특성을 가지고 있다.

〈특성 3〉 x를 나타내는 축과 정규분포곡선 아래의 면적이 1이고 $f(x) \geq 0$이므로 $f(x)$는 정규분포에 대한 확률밀도함수이다. 즉 $f(x) \geq 0$이고 $\int_{-\infty}^{\infty} f(x)dx = 1$이므로 $f(x)$는 확률밀도함수의 조건을 만족시키고 있다.

〈특성 4〉 x의 값이 정규분포에 따라 분포되어 있을 때 x의 값이 평균 μ를 중심으로 $\mu-\sigma \leqq x \leqq \mu+\sigma$ 사이에 분포되어 있을 확률은 약 68.26%가 된다. 즉 $\int_{\mu-\sigma}^{\mu+\sigma} f(x)dx = 0.6826$임을 나타낸다. 또한 정규분포는 좌우 대칭이므로 x의 값이 $\mu \leqq x \leqq \mu+\sigma$ 또는 $\mu-\sigma \leqq x \leqq \mu$ 사이에 분포되어 있을 확률은 각각 약 34.13%임을 알 수 있다.

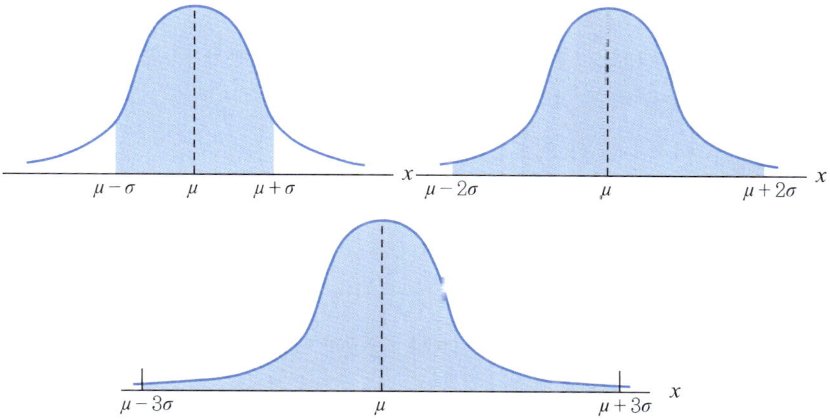

그림 5-10 정규분포와 표준편차에 따른 확률

예제 5.24 좌우 대칭의 종 모양을 하는 정규분포는 그 형태가 평균과 표준편차를 나타내는 두 모수 μ와 σ에 의해 다음과 같이 여러 가지 모양으로 나타난다.

풀이 (1) 평균이 μ로 동일하고 표준편차가 σ_1, $\sigma_2(\sigma_1 < \sigma_2)$로 다른 경우의 정규분포. 아래 그림에 나타난 바와 같이 표준편차가 클수록 분포는 옆으로 퍼지게 된다. 또한 분포가 양 옆으로 퍼진 상태에서 정규분포의 특성상 x의 값이 평균 μ를 중심으로 $\mu-\sigma \leqq x \leqq \mu+\sigma$ 사이에 분포되어 있을 확률은 약 68.26%, $\mu-2\sigma \leqq s \leqq \mu+2\sigma$ 사이에 분포되어 있을 확률은 약 95.45%가 되어야 하기 때문에 표준편차가 커질수록 분포는 좌우로 완만한 형태를 가지게 된다.

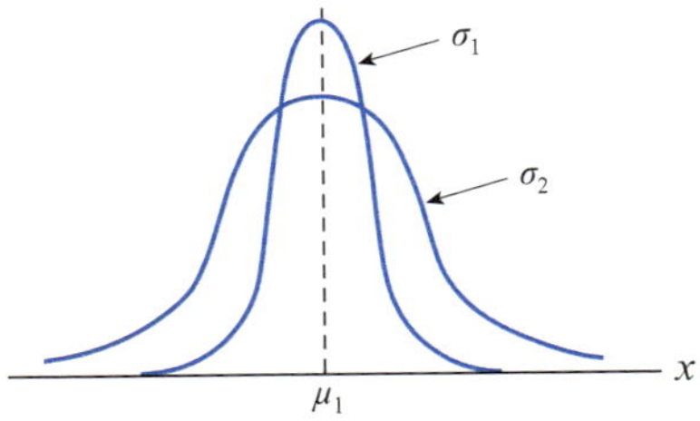

그림 5-11(a) 평균이 동일하고 표준편차가 다른 경우

(2) 평균이 μ_1, μ_2로 서로 다르고($\mu_1 < \mu_2$) 표준편차가 σ로 동일한 경우의 정규분포 평균이 다르기 때문에 중심 위치가 다르다. 그러나 분포의 퍼짐 정도를 나타내는 분산은 동일하다.

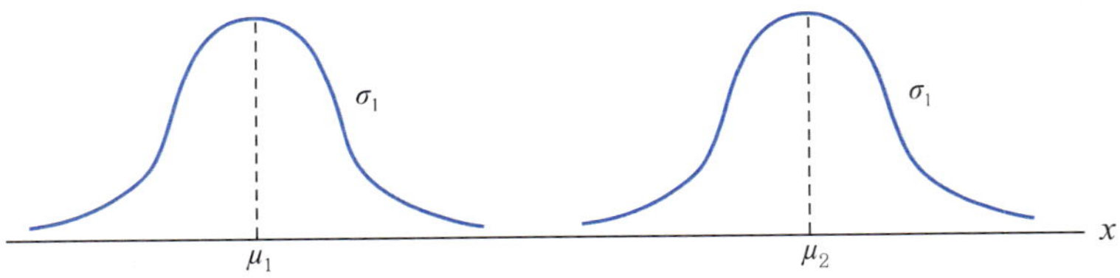

그림 5-11(b) 평균이 다르고 표준편차가 동일한 경우

(3) 평균이 μ_1, μ_2로 서로 다르고($\mu_1 < \mu_2$) 표준편차도 σ_1, $\sigma_2(\sigma_1 < \sigma_2)$로 다른 경우의 정규분포 평균이 다르므로 분포의 중심 위치가 서로 다르다. 또한 표준편차가 σ_2인 분포가 σ_1보다 완만하게 퍼져 있는 모양을 하고 있다.

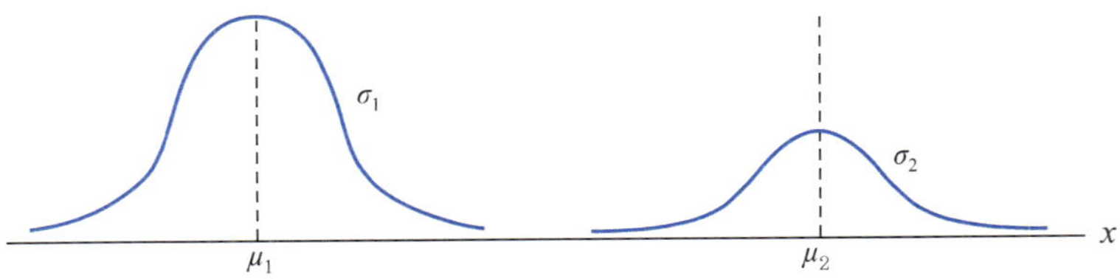

그림 5-11(c) 평균과 표준편차가 모두 다른 경우

Note

정규분포에서는 중심 위치의 측정수단인 중앙값과 최빈값이 평균과 일치한다.

정규분포의 확률밀도함수

위에서 살펴본 바와 같이 정규분포는 좌우 대칭의 종 모양의 형태를 공통적으로 갖지만, 평균(μ)과 표준편차(σ)에 따라 중심 위치나 분산의 정도는 서로 다르게 나타난다. 정규분포 확률밀도함수에는 평균과 표준편차가 모수로 포함되어 있다.

$$f(x)=\frac{1}{\sqrt{2\pi\sigma}}e^{-\frac{1}{2}\left(\frac{x-\mu}{\sigma}\right)^2} \qquad -\infty<x<\infty$$

그리고 확률변수 x가 어떤 범위의 값을 가질 확률은 이 밀도함수가 나타내는 곡선의 아래 면적에 의해 표시된다. 따라서 x가 x_0에서 x_1까지 사이의 값을 가질 확률은 확률밀도함수 $f(x)$를 해당 구간에 걸쳐 적분하면 된다.

$$P(x_0 \leqq x \leqq x_1)=\int_{x_0}^{x} f(x)dx$$

예제 5.25 다음은 정규분포를 나타내는 모수(parameter)로서 평균과 표준편차 값을 표시한 것이다. 정규분포의 모수로서 적합한 것은?

(1) $\mu=3,\ \sigma=1$ (2) $\mu=-3,\ \sigma=5$ (3) $\mu=0,\ \sigma=1$
(4) $\mu=2,\ \sigma=0$ (5) $\mu=4,\ \sigma=-2$ (6) $\mu=8,\ \sigma=8$

풀이 확률변수 x가 취할 수 있는 값의 범위가 $-\infty<x<\infty$이므로 x의 평균 역시 $-\infty<x<\infty$ 사이의 값을 갖는다. 그러나 평균이 어떤 값을 가지든 표준편차는 양의 값을 가져야 한다. 따라서 (4), (5)의 경우는 정규분포를 나타내는 모수가 될 수 없다.

예제 5.26 위의 [예제 5.25]에서 제시된 모수를 가진 정규분포 중에서 아래에 표시된 확률이 가장 높게 나타날 정규분포는 어느 것인가?

(1) $P(x \leqq -8)$ (2) $P(x>16)$

풀이 확률변수 x가 정규분포를 하는 경우 x가 $\mu\pm\sigma$ 사이에 있을 확률은 약68.26%, 그리고 $\mu\pm 2\sigma$ 사이에 있을 확률은 약95.45%, $\mu\pm 3\sigma$ 사이에 있을 확률은 약99.73%가 된다는 사실을 이용한다.

(1) [예제 5.25]에서 $\sigma>0$을 만족시키는 (1), (2), (3), (6) 가운데 $P(x\leqq -8)$의 확률이 가장 큰 정규분포를 찾아내기 위해서는 먼저 경계가 되는 x값 −8이 각 분포의 평균에서 표준편차의 몇 배에 해당하는 거리만큼 떨어져 있는가를 확인해야 한다.

(1)의 경우 $\mu=3,\ \sigma=1$이므로 $x=-8$은 $\mu=3$에서 왼쪽으로 11(=3−(−8))만큼 떨어져 있으며 이는 표준편차$(\sigma=1)$의 11배 되는 곳에 $x=-8$이 위치해 있음을 의미하는 것이다.

즉 $x<8$의 범위는 분포상에서 $\mu-3\sigma=3-(3\times1)=0$보다도 훨씬 왼쪽에 위치하므로 $P(x\leqq -8)$ 확률은

$$0.5 - P(\mu - 3\sigma < x < \mu) = 0.5 - \frac{0.9973}{2} = 0.00135$$

미만의 확률을 가질 것이다.

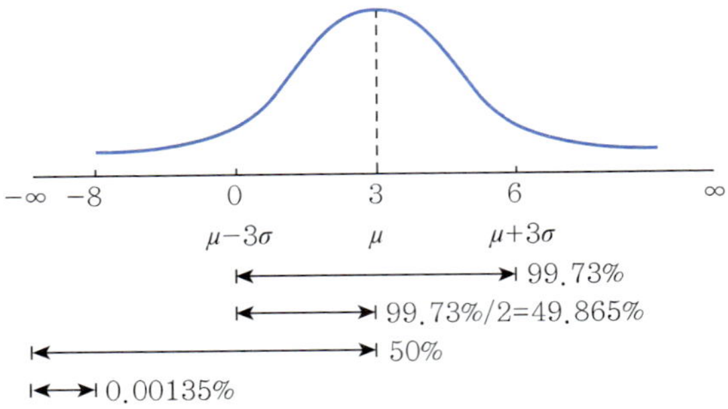

그림 5–12(a) 정규분포와 표준편차에 따른 구간확률

(2)의 경우는 $\mu = -3$, $\sigma = 5$이므로 $P(x \leqq -8)$의 경계가 되는 -8이 평균 -3으로부터 왼쪽으로 5만큼 떨어져 있고 표준편차가 $\sigma = 5$이므로 확률변수 값 -8은 평균으로부터 왼쪽으로 표준편차의 1배(=5/5) 되는 곳에 위치해 있음을 의미한다.
따라서 $P(x \leqq -8)$의 확률은

$$P(x \leqq -8) = 0.5 - P(\mu - \sigma < x < \mu) = 0.5 - \frac{0.6826}{2} = 0.1587$$

이 된다.

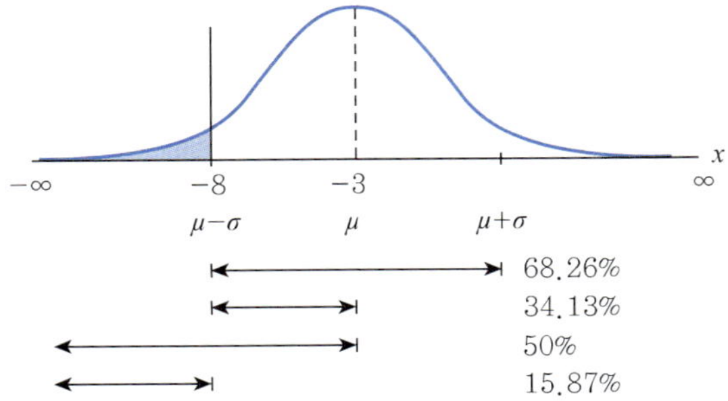

그림 5–12(b) 정규분포와 표준편차에 따른 구간확률

같은 방법으로 (3)과 (6)의 정규분포상에서 $x = -8$이 위치한 곳을 보면 (3)의 경우는 표준편차가 $\sigma = 1$이므로 확률변수 값 $x = -8$이 평균 0으로부터 8σ만큼 왼쪽으로 떨어져 있어 $P(x \leqq -8)$의 확률은

$$0.5 - P(\mu - 3\sigma < x < \mu) = 0.5 - \frac{0.9973}{2} = 0.00135$$

보다 작을 것이다.
(6)의 경우는 표준편차가 $\sigma = 1$이므로 확률변수 값 $x = -8$이 평균 8로부터 -16(=-8-8) 즉 왼쪽으로 16만큼 떨어져 위치해 있으며 이는 또한 표준편차 8의 2배 되는 곳 즉 평균으로부터 왼쪽으로 2σ만큼 떨어져 있기 때문에 $P(x \leqq -8)$의 확률은

$$P(x \leqq -8) = 0.5 - P(\mu - 2\sigma < x < \mu) = 0.5 - \frac{0.9545}{2} = 0.02275$$

가 된다.

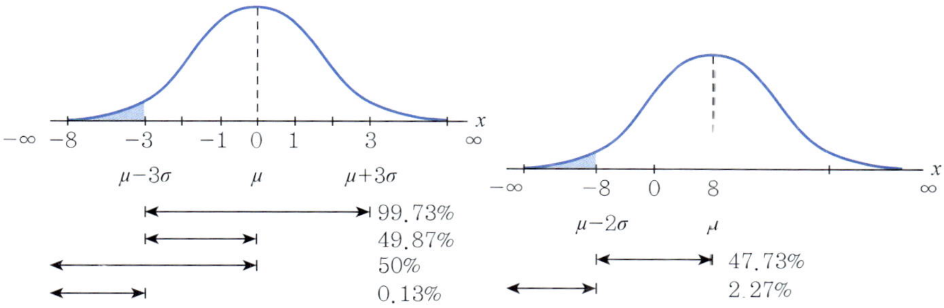

그림 5-12(c) 정규분포와 표준편차에 따른 구간확률

따라서 $P(x \leqq -8)$의 확률은 $\mu = -3,\ \sigma = 5$인 정규분139

포 (2)에서 가장 높게 나타날 것이라는 것을 알 수 있다.

(2) $P(x > 16)$에서 경계가 되는 $x = 16$이 각 정규분포의 평균으로부터 표준편차 σ의 몇 배 되는 곳에 떨어져 있나를 먼저 $\frac{x-\mu}{\sigma}$에 따라 계산한다.

① $\mu = 3,\ \sigma = 1$인 정규분포

$\frac{x-\mu}{\sigma} = \frac{16-3}{1} = 13$이므로 $x = 16$은 정규분포로부터 13σ 떨어진 곳이 위치해 있다. 따라서

$P(x > 16) = P(x > 13\sigma)$가 되고 이는 $P(x > 3\sigma) = 0.5 - \frac{0.9973}{2} = 0\ 00135$보다 작다.

② $\mu = -3,\ \sigma = 5$인 정규분포

$\frac{x-\mu}{\sigma} = \frac{16-(-3)}{5} = 3.8$이므로 $P(x > 16) = P(x > 3.8\sigma)$가 되고 이는 평균

$P(x > 3\sigma) = 0.00135$

③ $\mu = 0,\ \sigma = 1$인 정규분포

$\frac{x-\mu}{\sigma} = \frac{16-0}{1} = 16$이므로 $P(x > 16) = P(x > 16\sigma)$가 되고 이는 $P(x > 3\sigma) = 0.00135$보다 작다.

⑥ $\mu = 8,\ \sigma = 8$인 정규분포

$\frac{x-\mu}{\sigma} = \frac{16-8}{8} = 1$이므로 $P(x > 16) = P(x > 1\sigma) = 0.5 - P(\mu \leq x \leq \sigma)$

$= 0.5 - 0.3413 = 0.1587$

이 된다.

$\mu = 8,\ \sigma = 8$인 ⑥의 정규분포에서는 평균 8로부터 1σ만큼 떨어져 있기 때문에 다른 어느 분포보다도 ⑥의 분포에서 가장 높은 확률을 보일 것이다.

표준정규분포

앞에서 살펴본 바와 같이 정규분포는 중심의 위치를 나타내는 평균 μ와 분산의 정도를 나타내는 표준편차 σ가 어떤 값을 갖느냐에 따라서 그 형태가 다르게 나타날 것이다. 그러나 평균 μ와 표준편차 σ가 어떤 값을 갖더라도 정규분포를 하는 변수 x의 분포는 $P(\mu-\sigma \leqq x \leqq \mu+\sigma)=0.6826$, $P(\mu-2\sigma \leqq x \leqq \mu+2\sigma)=0.9545$, $P(\mu-3\sigma \leqq x \leqq \mu+3\sigma)=0.9973$이기 때문에 확률변수 x를 평균 μ로부터 표준편차 σ의 몇 배에 해당하는 거리만큼 떨어져 있는지 변환시켜 표시한다면 '평균과 표준편차가 서로 다른 정규분포'라 하더라도 이 변환 값이 동일하게 나타나는 한, 변환 값이 일정 구간에 속할 확률은 같게 나타날 것이다. 이 변환 값을 표준화 값 또는 z값이라고 하며 정규분포의 확률변수 x를 표준화시키게 되면 평균과 표준편차에 따라 여러 형태로 나타나는 정규분포를 하나의 통일된 표준화 정규분포를 하는 확률변수 x를 표준화시킨 z값은 다음과 같이 구한다.

$$z=\frac{x-\mu}{\sigma}$$

이러한 z를 확률변수로 하는 표준정규분포의 확률밀도함수는 z의 평균이 0이고 표준편차가 1이기 때문에 다음과 같이 변환된다.

$$f(z)=\frac{1}{\sqrt{2\pi}}e^{-z^2/2}, \qquad -\infty < z < \infty$$

예제 5.27 z값은 확률변수 x값에서 평균 μ를 뺀 차이가 표준편차 σ의 몇 배에 해당하는 지를 나타내는 값으로서 이는 확률변수 x값이 평균 μ로부터 표준편차 σ의 몇 배만큼 떨어진 곳에 위치하는지를 나타내는 것이며 이 값에 따라 정규분포를 하는 확률변수 x에 대한 확률을 알아낼 수 있다.

예를 들어 x가 $\mu-\sigma \leqq x \leqq \mu+\sigma$사이의 구간에 속할 확률을 x의 변환 값 z로는 다음과 같이 표시할 수 있다. 부등식 양변에서 μ를 빼고 이 결과를 다시 양(+)의 값을 갖는 표준편차 σ로 나누면 $-1 \leqq z \leqq 1$이 된다. 즉 x가 평균으로부터 표준편차 σ만큼 좌우로 떨어져 있다는 것이 변환된 표준화 변수 z로 나타내면 좌우로 1만큼 떨어져 있는 것으로 표시되고 있다.

결국 확률변수 x를 변환시킨 z변수는 평균이 '0'이 되고 표준편차가 '1'인 정규분포를 하는 것이며 이러한 정규분포를 표준정규분포(standard normal distribution)라 한다. 따라서 평균이 μ이고 표준편차가 σ인 정규분포를 하는 x의 확률 $P(\mu-\sigma \leqq x \leqq \mu+\sigma)=0.6826$를 표준정규분포로 나타내면 $P(-1 \leqq z \leqq 1)=0.6826$이 된다.

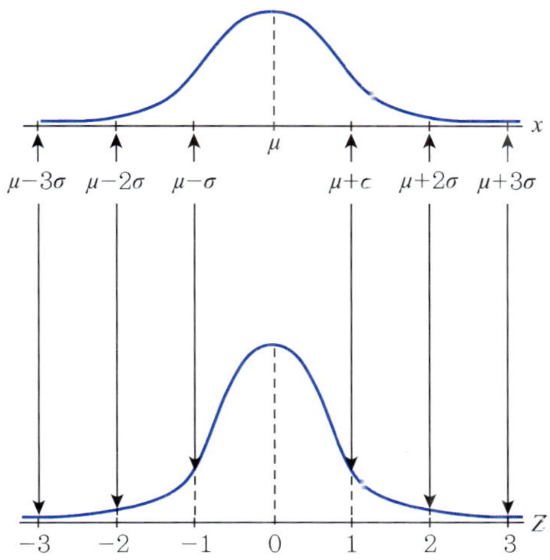

그림 5-13 정규분포와 표준정규분포

예제 5.28 $P(\mu-2\sigma \leqq x \leqq \mu+2\sigma)=0.9545$, $P(\mu-3\sigma \leqq x \leqq \mu+3\sigma)=0.9973$을 표준정규분포의 확률변수 z로 표시하시오.

풀이 $P(-2 \leqq z \leqq 2)=0.9545$, $P(-3 \leqq z \leqq 3)=0.9973$

예제 5.29 평균이 24이고 표준편차가 5인 정규분포의 확률변수 x의 값이 각각 32, 15일 때 이를 표준정규분포의 확률변수 z값으로 나타내고 이를 해석하시오.

풀이 평균이 μ이고 표준편차가 σ인 일반 정규분포의 확률변수 x를 표준정규분포의 확률변수 z값으로 변환시키기 위해서는 $z=\frac{x-\mu}{\sigma}$의 변환식을 이용하면 된다.

$$z=\frac{x-\mu}{\sigma}=\frac{32-24}{5}=1.6$$

$$z=\frac{x-\mu}{\sigma}=\frac{15-24}{5}=-1.8$$

즉 확률변수 x값 32는 평균 24에서 오른쪽으로 표준편차 1.6배만큼 떨어져 있음을 나타내며 x값 15는 평균 24에서 왼쪽으로 표준편차의 -1.8배만큼 떨어져 있음을 나타낸다.

> **Note**
>
> z값이 (−)값을 갖는다는 것은 $z=\frac{x-\mu}{\sigma}$에서 분모인 표준편차가 항상 (+)값을 갖기 때문에 x값이 평균 μ보다 작다는 것을 의미한다.

입력과정

① A2:A3에 확률변수 값을 그리고 B2:C2에는 평균과 표준편차를 입력한다.

② 확률변수 값을 표준화하기 위해 $z = \frac{x-\mu}{\sigma}$에 따라 E2에 다음과 같이 입력한다.

= (A2−$B$2)/$C$2

$x = 32$의 표준화 값이 E2에 1.6으로 계산되어 있다.

E2셀을 마우스로 지정하여 활성화시킨 후 자동채우기 핸들을 이용하여 E3까지 드래그 하여 복사과정을 실행한 결과, E3에 $x = 15$의 표준화 값이 -1.8로 나타나 있다.

	A	B	C	D	E	F
1	x	mu	sigma		z	
2	32	24	5		1.6	
3	15				-1.8	
4						

예제 5.30 평균이 60이고 표준편차가 15인 정규분포 확률변수 x의 표준화 z값이 2.56일 때 확률변수 x의 값을 구하시오.

풀이 $z = \frac{x-\mu}{\sigma}$의 표준화 변환식을 x에 대해 풀면 $x = \mu + z\sigma$가 되므로 이 식에 μ, σ, z값을 대입하면 확률변수 x값을 구할 수 있다. 즉 $x = \mu + z\sigma$식을 이용하여 우리는 평균이 0이고 표준편차가 1인 표준정규분포의 확률변수 z값을 평균과 표준편차가 각각 μ, σ인 일반 정규분포의 확률변수 x로 역변환시킬 수 있다.

$$x = \mu + z\sigma = 60 + (2.56 \times 15) = 98.4$$

입력과정

① B2:B4의 범위에 평균과 표준편차 그리고 표준화 값을 입력한다.

② $x = \mu + z\sigma$에 따라 E2에서 확률변수 값을 계산한다.

= B2+B4*B3

	A	B	C	D	E	F
1						
2	mu=	60		x=	98.4	
3	sigma=	15				
4	z=	2.56				
5						

표준정규분포표

표준정규분포를 하는 확률변수 z는 연속형이면서 동시에 z의 범위가 $-\infty < z < \infty$이기 때문에 어떤 특정 z값에 대한 확률은 존재하지 않는다. 이러한 확률변수 z에 대한 확률은 앞에서 살펴본 바와 같이 표준정규분포표 그래프의 아러 부분 면적을 구해야 한다. 이 때 표준화 확률변수 z값의 구간에 따른 확률을 계산해 놓은 것이 표준정규분포표이다(부록참조).

$P(-\infty < x < 1.96)$의 확률을 구하고자 한다면 확률변수 z의 표준정규분포의 아래 부분의 면적을 $-\infty$에서 1.96까지 구해야 한다. 즉 $P(-\infty < x < 1.96) = \int_{-\infty}^{1.96} f(z)dz$와 같이 확률밀도함수 $f(z)$를 $-\infty$에서 1.96까지 적분해야 하는데 표준정규분포표를 이용하면 계산에 따른 수고를 하지 않아도 된다.

정규분포표를 이용하여 위의 확률을 구하려면 먼저 표의 첫 번째 열에 z값이 −3.4부터 0.1간격으로 +3.4까지 나열되어 있는데 이는 주어진 z값의 소수점 첫 번째 자리까지를 표시하는 것이다. 그리고 표의 첫 번째 행에는 .00에서부터 0.01 간격으로 .09까지 나열되어 있는데 이 숫자는 표의 첫 번째 열에 나열된 z값의 소수점 둘째 자리의 수를 표시하는 것이다. 즉 z값이 1.96이 되는 곳을 찾기 위해서는 먼저 표의 첫 번째 열에서 1.9를 찾은 후 이 1.9가 표시된 행과 표의 첫 번째 행에서 0.06이 나타나는 열이 만나는 곳에 있는 0.9750이 z값이 1.96일 때의 확률을 표시하는 것이다.

그런데 여기에서 주의할 것은 이 표가 'z값의 구간을 어떻게 설정하여 확률을 계산해 놓았는가'를 확인해야 한다는 점이다. 이 표의 경우는 오른쪽 위에 나타난 바와 같이 z값에 대한 확률이 $-\infty$부터 해당 z값까지의 누적확률임을 제시하고 있다.

따라서 $z = 1.96$에 대응하는 확률값 0.9750은 $\int_{-\infty}^{1.96} f(z)dz = 0.9750$임을 나타내는 것이므로 우리가 구하고자 하는 $P(-\infty < x < 1.96)$는 0.975임을 알 수 있다.

예제 5.31 다음 확률을 표준정규분포표를 이용하여 구하시오.

(1) $P(-2.22 < z < 1.11)$

(2) $P(1.54 < z < 2.46)$

(3) $P(z > 1.82)$

풀이 (1) 표준정규분포표는 $-\infty$부터 주어진 z값까지의 구간에 대한 확률을 계산한 것이므로 $P(-2.22 < z < 1.11)$는 다음과 같이 구할 수 있다.

$$P(-2.22 < z < 1.11) = P(-\infty < z < 1.11) - P(-\infty < z < -2.22)$$

$$= 0.8665 - 0.0132 = 0.8533$$

(2) $P(1.54 < z < 2.46) = P(-\infty < z < 2.46) - P(-\infty < z < 1.54)$

$$= 0.9931 - 0.9382 = 0.0549$$

(3) $P(z > 1.82) = 1 - P(z < 1.82) = 1 - 0.9656 = 0.0344$

입력과정

표준정규분포에서 z값이 주어졌을 때 이 z값까지의 누적확률은 NORMSDIST 함수에 의해 간단히 구할 수 있다.

이 함수의 입력형태는 NORMSDIST(z)로서 z값을 인수로 대입하기만 하면 된다.

① $P(a < z < b) = P(-\infty < z < b) - P(-\infty < z < a)$이므로 B2:B4의 범위에 각각 다음과 같이 입력한다.

= NORMSDIST(1.11)−NORMSDIST(−2.22)

= NORMSDIST(2.46)−NORMSDIST(1.54)

= 1−NORMSDIST(1.82)

	A	B	C
1	표준정규분포		
2	P(-2.22<z<1.11) =	0.853291	
3	P(1.54<z<2.46) =	0.054833	
4	P(z>1.82) =	0.03438	
5			

예제 5.32 어느 공장에서 생산되는 형광등의 수명은 평균이 1,240시간이고 표준편차가 160시간인 정규분포를 하는 것으로 알려져 있다. 무작위로 생산된 형광등 중에서 무작위로 한 개를 뽑았을 때 이것이 1,000시간 이하의 수명을 가질 확률은 얼마인가?

풀이 여기서 형광등의 수명시간 x는 $\mu = 1{,}240$이고 $\sigma = 160$인 정규분포의 확률변수이며 이 확률변수가 어느 구간의 값을 가질 확률을 구하기 위해서는 먼저 표준정규분포의 확률변수로 변환시켜야 한다. 즉 $x = 1{,}000$이 평균으로부터 표준편차의 몇 배만큼 떨어져 있는가를 알아야 한다.

$$z = \frac{1000 - 1240}{160} = -1.5$$

이므로 수명이 1,000시간 이하일 확률 즉 $P(x \leq 1000)$은 바로 $P(z < -1.5)$의 확률과 같다. 이를 표준정규분포표에서 찾으면 $P(z < -1.5) = 0.0668$임을 알 수 있다. 따라서 제품 수명이 1,000시간 이하일 확률은 약 6.7%이다.

Note

여기서 제품 수명이 1,000시간 이하일 확률이나 제품 수명이 1,000시간 미만일 확률은 같다. 즉 연속형 확률변수가 특정값을 가질 확률은 0이므로 $P(x=1000)=0$이 되어 $P(x \leqq 1000)$이나 $P(x<1000)$은 동일한 확률을 갖는다.

입력과정

평균과 표준편차가 주어진 경우 정규분포 확률변수 x에 대한 누적확률은 NORMDIST 함수를 이용하여 쉽게 계산할 수 있다. 이 함수는 NORMDIST(x, mean, standard_dev, cumulative)의 형태로 입력되는데 여기서 x에는 정규분포 확률변수 값을 지정하고 mean, standard_dev의 인수에는 각각 평균과 표준편차를 지정한다. 또한 네 번째 인수인 cumulative에는 누적확률을 구하는 것이므로 'TRUE' 또는 '1'을 지정하게 된다.

① B2와 B3에 평균과 표준편차 값을 입력한다.

② 수명이 1,000시간 이하일 확률 즉 $P(x \leqq 1000)$의 누적확률을 구하기 위해 D2에 다음과 같이 입력한다.

= NORMDIST(1000,B2,B3,1)

$P(x \leqq 1000)$의 누적확률일 D2에 0.067로 계산되어 있다.

	A	B	C	D	E
1	정규분포				
2	평균 =	1240	P(x<=1000)=	0.066807	
3	표준편차 =	160			
4					

예제 5.33 위의 [예제 5.32]와 관련하여 다음 물음에 답하시오.

(1) 사용시간이 1,400시간 이내일 확률

(2) 1,500시간 이상을 사용할 확률

(3) 사용시간이 1,200시간에서 1,300시간 사이일 확률

풀이 $\mu=1240$, $\sigma=160$이므로 이를 이용하여 표준화 확률변수 z값을 구하고 이에 대응하는 확률을 표에서 찾는다.

(1) $z_1=\dfrac{1400-1240}{160}=1$, 따라서 $P(x<1400)=P(z<1)=0.8413$

(2) $z_2=\dfrac{1500-1240}{160}=1.625$, 따라서

$$P(x \geqq 1500)=1-P(x<1500)=1-P(z<1.625)=1-0.947=0.0521$$

(3) $z_3 = \dfrac{1200-1240}{160} = -0.25$, $z_4 = \dfrac{1300-1240}{160} = 0.375$이므로

$$P(1200 < x < 1300) = P(-0.25 < z < 0.375)$$
$$= P(z < 0.375) - P(z < -0.25) = 0.6462 - 0.4013 = 0.2449$$

Note

위의 문제 (2)에서 $P(z < 1.625)$의 누적확률을 구할 때 표준정규분포표에서 z값이 1.62일 때와 1.63일 때의 누적확률만이 각각 0.9474, 0.9494로 제시되어 있으며 z값이 1.625일 때의 누적확률은 나타나 있지 않다. 이러한 경우는 다음과 같이 보간법을 이용하여 $P(z < 1.625)$를 구한다. 1.625의 z값은 1.62와 1.63 사이의 1/2되는 곳에 위치해 있으므로 z값이 1.62일 때와 1.63일 때의 누적확률의 차이 0.001(=0.9484−0.9474)의 1/2인 0.0005를 z값이 1.62일 때의 누적확률 0.9474에 더하여 z값이 1.625일 때의 누적확률을 0.9479(=0.9474+0.0005)로 계산한다.

z	1.62 ⟶	(1.625) ⟶	1.63
누적확률	0.9474	↑	0.9484
	⟵	⟶	0.001
		0.9474+0.001×(1/2)	

입력과정

① D2, D3, D4에 각각 다음과 같이 입력한다.

= NORMDIST(1400,B2,B3,1)

= 1−NORMDIST(1500,B2,B3,1)

= NORMDIST(1300,B2,B3,1)−NORMDIST(1200,B2,B3,1)

	A	B	C	D	E
1	정규분포				
2	평균 =	1240	P(x<1400) =	0.841345	
3	표준편차 =	160	P(x>=1500) =	0.052081	
4			P(1200<x<1300) =	0.244876	
5					

예제 5.34 형광등의 평균수명과 표준편차가 각각 $\mu = 1{,}240$, $\sigma = 160$의 정규분포를 한다고 할 때 60%의 백분위수(percentile)에 해당하는 확률변수 값은 어떻게 구하는지 살펴보자.

이는 표준정규분포상에서 60%에 해당하는 $\left(\dfrac{x-\mu}{\sigma}\right)$값을 구하고 이를 $x = \mu + \sigma z$의 관계식을 통해 역변환 시키는 과정을 통해 구할 수 있다.

60%의 백분위 수는 바로 아래 그림에서 보는 바와 같이 $P(-\infty < z < z_1) = 0.6$

이 되는 z_1값을 찾으면 된다. 확률이 0.6이 되는 z_1값을 표준정규분포표에서 찾을 때 정확히 확률이 0.6이 되는 표준화 값이 표시되어 있지 않을 경우는 확률이 0.6에 가까운 값을 찾는다.

표준화 값이 0.25일 때의 확률이 0.5987이고 표준화 값이 0.26일 때의 확률이 0.6026이므로 0.6의 확률에 해당하는 표준화 값은 0.25와 0.26의 사이에 있을 것이다. 이러한 경우 다음과 같이 비례적으로 그 값을 추정하게 된다. 즉 0.6의 확률은 확률 0.5987과 0.6026의 1/3되는 곳에 위치하므로(여기서 확률 0.5987과 0.6026의 차이는 0.0039이고, 확률 0.6은 0.5987과는 0.0013의 차이가 있으므로 이는 전체 0.0039의 1/3에 해당한다. 따라서 0.6은 0.5987로부터 0.0039의 1/3만큼 떨어진 곳에 위치해 있다고 볼 수 있다). z값 역시 0.25와 0.26의 1/3되는 곳에 위치하는 것으로 가정하고 추정하면

$$z_1 = 0.25 + \frac{1}{3}(0.26 - 0.25) = 0.253$$

이 됨을 알 수 있다.

다음 $z = \dfrac{x-\mu}{\sigma}$이므로 이를 변형한 관계식 $x = \mu + \sigma z$에 다라 변환하면 확률변수 x값을 구할 수 있다. 따라서 60%의 백분위수에 해당하는 값은

$$x = 1{,}240 + (160 \times 0.253) = 1{,}280$$

이 된다. 이는 형광등의 평균수명이 1,280시간 이하일 확률이 60%에 해당한다는 것을 의미하기도 하다.

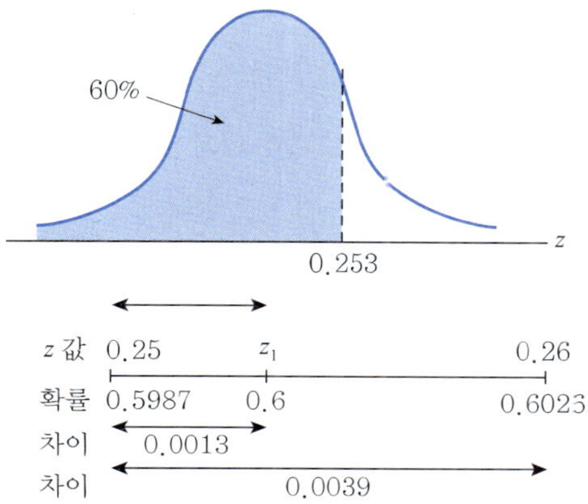

그림 5-14 표준정규분포

입력과정

표준정규분포에서 누적확률이 주어진 경우 이에 대응하는 표준화 확률변수 z값을 계산하기 위해서는 NORMSINV 함수를 이용한다. 이 함수는 NORMSINV(prob)의 형태로 입력하여 여기서 prob는 누적확률을 지정하면 된다. 결국 이 함수는 NORMSDIST 함수의 역함수에 해당한다.

① 60%의 백분위수에 해당하는 표준화 z값을 구하기 위해 E2에 다음과 같이 입력한다.
= NORMSINV(0.6)
z값이 0.253으로 계산되어 있다. 이는 바로 $P(z \leqq 0.253) = 0.6$임을 의미하는 것이다.

② 표준화 z값이 0.253인 확률변수 x값을 구하기 위해 $x = \mu + \sigma z$에 따라 E3에 다음과 같이 입력한다.
= B2+E2*B3
E3에 x값이 1280.5로 나타나 있다. 이는 $P(x \leqq 1280.5) = 0.6$임을 나타내는 것으로서, 형광등 수명이 1280.5(시간) 이하가 될 확률이 0.6에 이르고 있음을 의미하는 것이다.

	A	B	C	D	E	F
1	정규분포					
2	평균 =	1240		z =	0.253347	
3	표준편차 =	160		x =	1280.536	
4						

예제 5.35 표준정규분포에서 양쪽 끝에 있는 꼬리 부분의 면적이 각각 0.025가 되는 지점에 해당하는 표준화 확률변수 z값은 얼마인가?

풀이 이는 아래 그림에 나타난 바와 같이 양쪽 꼬리 부분의 확률이 각각 0.025가 되는 곳의 z_1, z_2값을 구하는 것이다.

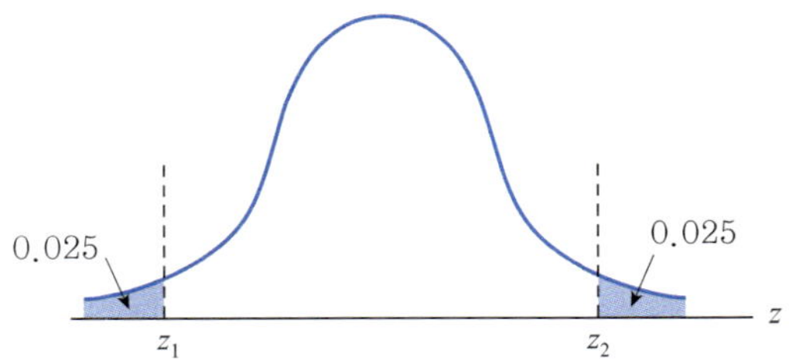

그림 5-15 표준정규분포

즉 $P(z<z_1)=\int_{-\infty}^{z_1} f(z)dz=0.025$가 되는 z_1과 $P(z>z_2)=\int_{z_2}^{\infty} f(z)dz=0.025$가 되는 z_2를 구하는 것이다. 이를 부록에 있는 표준정규분포표에서 찾으면 확률값이 0.025가 되는 z_1값은 −1.96이 됨을 알 수 있다. 여기서 주의할 것은 표준정규분포표에서 제시하는 z값에 대한 확률은 $-\infty$에서부터 z값까지의 누적확률이기 때문에 오른쪽 꼬리 부분의 확률이 0.025가 되는 z_2값을 찾기 위해서는 $-\infty$부터 z_2까지의 누적확률을 기준으로 해야 한다는 점이다. 즉 누적확률이 0.975(=1−0.025)인 표준화 확률변수 값 1.96이 z_2인 것이다.

Note

실제 왼쪽 꼬리 부분의 확률이 0.025가 되는 z값이 −1.96인 경우 표준정규분포의 특성에 따라 오른쪽 꼬리 부분의 확률이 0.025가 되는 z값은 1.96이 됨을 쉽게 확인할 수 있다. 즉 표준정규분포는 평균이 0이고 표준편차가 1로서 좌우 대칭이기 때문에 z값에서 나타나는 '+', '−'의 의미는 z값이 평균 0을 중심으로 오른쪽에 위치해 있는지 아니면 왼쪽에 위치해 있는지를 나타내는 것에 불과하므로 왼쪽 꼬리 부분의 확률과 오른쪽 꼬리 부분의 확률이 동일하다면 z값은 평균 0에서 좌우로 동일하게 떨어져 위치해 있음을 알 수 있다.

입력과정

① $P(z \le z_1)=0.025$와 $P(z \ge z_2)=1-P(z<z_2)=0.025$가 되는 z_1, z_2를 구하는 것으로서 이는 NORMSINV 함수를 이용하면 간단히 구할 수 있다. C2와 C3에 각각 다음과 같이 입력한다.

= NORMSINV(0.025)

= NORMSINV(1−0.025)

	A	B	C	D
1	표준정규분포			
2	P(z<=z1)=0.025	z1 =	-1.95996	
3	P(z>=z2)=0.025	z2 =	1.959964	
4				

5.6 지수분포

지수분포

지수분포(exponential distribution)는 연속형 확률분포이지만 이산형 확률분포인 포아송분포와 밀접한 관계를 가지고 있다. 그 차이점은 앞에서 살펴본 바와 같이 포아송분포가 '일정한 구간'을 정하고 그 구간 사이에서 사건이 발생할 확률을 나타내는 것인 데 반해 지수분포는 사건이 발생한 후 다음 사건이 발생할 때까지의 시간을 확률변수로 하는 분포인 것이다.

예제 5.36 다음은 지수분포가 적용될 수 있는 예이다.

(1) 현금자동인출기에 손님이 다녀간 후 다음 손님이 올 때까지의 시간

(2) 복사기에 고장이 발생하는 시점 사이의 시간

(3) 주유소에 휘발유를 넣기 위해 오는 차량들 사이의 시간 간격

지수분포의 확률밀도함수와 지수분포표

확률변수가 x인 지수분포의 확률밀도함수는 다음과 같다.

$$f(x) = \lambda e^{-\lambda x}, \qquad (0 < x < \infty,\ \lambda > 0)$$

평균 : $\mu = \frac{1}{\lambda}$

표준편차 : $\sigma = \frac{1}{\lambda}$

Note

지수분포의 모수 λ는 포아송분포의 평균을 표시하는 것으로서 역수인 $1/\lambda$이 지수분포의 평균이 된다. 이는 앞에서 언급한 바와 같이 포아송분포의 평균 λ는 일정한 시간 동안에 사건이 λ번 발생한다는 것을 의미하므로 이의 역수는 사건이 한 번 발생하는 데 걸리는 평균 시간을 의미하게 되고 이는 바로 지수분포의 평균을 나타내는 것이다.

이러한 지수분포는 모수 $\lambda(>0)$에 따라 그 모양이 여러 형태의 곡선으로 나타나지만 곡선의 공통적인 특색은 λ값에 관계없이 확률변수 x값이 증가함에 따라 오른쪽 꼬리 부분이 감소하여 오른쪽으로 경사가 진 형태를 보인다는 점이다.

지수분포를 하는 확률변수 x에 대한 확률은 지수분포가 연속형 확률분포이기 때문에 지수분포곡선과 x축 사이의 면적을 구하면 되며 곡선 아래의 전체 면적은 1이 된다.

또한 지수분포의 확률변수 x가 어떤 구간의 값을 가질 확률은 지수분포곡선 아래에 있는 구간 사이의 면적을 구하면 된다.

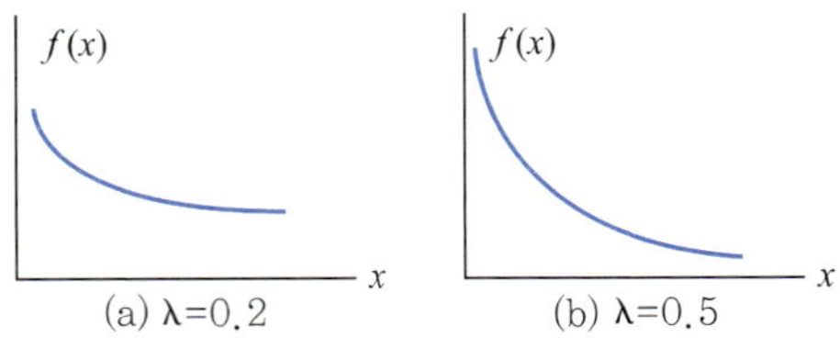

그림 5-16 지수분포

예제 5.37 어느 대학 구내에 설치된 커피 자판기가 고장이 나는 횟수는 1주일에

평균 λ번이며 고장 횟수는 포아송분포를 따른다고 할 때, 자판기에 고장이 발생한 후 다시 고장이 발생할 때까지의 시간 x는 확률변수로서 평균과 표준편차가 각각 $\mu=\frac{1}{\lambda}$, $\sigma=\frac{1}{\lambda}$의 지수분포를 하는 것이다. 예를 들어 $\lambda=0.8$이라 할 때 이는 1주일에 평균적으로 0.8번 고장이 발생한 것이므로, 한 번 고장이 난 후 다시 고장이 나는데는 평균적으로 $\frac{1}{\lambda}=\frac{1}{0.8}=1.25$(1주일)이 걸린다는 의미이다.

예제 5.38 포아송분포의 평균 λ가 0.2일 때 지수분포의 확률변수 x의 평균과 표준편차, 그리고 $\mu\pm2\sigma$의 구간을 구하시오.

풀이 $\mu=\frac{1}{\lambda}$, $\sigma=\frac{1}{\lambda}$이므로 평균과 표준편차는 모두 $\frac{1}{\lambda}=\frac{1}{0.2}=5$이다. 따라서 확률변수 x의 구간은

$$\mu\pm2\sigma=5\pm(2\times5)$$

로부터 −5에서 15까지의 구간이 되는데, x는 음수가 될 수 없으므로 0부터 15까지의 구간이 된다.

$\lambda=0.2$일 때 지수분포를 하는 확률변수 x가 1.5이하의 값을 가질 확률 $P(x\leqq1.5)$은 지수분포표를 이용하면 다음과 같이 쉽게 찾을 수 있다. 즉 지수분포표의 첫 번째 열에 λ값이 위에서 아래로 나열되어 있으며 확률변수 x는 두 번째 행에 왼쪽에서 오른쪽으로 나열되어 있다. 이 때 λ값이 표시하는 행과 x값이 표시하는 열이 만나는 곳의 수치가 확률을 나타내는데 이 확률은 0부터 해당 값까지 구간에서의 x에 대한 누적확률을 표시한다는 것에 유의해야 한다.

따라서 $\lambda=0.2$일 때의 누적확률 $P(x\leqq1.5)$은 $\lambda=0.2$가 나타나는 행과 $x=1.5$가 나타나는 열이 만나는 곳에 표시된 0.2592가 된다.

	x		
λ	1.0	1.5	2.0
0.15	0.1393	0.2015	0.2592
0.20	0.1813	0.2592	0.3297
0.25	0.2212	0.3127	0.3935

예제 5.39 x가 $\lambda=0.4$의 지수분포를 하는 확률변수일 때 다음 확률을 구하시오.

(1) $P(1.5\leqq x\leqq3)$

(2) $P(x>3)$

풀이 (1) $P(1.5\leqq x\leqq3)=P(x\leqq3)-P(x\leqq1.5)=0.6988-0.4512=0.2476$

여기서 $P(x \leqq 3)$는 지수분포 확률변수가 취할 수 있는 값의 범위가 $x \geqq 0$이므로 $P(0 \leqq x \leqq 3)$과 같은 의미를 가진다.

(2) $P(x>3)=1-P(x \leqq 3)=1-0.6988=0.3012$

입력과정

지수분포를 하는 확률변수 x에 대한 누적확률은 EXPONDIST 함수를 이용하여 간단히 구할 수 있다. 이 함수의 형태는 EXPONDIST(x, lambda, cumulative)로 이루어지는데 여기서 x는 확률변수 값을, 그리고 lambda는 포아송분포의 λ값을 지정하며 다른 함수와 마찬가지로 누적확률을 계산하고자 할 때는 cumulative에 'TRUE' 또는 '1'을 지정한다.

① B2에 λ값을 입력한다. 물론 EXPONDIST 함수에 0.4를 직접 입력해도 상관없다.

② $P(1.5 \leqq x \leqq 3)=P(x \leqq 3)-P(x \leqq 1.5)$이므로 B3에 다음과 같이 입력한다.

EXPONDIST(3,B2,1)−EXPONDIST(1.5B2,1)

$P(1.5 \leqq x \leqq 3)=0.248$로 계산되어 있다.

③ $P(x>3)=1-P(x \leqq 3)$이므로 B4에 다음과 같이 입력한다.

= 1−EXPONDIST(3,B2,1)

$P(x>3)=0.301$로 계산되어 있다.

	A	B	C
1	지수분포		
2	lambda =	0.4	
3	P(1.5 <=x<=3) =	0.247617	
4	P(x>3) =	0.301194	
5			

예제 5.40 어느 대학 구내에 설치된 복사기는 1주일에 평균 0.7번 고장이 나며 이 고장 횟수는 포아송분포를 한다고 한다. 이 복사기가 월요일 오전 10시에 고장이 난 경우 다음주 월요일 오전 10시 이전에 다시 고장이 발생할 확률은 얼마인가? 그리고 4주일 이상 고장이 발생하지 않을 확률은 얼마인가?

풀이 포아송분포의 확률변수가 일정 기간 동안에 발생한 사건의 횟수가 되는 반면에 지수분포의 확률변수는 사건이 다시 발생하는 데 걸리는 시간이 되므로, 이 문제에서 1주일에 평균 0.7번 고장이 발생했다는 것은 한 번 고장나는데 걸리는 시간이 평균 $\frac{1}{0.7}=0.43(1주일)$이 된다는 것을 의미한다.

이와 같이 지수분포의 확률변수 x의 단위가 1주일이 되므로 월요일 오전 10시부터 다음주 월요일까지는 $x=1(1주일)$에 해당한다. 따라서 월요일 오전 10시에 고장이 나서 다음주 월요일 10시가 되기 이

전에 다시 고장이 날 확률은 바로 지수분포의 확률변수 x가 1이하의 값을 가질 확률, 즉 $P(x \leqq 1)$의 누적확률을 구하는 것에 해당한다. 부록에 있는 지수분포표에서 이를 찾으면 $\lambda = 0.7$의 행과 $x = 1$의 열이 만나는 곳에서 확률이

$$P(x \leqq 1) = 0.5034$$

가 됨을 확인할 수 있다.

그리고 4주일 이상 고장이 발생하지 않을 확률은 적어도 4주일 이내에는 고장이 발생하지 않을 확률이며 이는 다시 말해서 고장이 나는 시간이 4주일보다 더 걸 확률 즉 $P(x \geqq 4)$를 구하는 것으로서

$$P(x \geqq 4) = 1 - P(x < 4) = 1 - 0.9392 = 0.0608$$

이 된다.

입력과정

① B2에 λ값 0.7을 입력하고 누적확률 $P(x = 1)$을 구하기 위해 B3에 다음과 같이 입력한다.

= EXPONDIST(1,B2,1)

$P(x \leqq 1) = 0.5034$로 나타나 있다.

② $P(x \geqq 4) = 1 - P(x < 4)$에 따라 $P(x \geqq 4)$를 B4에서 계산한다.

= 1-EXPONDIST(4,B2,1)

$P(x \geqq 4) = 0.0608$로 계산되어 있다.

	A	B	C
1	지수분포		
2	lambda =	0.7	
3	P(x<=1) =	0.503415	
4	P(x>=4) =	0.06081	
5			

5장 연습문제

▪ 이산형 확률분포

연습 5.1 확률변수 x에 대한 분포가 다음과 같이 주어졌다. 이 확률분포를 도표로 나타내고, x에 대한 평균과 분산 그리고 표준편차를 구하시오.

x	1	2	3
$P(x)$	0.85	0.12	0.03

풀이 x는 이산형 확률변수로서 아래와 같은 막대그래프로 나타낼 수 있다.

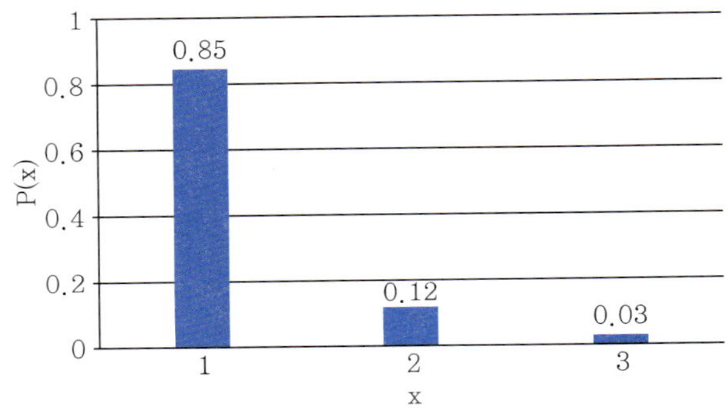

그림 5-17 이산형 확률분포

확률변수 x에 대한 평균 즉 기댓값은 각각의 확률변수 값에 해당 확률을 곱한 후 이를 더하여 구한다. 따라서 평균은

$$\mu = \sum_{x=1}^{3} x \cdot P(x) = (1 \times 0.85) + (2 \times 0.12) + (3 \times 0.03) = 1.18$$

이고 분산과 표준편차는 각각 다음과 같이 구할 수 있다.

$$\sigma^2 = \sum_{x=1}^{3} (x-\mu)^2 P(x) = (1-1.18)^2 \times 0.85 + (2-1.18)^2 \times 0.12 + (3-1.18)^2 \times 0.03$$
$$= 0.028 + 0.081 + 0.099 = 0.208$$
$$\sigma = \sqrt{0.208} = 0.456$$

입력과정

① A2:B4의 범위에 상대도수분포에 대한 데이터를 입력한다.

기댓값 $E(x) = \sum x \cdot P(x)$을 구하기 위해 여기서는 SUMPRODUCT 함수를 이용하여 E2에 다음과 같이 입력한다.

= SUMPRODUCT(A2:A4, B2:B4)

E2에 평균이 1.18로 나타나 있다.

② 분산을 구하기 위해 $\sigma^2 = \sum_{x=1}^{3}(x-\mu)^2 \cdot P(x)$에 따라 E3에 다음과 같이 입력한다.

= SUMPRODUCT((A2:A4−$E$2)^2, B2:B4)

분산이 E3에 0.2076으로 계산되어 있다.

③ 표준편차를 구하기 위해 분산의 제곱근을 E4에서 계산한다.

= SQRT(E3)

	A	B	C	D	E	F
1	x	P(x)				
2	1	0.85		평균 =	1.18	
3	2	0.12		분산 =	0.2076	
4	3	0.03		표준편차 =	0.455631	
5						

연습 5.2 아래는 채권에 대한 수익률을 조사한 결과이다. 채권에 투자했을 때 투자자는 얼마의 기대수익률을 얻을 수 있는가?

수익률	확률	수익률	확률
15.3	0.02	14.7	0.16
15.2	0.05	14.6	0.20
15.1	0.07	14.5	0.09
15.0	0.08	14.4	0.08
14.9	0.11	14.3	0.02
14.8	0.12		

풀이 위의 확률분포표에서 확률변수(x)는 채권 수익률이 된다. 따라서 기대수익률은 $\sum_x x \cdot P(x)$에 따라 확률변수 x의 평균을 구하면 된다.

$$(15.3\times0.02)+(15.2\times0.05)+(15.1\times0.07)+\cdots\cdots+(14.3\times0.02)$$
$$=0.306+0.760+1.057+\cdots\cdots+0.286$$
$$=14.753$$

즉 기대수익률은 14.75%가 된다.

수익률(x)	확률($P(x)$)	$x \times P(x)$
15.3	0.02	0.306
15.2	0.05	0.760
15.1	0.07	1.057
15.0	0.08	1.200
14.9	0.11	1.639
14.8	0.12	1.776
14.7	0.16	2.352
14.6	0.20	2.920
14.5	0.09	1.305
14.4	0.08	1.152
14.3	0.02	0.286
		14.753

입력과정

① A2:B12의 범위에 상대도수분포에 대한 데이터를 입력한다.

기댓값 $E(x) = \sum x \cdot P(x)$을 구하기 위해 SUMPRODUCT 함수를 이용하여 E2에 다음과 같이 입력한다.

= SUMPRODUCT(A2:A12,B2:B12)

E2에 평균이 14.753으로 나타나 있다.

	A	B	C	D	E	F
1	x	P(x)				
2	15.3	0.02		평균 =	14.753	
3	15.2	0.05				
4	15.1	0.07				
5	15.0	0.08				
6	14.9	0.11				
7	14.8	0.12				
8	14.7	0.16				
9	14.6	0.20				
10	14.5	0.09				
11	14.4	0.08				
12	14.3	0.02				
13						

연습 5.3 $x = 1, 2, 3$의 값을 갖는 확률변수 x에 대한 이산형 확률분포의 함수가 다음과 같을 때 이 확률분포의 평균을 구하시오.

$$P(x) = 0.05(x^2 - x + 4)$$

풀이 확률변수가 이산형 확률분포를 하고 있으므로 먼저 x에 대한 확률을 구하기 위해서는 확률함수인 $P(x)$에 각각의 x값을 대입하면 된다. 즉 확률함수 $P(x)$에 x값으로 1을 대입하면 $x=1$일 때의 확률이 $P(1)=0.05(1^2-1+4)=0.2$가 됨을 알 수 있다.

x	$P(x)$	$x \times P(x)$
1	0.2	0.2
2	0.3	0.6
3	0.5	1.5

따라서 확률변수의 기댓값인 평균은 $\sum_{x=1}^{3} x \cdot P(x) = (1\times0.2)+(2\times0.3)+(3\times0.5)=2.3$이 된다.

입력과정

① A2:A4에 확률변수 값을 입력한다.

② 주어진 확률함수 $P(x)=0.05(x^2-x+4)$에 따라 각 확률변수 값에 대응하는 확률을 계산하기 위해 B2에 다음과 같이 입력한다.

= 0.05*(A2^2-A2+4)

B2셀을 마우스로 지정하여 활성화시킨 후 자동채우기 핸들을 이용하여 B4까지 드래그하여 복사과정을 실행한다.

③ $E(x)=\sum x \cdot P(x)$에 따라 평균을 구하기 위해 SUMPRODUCT 함수를 이용하여 E2에 다음과 같이 입력한다.

= SUMPRODUCT(A2:A4,B2:B4)

E2에 평균이 2.3으로 나타나 있다.

	A	B	C	D	E	F
1	x	P(x)				
2	1	0.2		평균 =	2.3	
3	2	0.3				
4	3	0.5				
5						

연습 5.4 아래는 어느 회사가 세탁기 판매 후 발생하는 고장 정도에 따른 확률과 A/S 차원에서의 수리비용을 조사한 것이다. 이 회사는 세탁기 한 대당 평균 A/S 비용을 얼마로 산정해야 하는가? 또 이 A/S 비용의 표준편차는 얼마인가?

고장정도	수리비용(천원)	발생확률
치명적 고장	100	0.10
일반적인 고장	50	0.20
가벼운 고장	30	0.05
고장 없음	0	0.65

풀이 위의 표는 세탁기를 한 대 판매했을 때 수리비용이 10만원이 들 확률은 0.1, 그리고 전혀 비용이 들지 않을 확률도 0.65에 이른다는 것을 보여주고 있다. 따라서 수리비용을 확률변수로 볼 수 있다. A/S 비용에 대한 평균과 표준편차는 $\mu = \sum x \cdot P(x)$와 $\sigma = \sqrt{\sum (x-\mu)^2 \cdot P(x)}$ 를 이용한다.

고장정도	수리비용(천원)	발생확률	$x \cdot P(x)$	$(x-\mu)^2 \cdot P(x)$
치명적 고장	100	0.10	10	616.225
일반적인 고장	50	0.20	10	162.450
가벼운 고장	30	0.05	1.5	3.613
고장 없음	0	0.65	0	300.463

위의 계산과정에서 확률변수 x의 평균 즉 기댓값은

$$\sum x \cdot P(x) = 21.5$$

로서 평균 A/S 비용은 21.5(천원)임을 알 수 있다.

그리고 분산과 표준편차는 각각

$$\sigma^2 = \sum (x-\mu)^2 \cdot P(x) = 1{,}082.751$$

$$\sigma = \sqrt{\sum (x-\mu)^2 \cdot P(x)} = \sqrt{1{,}082.751} = 32.9$$

가 된다.

입력과정

① A2:B5에 확률변수 x와 이들 값에 대응하는 확률을 입력한다.

② 평균과 분산 그리고 표준편차를 구하기 위해 E2:E4에 각각 다음과 같이 입력한다.

= SUMPRODUCT(A2:A5, B2:B5)

= SUMPRODUCT((A2:A5−$E$2)^2, B2:B5)

= SQRT(E3)

	A	B	C	D	E	F
1	x	P(x)				
2	100	0.10		평균 =	21.5	
3	50	0.20		분산 =	1082.75	
4	30	0.05		표준편차 =	32.90517	
5	0	0.65				
6						

연습 5.5 아래는 가구 당 자녀수를 조사한 표이다.

(1) 임의로 선정된 가구의 자녀수가 1명일 확률은?

(2) 임의로 선정된 가구의 자녀수가 2명 이하일 확률은?

(3) 가구 당 평균 자녀수를 구하시오.

자녀수	가구수
0	628
1	1821
2	856
3	212
4	85
5	12
합계	3314

풀이 위의 표는 조사 대상이 된 3,614가구에 대한 자녀수별 가구수를 나타낸 도수분포표에 해당한다. 여기에서의 상대도수는 자녀수(x)를 확률변수로 할 때 각 확률변수 값에 따른 확률에 해당하므로 먼저 상대도수분포표를 작성한다.

이 때 상대도수는 절대도수에 해당하는 각 자녀수별 가구수를 전체가구수(=3,614)로 나누어 얻는다.

자녀수(x)	도수(f)	상대도수($P(x)$)	$x \cdot P(x)$	누적상대도수
0	628	0.17377	0.00000	0.17377
1	1821	0.50387	0.50387	0.67764
2	856	0.23686	0.47371	0.91450
3	212	0.05866	0.17598	0.97316
4	85	0.02352	0.09408	0.99668
5	12	0.00332	0.01660	1.00000
합계	3614	1.00000	1.26425	

(1) 자녀수가 1명인 가구는 3,614가구 중 1,821가구에 달하므로 이 계급의 상대도수는 1821/3614=0.504가 되며 이는 곧 임의로 선정된 가구가 자녀를 1명 두고 있을 확률인 것이다.

(2) 자녀수가 2명 이하일 확률은 $P(x \leq 2) = P(0) + P(1) + P(2)$이다 따라서

$$P(x \leq 2) = 628/3614 + 1821/3614 + 856/3614 = 0.914$$

가 된다.

(3) 평균 자녀수는 $\sum x \cdot P(x)$에 따라 계산하면 약 1.26(명)이다(위 표의 $x \cdot P(x)$열 아래에 있는 합계한 참조).

입력과정

① A2:B7의 범위에 자녀수와 가구수에 대한 데이터를 입력한다.

② 상대도수를 계산하기 위해 먼저 총도수를 B9에서 구한다.

= SUM(B2:B7)

총도수가 3,614로 나타나 있다.

③ 각 계급별 도수를 총도수로 나누어 상대도수를 구한다. 이를 위해 C2에 다음과 같이 입력한다.

= B2/$B$9

이 때 분모의 총도수는 고정되어 있어야 하므로 절대주소를 지정하였다.

④ $P(x \leqq 2) = P(0) + P(1) + P(2)$이므로 이를 구하기 위해 F2에 다음과 같이 입력한다.

= SUM(C2:C4)

자녀가 2명 이하인 가구는 약 91.4%에 이르고 있는 것으로 나타나 있다.

⑤ $\sum x \cdot P(x)$에 따라 평균을 구하기 위해 F3에 다음과 같이 입력한다.

= SUMPRODUCT(A2:A7,C2:C7)

F3에 평균 자녀수가 1.26(명)으로 나타나 있다.

	A	B	C	D	E	F	G
1	x	f	P(x)				
2	0	628	0.173769		P(x<=2)=	0.914499	
3	1	1821	0.503874		평균=	1.26425	
4	2	856	0.236857				
5	3	212	0.058661				
6	4	85	0.023520				
7	5	12	0.003320				
8							
9	총도수 =	3614					
10							

연습 5.6 이산형 확률변수 x에 대한 확률분포표가 다음과 같이 주어졌을 때 아래 물음에 답하시오.

x	−3	−2	−1	0	1	2	3
$P(x)$	0.1	0.2	0.1	0.2	0.3	0.05	0.05

(1) x는 어떤 값을 가질 확률이 가장 높은가?

(2) $P(x < 1)$을 구하시오.

(3) 확률변수 x의 평균과 표준편차를 구하시오.

풀이 (1) 위의 확률분포표에서 x는 −3에서 3까지의 정수값을 갖는 이산형 확률변수임을 알 수 있다. x는 이들 값 중에서 $x=1$이 될 확률이 0.3으로 가장 높다.

(2) $P(x<1)$은 x가 −3에서 0까지의 정수값을 가질 확률을 뜻하므로

$P(x<1)=P(-3)+P(-2)+P(-1)+P(0)=0.1+0.2-0.1+0.2=0.6$이다.

(3)

x	$P(x)$	$x \cdot P(x)$	$(x-\mu)^2 \cdot P(x)$
−3	0.10	−0.30	0.7563
−2	0.20	−0.40	0.6125
−1	0.10	−0.10	0.0563
0	0.20	0.00	0.0125
1	0.30	0.30	0.4688
2	0.05	0.10	0.2531
3	0.05	0.15	0.5281
		−0.25	2.688

평균과 표준편차는 위 표로부터 다음과 같이 계산할 수 있다.

$$\mu=\sum x \cdot P(x)=(-3)(0.1)+(-2)(0.2)+(-1)(0.1)+(0)(0.2)+(1)(0.3)$$
$$+(2)(0.05)+(3)(0.05)=-0.25$$
$$\sigma=\sqrt{\sum(x-\mu)^2 \cdot P(x)}=\sqrt{2.688}=1.64$$

입력과정

① A2:B8의 범위에 확률변수 값과 이에 대응하는 확률을 입력한다.

② $\mu=\sum x \cdot P(x)$에 따라 E2에서 확률변수 x의 평균을 구한다.

=SUMPRODUCT(A2:A8,B2:B8)

③ $\sigma=\sqrt{\sum(x-\mu)^2 \cdot P(x)}$에 따라 E3에서 확률변수 x의 표준편차를 계산한다.

=SQRT(SUMPRODUCT((A2:A8-$E$2)^2,B2:B8))

	A	B	C	D	E	F
1	x	P(x)				
2	-3	0.10		평균=	-0.25	
3	-2	0.20		표준편차=	1.63936	
4	-1	0.10				
5	0	0.20				
6	1	0.30				
7	2	0.05				
8	3	0.05				
9						

연습 5.7 경제학자들은 내년도 물가상승률(x)이 다음과 같은 확률분포를 할 것으로 보고 있다.

물가상승률(x;%)	6	7	8	9	10
$P(x)$	0.05	0.10	0.15	0.34	0.36

(1) 내년도 물가상승률을 얼마로 예상할 수 있는가?

(2) 물가상승률의 표준편차를 구하시오.

(3) 위의 확률분포표를 도표로 그린 후 좌우 대칭 여부를 확인하시오.

풀이 (1) 내년도 물가상승률은 x의 기댓값 즉 평균을 구하면 된다.

x	$P(x)$	$x \cdot P(x)$	$(x-\mu)^2 \cdot P(x)$
6	0.05	0.30	0.4090
7	0.10	0.70	0.3460
8	0.15	1.20	0.1109
9	0.34	3.06	0.0067
10	0.36	3.60	0.4679
		8.86	1.3404

위의 표로부터 내년도 물가상승률에 대한 기댓값은 $\sum x \cdot P(x) = 8.86$이다.

(2) 표준편차는 $\sqrt{\sum (x-\mu)^2 \cdot P(x)} = \sqrt{1.3404} = 1.16$이다.

(3) 도표에 나타난 바와 같이 분포의 모양이 오른쪽으로 치우쳐져 있다.

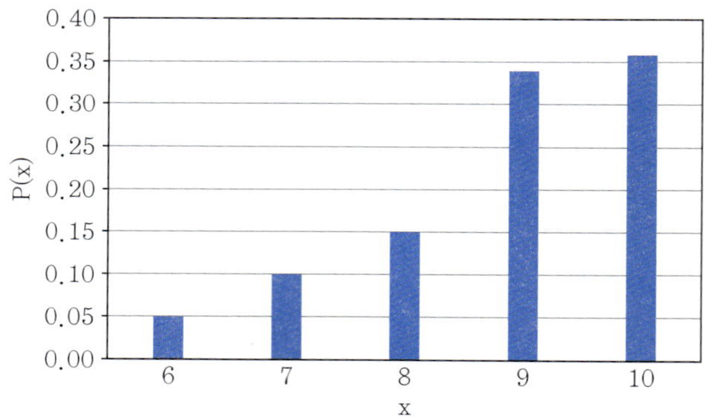

입력과정

① A2:B6에 확률분포에 대한 데이터를 입력한다.

② $\mu = \sum x \cdot P(x)$에 따라 E2에서 확률변수 x의 평균을 구한다.

= SUMPRODUCT(A2:A6,B2:B6)

③ $\sigma = \sqrt{\sum(x-\mu)^2 \cdot P(x)}$ 에 따라 E3에서 확률변수 x의 표준편차를 계산한다.

= SQRT(SUMPRODUCT((A2:A6−$E$2)^2,B2:B6))

	A	B	C	D	E	F
1	x	P(x)				
2	6	0.05		평균=	8.86	
3	7	0.10		표준편차=	1.157756	
4	8	0.15				
5	9	0.34				
6	10	0.36				
7						

■ 이항분포

연습 5.8 다음 문항에서 이항분포를 적용할 수 있는 것은 어느 것인가?

(1) 표본으로 선정된 학생들의 통학거리

(2) 표본으로 선정된 학생들의 학점과 통과와 낙제의 두 가지로 등급이 매겨지는 경우

(3) 어느 우체국에서 표본으로 선택한 50통의 편지에 대해 우편번호 기재 여부를 조사한 경우

(4) 수강생들의 혈액형을 조사한 경우

풀이 이항분포를 하려면 우선 시행의 결과가 성공, 실패의 두 가지로만 이루어져야 한다.

(1) 통학거리는 학생들마다 얼마든지 다르게 나타날 수 있기 때문에 통학거리는 이항분포의 확률변수로 사용될 수 없다.

(2) 어떤 학생들을 선정하든 이 학생의 학점은 통과와 낙제의 두 가지 형태로 나타나기 때문에 이 중 몇 명이 통과할 것인가의 확률을 구하려 할 때 이항분포의 적용이 가능하다.

(3) 우편번호가 기재되었는지 기재되지 않았는지의 두 가지 형태이므로 표본으로 뽑은 편지 가운데 몇 통에 우편번호가 기재되었나의 확률을 구할 때 이항분포의 적용이 가능하다.

(4) 혈액형은 두 가지가 아닌 여러 형태로 나타나므로 이항분포를 적용할 수 없다.

연습 5.9 과세 잘못으로 세금을 납세자에게 환급해 주는 사례의 90%는 계산상의 잘못이 아닌 다른 것에 원인이 있는 것으로 알려져 있다. 환급 사례 중 임의로 8개의 사례를 선정하고, 이 때 계산상의 실수가 아닌 다른 이유로 인해 발생한 세금 반환 사례를 성공으로 간주할 경우 아래의 확률변수 값에 대한 확률을 계산하시오.

(1) $P(x=6)$

(2) $P(x \leq 6)$

(3) 확률변수가 어떤 값을 가질 확률이 가장 높은가?

풀이 환급 사례의 원인이 계산상의 잘못이 아닌 경우가 90%이므로 계산상의 잘못인 경우는 10%에 해당한다.

여기서는 계산상의 잘못이 아닌 경우를 성공으로 하고, 8개의 환급 사례를 조사했을 때 이러한 성공의 발생 횟수에 대한 확률을 구하는 것으로 이항분포 확률함수를 이용하든가 부록의 이항분포표를 이용하면 된다. 이 때 성공확률은 $p=0.9$이고 시행횟수는 $n=8$에 해당한다.

(1) 8개의 사례 중 6개 사례가 계산상의 잘못이 아닐 확률을 구하는 것이다.

$$P(x=6)=\frac{n!}{x!(n-x)!}p^x(1-p)^{n-x}=\frac{8!}{6!(8-6)!}0.9^6(1-0.9)^{8-6}=0.149$$

(2) 이항분포 확률함수 $P(x)={}_nC_x p^x(1-p)^{n-x}$에 따라 각 확률변수 값에 대응하는 확률을 계산하여 다음과 같이 표를 구성한다.

$$\begin{aligned}P(x\le 6)&=P(0)+P(1)+P(2)+P(3)+P(4)+P(5)+P(6)\\&=0.000+0.000+0.000+0.0004+0.0046+0.0331+0.1488=0.187\end{aligned}$$

(3) $P(x=8)=0.4305$로 확률변수 x가 8의 값을 가질 확률이 가장 높다.

x	$P(x)$
0	0.0000
1	0.0000
2	0.0000
3	0.0004
4	0.0046
5	0.0331
6	0.1488
7	0.3826
8	0.4305
계	1.0000

입력과정

① B2와 B3에 시행횟수와 성공확률을 입력한다.

② 성공횟수를 표시하는 확률변수의 값에 대응하는 확률을 구하기 위해 BINOMDIST 함수를 이용하여 E2에 다음과 같이 입력한다.

= BINOMDIST(D2,$B$2,$B$3,0)

BINOMDIST 함수에 확률변수 값, 시행횟수, 성공횟수, 그리고 누적확률 계산여부를 나타내는 인수가 순서대로 입력되어 있다. 위의 식에서 누적확률이 아닌 해당 확률변수 값에 대한 확률을 구하는 것이므로 네 번째 인수는 '0'으로 지정하였다. 물론 'FALSE'라고 지정해도 된다.

E2에서의 계산과정을 다른 확률변수 값에 대해서도 그대로 적용하기 위해 E2셀을 마우스로 지정하여 활성화시킨 후 자동채우기 핸들을 이용하여 E10까지 드래그하여 복사 과정을 실행한다.

$x=6$일 때의 확률이 E8에 0.1488로 계산되어 있으며 또한 E10에 나타난 바와 같이 $x=8$일 때의 확률이 0.4305로 가장 높게 나타나고 있다.

③ 누적확률을 구하기 위해 F2에 다음과 같이 입력한다.

= BINOMDIST(D2,\$B\$2,\$B\$3,1)

	A	B	C	D	E	F	G
1	이항분포			k	P(x=k)	P(x<=k)	
2	n =	8		0	0.0000	0.0000	
3	p =	0.9		1	0.0000	0.0000	
4				2	0.0000	0.0000	
5				3	0.0004	0.0004	
6				4	0.0046	0.0050	
7				5	0.0331	0.0381	
8				6	0.1488	0.1869	
9				7	0.3826	0.5695	
10				8	0.4305	1.0000	
11							

누적확률을 계산하기 위한 것이므로 네 번째 인수는 '1'로 지정하였다. 'TRUE'라고 지정하여도 된다.

F2에서의 계산 과정을 다른 확률변수 값에 대해서도 그대로 적용하기 위해 F2셀을 마우스로 지정하여 활성화시킨 후 자동채우기 핸들을 이용하여 F10까지 드래그하여 복사 과정을 실행한다.

$x=6$까지의 누적확률 $P(x \leq 6)$이 E8에 0.1869로 나타나 있다.

연습 5.10 어느 음식점의 손님 중 25%는 흡연석을 요구한다고 한다. 앞으로 들어오는 손님 4명 중 3명이 흡연석을 요구할 확률을 이항분포식을 이용하여 구하시오.

풀이 손님 4명 중 3명이 흡연석을 요구할 확률을 다음과 같다.

$$P(x=3)=\frac{n!}{x!(n-x)!}p^x(1-p)^{n-x}=\frac{4!}{3!(4-3)!}\times 0.25^3\times(1-0.25)^{4-3}=0.047$$

연습 5.11 시행횟수(n)가 16이고 성공확률이 0.2일 때 이항분포를 하는 확률변수 x에 대해 부록에 있는 이항분포를 이용하여 다음 확률을 구하시오.

(1) $P(x=4)$

(2) $P(4 \leq x \leq 6)$

(3) $P(x \geq 8)$

풀이 (1) $P(x=4)=0.2001$

(2) $P(4 \leq x \leq 6)=P(4)+P(5)+P(6)=0.2001+0.1201+0.0550=0.3752$

(3) $P(x \geq 8)=0.0055+0.0012+0.0002=0.0069$

아래는 BINOMDIST 함수를 이용하여 계산한 결과이다.

입력과정

① B2와 B3에 시행횟수와 성공확률에 대한 값을 입력한다.

② $P(x=4)$를 구하기 위해 E2에 다음과 같이 입력한다.

= BINOMDIST(4,B2,B3,0)

③ $P(4 \leq x \leq 6)$은 $x=6$까지의 누적확률에서 $x=3$까지의 누적확률을 빼면 된다.

즉 $P(x \leq 6)-P(x \leq 3)$에 따라 계산과정을 E3에 입력한다.

= BINOMDIST(6,B2,B3,1)−BINOMDIST(3,B2,B3,1)

E3에 $P(4 \leq x \leq 6)=0.3752$로 계산되어 있다.

④ E4에서 $P(x \geq 8)$을 구하기 위해 $P(x \geq 8)=1-P(x \leq 7)$에 따라 계산식을 입력한다.

= 1−BINOMDIST(7,B2,B3,1)

E4에 $P(x \geq 8)=0.007$로 나타나 있다.

	A	B	C	D	E	F
1	이항분포					
2	n =	16		P(x=4)	0.2001	
3	p =	0.2		P(4<=x<=6)	0.3752	
4				P(x>=8)	0.0070	
5						

연습 5.12 2할 5푼의 타율을 가진 야구선수가 있는데 이 선수에 대해 감독은 어느 연속 게임에서 다섯 번 타석에 들어갈 수 있는 기회를 주려고 한다. 다음 물음에 답하시오.

(1) 이 선수가 다섯 번의 타석에서 안타를 하나도 치지 못할 확률은?

(2) 이 연속 게임에서 이 선수는 몇 개의 안타를 칠 확률이 가장 높은가?

(3) 다섯 번의 타석에서 세 개의 안타를 칠 확률은?

풀이 (1) 이는 시행횟수가 5이고 0.25의 확률을 가진 안타의 발생횟수를 확률변수로 하는 이항분포에

해당한다. 따라서 안타를 하나도 치지 못할 확률은

$$P(x=0)=\frac{n!}{x!(n-x)!}p^{x}(1-p)^{n-x}=\frac{5!}{0!5!}\times 0.25^{0}\times 0.75^{5}=0.237$$

이다.

(2) 먼저 확률변수 값은 안타 발생횟수별로 확률을 구하여야 한다. 부록의 이항분포표를 이용하든가 또는 엑셀의 BINOMDIST 함수를 이용하여 확률분포표를 작성한다. 아래 확률분포표를 살펴보면 안타를 한 개 칠 확률이 0.396으로 가장 높다.

x	$P(x)$
0	0.237304688
1	0.395507813
2	0.263671875
3	0.087890625
4	0.014648438
5	0.000976563

(3) 위의 표에서 다섯 번의 타석에서 세 개의 안타를 칠 확률은 $P(x=3)=0.088$인 것으로 나타나 있다.

입력과정

① 시행횟수와 성공확률을 B2와 B3에 입력한다.

② 확률변수 값에 대응하는 확률을 구하기 위해 E2에 다음과 같이 입력한다.
= BINOMDIST(D2,$B$2,$B$3,0)
다섯 번의 타석에서 한 번도 안타를 치지 못할 확률이 E2에 0.237로 나타나 있다.
다른 확률변수 값에 대해서도 동일한 계산과정을 실행하기 위해 E2셀을 마우스로 지정하여 활성화시킨 후 자동채우기 핸들을 이용하여 E7까지 드래그하여 복사 과정을 실행한다.
안타를 한 개 칠 확률이 E3에 0.396으로 가장 높게 나타나고 있으며 세 개의 안타를 칠 확률은 E5에 0.088로 나타나 있다.

	A	B	C	D	E	F
1	이항분포			x	P(x)	
2	n =	5		0	0.237305	
3	p =	0.25		1	0.395508	
4				2	0.263672	
5				3	0.087891	
6				4	0.014648	
7				5	0.000977	
8						

연습 5.13 [연습 5.12]에서 확률변수에 해당하는 이 선수가 칠 수 있는 안타수의 기댓값과 표준편차를 구하시오.

풀이 이항분포를 하는 확률변수의 기댓값과 표준편차는 $\mu=np$와 $\sigma=\sqrt{np(1-p)}$에 따라 구한다.

$$\mu=np=5\times0.15=1.25$$
$$\sigma=\sqrt{np(1-p)}=\sqrt{5\times0.25\times(1-0.25)}=0.97$$

입력과정

① $\mu=np$에 따라 평균을 구하기 위해 E2에 다음과 같이 입력한다.
= B2*B3

② $\sigma=\sqrt{np(1-p)}$에 따라 표준편차를 구하기 위해 E3에 다음과 같이 입력한다.
= SQRT(B2*B3*(1−B3))

	A	B	C	D	E	F
1	이항분포					
2	n =	5		평균 =	1.25	
3	p =	0.25		표준편차 =	0.968246	
4						

연습 5.14 어느 피자 판매점에서는 판매 촉진을 위해 5,000매의 쿠폰을 소비자들에게 배부하고 한 달 이내에 이 쿠폰을 가져오는 사람에게는 피자 가격의 10%를 할인해주기로 하였다. 과거 경험으로 볼 때 회수되는 쿠폰은 배부한 쿠폰의 6% 정도에 이르며 몇 매가 회수되는가는 이항분포를 하는 것으로 알려져 있다.

(1) 회수되는 쿠폰의 기댓값과 표준편차를 구하시오.

(2) 실제로 295매의 쿠폰이 회수되었다고 할 때 이것이 과거의 경험과 일치한다고 결론내릴 수 있는가?

(3) 회수 쿠폰의 기댓값과 표준편차를 이용하여 실제 회수되는 쿠폰의 95.45%가 포함될 수 있는 최저 매수와 최고 매수의 구간을 $\mu\pm2\sigma$를 이용하여 설정하시오.

풀이 (1) 발행된 쿠폰 매수는 시행횟수에 해당되며 시행결과는 회수여부를 나타내는 성공과 실패의 두 가지이다. 그리고 이 때 회수확률은 6%이므로 회수되는 쿠폰의 매수가 이항분포의 확률변수라 할 수 있다. 따라서 회수되는 쿠폰의 기댓값과 표준편차는 다음과 같다.

$$\mu=np=5000\times0.06=300$$
$$\sigma=\sqrt{np(1-p)}=\sqrt{5000\times0.06\times0.94}=16.79$$

(2) 295/5000=0.059로 거의 6% 근접하므로 과거의 경험과 일치한다고 볼 수 있다.

(3) 분포가 좌우 대칭의 형태를 가질 때 평균을 중심으로 확률변수 값이 $\mu \pm 2\sigma$ 사이의 구간에 있을 확률은 95.45%에 이른다는 것을 3장에서 살펴본 바가 있다(3.5절 참조). 여기에서는 시행횟수에 해당하는 쿠폰 발행매수가 5,000매로 상당히 크기 때문에 회수 쿠폰매수를 확률변수로 하는 이항분포는 좌우 대칭의 모양을 보일 것으로 예상할 수 있다.

$$\mu - 2\sigma = 300 - (2 \times 16.79) = 266.4$$
$$\mu + 2\sigma = 300 + (2 \times 16.79) = 333.6$$

따라서 5,000매 중 회수되는 쿠폰의 매수가266매에서 334매 사이에 있을 확률은 95.45%에 달한다.

입력과정

① 시행횟수와 성공확률을 B2와 B3에 입력한다.

② E2에 $\mu = np$에 따라 확률변수의 평균 즉 회수 될 쿠폰의 기댓값을 구한다.
= B2*B3

③ E3에서 $\sigma = \sqrt{np(1-p)}$에 따라 확률변수의 표준편차를 구한다.
= SQRT(B2*B3(1−B3))

④ E2, E3에서 구한 평균과 표준편차를 이용하여 95.45% 확률에서 회수될 쿠폰 매수의 하한값 $(\mu - 2\sigma)$과 상한값$(\mu + 2\tau)$을 계산하기 위해 E4와 E5에 다음과 같이 입력한다.
= E2−2*E3
= E2+2*E3
즉 배부된 5,000매의 쿠폰 중 회수될 쿠폰이 266매에서 334매에 달할 확률은 95.45%가 될 것이다.

	A	B	C	D	E	F
1	이항분포					
2	n =	5000		평균 =	300	
3	p =	0.06		표준편차 =	16.79286	
4				μ - 2σ =	266.4143	
5				μ + 2σ =	333.5857	
6						

연습 5.15 어느 프로 농구팀에 30%의 3점슛 성공률을 가진 선수가 있다. 이 선수는 지금까지 게임당 평균적으로 6번의 3점슛을 시도한 것으로 알려져 있다. 이번에 참가하는 게임에서도 6번의 3점슛을 시도할 기회사 주어진다고 보고 다음 물음에 답하시오.

(1) 감독은 이 선수가 게임에서 3점슛을 몇 개 성공시킬 확률이 가장 높다고 볼 수 있는가?

(2) 이 선수가 6번의 3점슛을 모두 성공시킬 확률은 얼마인가?

(3) 3점슛 성공횟수의 기댓값과 표준편차를 구하시오.

(4) 이 게임에서 이 선수가 한 개에서 세 개 사이의 3점슛을 성공시킬 확률은 얼마인가?

풀이 6번의 3점슛을 시도하는 것이므로 확률변수에 해당하는 성공횟수는 0에서 6까지의 값을 가질 수 있다. 부록의 이항분포표에 따라 시행횟수 $n=6$, 성공확률 $p=0.3$인 상황에서 성공횟수를 나타내는 확률변수 x값에 따른 확률분포표를 작성하면 다음과 같다.

x	$P(x)$
0	0.1176
1	0.3025
2	0.3241
3	0.1852
4	0.0595
5	0.0102
6	0.0007

(1) 위 표에 나타난 바와 같이 2개를 성공시킬 확률이 0.32로 가장 높다.

(2) 3점슛 6개를 시도하여 모두 성공시킬 확률은 0.0007로 거의 0에 가깝다.

(3) $n=6$, $p=0.3$이므로 평균과 표준편차는 각각 1.8, 1.12이다.

$$\mu = np = 6 \times 0.3 = 1.8$$
$$\sigma = \sqrt{np(1-p)} = 1.12$$

(4) $P(1 \leqq x \leqq 3) = 0.3025 + 0.3241 + 0.1852 = 0.812$

입력과정

① 시행횟수와 성공확률을 B2와 B3에 입력한다.

② 주어진 확률변수 값에 대한 확률을 계산하기 위해 BINOMDIST 함수를 이용하여 먼저 B6에 다음과 같이 입력한다.

= BINOMDIST(A6,$B$2,$B$3,0)

즉 6번의 3점슛 가운데 한 번도 성공하지 못할 확률이 B6에 11.8%로 나타나 있다.

다른 확률변수 값에 대해서도 동일한 계산과정을 실행하기 위해 B6셀을 마우스로 지정하여 활성화시킨 후 자동채우기 핸들을 이용하여 B12까지 드래그하여 복사 과정을 실행한다. 3점슛을 6번 시도했을 때 두 번 성공할 확률이 32.4%로 가장 높게 나타나고 있다.

③ E2에서 $\mu = np$에 따라 확률변수인 3점슛 성공의 기댓값을 구한다.

= B2*B3

6번의 3점슛을 시도했을 때 이 선수는 평균 1.8(개)를 성공시킨다는 것을 표시하고 있다.

④ E3에서 $\sigma = \sqrt{np(1-p)}$ 에 따라 확률변수의 표준편차를 구한다.

= SQRT(B2*B3*(1−B3))

표준편차가 E3에 1.12로 나타나 있다.

⑤ $P(1 \leqq x \leqq 3)$은 $x=1$, $x=2$, $x=3$의 확률을 더하면 된다.

즉 계산과정을 E4에 입력한다.

= SUM(B7:B9)

E4에 $P(1 \leqq x \leqq 3) = 0.8119$로 계산되어 있다.

	A	B	C	D	E	F
1	이항분포					
2	n =	6		평균 =	1.8	
3	p =	0.3		표준편차 =	1.122497	
4				P(1<=x<=3) =	0.811881	
5	x	P(x)				
6	0	0.117649				
7	1	0.302526				
8	2	0.324135				
9	3	0.18522				
10	4	0.059535				
11	5	0.010206				
12	6	0.000729				
13						

■ 포아송분포

연습 5.16 $\lambda = 3.0$인 포아송분포를 하는 확률변수 x에 대해 아래에 주어진 확률을 구하시오.

(1) $P(x \geqq 3)$

(2) $P(x \leqq 4)$

(3) 발생빈도가 가장 높은 확률변수 값

풀이 (1) 포아송분포를 하는 확률변수 x에 대한 확률은 포아송 확률함수인 $P(x) = \dfrac{\lambda^x e^{-\lambda}}{x!}$에 따라 구할 수 있다.

포아송분포의 확률변수 x는 0이상의 정수값을 가지므로 $P(x \geqq 3)$의 확률은 확률변수 값이 각각 0, 1, 2일 때의 확률을 모두 더한 후 이를 1에서 빼면 된다.

즉

$$(x \geq 3) = 1 - P(0) - P(1) - P(2)$$

에 따라 계산하면 되므로 확률변수 $P(x) = \dfrac{\lambda^x e^{-\lambda}}{x!}$ 를 이용하여 먼저 $P(0)$, $P(1)$, $P(2)$를 계산한다.

$$P(0) = \frac{3^0 \cdot e^{-3}}{0!} = 0.050$$

$$P(1) = \frac{3^1 \cdot e^{-3}}{1!} = 0.149$$

$$P(2) = \frac{3^2 \cdot e^{-3}}{2!} = 0.224$$

따라서

$$\begin{aligned} P(x \geq 3) &= 1 - P(x \leq 2) = 1 - P(0) - P(1) - P(2) \\ &= 1 - 0.050 - 0.149 - 0.224 = 1 - 0.423 = 0.577 \end{aligned}$$

이 된다.

아래 결과물의 E2셀에 엑셀을 통해 구한 $P(x \geq 3)$의 결과가 0.5768로 나타나 있다.

(2) $P(x \leq 4)$는 확률변수 x가 4까지의 값을 가질 누적확률로서 $P(0)+P(1)+P(2)+P(3)+P(4)$를 계산하면 된다.

$P(0)$, $P(1)$, $P(2)$는 (1)에서 이미 계산하였으므로 여기서는 $P(3)$, $P(4)$만을 계산하기로 한다.

$$P(3) = \frac{3^3 \cdot e^{-3}}{3!} = 0.224$$

$$P(4) = \frac{3^4 \cdot e^{-3}}{4!} = 0.168$$

따라서 $P(x \leq 4) = 0.050 + 0.149 + 0.224 + 0.224 + 0.168 = 0.815$가 되고 이는 아래 결과물 E3셀에 나타나 있다.

(3) 포아송분포를 하는 확률변수 x값이 주어진 λ값 3보다 커지면 이에 대응하는 확률 $P(x)$는 감소하게 된다.

따라서 가장 발생빈도가 높을 것으로 보이는 확률변수 값은 2와 3으로서 확률은 모두 0.224로 동일하다(아래 결과몰 참조).

입력과정

① B2에 λ값 3을 입력하고, B5:B13의 범위에 '0' 이상의 정수값을 갖는 포아송분포의 확률변수 값을 입력한다(여기서는 8까지 입력하였다).

② λ값이 3으로 주어진 상태에서 각 확률변수 값에 대응하는 확률을 계산하기 위해 POISSON(x,mean,cumulative) 함수를 이용하여 먼저 B5에 다음과 같이 입력한다.

= POISSON(A5,$B$2,0)

누적확률을 구하는 것이 아니기 때문에 위 입력식은 세 번째 인수는 '1'이 아닌 '0'으로 지정하였다.

위의 입력식은 정해진 시간에 사건(event)이 평균 3번 발생하는 상태($\lambda = 3$)에서 사건이 한 번도 발생하지 않을 확률을 계산하기 위한 것으로서 B5에 4.98%로 나타나 있다.

다른 확률변수 값에 대해서도 동일한 계산과정을 실행하기 위해 B5셀을 마우스로 지정하여 활성화시킨 후 자동채우기 핸들을 이용하여 B13까지 드래그하여 복사과정을 실행한다.

$x = 2$ 또는 $x = 3$, 즉 사건이 두 번 또는 세 번 발생할 확률이 22.4%로 가장 높게 나타나고 있다.

③ $P(x \geq 3)$을 E2에서 $P(x \geq 3) = 1 - P(x \leq 2)$에 따라 계산한다.

= 1−POISSON(2,B2,1)

정해진 시간에 사건이 세 번 이상 발생할 확률이 0.5768로 나타나 있다.

④ $P(x \leq 4)$을 구하기 위해 E3에 다음과 같이 입력한다.

= POISSON(4,B2,1)

정해진 시간에 사건이 네 번 이하 발생할 확률이 0.8153에 이르고 있음을 나타내고 있다.

	A	B	C	D	E	F
1	포아송분포					
2	lambda =	3		P(x>=3) =	0.5768	
3				P(x<=4) =	0.8153	
4	x	P(x)				
5	0	0.049787				
6	1	0.149361				
7	2	0.224042				
8	3	0.224042				
9	4	0.168031				
10	5	0.100819				
11	6	0.050409				
12	7	0.021604				
13	8	0.008102				
14						

연습 5.17 어느 산악지대의 국도를 통과하는 승용차 가운데 고장을 일으키는 차는 1주일에 평균 0.4대에 이른다고 한다. 1주일에 고장을 일으키는 차의 평균 대수(x)가 포아송분포를 하는 확률변수라 할 때 다음 물음에 답하시오.

(1) 확률변수 x의 표준편차

(2) 어느 특정 1주일 동안에 적어도 1대 이상의 차가 고장을 일으킬 확률은?

(3) 어느 특정 1주일 동안에 3대의 차가 고장을 일으킬 확률은?

(4) 2주일 동안에 3대의 차가 고장을 일으킬 확률은?

풀이 (1) 포아송분포를 하는 확률변수 x의 표준편차는 x의 평균인 λ의 제곱근이다. 그리고 λ는 주어진 특정 기간 동안의 평균 사건발생 횟수이므로 여기에서는 1주일 동안 발생한 고장난 차의 평균 대수인 0.4가 λ가 된다. 따라서 표준편차는 $\sqrt{\lambda}=\sqrt{0.4}=0.63$이다. 이에 대한 계산결과는 아래 입력과정의 ②에 따라 구할 수 있으며 그 결과가 아래 결과물의 E2셀에 나타나 있다.

(2) 1주일 동안에 1대 이상의 차가 고장을 일으킬 확률을 한 대도 고장을 일으키지 않을 확률을 1에서 빼면 된다.

포아송분포의 확률함수에 따라 한 대도 고장을 일으키지 않을 확률은

$$P(0)=\frac{\lambda^x e^{-\lambda}}{x!}=\frac{0.4^0 \cdot e^{-0.4}}{0!}=0.670$$

이므로 1주일 동안에 적어도 1대 이상의 차가 고장을 일으킬 확률은

$$P(x \geq 1)=1-P(0)=0.330$$

이 된다. 이는 아래 결과물 E3셀에 계산되어 있다.

(3) $P(3)=\frac{\lambda^x e^{-\lambda}}{x!}=\frac{0.4^3 \cdot e^{-0.4}}{3!}=0.007$이다. 이에 대한 계산은 아래 입력과정의 ④에 나타나 있다.

(4) 1주일 동안에 평균 0.4대의 차가 고장을 일으키므로 2주일 동안을 기준으로 하는 경우 평균 고장대수는 0.8대가 된다. 따라서 $\lambda=0.8$일 때 2주일 동안에 3대가 고장날 확률은

$$P(3)=\frac{\lambda^x e^{-\lambda}}{x!}=\frac{0.8^3 \cdot e^{-0.8}}{3!}=0.038$$

이 된다. 이에 대한 계산결과가 아래 결과물의 E5셀에 나타나 있다.

입력과정

① B2 : λ값 0.4를 입력한다.

② E2 : 포아송분포를 하는 확률변수의 표준편차를 $\sqrt{\lambda}$에 따라 계산한다.
= SQRT(B2)

③ E3 : $P(x \geq 1)$을 $P(x \geq 1)=1-P(x=0)$에 따라 계산한다.
= 1−POISSON(0,B2,0)
확률변수 x가 0, 1, 2, …의 정수값을 가지므로 $x=0$일 때의 확률을 1에서 빼어 $P(x \geq 1)$의 확률을 구하고 있다. 확률이 0.3297로 계산되어 있다.

④ E4 : $P(x=3)$을 구하기 위해 다음과 같이 입력한다.
= POISSON(3,B2,0)

⑤ E5 : $\lambda=0.8$일 때 3대의 차가 고장을 일으킬 확률을 구하기 위해 다음과 같이 입력한다.

= POISSON(3, 2*B2, 0)

2주일 동안을 기준으로 하는 경우 평균 고장 대수는 0.8대가 되므로 POISSON 함수에 입력되는 두 번째 인수 λ값은 0.8로 지정되어야 한다. 따라서 위 입력식에서는 0.4가 저장되어 있는 B2셀의 2배를 지정하고 있다. $\lambda = 0.8$일 때 3대의 차가 고장을 일으킬 확률이 E5에 0.0383으로 출력되어 있다.

	A	B	C	D	E	F
1	포아송분포					
2	lambda =	0.4		표준편차 =	0.6325	
3				P(x>=1) =	0.3297	
4				P(x=3) =	0.0072	
5				P1(x=3) =	0.0383	
6						

연습 5.18 어느 도시를 대상으로 서식하는 쥐를 조사한 결과 $1km^2$당 5마리의 쥐가 있는 것으로 나타났다. $1km^2$의 구역에 살고 있는 쥐의 수가 포아송분포를 하는 확률변수라 할 때 다음 확률을 구하시오.

(1) 정확히 5마리의 쥐가 있을 확률

(2) 6마리 이상의 쥐가 있을 확률

(3) 5마리 미만의 쥐가 있을 확률

(4) $10km^2$의 지역에 50마리에서 100마리의 쥐가 있을 확률

풀이 $\lambda = 5$인 포아송분포에 해당한다.

(1) $x = 5$이므로

$$P(5) = \frac{\lambda^x e^{-\lambda}}{x!} = \frac{5^5 \cdot e^{-5}}{5!} = 0.175$$

가 된다.

이의 계산결과가 아래 입력과정 결과물의 E2셀에 나타나 있다.

(2) 부표에 있는 포아송분포표를 이용하면

$$\begin{aligned} P(x \geq 6) &= 1 - P(x \leq 5) = 1 - P(0) - P(1) - P(2) - P(3) - P(4) - P(5) \\ &= 1 - 0.0067 - 0.0337 - 0.0842 - 0.1404 - 0.1755 - 0.1755 \\ &= 1 - 0.6160 = 0.3840 \end{aligned}$$

이 된다.

즉 $1km^2$의 구역에 6마리 이상의 쥐가 살고 있을 확률은 0.384인 것으로 나타나 있다.

이는 아래 결과물의 E3셀에 계산되어 있다.

(3) $P(x < 5) = P(0) + P(1) + P(2) + P(3) + P(4)$의 계산결과가 아래 결과물 E4에 0.440으로 나타나

있다.

(4) $10km^2$의 구역을 기준으로 할 때 확률변수 x의 평균은 $\lambda = 10 \times 5 = 50$이 된다.
$\lambda = 50$일 때 $P(50 \leq x \leq 100)$의 확률이 아래 결과물 E5셀에 0.5188로 나타나 있다.

입력과정

① B2 : λ값 5를 입력한다.

② E2 : $P(x=5)$를 구하기 위해 다음과 같이 입력한다.
= POISSON(5, B2, 0)

③ E3 : $P(x \geq 6) = 1 - P(x \leq 5)$를 구하기 위해 다음과 같이 입력한다.
= 1−POISSON(5, B2, 1)

④ E4 : 포아송분포에서 확률변수 x는 '0' 이상의 정수값을 가지므로 $P(x < 5)$의 확률은 $P(x \leq 4)$의 확률을 구하는 것과 같다.
= POISSON(4, B2, 1)

⑤ E5 : $\lambda = 50$일 때 $P(50 \leq x \leq 100)$의 확률은 $P(50 \leq x \leq 100) = P(x \leq 100) - P(x \leq 49)$에 따라 구할 수 있다.
= POISSON(100, 10*B2, 1)−POISSON(49, 10*B2, 1)
$10km^2$의 지역에 50마리 이상 100마리 이하의 쥐가 서식하고 있을 확률이 E5에 0.5188로 계산되어 있다.

	A	B	C	D	E	F
1	포아송분포					
2	lambda =	5		P(x=5) =	0.175467	
3				P(x>=6) =	0.384039	
4				P(x<5) =	0.440493	
5				P1(50<=x<=100) =	0.518808	
6						

연습 5.19 어느 생산공장에서 발생하는 연평균 사고는 4건이며 1년 동안에 발생하는 사고 건수는 포아송분포를 한다고 한다. 1년 동안 종업원 수에 변동이 없다고 가정하고 다음 확률을 구하시오.

(1) 7건의 사고가 발생할 확률

(2) 10건 이상의 가고가 발생할 확률

(3) 무사고일 확률

(4) 5건 미만의 사고가 발생할 확률

풀이 (1) $\lambda = 4$이고 $x = 7$이므로

$$P(7) = \frac{\lambda^x e^{-\lambda}}{x!} = \frac{4^7 \cdot e^{-4}}{7!} = 0.060$$

(2) $P(x \geqq 10)$은 $P(x \geqq 10) = 1 - P(x \leqq 9)$를 이용하여 구한다. 이는 아래 입력과정의 ③에서 수행되고 있으며 계산결과가 E3에 0.0081로 나타나 있다.

(3) 무사고일 확률은 바로 확률변수 값이 $x = 0$일 때의 확률이다.

$$P(0) = \frac{\lambda^x e^{-\lambda}}{x!} = \frac{4^0 \cdot e^{-4}}{0!} = 0.018$$

이에 대한 계산은 입력과정 ④에 나타나 있으며 계산결과가 E4셀에 0.0183으로 출력되어 있다.

(4) 포아송분포의 확률변수는 '0' 이상의 정수값을 가지므로 5건 미만의 사고가 날 확률 $P(x < 5)$는 $P(x \leqq 4)$를 구하는 것과 동일하다.
이의 계산결과가 아래 결과물 E5셀에 0.6288로 나타나 있다.

입력과정

① B2 : 포아송분포 확률변수의 λ값을 입력한다.

② E2 : POISSON(x, mean, cumulative) 함수를 이용하여 $\lambda = 4$일 때 확률변수 $x = 7$에 대한 확률 $P(7)$을 계산한다.
= POISSON(7, B2, 0)
위의 입력식에 따라 $P(7) = \frac{\lambda^x e^{-\lambda}}{x!} = \frac{4^7 \cdot e^{-4}}{7!}$의 계산결과가 E2에 0.0595로 나타나 있다.

③ E3 : 10건 이상의 사고가 발생할 확률 $P(x \geqq 10)$을 구하기 위해 $P(x \geqq 10) = 1 - P(x \leqq 9)$에 따라 입력식을 작성한다.
= 1−POISSON(9, B2, 1)

④ E4 : $P(0)$를 구하기 위해 다음과 같이 입력한다.
= POISSON(0, B2, 0)

⑤ E5 : $P(x < 5)$는 누적확률 $P(x \leqq 4)$에 해당하므로 다음과 같이 입력한다.
= POISSON(4, B2, 1)

	A	B	C	D	E	F
1	포아송분포					
2	lambda =	4		P(x=7) =	0.0595	
3				P(x>=10) =	0.0081	
4				P(x=0) =	0.0183	
5				P(x<5) =	0.6288	
6						

연습 5.20 어느 은행 지점의 예금계에 도착하는 고객의 수는 1분당 평균 0.8명으로서 포아송분포를 한다고 한다. 이 지점의 예금계에 5분 동안에 도착할 고객이 2명 이하일 확률은 얼마인가? 그리고 이 때 확률변수의 평균과 분산, 표준편차를 구하시오.

풀이 확률변수는 5분 동안에 도착할 고객의 수이므로 1분당 평균 도착 고객 수 0.8에 5를 곱한 4가 λ인 셈이다.

따라서 구하고자 하는 확률은 $P(x \leq 2) = P(0) + P(1) + P(2)$로서 부록의 포아송확률분포표 또는 포아송 확률함수 $P(x) = \frac{\lambda^x e^{-\lambda}}{x!}$을 이용하여 계산할 수 있다.

부표의 포아송 확률분포표를 이용하면

$$P(x \leq 2) = P(0) + P(1) + P(2) = 0.0183 + 0.0733 + 0.1465 = 0.2381$$

이 된다.

입력과정

① B2 : 포아송분포의 확률변수에 대한 λ값을 입력한다.

② E2 : 5분 동안에 2명 이하의 고객이 지점을 찾을 확률 $P(x \leq 2)$를 구하기 위해 다음과 같이 입력한다.

= POISSON(2,B2*5,1)

이 때 주의할 것은 POISSON 함수에 지정되는 λ값은 5분 동안을 기준으로 하고 있으므로 B2셀의 0.8이 아니라 이를 5배한 4로 지정해야 한다.

	A	B	C	D	E	F
1	포아송분포					
2	lambda =	0.8		P(x<=2) =	0.2381	
3						

■ 연속형 확률분포

연습 5.21 아래 표는 연속형 확률변수 x의 각 값에 대한 누적확률을 표시하고 있다. 이 표를 이용하여 다음 확률을 구하시오.

k	0	1	1.5	2	3.5	4
$P(x \leq k)$	0	0.3625	0.5766	0.6500	0.9734	1.0

(1) $P(x > 1.5)$

(2) $P(1 \leq x \leq 3.5)$

(3) $P(x=4)$

(4) $P(x>5)$

(5) $P(x \leq 2)$

풀이 (1) $P(x>1.5)=1-P(x \leq 1.5)=1-0.5766=0.4234$

(2) $P(1 \leq x \leq 3.5)=P(x \leq 3.5)-P(x \leq 1)=0.9734-0.3625=0.6109$

(3) 연속형 확률분포의 확률변수가 어떤 특정 값을 가질 확률은 0이다.
따라서 4라는 특정한 값을 가질 확률 역시 $P(x=4)=0$이다.

(4) 위의 표에서 연속형 확률변수 x값의 범위는 0에서 4까지이므로 x가 5보다 큰 값을 가질 확률은 0이다. 즉 $P(x>5)=0$이다.

(5) $P(x \leq 2)=0.65$

연습 5.22 어느 음식점을 조사한 결과 고객이 음식을 주문한 후 기다리는 시간 x(분)는 다음과 같은 확률밀도함수에 따른다는 것을 확인하였다.

$$f(x)=0.4-0.08x \qquad (0<x<5)$$

(1) 확률변수 x는 이산형인가 연속형인가?

(2) $f(x)$는 확률밀도함수로서의 조건을 만족시키고 있는가?

(3) 확률밀도함수의 그래프를 그리시오.

(4) 손님이 주문 후 기다리는 시간이 3분 이하일 확률 즉 $P(x \leq 3)$을 기하학적으로 구하시오.

(5) 이 음식점은 손님의 95%가 기다리는 시간을 4분 이내로 하려고 목표하고 있다. 조사 결과는 이 목표를 달성하고 있다고 볼 수 있는가?

풀이 (1) 확률변수 x는 손님이 기다리는 시간으로서 $0<x<5$ 구간에서 연속형이다.

(2) $f(x)$가 확률변수 x에 대한 확률밀도함수가 되기 위해서는 $f(x)$가 $0<x<5$ 구간에서 $f(x) \geq 0$이고 또 해당 구간에서 $\int_0^5 f(x)dx=1$이 되어야 한다.

문제 (3)의 그래프에 나타난 바와 같이 $f(x)=0.4-0.08x$는 절편이 0.4이고 기울기가 -0.08인 우하향의 직선으로서 $0<x<5$의 구간에서 $f(x)>0$임을 알 수 있다.
또한 해당 구간에서

$$\int_0^5 f(x)dx=\int_0^5 (0.4-0.08x)dx=[0.4x-0.04x^2]_0^5=2-1=1$$

이므로 확률밀도함수의 조건을 만족시키고 있다.

(3)

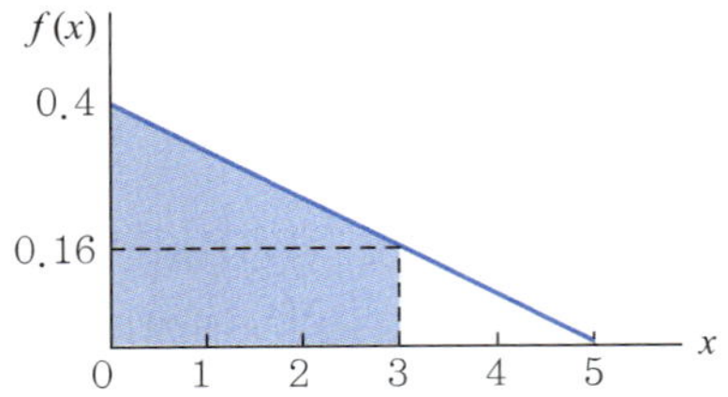

그림 5-18 확률밀도함수의 면적과 확률

(4) $P(x \leq 3)$일 확률은 위 그림에서 $f(x)$ 그래프 아래의 빗금친 부분의 넓이에 해당한다.

$$f(3) = 0.4 - (0.08 \times 3) = 0.16$$

이고 빗금 핀 부분의 면적은 사다리꼴이므로

$$\frac{(0.4 + 0.16) \times 3}{2} = 0.84$$

가 된다. 따라서 손님이 기다리는 시간이 3분 이하일 확률은 0.84이다.

이는 다음과 같이 확률밀도함수 $f(x)$를 적분하여 구할 수도 있다.

$$\int_0^3 (0.4 - 0.08x)dx = 0.84$$

(5) $P(x \leq 4) = \int_0^4 (0.4 - 0.08x)dx = 0.96$이므로 95%를 상회하고 있어 목표에 도달하고 있음을 알 수 있다.

Note

또는 처음부터 확률밀도함수 $f(x)$를 부정적분하여 얻은 누적확률함수를 이용할 수도 있다. 즉 누적확률함수는

$$F(x) = \int f(x)dx = \int (0.4 - 0.08x)dx = 0.4x - 0.04x^2$$

이므로 여기에 3을 대입한 $F(3)$이 $P(x \leq 3)$이 되는 것이다. 이 방식으로 $P(x \leq 3)$을 계산하면 다음과 같이 동일한 결과를 얻는다.

$$F(3) = 0.4x - 0.04x^2 = (0.4 \times 3) - (0.04 \times 3^2) = 1.2 - 0.36 = 0.84$$

■ 정규분포

연습 5.23 어느 산업의 임금 분포는 모집단 평균임금이 214만원이고 표준편차는 42만원의 정규분포를 한다고 한다. 이 때 다음 임금수준의 표준화 z값을 구하시오.

(1) 280만원

(2) 214만원

(3) 120만원

풀이 위의 임금 분포에서는 제시된 임금수준이 모집단 평균임금으로부터 표준편차의 몇 배만큼 떨어져 있는지를 표시하는 것이 표준화 z값이다.

즉 정규분포 확률변수인 임금수준 x를 $z=\frac{x-\mu}{\sigma}$에 따라 변환하여 얻은 것이 표준화 z값이다. 따라서 z값이 음의 값을 가지는 경우 이는 임금수준이 평균임금보다 낮다는 것을 의미하는 것이다.

(1) $z=\frac{x-\mu}{\sigma}=\frac{280-214}{42}=1.57$

즉 확률변수 값 $x=280$(만원)은 표준화 z값이 1.57로 (+)이므로 정규분포상에서의 위치가 평균임금 214로부터 오른쪽으로 표준편차 $\sigma(=42)$의 1.57배만큼 떨어진 곳에 위치해 있음을 의미하는 것이다.

(2) $z=\frac{x-\mu}{\sigma}=\frac{214-214}{42}=0$

즉 $x=214$는 평균 $\mu(=214)$와 동일하므로 정규분포의 중앙에 위치해 있음을 알 수 있다.

(3) $z=\frac{x-\mu}{\sigma}=\frac{120-214}{42}=-2.24$

즉 확률변수 값 $x=120$은 평균(=214)으로부터 왼쪽으로 표준편차의 2.24배 되는 곳에 위치해 있음을 보여준다.

입력과정

① B2:B3 : 평균과 표준편차 값을 입력한다.

② E2 : $x=280$에 대한 표준화 z값을 $z=\frac{x-\mu}{\sigma}$에 따라 계산한다.

= (D2−$B$2)/$B$3

다른 확률변수 값에 대한 표준화 값을 구하는 경우에도 평균과 표준편차 값은 동일하게 적용되어야 하므로 이들 값은 절대주소로 지정하였다.

E2셀을 마우스로 지정하여 활성화시킨 후 자동채우기 핸들을 이용하여 E4까지 드래그 하여 복사과정을 실행한다.

E2:E4의 범위에 각 확률변수 값에 대한 표준화 z값이 계산되어 있다.

	A	B	C	D	E	F
1	정규분포			x	z	
2	평균 =	214		280	1.5714	
3	표준편차 =	42		214	0.0000	
4				120	-2.2381	
5						

연습 5.24 확률변수 x는 $\mu=48$, $\sigma=12$의 정규분포를 하고 있다. 아래의 표준

화 z값을 확률변수 x값으로 변환하시오.

(1) $z=-1.54$

(2) $z=-0.48$

(3) $z=2.1$

풀이 $z=\frac{x-\mu}{\sigma}$의 표준화 변환식을 x에 대해 풀면 z값을 확률변수 x값으로 역변환시키는 식 $x=\mu+\sigma z$을 도출할 수 있다.

(1) $z=-1.54$에 대응하는 확률변수 x값은 다음과 같이 구할 수 있다.

$$x=\mu+z\sigma=48+(-1.54)(12)=29.52$$

표준화 확률변수 z값이 (–)인 경우 이는 확률변수 x값이 평균보다 작다는 것을 의미한다.

(2) $x=\mu+z\sigma=48+(-0.48)(12)=42.24$

(3) $x=\mu+z\sigma=48+(2.1)(12)=73.2$

입력과정

① B2:B3 : 평균과 표준편차를 입력한다.

② E2 : 주어진 z값을 확률변수 x값으로 역변환시키기 위해 $x=\mu+\sigma z$에 따라 다음과 같이 입력한다.

= $B$2+D2*$B$3

다른 z값에 대해서도 동일한 계산과정을 수행하기 위해 평균과 표준편차가 입력되어 있는 B2, B3셀은 절대주소로 지정하였다. E2셀을 마우스로 지정하여 활성화시킨 후 자동채우기 핸들을 이용하여 E4까지 드래그 하여 복사과정을 실행한다.

E2:E4의 범위에 z값에 대응하는 확률변수 x값이 각각 29.52, 42.24, 73.2로 나타나 있다.

	A	B	C	D	E	F
1	정규분포			z	x	
2	평균 =	48		-1.54	29.52	
3	표준편차 =	12		-0.48	42.24	
4				2.1	73.2	
5						

연습 5.25 정규분포를 하는 확률변수가 $x=320$일 때 이에 대한 표준화 값을 구한 결과 -1.2로 나타났다. x의 표준편차가 110이라면 확률변수 x의 평균은 얼마인가?

풀이 $z=\dfrac{x-\mu}{\sigma}$이므로 $\mu=x-z\sigma$의 관계식이 성립한다. 다라서 확률변수 x의 평균은

$$\mu=x-z\sigma=320-(-1.2)(110)=452$$

가 된다.

입력과정

① B2:B4 : 확률변수 값, 표준편차 그리고 표준화 z값을 입력한다.

② $\mu=x-z\sigma$의 관계식에 따라 평균을 구하기 위해 다음과 같이 입력한다.

= B2−B4*B3

	A	B	C	D	E	F
1	정규분포					
2	x =	320		평균 =	452	
3	표준편차 =	110				
4	z =	-1.2				
5						

연습 5.26 표준정규분포상에서 확률변수인 z값의 범위에 대한 확률을 구하시오.

(1) $P(z<-1.54)$

(2) $P(-2.23<z<2.23)$

(3) $P(z>0.54)$

(4) $P(z>3.0)$

풀이 부록에 있는 표준정규분포표를 이용한다.

(1) 0.062

(2) 0.974

(3) 0.295

(4) 0.001

입력과정

표준정규분포의 확률은 NORMSDIST 함수를 이용하면 간단히 구할 수 있다. 이 함수의 입력형식은 NORMSDIST(z)로서 표준정규분포 확률변수인 z값을 인수로 입력하면 z값까지의 누적확률 즉 $P(Z\leq z)$을 계산하여 출력한다.

① B2 : $P(z\leq-1.54)$를 계산한다.

= NORMSDIST(−1.54)

② B3 : $P(-2.23<z<2.23)=P(z<2.23)-P(z<-2.23)$에 따라 계산한다.

= NORMSDIST(2.23)−NORMSDIST(−2.23)

③ B4 : $P(z > 0.54) = 1 - P(z \leq 0.54)$를 이용하여 계산한다.

= 1−NORMSDIST(0.54)

④ B5 : $P(z > 3.0) = 1 - P(z \leq 3.0)$에 따라 계산한다.

= 1−NORMSDIST(3.0)

	A	B	C
1	정규분포		
2	P(z<-1.54) =	0.0618	
3	P(-2.23<z<2.23) =	0.9743	
4	P(z>0.54) =	0.2946	
5	P(z>3.0) =	0.0013	
6			

연습 5.27 다음 표준정규분포에 대해 답하시오.

(1) 왼쪽 꼬리 부분의 확률이 0.25가 되는 지점의 z값은?

(2) 오른쪽 꼬리 부분의 확률이 0.1이 되는 지점의 z값은?

(3) 표준정규분포의 평균을 중심으로 좌우가 z가 어떤 범위의 값을 가질 때 확률이 0.95가 되는가?

풀이 표준정규분포를 이용하는 경우, 먼저 주어진 확률에 가장 근접한 확률을 표에서 찾은 후 이 확률값이 위치한 곳의 행과 열을 기준으로 행의 가장 왼쪽 부분과 열의 가장 위쪽 부분의 값을 결합하면 z값을 구할 수 있다.

(1) 주어진 확률이 0.25인데 표준정규분포표에서 정확히 0.25를 나타내는 확률이 나와 있지 않기 때문에 이에 가장 근접한 확률인 0.2514를 찾는다. 다음 0.2514가 위치한 행의 가장 왼쪽에 있는 −0.6이 소수점 첫째 자리까지의 z값을 표시하는데 소수점 둘째 자리는 0.2514가 위치한 열의 가장 위에 0.07로 표시되어 있다. 따라서 z값은 약 −0.67이 됨을 알 수 있다.

(2) 오른쪽 꼬리 부분의 확률이 0.1이 되는 지점의 z값은 왼쪽 꼬리 부분부터의 확률이 0.9가 되는 지점의 z값과 동일하다. 표준정규분포표의 z에 대한 확률은 왼쪽 꼬리 부분부터의 누적확률이기 때문에 확률이 0.9가 되는 곳의 z값을 찾아야 한다. 이에 가장 근접한 확률을 0.8997이므로 이에 대응하는 z값을 구하면 1.28이 된다.

(3) 평균을 중심으로 확률이 0.95가 되는 곳의 z값은 표준정규분포의 좌우 대칭이므로 표준정규분포곡선의 왼쪽 부분 면적이 0.475(=0.95/2) 그리고 오른쪽 부분 면적이 0.475가 됨을 의미한다. 이는 z의 하한값에서 표준정규분포의 중심 즉 평균인 $z=0$까지의 확률과 $z=0$에서 z의 상한값까지의 확률이 각각 0.475임을 의미하는 것이다.

따라서 z값 범위의 상한값 z_2는 왼쪽 꼬리부터의 누적확률이 0.975(=0.5+0.475)가 되는 곳에 위치하며 하한값 z_1은 왼쪽 꼬리부터의 누적확률이 0.025(0.5−0.475)가 되는 곳에 위치해 있다. 이를 표에서 찾으면 $z_1 = -1.96$, $z_2 = 1.96$이 된다.

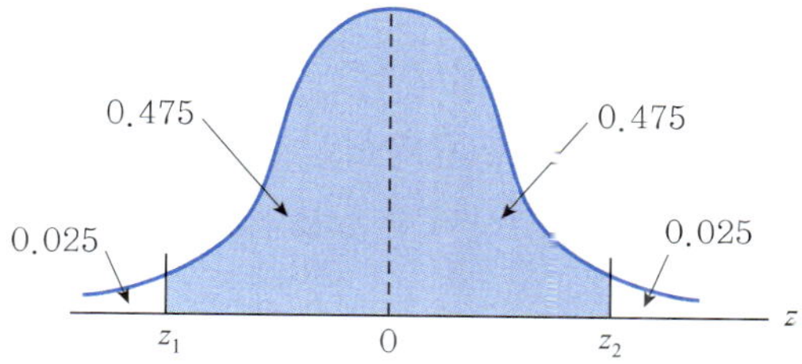

그림 5-20 표준정규분포와 표준화 z값

입력과정

엑셀의 내장함수 NORMSINV(prob)는 prob의 인수로서 누적확률을 입력하면 이에 대응하는 표준정규분포의 표준화 확률변수 z값을 계산해 준다.

① C2 : $P(z < z_1) = 0.25$이 성립하는 z_1값을 구하는 과정이다.

= NORMSINV(0.25)

② C3 : $P(z > z_1) = 0.1$이 성립하는 z_1값을 구하는 과정으로서 이는 $P(z < z_1) = 0.9$에서 z_1값을 구하는 것과 동일하다.

= NORMSINV(0.9)

③ C4:D4 : 표준정규분포의 평균인 $z = 0$을 중심으로 하여 $P(z_1 < z < z_2) = 0.95$가 성립하는 z_1, z_2를 구하는 과정으로서 이는 $P(z < z_1) = 0.025$와 $P(z < z_2) = 0.975$로 구한다.

= NORMSINV(0.025)

= NORMSINV(0.975)

실제 $P(z < z_2) = 0.975$은 $P(z > z_2) = 0.025$로서 좌우 대칭인 표준정규분포의 오른쪽 꼬리 부분의 확률이 0.025임을 의미하는 것이기 때문에, 이는 따로 계산하지 않더라도 이미 $P(z < z_1) = 0.025$에서 계산한 $z_1 = -1.96$과 부호만 반대로 나타날 것임을 알 수 있다.

	A	B	C	D	E
1	표준정규분포		z1	z2	
2	P(z<z1)=0.25		-0.67449		
3	P(z>z1)=0.1		1.281552		
4	P(z1<z<z2)=0.95		-1.95996	1.959964	
5					

연습 5.28 어느 회사에서 생산하는 캔디의 중량은 평균 850g이고 표준편차가 4g인 정규분포를 한다고 한다. 생산된 것 중에서 한 봉지를 임의로 뽑았을 때 다음 물

음에 대한 확률을 구하시오.

(1) 중량이 860g 미만일 확률은?

(2) 모집단 평균을 중심으로 중량이 ±3g 이내에 있을 확률은?

(3) 중량이 838g과 846g 사이에 있을 확률은?

풀이 평균과 표준편차를 이용하여 확률변수인 캔디의 중량(x)을 표준화 변수 z값으로 변환하여 확률을 구한다.

(1) $z=\frac{860-850}{4}=2.5$이다. 따라서 $P(z<2.5)=0.9938$

(2) $z=\frac{853-850}{5}=0.75$가 되고 이는 평균 850g보다 3g 더 무거운 853g에 대한 표준화 z값이다. 따라서 평균 중량 850g보다 3g 더 가벼운 847g에 대한 표준화 z값은 부호만 반대인 -0.75가 된다. 따라서 $P(847<x<853)$의 확률은 표준정규분포표에서 $P(-0.75<z<0.75)$의 확률과 동일하다. 표준정규분포표를 이용하면

$$P(-0.75<z<0.75)=P(z<0.75)-P(z<-0.75)=0.7734-0.2266=0.5468$$

이 된다.

(3) $z_1=\frac{838-850}{4}=-3$, $z_2=\frac{846-850}{4}=-1$이다. 따라서 $P(838<x<846)$의 확률은 표준정규분포에서 표준화변수 z에 대한 확률 $P(-3<z<-1)$과 동일하다. 즉

$$P(-3<z<-1)=P(z<-1)-P(z<-3)=0.1587-0.0013=0.1574$$

입력과정

① B2:B3 : 평균과 표준편차를 입력한다.

② E2 : $P(x<860)$의 누적확률을 NORMDIST(x,mean,standard_deviation,cumulative) 함수를 이용하여 구한다.
= NORMDIST(860,B2,B3,1)
누적확률을 구하는 것이므로 cumulative에 대한 인수는 '1'을 지정하였다.

③ E3 : $P(847<x<853)=P(x<853)-P(x<847)$에 따라 계산한다.
= NORMDIST(853,B2,B3,1)−NORMDIST(847,B2,B3,1)

④ E4 : $P(838<x<846)=P(x<846)-P(x<838)$에 따라 계산한다.
= NORMDIST(846,B2,B3,1)−NORMDIST(838,B2,B3,1)

	A	B	C	D	E	F
1	표준정규분포					
2	평균 =	850		P(x<860) =	0.99379	
3	표준편차 =	4		P(847<x<853) =	0.54675	
4				P(838<x<846) =	0.15731	
5						

연습 5.29 어느 회사에서 생산하는 건전지의 수명시간은 평균이 280시간이고 표준편차가 24시간인 정규분포를 한다고 한다. 소비자가 이 회사제품의 건전지를 구입했을 때 다음 물음에 답하시오.

(1) 320시간 이상 사용할 수 있을 확률은?

(2) 사용시간이 280시간 이상~320시간 이하가 될 확률은?

(3) 사용시간이 280시간 미만일 확률은?

(4) 건전지 수명시간에 대한 정규분포에서 33%의 백분위수에 해당하는 건전지 수명시간은?

풀이 평균과 표준편차를 이용하여 확률변수인 건전지 수명시간(x)을 $z=\frac{x-\mu}{\sigma}$에 따라 표준화 변수 z값으로 변환한 후 표준정규분포표를 이용하여 확률을 구한다.

(1) $\mu=280$, $\sigma=24$이므로 건전지 수명시간을 나타내는 확률변수 $x=320$에 대한 표준화 확률변수 z값은

$$z=\frac{x-\mu}{\sigma}=\frac{320-280}{24}=1.67$$

이 된다(여기서는 표준정규분포표에서의 z값이 소수점 둘째 자리까지 제시되어 있으므로 임의로 z값의 계산을 소수점 둘째 자리로 제한하였다. 따라서 아래 엑셀에서 구한 결과와는 약간의 오차가 발생할 수 있다).

따라서 수명이 320시간 이상이 될 확률 $P(x \geqq 320)$은 표준정규분포에서 $P(z \geqq 1.67)$과 같다. 표준정규분포표에는 z값에 대응하는 누적확률이 제시되어 있으므로 $P(z \geqq 1.67)$는

$$P(z \geqq 1.67)=1-P(z<1.67)=1-0.9525=0.0475$$

가 된다.

(2) $P(280 \leqq x \leqq 320)$의 확률을 구하는 것이다. (1)에서 이미 $x=320$에 대한 표준화 확률변수 z값이 1.67로 계산되어 있으므로 여기서는 $x=280$에 대한 z값만 계산하기로 한다.

$$z_1=\frac{280-280}{24}=0$$

따라서

$$P(280 \leqq x \leqq 320)=P(0 \leqq z \leqq 1.67)=P(z \leqq 1.67)-P(z \leqq 0)=0.9525-0.5=0.4525$$

가 된다.

(3) 확률변수 $x=280$은 평균($\mu=280$)과 동일하므로 $z=0$이고 $P(x<280)$은 $P(z<0)$으로서 0.5가 된다.

(4) 아래의 그림에서 보듯이 왼쪽 꼬리부분의 넓이 즉 누적확률이 0.33이 되는 곳의 z값을 구해야 한다. 표준정규분포표에서 누적확률이 0.33이 되는 곳의 z값은 −0.44이고 이를 수명시간(x)을 확률변수로 하는 정규분포로의 역변환은 $x=\mu+z\sigma$의 관계식을 이용한다.

$$x=\mu+z\sigma=280+(-0.44)(24)=269.4(\text{시간})$$

이 된다. 즉 33%의 백분위수에 해당하는 수명시간은 269.4시간으로 나타나 있다.

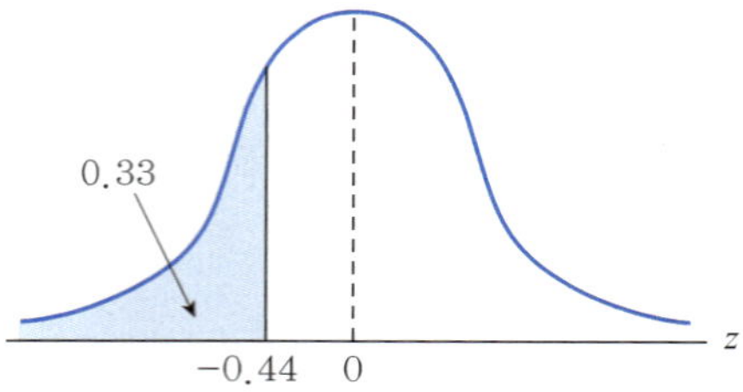

그림 5-21 표준정규분포

입력과정

① B2:B3 : 평균과 표준편차를 입력한다.

② E2 : 수명이 320시간 이상이 될 확률은 $P(x \geq 320) = 1 - P(x \leq 320)$를 이용하여 계산한다.
= 1−NORMDIST(320, B2, B3, 1)

③ E3 : $P(280 \leq x \leq 320) = P(x \leq 320) - P(x \leq 280)$에 따라 계산한다.
= NORMDIST(320, B2, B3, 1)−NORMDIST(280, B2, B3, 1)

④ E4 : $P(x < 280)$의 누적확률을 계산한다.
= NORMDIST(280, B2, B3, 1)

⑤ E5 : $x = \mu + z\sigma$의 역변환식을 이용하여 수명시간을 표시하는 확률변수 x를 계산하기 위해서는 먼저 평균과 표준편차가 각각 280, 24로 주어져 있으므로 33%분위 수에 해당하는 z값을 구하야 한다. 이는 위에서 설명한 바와 같이 누적확률이 0.33이 되는 곳의 z값에 해당하며 NORMSINV (probability) 함수를 이용하면 주어진 누적확률에 대응하는 z값을 쉽게 계산할 수 있다. 따라서 누적확률이 0.33이 되는 곳의 x값은 $x = \mu + z\sigma$에 따라 다음과 같이 입력한다.
= B2+NORMSINV(0.33)*B3
33%분위 수에 해당하는 수명시간이 E5에 약 269시간으로 나타나 있다.

	A	B	C	D	E	F
1	정규분포					
2	평균 =	280		P(x>=320) =	0.04779	
3	표준편차 =	24		P(280<=x<=320) =	0.45221	
4				P(x<280) =	0.5	
5				33%분위수 =	269.4421	
6						

연습 5.30 다음 확률에 대해 표준정규분포의 z값을 구하시오.

(1) 3사분위수에 해당하는 표준화 확률변수 z값

(2) 오른쪽 꼬리 부분의 확률이 0.1이다.

(3) 오른쪽 꼬리 부분의 확률이 0.28이다.

풀이 (1) 왼쪽 꼬리부터 3사분위수까지의 확률은 0.75이다. 그리고 표준정규분포표에서 누적확률이 0.75가 되는 z값은 대략 0.67이 된다.

(2) 표준정규분포에서 오른쪽 꼬리 부분의 확률이 0.1이 되는 지점은 왼쪽 꼬리부터의 누적확률이 0.9(=1−0.1)가 되는 지점이기도 하다. 이를 표준정규분포표에서 찾으면 표준화값은 약 $z=1.28$이 된다.

(3) 오른쪽 꼬리부분의 확률이 0.28이 되는 곳은 왼쪽 꼬리부터의 누적확률이 0.72(1−0.28)가 되는 곳이기도 하다. 표준정규분포표에서 누적확률이 0.72가 되는 곳의 z값은 약 0.58임을 알 수 있다.

입력과정

① B2 : $P(z \leq z_1) = 0.75$가 성립하는 z_1을 계산하는 것으로서 이는 표준정규분포에서 주어진 누적확률에 해당하는 표준화 확률변수 z값을 구하는 과정에 해당한다. 이는 NORMSINV(probability) 함수를 이용하여 간단히 구할 수 있다.

= NORMSINV(0.75)

B2로부터 $P(z \leq 0.674) = 0.75$임을 알 수 있다.

② B3 : $P(z \geq z_1) = 0.1$이 되는 z_1을 계산하는 것으로서 $P(z \leq z_1) = 0.9$가 되는 z_1을 계산하는 것과 동일하다.

= NORMSINV(1−0.1)

B3로부터 $P(z \geq 1.282) = 0.1$ 또는 $P(z < 1.282) = 0.9$임을 알 수 있다.

③ B4 : $P(z \geq z_1) = 0.28$이 되는 z_1을 계산하는 것으로서 $P(z \leq z_1) = 0.72$가 되는 z_1을 계산하는 것과 동일하다.

= NORMSINV(1−0.28)

	A	B	C
1	정규분포	z1	
2	P(z<=z1) = 0.75	0.67449	
3	P(z>=z1) = 0.1	1.281552	
4	P(z>=z1) = 0.28	0.582842	
5			

■ 지수분포

연습 5.31 $\lambda = 0.25$인 지수분포에 대해 다음에 답하시오.

(1) 확률변수 x의 평균과 표준편차

(2) $P(x \leq 2)$

(3) $P(x \geq 5)$

풀이 (1) 평균과 표준편차는 모두 $\frac{1}{\lambda}$로서 4가 된다.

(2) 지수분포의 누적확률은 $F(x) = 1 - e^{-\lambda x}$에 따라 구할 수 있다(이는 지수분포의 확률밀도함수 $f(x) = \lambda e^{-\lambda x}$를 적분하여 얻은 것이다).

$$P(x \leq 2) = 1 - e^{-\lambda x} = 1 - e^{(-0.25)(2)} = 0.3935$$

(3) $1 - P(x < 5) = 1 - (1 - e^{(-0.25)(5)}) = e^{(-0.25)(5)} = 0.2865$

입력과정

지수분포를 하는 확률변수의 확률은 EXPONDIST(x, lambda, cumulative)를 이용하면 간단히 구할 수 있다.

① B2 : λ값 0.25를 입력한다.

② E2 : $P(x \leq 2)$를 구하기 위해 다음과 같이 입력한다.

= EXPONDIST(2, B2, 1)

누적확률을 구하는 것이므로 세 번째 인수 cumulative의 값으로는 '1'을 지정하였다.

E2에 $P(x \leq 2)$의 확률이 0.393으로 나타나 있다.

③ E3 : $P(x \geq 5) = 1 - P(x < 5)$에 따라 계산한다.

= 1−EXPONDIST(5, B2, 1)

어떤 사건이 발생하고 난 후 다음 사건이 발생할 때까지의 시간이 5이상일 확률이 0.287에 이르고 있음을 보여주고 있다.

	A	B	C	D	E	F
1	지수분포					
2	lambda =	0.25		P(x<=2) =	0.393469	
3				P(x>=5) =	0.286505	
4						

연습 5.32 교통담당 부서에 설치된 교통불편 신고센터에 전화를 하는 사람은 시간당 평균 8명으로 포아송분포를 하며 신고전화의 시간간격은 지수분포를 한다고

할 때 다음 확률을 구하시오.

(1) 신고센터에 전화가 오는 평균 시간 간격은?

(2) 신고센터에 전화가 온 후 30분 이내에 다시 전화가 올 확률은?

(3) 신고센터에 전화가 온 후 다시 전화가 올 때까지의 시간이 15분 이상 걸릴 확률은?

(4) 신고센터에 전화가 온 후 다시 전화가 올 때까지의 시간이 1시간 이상 걸릴 확률은?

풀이 (1) $\lambda=8$이고 이는 1시간이 기준이므로 지수분포의 평균은 $1/\lambda=0.125$(시간)이 되므로 전화가 오는 평균 시간 간격은 0.125시간임을 알 수 있다.

(2) 신고센터에 전화가 오는 사건이 발생한 후 다음 사건이 발생할 때까지의 시차간격은 지수분포의 확률변수가 되는데 이 때 $\lambda=8$에 대한 기준 시간단위는 한 시간이므로 30분은 지수분포 확률변수로는 0.5에 해당한다.

따라서 전화가 오고 난 후 다시 30분 이내에 신고센터에 전화가 올 확률은 $P(x \leq 0.5)$이고 이 누적확률은 $1-e^{-\lambda x}$를 이용하거나 지수분포표를 통해 다음과 같이 구할 수 있다.

$$P(x \leq 0.5)=1-e^{(-8)(0.5)}=0.9817$$

(3) 15분은 $x=0.25$에 해당한다. 따라서

$$P(x \geq 0.25)=1-P(x<0.25)=1-(1-e^{(-8)(0.25)})=e^{(-8)(0.25)}=0.1353$$

(4) $P(x \geq 1)=1-P(x<1)=1-(1-e^{(-8)(1)})=e^{(-8)(1)}=0.0003$

입력과정

① B2 : 포아송분포의 λ값을 입력한다.

② E2 : 신고센터에 전화가 오는 평균 시간 간격은 바로 지수분포의 평균으로서 $1/\lambda=1/8$이다. 즉 λ값의 역수를 계산하면 된다.
= 1/B2
평균적으로 0.125(시간) 간격으로 전화가 오고 있음을 나타내고 있다.

③ E3 : $P(x \leq 0.5)$를 EXPONDIST(x,lambda,cumulative) 함수를 이용하여 계산하고 있다.
= EXPONDIST(0.5,B2,1)

④ E4 : $P(x \geq 0.25)=1-P(x<0.25)$에 따라 구간확률을 계산하고 있다.
= 1-EXPONDIST(0.25,B2,1)

⑤ E5 : $P(x \geq 1)=1-P(x<1)$에 따라 구간확률을 계산하고 있다.
= 1-EXPONDIST(1,B2,1)

	A	B	C	D	E	F
1	지수분포					
2	lambda =	8		평균 =	0.125	
3				P(x<=0.5) =	0.981684	
4				P(x>=0.25) =	0.135335	
5				P(x>=1) =	0.000335	
6						

연습 5.33 확률변수 x가 지수분포를 할 때 다음 확률을 구하시오.

(1) $\lambda = 0.84$일 때 $P(x \leqq 1.52)$

(2) $\lambda = 2.12$일 때 $P(x > 1.84)$

(3) $\lambda = 1.45$일 때 $P(1.93 \leqq x \leqq 2.49)$

풀이 확률변수 x가 지수분포를 할 때 누적확률은 $1-e^{-\lambda x}$이 된다.

(1) $P(x \leqq 1.52) = 1 - e^{(-0.84)(1.52)} = 0.7211$

(2) $P(x > 1.84) = 1 - P(x \leqq 1.84) = 1 - (1 - e^{(-2.12)(1.84)}) = 0.0202$

(3) $P(1.93 \leqq x \leqq 2.49) = P(x \leqq 2.49) - P(x \leqq 1.93) = e^{(-1.45)(1.93)} - e^{(-1.45)(2.49)} = 0.0339$

입력과정

① D2 : $P(x \leqq 1.52)$를 EXPONDIST(x,lambda,cumulative) 함수를 이용하여 계산한다.

= EXPONDIST(1.52,0.84,1)

② D3 : $P(x > 1.84) = 1 - P(x \leqq 1.84)$에 따라 계산한다.

= 1−EXPONDIST(1.84,2.12,1)

③ D4 : $P(1.93 \leqq x \leqq 2.49) = P(x \leqq 2.49) - P(x \leqq 1.93)$에 따라 계산한다.

= EXPONDIST(2.49,1.45,1)−EXPONDIST(1.93,1.45,1)

	A	B	C	D	E
1	지수분포	lambda			
2		0.84	P(x<=1.52) =	0.721072	
3		2.12	P(x>=1.84) =	0.020226	
4		1.45	P(1.93<=x<=2.49) =	0.033863	
5					

제6장

표본분포

CONTENTS

6.1 표본평균의 표본분포

표본분포

모집단으로부터 일정한 크기의 표본을 무작위로 추출하였다면 추출된 표본의 특성을 나타내는 통계량이 존재하게 된다. 그런데 모집단으로부터의 표본 추출을 반복하여 시행하는 경우 추출된 표본 수만큼의 통계량이 존재하게 되는데, 이 통계량에 대한 분포를 표본분포(sampling distribution)이라 한다.

Note

모집단과 이루부터 추출한 표본의 특성을 나타내는 대표적인 특성값으로는 평균과 표준편차가 있다. 통계학에서는 이들 평균과 표준편차가 모집단의 특성값인지 표본의 특성값인지를 구분하기 위해 그 표시문자를 다르게 하고 있다. 즉 모집단의 평균과 표준편차는 각각 μ와 σ로 표시하는데 이들은 모집단의 특성을 나타내는 특성값이라 하여 모수(parameter)라 한다. 이에 반해 표본의 평균과 표준편차는 각각 $\overline{x}$와 s로 표시하는데, 표본의 특성을 나타내는 이들 특성값은 통계량(statistic)이라 한다.

표본평균의 표본분포

모집단으로부터 표본을 추출하였을 때 얻을 수 있는 모든 표본평균값을 확률변수로 하는 확률분포를 표본평균($\overline{x}$)의 표본분포(sampling distribution of sample means)라 한다.

예제 6.1 크기가 N개인 모집단으로부터 크기가 n인 표본을 추출하는 경우 그 가지 수는 ${}_NC_n = \dfrac{N!}{n!\,(N-n)!}$ 개가 될 것이다. 따라서 임의로 추출된 표본은 뽑힐 가능성이 있는 $\dfrac{N!}{n!\,(N-n)!}$ 개 표본들 중의 어느 하나일 것이다. 또한 각 표본마다 표본평균이 하나 존재하므로 뽑힐 가능성이 있는 모든 표본들을 대상으로 한다면 $\dfrac{N!}{n!\,(N-n)!}$ 개의 표본평균들이 생긴다. 즉 평균이 μ인 동일한 모집단으로부터 표본을 추출한다 하더라도 표본이 어떻게 뽑히느냐에 따라 표본평균 $\overline{x}$의 값은 다르게 나타나게 된다. 이러한 표본평균 $\overline{x}$의 값들을 확률변수로 하는 분포가 표본평균($\overline{x}$)의 표본분포인 것이다. 표본평균($\overline{x}$)의 표본분포라는 용어에서 분포가 아닌 표본분포라는 말이 붙은 것은 확률변수인 표본평균 $\overline{x}$가 표본에 대한 특성을 나타내는 통계량이기 때문이다.

예제 6.2 $N=5$인 모집단의 X값이 6, 8, 10, 14, 16이고 표본 크기가 $n=2$

인 표본을 추출한다고 한다면 뽑힐 수 있는 표본 수는 모두 ${}_N C_n = {}_5 C_2 = \frac{5!}{2!(5-2)!} = 10$가지가 될 것이다. 따라서 임의로 표본이 한 개 추출되었다면 그것은 다음에 나열하는 10가지의 표본 가운데 어느 하나가 될 것이다.

(6, 8), (6, 10), (6, 14), (6, 16)
(8, 10), (8, 14), (8, 16)
(10, 14), (10, 16)
(14, 16)

표본평균의 표본분포에서의 평균과 표준편차

평균이 μ이고 표준편차가 σ인 정규분포로부터 일정한 크기의 표본을 추출하여 얻게 되는 표본평균 $\bar{x}$의 표본분포는 평균이 모집단 평균과 동일한 μ이고 표준편차는 $\frac{\sigma}{\sqrt{n}}$인 정규분포를 한다. 표본평균 $\bar{x}$의 평균과 표준편차는 각각 $\mu_{\bar{x}}$, $\sigma_{\bar{x}}$로 표시하는데, 특히 표본평균 $\bar{x}$의 표준편차 $\sigma_{\bar{x}}$를 표본평균의 표준오차(standard error of the mean) 또는 간단히 표준오차(standard error)라고 한다.

표본평균의 기댓값 : $E(\bar{x}) = \mu$

표본평균의 분산과 표준편차 : $\sigma_{\bar{x}}^2 = \frac{\sigma^2}{n}$, $\sigma_{\bar{x}} = \frac{\sigma}{\sqrt{n}}$

Note

모집단의 크기가 무한대(infinite)일 때 한해서 표본평균의 표준편차는 $\sigma_{\bar{x}} = \frac{\sigma}{\sqrt{n}}$가 되며 모집단의 크기가 유한(finite)할 때의 표본평균의 표준편차는 $\frac{\sigma}{\sqrt{n}}$에 유한모집단 수정계수(finite population correction factor) $\sqrt{\frac{N-n}{N-1}}$을 곱해 주어야 한다.

$$\sigma_{\bar{x}} = \frac{\sigma}{\sqrt{n}} \cdot \sqrt{\frac{N-n}{N-1}} \quad (N=\text{모집단 크기},\ n=\text{표본 크기})$$

여기서 모집단의 크기가 유한(finite)하다는 말은 모집단의 크기가 알려져 있다는 의미로서 이와 같이 일반적으로 모집단의 크기가 N으로 알려져 있다거나 표본의 크기(n)가 모집단 크기의 5% 이상이 되면 유한모집단 수정계수를 사용하여 표본평균의 표준편차를 구해야 한다. 그러나 실제로 모집단의 크기가 유한하다 하더라도 N이 상당히 큰 경우는 표본의 크기가 5%를 넘지 않는 한 유한모집단 수정계수 $\sqrt{\frac{N-n}{N-1}}$는 거의 1에 가깝기 때문에 표본평균의 표준편차는 $\frac{\sigma}{\sqrt{n}}$인 것으로 간주할 수 있다.

예제 6.3 위의 [예제 6.2]에 있는 자료를 이용하여 모집단의 평균과 표준편차, 그리고 표본평균 $\bar{x}$의 평균과 표준편차를 구하고 이들을 비교하시오.

풀이 [예제 6.2]에서 모집단의 X값이 6, 8, 10, 14, 16이므로 이의 평균과 표준편차는 다음과 같이 구할 수 있다.

$$\mu = \frac{6+8+10+14+16}{5} = 10.8$$

$$\sigma = \sqrt{\frac{\sum_{i=1}^{5}(X_i-\mu)^2}{N}} = \sqrt{\frac{(6-10.8)^2+(8-10.8)^2+\cdots+(16-10.8)^2}{5}} = 3.709$$

$N=5$인 모집단에서 표본크기가 $n=2$인 가능한 표본을 모두 뽑는다면 ${}_NC_n = {}_5C_2 = 10$이므로 다음과 같은 10가지의 표본을 얻게 되고 각 표본으로부터 표본평균($\bar{x}$)을 계산할 수 있다.

표본	x	표본평균($\bar{x}$)
표본1	(6, 8)	7
표본2	(6, 10)	8
표본3	(6, 14)	10
표본4	(6, 16)	11
표본5	(8, 10)	9
표본6	(8, 14)	11
표본7	(8, 16)	12
표본8	(10, 14)	12
표본9	(10, 16)	13
표본10	(14, 16)	15

우리가 여기서 살펴보고자 하는 것은 바로 이 10개의 '표본평균들'의 평균과 표준편차를 계산하여 이들을 모집단의 평균 및 표준편차와 비교해 보는 것이다.

$$E(\bar{x}) = \frac{7+8+10+\cdots+12+13+15}{10} = 10.8$$

$$\sigma_{\bar{x}} = \sqrt{\frac{(7-10.8)^2+(8-10.8)^2+\cdots+(13-10.8)^2+(15-10.8)^2}{10}} = 2.271$$

위에서 표본평균($\bar{x}$)의 평균은 10.8로서 모평균 μ와 일치하고 있음을 알 수 있다. 그러나 표본평균($\bar{x}$)의 표준편차 즉 표준오차는 $\sigma_{\bar{x}} = 2.271$로서 $\frac{\sigma}{\sqrt{n}} = \frac{3.709}{\sqrt{2}} = 2.623$과 일치하지 않는다. 이는 모집단의 크기($N=5$)가 유한(finite)할 뿐만 아니라 표본의 크기($n=2$)도 모집단 크기의 40%($=n/N$)로서 5%를 훨씬 상회하고 있기 때문이다.

따라서 이 경우는 $\frac{\sigma}{\sqrt{n}}$에 유한모집단 수정계수 $\sqrt{\frac{N-n}{N-1}}$를 곱해 주어야 한다. 즉

$$\frac{\sigma}{\sqrt{n}} \cdot \sqrt{\frac{N-n}{N-1}} = \frac{3.709}{\sqrt{2}} \cdot \sqrt{\frac{5-2}{5-1}} = 2.271$$

이 결과는 위에서 계산한 표본평균의 표준편차 $\sigma_{\overline{x}}$의 값 2.271과 일치한다.

이와 같이 모집단의 크기가 유한(finite)한 경우 표본평균의 표준편차 $\sigma_{\overline{x}}$는 $\dfrac{\sigma}{\sqrt{n}}$이 아닌 $\dfrac{\sigma}{\sqrt{n}} \cdot \sqrt{\dfrac{N-n}{N-1}}$이 되는 것에 유의해야 한다.

예제 6.4 평균이 $\mu = 124.5$이고 $\sigma = 3.5$인 정규분포를 하는 상당히 큰 모집단으로부터 표본크기가 25인 표본을 추출했다고 했을 때 표본평균 $\overline{x}$의 표본분포에 대한 분포 모양과 평균 그리고 표준오차를 구하시오.

풀이 모집단으로부터 표본을 추출하여 얻은 표본평균($\overline{x}$)의 표본분포는 평균이 μ이고 표준편차가 $\dfrac{\sigma}{\sqrt{n}}$인 정규분포를 한다. 따라서

$$E(\overline{x}) = \mu = 124.5$$

$$\sigma_{\overline{x}} = \frac{\sigma}{\sqrt{n}} = \frac{3.5}{\sqrt{25}} = 0.7$$

예제 6.5 어느 모집단이 표준편차가 480이라고 한다.

(1) 표본의 크기가 50일 때 표본평균 $\overline{x}$의 표준오차는 얼마인가?

(2) (1)에서 구한 $\overline{x}$의 표준오차를 약 1/2로 감소시키기 위해서는 표본의 크기를 얼마로 해야 하는가?

풀이 (1) 모집단의 크기 N이 알려져 있지 않으므로 표본평균($\overline{x}$)의 표준오차는 $\sigma_{\overline{x}} = \dfrac{\sigma}{\sqrt{n}}$에 따라 구한다. 따라서

$$\sigma_{\overline{x}} = \frac{\sigma}{\sqrt{n}} = \frac{480}{\sqrt{50}} = 67.882$$

가 된다.

(2) 표본평균($\overline{x}$)의 표준오차를 약 1/2로 감소시켜 34가 되게 하려면 $\sigma_{\overline{x}} = \dfrac{\sigma}{\sqrt{n}}$에 따라

$$34 = \frac{480}{\sqrt{n}}$$

이 성립해야 한다. 이로부터 n을 구하면

$$n = \left(\frac{480}{34}\right)^2 \simeq 200$$

이 된다. 즉 표본크기를 $n = 200$으로 할 경우 표준오차($\sigma_{\overline{x}}$)는 표본크기를 $n = 50$으로 했을 때 보다 표준오차가 1/2로 감소한다.

입력과정

① B2, B3 : 표준편차와 표본크기를 입력한다.

② E2 : $\frac{\sigma}{\sqrt{n}}$에 따라 표준오차 $\sigma_{\bar{x}}$를 계산한다.

= B2/SQRT(B3)

표준오차가 67.882로 계산되어 있다.

③ E4 : E2에서 구한 표준오차의 1/2를 계산한다.

= E2/2

④ E5 : $\sigma_{\bar{x}} = \frac{\sigma}{\sqrt{n}}$를 변형시켜 얻은 $n = \frac{\sigma^2}{\sigma_{\bar{x}}^2}$에 따라 표본크기를 계산한다.

= B2^2/E4^2

E5에 표본크기가 200으로 계산되어 있다.

	A	B	C	D	E	F
1						
2	sigma =	480		표준오차 =	67.88225	
3	n =	50				
4				stderr =	33.94113	
5				n1 =	200	
6						

예제 6.6 어느 회사 영업직 사원의 평균 재직기간은 15개월이고 표준편차는 4.5개월이라고 한다. 현재 재직하고 있는 200명의 영업직 사원 평균 재직기간을 조사하기 위해 40명을 표본으로 무작위 추출하였을 때 유한모집단 수정계수의 사용 여부를 확인하고 표준오차를 구하시오.

풀이 표본크기$(n=40)$가 모집단 크기$(N=200)$의 20%를 점하고 있기 때문에 유한모집단 수정계수 $\left(\sqrt{\frac{N-n}{N-1}}\right)$를 사용하여야 정확한 표준오차를 구할 수 있다. 따라서 표본평균의 표준편차인 표준오차는 다음과 같다.

$$\sigma_{\bar{x}} = \frac{\sigma}{\sqrt{n}} \cdot \sqrt{\frac{N-n}{N-1}} = \frac{4.5}{\sqrt{40}} \cdot \sqrt{\frac{200-40}{200-1}} = 0.7115 \times 0.8967 = 0.6380$$

입력과정

① B2:B4 : 모집단의 표본크기(N), 표본크기(n), 그리고 표준편차(σ)를 입력한다.

② E2 : 유한모집단 수정계수를 적용하여 $\sigma_{\bar{x}} = \frac{\sigma}{\sqrt{n}} \cdot \sqrt{\frac{N-n}{N-1}}$ 에 따라 표준오차를 계산한다.

= B4/SQRT(B3)*SQRT((B2−B3)/(B2−1))

표준오차가 E2에 0.638로 계산되어 있다.

	A	B	C	D	E	F
1						
2	N =	200		표준오차 =	0.637993	
3	n =	40				
4	sigma =	4.5				
5						

중심극한정리

평균이 μ이고 표준편차가 σ인 모집단으로부터 표본크기를 n개로 하여 추출한 표본들에 대한 표본평균 $\bar{x}$의 표본분포는, 표본크기 n이 크다면 모집단의 분포가 정규분포를 하는가의 여부에 관계없이 평균이 μ, 표준오차가 $\frac{\sigma}{\sqrt{n}}$인 정규분포를 하는데 이를 중심극한정리(central limit theorem)이라 한다.

예제 6.7 앞에서 살펴본 바와 같이 '정규분포를 하는 모집단'으로부터 n개를 추출하여 얻을 수 있는 모든 표본들에 대한 표본평균 $\bar{x}$의 표본분포는 모집단과 마찬가지로 '정규분포'를 하며 더 나아가 모집단의 평균과 표준편차가 μ와 σ일 때 표본평균 $\bar{x}$의 표본분포에 대한 평균과 표준오차는 각각 μ와 $\frac{\sigma}{\sqrt{n}}$가 됨을 보았다.
그러나 현실적으로 모집단이 정규분포를 하는지 여부를 모르거나 설령 정규분포 형태를 가지고 있다하더라도 비대칭인 경우가 많다. 이 때 중심극한정리는 매우 중요한 의미를 가지게 된다. 즉 '모집단이 정규분포를 하고 있지 않더라도' 평균과 표준편차가 μ와 σ인 모집단으로부터 추출하는 표본의 크기 n이 크기만 하면 '표본평균 $\bar{x}$의 표본분포는 정규분포'를 하며 평균과 표준오차는 μ와 $\frac{\sigma}{\sqrt{n}}$가 된다는 사실이다.
이는 모집단 분포가 정규분포를 하는지 여부에 대해 꼭 알아야 할 필요가 없기 때문에 표본을 기초로 하는 분석의 폭을 한층 넓혀 주게 된다.

Note

중심극한정리에 따라 표본평균 $\bar{x}$의 표본분포가 모집단의 분포 형태에 관계없이 정규분포를 하는 것으로 간주하려면 표본의 크기가 커야 하는데 이 때 어느 정도의 크기를 표본크기가 큰 것으로 보느냐가 문제로 대두되게 된다. 결론부터 말하자면 여기에서 정해진 크기가 없다는 점이다.

단지 일반적으로 모집단 분포가 대칭이기는 하지만 정규분포가 아닌 경우 $n=10$에서 15정도의 표본크기이면 표본평균의 표본분포는 거의 정규분포를 하는 것으로 볼 수 있다. 모집단 분포가 다소 비대칭인 경우는 $n=15$의 표본크기는 중심극한정리에 따라 표본평균의 표본분포가 정규분포를 한다고 받아들이기에는 충분한 표본크기가 아니다.

이러한 경우는 통상적인 경험에 비추어 보아 적어도 표본크기가 $n=30$이 될 때 중심극한정리를 적용하는 것에 무리가 없는 것으로 받아들여지고 있다. 물론 비대칭 정도가 아주 심하면 표본크기가 더 커져야 중심극한정리를 적용하는 것이 가능하다.

예제 6.8 어떤 농산물의 소매가격에 대한 모집단 분포는 평균이 850원이고 표준편차가 320원인 비대칭분포를 하는 것으로 알려져 있다.

(1) 모집단으로부터 표본크기가 $n=64$인 표본을 뽑았을 때 표본평균 $\bar{x}$의 표본분포에 대한 평균과 표준오차를 구하시오.

(2) 표본평균 $\bar{x}$의 표본분포에서 확률변수 $\bar{x}$가 모평균을 중심으로 어떤 구간의 값을 가질 확률이 95%가 되는 상하한의 구간값을 구하시오.

풀이 (1) 모집단이 정규분포를 하고 있지는 않지만 표본크기가 $n=64$로서 통상적으로 중심극한정리를 적용할 수 있는 표본크기 30을 상회하고 있으므로 표본평균 $\bar{x}$의 표본분포는 평균과 표준오차가 각각 μ, $\frac{\sigma}{\sqrt{n}}$인 정규분포를 한다고 볼 수 있다. 따라서

$$\text{표본평균 } \bar{x}\text{의 평균: } E(\bar{x})=\mu=850$$

$$\text{표본평균 } \bar{x}\text{의 표준오차: } \frac{\sigma}{\sqrt{n}}=\frac{320}{\sqrt{64}}=40$$

(2) $P(a\leq\bar{x}\leq b)=0.95$가 되는 하한값 a와 상한값 b를 구하는 것이다.

$\bar{x}$가 평균이 μ이고 $\bar{x}$의 표준편차 즉 표준오차가 $\frac{\sigma}{\sqrt{n}}$인 정규분포를 하므로 확률변수 $\bar{x}$가 평균을 중심으로 표준오차의 1.96배 구간에 있는 값을 가질 때, 즉 $\mu\pm1.96\frac{\sigma}{\sqrt{n}}$ 사이의 값을 가질 때 그 확률은 95%가 된다. 따라서

$$a=\mu-1.96\frac{\sigma}{\sqrt{n}}=850-(1.96\times40)=771.6$$

$$b=\mu+1.96\frac{\sigma}{\sqrt{n}}=850+(1.96\times40)=928.4$$

이는 또한 $n=64$의 가능한 모든 표본을 뽑았을 때 이들 표본들 중 771.6과 928.4 사이의 표본평균값을 가지는 표본이 95%가 된다는 것을 의미하는 것이기도 하다.

6.2 표본평균의 표준화

우리는 앞에서 평균이 μ이고 표준편차가 σ인 모집단에서 표본크기 n의 표본을 추출하여 얻게 되는 표본평균($\overline{x}$)들의 표본분포는 모집단의 분프가 정규분포를 하느냐 여부에 관계없이 중심극한정리에 따라 평균과 표준오차가 각각 μ와 $\frac{\sigma}{\sqrt{n}}$인 정규분포를 한다는 사실을 살펴보았다. 따라서 무작위로 표본크기 n의 표본을 뽑았다고 했을 때 이 표본으로부터 얻은 표본평균 $\overline{x}$는 평균과 표준오차가 각각 μ와 $\frac{\sigma}{\sqrt{n}}$인 정규분포를 하는 표본분포의 확률변수가 되며 이는 표준화 변환을 통해 표준화 확률변수 Z로 변환할 수 있다.

표본평균의 표준화

표본평균 $\overline{x}$는 평균이 μ이고 표준오차가 $\frac{\sigma}{\sqrt{n}}$인 정규분포의 확률변수이므로 $\overline{x}$의 표준화 Z값은 다음과 같이 구할 수 있다.

$$Z=\frac{\overline{x}-\mu_{\overline{x}}}{\sigma_{\overline{x}}}=\frac{\overline{x}-\mu}{\sigma/\sqrt{n}}$$

예제 6.9 평균이 124이고 표준편차가 40인 모집단에서 표본크기가 $n=35$인 표본을 추출하였다. 이 표본의 표본평균이 $\overline{x}=142$라고 한다면, 이 표본평균 $\overline{x}$의 표준화 Z값은 다음과 같이 구한다.

$$Z=\frac{\overline{x}-\mu}{\sigma/\sqrt{n}}=\frac{142-124}{40/\sqrt{35}}=2.66$$

위에서 구한 Z값의 의미는 표본평균 $\overline{x}$가 모평균 μ로부터 표준오차 $\frac{\sigma}{\sqrt{n}}$의 2.66배 떨어진 곳에 위치해 있음을 보여주는 것이다.

입력과정

① B2: B5 : 모평균, 표준편차 그리고 표논크기와 표본평균을 입력한다.

② E2 : 입력된 값을 이용하여 $Z=\frac{\overline{x}-\mu}{\sigma/\sqrt{n}}$에 따라 표논평균 $\overline{x}$의 표준화 Z값을 계산한다.

= (B5−B2)/(B3/SQRT(B4))

	A	B	C	D	E	F
1	표본평균의 표준화					
2	모평균 =	124		Z =	2.662236	
3	표준편차 =	40				
4	표본크기 =	35				
5	표본평균 =	142				
6						

예제 6.10 표본평균 $\bar{x}$의 표준화 Z값은 확률변수인 표본평균 $\bar{x}$가 표본평균들의 평균인 μ로부터 표본평균들의 표준편차인 표준오차의 몇 배만큼 떨어져 있는가를 표시하는 것이다. 또한 표준화 값 Z는 평균이 0, 표준편차가 1인 정규분포의 확률변수이기 때문에 정규분포의 특성에 따라 다음과 같은 확률법칙이 성립한다.

$$P\left(\mu-\frac{\sigma}{\sqrt{n}} \leqq \bar{x} \leqq \mu+\frac{\sigma}{\sqrt{n}}\right)=0.6826 \quad \rightarrow \quad P(-1 \leqq Z \leqq 1)=0.6826$$

$$P\left(\mu-2\frac{\sigma}{\sqrt{n}} \leqq \bar{x} \leqq \mu+2\frac{\sigma}{\sqrt{n}}\right)=0.9545 \quad \rightarrow \quad P(-2 \leqq Z \leqq 2)=0.9545$$

$$P\left(\mu-3\frac{\sigma}{\sqrt{n}} \leqq \bar{x} \leqq \mu+3\frac{\sigma}{\sqrt{n}}\right)=0.9973 \quad \rightarrow \quad P(-3 \leqq Z \leqq 3)=0.9973$$

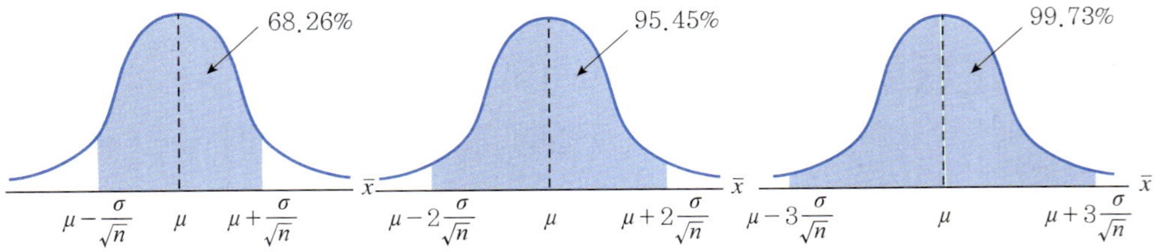

그림 6-1(a) 표본평균의 표본분포

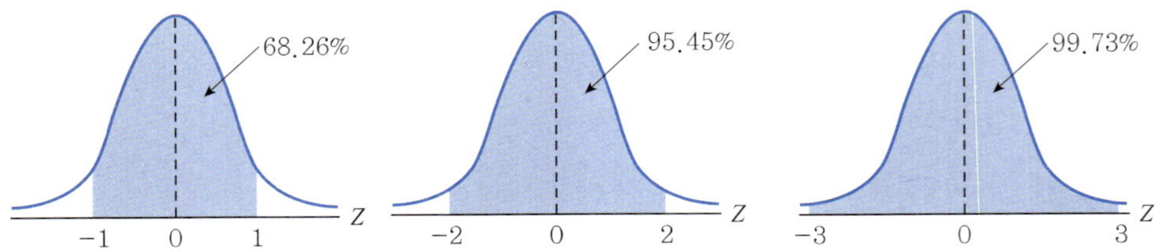

그림 6-1(b) 표준정규분포의 확률법칙

입력과정

① B2 : 표준화 확률변수 Z값에 대한 확률 $P(-1 \leq Z \leq 1)$을 구하기 위해 NORMSDIST(z)을 이용하여 다음과 같이 입력한다. NORMSDIST 함수는 인수로 입력되는 표준화 Z값까지의 누적확률을 계산해 주기 때문에 $P(-1 \leq Z \leq 1) = P(Z \leq 1) - P(Z \leq -1)$에 따라 입력한다.

= NORMSDIST(1)−NORMSDIST(−1)

$P(-1 \leq Z \leq 1) = 0.6826$으로 나타나 있다.

② B3 : $P(-2 \leq Z \leq 2) = P(Z \leq 2) - P(Z \leq -2)$를 계산한다.

= NORMSDIST(2)−NORMSDIST(−2)

B3에 $P(-2 \leq Z \leq 2) = 0.9545$로 계산되어 있다.

③ B4 : $P(-3 \leq Z \leq 3) = P(Z \leq 3) - P(Z \leq -3)$을 계산한다.

= NORMSDIST(3)−NORMSDIST(−3)

B4에 $P(-3 \leq Z \leq 3) = 0.9973$으로 계산되어 있다.

	A	B	C
1	표준정규분포		
2	P(-1<=Z<=1) =	0.682689	
3	P(-2<=Z<=2) =	0.9545	
4	P(-3<=Z<=3) =	0.9973	
5			

표본평균의 구간확률

표본평균이 어떤 구간의 값을 가질 확률을 구하려면 먼저 표본평균을 표준화한 후 표준정규분포표를 이용하면 된다.

예제 6.11 평균이 $\mu = 120$이고 표준편차가 $\sigma = 32$인 모집단에서 표본크기를 40으로 한 표본을 무작위로 추출하였다. 다음 확률을 구하라.

(1) $P(\bar{x} \geq 130)$

(2) $P(\bar{x} \leq 124)$

(3) $P(112 \leq \bar{x} \leq 128)$

풀이 먼저 표본평균 $\bar{x}$의 값을 표준화하여 Z값을 구한다.

(1) $n = 40$이고 $\sigma = 32$이므로 표준오차는 $\frac{\sigma}{\sqrt{n}} = \frac{32}{\sqrt{40}} = 5.0596$이 되고 Z값은

$$Z = \frac{\bar{x} - \mu}{\sigma/\sqrt{n}} = \frac{130 - 120}{5.0596} = 1.98$$

이 된다.

그리고 이를 부표에 있는 표준정규분포표에서 찾으면 $P(Z<1.98)=0.976$이 되므로

$$P(\bar{x} \geqq 130)=P(Z \geqq 1.98)=1-P(Z<1.98)=1-0.976=0.024$$

가 된다. 이 결과는 Z값을 소수점 둘째자리까지 하여 구한 확률이기 때문에 아래 엑셀의 내장함수를 이용하여 구한 것과는 약간의 오차가 있을 수 있따.

(2) $Z=\dfrac{\bar{x}-\mu}{\sigma/\sqrt{n}}=\dfrac{124-120}{5.0596}=0.79$가 되어

$$P(\bar{x} \leqq 124)=P(Z \leqq 0.79)=0.785$$

가 된다.

(3) $P(112 \leqq \bar{x} \leqq 128)$에서 $\bar{x}$범위의 하한값 112와 상한값 128을 표준화한 후 128의 표준화 Z값에 대응하는 누적확률에서 112의 표준화 Z값에 대응하는 누적확률을 빼면 된다. 이는 부표의 표준정규분포표에서 제시된 표준화 Z값의 확률이 $-\infty$에서 Z값까지의 누적확률이기 때문이다.

$$Z_a=\frac{\bar{x}-\mu}{\sigma/\sqrt{n}}=\frac{112-120}{5.0596}=-1.58$$

$$Z_b=\frac{\bar{x}-\mu}{\sigma/\sqrt{n}}=\frac{128-120}{5.0596}=1.58$$

이들 Z값에 대한 누적확률을 부표의 표준정규분포표에서 찾으면 각각 0.0571, 0.9427이므로 $P(112 \leqq \bar{x} \leqq 128)=P(-1.58 \leqq Z \leqq 1.58)=P(Z \leqq 1.58)-P(Z \leqq -1.58)$=0.943−0.057=0.886이 된다.

입력과정

① B2:B4 : 모평균의 표준편차 그리고 표본크기를 입력한다.

② B5 : 확률변수인 표본평균 $\bar{x}$의 표준오차를 $\dfrac{\sigma}{\sqrt{n}}$에 따라 구한다.

= B3/SQRT(B4)

표준오차가 B5에 5.0596으로 계산되어 있다.

③ E2 : 표본평균 $\bar{x}$를 확률변수에 대한 평균은 모평균과 동일하므로 120(B2셀)이 되고 표준오차는 $\dfrac{\sigma}{\sqrt{n}}=5.0596$(B5셀)이 되므로 표본평균에 대한 구간확률 $P(\bar{x} \geqq 130)$은 표준화 과정을 거치지 않고도 $P(\bar{x} \geqq 130)=1-P(\bar{x}<130)$에 따라 NORMDIST(x, mean, stdev, cumulative) 함수를 이용하면 간단히 구할 수 있다.

= 1−NORMDIST(130,B2,B5,1)

④ E3 : $P(\bar{x} \leq 124)$를 계산한다.
= NORMDIST(124, B2, B5, 1)

⑤ E4 : 구간확률 $P(112 \leq \bar{x} \leq 128)$을 계산한다.
= NORMDIST(128, B2, B5, 1)−NORMDIST(112, B2, B5, 1)

	A	B	C	D	E	F
1						
2	mu =	120		P(x bar >= 130) =	0.024053	
3	sigma =	32		P(x bar <= 124) =	0.785402	
4	n =	40		P(112 <= x bar <= 128) =	0.886154	
5	stdev =	5.059644				
6						

예제 6.12 수학 평균점수가 62.45이고 표준편차가 18인 모집단으로부터 표본크기를 36으로 하여 표본을 추출하였다.

(1) 추출 가능한 표본의 95.45%는 표본평균이 도평균을 중심으로 어떤 구간의 값을 가지겠는가?

(2) 표본평균이 70점을 상회할 확률은?

(3) 표본평균이 모집단 평균과 5점 이내의 차이를 보일 확률은?

(4) 만약 모집단 평균이 알려져 있지 않고 표준편차만 12.52로 알려져 있는 경우 (3)에서의 물음에 답할 수 있는가?

풀이 (1) 모집단이 어떤 분포를 하는가에 관계없이 표본평균들의 표본분포는 중심극한정리에 따라 평균이 μ이고 표준오차가 $\frac{\sigma}{\sqrt{n}}$인 정규분포를 하므로 $Z=2$일 때

$$P(\mu - 2\frac{\sigma}{\sqrt{n}} \leq \bar{x} \leq \mu + 2\frac{\sigma}{\sqrt{n}}) = 95.45\%$$

가 될 것이다. 따라서

$$\mu_{\bar{x}} \pm 2\sigma_{\bar{x}} = \mu \pm 2\frac{\sigma}{\sqrt{n}} = 62.45 \pm 2\frac{18}{\sqrt{36}} = (56.45,\ 68.45)$$

이다. 즉 $\bar{x}$가 56.45에서 68.45 사이의 값을 가질 확률이 95.45%가 된다.

아래 [입력과정] ③에 이를 계산하는 과정이 나타나 있다. 그리고 E3, E4셀에 이에 대한 계산 결과가 나타나 있다.

(2) 표본평균이 70점을 상회할 확률을 구하기 위해서는 먼저 표본평균을 표준화하여 Z값을 계산한 후 부표에 있는 표준정규분포표를 통해 확률을 구한다.

$$Z = \frac{\bar{x} - \mu}{\sigma / \sqrt{n}} = \frac{70 - 62.45}{18 / \sqrt{36}} = 2.52$$

즉 표본평균 $\bar{x}$가 70점을 상회할 확률은 바로 표준정규분포표에서 표준화 확률변수 Z값이 2.52를 상회할 확률과 동일한 것이다.

$$P(\bar{x} > 70) = P(Z > 2.52) = 1 - P(Z < 2.52) = 1 - 0.9941 = 0.0059$$

> **Note**
>
> $P(\bar{x} > 70) = P(Z > 2.52) = 1 - P(Z < 2.52)$에서 $P(Z > 2.52) = 1 - P(Z < 2.52)$는 논리적으로 $P(Z > 2.52) = 1 - P(Z \leqq 2.52)$와 같이 등호가 포함되어야 한다. 그러나 앞에서도 언급한 바와 같이 여기서 다루는 확률분포는 연속형이기 때문에 확률변수가 구간이 아닌 특정값을 가질 확률은 0이 되어 등호의 포함 여부는 중요하지 않다.

(3) 표본평균이 모집단 평균과 5점 이내 차이를 보일 확률은 결국 표본평균이 57.45에서 67.45 사이의 값을 가질 확률이다. 따라서 이 경우도 먼저 표본평균값을 표준화하여야 한다.

$$Z_a = \frac{\bar{x} - \mu}{\sigma / \sqrt{n}} = \frac{57.45 - 62.45}{18 / \sqrt{36}} = -1.67$$

$$Z_b = \frac{\bar{x} - \mu}{\sigma / \sqrt{n}} = \frac{67.45 - 62.45}{18 / \sqrt{36}} = 1.67$$

$$P(-1.67 \leqq Z \leqq 1.67) = P(Z \leqq 1.67) - P(Z \leqq -1.67) = 0.9525 - 0.0475 = 0.905$$

가 된다.

(4) 모집단의 평균 μ가 알려져 있지 않다고 했을 때 표본평균이 μ와 5점 이내의 차이를 보일 확률은 다음과 같이 표시할 수 있다.

$$P(\mu - 5 \leqq \bar{x} \leqq \mu + 5)$$

확률변수 $\bar{x}$를 표준화하기 위해 부등호를 중심으로 하여 각각의 항에서 모평균 μ를 뺀 후 이를 표준오차 $\frac{\sigma}{\sqrt{n}}$로 나눈다. 즉

$$\begin{aligned} P\left(\frac{\mu - 5 - \mu}{\sigma / \sqrt{n}} \leqq \frac{\bar{x} - \mu}{\sigma / \sqrt{n}} \leqq \frac{\mu + 5 - \mu}{\sigma / \sqrt{n}}\right) &= P\left(\frac{-5}{\sigma / \sqrt{n}} \leqq Z \leqq \frac{5}{\sigma / \sqrt{n}}\right) \\ &= P\left(\frac{-5}{12.52 / \sqrt{36}} \leqq Z \leqq \frac{5}{12.52 / \sqrt{36}}\right) \\ &= P(-2.4 \leqq Z \leqq 2.4) \\ &= P(Z \leqq 2.4) - P(Z \leqq -2.4) \\ &= 0.9918 - 0.0082 = 0.9836 \end{aligned}$$

이 되어 모평균 μ를 모른다고 하더라도 표준편차와 표본크기를 알고 있으면 표본평균에 대한 구간확률을 구할 수 있다.

입력과정

① B2:B4 : 모평균과 표준편차 그리고 표본크기를 입력한다.

② E2 : 표본평균 $\bar{x}$의 표준오차를 $\frac{\sigma}{\sqrt{n}}$에 따라 계산한다.

= B3/SQRT(B4)

③ E3:E4 : $P\left(\mu - 2\frac{\sigma}{\sqrt{n}} \leq \bar{x} \leq \mu + 2\frac{\sigma}{\sqrt{n}}\right) = 95.45\%$ 이므로 $\bar{x}$의 하한값과 상한값은 각각 $\mu - 2\frac{\sigma}{\sqrt{n}}$과 $\mu + 2\frac{\sigma}{\sqrt{n}}$가 될 것이다.

= B2−2*E2
= B2+2*E2

④ E5 : $P(\bar{x} > 70) = P(Z > 2.52) = 1 - P(Z < 2.52)$에 따라 계산과정을 입력한다.
= 1−NORMSDIST((70−B2)/E2)
위의 입력식에서 인수로 입력된 (70−B2)/E2는 $\bar{x} = 70$을 $\frac{\bar{x} - \mu}{\sigma/\sqrt{n}}$에 따라 표준화 Z값을 계산하고 있다.

⑤ E6:E7 : 표본평균이 모평균(62.45)과 5점 이내의 차이를 보일 확률을 구하는 것이므로 표본평균 $\bar{x}$의 하한값과 상한값은 각각 57.45(62.45−5), 67.45(= 62.45+5)가 된다. 여기서는 먼저 이들 상하한값에 대한 표준화 Z값을 계산하고 있다.
= (57.45−B2)/E2
= (67.45−B2)/E2
표본평균 $\bar{x}$의 하한값과 상한값의 표준화 Z값이 각각 -1.67과 1.67로 나타나 있다.

⑥ E8 : ⑤에서 구한 결과를 이용하여 $P(-1.67 \leq Z \leq 1.67) = P(Z \leq 1.67) - P(Z \leq -1.67)$를 계산하기 위해 다음과 같이 입력한다.
= NORMSDIST(E7)−NORMSDIST(E6)
위의 입력식에서 NORMSDIST(E7)은 $P(Z \leq 1.67)$을 그리고 NORMSDIST(E6)은 $P(Z \leq -1.67)$을 계산하고 있다.

⑦ E9:E10 : 표준화 Z값의 하한값과 상한값은 각각 $\frac{-5}{\sigma/\sqrt{n}}$, $\frac{5}{\sigma/\sqrt{n}}$가 된다. 이를 구하기 위해 다음과 같이 입력한다.

= −5/(12.52/SQRT(B4))

= 5/(12.52/SQRT(B4))

⑧ E11 : $P(\mu-5 \leq \bar{x} \leq \mu+5)$에서 확률변수 $\bar{x}$를 표준화시킨 $P(-2.4 \leq Z \leq 2.4)$를 계산하는 과정이다.

= NORMSDIST(E10)−NORMSDIST(E9)

	A	B	C	D	E	F
1						
2	mu =	62.45		표준오차 =	3	
3	sigma =	18		하한값 =	56.45	
4	n =	36		상한값 =	68.45	
5				P(x bar >= 70) =	0.005924	
6				Za(x bar = 57.45) =	-1.66667	
7				Zb(x bar = 67.45) =	1.666667	
8				P(Za <Z < Zb) =	0.904419	
9				Zc =	-2.39617	
10				Zd =	2.396166	
11				P(Zc < Z <Zd) =	0.983432	
12						

6.3 표본비율의 표본분포

표본비율

크기가 N인 모집단으로부터 크기가 n인 표본을 추출했다고 했을 때 이 표본을 구성하는 n개의 개체들을 통해 조사하고자 하는 결과가 성공, 실패와 같이 '두 가지' 형태로 구분되는 경우가 있다. 이 때 표본을 구성하는 n개의 개체 중에서 성공으로 나타나는 개체의 수의 비율을 표본비율(sample proportion)이라 하고 보통 p로 표시한다.

$$p=\frac{x}{n}=\frac{\text{표본 중에서 성공으로 나타난 개체수}}{\text{표본의 개체 수}}$$

예제 6.13 대학생의 비만비율을 조사하기 위해 모집단으로부터 크기가 200명인 표본을 추출하여 조사한 결과 22명이 비만인 것으로 나타났다고 하자. 이 경우 표본을 통해 조사한 결과는 비만인 사람과 그렇지 않은 사람의 두 가지 형태로 구분되며 이 중 어느 하나를 성공이라 하면 나머지는 실패로 표현되는 것이다.

즉 비만인 경우를 성공이라 표현하면 비만이 아닌 경우가 실패로 표현되는 것이며, 반대로 비만이 아닌 경우를 성공이라 표현하면 비만인 경우가 실패가 되는 것이다. 따라서 성공과 실패는 조사 결과의 두 가지 형태를 지칭하는 것일 뿐 일반적으로 사전적 의미의 성공이나 실패는 아닌 것이다.

우리가 알고자 하는 것이 비만비율이 얼마나 되는 것이라고 한다면 비만을 성공으로 지칭하게 되며 표본을 구성하는 200명 중 성공으로 나타난 개체 수 즉 비만으로 나타난 사람이 22명이므로, 이 표본을 기준으로 볼 때 성공(비만)비율은 $p = x/n = 22/200 = 0.11$즉 11%가 되는데 이것이 바로 표본비율인 것이다.

예제 6.14 다음 표본조사에서 표본을 구성하는 각 개체의 조사 결과가 성공과 실패의 두 가지로 구분되어 질 수 있는 것은 어느 것인가? 또 이 경우 표본비율을 구할 때 성공으로 취급되는 것은 어느 것인가?

(1) 대학생들의 휴대폰 보유비율을 알아보기 위해 표본으로 100명을 뽑아 휴대폰 보유 여부를 조사하였다.

(2) 200명을 표본으로 하여 하루 평균 인터넷 사용시간을 조사하였다.

(3) 어느 대학교에서 재학생들의 몇 %가 노트북 컴퓨터를 보유하고 있는지를 조사하였다.

(4) 어느 직장에서 하루 출퇴근에 걸리는 시간이 3시간 이상이 되는 사람의 비율을 알고자 150명을 표본으로 뽑아 조사하였다.

풀이 (1) 표본을 구성하는 각 개체들에 대한 조사는 휴대폰을 가지고 있는지 여부를 알아보는 것으로서, 결과는 보유 또는 비보유의 두 가지로 구분된다. 이 때 보유비율을 알고자 하는 것이므로 보유로 나타난 것을 성공으로 표현하고 비보유는 실패로 표현한다.

(2) 하루 평균 인터넷 사용시간은 두 가지로 구분되어지는 것이 아니다. 따라서 이 경우는 표본비율을 구할 수 있는 표본이 아니다.

(3) 노트북의 보유 또는 비보유의 두 가지로 구분되고, 보유비율을 조사하는 것이므로 보유한 것으로 나타난 것이 성공에 해당한다.

(4) 출퇴근 시간이 3시간 이상인 경우와 미만인 경우의 두 가지로 구분이 가능하다. 그리고 알고자 하는 것은 몇 %가 출퇴근에 3시간 이상이 걸리는가에 있으므로 성공에 해당하는 것은 출퇴근 시간이 3시간 이상이 되는 사람들이다.

예제 6.15 75%의 성공률을 가진 모집단에서 크기가 500인 표본을 추출하여 조사한 결과 성공으로 나타난 개체 수는 420개에 달하였다. 이 대 모비율(π)과 표본비율(p)은 각각 얼마인가?

풀이 모집단은 75%의 성공률을 가지고 있으므로 모비율은 $\pi = 0.75$이다. 표본비율은 표본의 전체 개체 수에서 성공으로 나타난 개체 수의 비율이므로 표본비율은 $p = \frac{x}{n} = \frac{420}{500} = 0.84$이다.

표본비율의 표본분포

표본으로 추출될 가능성이 있는 모든 표본에 대한 표본비율 값의 확률분포를 표본비율의 표본분포(sampling distribution of sample proportion)라 한다.

예제 6.16 다음에 우리가 살펴볼 것은 위의 [예제 6.13]에서 표본을 통해 얻은 표본비율 11%가 모집단의 비만 비율과 정확히 일치한다고 할 수 있는가 하는 점이다. 물론 이에 대한 대답은 분명히 일치한다는 보장을 전혀 할 수 없다는 것이다. 먼저 대학생 전체 모집단을 대상으로 비만 비율을 조사했다고 하자. 그러면 모집단에 대한 비만 비율은 '하나가 존재' 할 것이다. 즉 모집단 전체에서 비만인 학생이 차지하는 비율을 조사하면 한 개의 특정 비율을 얻을 것이다. 이와 같이 모집단 전체 개체 수에서 성공의 개체 수가 차지하는 비율을 모비율(population proportion)이라고 하며 표본비율 p와 구분하기 위해 모비율은 보통 π라고 표시한다. 그러나 모집단 전체를 조사하는 것이 어려워 이로부터 크기가 100명인 표본을 추출하려 한다고 했을 때 그 가지 수는 여러 개가 될 것이다. 즉 모집단 크기가 N인 경우, 100명을 뽑을 수 있는 가지 수는 ${}_NC_{100} = \dfrac{N!}{100!(N-100)!}$ 개가 될 것이다. 그러므로 표본크기가 100인 표본이 추출되었다고 했을 때 그것은 뽑힐 가능성이 있는 표본비율은 어떤 표본이 추출되느냐에 따라 표본비율은 모두 다른 값을 가지는 확률변수가 되기 때문에 표본으로부터 계산된 표본비율(p)이 모비율(π)과 일치하리라는 보장은 전혀 없는 것이다. 그러나 여기서 중요한 사실은 표본으로 뽑히는 개체 중에서 비만인 학생이 추출되어 들어갈 확률은 모집단에서의 비만비율을 나타내는 모비율(π)에 따라 결정되기 때문에, 모비율과 비슷한 표본비율을 가진 표본이 추출될 가능성이 클 것으로 추측할 수 있는 반면에, 모비율과 크게 차이가 나는 표본비율을 가진 표본이 추출될 가능성은 그만큼 희박할 것으로 예상할 수 있다. 여기서 표본으로 추출될 가능성이 있는 모든 표본에 대한 표본비율(p) 값을 확률변수로 한 확률분포를 구성할 수 있는데 이를 표본비율의 표본분포(sampling distribution of sample proportion)라 한다. 이는 구성 과정면에서 표본평균의 표본분포와 유사함을 알 수 있다.

Note

표본평균과 표본비율의 표시

	모집단	표본
평균	μ	$\overline{x}$
비율	π	p

표본비율의 표본분포에서의 평균과 표준편차

표본 크기가 클 때 중심극한정리에 따라 표본비율의 표본분포는 평균이 π이고 표준오차가 $\sigma_p = \sqrt{\frac{\pi(1-\pi)}{n}}$ 인 정규분포를 한다(π: 모비율, n: 표본 크기, σ_p: 표본비율의 표준오차)

Note

위에서 표본 크기가 크다는 기준으로는 보통 $n\pi \geq 5$과 $n(1-\pi) \geq 5$가 모두 성립하여야 한다. 그러나 π가 0또는 1에 아주 가까운 값을 가지는 경우 이 기준은 적합하지 않기 때문에 이러한 경우는 주의를 해야 한다.

예제 6.17 모비율이 $\pi = 0.6$인 모집단으로부터 크기가 400인 표본을 추출하였다. 이 때 표본비율의 표본분포의 특성값인 평균과 표준오차는 다음과 같이 구한다.

풀이 $n\pi = 400 \times 0.6 = 240 > 5$이고 $n(1-\pi) = 400 \times 0.4 = 160 > 5$의 조건을 만족시키므로 표본비율의 표본분포는 중심극한정리에 따라 평균이 π이고 표준오차가 $\sigma_p = \sqrt{\frac{\pi(1-\pi)}{n}}$ 인 정규분포를 따른다. 따라서 표본비율의 평균은 π와 동일한 0.6이고 표준오차는

$$\sigma_p = \sqrt{\frac{\pi(1-\pi)}{n}} = \sqrt{\frac{0.6(1-0.6)}{400}} = 0.0245$$

가 된다.

입력과정

① B2:B3 : 모비율 π와 표본크기 n을 입력한다.

② E2:E3 : 중심극한정리의 성립조건인 $n\pi \geq 5$와 $n(1-\pi) \geq 5$를 확인하기 위해 다음과 같이 입력한다.

= B3*B2

= B3*(1–B2)

E2, E3셀의 값들이 모두 5보다 크게 나타나고 있다.

③ E4 : $\sigma_p = \sqrt{\frac{\pi(1-\pi)}{n}}$ 에 따라 표준오차를 계산한다.

= SQRT(B2*(1–B2)/B3)

	A	B	C	D	E	F
1						
2	pi =	0.6		n*pi =	240	
3	n =	400		n*(1-pi) =	160	
4				표준오차 =	0.024495	
5						

예제 6.18 위의 [예제 6.17]에서 구한 표준오차를 이용하면 표본비율 값들이 집중 되어 있는 범위를 알아낼 수 있다.

다시 말해 표본비율의 표본분포는 평균이 π이고 표준오차가 $\sigma_p = \sqrt{\frac{\pi(1-\pi)}{n}}$ 인 정규분포를 따르기 때문에 모집단으로부터 추출 가능한 모든 표본의 95.45%는 표본비율이 평균을 중심으로 표준오차의 2배 사이의 범위, 즉 $\pi \pm 2\sigma_p$ 사이에 있다고 추측할 수 있다.

이는 어떤 표본이 임의로 하나 뽑혔을 때 그 표본비율이 평균을 중심으로 $\pi \pm \sigma_p$의 범위에 있을 확률은 68.26%, $\pi \pm 2\sigma_p$의 범위에 있을 확률은 95.45% 그리고 $\pi \pm 3\sigma_p$의 범위에 있을 확률은 99.73%에 이른다는 것을 의미한다. 이러한 확률을 신뢰수준이라고 하며 또 이 신뢰수준하에서의 확률변수 값의 범위를 신뢰구간이라 하는데 이에 대한 자세한 내용은 7장에서 살펴보기로 한다.

아래에서 표본비율의 95.45%가 어떤 범위의 값을 가질 것인가를 계산하는 과정을 살펴보면 다음과 같다.

풀이 이는 $\pi \pm 2\sigma_p$를 계산하면 된다. $\pi = 0.6$이고 $\sigma_p = 0.0245$이므로

$$\pi \pm 2\sigma_p = 0.6 \pm (2 \times 0.0245) = 0.6 \pm 0.049$$

따라서 표본비율의 95%는 0.551에서 0.649 사이의 값을 가지게 될 것으로 추측할 수 있다.

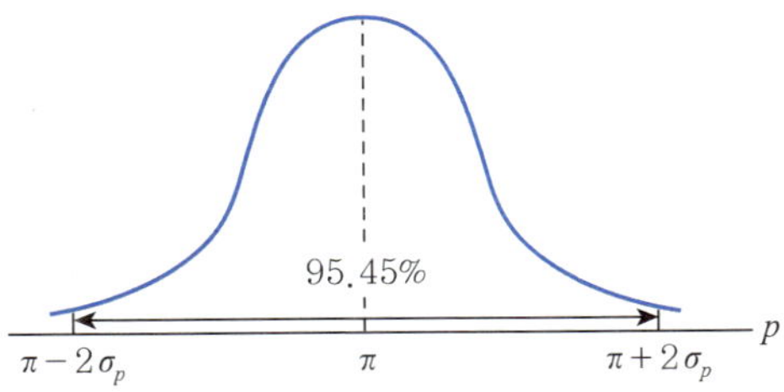

그림 6–2 표본비율의 표본분포

입력과정

[예제 6.17]의 입력과정에 다음을 추가한다.

① E5:E6 : $\pi \pm 2\sigma_p$에 따라 95.45% 신뢰수준하에서 신뢰구간을 계산하기 위해 다음과 같이 입력한다.

= B2−2*E4

= B2+2*E4

신뢰구간의 하한값과 상한값이 각각 0.551, 0.649로 출력되어 있다.

	A	B	C	D	E	F
1						
2	pi =	0.6		n*pi =	240	
3	n =	400		n*(1-pi) =	160	
4				표준오차 =	0.024495	
5				95.45% 하한값 =	0.55101	
6				95.45% 상한값 =	0.64899	
7						

6.4 표본비율의 표준화

표본비율의 표준화

앞에서 살펴본 바와 같이 표본의 크기가 크면 표본비율 p의 표본분포는 정규분포를 하게 되므로 표본비율을 표준화할 수 있으며, 정규분포의 특성에 따라 표본비율이 어떤 특정 구간의 값을 가질 확률을 구할 수 있다.

표본비율의 표준화값은 다음과 같이 구한다.

$$Z=\frac{p-\pi}{\sigma_p}=\frac{p-\pi}{\sqrt{\frac{\pi(1-\pi)}{n}}}$$

Z : 표본비율 p의 표준화값
p : 표본비율
π : 모비율
σ_p : p의 표준오차

위의 표준화 Z값이 의미하는 것은 표본비율과 모비율과의 차이가 표준오차의 몇 배에 해당하는가를 나타내는 것이다.

Note

표본비율의 표준화값을 구하는 과정과 표본평균에 대한 표준화값을 구하는 과정이 매우 유사함을 알 수 있다. 이는 표본평균이든 표본비율이든 표준화에 대한 기본 개념이 동일하기 때문이다. 즉 표준화의 기본 개념은 표본평균과 표본비율이 각각 그들의 모평균과 모비율로부터 표본평균에 대한 표준오차와 표본비율에 대한 표준오차의 몇 배만큼 떨어져 위치하고 있는가를 나타내는 것이다.

표본평균의 표준화값 : $Z=\frac{\bar{x}-\mu}{\sigma/\sqrt{n}} \rightarrow \left(\frac{\text{표본평균과 모평균의 차이}}{\text{표준오차}}\right)$

표본비율의 표준화값 : $Z=\frac{p-\pi}{\sqrt{\frac{\pi(1-\pi)}{n}}} \rightarrow \left(\frac{\text{표본비율과 모비율의 차이}}{\text{표준오차}}\right)$

예제 6.19 모비율(π)이 0.64인 모집단에서 표본크기(n)가 360인 표본을 뽑아 조사한 결과 표본비율(p)이 0.68로 나타났다. 이 표본비율의 표준화 Z값을 구하시오.

풀이 $\pi=0.64$, $n=360$, $p=0.68$이므로 이를 표준화 변환식에 대입한다.

$$Z=\frac{p-\pi}{\sqrt{\frac{\pi(1-\pi)}{n}}}=\frac{0.68-0.64}{\sqrt{\frac{0.64(1-0.64)}{360}}}=1.58$$

이 된다. 즉 표본비율 p가 표본분포의 평균인 π로부터 표본오차의 1.58배 만큼 떨어져 있다는 것을 의미한다.

입력과정

① B2:B4 : 모비율(π), 표본크기(n) 그리고 표본비율(p)을 입력한다.

② E2 : $\pi=0.64$, $n=360$일 때 $p=0.68$의 표준화 Z값을

$$Z=\frac{p-\pi}{\sqrt{\frac{\pi(1-\pi)}{n}}}$$ 에 따라 계산한다.

= (B4−B2)/SQRT(B2*(1−B2)/B3)

	A	B	C	D	E	F
1						
2	pi =	0.64		z=	1.581139	
3	n =	360				
4	p=	0.68				
5						

표본비율의 구간확률

표본을 통해 얻은 표본비율이 어떤 구간의 값을 가질 확률을 구하기 위해서는 먼저 주어진 상하한값의 표본비율을 표준화한 후 이를 표준정규분포표에서 찾으면 이 표준화값(Z)에 대응하는 누적확률을 구할 수 있으며 이를 이용하여 간단히 표본비율의 구간확률을 계산할 수 있다.

예제 6.20 모비율이 $\pi=0.75$인 모집단에서 표본크기가 $n=420$인 표본을 추출하였다. 다음 확률을 구하시오.

(1) $P(p<0.7)$

(2) $P(p\geq 0.72)$

(3) $P(0.74\leq p\leq 0.76)$

풀이 먼저 $P(p<0.7)$에서 괄호 안의 p는 표본비율을 나타내고 밖의 P는 확률을 표시한다는 것에 주

의해야 한다. 따라서 이는 추출된 표본의 표본비율이 0.7미만일 확률을 의미하는 것이 된다. 이를 구하기 위해서는 먼저 경계가 되는 표본비율인 0.7을 표준화한 후 이 표준화 Z값에 해당하는 확률을 부표에 수록된 표준정규분포표에서 찾으면 Z값까지의 누적확률을 구할 수 있다.

(1) 주어진 표본비율의 표준화 Z값을 구하기 위해서는 먼저 표본비율의 표본분포에 대한 표준오차 σ_p를 구해야 하는데 $\pi=0.75$, $n=420$이므로

$$\sigma_p=\sqrt{\frac{\pi(1-\pi)}{n}}=\sqrt{\frac{0.75(1-0.75)}{420}}=0.0211289$$

가 된다.

다음 이 표준오차를 이용하여 표본비율 0.7에 대한 표준화 Z값을 구하면

$$Z=\frac{p-\pi}{\sqrt{\frac{\pi(1-\pi)}{n}}}=\frac{0.7-0.75}{\sqrt{\frac{0.75(1-0.75)}{420}}}=-2.36643$$

이 되고 이를 표준정규분포표에서 찾으면 이 값에 대응하는 누적확률, 즉 $P(p<-2.37)$이 약 0.0089가 됨을 확인할 수 있다.

(2) $P(p\geqq 0.72)$는 1에서 $P(p<0.72)$의 확률을 빼면 된다.

이를 계산하기 위해서는 먼저 $p=0.72$에 대한 표준화 Z값을 구해야 한다. 표준오차 σ_p는 이미 (1)에서 $\sigma_p=0.0211$로 계산되었으므로 이를 이용하면

$$Z=\frac{p-\pi}{\sqrt{\frac{\pi(1-\pi)}{n}}}=\frac{0.72-0.75}{0.0211}=-1.42$$

임을 알 수 있다. 따라서

$$P(p\geqq 0.72)=P(Z\geqq -1.42)=1-P(Z\leqq -1.42)=1-0.078=0.921$$

이 된다.

(3) $P(0.74\leqq p\leqq 0.76)$는 표본비율이 0.76이하의 값을 가질 확률, 즉 $P(p\leqq 0.76)$에서 0.74 이하의 값을 가질 확률 $P(p\leqq 0.74)$를 빼면 된다.

먼저 표본비율 0.76과 0.74에 대한 표준화 Z값을 구하면 $\sigma_p=0.0211$이므로

$$Z_U=\frac{p-\pi}{\sqrt{\frac{\pi(1-\pi)}{n}}}=\frac{0.76-0.75}{0.0211}=0.47$$

$$Z_L=\frac{p-\pi}{\sqrt{\frac{\pi(1-\pi)}{n}}}=\frac{0.74-0.75}{0.0211}=-0.47$$

표준정규분포표를 이용하여 이들 Z값에 대응하는 누적확률을 구하면

$$P(Z\leqq 0.47)=0.681$$
$$P(Z\leqq -0.47)=0.319$$

가 된다. 따라서 구간확률 $P(0.74\leqq p\leqq 0.76)$은 다음과 같이 계산할 수 있다.

$$\begin{aligned} P(0.74 \leq p \leq 0.76) &= P(p \leq 0.76) - P(p \leq 0.74) \\ &= P(Z \leq 0.47) - P(Z \leq -0.47) \\ &= 0.681 - 0.319 = 0.362 \end{aligned}$$

입력과정

① B2:B3 : 모비율 π와 표본크기 n을 입력한다.

② E2 : 표준오차를 $\sigma_p = \sqrt{\dfrac{\pi(1-\pi)}{n}}$ 에 따라 계산한다.

= SQRT(B2*(1−B2)/B3)

E2에 표준오차가 $\sigma_p = 0.0211$로 계산되어 있다.

③ E3 : 표준화 과정을 통해 $P(p < 0.7)$의 확률을 계산한다.

= NORMSDIST((0.7−B2)/E2)

NORMSDIST 함수 안의 (0.7−B2)/E2는 $p = 0.7$에 대한 표준화 Z값을 계산하고 있다. 그리고 이 결과를 NORMSDIST 함수의 인수로 사용하고 있음에 유의해야 한다.

E3셀에 $P(p < 0.7) = 0.0089$로 나타나 있다.

④ E4 : $P(p \geq 0.72) = P(Z \geq -1.42) = 1 - P(Z \leq -1.42)$에 따라 계산하고 이다.

= 1−NORMSDIST((0.72−B2)/E2)

E4셀에 $P(p \geq 0.72) = 0.922$로 나타나 있다. 이 결과는 위에서 표준정규분포표를 이용하여 구한것과 약간의 오차가 발생하고 있는데 이는 표준정규분포표에 제시된 표준화 Z값이 소수점 둘째자리를 기준으로 계산된 것이기 때문이다.

⑤ E5 : $P(0.74 \leq p \leq 0.76) = P(p \leq 0.76) - P(p \leq 0.74) = P(Z \leq 0.47) - P(Z \leq -0.47)$에 따라 계산하고 있다.

= NORMSDIST((0.76−B2)/E2)−NORMSDIST((0.74−B2)/E2)

E5셀에 $P(0.74 \leq p \leq 0.76) = 0.36399$로 계산되어 있다.

	A	B	C	D	E	F
1						
2	pi =	0.75		표준오차 =	0.021129	
3	n =	420		P(p<0.7) =	0.00898	
4				P(p>=0.72) =	0.922176	
5				P(0.74<=p<=0.76) =	0.363991	
6						

예제 6.21 어느 정단에서 자기 당에 대한 국민들의 지지도를 조사하기 위해 1,000명을 대상으로 여론조사를 실시하였다. 모집단의 60%가 이 정당을 지지한다고 할 때 1,000명을 대상으로 한 이 표본의 표본비율이 60%를 중심으로 ±2% 범위의 값을 보일 확률은 얼마인가?

풀이 모비율이 $\pi=0.6$일 때 표본비율 p가 60%±2%의 범위의 값을 보일 확률 즉 $P(0.58 \leq p \leq 0.62)$을 구하는 것이다. 이를 위해서는 먼저 $Z=\frac{p-\pi}{\sqrt{\frac{\pi(1-\pi)}{n}}}$에 따라 표본비율을 표준화하여야 한다.

$$Z_U=\frac{p-\pi}{\sqrt{\frac{\pi(1-\pi)}{n}}}=\frac{0.62-0.6}{\sqrt{\frac{0.6(1-0.6)}{1000}}}=\frac{0.02}{0.0155}=1.29$$

$$Z_L=\frac{p-\pi}{\sqrt{\frac{\pi(1-\pi)}{n}}}=\frac{0.58-0.6}{\sqrt{\frac{0.6(1-0.6)}{1000}}}=\frac{-0.02}{0.0155}=-1.29$$

즉 $p=0.62$의 표준화 Z값이 1.29이고 $p=0.58$의 표준화 Z값은 −1.29이므로 $P(0.58 \leq p \leq 0.62)$의 확률은 표준정규분포에서 $P(-1.29 \leq Z \leq 1.29)$의 확률과 같다. 따라서 정규분포표로부터

$$P(-1.29 \leq Z \leq 1.29) = P(Z \leq 1.29) - P(Z \leq -1.29)$$
$$= 0.9015 - 0.0985 = 0.803$$

이 된다. 이 모비율이 0.6인 모집단으로부터 표본크기가 1,000인 표본을 추출하였을 때 이 표본의 표본비율 p가 0.58에서 0.62 사이의 값을 가질 확률은 80.3%에 달한다는 것을 의미한다.

입력과정

① B2:B3 : 모비율 π와 표본크기 n을 입력한다.

② E2 : 표준오차를 $\sigma_p=\sqrt{\frac{\pi(1-\pi)}{n}}$에 따라 계산한다.

= SQRT(B2*(1−B2)/B3)

E2에 표준오차가 $\sigma_p=0.0155$로 계산되어 있다.

③ E3 : $P(0.58 \leq p \leq 0.62) = P(p \leq 0.62) - P(p \leq 0.58) = P(Z \leq 1.29) - P(Z \leq -1.29)$에 따라 계산하고 있다.

= NORMSDIST((0.62−B2)/E2)−NORMSDIST((0.58−B2)/E2)

E3셀에 $P(0.58 \leq p \leq 0.62) = 0.803$으로 계산되어 있다.

	A	B	C	D	E	F
1						
2	pi =	0.6		표준오차 =	0.015492	
3	n =	1000		P(0.58<=p<=0.62) =	0.803294	
4						

6장 연습문제

▪ 표본평균의 표본분포

연습 6.1 4, 4, 6, 8의 네 개의 값을 가진 모집단이 있다고 할 때 다음 물음에 답하시오.

(1) 표본크기가 $n=2$인 표본을 추출한다고 할 때 추출 가능한 표본의 수는 모두 몇 개가 되는가?

(2) 또 이들 표본을 모두 제시하고 각 표본의 평균을 계산하시오.

(3) 각 표본으로부터 계산한 표본평균들의 평균을 계산하고 이를 모평균과 비교하시오.

풀이 (1) 모집단이 4개의 개체로 구성되어 있으므로 이로부터 2개를 뽑는 경우 그 가지 수는 모두 ${}_4C_2 = \frac{4!}{2!(4-2)!} = 6$가지가 된다.

(2) 아래 표에서 보는 바와 같이 모집단인 4, 4, 6, 8에서 표본이 어떻게 뽑히느냐에 따라 표본평균이 4에서 7사이의 다른 값으로 나타나고 있다.

표본	표본값	표본평균
1	(4, 4)	4
2	(4, 6)	5
3	(4, 8)	6
4	(4, 6)	5
5	(4, 8)	6
6	(6, 8)	7

(3) 이들 6개의 표본평균들의 평균을 구하기 위해서는 먼저 표본평균들을 모두 합계한 후 이를 6으로 나누면 된다.

$$\text{표본평균의 평균 : } \bar{x} = \frac{4+5+6+5+6+7}{6} = \frac{33}{6} = 5.5$$

$$\text{모집단의 평균 : } \mu = \frac{4+4+6+8}{4} = 5.5$$

표본평균들의 평균이 모평균과 같음을 알 수 있다.

Note

$$E(\bar{x}) = E\left(\frac{\sum x_i}{n}\right) = \frac{1}{n}E\left(\sum x_i\right) = \frac{1}{n}\sum E(x_i) = \frac{1}{n}\sum \mu = \frac{1}{n}(n\mu) = \mu$$

로부터 $E(\bar{x}) = \mu$가 됨을 도출할 수 있다. 여기에서 주의할 것은 $E(x_i)$에서 x_i는 모집단을 구성하는 한 개체이고 이 개체의 기댓값은 모집단의 평균인 μ가 되므로 $E(x_i)=\mu$가 성립한다는 점을 잘 이해해야 한다.

연습 6.2 어느 모집단에서 승용차의 연간 평균주행거리가 14,850Km이고 표준편차가 5,600Km라고 한다. 이 모집단에서 표본으로 200대를 뽑았을 때 표본평균 $\bar{x}$의 표본분포의 모양과 이 표본분포의 표준오차를 구하시오.

풀이 모집단의 분포가 어떤 모양을 하든 표본의 크기가 $n=200$으로 30을 훨씬 상회하고 있으므로 중심극한정리에 따라 표본평균의 표본분포는 정규분포를 한다고 말할 수 있다([예제 6.7] 참조).

또한 이 때 표본평균의 표준편차에 해당하는 표준오차는 $\frac{\sigma}{\sqrt{n}}$이므로

$$\frac{\sigma}{\sqrt{n}}=\frac{5600}{\sqrt{200}}=395.98$$

이 된다.

입력과정

① B2:B3 : 표준편차와 표본크기를 입력한다.

② E2 : $\sigma_{\bar{x}}=\frac{\sigma}{\sqrt{n}}$에 따라 표준오차를 계산한다.

= B2/SQRT(B3)

E2에 표준오차가 약 396으로 계산되어 있다

	A	B	C	D	E	F
1						
2	sigma =	5600		표준오차 =	395.9798	
3	n =	200				
4						

연습 6.3 모집단 평균이 $\mu=450$이고 표준편차가 $\sigma=64$이다. 아래와 같은 표본크기로 표본을 뽑아 표본분포를 구성했을 때, 모평균을 중심으로 표본평균의 95.45%가 집중되어 있는 구간의 상하한값은 얼마인가?

(1) 50

(2) 160

(3) 480

풀이 중심극한정리에 따라 표본평균 $\bar{x}$의 표본분포는 평균이 μ이고 표준오차가 $\frac{\sigma}{\sqrt{n}}$인 정규분포를

하므로 모평균을 중심으로 $\pm 2\frac{\sigma}{\sqrt{n}}$의 구간에 표본평균의 95.45%가 집중되어 있다. 따라서 상한값은 $\mu+2\frac{\sigma}{\sqrt{n}}$가 되고 하한값은 $\mu-2\frac{\sigma}{\sqrt{n}}$가 된다.

(1) 표준오차가 $\sigma_{\bar{x}}=\frac{\sigma}{\sqrt{n}}=\frac{64}{\sqrt{50}}=9.05$가 되므로

$$\mu \pm 2\frac{\sigma}{\sqrt{n}}=450\pm(2\times 9.05)=450\pm 18.1$$

즉 431.9에서 468.1의 범위에 95.45%의 표본평균이 집중되어 있다.

(2) 표준오차가 $\sigma_{\bar{x}}=\frac{\sigma}{\sqrt{n}}=\frac{64}{\sqrt{160}}=5.06$이므로

$$\mu \pm 2\frac{\sigma}{\sqrt{n}}=450\pm(2\times 5.06)=450\pm 10.12$$

즉 439.9에서 460.1의 범위에 95.45%의 표본평균이 집중되어 있다.

(3) 표준오차가 $\sigma_{\bar{x}}=\frac{\sigma}{\sqrt{n}}=\frac{64}{\sqrt{480}}=2.92$이므로

$$\mu \pm 2\frac{\sigma}{\sqrt{n}}=450\pm(2\times 2.92)=450\pm 5.84$$

즉 444.2에서 455.8의 범위에 95.45%의 표본평균이 집중되어 있다.

입력과정

① B2:B3 : 모평균과 표준편차를 입력한다.

② D2:D4 : 표본크기를 입력한다.

③ E2 : $\sigma_{\bar{x}}=\frac{\sigma}{\sqrt{n}}$에 따라 표준오차를 계산한다.

= $B$3/SQRT(D2)

표본크기를 달리 했을 때의 표준오차를 복사기능을 이용하여 계산하기 위해 표본크기에 관계없이 적용되는 모집단의 표준편차 σ가 입력되어 있는 셀은 절대주소($B$3)로 지정하였다. E2에 표준오차가 9.05로 계산되어 있다.

④ F2:G2 : 표본크기(n)가 50일 때 표본평균의 95.45%가 속해 있을 구간의 하한값과 상한값을 계산하기 위해 $\mu \pm 2\frac{\sigma}{\sqrt{n}}$에 따라 다음과 같이 입력한다.

= $B$2−2*E2

= $B$2+2*E2

상하한값을 구할 때 또 표본크기에 관계없이 모평균은 고정되어 있으므로 모평균을 나타내는 셀은 절대주소($B$2)로 지정하였다.

F2에 하한값이 그리고 G2에 상한값이 각각 431.9와 468.1로 계산되어 있다.

⑤ 표본크기가 50일 때 계산한 표준오차와 표본평균의 95.45%가 속해 있을 구간의 상하한값의 계산과정을, 표본크기가 160, 480일 때에 적용하기 위해 복사기능을 이용한다.

즉 먼저 E2:G2의 범위를 마우스로 지정하여 활성화시킨 후 자동채우기 핸들을 이용하여 G4까지 드래그 하여 복사 과정을 실행한다.

E3:G4의 범위에 $n=160$, $n=480$일 때의 표준오차와 표본평균의 95.45%가 속해 있을 구간의 상하한값이 출력되어 있다.

	A	B	C	D	E	F	G	H
1				표본크기	표준오차	하한값	상한값	
2	mu =	450		50	9.050967	431.8981	468.1019	
3	sigma =	64		160	5.059644	439.8807	460.1193	
4				480	2.921187	444.1576	455.8424	
5								

■ 표본평균의 표준화

연습 6.4 평균이 100이고 표준편차가 20인 정규분포를 하는 모집단으로부터 크기가 16인 표본을 뽑았을 때 표본평균 $\bar{x}$에 대한 확률을 구하시오.

(1) $P(\bar{x} \leq 110)$

(2) $P(\bar{x} \geq 100)$

(3) $P(96 \leq \bar{x} \leq 108)$

풀이 표본평균이 어떤 구간의 값을 가질 확률을 구하기 위해서는 먼저 표본평균을 표준화해야 한다.

(1) $\bar{x}=110$에 대한 표준화 Z값을 구하면

$$Z=\frac{\bar{x}-\mu}{\sigma/\sqrt{n}}=\frac{110-100}{20/\sqrt{16}}=2$$

즉 $P(\bar{x} \leq 110)$의 확률은 표준화 확률변수로 변환하면 $P(Z \leq 2)$의 확률과 같다. 그리고 $P(Z \leq 2)$의 확률은 $Z=2$에 해당하는 값을 부표에 있는 표준정규분포표에서 찾으면 0.9772임을 알 수 있다.

(2) $\mu=100$이므로 $\bar{x}=100$을 표준화하면 다음과 같이 $Z=0$이 된다.

$$Z=\frac{\bar{x}-\mu}{\sigma/\sqrt{n}}=\frac{100-100}{20/\sqrt{16}}=0$$

따라서

$$P(\bar{x} \geq 100)=1-P(\bar{x}<100)$$

$$= 1 - P(Z < 0) = 0.5$$

가 된다.

(3) $P(96 \leq \bar{x} \leq 108)$의 확률을 구하기 위해 먼저 상하한값 108과 96에 대한 표준화 Z값을 구한다.

$$Z_U = \frac{\bar{x} - \mu}{\sigma/\sqrt{n}} = \frac{108 - 100}{20/\sqrt{16}} = 1.6$$

$$Z_L = \frac{\bar{x} - \mu}{\sigma/\sqrt{n}} = \frac{96 - 100}{20/\sqrt{16}} = -0.8$$

따라서 표준정규분포표로부터 이들 표준화 Z값에 대응하는 누적확률을 찾으면

$$\begin{aligned} P(96 \leq \bar{x} \leq 108) &= P(\bar{x} \leq 108) - P(\bar{x} \leq 96) \\ &= P(Z \leq 1.6) - P(Z \leq -0.8) \\ &= 0.9452 - 0.2119 = 0.7333 \end{aligned}$$

이 된다.

입력과정

① B2:B4 : 모평균과 표준편차 그리고 표본크기를 입력한다.

② E2 : $\frac{\sigma}{\sqrt{n}}$에 따라 표본평균의 표준오차를 계산한다.

= B3/SQRT(B4)

E2에 표준오차가 5로 나타나 있다.

③ E3 : 여기서는 표본평균 $\bar{x}$의 표본분포는 평균이 모평균인 μ이고 표준편차가 $\frac{\sigma}{\sqrt{n}}$인 정규분포를 하므로 확률변수인 표본평균 $\bar{x}$는 평균이 100이고 표준편차 즉 표준오차가 E2셀에 계산된 5인 정규분포를 한다는 것을 알 수 있다.

즉 표본평균 $\bar{x}$에 대한 평균과 표준오차를 알고 있으므로 NORMDIST 함수를 이용하면 $\bar{x}$에 대한 표준화 과정을 거치지 않고 직접 $\bar{x}$의 구간확률을 구할 수 있다.

$P(\bar{x} \leq 110)$을 계산하기 위해 다음과 같이 입력한다.

= NORMDIST(110,B2,E2,1)

위 입력식에서 인수 지정은 NORMDIST(x, mean, standard_dev, cumulative)에 따르고 있다.

E3에 $P(\bar{x} \leq 110) = 0.977$로 계산되어 있다.

④ E4 : $P(\bar{x} \geq 100) = 1 - P(\bar{x} < 100)$에 따라 구간확률을 계산한다.

= 1−NORMDIST(100, B2, E2, 1)

⑤ E5 : $P(96 \leq \bar{x} \leq 108) = P(\bar{x} \leq 108) - P(\bar{x} \leq 96)$에 따라 구간확률을 계산한다.

= NORMDIST(108, B2, E2, 1)−NORMDIST(96, B2, E2, 1)

	A	B	C	D	E	F
1						
2	mu =	100		표준오차 =	5	
3	sigma =	20		P(x bar <= 110) =	0.97725	
4	n =	16		P(x bar >= 100) =	0.5	
5				P(96 <= x bar <=108) =	0.733345	
6						

연습 6.5 어느 커피숍에 손님이 들어온 후 다음 손님이 들어올 때까지의 시간은 평균 6분으로서 지수분포를 한다고 한다. 이러한 모집단으로부터 표본크기가 160인 표본을 추출하였을 때 다음 표본평균에 대한 확률을 구하시오.

(1) $P(\bar{x} < 5)$

(2) $P(\bar{x} > 6)$

(3) $P(5 < \bar{x} < 7)$

풀이 지수분포의 평균과 표준편차는 같기 때문에 $\mu = \sigma = \frac{1}{\lambda} = 6$이 된다. 또한 중심극한정리에 따라 모집단이 어떤 형태의 확률분포를 가지느냐에 관계없이 표본평균의 표본분포는 정규분포를 하게 되므로 $Z = \frac{\bar{x} - \mu}{\sigma / \sqrt{n}}$에 따라 표본평균 $\bar{x}$를 표준화 Z값으로 변환시킨 후 이 표준화 Z값을 표준정규분포표에서 찾으면 확률을 알아낼 수 있다.

먼저 표준오차를 구하면 모집단의 표준편차가 6이고 표본크기가 160이므로

$$\frac{\sigma}{\sqrt{n}} = \frac{6}{\sqrt{160}} = 0.474$$

가 된다.

(1) $Z = \frac{\bar{x} - \mu}{\sigma / \sqrt{n}} = \frac{5-6}{0.474} = -2.11$

이 표준화 Z값을 표준정규분포표에서 찾으면 $P(Z < -2.11) = 0.017$이 된다.

(2) $Z = \frac{\bar{x} - \mu}{\sigma / \sqrt{n}} = \frac{6-6}{0.474} = 0$

따라서 $P(\bar{x} > 6) = 1 - P(\bar{x} < 6) = 1 - P(Z < 0) = 1 - 0.5 = 0.5$가 된다.

(3) 표본평균 5와 7에 대한 표준화 Z값을 구한다.

$\bar{x} = 5$에 대한 표준화 z값은 (1)로부터 −2.11임을 알고 있으므로 $\bar{x} = 7$에 대한 표준화 Z값을 구하면

$$Z = \frac{\bar{x} - \mu}{\sigma / \sqrt{n}} = \frac{7-6}{0.474} = 2.11$$

이 된다. 표준정규분포표에서 표시하고 있는 표준화 Z값에 대응하는 확률은 누적확률이기 때문에 $Z=2.11$에 대응하는 확률에서 $Z=-2.11$에 대응하는 확률을 빼야 한다. 즉

$$\begin{aligned} P(5 < \bar{x} < 7) &= P(-2.11 < Z < 2.11) \\ &= P(Z < 2.11) - P(Z < -2.11) \\ &= 0.9826 - 0.0174 = 0.9652 \end{aligned}$$

가 된다. 위에서 구한 결과는 표준정규분포표를 통해 반올림하여 얻은 것이므로 아래 엑셀을 이용하여 얻은 결과와는 약간의 오차가 있다.

입력과정

① B2:B3 : 모평균과 표준편차 그리고 표본크기를 입력한다.

② E2 : $\frac{\sigma}{\sqrt{n}}$에 따라 표본평균과 표준오차를 계산한다.

= B3/SQRT(B4)

E2에 표준오차가 0.474로 나타나 있다.

③ E3 : 표본평균 $\bar{x}$의 표본분포는 평균이 모평균인 μ이고 표준편차가 $\frac{\sigma}{\sqrt{n}}$인 정규분포를 하므로 확률변수인 표본평균 $\bar{x}$는 평균이 6이고 표준편차 즉 표준오차가 E2셀에 계산된 0.474인 정규분포를 한다는 것을 알 수 있다. 즉 표본평균 $\bar{x}$에 대한 평균과 표준오차를 알고 있으므로 NORMDIST 함수를 이용하면 $\bar{x}$에 대한 표준화 과정을 거치지 않고 직접 $\bar{x}$의 구간확률을 구할 수 있다. $P(\bar{x} < 5)$를 계산하기 위해 다음과 같이 입력한다.

= NORMDIST(5,B2,E2,1)

위 입력식에서 인수 지정은 NORMDIST(x, mean, standard_dev, cumulative)에 따르고 있다.

E3에 $P(\bar{x} < 5) = 0.0175$로 계산되어 있다.

④ E4 : $P(\bar{x} \geq 6) = 1 - P(\bar{x} < 6)$에 따라 구간확률을 계산한다.

= 1-NORMDIST(6,B2,E2,1)

⑤ E5 : $P(5 < \bar{x} < 7) = P(\bar{x} < 7) - P(\bar{x} < 5)$에 따라 구간확률을 계산한다.

= NORMDIST(7,B2,E2,1)-NORMDIST(5,B2,E2,1)

	A	B	C	D	E	F
1						
2	mu =	6		표준오차 =	0.474342	
3	sigma =	6		P(x bar < 5) =	0.017507	
4	n =	160		P(x bar > 6) =	0.5	
5				P(5 < x bar < 7) =	0.964985	
6						

연습 6.6 어느 양계장에서 생산되는 달걀의 평균 무게는 180g이고 표준편차가 12g인 것으로 알려져 있다. 40개를 표본으로 뽑아 조사하였을 때 다음 물음에 답하시오.

(1) 표본평균이 모평균과 4g 이상 차이가 날 확률은?

(2) 표본평균이 178g 이하가 되지 않을 확률은?

(3) 표본평균의 95.45%가 모평균을 중심으로 집중되어 있을 상하한값의 범위는?

풀이 (1) 모평균이 $\mu = 180$g이므로 표본평균 $\bar{x}$가 4g 이상 차이가 날 확률이란 결국 $\bar{x}$가 176g 이하의 값을 갖든지 또는 184g 이상의 값을 가진 확률 즉 $P(\bar{x} \leq 176) + P(\bar{x} \geq 184)$의 확률을 구하는 것이다. 따라서 이들 상한값과 하한값에 대한 표준화 Z값을 $Z = \frac{\sigma}{\sqrt{n}}$에 구하고 이 값에 대한 확률은 표준정규분포표를 이용하여 구하면 된다.

$$Z_L = \frac{\bar{x} - \mu}{\sigma / \sqrt{n}} = \frac{176 - 180}{12 / \sqrt{40}} = \frac{-4}{1.897} = -2.11$$

$$Z_U = \frac{\bar{x} - \mu}{\sigma / \sqrt{n}} = \frac{184 - 180}{12 / \sqrt{40}} = \frac{4}{1.897} = 2.11$$

표준정규분포표로부터

$$P(Z \leq -2.11) = 0.017$$
$$P(Z \leq 2.11) = 0.983$$

이므로 표본평균 $\bar{x}$가 모평균 μ와 4g 이상 차이가 날 확률은 다음과 같이 구할 수 있다.

$$\begin{aligned} P(\bar{x} \leq 176) + P(\bar{x} \geq 184) &= P(\bar{x} \leq 176) + 1 - P(\bar{x} < 184) \\ &= P(Z \leq -2.11) + 1 - P(Z < 2.11) \\ &= 0.017 + (1 - 0.983) = 0.034 \end{aligned}$$

위에서 구한 결과는 표준정규분포표를 통해 반올림하여 얻은 것이므로 아래의 엑셀을 이용하여 얻은 결과와는 약간의 오차가 있다.

(2) 표본평균이 178보다 클 확률을 구하는 것으로 $P(\bar{x} \geq 178) = 1 - P(\bar{x} \leq 178)$에 따라 구할 수 있다. 따라서 먼저 표본평균 178에 대한 표준화 Z값을 $Z = \frac{\sigma}{\sqrt{n}}$에 따라 계산하고 이 Z값에 대응하는 누적확률을 표준정규분포표에서 찾은 후 이 확률값을 1에서 빼면 된다.

$$Z=\frac{\bar{x}-\mu}{\sigma/\sqrt{n}}=\frac{178-180}{12/\sqrt{140}}=\frac{-2}{1.897}=-1.05$$

표준정규분포표로부터 $P(Z\leqq-1.05)=0.147$이므로

$$\begin{aligned}P(\bar{x}\geqq 178)&=1-P(\bar{x}\leqq 178)\\&=1-P(Z\leqq-1.05)\\&=1-0.147=0.853\end{aligned}$$

이 된다.

(3) 표준오차가 $\sigma_{\bar{x}}=\frac{\sigma}{\sqrt{n}}=\frac{12}{\sqrt{40}}=1.897$이 되므로

$$\mu\pm 2\frac{\sigma}{\sqrt{n}}=180\pm(2\times 1.897)=180\pm 3.8$$

즉 추출 가능한 표본의 95.45%는 176.2에서 183.8의 범위의 표본평균값을 가질 것이다.

입력과정

① B2:B4 : 모평균과 표준편차 그리고 표본크기를 입력한다.

② E2 : $\frac{\sigma}{\sqrt{n}}$에 따라 표본평균의 표준오차를 계산한다.

= B3/SQRT(B4)

E2에 표준오차가 1.897로 나타나 있다.

③ E3 : 표본평균이 모평균과 4g 이상 차이가 날 확률 즉 $P(\bar{x}\leqq 176$ or $\bar{x}\geqq 184)$를 계산한다. 여기서는 표본평균의 표본분포에 대한 평균과 표준오차가 각각 B2와 E2에 저장되어 있으므로 표준화 과정을 거치지 않고 직접 NORMDIST 함수를 이용하여 구하기로 한다.

= NORMDIST(176,B2,E2,1)+1−NORMDIST(184,B2,E2,1)

E3에 $P(\bar{x}\leqq 176$ or $\bar{x}\geqq 184)=0.035$로 계산되어 있다.

④ E4 : $P(\bar{x}\geqq 178)=1-P(\bar{x}\leqq 178)$을 계산한다.

= 1−NORMDIST(178,B2,E2,1)

⑤ E5:E6 : 표본크기(n)가 40일 때 추출 가능한 표본평균의 95.45%가 속해 있을 구간의 하한값과 상한값을 계산하기 위해 $\mu\pm 2\frac{\sigma}{\sqrt{n}}$에 따라 다음과 같이 입력한다.

= B2+2*E2

= B2−2*E2

E5, E6셀에 상한값과 하한값이 각각 183.8, 176.2로 계산되어 있다.

	A	B	C	D	E	F
1						
2	mu =	180		표준오차 =	1.897367	
3	sigma =	12		P(x bar <= 176 or x bar >= 184) =	0.035015	
4	n =	40		p(x bar > 178) =	0.85408	
5				95.45% 상한값 =	183.7947	
6				95.45% 하한값 =	176.2053	
7						

연습 6.7 어느 제품의 지역별 가격차는 2.5달러이고 표준편차는 1.5달러인 것으로 알려져 있다. 50개의 지역을 임의로 선정하여 가격차를 조사하였다고 할 때 다음 물음에 답하시오.

(1) 가격차가 2.8달러 이하로 나타날 확률은 얼마인가?

(2) 가격차가 3.0달러 이상으로 나타날 확률은 얼마인가?

(3) 표본평균의 95.45%가 집중되어 있을 표본평균값의 범위를 구하시오.

(4) (3)에서 구한 상하한값 범위에 해당하는 $\pm 2\frac{\sigma}{\sqrt{n}}$가 모평균을 중심으로 ± 0.5가 되도록 하기 위해서는 표본 크기를 얼마나 해야 하는가?

풀이 먼저 $\sigma_{\bar{x}} = \frac{\sigma}{\sqrt{n}}$를 이용하여 표본평균에 대한 표준오차를 구한다.

(1) $P(\bar{x} \leq 2.8)$을 구하는 것이므로 2.8에 대한 표준화 Z값을 구한다.

$$Z = \frac{\bar{x}-\mu}{\sigma/\sqrt{n}} = \frac{2.8-2.5}{1.5/\sqrt{50}} = 1.41$$

표준정규분포표로부터 $Z=1.41$에 대한 누적확률을 찾으면

$$P(\bar{x} \leq 2.8) = P(Z \leq 1.41) = 0.921$$

이 됨을 알 수 있다.

(2) $P(\bar{x} \geq 3.0) = 1 - P(\bar{x} < 3.0)$이므로 먼저 $\bar{x} = 3.0$에 대한 표준화 Z값을 구한 후 표준정규분포표를 이용하여 Z값에 대응하는 누적확률을 찾아 계산한다.

$$Z = \frac{\bar{x}-\mu}{\sigma/\sqrt{n}} = \frac{3.0-2.5}{1.5/\sqrt{50}} = 2.36$$

$$P(\bar{x} \geq 3.0) = 1 - P(\bar{x} < 3.0) = 1 - P(Z < 2.36) = 1 - 0.991 = 0.009$$

(3) 표본평균의 95.45%는 모평균을 중심으로 $\mu \pm 2\frac{\sigma}{\sqrt{n}}$ 사이에 집중되어 있으며 이는 바로 모평균을 중심으로 표준오차($\sigma/\sqrt{n}$)의 2배 범위에 표본평균의 95.45%가 집중되어 있음을 의미하는 것이다.

$$2\frac{\sigma}{\sqrt{n}} = 2\left(\frac{1.5}{\sqrt{50}}\right) = 0.42$$

이므로 상하한값은

$$\mu \pm 2\frac{\sigma}{\sqrt{n}} = 2.5 \pm 0.42$$

가 된다. 즉 모집단으로부터 추출될 수 있는 표본의 95.45%는 표본평균이 2.08과 2.92의 구간에 포함될 것이라고 추측할 수 있다.

(4) $2\frac{\sigma}{\sqrt{n}} = 2\frac{1.5}{\sqrt{n}} = 0.5$가 되는 n을 구하는 것이다. 따라서 $n = 36$이다.

입력과정

① B2:B4 : 모평균과 표준편차 그리고 표본크기를 입력한다.

② E2 : $\frac{\sigma}{\sqrt{n}}$에 따라 표본평균과 표준오차를 계산한다.

= B3/SQRT(B4)

E2에 표준오차가 0.212로 나타나 있다.

③ E3 : 표본평균의 표본분포에 대한 평균(μ)과 표준오차를 알고 있으므로 NORMDIST 함수를 이용하여 $P(\bar{x} \leq 2.8)$를 계산한다.

= NORMDIST(2.8,B2,E2,1)

E3셀에 $P(\bar{x} \leq 2.8) = 0.921$로 나타나 있다.

④ E4 : $P(\bar{x} \geq 3.0) = 1 - P(\bar{x} < 3.0)$을 계산한다.

= 1−NORMDIST(3,B2,E2,1)

⑤ E5:E6 : 추출 가능한 표본평균의 95.45%가 속해 있을 구간의 하한값과 상한값을 계산하기 위해 $\mu \pm 2\frac{\sigma}{\sqrt{n}}$에 따라 다음과 같이 입력한다.

= B2+2*E2

= B2−2*E2

E5, E6셀에 상한값과 하한값이 각각 2.92, 2.08로 계산되어 있다.

	A	B	C	D	E	F
1						
2	mu =	2.5		표준오차 =	0.212132	
3	sigma =	1.5		P(x bar <= 2.8) =	0.92135	
4	n =	50		P(x bar >= 3.0) =	0.009211	
5				95.45% 상한값 =	2.924264	
6				95.45% 하한값 =	2.075736	
7						

연습 6.8 교통 경찰이 어느 지점을 통과하는 차량 50대를 임의로 선정하여 속도를 측정하였다. 과거 조사에 따르면 이 지점을 통과하는 차량 속도의 표준편차는 시

속 5Km라고 한다. 이 교통 경찰이 조사한 차량의 평균 속도가 모평균과 시속 2Km 이하의 차이를 보일 확률은 얼마인가?

풀이 표본평균과 모평균의 차이가 2 이하이므로 $|\bar{x}-\mu| \leq 2$이고 이는 $-2 \leq \bar{x}-\mu \leq 2$가 된다. 이 부등식을 표준오차로 나누면

$$\frac{-2}{\sigma/\sqrt{n}} \leq \frac{\bar{x}-\mu}{\sigma/\sqrt{n}} \leq \frac{2}{\sigma/\sqrt{n}}$$

가 되어 표준화 Z값이 $\frac{-2}{\sigma/\sqrt{n}} \leq Z \leq \frac{2}{\sigma/\sqrt{n}}$ 사이의 값을 가질 확률을 구하면 된다.

여기서 $\sigma = 5$이고 $n = 50$이므로

$$\frac{2}{\sigma/\sqrt{n}} = \frac{2}{5/\sqrt{50}} = 2.83$$

이 되고 구하고자 하는 확률은 $(-2.83 \leq Z \leq 2.83)$임을 알 수 있다.

이는 표준정규분포표를 이용하여 다음과 같이 구할 수 있다.

$$\begin{aligned} P(-2 \leq \bar{x}-\mu \leq 2) &= P\left(\frac{-2}{\sigma/\sqrt{n}} \leq Z \leq \frac{2}{\sigma/\sqrt{n}}\right) \\ &= P(-2.83 \leq Z \leq 2.83) \\ &= P(Z \leq 2.83) - P(Z \leq -2.83) \\ &= 0.997 - 0.002 = 0.995 \end{aligned}$$

따라서 여기서 구하고자 하는 확률은 아래 그림의 빗금친 부분으로 표시할 수 있다.

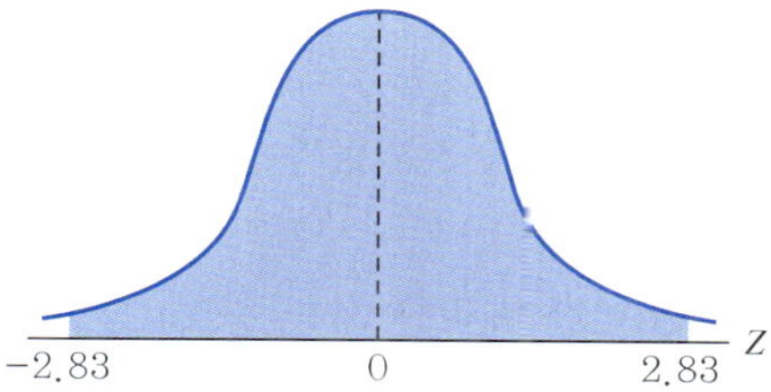

그림 6–3 표준정규분포

입력과정

① B2:B4 : 표본평균과 모평균 사이의 편차, 표준편차 그리고 표본크기를 입력한다.

② E2 : $\frac{\sigma}{\sqrt{n}}$에 따라 표본평균의 표준오차를 계산한다.

= B3/SQRT(B4)

E2에 표준오차가 0.707로 나타나 있다.

③ E3:E4 : 표본평균 $\bar{x}$가 모평균 μ와 시속 2(Km) 이하의 차이를 보일 확률

을 구하는 것이므로 하한값의 $\bar{x}$는 모평균보다 2만큼 작고 상한값의 $\bar{x}$는 모평균보다 2만큼 큰 값을 가질 것이다.

따라서 하한값의 $\bar{x}$를 표준화 Z값으로 변환할 때 $\frac{\bar{x}-\mu}{\sigma/\sqrt{n}}$에 대입할 분자의 $(\bar{x}-\mu)$값은 −2가 되는 반면, 상한값의 $\bar{x}$를 표준화 Z값으로 변환할 때는 분자의 $(\bar{x}-\mu)$값은 +2가 되는 것에 유의해야 한다.

E3과 E4에서는 $\bar{x}$의 하한값과 상한값에 대한 표준화 Z값을 계산하고 있다.

= −2/E2

= 2/E2

④ E5 : NORMDIST(z) 함수를 이용하여 $P\left(\frac{-2}{\sigma/\sqrt{n}} \leq Z \leq \frac{2}{\sigma/\sqrt{n}}\right) = P(-2.83 \leq Z \leq 2.83)$을 계산하고 있다.

= NORMSDIST(E4)−NORMSDIST(E3)

$P(-2.83 \leq Z \leq 2.83) = 0.995$로 나타나 있다.

	A	B	C	D	E	F
1						
2	x bar - mu =	2		표준오차 =	0.707107	
3	sigma =	5		Z1(하한값) =	-2.82843	
4	n =	50		Z2(상한값) =	2.828427	
5				P(Z1<=Z<=Z2) =	0.995322	
6						

연습 6.9 어느 회사의 인사담당자는 사원의 평균 근속 연수를 알고자 하나, 모집단의 표준편차가 6.5년이라는 사실만 알려져 있을 뿐 모평균은 모른다고 한다. 이 관리자가 과거 5년간 퇴직한 사원 중 60명을 무작위로 추출하였을 때 표본평균과 모평균과의 차이가 1년 이하의 차이를 가질 확률은 얼마인가?

풀이 표본평균과 모평균의 차이가 1(년) 이하이므로 $|\bar{x}-\mu| \leq 1$이고 이는 $-1 \leq \bar{x}-\mu \leq 1$임을 의미한다. 이 부등식을 표준오차로 나누면

$$\frac{-1}{\sigma/\sqrt{n}} \leq \frac{\bar{x}-\mu}{\sigma/\sqrt{n}} \leq \frac{1}{\sigma/\sqrt{n}}$$

가 되어 표준화 확률변수 Z가 $\frac{-1}{\sigma/\sqrt{n}} \leq Z \leq \frac{1}{\sigma/\sqrt{n}}$ 사이의 값을 가질 확률을 구하면 된다. 따라서 표준오차 $\frac{\sigma}{\sqrt{n}}$만 구할 수 있으면 되는데 표준편차와 표본크기는 이미 $\sigma = 6.5$, $n = 60$으로 알고 있으므로 Z의 하한값과 상한값은 각각

$$Z_1 = \frac{-1}{\sigma/\sqrt{n}} = -1.19$$

$$Z_2 = \frac{1}{\sigma/\sqrt{n}} = 1.19$$

가 된다. 이들 표준화 Z값에 대한 누적확률은 표준정규분포표를 통해 구할 수 있다.

$$P(-1.19 \leq Z \leq 1.19) = P(Z \leq 1.19) - P(Z \leq -1.19) = 0.883 - 0.117 = 0.766$$

이는 60명을 조사하여 얻은 표본평균이 모평균과의 차이가 ±1년 이내의 값을 가질 확률이 76.6%임을 의미하는 것이다.

입력과정

① B2:B4 : 표본평균과 모평균 사이의 편차, 표준편차 그리고 표본크기를 입력한다.

② E2 : $\frac{\sigma}{\sqrt{n}}$에 따라 표본평균의 표준오차를 계산한다.

= B3/SQRT(B4)

E2에 표준오차가 0.839로 나타나 있다.

③ E3:E4 : 표본평균 $\bar{x}$가 모평균 μ와 1년 이하의 차이를 보일 확률을 구하는 것이므로 하한값의 $\bar{x}$는 모평균보다 1만큼 적고 상한값 $\bar{x}$는 모평균보다 1만큼 큰 값을 가질 것이다.

따라서 하한값의 $\bar{x}$를 표준화 Z값으로 변환할 때 $\frac{\bar{x}-\mu}{\sigma/\sqrt{n}}$에 대입할 분자의 $(\bar{x}-\mu)$값은 −1이 되는 반면, 상한값의 $\bar{x}$를 표준화 Z값으로 변환할 때는 분자의 $(\bar{x}-\mu)$값은 +1이다.

E3과 E4에서는 $\bar{x}$의 하한값과 상한값에 대한 표준화 Z값을 계산하고 있다.

= −1/E2

= 1/E2

④ E5 : NORMSDIST(z) 함수를 이용하여 $P\left(\frac{-1}{\sigma/\sqrt{n}} \leq Z \leq \frac{1}{\sigma/\sqrt{n}}\right) = P(-1.19 \leq Z \leq 1.19)$을 계산하고 있다.

= NORMSDIST(E4)−NORMSDIST(E3)

$P(-1.19 \leq Z \leq 1.19) = 0.766$으로 나타나 있다.

	A	B	C	D	E	F
1						
2	x bar - mu =	1		표준오차 =	0.839146	
3	sigma =	6.5		Z1(상한값 =	-1.19169	
4	n =	60		Z2(하한값 =	1.191687	
5				P(Z1 <= Z <= Z2) =	0.766616	
6						

▪ 표본비율의 표준화

연습 6.10 어느 전자제품의 대체비율은 매년 13%라고 한다. 기획실에서는 이 제품의 소비자 중 350명을 뽑아 대체 여부를 조사하여 다음 사항을 알아보려고 한다.

(1) 표본비율 p에 대한 표본분포의 평균과 표준오차를 구하시오.

(2) 조사를 통해 얻은 표본비율이 모비율과 ±0.02 이내의 차이를 보일 확률은?

(3) 표본비율이 10% 이하의 값을 가질 확률은 얼마인가?

풀이 (1) 표본비율 p에 대한 표본분포의 평균은 모비율 π와 일치하므로 $E(p)=\pi=0.13$이며 표준오차는

$$s_p=\sqrt{\frac{\pi(1-\pi)}{n}}=\sqrt{\frac{0.13(1-0.13)}{350}}=0.018$$

이다.

(2) 표본비율과 모비율의 차이가 ±0.02라는 것은 $p-\pi=\pm 0.02$임을 의미한다.

따라서 표본비율이 모비율과 ±0.02 이내의 차이를 보일 확률을 구하기 위해서는 먼저 $\dfrac{p-\pi}{\sqrt{\dfrac{\pi(1-\pi)}{n}}}$에 따라 $p-\pi(=0.02)$를 표준오차 σ_p로 나누는 표준화 과정을 통해 표본비율에 대한 표준화 Z값을 구한다.

$$Z=\frac{p-\pi}{\sqrt{\dfrac{\pi(1-\pi)}{n}}}=\frac{0.02}{\sqrt{\dfrac{0.13(1-0.13)}{350}}}=\frac{0.02}{0.018}=1.11$$

따라서 표본비율과 모비율의 차이가 ±0.02가 날 확률 $P(-0.02\leq p-\pi\leq 0.02)$는 부등호의 양변을 표준오차로 나누는 표준화 과정을 이용하여 다음과 같이 구할 수 있다.

$$\begin{aligned}P(-0.02\leq p-\pi\leq 0.02)&=P\left(\frac{-0.02}{\sqrt{\dfrac{\pi(1-\pi)}{n}}}\leq\frac{p-\pi}{\sqrt{\dfrac{\pi(1-\pi)}{n}}}\leq\frac{0.02}{\sqrt{\dfrac{\pi(1-\pi)}{n}}}\right)\\&=P(-1.11\leq Z\leq 1.11)\\&=P(Z\leq 1.11)-P(Z\leq -1.11)=0.733\end{aligned}$$

(3) $P(p\leq 0.1)$을 구하는 것이므로 먼저 $p=0.1$에 대한 표준화 Z값을 구한다.

$$Z=\frac{p-\pi}{\sqrt{\dfrac{\pi(1-\pi)}{n}}}=\frac{0.1-0.13}{\sqrt{\dfrac{0.13(1-0.13)}{350}}}=-1.67$$

따라서 $P(p\leq 0.1)=P(Z\leq -1.67)=0.048$이 된다.

입력과정

① B2:B3 : 모비율과 표본크기를 입력한다.

② E2 : $s_p = \sqrt{\frac{\pi(1-\pi)}{n}}$에 따라 표본비율의 표준오차를 계산한다.

= SQRT(B2*(1−B2)/B3)

표준오차가 E2에 0.018로 계산되어 있다.

③ E3 : 표본비율(p)이 모비율($\pi = 0.13$)과 ±0.02 이내의 차이를 보일 확률을 구하는 것이므로 이는 표본비율 p가 0.11에서 0.15 사이의 값을 가질 확률 즉 $P(0.11 \leqq p \leqq 0.15)$의 확률을 구하는 것과 동일하다.

E2셀에 이미 표본비율의 표준오차가 계산되어 있으므로 $P(0.11 \leqq p \leqq 0.15)$의 확률은 표준화 Z값을 구할 필요 없이 직접 NORMDIST 함수를 이용하여 구할 수 있다.

= NORMDIST(0.15,B2,E2,1)−NORMDIST(0.11,B2,E2,1)

E3에 $P(0.11 \leqq Z \leqq 0.15) = 0.734$로 계산되어 있다.

④ E4 : $P(p \leqq 0.1)$을 구한다.

= NORMDIST(0.1,B2,E2,1)

E4에 $P(p \leqq 0.1) = 0.048$로 나타나 있다.

	A	B	C	D	E	F
1						
2	pi =	0.13		표준오차 =	0.017976	
3	n =	350		P(0.11 < p < 0.15) =	0.734113	
4				P(p <= 0.1) =	0.047571	
5						

연습 6.11 음료 회사에서 판매 증대를 위해 할인티켓을 발행했을 때 이 할인티켓의 이용률은 66%인 것으로 알려져 있다. 200명의 고객을 대상으로 할인티켓 사용 여부를 조사하였을 때 사용비율이 70% 이상이 되는 표본이 추출될 확률은 얼마인가? 그리고 표본비율의 표본분포에서 조사된 표본비율의 95.45%가 위치해 있을 범위는?

풀이 표본비율에 대한 표본오차는 $\sigma_p = \sqrt{\frac{\pi(1-\pi)}{n}}$ 이므로 표본비율 p에 대한 표준화 Z값은

$$Z = \frac{p-\pi}{\sigma_p} = \frac{p-\pi}{\sqrt{\frac{\pi(1-\pi)}{n}}}$$

에 따라 구할 수 있다. 그리고 이 Z값에 해당하는 확률을 표준정규분포표에서 찾으면 된다.

$$Z = \frac{p-\pi}{\sigma_p} = \frac{p-\pi}{\sqrt{\frac{\pi(1-\pi)}{n}}} = \frac{0.7-0.66}{\sqrt{\frac{0.66(1-0.66)}{200}}} = 1.19$$

$$P(p \geq 0.7) = P(Z \geq 1.19) = 1 - P(Z < 1.19)$$
$$= 1 - 0.8830 = 0.117$$

즉 추출된 표본이 70% 이상의 할인티켓 사용비율을 보일 확률은 0.117이 된다. 또한 표본비율의 표본분포에서 표본비율의 95.45%는 모비율 π를 중심으로 $\pi \pm 2\sigma_p$의 구간에 속해 있을 것이다. 따라서 상한값과 하한값은

$$\pi + 2\sigma_p = \pi + 2\sqrt{\frac{\pi(1-\pi)}{n}} = 0.66 + 2\sqrt{\frac{0.66(1-0.66)}{200}} = 0.727$$

$$\pi - 2\sigma_p = \pi - 2\sqrt{\frac{\pi(1-\pi)}{n}} = 0.66 - 2\sqrt{\frac{0.66(1-0.66)}{200}} = 0.593$$

이 된다.

Note

$-z_1 \leq Z \leq z_1$에서 표준화 확률변수 Z는 $Z = \frac{p-\pi}{\sqrt{\frac{\pi(1-\pi)}{n}}}$이므로

$$-z_1 \leq \frac{p-\pi}{\sqrt{\frac{\pi(1-\pi)}{n}}} \leq z_1$$

가 되고 분모인 표준오차를 각 변에 곱하고 모비율 π를 이항하면

$$p = \pi \pm z_1\sqrt{\frac{\pi(1-\pi)}{n}}$$

의 관계식을 얻을 수 있다.

입력과정

① B2:B3 : 모비율 π와 표본크기 n을 입력한다.

② E2 : $s_p = \sqrt{\frac{\pi(1-\pi)}{n}}$ 에 따라 표본비율의 표준오차를 계산한다.

= SQRT(B2*(1−B2)/B3)

표준오차가 E2에 0.033으로 계산되어 있다.

③ E3 : 표본비율이 0.7보다 클 확률을 $P(p \geq 0.7) = 1 - P(p < 0.7)$에 따라 계산한다.

= 1−NORMDIST(0.7,B2,E2,1)

④ E4:E5 : $\pi \pm 2\sigma_p$에 따라 표본분포에서 표본비율의 95.45%가 위치해 있을 범위의 상한값과 하한값을 구한다.

= B2+2*E2

= B2−2*E2

상한값과 하한값이 각각 0.727, 0.593으로 나타나 있다.

	A	B	C	D	E	F
1						
2	pi =	0.66		표준오차 =	0.033496	
3	n =	200		P(p >= 0.7) =	0.116207	
4				상한값(95.45%) =	0.726993	
5				하한값(95.45%) =	0.593007	
6						

제7장

단일모집단의 추정 및 가설검정

CONTENTS

7.1 추정과 가설검정

모집단의 모수(parameter)가 알려지지 않은 상태에서 모수를 알고자 할 때 일반적으로 우리는 표본조사를 통해 이를 추측하게 되는데 이러한 과정을 통계적 추측(statistical inference)이라 한다. 이러한 통계적 추측을 하는 방법은 추정(estimation)과 가설검정(hypothesis testing)의 두 가지로 구분된다.

예제 7.1 다음 사항이 통계적 추측에 해당하는지 확인하시오.

(1) 표본평균 $\bar{x}$를 기초로 모평균 μ를 추정한다.

(2) 모집단의 표준편차를 사용해서 표본의 표준편차를 추정한다.

(3) s^2을 이용해서 σ^2을 추정한다.

풀이 (1) 표본으로부터 얻은 통계량인 표본평균을 이용하여 모수에 해당하는 모평균을 추정하는 것이므로 통계적 추측에 해당한다.

(2) 통계적 추측이라는 것은 표본으로부터의 정보를 기초로 모집단을 추정하는 것이므로 이 내용은 통계적 추측과 관련이 없는 틀린 내용이다.

(3) s^2은 표본의 분산이고 σ^2은 모분산을 뜻하므로 s^2을 이용해서 σ^2을 추정한다는 것은 표본을 통해 모집단의 특성을 추정하는 것을 의미하므로 통계적 추측에 해당한다.

추정

모집단에 대한 알려지지 않은 모수(parameter)를 대신하여 사용할 수 있는 적합한 값 또는 이러한 적합한 값의 범위를 표본으로부터 구하는 과정을 추정(estimation)이라 한다.
이 때 모수를 대신하여 사용할 수 있는 적합한 값으로서, 표본으로부터 추정 과정을 통해 얻게 되는 모집단 모수에 대한 추측값을 추정치(estimate)라고 하며 이러한 추정치가 하나의 특정값으로 추측되어질 때 이를 점추정치(point estimate) 또는 줄여서 추정치라 한다.
또한 표본으로부터 추정 과정을 통해 얻은 추정치가 하나의 값이 아니라 모수가 속해 있을 범위의 형태로 추측되어질 때 이를 구간추정치(interval estimate)라고 한다.

예제 7.2 어느 커피 전문점에서 손님들의 체류 시간을 측정하기 위해 40명을 표본으로 하여 조사한 결과 표본평균이 $\bar{x}=32$(분)인 것으로 나타났다. 이는 모수에 해당하는 모평균을 표본조사를 통해 알아내기 위한 통계적 추측으로서, 이 때 40명을 조사대상으로 하여 얻은 표본평균은 우리가 모르는 모평균을 추측한 '하나의' 추정값이기 때문에 점추정치에 해당한다.
그러나 모평균값이 하나의 특정값이 아닌 24분에서 40분 사이의 구간에 있을 것으로 추정되었다면 이는 구간추정치에 해당하는 것이다.

Note

여기서 주의할 것은 추정치(estimate)와 추정량(estimator) 사이의 개념 차이인데, 추정치란 앞에서 언급한 바와 같이 표본을 통해 얻은 모수에 대한 하나의 추측값이며 추정량이란 모집단의 척도를 추정하는 데 사용되는 확률변수를 말한다. 예를 들어 모집단에 대한 하나의 척도인 모평균 μ를 추정하기 위해 표본평균을 사용하는 경우, 표본평균 $\overline{x}$는 모평균 μ에 대한 추정량인 것이다. 그리고 이 추정량이 어떤 특정값을 가질 때 이것이 바로 추정치가 되는 것이다.
이러한 추정량에는 표본평균만 있는 것이 아니고 중앙값, 최빈값 등도 모집단의 척도로서 사용될 수 있기 때문에 추정량이 되는 것이다. 단지 중요한 것은 어느 추정량이 가장 좋은 추정량이냐 하는 것인데 이 때 가장 중요한 기준은 불편성(unbiasedness)이다. 즉 추정량에 대한 기댓값이 모수값과 일치할 때 이러한 추정량을 불편추정량(unbiased estimator)이라 한다. 예를 들어 추정량인 표본평균 $\overline{x}$의 경우 $E(\overline{x})=\mu$가 되므로 표본평균은 불편추정량인 것이다.

예제 7.3 광고에 어느 자동차의 연비가 휘발유 $1l$당 평균 20Km라고 나와 있었다고 하자. 이 때 20Km라는 연비는 이 모델에 속하는 자동차를 모두 조사하여 얻은 수치가 아니고 표본조사를 통해 모집단에 속하는 자동차에 대한 연비를 추정한 값으로서 추정치에 해당한다. 그리고 광고 하단에 주행조건에 따라 연비는 18Km에서 22Km까지 변동할 수 있다고 하였다면 이는 표본조사를 통해 이 모델에 속하는 자동차 모집단의 평균 주행거리는 18Km에서 22Km 사이의 구간에 있을 것이라는 것을 의미하는 것으로서 구간추정치에 해당한다.
또한 20Km라는 추정치는 하나의 특정값으로 표시되어 있기 때문에 점추정에 의한 결과임을 알 수 있는데, 이러한 점추정에 의한 추정치는 표본에 의해 구한 것이기 때문에 표본이 어떻게 뽑히느냐에 따라 추정치는 달라질 수 있으며 이러한 이유로 점추정치가 모수와 정확히 일치하리라는 보장은 전혀 없다.
따라서 모집단의 평균 주행거리를 나타내는 모수는 표본으로부터 얻은 '표본평균인 점추정치를 중심으로 어떤 범위의 오차 안에 있을 것'이라는 추정을 하는 것이 일반적이며 이것이 바로 구간추정치인 것이다. 결국 표본을 통해 얻은 점추정치와 모수와의 사이에 생기는 표본오차(sampling error)를 포함한 것이 구간추정치이므로 이는 다음과 같이 나타낼 수 있다.

점추정치 ± 표본오차

이 때의 표본오차를 추정치 오차(error of the estimate) 또는 오차의 한계(margin of error)라고도 한다.

> **Note**
>
> 구간추정치를 해석할 때 주의할 것은 모수가 구간추정치의 범위에 들어 있을 확률이 100% 임을 의미하지는 않는다는 점이다. 즉 위의 예에서 광고에 난 모델의 자동차 모집단 전체의 평균 주행거리가 반드시 구간추정치 범위에 있다고 100% 확신할 수는 없다는 것이다.
> 이는 구간추정치 자체가 표본을 기초로 해서 얻은 것이기 때문에 어떤 표본이 뽑히느냐에 따라 얼마든지 변동이 가능하기 때문이다. 따라서 구간추정치를 해석할 때는 반드시 확률을 확인하는 절차를 거쳐야 한다.
> 다시 말해 위에서 구간추정치가 18Km에서 22Km라면 모수인 평균 주행거리가 이 범위에 속할 확률이 얼마인가를 확인하여야만 정확한 판단을 내릴 수 있는 것이다. 이 때 사용하는 확률은 신뢰수준(confidence level)이라고 하는데 만약 신뢰수준이 95%라면 모수가 이 구간 추정치 범위에 속할 확률이 95%라는 것을 의미하는 것이 된다. 이 때문에 구간추정치를 신뢰구간(confidence interval)이라 하기도 한다. 신뢰구간에 대해서는 다음 절에서 자세히 살펴보기로 한다.

예제 7.4 위의 [예제 7.3]에서 제시된 바와 같이 평균 주행거리에 대한 추정치가 20Km이고 구간추정치가 18Km~22Km일 때 추정치 오차 또는 오차의 한계는 얼마인가?

풀이 점추정치 20Km를 중심으로 구간추정치의 하한값 18Km와 상한값 22Km까지 각각 2Km의 차이를 보이므로 추정치 오차 또는 오차의 한계는 2Km이다.

구간 추정치는 간단히 20±2와 같이 나타낼 수 있다.

예제 7.5 모비율 π에 대한 점추정치가 0.36이고 95%의 신뢰수준에서 오차의 한계가 0.12라고 할 때 구간추정치를 구하고 이를 해석하시오.

풀이 구간추정치 = 점추정치 ± 오차의 한계 = 0.36 ± 0.12이다. 따라서 구간추정치는 0.24에서 0.48의 범위가 되며 이는 바로 모비율 π가 이 신뢰구간에 속할 확률이 95%가 됨을 의미한다. 여기서 오차의 한계는 추정치 오차 또는 표본오차를 의미하는 것임에 유의해야 한다.

예제 7.6 신뢰구간이 6.8에서 8.4의 범위를 가질 때 점추정치와 추정치 오차는 얼마인가?

풀이 점추정치는 신뢰구간의 중간에 위치하므로 7.6이 된다. 또한 점추정치와 신뢰구간의 상한값 또는 하한값까지의 차이가 추정치 오차이므로 추정치 오차는 0.8이 된다.

가설검정

가설검정이란 모집단 '모수'에 대한 어떤 가정이나 증명되지 않은 사실 즉 가설(hypothesis)에 대해 이를 받아들일 것인지(accept) 또는 기각(reject)할 것인지를 표본으로부터 얻은 정보를 바탕으로 검증(test)하는 과정을 말한다. 이 검증과정에서의 기본적 논리는 표본분포와 확률이론에 기반을 두고 있다.

귀무가설과 대립가설

가설검정의 과정은 귀무가설(null hypothesis)과 대립가설(alternative hypothesis)의 두 가지 상반된 가설의 설정을 통해 이루어지게 되는데, 여기서 귀무가설이란 검정(test) 대상이 되는 가설로서 여기에는 반드시 모집단 모수값이 포함되어 있는 것이 특징이다. 이에 반해 대립가설은 이러한 귀무가설과 상반된 내용으로서 모수값이 포함되지 않은 상태의 가설을 말한다.

예제 7.7 귀무가설에 반드시 모수값이 포함된다는 사실은 귀무가설이 검정 대상이 되는 가설이라는 사실로부터 기인하는 것으로서 이 때문에 귀무가설에는 등호(=)가 포함되어 있게 마련이다. 예를 들어 모집단의 모평균값을 추측하는 과정에서 모수인 모평균의 추정값으로서 어떤 특정한 값을 얻었다고 했을 때, 우리의 관심의 대상이 되는 것은 모평균이 실제로 모평균값으로 추정한 어떤 특정한 값과 같은지 또는 이 특정한 값이 제외된 어떤 범위에 속하는지 여부이다.
따라서 이 때 '검정 대상'이 되는 것은 당연히 '모수인 모평균 값이 어떤 특정값과 같은가'이며 이는 바로 귀무가설로서 '모수인 모평균이 어떤 특정값과 같다'라는 가설을 설정하게 된다. 그러므로 귀무가설에는 모수가 어떤 특정값과 같다는 내용을 표시하는 등호가 포함되게 되는 것이다.
반면에 대립가설은 귀무가설과 상반되는 내용을 설정한 가설이기 때문에 모수값을 포함하고 있지 않으며 등호도 붙지 않는다.

$$H_0 : \mu = \text{특정한 값}$$
$$H_1 : \mu \neq \text{특정한 값}$$

또한 여기서 주의할 것은 실제 모수의 값이 표본을 통해 모수의 추정값으로 얻은 어떤 특정한 값 이상 또는 이하의 값을 가지는지의 형태로 귀무가설의 내용을 설정할 수도 있다는 점이다. 이 경우에도 귀무가설에는 모집단의 모수값이 포함되어야 하므로 이에 대한 추정값이 포함되도록 등호가 붙게 된다.

$$H_0 : \mu \geq \text{특정한 값}$$
$$H_1 : \mu < \text{특정한 값}$$

또는

$$H_0 : \mu \leqq \text{특정한 값}$$
$$H_1 : \mu > \text{특정한 값}$$

Note

귀무가설과 대립가설을 설정할 때 어떤 내용이 귀무가설이 되고 대립가설이 될 것인가는 경험적으로 다음 기준에 따르는 것이 일반적이다.

(1) 모집단의 모수값을 포함하는 내용의 가설은 귀무가설로 설정된다. 이는 위에서 언급한대로 귀무가설이 검정의 대상이 되는 내용을 포함하는 가설이기 때문이다.

(2) 진실인 것으로 가정하는 모수값에 대한 내용을 귀무가설로 설정한다.

예제 7.8 다음에서 어느 가설이 귀무가설이고 대립가설인가?

(1) $\mu = 12$

(2) $\mu \leqq 250$

(3) $\sigma^2 > 4.2$

(4) $\pi \geqq 0.8$

(5) $\sigma \leqq 5$

(6) $\pi \neq 0.6$

풀이 모수로서 추정되는 어떤 특정값이 포함되고 있는 내용이면 귀무가설이 된다.

(1) '모평균이 12이다'라는 귀무가설이다.

(2) '모평균이 250 이하이다'라는 귀무가설이다.

(3) '모분산이 4.2보다 크다'라는 대립가설이다.

(4) '모비율이 0.8 이상이다'라는 귀무가설이다.

(5) '모집단의 표준편차가 5 이하이다'라는 귀무가설이다.

(6) '모비율이 0.6이 아니다'라는 대립가설이다.

예제 7.9 어느 백화점을 찾는 손님의 1인당 평균 지출액을 모르는 상태에서 경험적으로 1인당 평균 지출액이 8만원이 될 것이라고 추측하고 있다면 백화점 측에서는 이 값이 실제로 모수와 일치하는지 즉 모집단의 1인당 평균지출액인 모평균과 일치하는지 통계적 검증을 거칠 필요가 있다.

이 때 모집단의 모수에 해당하는 모평균 즉 1인당 평균 지출액이 8만원이 될 것이라는 내용은 귀무가설이 되며, 이 귀무가설이 참(true)이 아닐 것이라는 내용 즉 평균 지출액이 8만원이 아닐 것이라는 내용은 대립가설이 되는 것이다. 바로 이러한 귀무가설과 대립가설 중에서 어느 것을 채택(accept)하고 기각(reject)하여야 할지를 판단하는 과정이 가설검정인 것이다.

이러한 가설검정 내용은 다음과 같이 기술할 수 있다.

$$H_0 : \mu = 80{,}000$$
$$H_1 : \mu \neq 80{,}000$$

예제 7.10 다음 가설검정에 대한 귀무가설과 대립가설을 설정하시오.

(1) 대학생들의 월평균 용돈이 20만원인지를 알려고 한다.

(2) 대학생들의 월평균 용돈이 20만원인지 20만원보다 많은지를 알려고 한다.

풀이 (1) $H_0 : \mu = 200{,}000$, $H_1 : \mu \neq 200{,}000$

(2) $H_0 : \mu = 200{,}000$, $H_1 : \mu > 200{,}000$

1종오류와 2종오류

가설검정을 시행하는 경우 모수에 대한 귀무가설이나 대립가설 중 어느 것이 채택되고 기각되는지는 그 자체가 표본으로부터 얻은 정보를 기초로 확률 측면에서 판단하는 것이기 때문에, 잘못 판단할 위험이 따르게 된다. 이와 같이 잘못 판단할 위험을 오류라고 하는데 특히 진실(true)인 귀무가설을 기각하고 거짓(false)인 대립가설을 채택하게 되는 위험을 1종오류(type Ⅰ error), 그리고 허위인 귀무가설을 채택하고 진실인 대립가설을 기각하게 될 위험을 2종오류(type Ⅱ error)라고 한다.

예제 7.11 가설검정 과정에서 구성되는 모수에 대한 귀무가설과 대립가설 중 어느 것을 채택할 것인지는 앞에서 언급한 바와 같이 가설검정 차제가 어디까지나 표본으로부터 얻은 정보를 기초로 추측하는 과정을 통해 도출되는 것이기 때문에, 아주 작은 확률이라 하더라도 표본이 편중되어 뽑히게 되는 경우 그것이 귀무가설이 되었든 대립가설이 되었든 간에 모집단의 모수를 실제로 올바르게 표현한 가설을 기각하는 오류를 범할 위험이 있는 것이다. 이 때 귀무가설이 진실인데 이를 기각하게 될 위험을 1종오류라 하고 반대로 거짓인 귀무가설을 채택하게 될 위험을 2종오류라고 한다.

검정결과	실제 귀무가설에 대한 상태	
	진실	거짓
H_0 기각	1종오류	올바른 판단
H_0 채택	올바른 판단	2종오류

예제 7.12 환경 보호를 위해 모든 공장은 생산과정에서 발생하는 모든 폐수를 기

준치 이상으로 정화시켜 배출하도록 정부가 규정하고 있다. 이것이 제대로 시행되는지 관련기관에서는 수시로 공장을 직접 방문하여 공장에서 나오는 물을 표본으로 채취하여 이것이 기준치 이상으로 정화되었는지 여부를 조사한다.

(1) 이 때 폐수가 충분히 정화되었는지 여부를 알기 위해 조사 담당자가 설정하는 가설의 내용은?

(2) (1)에서 설정한 가설에 대한 1종오류와 2종오류의 의미를 기술하시오.

(3) (1)의 가설에서 1종오류와 2종오류 중 어느 것이 더 심각한 오류인가?

풀이 (1) 귀무가설(H_0) : 정부가 규정하는 기준치 이상으로 충분히 정화되었다.

대립가설(H_1) : 정부가 규정하는 기준치 이상으로 충분히 정화되지 않았다.

(2) 1종오류와 2종오류

(1종오류) 귀무가설이 진실인데 이를 허위인 것으로 판단함으로써 범하게 되는 오류이므로 여기서는 공장에서 충분히 정화를 시켰음에도 불구하고 정화시키지 않은 것으로 판단하게 됨으로써 발생할 수 있는 오류이다.

(2종오류) 귀무가설이 허위인데 이를 진실인 것으로 판단함으로써 범하게 되는 오류이므로 여기서는 공장에서 충분히 정화시키지 않았음으도 불구하고 이를 정화시켜 배출한 것으로 판단하게 됨으로써 발생할 수 있는 오류이다.

(3) 환경보호 입장에서만 본다면 폐수를 배출시키지 않도록 하는 것이 목적이므로 1종오류보다는 2종오류가 더 심각하다고 볼 수 있다. 그러나 기업의 측면에서 본다면 1종오류는 기업으로 하여금 공해방지에 대한 비용 발생을 유발시키므로 2종오류 못지 않게 1종오류도 심각한 것이 된다.

예제 7.13 제약회사에서 신약을 개발한 경우 이 회사는 판매에 앞서 보건당국에 이 약의 안전성에 대한 검증을 받아야 한다. 이를 위해 제약회사는 신약이 안전하다는 것을 당국에게 증명해 보이는 데 필요한 모든 실험 결과를 제출하게 된다.

(1) 이 경우 보건당국이 신약의 안전성 여부를 조사하기 위해 설정하는 가설의 내용은?

(2) (1)에서 설정한 가설에 대한 1종오류와 2종오류의 의미를 기술하시오.

(3) (1)의 가설에서 1종오류와 2종오류 중 어느 것이 더 심각한 오류인가?

풀이 (1) 보건당국은 일단 새로 개발된 모든 신약의 안전성에 대해 의심을 하는 입장이고 제약회사는 이러한 의심에 대해 신제품의 안전성을 증명해 보이는 입장에 서 있기 때문에 보건당국이 설정하는 가설은 다음과 같다.

귀무가설(H_0) : 신약은 안전하지 않다.

대립가설(H_1) : 신약은 안전하다.

(2) 1종오류는 신약이 안전하지 않다는 사실이 진실인데 이를 허위라고 판단할 오류로서 이러한 1종오류가 발생하면 안전성이 없는 신약을 안전성이 있다고 판단하게 되는 오류를 범하게 된다. 또한 2종오류는 신약이 안전하지 않다는 사실이 진실이 아닌데 이를 진실이라고 판단할 오류로서 2종오류가

발생하면 신제품이 안전함에도 불구하고 이를 안전하지 않다고 판단하게 된다.

(3) 국민의 보건 측면에서 볼 때 1종오류는 치명적인 오류가 될 것이다.

7.2 모평균의 추정

신뢰구간

표본을 통해 모수에 대한 구간추정치를 구했을 때 우리가 주의해야 할 것은 앞에서도 언급한 바와 같이 구간추정치 자체가 표본을 기초로 모수가 있을 범위를 추정한 것이기 때문에 표본이 어떻게 뽑히느냐에 따라 구간추정치의 범위는 달라질 수 있으며 이러한 이유로 구간추정치를 구했을 때 이 범위에 모수가 들어 있을 확률이 100%라고 말할 수 없다는 점이다. 따라서 구간추정치를 구했을 때 이를 해석하는데 있어서 중요한 것은 모수가 이 구간범위에 들어 있을 확률이 얼마나 되는가 하는 점인데, 이 때 이 확률을 신뢰수준(confidence level)이라 하며 이 신뢰수준하에서 구간추정치를 신뢰구간(confidence interval)이라 한다.

예제 7.14 모집단이 정규분포를 하는가 여부에 관계없이 표본평균 $\overline{x}$의 분포는 중심극한정리에 따라 정규분포를 하게 되는데 이것이 바로 신뢰구간 추정의 이론적 기반이 된다. 즉 확률변수인 표본평균 $\overline{x}$의 표본분포는 평균이 μ이고 표준편차가 $\sigma/\sqrt{n}$인 정규분포를 한다는 점을 이용하면 모평균 μ가 속해 있을 신뢰구간을 쉽게 구할 수 있다(표본평균의 표본분포에서 표준편차 $\sigma/\sqrt{n}$를 표본오차라고 한다는 것에 유의할 것).

표본을 통해 모평균 μ에 대한 점추정치로서 하나의 표본평균 $\overline{x}$를 얻은 후 이를 기반으로 신뢰구간을 추정한다고 할 때, 이 과정에서 나타나는 문제는 표본평균 $\overline{x}$가 모평균 μ로부터 얼마나 떨어져 있는가 하는 점이며 이 차이를 표본오차 $\sigma/\sqrt{n}$로 나누면 표본평균 $\overline{x}$에 대한 표준화 Z값이 된다. 따라서 신뢰구간 추정에는 표준정규분포를 이용하여 주어진 신뢰수준에 따라 모평균 μ가 속해 있을 신뢰구간을 설정하게 된다.

예를 들어 95%의 신뢰구간을 구하는 과정을 살펴보기로 하자. 이는 바로 구하고자 하는 신뢰구간에 모평균 μ가 들어 있을 확률이 95%가 된다는 것을 의미하는 것으로서 이는 아래 그림에서 모평균 μ를 중심으로 한 좌우 빗금 친 부분의 넓이 즉 확률이 0.95가 되어야 함을 의미라는 것이기도 하다.

이와 같이 신뢰구간에 대한 확률 즉 신뢰수준이 결정되면 아래 그림에서 U에 위치하는 표준화 변수 Z값은 부표의 표준정규분포표에서 찾을 수 있다. 부표에 있는 표준정규분포표는 주어진 표준화 Z값까지의 누적확률을 나타내고 있기 때문에 아래 그림의 U에 위치한 Z값을 구하기 위해서는 U점까지의 누적확률을 계산하여야 한다. 그런데 빗금 친 부분은 $Z=0$을 중심으로 대칭이므로 U점까지의 누적확률은 0.5+0.475=0.975가 된다. 이 확률값에 해당하는 표준화 Z값을 표준정규분포표에서 찾으면 $Z=1.96$임을 알 수 있다.

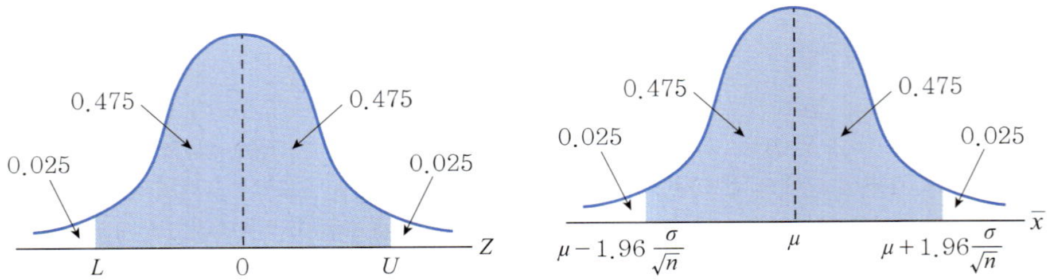

그림 7-1 신뢰수준 95%에서의 신뢰구간

또한 L에 위치한 Z값은 L까지의 누적확률이 0.025(=0.5−0.475)이므로 이 값에 해당하는 Z값은 표준정규분포표로부터 -1.96임을 알 수 있다. 사실 $L=-1.96$의 값은 분포가 대칭이기 때문에 표준정규분포표를 찾을 필요 없이 $U=1.96$과 부호만 다른 값을 가지게 됨을 쉽게 확인할 수 있다.

이러한 과정을 통해서 우리는 표준화 Z값으로 표시된 신뢰구간은

$$-1.96 \leq Z \leq 1.96$$

이 됨을 알 수 있으며 표준화 변환식 $Z=\dfrac{\bar{x}-\mu}{\sigma/\sqrt{n}}$을 위의 식에 대입하면

$$-1.96 \leq \frac{\bar{x}-\mu}{\sigma/\sqrt{n}} \leq 1.96$$

이 된다.

위의 부등식으로부터 μ를 구하면 μ에 대한 95% 신뢰구간은

$$\bar{x}-1.96\frac{\sigma}{\sqrt{n}} \leq \mu \leq \bar{x}+1.96\frac{\sigma}{\sqrt{n}}$$

가 됨을 알 수 있다.

이는 $\left(\bar{x}-1.96\dfrac{\sigma}{\sqrt{n}}\right)$와 $\left(\bar{x}+1.96\dfrac{\sigma}{\sqrt{n}}\right)$ 사이의 구간에 모평균 μ가 속해 있을 확률이 95%가 된다는 것을 의미하므로 다음과 같이 표시할 수도 있다.

$$P\left(\overline{x}-1.96\frac{\sigma}{\sqrt{n}} \leqq \mu \leqq \overline{x}+1.96\frac{\sigma}{\sqrt{n}}\right)=0.95$$

여기서 나머지 5%, 다시 말해 (1−신뢰수준)=1−0.95=0.05에 해당하는 확률의 의미는 모평균이 신뢰구간에 속하지 않을 확률을 뜻하는 것으로서 이를 위험(risk)이라 하며 α로 표시한다. 따라서 신뢰수준 $(1-\alpha)$로 표시할 수 있다.
또한 신뢰수준이 몇 %가 되느냐에 따라 Z값이 달라지기 때문에 신뢰수준이 P_0%인 신뢰구간은 다음과 같은 일반적인 형태로 나타낼 수 있다.

$$P\left(\overline{x}-Z\frac{\sigma}{\sqrt{n}} \leqq \mu \leqq \overline{x}+Z\frac{\sigma}{\sqrt{n}}\right)=P_0$$

Note

점추정이냐 구간추정이냐의 구분에 상관없이 추정이라는 것은 그 자체가 알려져 있지 않은 모평균을 추측하는 것이므로 당연히 표준편차도 알려져 있지 않은 것이 보통이다. 이와 같이 모집단의 표준편차가 알려져 있지 않은 경우의 신뢰구간 추정은 σ를 모르고 있기 때문에 표본에서 얻은 표준편차인 s로 대체하여 사용한다.
따라서 모집단의 표준편차인 σ가 알려져 있지 않은 경우의 일반적 신뢰구간은 아래의 식에 따라 구하게 된다.

$$\overline{x} \pm Z\frac{s}{\sqrt{n}}$$

예제 7.15 어느 회사에서 신입사원 지원자 2,500명에 대해 TOEIC 점수를 알아보기 위해 100명을 표본으로 하여 조사한 결과 표본평균이 $\overline{x}=520$인 것으로 나타났다. TOEIC 점수에 대한 표준편차가 $\sigma=120$으로 알려져 있을 때 신뢰수준 90% 하에서 지원자 2,500명의 평균점수에 대한 신뢰구간을 구하시오.

풀이 표준편차가 $\sigma=120$으로 알려져 있으므로 신뢰구간은 $\overline{x}\pm Z\frac{\sigma}{\sqrt{n}}$에 따라 구하면 된다. 여기서 $\overline{x}=520$, $n=100$으로 주어져 있으므로 먼저 신뢰수준 90%에 해당하는 표준화 Z값을 구해야 한다.

아래 그림에 나타난 바와 같이 신뢰수준은 모평균 $\mu=0$ 또는 $Z=0$을 중심으로 90%의 확률 범위를 가지는 것이므로 꼬리 양쪽은 각각 5%가 되어야 하며, 우리가 찾고자 하는 Z값은 바로 빗금 친 부분이 90%가 되도록 하는 U지점에서의 Z값인 것이다.

그런데 부표에 있는 표준정규분포표는 Z값에 해당하는 누적확률을 표시하고 있으므로 먼저 U점까지의 누적확률을 구하여야 한다. 표준화 Z값을 확률변수로 하는 표준정규분포는 좌우 대칭의 정규분포이므로 $Z=0$까지의 누적확률은 0.5가 되고 $Z=0$에서 U점까지의 확률이 0.45이므로 U점까지의 누적확률은 0.95가 됨을 쉽게 알 수 있다.

표준정규분포표에서 누적확률이 0.95가 되는 곳의 Z값을 찾으면 U점에서의 표준화 Z값은 $Z=1.645$

가 된다.

U점에서의 Z값 1.645가 $Z=0$을 중심으로 오른쪽으로 0.45의 확률을 가진 곳에 위치하고 있음을 감안하면, $Z=0$을 중심으로 왼쪽으로 0.45의 확률을 가진 곳에 위치한 L지점에서의 Z값은 표준정규분포가 좌우대칭이므로 U점에서의 Z값 1.645와 부호만 다른 $Z=-1.645$가 됨을 쉽게 알 수 있다.
실제 누적확률이 0.05가 되는 Z값을 표준정규분포표에서 찾으면 L점에서의 표준화 값은 $Z=-1.645$가 된다.

따라서 신뢰구간은

$$\bar{x} \pm Z\frac{\sigma}{\sqrt{n}} = 520 \pm 1.645\frac{120}{\sqrt{100}} = 520 \pm 19.74$$

가 된다. 즉 지원자 2,500명의 모평균은 500점에서 540 사이에 있을 확률이 90%가 되며 이 신뢰구간에 들어 있지 않을 위험은 10%가 된다고 말할 수 있다.

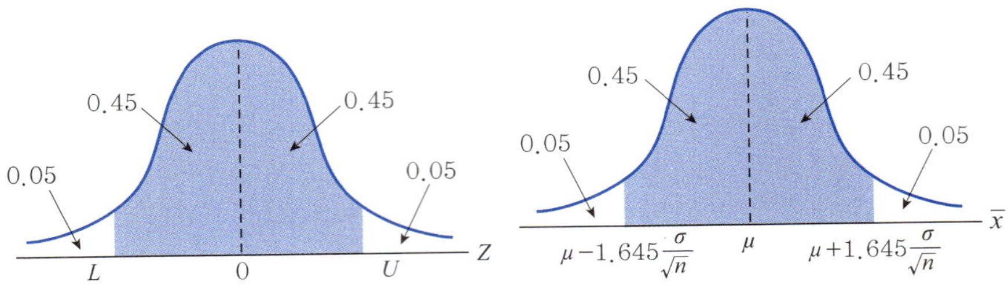

그림 7–2 신뢰수준 90%에서의 신뢰구간

입력과정

① B2:B5 : 표본평균, 표준편차, 표본크기 그리고 신뢰수준을 입력한다.

② E2:E3 : $\bar{x} \pm Z\frac{\sigma}{\sqrt{n}}$에 따라 90% 신뢰수준 하에서 모평균 μ가 속해 있을 상한값과 하한값을 계산한다. 이 때 Z값의 계산은 NORMSINV(probability) 함수를 이용한다.
앞에서 살펴 본 바와 같이 NORMSINV 함수에 인수로 지정되는 확률은 누적확률임에 유의해야 한다.
= B2+NORMSINV(0.95)*B3/SQRT(B4)
= B2−NORMSINV(0.95)*B3/SQRT(B4)
위의 입력식에서 하한값에 대응하는 표준화 Z값은 상한값에 대응하는 표준화 Z값과 부호만 반대이므로
= B2−NORMSINV(0.95)*B3/SQRT(B4)
로 입력하였다.
물론 하한값에 대응하는 Z값까지의 누적확률이 0.05이므로
= B2+NORMSINV(0.05)*B3/SQRT(B4)

입력하여도 동일한 결과를 얻을 수 있다.

	A	B	C	D	E	F
1	예제 7.15			신뢰구간		
2	x bar =	520		상한값 =	539.7382	
3	sigma =	120		하한값 =	500.2618	
4	n =	100				
5	conf_lev =	0.9				
6						

예제 7.16 어느 서점에서 고객 1인당 평균 도서 구입액을 조사하기 위해 최근 6개월 동안의 매출전표에서 156매를 뽑아 분석한 결과 표본평균과 표준편차가 각각 $\bar{x}=24,500$원, $s=16,600$원인 것으로 나타났다. 모평균 μ가 포함되어 있지 않을 위험이 5%가 되는 신뢰구간을 구하시오.

풀이 모평균 μ가 포함되어 있지 않을 위험이 5%가 되는 신뢰구간은 모평균 μ가 포함될 확률이 95%가 되는 신뢰구간을 구하는 것과 동일하다. 따라서

$$P\left(\bar{x}-Z\frac{s}{\sqrt{n}} \leq \mu \leq \bar{x}+Z\frac{s}{\sqrt{n}}\right)=0.95$$

에서 $\bar{x}$, s, n을 알고 있으므로, 신뢰구간 95%에서 상한값에 대응하는 표준화 Z값을 알면 된다.

그리고 이 때 Z값을 상회하는 확률은 표준정규분포에서 오른쪽 꼬리 부분으로서 5%(=1−0.95)의 1/2인 0.025가 되어 신뢰구간의 상한값에 대응하는 표준화 Z값까지의 누적확률은 0.975가 됨을 알 수 있으며 이를 표준정규분포표에서 찾으면 $Z=1.96$이 된다.

따라서 신뢰구간은

$$\bar{x}\pm Z\frac{s}{\sqrt{n}}=24,500\pm 1.96\frac{16,600}{\sqrt{156}}=24,500\pm 2,605$$

로서 이는 21,895원에서 27,105원 사이의 구간에 모평균이 들어 있을 확률은 95%가 되며, 또는 반대로 이 구간에 모평균이 들어 있지 않을 확률은 5%가 된다는 것을 의미한다.

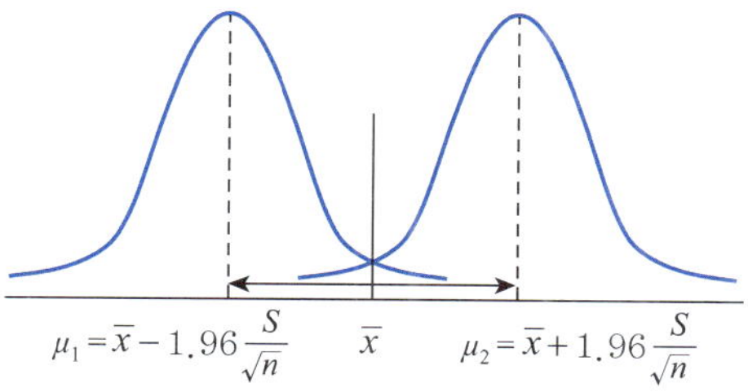

그림 7-3 신뢰수준 95%에서의 모평균의 신뢰구간

입력과정

① B2:B5 : 표본평균, 표준편차, 표본크기 그리고 신뢰수준을 입력한다.

② E2:E3 : $\bar{x} \pm Z\frac{\sigma}{\sqrt{n}}$에 따라 95% 신뢰수준하에서 모평균 μ가 속해 있을 상한값과 하한값을 계산한다.

이 때 Z값의 계산은 NORMSINV(probability) 함수를 이용한다.

= B2+NORMSINV(0.975)*B3/SQRT(B4)

= B2−NORMSINV(0.975)*B3/SQRT(B4)

위의 입력식에서 하한값에 대응하는 표준화 Z값은 상한값에 대응하는 표준화 Z값과 부호만 반대이므로

= B2−NORMSINV(0.975)*B3/SQRT(B4)

로 입력하였다. 물론 하한값에 대응하는 Z값까지의 누적확률이 0.025이므로

= B2+NORMSINV(0.025)*B3/SQRT(B4)

로 입력하여도 동일한 결과를 얻을 수 있다.

	A	B	C	D	E	F
1	예제 7.16			신뢰구간		
2	x bar =	24500		상한값 =	27104.92	
3	s =	16600		하한값 =	21895.08	
4	n =	156				
5	con_lev =	0.95				
6						

신뢰구간과 표본크기의 결정

표본을 통해 모평균을 추정할 때 모평균 μ에 대한 신뢰구간은 $\bar{x} \pm Z\frac{\sigma}{\sqrt{n}}$ 임을 앞에서 살펴보았다. 이 신뢰구간 식에서 알 수 있는 것은 모평균이 속하게 될 신뢰구간의 범위는 표본오차에 해당하는 $Z\frac{\sigma}{\sqrt{n}}$에 의해 결정된다는 사실이다. 즉 모평균이 신뢰구간에 속할 확률을 높이고자 한다면 Z값이 커지게 되고 이에 따라 신뢰구간의 범위는 넓어지게 된다. 그러나 표본크기 n을 크게 하면 신뢰구간의 범위를 좁히게 되어 좀 더 정밀한 구간추정을 가능하게 한다.

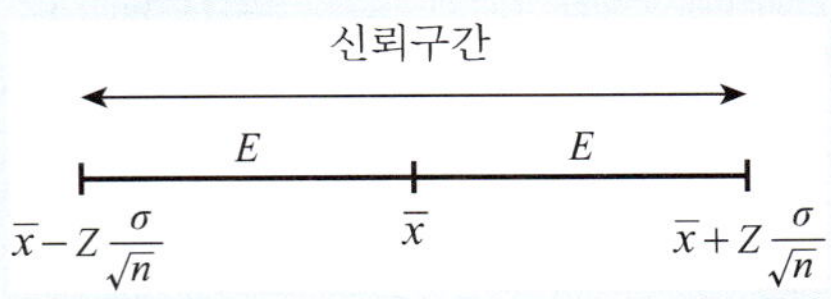

이는 표본오차의 최대값을 지정하여 신뢰구간의 범위가 너무 커지는 것을 방지하면서 신뢰수준을 일정수준 이상으로 유지하려 하는 경우 표본크기의 조정을 통해 가능하다는 것을 보

여 주는 것이다. 즉 표본오차 $Z\frac{\sigma}{\sqrt{n}}$의 크기를 최대 E수준으로 유지하여 하는 경우 $Z\frac{\sigma}{\sqrt{n}}=E$의 관계식으로부터 표본크기 n을 결정하는 다음과 같은 식을 도출할 수 있다.

$$n=\left(\frac{Z\sigma}{E}\right)^2$$

Note

모집단의 표준편차가 알려져 있지 않은 경우는 시험적인 표본조사를 통해 모집단의 표준편차를 추정해야 한다. 즉 표본으로부터 표준편차 s를 계산하여 이를 σ 대신 사용하게 된다. 이러한 경우 표본크기를 결정하는 식은 다음과 같이 된다.

$$n=\left(\frac{Zs}{E}\right)^2$$

6장에서 우리는 모집단의 크기가 알려져 있고 표본의 크기 n이 모집단 크기 N의 5%를 상회하는 경우 표본평균의 표준편차 즉 표준오차는 $\frac{\sigma}{\sqrt{n}}$에 유한모집단 수정계수(finite population correction factor)를 곱한 $\frac{\sigma}{\sqrt{n}}\cdot\sqrt{\frac{N-n}{N-1}}$이 됨을 살펴보았다. 이러한 경우 정해진 신뢰수준하에서 표본오차 E를 일정 수준으로 유지하기 위한 표본크기를 결정하는 식은 다음과 같이 변형된다. 즉 $E=\frac{\sigma}{\sqrt{n}}\cdot\sqrt{\frac{N-n}{N-1}}$으로부터 n을 구하면 아래 식을 구할 수 있다.

$$n=\frac{NZ^2\sigma^2}{E^2(N-1)+Z^2\sigma^2}$$

예제 7.17 시장조사를 위해 어느 지역의 가구당 연간 소득을 표본조사하려 한다. 모집단의 표준편차가 2,400(만원)으로 알려져 있는 상태에서 조사 담당자가 95%의 신뢰수준에서 표본평균이 모평균과 ±400(만원) 이내의 표본오차를 가진 구간추정치를 구하려고 할 때 표본크기는 얼마로 해야 하는가?

풀이 표본오차 $Z\frac{\sigma}{\sqrt{n}}$의 최대값이 400이 되도록 하는 표본크기를 구하는 것이다. 표본오차의 최대값을 E라 하면 표본크기는 $n=\left(\frac{Z\sigma}{E}\right)^2$에 따라 구할 수 있다.

여기서 Z는 95% 신뢰수준에 대응하는 표준화 값이므로 부표의 표준정규분포표에서 누적확률 0.975에 해당하는 Z값을 찾으면 1.960이 된다. 즉 분포의 양쪽 꼬리 부분이 각각 2.5%가 되어 (+)Z값에 해당하는 누적확률은 오른쪽 꼬리 부분 2.5%를 제외한 97.5%가 된다. 또한 (−)Z값은 표준정규분포가 좌우 대칭이므로 왼쪽 꼬리 부분의 누적확률 0.025에 대응하는 Z값과 동일하다.

$$n=\left(\frac{Z\sigma}{E}\right)^2=\left(\frac{1.96\times 2400}{400}\right)^2\approx 138$$

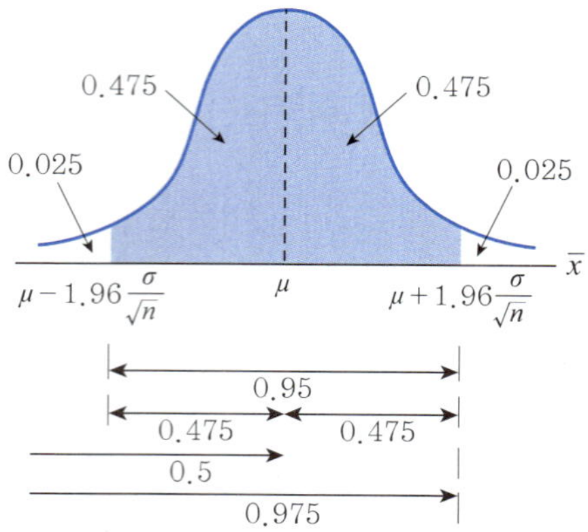

그림 7-4 표본평균 $\bar{x}$의 표본오차

입력과정

① B2:B4 : 표준편차, 표본오차 그리고 신뢰수준을 입력한다.

② E2 : NORMSINV(probability) 함수를 이용하여 95% 신뢰수준하에서 상한값에 대응하는 표준화 Z값을 계산한다.
= NORMSINV(0.975)

③ E3 : 표본오차를 $E=\pm 400$으로 유지하기 위한 표본크기를 $n=\left(\frac{Z\sigma}{E}\right)^2$에 따라 계산한다.
= (E2*B2/B3)^2
E3에 표본크기가 약 138로 나타나 있다.

	A	B	C	D	E	F
1	예제 7.17					
2	sigma =	2400		Z =	1.959964	
3	E =	400		n =	138.2925	
4	conf_lev =	0.95				
5						

예제 7.18 [예제 7.15]에서 표준편차가 $\sigma=120$으로 알려져 있는 상태에서 표본크기를 100으로 하여 90% 신뢰수준하의 신뢰구간을 구한 결과 520 ± 20이 되었다. 여기서 표본오차 20을 10으로 하려면 표본크기를 얼마로 해야 하는가?

풀이 먼저 신뢰수준 90%하에서의 Z값을 구해야 한다. 신뢰수준이 90%이므로 양쪽 꼬리 부분의 확률은 각각 5%이고 따라서 신뢰구간의 상한값에 대응하는 (+)Z값은 표준정규분포표에서 누적확률 0.95에 해당하는 표준화 Z값으로서 이는 1.645가 된다. 따라서 표본크기는

$$n = \left(\frac{Z\sigma}{E}\right)^2 = \left(\frac{1.645 \times 120}{10}\right)^2 \approx 390$$

이 된다. 표본오차를 20에서 10으로 감소시키기 위해 표본크기는 100에서 390으로 약 4배로 증가시켜야 함을 알 수 있다.

입력과정

① B2:B4 : 표준편차, 표본오차 그리고 신뢰수준을 입력한다.

② E2 : NORMSINV(probability) 함수를 이용하여 90% 신뢰수준하에서 상한값에 대응하는 표준화 Z값을 계산한다.

= NORMSINV(0.95)

E2에 Z값이 1.645로 계산되어 있다.

③ E3 : 표본오차를 $E = \pm 10$으로 유지하기 위한 표본크기를 $n = \left(\frac{Z\sigma}{E}\right)^2$에 따라 계산한다.

= (E2*B2/B3)^2

E3에 표본크기가 약 390으로 나타나 있다.

	A	B	C	D	E	F
1	예제 7.18					
2	sigma =	120		Z =	1.644854	
3	E =	10		n =	389.5983	
4	conf_lev =	0.9				
5						

예제 7.19 놀이 공원에 입장하는 가족들의 지출액을 조사하기 위해 50가족을 표본으로 하여 분석한 결과 평균과 표준편차가 각각 $\bar{x} = 68,000$(원), $s = 34,000$(원)인 것으로 나타났다. 이 때 90% 신뢰수준하에서 표본오차가 5,000원인 구간추정치를 구하기 위해서는 표본크기를 얼마로 해야 하는가?

풀이 모집단의 표준편차 σ를 알지 못하므로 시험적 표본조사에서 얻은 표준편차 s를 대체하여 사용하여야 한다. 신뢰구간이 90%이므로 표준정규분포에서 양쪽 꼬리 부분의 확률은 각각 5%가 된다. 따라서 신뢰구간의 상한값에 해당하는 Z값은 표준정규분포표에서 누적확률이 0.95가 되는 곳의 표준화값으로서 1.645이다.

$$n = \left(\frac{Zs}{E}\right)^2 = \left(\frac{1.645 \times 34000}{5000}\right)^2 = 125.10$$

즉 표본크기를 약 125개로 하면 90%의 신뢰수준에서 표본오차가 5,000(원)인 구간추정치를 구할 수 있다.

입력과정

① B2:B4 : 표준편차, 표본오차 그리고 신뢰수준을 입력한다.

② E2 : NORMSINV(probability) 함수를 이용하여 90% 신뢰수준하에서 상한값에 대응하는 표준화 Z값을 계산한다.

= NORMSINV(0.95)

E2에 Z값이 1.645로 계산되어 있다.

③ E3 : 표본오차를 $E=\pm 5000$으로 유지하기 위한 표본크기를 $n=\left(\frac{Zs}{E}\right)^2$에 따라 계산한다.

= (E2*B2/B3)^2

E3에 표본크기가 약 125로 나타나 있다.

	A	B	C	D	E	F
1	예제 7.19					
2	s =	34000		Z =	1.644854	
3	E =	5000		n =	125.1043	
4	conf_lev =	0.9				
5						

예제 7.20 주차장 관리자가 50대를 표본으로 하여 차량의 주차시간을 조사한 결과 평균 주차시간은 86분이고 표준편차는 45분인 것으로 나타났다. 이에 대해 다음 물음에 답하시오.

(1) 표본평균 $\bar{x}$의 표준오차는 얼마인가?

(2) 신뢰수준이 90%인 신뢰구간을 구하시오.

(3) 신뢰구간의 구간 폭을 좁혀 추정의 정밀도를 높이기 위해 표본오차를 최대 8분으로 하려고 한다. 신뢰수준 90%를 그대로 유지한다면 표본크기는 얼마로 해야 하는가?

(4) 표본오차를 8분으로 유지하면서 모평균 μ가 신뢰구간에 들어 있지 않을 위험을 10%에서 5%로 줄이려고 하는 경우 표본크기는 얼마로 해야 하는가?

풀이 (1) 표본평균 $\bar{x}$의 표준오차는 $\frac{\sigma}{\sqrt{n}}$이나 여기서는 모집단의 표준편차 σ를 모르기 때문에 표본으로부터 얻은 표준편차 s로 대체하여 이용한다. 따라서 표본평균 $\bar{x}$의 표준오차는 다음과 같이 구할 수 있다.

$$\frac{s}{\sqrt{n}}=\frac{45}{\sqrt{50}}=6.36$$

(2) 신뢰구간의 상하한값을 구하는 식 $\mu=\bar{x}\pm Z\frac{s}{\sqrt{n}}$ 에서 표본평균이 $\bar{x}=86$이고 표본의 표준편차와 표본크기는 각각 $s=45$, $n=50$으로 이미 알고 있다.
따라서 표준화 Z값을 구해야 하는데 신뢰수준이 90%이므로 신뢰구간 상한값에 대응하는 Z값은 표준정규분포에서 오른쪽 꼬리 부분의 5%를 제외한 누적확률 0.95에 해당하는 값이 되며 이를 표준정규분포표에서 찾으면 약 1.645가 된다(좀더 정확히 계산한다면 $Z=1.64$까지의 누적확률이 0.9495이고 $Z=1.65$까지의 누적확률이 0.9505이므로 누적확률이 0.95가 되는 곳의 Z값은 1.64와 1.65의 중간에 있는 1.645가 될 것이다).
먼저 표본오차를 구하면

$$Z\frac{s}{\sqrt{n}}=1.645\frac{45}{\sqrt{50}}=10.4$$

가 된다. 따라서 모평균 μ의 신뢰구간은

$$\mu=\bar{x}\pm Z\frac{s}{\sqrt{n}}=86\pm10.4$$

임을 알 수 있다. 즉 모평균 μ가 75.6에서 96.4 사이의 범위에 들어 있을 확률은 90%임을 나타내고 있다.

(3) (2)에서 표본오차는 10.4분으로 나타났다. 이 표본오차를 최대 8분으로 축소시키기 위한 표본크기를 구하면

$$n=\left(\frac{Zs}{E}\right)^2=\left(\frac{1.645\times45}{8}\right)^2\approx86$$

이 된다.
즉 신뢰수준 90%를 그대로 유지하면서 신뢰구간의 범위를 8분 이내로 축소시키기 위해서는 표본크기를 $n=86$으로 증가시켜야 됨을 알 수 있다.

(4) 모평균 μ가 신뢰구간에 들어 있지 않을 위험을 10%에서 5%로 줄인다는 것은 신뢰구간을 90%에서 95%로 증가시킨다는 것을 의미한다.
따라서 표본크기를 결정하는 식 $n=\left(\frac{Zs}{E}\right)^2$에 신뢰구간 95%에 해당하는 Z값을 구하여 대입한다.
95%의 신뢰수준에서 신뢰구간 상한값에 해당하는 Z값은 표준정규분포표에서 누적확률이 0.975가 되는 곳의 값인 1.96이 되므로 표본크기는

$$n=\left(\frac{Zs}{E}\right)^2=\left(\frac{1.96\times45}{8}\right)^2\approx122$$

가 된다.
여기서 우리는 표본오차를 그대로 유지하면서 즉 신뢰구간을 범위를 동일하게 유지하면서 신뢰수준을 높이기 위해서는 표본크기를 $n=122$로 증가시켜야 함을 알 수 있다.

입력과정

① B2:B4 : 표본평균과 표준편차 그리고 표본크기를 입력한다.

② E2 : $\frac{s}{\sqrt{n}}$에 따라 표준오차를 계산하고 있다.

= B3/SQRT(B4)

E2에 표준오차값이 6.36으로 나타나 있다.

③ E3:E4 : $\bar{x} \pm Z\frac{s}{\sqrt{n}}$에 따라 90% 신뢰수준하에서의 모평균 μ에 대한 신뢰구간을 계산하고 있다.

= B2+NORMSINV(0.95)*E2

= B2−NORMSINV(0.95)*E2

위의 입력식에서 표준정규분포가 $Z=0$을 중심으로 좌우대칭이므로 신뢰구간의 하한값에 대응하는 Z값은 상한값에 대응하는 Z값과 부호만 반대가 된다는 사실을 이용하였다. 즉 신뢰구간 상한값에 대응하는 Z값이 NORMSINV(0.95)에 의해 계산되므로 신뢰구간 하한값에 대응하는 Z값은 부호만 반대로 한 -NORMSINV(0.95)에 의해 계산된다.

신뢰구간의 상한값과 하한값이 각각 96.5, 75.5로 나타나 있다.

④ E5 : $n=\left(\frac{Zs}{E}\right)^2$에 따라 신뢰수준 90%하에서 표본오차를 8 이내로 하려고 할 때 필요한 표본크기를 계산한다.

= (NORMSINV(0.95)*B3/8)^2

E5에 표본크기가 약 86개로 나타나 있다.

⑤ E6 : $n=\left(\frac{Zs}{E}\right)^2$에 따라 신뢰수준 95%하에서 표본오차를 8 이내로 하려고 할 때 필요한 표본크기를 계산한다.

= (NORMSINV(0.975)*B3/8)^2

E6에 표본크기가 약 122개로 나타나 있다.

	A	B	C	D	E	F
1	예제 7.20					
2	x bar =	86		표준오차 =	6.363961	
3	s =	45		신뢰구간 상한값(90%) =	96.46778	
4	n =	50		신뢰구간 하한값(90%) =	75.53222	
5				표본크기(E=8, 90%) =	85.60509	
6				표본크기(E=8, 95%) =	121.5462	
7						

7.3 모평균의 가설검정

지금까지 우리는 표본으로부터 얻은 정보를 통해 모집단의 모수를 추측하는 두 가지 방법 중의 하나인 추정에 대해 신뢰구간 설정을 중심으로 살펴보았다. 지금부터는 다른 한 가지 방법인 가설검정(hypothesis test)에 대해 살펴보기로 한다.

가설검정(hypothesis test)은 앞에서 언급한 바와 같이 모수에 대한 어떤 가정이나 증명되지 않은 사실, 즉 가설(hypothesis)에 대해 이를 받아들일 것인지(accept) 또는 기각(reject)할 것인지를 표본으로부터 얻은 정보를 바탕으로 검증(test)하는 과정을 말한다. 따라서 가설검정 역시 신뢰구간 추정에서와 마찬가지로 기본적 논리는 표본분포에 기반을 두고 있는 것이다.

양측검정

가설검정을 하기 위해서는 먼저 가설을 설정해야 하는데 이러한 가설설정은 귀무가설(null hypothesis)과 대립가설(alternative hypothesis)로 이루어진다. 예를 들어 어느 모집단의 모평균이 μ_0인지를 알고자 한다면 아래와 같이 귀무가설과 대립가설을 설정해야 한다.

$$H_0 : \mu = \mu_0$$
$$H_1 : \mu \neq \mu_0$$

그런데 여기서 중요한 사실은 모평균 μ가 μ_0와 같다는 귀무가설이 옳다면 그 모집단에서 추출한 표본으로부터 얻게 되는 표본평균 $\bar{x}$는 바로 귀무가설에 지정한 μ_0를 평균으로 하는 표본분포의 확률변수로서 이 표본분포의 어느 한 곳에 위치해 있을 것이라는 점이다.
특히 여기서 주의할 것은 표본평균 $\bar{x}$가 확률변수이기 때문에 설령 귀무가설이 맞는다 하더라도 표본평균 $\bar{x}$의 값이 μ_0와 같다고 기대할 수는 없다는 점이다. 그러나 이 표본평균이 μ_0의 근방에 있으리라는 기대는 가능하기 때문에 μ_0를 중심으로 일정 범위의 근방에 있는 구간을 귀무가설의 채택범위로, 이 범위를 벗어난 구간을 기각범위로 설정하게 되는 것이다. 이러한 귀무가설의 채택범위를 채택역(acceptance region)이라 하고 귀무가설의 기각범위를 기각역(reject region)이라 한다.

아래 [그림 7-5]에서 보는 바와 같이 귀무가설 H_0의 채택역은 μ_0를 중심으로 양쪽으로 일정 범위의 근방에 있는 구간을 차지하고 있으며, 기각역은 분포의 양쪽 꼬리 부분에 각각 자리를 차지하고 있다. 여기에서 μ_0를 중심으로 H_0의 채택역의 범위가 양쪽 어느 위치까지 미칠 것인가는 신뢰수준이나 뒤에서 살펴본 유의수준(significant level)에 의해 결정된다.

귀무가설이 맞다면 다시 말해 모평균이 μ_0라 한다면 표본조사를 통해 얻게 되는 표본평균 $\bar{x}$의 값은 μ_0를 중심으로 한 근방에 있는 값을 가질 확률이 가장 크기 때문에, 결국 채택역이라는 것은 귀무가설이 진실일 때 표본평균 $\bar{x}$의 값이 위치할 확률이 가장 높은 구간이라고 말할 수 있다.

이는 역으로 표본평균 $\bar{x}$의 값이 결정되었을 때 우리가 모르고 있는 모평균 μ가 이 표본평균 $\bar{x}$값 근방에 있는 값을 가질 확률이 높다는 것을 의미하는 것이기도 하다. 마찬가지로 기각역은 H_0가 진실일 때 표본평균 $\bar{x}$의 값이 위치할 확률이 아주 낮은 구간이라 말할 수 있다. 따라서 기각역은 당연히 꼬리 부분에 위치한 구간이 될 것이다.

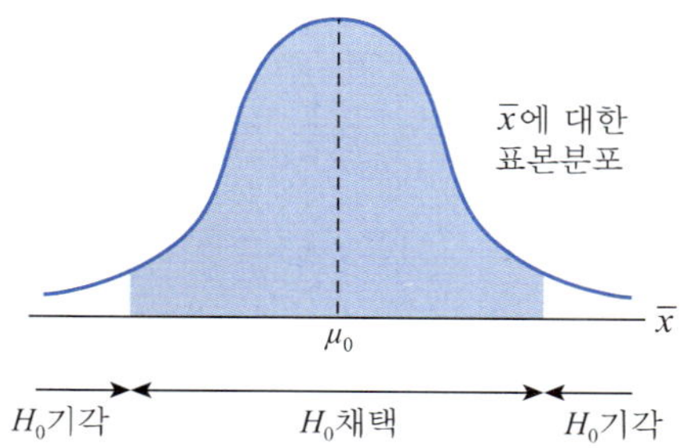

그림 7–5 양측검정에 대한 기각역과 채택역

유의수준

모평균이 μ인 모집단으로부터 크기가 n인 표본을 추출하였을 때 이로부터 얻게 되는 표본평균 $\bar{x}$에 대한 표본분포는 평균이 모평균과 같은 μ이고 표준오차가 $\frac{\sigma}{\sqrt{n}}$인 정규분포를 한다. 즉 표본이 어떻게 뽑히느냐에 따라 표본평균 $\bar{x}$는 다른 값을 가지게 되나 이들 표본평균값들의 분포를 평균이 μ이고 표준오차가 $\frac{\sigma}{\sqrt{n}}$인 정규분포를 하기 때문에 이로부터 우리는 표본분포상에서 확률변수인 $\bar{x}$가 모평균을 중심으로 어떤 일정구간에 속하는 값을 가질 확률이 몇 %가 될 것인가를 표본평균 $\bar{x}$의 표준화를 통해 쉽게 알아낼 수 있으며 이를 이용하여 채택역의 확률을 결정할 수 있다.

예를 들어 모평균을 추정하기 위해 귀무가설에서 모평균을 $\mu = \mu_0$로 설정하고 크기 n의 표본을 추출하여 표본평균 $\bar{x}$를 구했다고 하자. 이 때 만약 표본을 추출한 모집단의 모평균이 실제로 귀무가설에서 설정한 μ_0라고 한다면 표본평균 $\bar{x}$의 표본분포는 평균이 μ_0이고 표준오차가 $\frac{\sigma}{\sqrt{n}}$인 정규분포를 할 것이다.

그리고 표본평균 $\bar{x}$는 [그림 7–6]에서 보는 바와 같이 μ_0를 중심으로 집중분포되어 있을 것이다. 만약 표본평균 $\bar{x}$를 $Z = \frac{\bar{x} - \mu_0}{\sigma/\sqrt{n}}$에 따라 표준화한 Z값이 -1.96에서 1.96사이의 값을 가지게 되는 확률을 알고자 한다면 이는 표준정규분포표를 통해 95%가 됨을 쉽게 알 수 있는데 이는 곧 표준화했을 때의 Z값이 -1.96에서 1.96사이의 값을 가지게 되는 표본평균 $\bar{x}$는 전체의 95%가 됨을 의미하는 것이다. 즉 표본평균 $\bar{x}$가

$$\mu_0 - 1.96\frac{\sigma}{\sqrt{n}} \leqq \bar{x} \leqq \mu_0 + 1.96\frac{\sigma}{\sqrt{n}}$$

사이의 값을 가질 확률이 95%가 됨을 의미하는 것이다.

따라서 표본을 통해 얻은 표본평균 $\bar{x}$의 값이 귀무가설에서 설정한 'μ_0의 근처'에 위치해 있다면 비록 표본평균 $\bar{x}$가 모평균과 일치하지는 않지만 이 표본은 모평균이 μ_0인 모집단에서 추출된 표본이라고 결론을 내릴 수 있으며 더 나아가 표본이 뽑힌 모집단의 모평균이 μ_0라고 말할 수 있다.

그런데 이 때 문제가 되는 것은 귀무가설에서 설정한 'μ_0의 근처'의 범위를 어디까지로 하느냐 하는 것인데 이는 바로 채택역의 범위를 어디까지로 해야 하는가의 문제인 것이다.

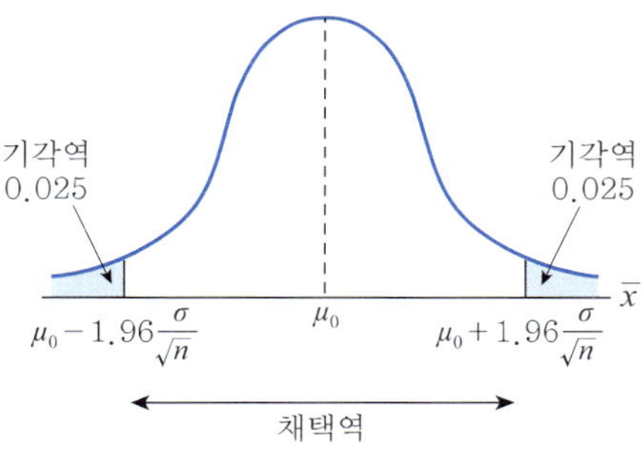

그림 7–6 확률변수 $\bar{x}$와 양측검정

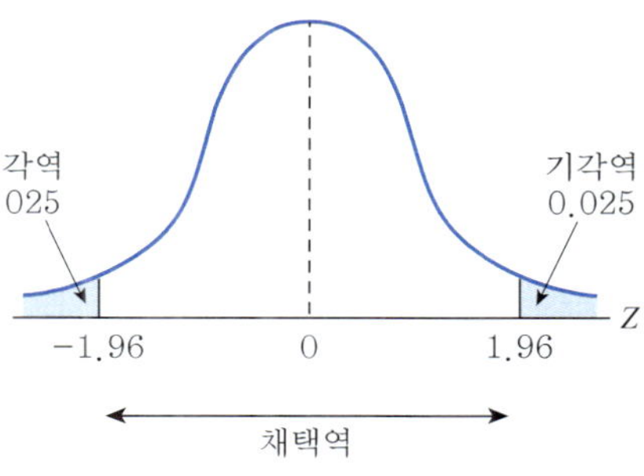

그림 7–7 표준화 Z변수와 양측검정

만일 채택역의 확률을 95%로 한다면 이는 모집단의 표본이 어떻게 뽑히느냐에 따라 표본평균 $\bar{x}$의 값이 다르게 나타나겠지만, 임의로 추출된 표본에서 계산된 표본평균 $\bar{x}$가

$$\mu_0 - 1.96\frac{\sigma}{\sqrt{n}} \leqq \bar{x} \leqq \mu_0 + 1.96\frac{\sigma}{\sqrt{n}}$$

사이의 값을 가지는 경우이거나 또는 표본평균 $\bar{x}$의 표준화 Z값이 $-1.96 \leqq Z \leqq 1.96$ 범위의 값을 가지는 경우, 이는 분명 모평균이 μ_0인 모집단에서 추출된 표본들이 나타낼 수 있는 표본 평균값이기는 하지만 모평균이 μ_0인 모집단에서 추출

된 표본들이 이러한 범위의 표본평균값을 가질 확률(채택역을 95%로 하였으므로 5%이다)은 아주 작다는 근거하에서 이들 범위의 표본평균을 가진 표본은 모평균이 귀무가설에 설정한 μ_0가 아닌 다른 모평균을 가진 모집단에서 추출된 표본으로 간주하게 되며 이 범위를 기각역(rejection region)이라 한다.

그런데 여기서 다시 한 번 주의할 것은 기각역에 속하는 표본평균의 값들이 실제로 모평균이 μ_0인 모집단으로부터 뽑힌 표본의 표본평균일 수 있다는 점이다. 즉 다시 말해 모평균이 μ_0인 모집단으로부터 뽑힐 수 있는 여러 표본들 중에는 기각역에 속하는 값들을 표본평균값으로 하는 표본들이 분명히 있을 수 있다는 점이다.

따라서 채택역의 확률을 95%로 하였을 때 나머지 5% 기각역에 속하는 값을 가지는 표본평균들은 모평균이 μ_0라는 모집단에서 뽑힌 표본들의 표본평균임에도 불구하고 다른 모평균을 가진 모집단에서 뽑힌 표본의 표본평균이라고 간주하게 됨으로써 모평균이 μ_0라는 귀무가설이 진실임에도 불구하고 이를 기각하게 된다. 이는 곧 진실의 귀무가설을 거짓이라고 판단하게 되는 1종오류에 해당하며 이러한 1종오류의 확률을 유의수준(significant level)이라고 하고 보통 α로 표시한다.

> **Note**
>
> 양측검정에서 유의수준을 α로 했을 때 정규분포상에서 양측 꼬리 부분의 기각역 확률이 α임을 의미하므로 한 쪽 꼬리 부분의 기각역의 확률은 $\alpha/2$가 된다.

예제 7.21 양측검정에서 유의수준이 다음과 같을 때 표준화 Z값의 상하한값을 표준정규분포표에서 구하시오.

(1) $\alpha = 0.1$

(2) $\alpha = 0.05$

(3) $\alpha = 0.01$

풀이 (1) 양측검정에서 유의수준이 0.1이라는 것은 기각역에 속하는 확률이 10%가 됨을 의미한다. 이는 곧 채택역의 확률이 90%가 됨을 의미하는 것이기도 하다.

양측검정이므로 표준정규분포의 어느 한 쪽 꼬리 부분의 기각역의 확률은 $\alpha/2 = 0.05$가 된다. 오른쪽 꼬리부분의 기각역 확률이 0.05가 되는 곳에 위치하는 Z값은 채택역을 기준으로 보면 상한값에 해당하며 이를 구하기 위해서는 표준정규분포표에서 누적확률이 0.95가 되는 곳의 값을 찾으면 되며 이 때 Z값은 1.645가 된다.

표준화 확률변수 Z의 하한값은 표준정규분포표에서 왼쪽 기각역의 확률이 0.05가 되는 곳의 값이므로 이는 표준정규분포표에서 누적확률이 0.05가 되는 곳의 값을 찾으면 되는데 이 때 Z값은 −1.645가 된다. 하한 Z값의 경우는 표준정규분포가 좌우대칭이므로 상하한 Z값은 부호만 다르다는 것을 감안하면 표준정규분포표를 찾을 필요 없이 상한 Z값인 1.645에 부호만 (−)로 바꾸면 된다.

따라서 채택역에 속하는 표준화 Z값의 범위는 $-1.645 \leq Z \leq 1.645$이다.

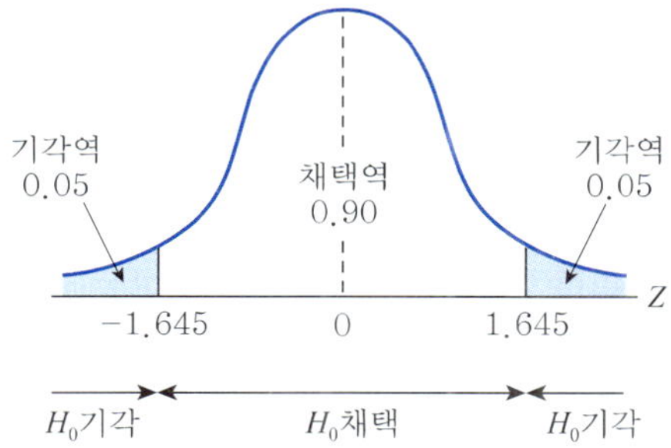

그림 7-8 귀무가설(H_0)의 기각역과 채택역

(2) 양측검정이므로 어느 한 쪽의 기각역 확률은 $\alpha/2=0.025$가 된다. 표준정규분포표로부터 누적확률이 0.975가 되는 곳의 Z값이 1.960이므로 $\alpha=0.05$일 때 Z값의 상하한값은 $Z=\pm 1.96$이 되어 채택역에 속하는 표준화 Z값의 범위는 $-1.96 \leq Z \leq 1.96$이 된다.

(3) 양측검정이므로 어느 한 쪽의 기각역 확률은 $\alpha/2=0.005$가 된다. 표준정규분포표로부터 누적확률이 0.995가 되는 곳의 Z값이 2.580이므로 $\alpha=0.01$일 때 Z값의 상하한값은 $Z=\pm 2.58$이 되어 채택역에 속하는 표준화 Z값의 범위는 $-2.58 \leq Z \leq 2.58$이 된다.

입력과정

① A3:A5 : 주어진 유의수준 α를 입력한다.

② C3 : $\alpha=0.1$일 때 양측검정하의 표준화 확률변수 Z의 상한값을 구하기 위해 다음과 같이 입력한다.

= NORMSINV(1−A3/2)

위의 입력식에서 NORMSINV 함수의 인수로 지정된 1−A3/2는 1−0.1/2= 0.95에 따라 누적확률을 계산하고 있다. 그리고 유의수준이 각각 0.05, 0.01일 때의 Z상한값에 대한 계산을 위해 C3셀을 마우스로 지정하여 활성화시킨 후 자동채우기 핸들을 이용하여 C3까지 드래그하여 복사 과정을 실행한다. 여기서 Z의 상한값에 (−)부호를 붙인 것이 하한값이므로 여기서는 이에 대한 계산은 생략하였다.

	A	B	C	D
1	예제 7.21			
2	alpha		Z상한값	
3	0.1		1.644854	
4	0.05		1.959964	
5	0.01		2.575829	
6				

예제 7.22 지난 해 영업부 사원들이 사용한 회사차량의 주행거리는 개인당 2,500Km였다고 한다. 올해 영업부 사원 50명을 무작위로 추출하여 개인당 주행거리를 조사한 결과 평균이 2,640Km이고 표준편차는 340Km인 것으로 나타났다. 이 자료를 통해 올해의 주행거리가 작년의 주행거리와 달라졌는지를 알고자 할 때 유의수준 5%에서 이를 검정하기 위한 가설을 설정하고 이를 검정하는 과정을 살펴보기로 하자(여기서 모집단의 표준편차 σ가 알려져 있지 않으므로 표본에서 구한 표준편차 s로 대체하여 사용한다).

풀이 위의 가설을 검정하기 위해 올해 주행거리가 작년의 1인당 주행거리와 다른지를 검정하는 것이므로, 귀무가설은 올해의 주행거리가 작년의 주행거리 2,500km와 같다고 설정하고 대립가설은 이와 반대로 올해의 주행거리가 작년의 주행거리와 다르다고 설정한다.

$$H_0 : \mu = 2,500$$
$$H_1 : \mu \neq 2,500$$

위의 가설을 검정하기 위해 먼저 올해의 평균주행거리 2,640Km에 대한 표준화 Z값을 구하고, 이 값이 5%의 유의수준하에서 설정된 기각역에 포함된다면 올해의 모집단은 작년의 모집단과 달라진 것이라고 볼 수 있으므로 귀무가설을 기각하고 대립가설을 채택한다.

올해의 평균주행거리 2,640Km에 대한 표준화 Z값을 구하면

$$Z = \frac{\bar{x} - \mu_0}{s/\sqrt{n}} = \frac{2640 - 2500}{340/\sqrt{50}} = 2.91$$

이 된다.

그런데 유의수준이 $\alpha = 0.05$이고 양측검정이므로 표준정규분포에서 오른쪽 꼬리부분의 기각역에 속하는 확률은 0.025가 되므로 이 곳의 표준화 Z값은 표준정규분포표에서 누적확률이 $1-\alpha/2$=0.975가 되는 곳의 값을 찾으면 된다. 이 값은 1.96이 되므로 채택역에 속하는 표준화 Z값의 범위는 $-1.96 \leq Z \leq 1.96$임을 알 수 있다.

그런데 위에서 구한 올해 평균주행거리 2,640Km에 대한 표준화 Z값은 2.91로서 이 범위를 벗어나 있으므로 이 표본은 작년과 동일한 특성을 가진 모집단에서 추출되었다고 판단하기보다는 작년과 다른 특성을 가진 모집단에서 추출되었다고 보는 것이 타당하다. 즉 올해의 모집단은 작년의 모집단과 다르다고 판단하는 것이다.

이 때 실제로 올해의 모집단이 작년과 다르지 않음에도 불구하고 이와 같이 다르다고 잘못 판단할 확률은 유의수준인 5%인 것이다.

입력과정

① B2:B6 : 작년의 개인별 평균 주행거리를 표시하는 모평균 그리고 표본평균과 표준편차, 표본크기, 유의수준 등을 입력한다.

② E2 : $Z = \frac{\bar{x} - \mu_0}{s/\sqrt{n}}$에 따라 올해의 평균주행거리 $\bar{x} = 2,640$(Km)에 대한 표

준화 Z값을 계산한다. E2셀에 2.91162로 나타나 있다.

③ E3 : 양측검정을 하는 것이므로 유의수준 0.05를 2로 나누어 표준정규분포에서 오른쪽 꼬리부분의 기각역에 대한 확률을 구하고 이를 1에서 빼면 귀무가설의 채택여부의 기준이 되는 표준화 확률변수 Z의 상한값까지의 누적확률을 구할 수 있다. 이는 누적확률을 통해 이 곳의 표준와값을 알기 위한 것으로서 NORMSINV(probability) 함수를 이용한다.

= NORMSINV(1−B6/2)

E3셀에 1.95996으로 나타나 있으며 이는 채택역의 상한값에 해당하는 표준화값이다.

좌우대칭인 표준화정규분포에서 채택역의 하한과 상한의 표준화 Z값은 이 분포의 평균 0에서 같은 거리만큼 떨어져 있으므로, 위의 입력식으로부터 구한 Z의 상한값에 (−)부호를 붙으면 하한값(−1.95996)이 된다. 따라서 귀무가설의 채택역은 $-1.96 \leq Z \leq 1.96$이 된다.

이 때 ②에서 구한 표본평균 $\bar{x} = 2{,}640$(Km)에 대한 Z값(= 2.91)이 ③에서 구한 채택역 구간($-1.96 \leq Z \leq 1.96$)을 벗어나 있으므로 올해의 모집단은 작년의 모집단과 다르다고 볼 수 있으며 이를 기반으로 올해의 평균주행거리 2,640Km는 작년의 평균주행거리와 다르다고 판단할 수 있다. 즉 표본이 다르게 뽑혀서 표본평균이 다르게 나타난 것이 아니고 모집단의 모평균이 달라졌기 때문에 발생한 차이라고 결론내릴 수 있다. 물론 이 때 잘못 판단할 확률 다시 말해 1종오류를 범할 위험은 유의수준인 5%이다.

	A	B	C	D	E	F
1	예제 7.22					
2	mu0 =	2500		Z(x bar) =	2.911616	
3	x bar =	2640		Z_upp =	1.959964	
4	s =	340				
5	n =	50				
6	alpha =	0.05				
7						

■ 가설검정에서의 1종오류와 2종오류

위의 [예제 7.22]에서 올해의 모집단이 작년의 모집단과 차이가 없다면 올해 50명을 대상으로 조사한 평균 주행거리는 작년의 평균 주행거리와 비슷한 값을 보일 확률이 높다고 예상할 수 있으나, 그렇지 않고 올해 표본조사를 통해 얻은 평균 주행거리가 작년의 평균 주행거리 2,500Km와 큰 차이를 보인다면 올해의 모집단 특성이 작년의 그것과 달라졌을 확률이 높다고 예상할 수 있다.

올해의 주행거리 값이 작년의 주행거리 값과 차이가 나는 이유는 다음 두 가지 중의 하나일 것이다. 즉 올해의 모집단 특성이 작년과 동일하다고 하더라도 표본이 어떻게 뽑히느냐에 따라 표본평균은 달라질 수 있다는 점이다. 다시 말해서 표본을 추출할 때 올해와 작년의 모집단 분포가 동일하다면 작년의 평균 주행거리 2,500Km와 큰 차이를 보이는 관찰치들이 추출될 확률이 낮음에도 불구하고 우연히 이러한 관찰치들이 많이 추출된 경우, 이러한 표본의 평균 즉 올해의 평균 주행거리는 작년과 큰 차이를 보이게 된다. 따라서 올해의 주행거리 값이 작년의 주행거리 값과 차이가 나는 것이 바로 이러한 이유 때문에 발생한 것이라면 이는 작년과 올해의 주행거리에 차이가 있더라도 이는 차이가 없는 것으로 판단해야 한다. 이러한 차이를 비유의적 차이(insignificant difference)라고 한다.

다른 한 이유는 실제로 올해의 모집단 특성이 작년의 그것과 달라졌기 때문에 올해 표본을 통해 얻은 평균 주행거리가 작년의 주행거리 값과 달라졌을 경우이며 이를 유의적 차이(significant difference)라고 한다. 따라서 여기서 중요한 것은 작년과 올해의 주행거리의 차이가 첫 번째 이유처럼 단지 모집단은 작년과 올해 변함이 없지만 표본이 다르게 뽑힐 수 있기 때문에 이로부터 발생한 차이인지, 아니면 실제 올해 모집단의 특성이 작년과 달라졌기 때문에 발생한 차이인지를 확인하는 것이며 이것이 바로 가설검정의 목적인 것이다.

이를 확인하기 위해 먼저 우리가 쉽게 예산할 수 있는 것은 올해의 모집단 특성이 작년과 변함이 없다면 올해 평균 주행거리 값은 작년의 그것과 큰 차이가 없을 것이라는 사실이다. 그리고 올해의 주행거리 값이 작년의 것과 차이가 커지면 커질수록 작년과 특성이 동일한 모집단에서 이러한 표본이 뽑힐 확률은 작아지기 때문에 이러한 차이는 표본이 다르게 추출됨으로써 발생한 것이라고 판단하기보다는 오히려 올해의 모집단이 작년의 모집단과 달라졌기 때문에 발생한 것이라고 보는 것이 더 타당하다.

아래 [그림 7-9]에서 올해 평균주행거리가 $\overline{x_1}$보다 큰 값이라면 이 표본평균은 작년의 모집단분포에서 추출되었을 확률보다는 작년과 다른 A의 모집단분포에서 추출되었을 확률이 더 높은 것이다. 즉 올해의 모집단은 작년과 다른 모평균 μ_1을 가진 A분포에서 추출된 표본에서 얻은 표본평균이라기보다는 작년과 동일한 분포에서 얻은 표본평균일 확률이 더 높은 것이다.

따라서 가설검정 과정에서 가장 중요한 것은 작년과 올해의 주행거리의 차이가 어느 정도 났을 때까지를, 모집단의 변화가 아닌 표본의 추출에 의해 차이가 발생한 것으로 간주해야 하느냐 하는 것이다. 즉 아래 [그림 7-9]에서 보면 $\overline{x_1}$과 $\overline{x_2}$를 μ_0에서 얼마나 떨어진 곳에 위치한 값으로 설정하느냐 하는 문제가 된다. 물론 귀무가설을 채택할 것인지 기각할 것인지 기준이 되는 $\overline{x_1}$과 $\overline{x_2}$를 설정한 후 $\overline{x_1}$보다 작은 표본평균값이 나왔다면 이는 모평균이 μ_0가 아닌 다른 모집단에서 추출된 표본이라고 보고 모집단의 특성이 변한 것으로 간주한다. 그러나 $\overline{x_1}$보다 작고 $\overline{x_2}$보다 큰 μ_0 근처의 값이 나왔다면 이는 표본평균값이 μ_0와 다르다고 하더라도 이는 표본이 다르게 뽑힘으로써 발생한 비유의적 차이일 뿐 본질적으로 모평균이 μ_0인 동일한 모집단에서 추출된 표본으로 간주한다.

[그림 7-9]에서 보는 바와 같이 올해의 모집단이 작년과 동일하다면 올해의 평균 주행거리는 $\overline{x_1}$보다 크거나 $\overline{x_2}$보다 작게 나타날 확률보다는 $\overline{x_1}$과 $\overline{x_2}$ 사이의 값을 가질 확률이 훨씬 높다. 그러나 아주 낮은 확률이기는 하지만 작년과 동일한 모집단 분포에서도 분명히 $\overline{x_1}$보다 크거나 $\overline{x_2}$보다 작은 값은 가진 표본평균이 분명 나올 수 있다는 점이다. 만약 올해 조사된 표본평균 $\overline{x}$가 이러한 값을 가졌다면 올해의 모집단의 특성이 작년과 동일함에도 불구하고 작년과 달라졌다고 판단하게 된다. 이는 바로 앞에서 살펴본 올해의 모평균이 작년의 모평균과 동일하다는 귀무가설이 진실임에도 이를 기각하는 1종오류를 범하게 되는 것이다. [그림 7-9]에서 모평균이 μ_0인 표본분포에서 평균 주행거리 $\overline{x}$가 $\overline{x_1}$보다 크거나 $\overline{x_2}$보다 작은 구역을 기각역으로 설정하였다면 이는 바로 1종오류를 범하게 되는 영역인 것이다. 모평균 μ_0인 모집단에서 뽑힌 표본의 표본평균이 이러한 기각역에 속할 확률을 유의수준이라고 하며 α로 표시하는데 이는 앞에서 언급한 바와 같이 1종오류를 범할 위험확률이기도 한 것이다. 따라서 기각역이 어떻게 설정될 것인가는 유의수준을 얼마로 설정하느냐에 달려 있다.

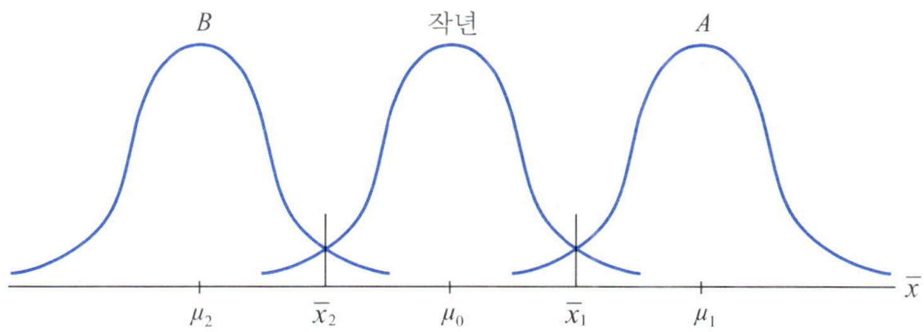

그림 7-9 모집단 분포의 변화

그러나 실제로 가설검정을 하는 경우 위에서 살펴본 것처럼 진실의 귀무가설을 거짓이라고 판단할 1종오류(type I error)만 존재하는 것은 아니다. 만약 올해의 실제 모집단은 작년과는 달리 모평균이 μ_2인 [그림 7-9]에 있는 B의 분포를 가지고 있다고 하자. 이는 분명 모평균이 μ_0인 작년의 분포와 달라진 것이다.

이러한 상태에서 귀무가설이 $H_0 : \mu = \mu_0$이고 대립가설이 $H_1 : \mu \neq \mu_0$인 가설검정을 설정하고 표본을 추출하여 표본평균을 구한 결과 표본평균 $\overline{x}$의 값이 $\overline{x_2}$보다는 크나 $\overline{x_2}$에 근접해 있었다고 하자. 올해의 모집단이 작년과는 다른 B의 분포를 보인 상태에서 이로부터 표본을 추출하여 얻은 표본평균이 $\overline{x_2}$보다 큰 값을 가질 확률은 상당히 작다고 예상할 수 있으나 아무리 확률이 작다고 하더라도 μ_2의 모평균을 가진 B분포에서도 엄연히 $\overline{x_2}$보다 큰 표본평균을 가진 표본이 추출될 수 있는 것이다.

이 경우 표본으로부터 얻은 표본평균값이 귀무가설의 채택역 범위인 $\overline{x_2}$와 $\overline{x_1}$ 사이에 위치해 있기 때문에 귀무가설을 채택하고 대립가설을 기각하면서 올해의 모평균이 작년의 모평균과 다르지 않다고 결론을 내리게 된다. 즉 올해의 모집단 분포는 작년의 모집단 분포와 달라지지 않았다고 판단하는 것이다. 그러나 이 표본평균값은 분명히 작년의 모평균 μ_0와는 다른 μ_2의 모평균을 가진 B분포에서 추출된 표본으로부터 얻은 것으로서, 당연히 올해의 모평균이 작년의 모평균 μ_0와 같다는 귀무가설을 기각하여야 올바른 판단을 내린 것이 된다.

따라서 이 경우 진실인 대립가설을 기각하고 거짓의 귀무가설을 채택하게 되는 오류를 범하게 되는데 이러한 오류를 2종오류(type II error)라고 하고, 보통 β라고 표시한다.

예제 7.23 어느 회사에서 매출액을 회수하는 데 걸리는 기간은 작년의 경우 매출 건당 65.4(일)이 소요된다고 한다. 올해 회계부서에서 80건의 매출을 임의로 선정하여 조사한 결과 매출 건당 평균 회수기간은 74.3(일)이고 표준편차는 28(일)인 것으로 나타났다. 이 때 올해 매출대금의 회수기간이 작년과 달라졌다고 볼 수 있는지 10% 유의수준 하에서 검정하시오.

풀이 올해의 매출금 회수기간이 작년의 회수기간 65.4(일)과 달라졌는지를 검정하는 것이므로 양측검정을 해야 한다.

먼저 귀무가설에서는 올해의 모평균 μ가 작년의 회수기간 65.4(일)과 동일하다는 가설을 설정하고 대립가설에서는 올해의 모평균 μ가 작년의 회수기간 65.4(일)과 다르다는 가설을 설정한다.

$$H_0 : \mu = 65.4$$

$$H_1 : \mu \neq 65.4$$

다음에 유의수준이 $\alpha = 0.1$이고 양측검정이므로, 누적확률이 0.95가 되는 곳의 표준화 Z값을 표준정규분포표에서 구하면 1.645가 된다. 따라서 올해 표본조사를 통해 얻은 표본평균 $\bar{x} = 74.3$(일)에 대한 표준화 Z값의 절대값이 $|Z| > 1.645$이면, 다시 말해 1.645보다 크거나 또는 -1.645보다 작다면 귀무가설이 기각되고 대립가설이 채택된다.

올해의 회수기간인 $\bar{x} = 74.3$(일)의 표준화 Z값을 구하면

$$Z = \frac{\bar{x} - \mu_0}{s/\sqrt{n}} = \frac{74.3 - 65.4}{28/\sqrt{80}} = 2.84$$

가 되고 이는 $|Z| > 1.645$이므로 귀무가설을 기각하고 대립가설을 채택한다.

따라서 올해 대출금의 평균 회수기간은 작년의 평균 회수기간과 같다고 볼 수 없다는 결론을 내리게 된다.

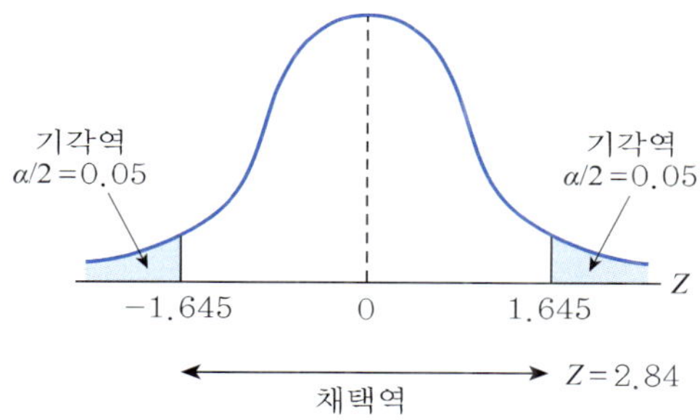

그림 7-10 기각역과 채택역

입력과정

① B2:B6 : 모평균과 표본평균 그리고 표준편차, 표본크기, 유의수준 등을 입력한다.

② E2 : $Z = \dfrac{\bar{x} - \mu_0}{s/\sqrt{n}}$에 따라 올해의 평균 회수기간 $\bar{x} = 74.3$에 대한 표준화 Z값을 계산한다.
E2셀에 2.843으로 나타나 있다.

③ E3 : 양측검정을 하는 것이므로 유의수준 0.10을 2로 나누어 표준정규분포에서 오른쪽 꼬리부분의 기각역에 대한 확률을 구하고, 이를 1에서 빼면 귀무가설의 채택여부의 기준이 되는 표준화 확률변수 Z의 상한값까지의 누적확률을 구할 수 있다.
이는 누적확률을 통해 이 곳의 표준화값을 알기 위한 것으로서 NORMSINV (probability) 함수를 통해 구할 수 있다.
= NORMSINV(1−B6/2)

E3셀에 1.64485로 나타나 있으며 이는 채택역의 상한값에 해당하는 표준화값이다.

좌우 대칭인 표준화정규분포에서 채택역의 하한과 상한의 표준화 Z값은 이 분포의 평균 0에서 같은 거리만큼 떨어져 있으므로, 위의 입력식으로부터 구한 Z의 상한값에 (−)부호를 붙이면 하한값(−1.64485)이 된다.

따라서 귀무가설의 채택역은 $-1.645 \leq Z \leq 1.645$가 된다.

이 때 ②에서 구한 표본평균 $\overline{x} = 74.3$에 대한 Z값(= 1.645)이 ③에서 구한 귀무가설 채택역 구간($-1.645 \leq Z \leq 1.645$)을 벗어나 있으므로 올해의 모집단은 작년의 모집단과 다르다고 볼 수 있으며 이를 기반으로 올해의 평균 회수기간 74.3(일)을 작년의 평균 회수기간과 같다고 볼 수 없다는 결론을 내리게 된다.

즉 표본이 다르게 뽑혀서 표본평균이 다르게 나타난 것이 아니고 모집단의 모평균이 달라졌기 때문에 발생한 차이라고 결론내릴 수 있으며 이 때 잘못 판단할 확률 다시 말해 1종오류를 범할 위험은 유의수준인 10%이다.

	A	B	C	D	E	F
1	예제 7.23					
2	mu0 =	65.4		Z(x bar) =	2.843001	
3	x bar =	74.3		Z_upp =	1.644854	
4	s =	28				
5	n =	80				
6	alpha =	0.1				
7						

단측검정

지금까지 살펴본 양측검정 방법은 추정하고자 하는 모수가 귀무가설에서 설정한 어떤 특정값보다 크든 작든 단지 이 특정값과 같은지 여부만을 조사하는 데 적합하다. 이는 양측검정을 할 때 설정하는 귀무가설과 대립가설에서도 잘 나타나 있다.

$$H_0 : \mu = \mu_0$$
$$H_1 : \mu \neq \mu_0$$

즉 대립가설 $H_1 : \mu \neq \mu_0$에서 추정하고자 하는 모수 μ가 μ_0와 다르다는 것만을 나타내는 가설일 뿐이므로 μ는 μ의 변화 방향에 따라 μ_0보다 큰 값을 가질 수도 있고 작은 값을 가질 수도 있는 것이다.

이에 반해 모수 μ의 변화가 어떤 특정 방향으로 이루어짐으로써 귀무가설에서 설정한 μ_0보다 작아졌는지 또는 커졌는지의 여부를 확인하고자 할 때는 단측검정(one-tail test)을 사용한다.

이러한 단측검정은 상한단측검정(upper one-tail test)과 하한단측검정k하한단측검정

(lower one-tail test)의 두 가지가 있는데, 전자의 경우는 추정하고자 하는 모수가 귀무가설에서 설정한 값 μ_0보다 증가하는 방향으로 변화했을 때 실제로 모수값의 증가 현상이 일어났는지 여부를 확인할 때 이용하며, 후자는 반대로 추정하고자 하는 모수가 귀무가설에서 설정한 값 μ_0보다 감소하는 방향으로 변화했을 때 실제로 모수값의 감소 현상이 일어났는지 여부를 확인할 때 사용한다. 따라서 상한단측검정과 하한단측검정의 가설은 다음과 같이 설정할 수 있다.

$$(\text{상한단측검정}) \quad H_0: \mu \leqq \mu_0 \qquad H_1: \mu > \mu_0$$

$$(\text{하한단측검정}) \quad H_0: \mu \geqq \mu_0 \qquad H_1: \mu < \mu_0$$

이 때 주의할 것은 양측검정의 경우 유의수준 α가 양쪽 꼬리에 양분되어 기각역을 설정하기 때문에 각 기각역의 확률은 $\alpha/2$가 되지만, 단측검정일 경우는 그것이 상한단측검정이냐 하한단측검정이냐에 상관없이 기각역이 어느 한 쪽 꼬리 부분에만 설정되므로 기각역의 확률은 그대로 유의수준과 같은 α가 된다.

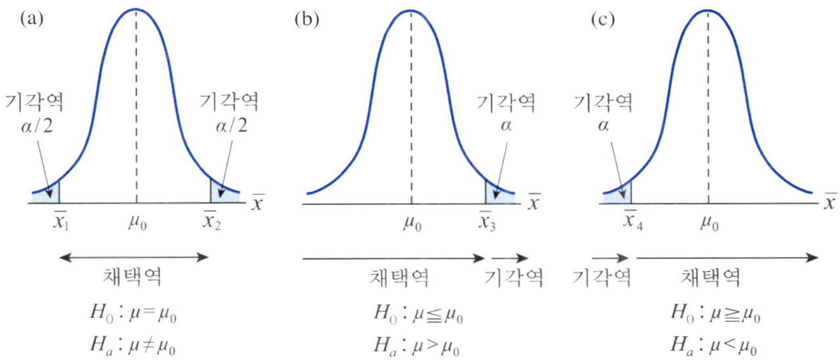

그림 7–11 양측검정과 단측검정의 기각역과 채택역

Note

표본평균에 대한 표준화값은 $Z=\dfrac{\bar{x}-\mu_0}{s/\sqrt{n}}$에 따라 구할 수 있다. [그림 7–11]에서의 양측검정에서도 채택역의 하한값 $\bar{x}_1$과 상한값 $\bar{x}_2$를 만약 표준화 Z값으로 나타낸다면 $\bar{x}_1$은 $\dfrac{\bar{x}_1-\mu_0}{s/\sqrt{n}}$가 되고 $\bar{x}_2$는 $\dfrac{\bar{x}_2-\mu_0}{s/\sqrt{n}}$가 된다. 물론 단측검정에서의 $\bar{x}_3$, $\bar{x}_4$도 같은 방법으로 이용하여 표준화 Z값으로 나타낼 수 있다.

그러나 여기서 주의할 것은 적어도 '귀무가설 채택여부의 기준이 되는 값들'인 $\bar{x}_1$, $\bar{x}_2$, $\bar{x}_3$,

$\overline{x_4}$인 경우는 이들 표준화값이 $\frac{\overline{x}-\mu_0}{s/\sqrt{n}}$에 따라 나타낼 수 있다고 하여, 실제로 이들 $\overline{x_1}$, $\overline{x_2}$, $\overline{x_3}$, $\overline{x_4}$에 대한 표준화값들이 $\frac{\overline{x}-\mu_0}{s/\sqrt{n}}$에 따라 계산된 것이 아니라는 점이다. 오히려 이들 '귀무가설 채택여부의 기준이 되는 값들'인 $\overline{x_1}$, $\overline{x_2}$, $\overline{x_3}$, $\overline{x_4}$의 값들은 유의수준에 의해 결정된 귀무가설 채택역의 상하한값에 해당하는 Z값을 먼저 표준정규분포표에서 구하고 이에 따라 사후적으로 계산되어 얻은 결과인 것이다.

다시 말해서 유의수준이 α인 양측검정의 경우 오른쪽 꼬리 부분의 기각역 확률은 $\alpha/2$가 되므로 귀무가설 채택역의 상한값([그림 7-11]의 경우 $\overline{x_2}$에 해당)이 가지는 표준화값은 표준정규분포표에서 누적확률이 $(1-\alpha/2)$가 되는 곳의 값이 되는 것이다. 이를 보통 $Z_{\alpha/2}$로 표시하는데 [그림 7-11(a)]에서 $\overline{x_2}$의 값은 $Z_{\alpha/2}$라는 표준화값을 갖는 표본평균을 $\mu_0+Z_{\alpha/2}\frac{s}{\sqrt{n}}$에 따라 사후적으로 계산한 값인 것이다. 이 때 $\overline{x_1}$의 값은 $-Z_{\alpha/2}$라는 표준화값을 갖는 표본평균에 해당하므로 $\mu_0-Z_{\alpha/2}\frac{s}{\sqrt{n}}$에 따라 계산된 값임을 알 수 있다.

[그림 7-11(b)]의 상한단측검정에서 귀무가설 채택여부의 기준이 되는 $\overline{x_3}$의 값은 기각역의 확률이 유의수준인 α가 되므로 $\overline{x_3}$에 대응하는 표준화 Z값은 표준정규분포표에서 누적확률이 $(1-\alpha)$인 곳의 값이 되며 이는 보통 Z_α로 나타낸다. 따라서 $\overline{x_3}$은 바로 표준화값이 Z_α인 표본평균에 해당하므로 $\overline{x_3}$값은 $\mu_0+Z_\alpha\frac{s}{\sqrt{n}}$에 따라 구할 수 있다.

[그림 7-11(c)]의 하한단측검정에서의 귀무가설 채택여부의 기준이 되는 $\overline{x_4}$의 값은 상한단측검정에서와 마찬가지로 기각역의 확률이 유의수준인 α가 되나, 다른 점은 $\overline{x_4}$에 대응하는 표준화 Z값의 위치는 표준정규분포에서 누적확률이 α가 되는 곳이라는 사실이다. 이 때의 표준화값은 상한단측검정에서의 누적확률이 $(1-\alpha)$인 곳의 표준화값인 Z_α와 부호만 반대이므로 $-Z_\alpha$가 된다. 따라서 $\overline{x_4}$는 $\mu_0-Z_\alpha\frac{s}{\sqrt{n}}$에 따라 계산된 값이다.

예제 7.24 지금까지 보아 온 것처럼 표준화 Z값을 기준으로 귀무가설 채택여부를 결정하는 것이 아니라 [그림 7-11]에 제시된 것과 같이 표본평균 $\overline{x}$값을 기준으로 귀무가설을 채택할 것인지 기각할 것인지를 결정하려는 경우는 다음과 같은 과정을 거친다.

먼저 양측검정의 경우, 유의수준 α가 주어지면 누적확률이 $(1-\alpha/2)$가 되는 곳의 표준화 Z값을 찾는다. 이 값을 $Z_{\alpha/2}$라 하면 귀무가설 채택역의 범위를 표본평균값으로 표시한 [그림 7-11(a)]의 $\overline{x_1}$과 $\overline{x_2}$는 다음과 같이 계산할 수 있다.

$$\overline{x_1}=\mu_0-Z_{\alpha/2}\frac{s}{\sqrt{n}}$$

$$\overline{x_2}=\mu_0+Z_{\alpha/2}\frac{s}{\sqrt{n}}$$

따라서 표본을 통해 얻은 표본평균 $\overline{x}$값이 $\overline{x_1}$과 $\overline{x_2}$ 사이의 채택역 범위에 있으면 귀무가설을 채택하여 표본이 추출된 모집단의 모평균을 μ_0라고 판단하게 된다.
그러나 $\overline{x_1}$보다 작은 값을 가지거나 $\overline{x_2}$보다 큰 값을 가지게 되면 이러한 표본평균값을 가진 표본이 추출된 모집단의 모평균은 μ_0가 아니라고 판단하여 귀무가설을 기각하고 대립가설을 채택하게 되는 것이다.
[그림 7-11(b)]의 상한단측검정에서는 유의수준 α가 주어지면 누적확률이 $(1-\alpha)$가 되는 곳의 표준화 Z값을 찾는다. 이 값을 Z_α라 하면 [그림 7-11(b)]의 $\overline{x_3}$은 다음과 같이 계산할 수 있다.

$$\overline{x_3} = \mu_0 + Z_\alpha \frac{s}{\sqrt{n}}$$

이 때 표본을 통해 얻은 표본평균 $\overline{x}$값이 $\overline{x} < \overline{x_3}$의 범위에 있으면 귀무가설을 채택하여 표본이 추출된 모집단의 모평균을 μ_0라고 판단하게 된다. 그러나 $\overline{x_3}$보다 더 큰 값을 가지게 되면 이러한 표본평균값을 가진 표본이 추출될 수 있는 모집단의 모평균은 μ_0보다 큰 값을 가지고 있을 것이라고 판단하여 귀무가설을 기각하고 대립가설($H_1 : \mu > \mu_0$)을 채택하게 되는 것이다.
[그림 7-11(c)]의 하한단측검정의 경우는 상한단측검정과는 달리 유의수준 α가 그대로 누적확률이 되는데 이 때의 표준화 Z값은, 누적확률이 $(1-\alpha)$가 되는 곳의 표준화값인 Z_α와 부호만 다를 뿐 절대값이 동일하므로 $-Z_\alpha$가 된다. 따라서 [그림 7-11(c)]의 $\overline{x_4}$는 다음과 같이 계산할 수 있다.

$$\overline{x_4} = \mu_0 - Z_\alpha \frac{s}{\sqrt{n}}$$

이 때 표본을 통해 얻은 표본평균 $\overline{x}$값이 $\overline{x} > \overline{x_4}$의 범위에 있으면 귀무가설을 채택하여 표본이 추출된 모집단의 모평균을 μ_0라고 판단하게 된다. 즉 표본이 추출된 모집단의 모평균에 감소현상이 일어나지 않았다고 판단한다.
그러나 $\overline{x}$값이 $\overline{x_4}$보다 작은 값을 가지게 되면 이러한 표본평균값을 가진 표본이 추출된 모집단의 모평균은 μ_0보다 작은 값을 가지고 있다고 판단하여 귀무가설을 기각하고 대립가설($H_1 : \mu < \mu_0$)을 채택하게 되는 것이다.

예제 7.25 다음 상황에 대해 가설을 세우고 이를 검정하려면 양측검정과 단측검정 중 어느 것을 적용해야 하는지 확인하시오. 만약 단측검정이라면 상한단측검정과 하한단측검정 중 어느 것을 적용해야 하는가?

(1) 매출에 대한 자금 회수기간이 평균 64일인 회사에서 자금회수기간을 단축하기 위해, 대금을 조기 지급해 주는 거래업자에 대해서는 매출액의 일부를 할인해 주는 제도를 택하였다. 이 제도를 시행하고 일정기간이 지난 후 이에 대한 효과를 분석하기 위해 표본조사를 실시하였다.

(2) 포장용 비닐을 생산하는데 있어서 중요한 기술은 수분을 제품 무게의 0.03%로 유지하는 것이라고 한다. 즉 이보다 수분이 많을 경우 찢어지기가 쉽고, 너무 낮은 수분을 가지고 있으면 색깔이 갈색으로 변한다고 한다. 이러한 포장용 비닐을 생산하는 회사에서는 수분이 0.03%를 유지하고 있는지를 검사하려고 한다.

(3) 건전지 생산업체에서는 자사 제품에 대한 수명이 평균 62시간에 이른다고 광고하고 있다. 그러나 많은 소비자들로부터 이 건전지의 수명이 62시간에 못 미친다는 불평을 접수한 후 이에 대한 조사를 실시하고자 한다.

(4) 잉크젯프린터에 사용되는 기존 잉크 카트리지의 경우 평균 A4용지 800장을 인쇄할 수 있다고 한다. 이번에 새로 신제품을 개발한 연구진들은 이 신제품이 기존 제품보다 더 많은 양을 인쇄할 수 있다고 믿고 있다. 이를 확인하게 위해 60개의 표본을 뽑아 조사하려고 한다.

풀이 (1) 조기 지급에 대해 매출액의 일부를 할인해 주는 제도의 효과를 분석하는 것이므로 만약 이 제도가 효과가 있다면 기존의 자금 회수기간인 64일보다 짧아야 한다. 따라서 이를 분석하기 위한 가설은 하한단측검정을 할 수 있도록 설정한다.

즉 귀무가설로서 할인제도의 실시 이후에도 회수기간에는 변동이 없다는 가설을 설정하고, 대립가설에서는 회수기간이 짧아졌다는 가설을 설정하여 이 제도가 자금 회수기간의 단축에 효과가 있었다는 내용을 포함하도록 한다. 즉 하한단측검정에 해당한다.

$$H_0 : \mu \geqq 64$$
$$H_1 : \mu < 64$$

(2) 포장용 비닐이 포함하는 수분이 0.03%를 유지하고 있는지를 검사하려고 하는 것이다. 따라서 귀무가설은 수분이 0.03%를 유지하고 있다는 내용으로 설정하고 대립가설은 0.03%의 수분을 유지하고 있지 않다는 내용으로 설정한다. 즉 양측검정이 적용된다.

$$H_0 : \mu = 0.03$$
$$H_1 : \mu \neq 0.03$$

(3) 건전지의 수명이 62시간에 이르는지 아니면 이에 못 미치는지를 조사하는 것이다. 따라서 귀무가설에서는 건전지 평균수명이 62시간이라는 내용으로 설정하고, 대립가설에서는 이보다 짧다는 내용으로 설정해야 한다. 이는 바로 하한단측검정에 해당한다.

$$H_0 : \mu \geq 62$$
$$H_1 : \mu < 62$$

(4) 기존 잉크 카트리지가 800장을 인쇄하는 데 반해 신제품은 이보다 많이 인쇄할 수 있는지를 조사하는 것이다. 따라서 이는 상한단측검정을 적용할 수 있도록 가설을 설정한다.

$$H_0 : \mu \leq 800$$
$$H_1 : \mu > 800$$

예제 7.26 백화점의 신용카드 관리자는 매달 카드대금이 연체된 고객들을 대상으로 1인당 평균 연체액이 10만원을 상회하는지를 조사한다. 이번 달에 연체자 200명을 뽑아 조사한 결과 평균 연체약이 108,000원이고 표준편차는 42,500원인 것으로 나타났다. 이 자료를 이용하여 이번 달의 1인당 평균 연체액이 10만원을 상회하는지 여부를 판단하기 위한 가설을 설정하고 5%의 유의수준에서 이를 검정하시오.

풀이 1인당 평균 연체액이 10만원을 상회하는지 여부를 판단하기 위한 것이므로 귀무가설은 연체액이 10만원 이하라고 설정하고 대립가설은 이를 상회하는 내용으로 설정한다(여기서 귀무가설은 $H_0 : \mu = 100,000$으로 설정해도 상관없다).

$$H_0 : \mu \leq 100,000$$
$$H_1 : \mu > 100,000$$

이는 상한단측가설검정에 해당하며 귀무가설의 채택여부를 판단하기 위해서는 먼저 표본평균 $\bar{x} = 108,000$의 표준화 Z값을 구한 후, 이 값을 귀무가설 채택여부의 기준이 되는 유의수준 5%에서의 표준화 Z값과 비교한다. 표본평균 $\bar{x} = 108,000$의 표준화 Z값을 구하면

$$Z = \frac{\bar{x} - \mu_0}{s/\sqrt{n}} = \frac{108,000 - 100,000}{42,500/\sqrt{200}} = 2.66$$

이 된다. 그런데 이 값은 유의수준 5%일 때 상한단측검정에서 귀무가설 채택여부의 기준이 되는 표준화 Z값인 1.645를 상회하는 기각역에 속해 있으므로 귀무가설을 기각하고 대립가설을 채택하게 된다. 즉 이번 달의 1인당 연체액은 10만원을 상회하고 있다고 결론내릴 수 있다.

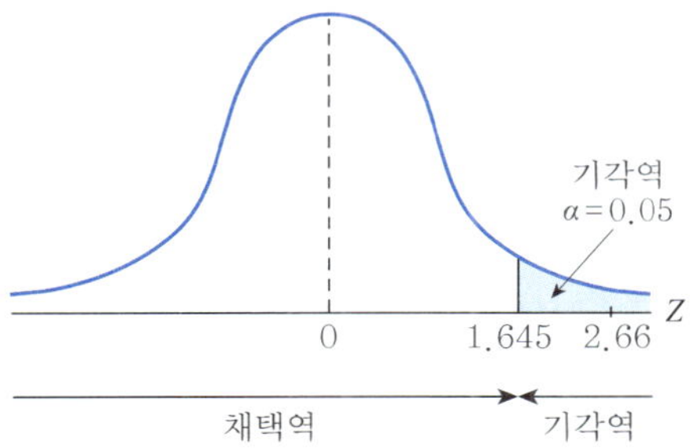

그림 7-12 상한단측검정과 Z값으로 표시된 기각역

Note

위의 가설검정에서 귀무가설 채택여부의 기준이 되는 $\alpha=5\%$ 유의수준에서의 임계값은 표준화 Z값이 아닌 $\mu_0+Z_\alpha\frac{s}{\sqrt{n}}$로 나타낼 수도 있다. 이를 $\overline{x}_c$라 표시하면

$$\overline{x}_c=\mu_0+Z_\alpha\frac{s}{\sqrt{n}}=100,000+1.645\frac{42,500}{\sqrt{200}}=104,944$$

가 된다. 표본평균($\overline{x}=108,000$)이 귀무가설 채택여부의 기준이 되는 104,944원보다 크므로 귀무가설을 기각하고 대립가설을 채택하게 된다. 다시 말해 표본평균이 108,000원이므로 계산된 표본은 모평균 μ가 100,000원 이하의 값을 가진 모집단으로부터 추출되었다고 볼 수 없다는 결론을 내리게 된다. 그리고 이 결론이 잘못된 판단일 확률은 유의수준인 5%인 것이다. 따라서 이번 달 1인당 연체액은 100,000원을 상회했다고 결론내릴 수 있다.

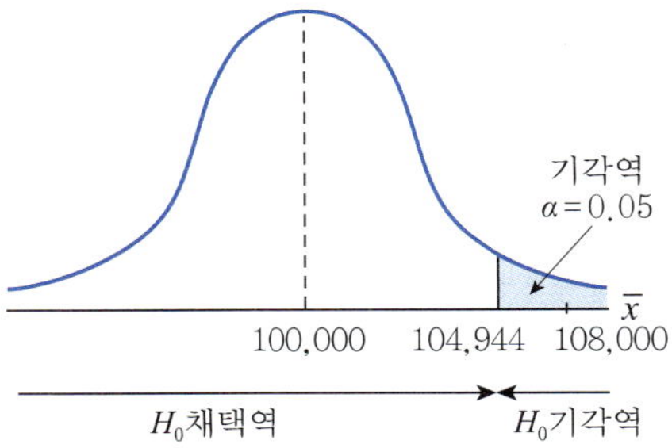

그림 7-13 상한단측검정과 표본평균으로 표시된 기각역

입력과정

① B2:B5 : 모평균, 표본평균, 표준편차 그리고 표본크기를 입력한다.

② E2 : 표본평균 $\overline{x}=108,000$의 표준화 Z값을 $Z=\frac{\overline{x}-\mu_0}{s/\sqrt{n}}$에 따라 구한다.

= (B3−B2)/(B4/SQRT(B5))

E2에 표본평균 $\overline{x}=108,000$의 표준화 Z값이 2.66으로 나타나 있다.

③ E3 : 유의수준 $\alpha=0.05$하에서의 상한단측검정의 상한 임계값을 NORMSINV 함수를 이용하여 계산한다. 이 때 NORMSINV 함수에 입력되는 인수인 누적확률은 유의수준이 $\alpha=0.05$이고 상한단측검정이므로 0.95를 입력한다.

= NORMSINV(0.95)

5% 유의수준하에서 상한단측검정의 임계값이 1.645로 나타나 있고 표본평균 $\overline{x}$의 표준화 Z값은 이보다 크므로 귀무가설을 기각하고 대립가설을 채택한다.

	A	B	C	D	E	F
1	예제 7.26					
2	mu0 =	100000		Z(x bar) =	2.662049	
3	x bar =	108000		Z(alpha=0.05) =	1.644854	
4	s =	42500				
5	n =	200				
6						

예제 7.27 매출에 대한 자금 회수기간이 평균 64일인 회사에서 자금회수기간을 단축하기 위해 대금을 조기 지급해 주는 거래업자에 대해서는 매출액의 일부를 할인해 주는 제도를 택하였다. 이 제도의 효과를 알아보기 위해 6개월 후 거래처 50개를 표본으로 하여 대금 회수기간을 조사한 결과 평균 회수기간은 $\bar{x}=60.5$(일)이고 표준편차는 $s=28$(일)인 것으로 나타났다.
이 자료를 이용하여 새로운 신용제도의 도입이 대금 회수기간을 단축시키는데 효과가 있었는지를 확인하는 가설을 설정하고 5% 유의수준하에서 이에 대한 검정결과를 해석하시오.

풀이 귀무가설에서는 새로운 신용제도의 도입 전후에 자금 회수기간의 변화가 없었다는 내용을 포함하고 대립가설에서는 새로운 신용제도의 도입 후에 회수기간이 단축되었다는 내용으로 설정한다.

$$H_0 : \mu \geqq 64$$
$$H_1 : \mu < 64$$

이는 하한단측가설검정에 해당하며 귀무가설의 채택여부를 판단하기 위해서는 먼저 표본평균 $\bar{x}=60.5$의 표준화 Z값을 구한 후, 이 값을 귀무가설 채택여부의 기준이 되는 유의수준 5%에서의 표준화 Z값과 비교한다.

표본평균 $\bar{x}=60.5$에 대한 표준화 Z값을 구하면

$$Z=\frac{\bar{x}-\mu_0}{s/\sqrt{n}}=\frac{60.5-64}{28/\sqrt{50}}=-0.88$$

이 된다.

다음에 유의수준이 5%일 때 귀무가설 채택여부의 기준이 되는 표준화 Z값을 구해야 하는데, 이 경우는 하한단측검정을 하는 것이므로 표준정규분포표에서 누적확률이 0.05일 때의 Z값을 찾으면 된다.

이 Z값이 −1.645이므로 표본평균 $\bar{x}$에 대한 표준화 값이 $Z \geq -1.645$이면 귀무가설을 채택하고, $Z < -1.645$이면 귀무가설을 기각하고 대립가설을 채택하게 된다.

위에서 구한 표본평균 $\bar{x}=60.5$의 표준화 $Z=-0.88$로서 귀무가설 채택 기준이 되는 Z값인 −1.645보다 크므로 귀무가설을 채택하게 된다. 즉 새로운 신용제도의 도입이 매출대금 회수기간의 단축을 가져왔다고 볼 수 없다는 결론을 내리게 된다.

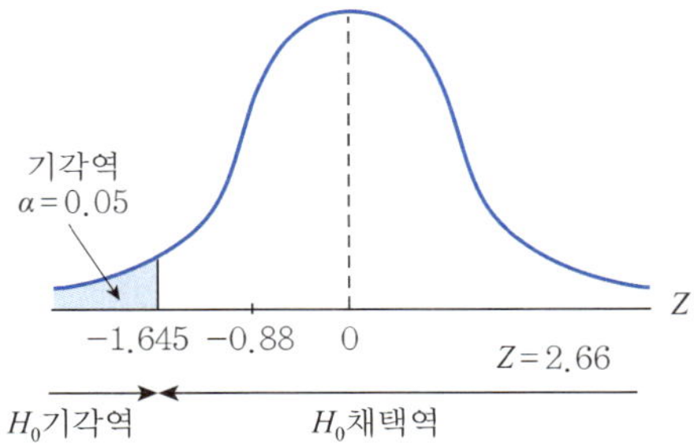

그림 7-14 하한단측검정

입력과정

① B2:B5 : 모평균, 표본평균, 표준편차 그리고 표본크기를 입력한다.

② E2 : 표본평균 $\bar{x}=60.5$(일)의 표준화 Z값을 $Z=\dfrac{\bar{x}-\mu_o}{s/\sqrt{n}}$에 따라 구한다.

= (B3−B2)/(B4/SQRT(B5))

E2에 표본평균 $\bar{x}=60.5$의 표준화 Z값이 −0.88으로 나타나 있다.

③ E3 : 유의수준 $\alpha=0.05$하에서의 하한단측검정의 하한 임계값을 NORMSINV 함수를 이용하여 계산한다. 이 때 NORMSINV 함수에 입력되는 인수인 누적확률은 유의수준이 $\alpha=0.05$이고 하한단측검정이므로 0.05를 입력한다.

= NORMSINV(0.95)

5% 유의수준하에서 하한단측검정의 임계값이 -1.645로 나타나 있고 표본평균 $\bar{x}$의 표준화 Z값은 이보다 크므로 귀무가설을 채택한다. 따라서 새로운 신용제도의 실시 이후에도 매출금 회수기간의 단축은 이루어지지 않았다고 결론내릴 수 있다.

	A	B	C	D	E	F
1	예제 7.27					
2	mu0 =	64		Z(x bar) =	-0.88388	
3	x bar =	60.5		Z(alpha=0.05) =	1.644854	
4	s =	28				
5	n =	50				
6						

확률 p값에 의한 가설검정

지금까지 살펴본 가설검정은 표본조사를 통해 얻은 표본평균 $\bar{x}$의 표준화 Z값을 구하고, 이를 주어진 유의수준하에서 채택역과 기각역의 임계값에 해당하는 Z값과 비교하여 채택역과 기각역의 어느 곳에 위치하는가를 확인하여 귀무가설의 채택여부를 결정하였다.

그러나 이와는 다른 방법으로 표본평균 $\bar{x}$의 표준화 Z값이 위치하는 곳의 귀무가설 채택여부를 결정하는 임계값으로 정한다고 가정했을 때의 기각역 확률 p를 유의수준 α와 비교함으로써 동일한 결과의 가설검정을 할 수 있다. 이 p값이 유의수준 α보다 크다면 표본평균 $\bar{x}$의 표준화 Z값이 귀무가설의 채택역에 위치하고 있음을 의미하며, p값이 유의수준 α보다 작다면 이는 표본평균 $\bar{x}$의 표준화 Z값이 귀무가설의 기각역에 위치하고 있음을 의미하는 것이다.

아래 [그림 7-15]에서 ① → ② → ③의 과정은 표준화 Z값에 따른 가설검정에 해당하며 ① → ② → ③의 과정은 기각역 확률 p에 의한 가설검정에 해당하는데 두 과정의 결과는 모두 동일하다.

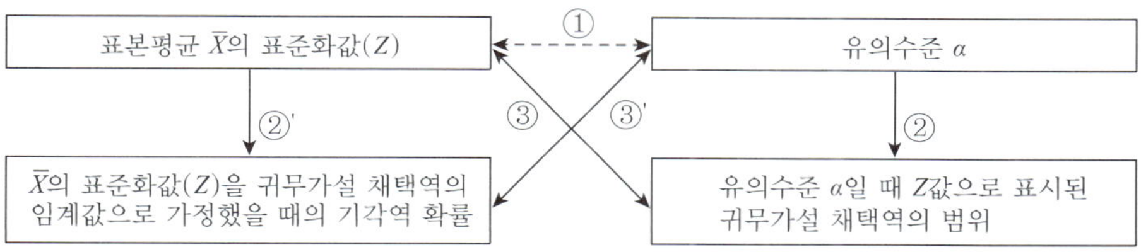

그림 7-15 표준화 Z값과 기각역 확률 p에 의한 가설검정의 비교

예제 7.28 아래 그림은 유의수준 α에서 상한단측검정을 하는 경우의 예이다.

그림에 나타난 것처럼 표본평균 $\bar{x}$에 대한 표준화 값을 Z^*라 했을 때 이를 임계값으로 하는 경우의 기각역 확률은 $(Z > Z^*)$로서 빗금친 부분에 해당하며 이것이 유의수준에서의 기각역 확률 α보다 크게 나타나 있다. 이는 표본평균 $\bar{x}$의 표준화 Z값이 귀무가설의 채택역에 위치하고 있음을 의미하는 것이므로 귀무가설을 채택하고 대립가설을 기각하게 된다.

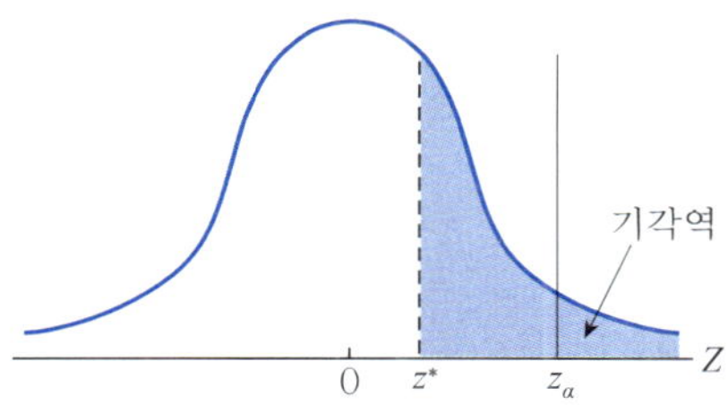

그림 7-16 $P(Z > Z^*)$에 대한 확률 p값

예제 7.29 [예제 7.26]의 문제를 확률 p값에 따라 가설검정을 하시오.

풀이 1인당 평균 연체액이 10만원을 상회하는지 여부를 판단하기 위한 것으로서 상한단측검정에 해당한다. 즉 연체자 200명을 뽑아 표본평균을 계산한 결과가 108,000원이 되었을 때, 이러한 표본이 뽑힌 모집단의 모평균이 실제로 100,000원을 상회하고 있는지 여부를 검정하는 것이다.

이를 위해서는 먼저 표본평균 108,000원을 표준화한 후, 이 표준화 Z값을 임계값으로 했을 때 기각역에 속하는 확률을 유의수준 5%와 비교한다.

$$Z=\frac{\bar{x}-\mu_o}{s/\sqrt{n}}=\frac{108,000-100,000}{42,500/\sqrt{200}}=2.66$$

표본평균 108,000원에 대한 표준화 Z값 2.66까지의 누적확률은 표준정규분포표에서 0.9961임을 알 수 있다. 따라서 표준화 Z값을 기준으로 했을 때의 기각역에 속하는 확률은 1−0.9961=0.0039가 되며, 이는 주어진 기각역 확률인 유의수준 5%보다 작으므로 귀무가설을 기각하고 대립가설을 채택하게 된다. 즉 5% 유의수준 하에서 모집단의 평균은 10만원을 상회한다고 결론내릴 수 있다.

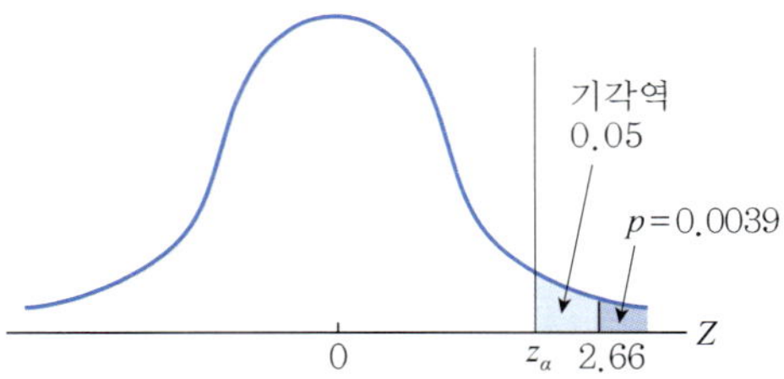

그림 7-17 $Z=2.66$에 대한 p값

입력과정

① B2:B6 : 모평균, 표본평균, 표준편차 그리고 표본크기, 유의수준 등을 입력한다.

② E2: 표본평균 $\bar{x}=108,000$의 표준화 Z값을 $Z=\frac{\bar{x}-\mu_0}{s/\sqrt{n}}$에 따라 구한다.
= (B3−B2)/(B4/SQRT(B5))
E2에 표본평균 $\bar{x}=108,000$의 표준화 Z값이 2.66으로 나타나 있다.

③ E3 : 표준화 Z값 2.66을 임계값으로 했을 때의 기각역에 속하는 확률을 구하기 위해 NORMSDIST(z) 함수를 이용하여 $Z=2.66$까지의 누적확률을 구한 후 이를 1에서 뺀다. 이 계산 결과는 바로 표준화 확률변수 Z값이 2.66일 때 귀무가설을 기각하고 대립가설을 채택하게 될 기각확률에 해당하는 것이다.
= 1−NORMSDIST(E2)
E3에 Z값 2.66에 대한 귀무가설 기각확률이 0.0039로 나타나 있다. 그러나 이는 문제에서 주어진 기각역 확률인 유의수준 0.05보다 훨씬 작으므로 귀무가설을 기각하고 대립가설을 채택하게 된다.

	A	B	C	D	E	F
1	예제 7.29					
2	mu0 =	100000		Z =	2.662049	
3	x bar =	108000		reject_p =	0.003883	
4	s =	42500				
5	n =	200				
6	sig_lev =	0.05				
7						

예제 7.30 [예제 7.27]의 문제를 확률 p값에 따라 가설검정을 하시오.

풀이 새로운 신용제도 도입 후 자금회수기간이 단축되었는지 여부를 판단하기 위한 것으로서 하한단측검정에 해당한다. 이를 위해서는 먼저 표본평균 60.5일을 표준화한 후, 이 표준화 Z값을 귀무가설 채택 여부를 결정하는 기준으로 했을 때의 기각역 확률을 구하고 이 기각역 확률을 유의수준 5%와 비교한다. 표본평균 $\bar{x}=60.5$(일)을 표준화하면 다음과 같다.

$$Z=\frac{\bar{x}-\mu_o}{s/\sqrt{n}}=\frac{60.5-64}{28/\sqrt{50}}=-0.88$$

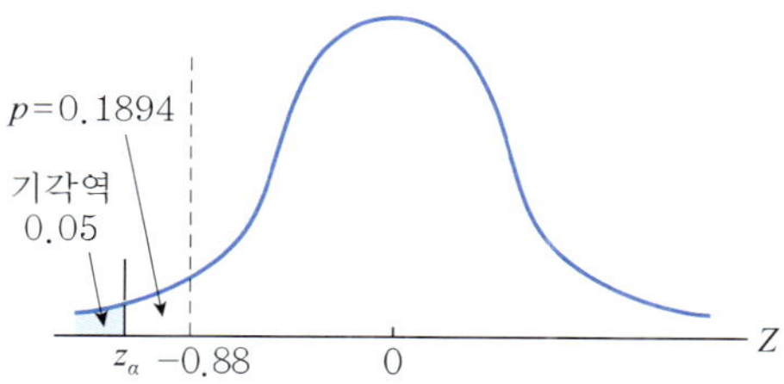

그림 7-18 $Z=-0.88$에 대한 p값

그리고 표본평균 60.5(일)에 대한 표준화 Z값 −0.88의 누적확률은 표준정규분포표에서 약 0.1894임을 알 수 있다. 여기서 주의할 것은 하한단측검정이기 때문에 $Z=-0.88$을 기준으로 했을 때의 기각역 확률은 $Z=-0.88$에 대한 누적확률에 해당한다는 점이다.

즉 표본평균 $\bar{x}=60.5$(일)의 표준화값인 $Z=-0.88$을 기준으로 했을 때의 기각역에 속하는 확률은 그대로 0.1894가 된다. 이는 기각역의 확률로 설정한 유의수준 5%를 훨씬 상회하므로 표본평균 60.5(일)에 대한 표준화 Z값이 −0.88이 채택역이 위치해 있음을 알 수 있다. 따라서 귀무가설을 채택하게 된다. 즉 5% 유의수준 하에서 모집단의 평균 회수기간이 귀무가설에서 설정한 64(일)과 다르다고 볼 수 없기 때문에 새로운 신용제도의 도입이 자금회수기간의 단축을 가져왔다고 볼 수 없다는 결론을 내리게 된다.

입력과정

① B2:B6 : 모평균, 표본평균, 표준편차 그리고 표본크기, 유의수준 등을 입력한다.

② E2 : 표본평균 $\bar{x}=60.5$의 표준화 Z값을 $Z=\frac{\bar{x}-\mu_0}{s/\sqrt{n}}$에 따라 구한다.
= (B3−B2)/(B4/SQRT(B5))

E2에 표본평균 $\bar{x}=60.5$의 표준화 Z값이 −0.88로 나타나 있다.

③ E3 : 표준화 Z값 −0.88을 임계값으로 했을 때의 기각역에 속하는 확률을 구하기 위해 NORMSDIST(z) 함수를 이용한다.

또한 하한단측검정이기 때문에 $Z=-0.88$을 임계값으로 했을 때의 기각역 확률을 그대로 $Z=-0.88$까지의 누적확률에 해당한다.

= NORMSDIST(E2)

E3에 Z값 −0.88에 대한 귀무가설 기각확률이 0.188로 나타나 있다. 즉 $Z=-0.88$일 때 귀무가설이 기각되기 위해서는 유의수준이 0.188이 되어야 함을 의미하는 것인데, 이는 문제에서 기각역 확률로서 주어진 유의수준 0.05보다 훨씬 크므로 귀무가설을 채택하게 된다. 따라서 새로운 신용제도의 도입 후 자금회수기간의 단축은 이루어지지 않았다고 결론내릴 수 있다.

	A	B	C	D	E	F
1	예제 7.30					
2	mu0 =	64		Z =	-0.88388	
3	x bar =	60.5		reject_p =	0.18838	
4	s =	28				
5	n =	50				
6	sig_lev =	0.05				
7						

예제 7.31 표본크기가 $n=81$이고 표본평균과 표준편차가 각각 $\bar{x}=58.6$, $s=8.2$일 때 다음 가설을 유의수준 5%하에서 기각역 확률 p를 이용하여 검정하시오.

$$H_0 : \mu = 56$$
$$H_1 : \mu \neq 56$$

풀이 표본평균이 58.6인 이 표본이 모평균 56인 모집단에서 뽑혔는지 모평균 56이 아닌 모집단에서 뽑혔는지 여부를 판단하는 것이므로 양측검정에 해당한다.

먼저 표본평균 58.6을 표준화한 후, 이 표준화 Z값을 기준으로 했을 때의 기각역에 속하는 확률을 유의수준과 비교해야 한다.

표본평균 $\bar{x}=58.6$을 표준화하면 다음과 같다.

$$Z=\frac{\bar{x}-\mu_0}{s/\sqrt{n}}=\frac{58.6-56}{8.2/\sqrt{81}}=2.85$$

표본평균 $\bar{x}=58.6$에 대한 표준화 Z값인 2.85를 기준으로 했을 때의 기각역 확률은 $Z=2.85$에 대한 누적확률을 표준정규분포표에서 구한 후 이를 1에서 빼면 된다. 이 때 주의할 것은 이 기각역 확률이 표준정규분포에서 오른쪽 꼬리부분의 확률에 해당하기 때문에 양측검정하에서는 이 기각역 확률을 2배한 값과 유의수준 5%를 비교해야 한다는 점이다.

$Z = 2.85$에 대한 누적확률은 0.9978이 되므로 2.85를 기준으로 했을 때의 기각역 확률은 1−0.9978=0.0022가 되고 이를 2배 한 0.0044는 유의수준 0.05에 훨씬 미달하고 있다. 이는 Z값 2.85가 5% 유의수준 하에서 기각역에 속해 있음을 의미하므로 귀무가설을 기각하고 대립가설을 채택하게 된다. 따라서 이 표본이 추출된 모집단의 모평균은 56이라고 볼 수 없다는 결론을 내린다.

입력과정

① B2:B6 : 모평균, 표본평균, 표준편차 그리고 표본크기, 유의수준 등을 입력한다.

② E2 : 표본평균 $\bar{x} = 58.6$의 표준화 Z값을 $Z = \dfrac{\bar{x} - \mu_0}{s/\sqrt{n}}$에 따라 구한다.

= (B3−B2)/(B4/SQRT(B5))

E2에 표본평균 $\bar{x} = 58.6$의 표준화 Z값이 2.85로 나타나 있다.

③ E3 : 표준화 Z값 2.85를 임계값으로 했을 때의 기각역에 속하는 확률을 구하기 위해 NORMSDIST(z) 함수를 이용한다.

= (1−NORMSDIST(E2))*2

Z값이 $Z = 2.85$로 (+)이기 때문에 평균이 '0'인 표준정규분포에서 오른쪽 꼬리 부분에 위치하는 값임을 알 수 있으며, 결과적으로 위의 입력식에서 (1−NORMSDIST(z))는 오른쪽 꼬리부분의 기각역 확률을 계산하기 위한 것이다. 양측검정이므로 이 결과에 2를 곱하고 있다.

위의 입력식에 의해 계산된 기각역 확률이 E3에 0.004로 나타나 있으며 이 값은 귀무가설 채택여부의 기준으로 제시된 기각역 확률인 유의수준 5%에 훨씬 못 미치므로 귀무가설을 기각하고 대립가설을 채택하게 된다.

	A	B	C	D	E	F
1	예제 7.31					
2	mu0 =	56		Z =	2.853659	
3	x bar =	58.6		reject_p =	0.004322	
4	s =	8.2				
5	n =	81				
6	sig_lev =	0.05				
7						

Note

		양측검정	단측(상한)검정	단측(하한)검정
가설	귀무가설	$H_0 : \mu = \mu_0$	$H_0 : \mu \leqq \mu_0$	$H_0 : \mu \geqq \mu_0$
	대립가설	$H_1 : \mu \neq \mu_0$	$H_1 : \mu > \mu_0$	$H_1 : \mu < \mu_0$
검정통계량		$Z = \dfrac{\bar{x} - \mu}{s/\sqrt{n}}$	$Z = \dfrac{\bar{x} - \mu}{s/\sqrt{n}}$	$Z = \dfrac{\bar{x} - \mu}{s/\sqrt{n}}$
기각규칙: 임계치 접근방식		$Z \geqq Z_{\alpha/2}$ 또는 $Z \leqq -Z_{\alpha/2}$이면 귀무가설 기각	$Z \geqq Z_\alpha$이면 귀무가설 기각	$Z \leqq -Z_\alpha$이면 귀무가설 기각
기각규칙: P-값 접근방식		$p \leqq \alpha/2$이면 귀무가설 기각	$p \leqq \alpha$이면 귀무가설 기각	$p \leqq \alpha$이면 귀무가설 기각

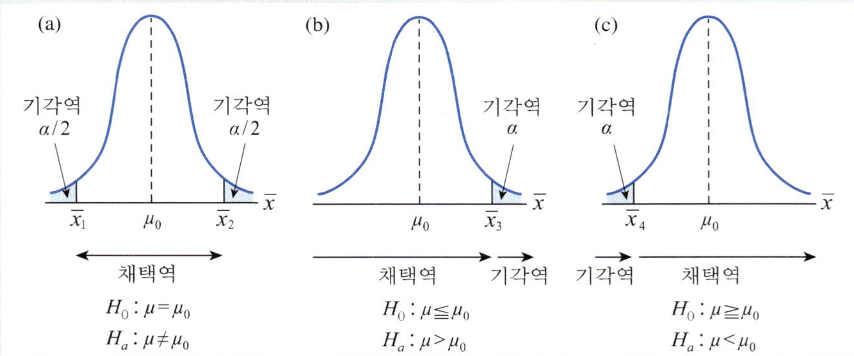

그림 7-19 양측검정과 단측검정의 기각역과 채택역

7.4 t 분포

■ t 분포

중심극한정리에 따르면 모평균이 μ이고 표준편차가 σ인 모집단의 경우, 표본의 크기 n이 커지면 표본평균 $\bar{x}$의 표본분포(sampling distribution)는 모집단의 형태에 관계없이 평균이 μ이고 표준오차가 $\sigma/\sqrt{n}$인 정규분포에 근접한다.

이 때 모집단의 표준편차 σ가 알려져 있는 경우 표본평균 $\bar{x}$의 표준화 Z값은

$$Z = \frac{\bar{x} - \mu}{\sigma / \sqrt{n}}$$

에 따라 구하지만, σ가 알려져 있지 않은 경우는 표본의 표준편차 σ를 s로 대체하여

$$Z = \frac{\bar{x} - \mu_0}{s / \sqrt{n}}$$

에 따라 구하게 되는데 이는 표본크기가 30이상일 때 표본의 표준편차 s는 모집단의 표준편차 σ의 근사값이 된다는 사실에 근거한 것이다.

그런데 현실적으로 표본조사를 할 때 시간과 경제적인 비용문제 등으로 인해 표본크기가 30미만으로 결정되는 경우가 많은데, 이러한 경우는 표본의 표준편차 s가 모집단의 표준편차 σ의 근사값이 된다는 근거를 상실하게 되어 모집단의 표준편차 σ를 모르고 있는 경우 이를 표본의 표준편차 s로 대체하여 사용할 수 없는 것이다. 더구나 표본크기가 30미만일 경우는 표본추출에서의 무작위의 성격(nonrandom)이 훼손됨으로써 표본평균 $\bar{x}$의 표본분포가 정규분포에 근접한 형태를 가진다는 확신을 가질 수 없는 것이다.

다시 말해 크기가 소표본인 경우는 표본평균 $\bar{x}$의 표준화 값인 확률변수 Z 역시 표준정규분포를 한다고 확신할 수 없는 것이다. 이는 표본크기가 30미만인 소표본의 경우, 모평균의 신뢰구간 추정이나 가설검정을 할 때 표준정규분포의 확률변수인 Z값을 이용할 수 없음을 의미하는 것이다.

그러나 모집단의 표준편차가 알려져 있지는 않지만 모집단이 μ의 모평균을 가진 '정규분포'를 하는 경우, 표본크기가 30미만이라 하더라도 이로부터 추출한 표본들의 표본평균 $\bar{x}$에 대한 표준화 값인 $\frac{\bar{x} - \mu}{s / \sqrt{n}}$의 분포는 정규분포와 유사한 분포형태를 지니게 되는데 이를 t분포라 하며, 이 때 표본평균 $\bar{x}$에 대한 표준화 값인 $\frac{\bar{x} - \mu}{s / \sqrt{n}}$를 t통계량(t statistic)이라 한다. 특히 t분포에서는 자유도(degree of freedom)가 중요한 역할을 하는데 이 자유도 커지면 커질수록 t분포는 양쪽의 퍼짐이 좁아지면서 정규분포에 근접하는 모양을 가지게 된다.

따라서 표본크기가 30미만일 때의 모평균에 대한 신뢰구간 추정이나 가설검정은 표준정규분포의 Z값을 t분포의 t값으로 대체하여 사용하게 되며, 이 때 t값과 확률은 부록의 t분포표(t table)에 제시되어 있다. t분포가 가지는 중요성은 바로 이와 같이 모집단의 표준편차를 모르고 있을 때 소표본을 통해 정규분포를 하는 모집단의 모평균을 추정할 수 있도록 한다는데 있다.

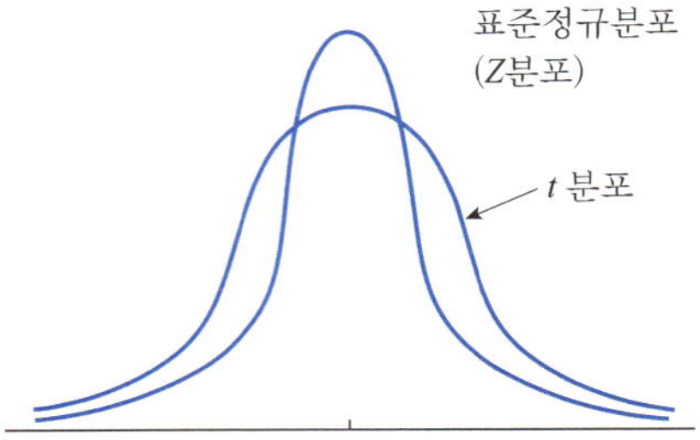

그림 7-20 표준정규분포(Z분포)와 t분포

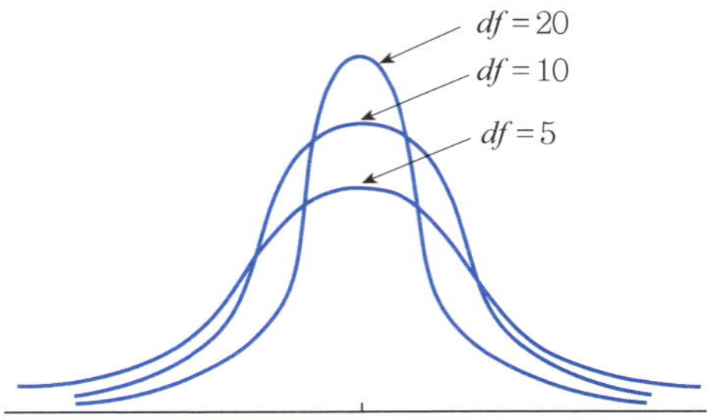

그림 7-21 자유도와 t분포의 모양

표 7-1 대표본과 소표본의 비교

구 분	대표본($n \geq 30$)	소표본($n < 30$)
신뢰구간	$\mu_0 \pm Z\frac{s}{\sqrt{n}}$	$\mu_0 \pm t\frac{s}{\sqrt{n}}$
모평균에 대한 검정 통계량	$Z=\frac{\bar{x}-\mu_0}{s/\sqrt{n}}$	$t=\frac{\bar{x}-\mu_0}{s/\sqrt{n}}$

Note

t분포는 다음과 같은 특성을 가지고 있다.

(1) t분포는 종 모양으로서 평균 0을 중심으로 좌우 대칭이다.

(2) t분포는 연속적 확률분포이기 때문에 t분포 아래의 면적은 확률을 나타내며 전체 면적은 1이 된다.

(3) 확률변수 t값의 범위는 $-\infty$에서 $+\infty$이다.

(4) t분포의 표준편차는 항상 1보다 크다.

(5) t분포는 자유도에 따라 여러 형태의 모양을 가지게 되며 자유도가 커질수록 좌우의 퍼짐의 폭이 좁아지면서 정규분포의 모양에 근접한다. 여기서 자유도는 표본크기가 커질 때 같이 커지므로 결국 소표본이라 하더라도 표본크기가 클수록 t분포는 정규분포에 가까운 모양을 하게 된다.

Note

t분포(t distribution)는 스튜던트 t(Student's t)라고도 한다. 1900년대 초 영국인 고셋(W. S. Gosset)은 표본크기 n이 작을 때 표본의 표준편차 s를 모집단의 표준편차 σ를 대신하여 사용하는데 문제가 있음을 지적하였다. 그는 표본크기가 30미만은 경우에 대해 표본평균에 대한 표본분포를 도출하고 이 분포에 자기의 필명인 Student를 붙여 스튜던트 t라 하였다. 표준정규분포 즉 Z분포가 $\mu=0$, $\sigma=1$의 특정값을 가지는데 반해, t분포는

$$\mu=0,\ \sigma=\sqrt{\frac{df}{(df-2)}} \qquad (df \geq 3)$$

의 특성값을 갖는다. t분포의 표준편차는 유한의 표본크기에 대해 1보다 큰 값을 가지고 있음을 알 수 있는데, 이 때문에 t분포는 Z분포보다 양쪽으로 더 퍼져 있는 모양을 가지고 있게 되는 것이다.

예제 7.32 표본에 대한 조건이 다음과 같다면 모평균에 대한 신뢰구간 추정이나 가설검정에서 표준정규분포의 Z값이 아닌 t분포의 t값을 이용하여야 한다.

(1) 표본크기가 30미만이다.

(2) 모집단의 표준편차인 σ를 알 수 없으나 표본의 표준편차 s는 구할 수 있다.

(3) 모집단이 정규분포를 한다고 가정할 수 있다.

예제 7.33 아래와 같은 조건하에서 신뢰구간을 추정하려 할 때 사용되는 t값은 t분포표에서 다음과 같이 구한다.

(1) $n = 10$이고 90%의 신뢰구간을 추정하는 경우

(2) $n = 15$이고 95%의 신뢰구간을 추정하는 경우

풀이 (1) 아래 표는 부포에 있는 t분포표의 일부를 제시한 것인데 표 상단에는 양측 확률 α가 0.20, 0.10, 0.05 등으로 나열되어 있으며 아래에는 단측 확률이 0.10, 0.05, 0.025 순으로 나열되어 있다. 표본크기가 $n = 10$이고 90%의 신뢰구간을 추정하려고 할 때 이에 대응하는 t값을 구하려면 먼저 자유도를 구해야 하는데 이는 표본크기가 $n = 10$이므로 $df = n - 1 = 9$임을 쉽게 알 수 있다. 또한 90%의 신뢰구간을 추정하는 것이므로 기각역에 속하는 양측 꼬리 부분의 확률은 1−0.90=0.10이 된다. 따라서 이 때의 t값은 $df = 9$가 표시되는 행과 양측 기각역 확률 0.10이 표시하는 열이 만나는 곳에 있는 1.833이 되는데, 이는 신뢰구간의 상한값에 해당하는 t값이기 때문에 t분포가 평균 '0'을 중심으로 좌우대칭이라는 점을 이용하여 이 값에 (−)부호를 붙이면 신뢰구간의 하한값에 해당하는 t값이 된다. 즉 $n = 10$이고 신뢰구간을 추정하려 할 때 t값의 상하한값은 $t = \pm 1.833$이 된다. 만약 여기서 표본크기가 30이상이 되어 표준정규분포의 Z값을 이용한다고 했을 때 Z값의 상하한값은 $Z = \pm 1.645$가 되어 t값의 상하한값은 $t = \pm 1.833$보다 범위가 더 작다는 것을 알 수 있다. 이러한 사실은 t분포가 표준정규분포보다 좌우의 퍼짐 정도가 크다는 것을 보여 주는 것이다.

t	양측 확률			
df	0.20	0.10	0.05	0.01
8	1.397	1.860	2.306	3.355
9	1.383	1.833	2.262	3.250
10	1.372	1.812	2.228	3.169
	0.10	0.05	0.025	0.005
	단측 확률			

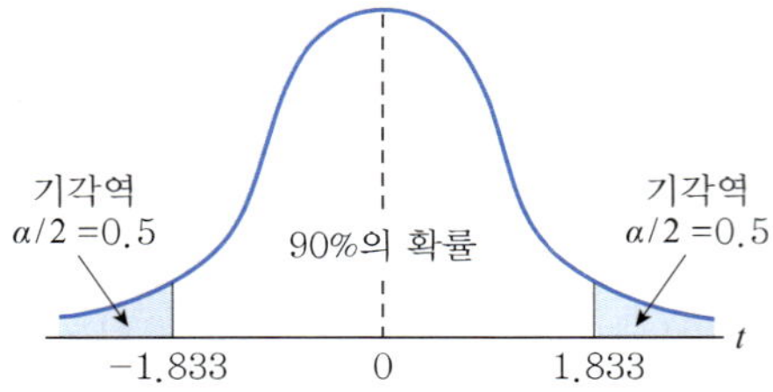

그림 7-22 $df=9$이고 신뢰수준이 90%일 때 t의 상하한값

(2) 표본크기가 $n=15$이고 95%의 신뢰구간을 추정하려고 할 때 이에 대응하는 t값은 자유도가 $df=n-1=14$임을 쉽게 알 수 있다. 또한 95%의 신뢰구간을 추정하는 것이므로 기각역에 속하는 양측 꼬리 부분의 확률은 1−0.95=0.05가 된다. 따라서 이 때의 t값은 $df=14$가 표시하는 행과 양측 기각역 확률 0.05가 표시하는 열이 만나는 곳에 있는 2.145가 되는데, 이는 신뢰구간의 상한값에 해당하는 t값이기 때문에 t분포가 평균 '0'을 중심으로 좌우대칭이라는 점을 이용하여 이 값이 (−)부호를 붙이면 신뢰구간의 하한값에 해당하는 t값이 된다. 즉 $n=15$이고 95%의 신뢰구간을 추정하려 할 때 t값의 상하한값은 $t=\pm 2.145$가 된다.

t	양측 확률			
df	0.20	0.10	0.05	0.01
13	1.350	1.771	2.160	3.012
14	1.345	1.761	2.145	2.977
15	1.341	1.753	2.131	2.947
	0.10	0.05	0.025	0.005
	단측 확률			

입력과정

① A3:B4 : 표본크기와 신뢰수준 값을 입력한다.

② B3 : TINV(prob,df) 함수를 이용하여 주어진 표본크기와 신뢰수준 하에서의 t의 상한값을 구한다. TINV 함수에 입력되는 두 개의 인수 prob와 df는 각각 양측검정하에서의 기각역 확률과 자유도를 의미한다. 특히 여기서 주의할 것은 prob 인수의 값으로 양측검정하에서의 기각역 확률을 입력해야 한다는 점이다.

=TINV(1−B3,A3−1)

B3에 신뢰수준이 0.9로 저장되어 있으므로 양측검정하의 기각역 확률은 0.10(=1−0.90)가 되며 두 번째 인수는 자유도를 계산하여 입력하고 있다.

D3에 t의 상한값이 1.833으로 나타나 있으며, 여기에 (−)부호를 붙인 −1.833이 하한값이 된다.

③ D4 : D3셀을 마우스로 지정하여 활성화시킨 후 자동채우기 핸들을 이용하여 D4까지 드래그하여 복사 과정을 실행한다.

D4에 $n = 15$이고 신뢰수준이 95%일 때의 상한 t값이 2.145로 나타나 있다. 물론 하한값은 −2.145이다.

	A	B	C	D	E
1	예제 7.33				
2	n	sig_lev		t_upper	
3	10	0.90		1.833113	
4	15	0.95		2.144787	
5					

예제 7.34 아래와 같은 조건하에서 가설검정을 할 때 귀무가설 채택여부의 기준이 되는 t임계값을 구하시오.

(1) $n = 9$, $\alpha = 0.10$하에서의 상한단측검정

(2) $n = 15$, $\alpha = 0.10$하에서의 양측검정

(3) $n = 18$, $\alpha = 0.05$하에서의 하한단측검정

(4) $n = 120$, $\alpha = 0.05$하에서의 하한단측검정

풀이 (1) $n = 9$이므로 자유도는 $df = n - 1 = 8$이다. 단측검정의 유의수준 확률은 t분포표의 아래 부분에 단측확률이라고 표시된 행 위에 나타나 있다.

따라서 유의수준이 $\alpha = 0.10$하에서 상한단측검정을 할 때 t분포에서 귀무가설 채택역 범위의 상한 임계값은 $t = 1.397$이 된다. 그러므로 검정통계량이 $t \leq 1.397$이면 귀무가설이 채택된다.

t	양측 확률			
df	0.20	0.10	0.05	0.01
7	1.415	1.895	2.365	3.499
8	1.397	1.860	2.306	3.355
9	1.383	1.833	2.262	3.250
	0.10	0.05	0.025	0.005
	단측 확률			

(2) $n=15$, $\alpha=0.10$하에서의 양측검정이므로 t분포에서 귀무가설 채택역의 상하한값은 $t=\pm1.761$이 된다. 따라서 검정통계량 t가 $-1.761 \leq t \leq 1.761$ 범위의 값을 가질 경우 귀무가설이 채택된다.

t	양측 확률			
df	0.20	0.10	0.05	0.01
13	1.350	1.771	2.160	3.012
14	1.345	1.761	2.145	2.977
15	1.341	1.753	2.131	2.947
	0.10	0.05	0.025	0.005
	단측 확률			

(3) 하한단측검정에서 t분포에 따라 귀무가설 채택역의 하한 임계값을 구하려 할 때 주의해야 할 것은 t분포표에는 양측검정과 단측검정으로 구분하여 각 확률에 따른 t값이 표시되어 있는데, 특히 t분포표의 하단에 표시된 단측확률의 경우 여기에 나타나 있는 확률이 상한단측검정뿐 아니라 하한단측검정에서의 유의수준 확률도 표시하고 있다는 점이다.

즉 상한단측검정을 할 때는 자유도와 유의수준 확률이 표시하는 행과 열이 만나는 곳의 값을 t값으로 정할 수 있으나, 하한단측검정을 하는 경우에는 자유도와 유의수준 확률이 표시하는 행과 열이 만나는 곳의 값이 (–)부호를 붙인 값이 t값이 되는 것이다. 이는 t분포가 좌우 대칭의 모양을 가지고 있다는 점을 생각하면 쉽게 이해할 수 있다. 따라서 $df=17$, $\alpha=0.05$하에서 하한단측검정을 할 때 하한 임계값 t는 –1.740임을 알 수 있다.

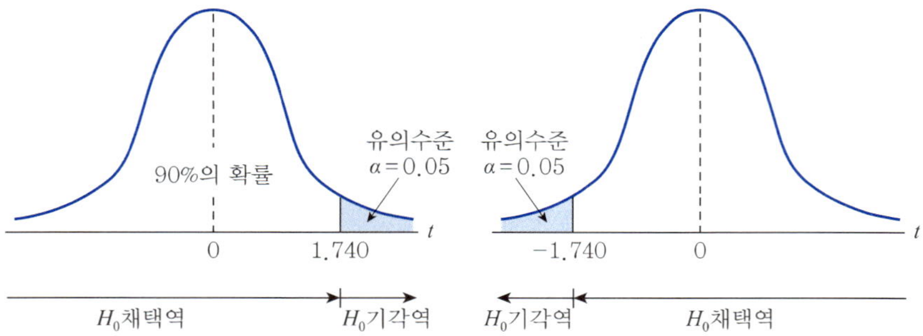

그림 7-23 유의수준 $\alpha=0.05$에서의 상하한 t임계값

t	양측 확률			
df	0.20	0.10	0.05	0.01
16	1.337	1.746	2.120	2.921
17	1.333	1.740	2.110	2.898
18	1.330	1.734	2.101	2.878
	0.10	0.05	0.025	0.005
	단측 확률			

(4) $n=120$으로 자유도 $df=n-1=119$로 30이상이고, $\alpha=0.05$하에서의 하한단측검정이므로 t분포표로부터 임계값 t는 −1.645로 나타나 있다.

t	양측 확률			
df	0.20	0.10	0.05	0.01
29	1.311	1.699	2.045	2.756
30 이상	1.282	1.645	1.960	2.576
	0.10	0.05	0.025	0.005
	단측 확률			

Note

실제로 $n=120$, $\alpha=0.05$의 단측확률에 대한 정확한 t값은 1.657이 된다. 그러나 표본크기가 30을 상회하여 커지면 t분포는 표준정규분포에 수렴하기 때문에 t분포표에서 자유도가 30이상이 되는 행에는 대표적으로 표준정규분포표의 Z값이 표시되어 있다. 이는 표본크기가 커질수록 t분포의 t값은 Z값에 가까워지기 때문이다. 이러한 이유로 많은 통계소프트웨어의 경우 표본크기가 30을 상회할 때에도 Z값과 t값을 구분하여 계산하기 보다는 Z값에 수렴하는 t값을 일반적인 검정통계량으로 대체하여 사용하고 있다.

입력과정

① A3:C6 : 표본크기, 유의수준 그리고 검정의 종류를 입력한다.

② D3 : TINV(prob,df) 함수를 이용하여 주어진 표본크기와 유의수준 하에서 상한단측검정을 위한 t값을 계산한다. TINV 함수를 이용할 때 주의할 것은 첫 번째 인수로 지정되는 prob에는 양측검정을 기준으로 했을 때의 t분포 양쪽 꼬리의 기각역 확률을 입력해야 한다.

따라서 $\alpha=0.10$하에서 상한단측을 위한 상한 t값을 TINV 함수를 이용하여 구하려면 양측검정을 기준으로 기각역 확률을 입력해야 하므로 유의수준은 $\alpha = 0.20$으로 지정해야 한다.

다시 말해 $\alpha = 0.10$하에서 상한단측검정을 위한 t임계값은 t분포의 오른쪽 꼬리부분의 기각역 확률이 0.10이 되는 곳의 t값을 의미하는데, 바로 이 곳의 t값은 양측검정을 기준으로 본다면 왼쪽 꼬리부분의 기각역 확률까지 포함해야 하므로 기각역 확률은 $\alpha = 0.20$일 때의 상한 t임계값에 해당하는 것이다. 그러므로 TINV 함수의 prob 인수에는 단측검정 하에서 주어진 유의수준 $\alpha = 0.10$의 두 배인 0.20을 입력해야 한다. 그리고 두 번째 인수인 자유도는 $df = n - 1$에 따라 입력한다.

= TINV(B3*2, A3−1)

D3에 $n = 9$이고 $\alpha = 0.10$일 때 상한단측검정을 위한 t임계값이 1.397로 계산되어 있다.

③ D4 : 양측검정이므로 기각역 확률 $\alpha = 0.10$을 그대로 TINV 함수에 입력한다.

= TINV(B4, A4−1)

D4에 귀무가설 채택여부를 결정하는 상한 임계값이 1.761로 나타나 있다. 따라서 하한 임계값은 (−)부호를 붙인 -1.761이 된다.

④ D5 : TINV 함수는 상한 임계값을 계산하여 출력하므로 하한단측검정을 위한 하한 임계값은 TINV 함수를 통해 얻은 결과에 (−)부호만 붙이면 된다.

= −TINV(B5*2, A5−1)

⑤ D6 : TINV 함수는 상한 임계값을 계산하여 출력하므로 하한단측검정을 위한 하한 임계값은 TINV 함수를 통해 얻은 결과에 (−)부호만 붙이면 된다.

= −TINV(B6*2, A6−1)

D6에 하한단측검정을 위한 하한 임계값이 -1.657로 나타나 있다.

	A	B	C	D	E
1	예제 7.34				
2	n	alpha	검정	t값	
3	9	0.1	상한단측	1.396815	
4	15	0.1	양측	1.76131	
5	18	0.05	하한단측	-1.73961	
6	120	0.05	하한단측	-1.65776	
7					

소표본하에서의 모평균의 신뢰구간 추정

표본크기가 $n \geq 30$이고 표본평균과 표준편차가 각각 $\overline{x}$, s일 때 모평균에 대한 신뢰구간은 $\overline{x} \pm Z\frac{s}{\sqrt{n}}$에 따라 추정할 수 있었다. 그러나 표본크기가 30미만으로 소표본인 경우에는 표본평균 $\overline{x}$에 대한 표본분포가 정규분포를 한다고 볼 수 없기 때문에 신뢰구간 추정이나 가설검정에 표준정규분포 즉 Z분포를 작용할 수 없다.
여기서 소표본의 모집단이 정규분포를 한다고 가정하면, 이 소표본의 표본평균 $\bar{x}$에 대한 표본분포는 t분포를 하게 되어 대표본에서의 신뢰구간 추정식 $\bar{x} \pm Z\frac{s}{\sqrt{n}}$에서 Z값을 t값으로 대체하여 사용함으로써 소표본에서의 신뢰구간 추정 및 가설검정이 가능하다. 즉 소표본에서의 신뢰구간 추정식은 다음과 같이 쓸 수 있다.

$$\bar{x} \pm t\frac{s}{\sqrt{n}}$$

예제 7.35 어느 은행의 지점에서는 정오부터 오후 2시 사이에 직원들의 점심시간을 정하고 교대로 식사를 하도록 하고 있다. 그 지점에서는 고객들의 편의를 위해 적정한 교대 인원수를 파악하고자 점심 시간대에 출입하는 고객 수를 매주 하루를 정하여 8주 동안 조사하여 다음과 같은 자료를 얻었다. 이를 기초로 신뢰수준 90%에서 평균 고객수의 신뢰구간을 추정하시오. 이 때 모집단은 정규분포를 한다고 가정한다.

86 83 96 94 92 87 82 92

풀이 먼저 표본에 대한 표본평균 $\bar{x}$와 표준편차 s를 구한다.

x	$(x-\bar{x})$	$(x-\bar{x})^2$
86	−3	9
83	−6	36
96	7	49
94	5	25
92	3	9
87	−2	4
82	−7	49
92	3	9

위의 작업표에서

$$n=8,\ \sum x = 712$$

$$\bar{x} = \frac{\sum x}{n} = \frac{712}{8} = 89$$

$$\sum(x-\bar{x}) = 0$$

$$\sum(x-\bar{x})^2 = 190$$

이므로 표준편차는

$$s = \sqrt{\frac{\sum(x-\bar{x})^2}{n-1}} = \sqrt{\frac{190}{7}} = 5.21$$

이 된다. 특히 표본크기가 $n=8$로 소표본에 해당하므로 신뢰구간 t값을 적용하여 $\bar{x}+t\frac{s}{\sqrt{n}}$에 따라 구하면 된다.

주어진 신뢰수준이 90%이므로 t분포에서 신뢰구간을 벗어난 양쪽 꼬리 부분의 α값은 $\alpha=1-0.90=0.10$이 되고, 자유도는 $df=n-1=8-1=7$이 되어 이를 t분포표에서 찾으면 t값이 1.895임을 알 수 있다. 물론 이는 신뢰구간의 상한값에 해당하는 t값이며 하한값에 해당하는 t값은 (−) 부호만 붙인 -1.895가 된다.

따라서 신뢰구간은

$$\bar{x} \pm t\frac{s}{\sqrt{n}} = 89 \pm 1.895\left(\frac{5.21}{\sqrt{8}}\right) = 89 \pm 3.49 = (85.51,\ 92.49)$$

가 된다.

즉 평균 고객수는 86명에서 92명 사이가 될 것으로 추정할 수 있으며 실제로 모평균이 이 구간에 들어 있을 확률은 신뢰수준에 따라 90%가 된다.

t	양측 확률			
df	0.20	0.10	0.05	0.01
6	1.440	1.943	2.447	3.707
7	1.415	1.895	2.365	3.499
8	1.397	1.860	2.306	3.355
	0.10	0.05	0.025	0.005
	단측 확률			

입력과정

① A3:A10 : 데이터를 입력한다.

② D2 : COUNT 함수를 이용하여 관찰치 수를 계산한다.
= COUNT(A3:A10)
D2에 관찰치 수가 $n=8$로 나타나 있다.

③ D3 : AVERAGE 함수를 이용하여 표본평균을 계산한다.
= AVERAGE(A3:A10)

④ D4 : STDEV 함수를 이용하여 표본에 대한 표준편차를 계산한다.
= STDEV(A3:A10)

⑤ D5: 90% 신뢰수준에서 t분포에서의 상한 임계값을 구하기 위해 TINV (prob,df) 함수를 이용한다. 앞에서도 언급한 바 있지만 TINV 함수의 prob

인수에는 양측검정을 전제로 한 기각역 확률을 그리고 df에는 자유도를 입력한다. 신뢰수준이 90%이므로 기각역 확률은 0.1이 되고, 관찰치 수가 $n=8$이므로 자유도는 $df=n-1$에 계산하면 7이 된다.

= TINV(0.1,D2−1)

D5에 상한 임계값이 1.895로 나타나 있다. 하한 임계값은 여기에 (−)부호를 붙인 값은 −1.895가 된다.

⑥ D6:D7 : 신뢰구간의 상하한값을 계산하기 위해 $\bar{x} \pm t\frac{s}{\sqrt{n}}$에 따라 다음과 같이 입력한다.

= D3+D5*D4/SQRT(D2)

= D3−D5*D4/SQRT(D2)

	A	B	C	D	E
1	예제 7.35				
2	x		n =	8	
3	86		x bar =	89	
4	83		s =	5.209881	
5	96		t(alpha=0.1) =	1.894579	
6	94		신뢰구간 상한값 =	92.48976	
7	92		신뢰구간 하한값 =	85.51024	
8	87				
9	82				
10	92				
11					

예제 7.36 전국적인 체인망을 가지고 있는 어느 패스트푸드 회사가 신제품을 출시한 후, 무작위로 선정한 15개 체인점을 대상으로 한 달 동안의 매출량을 조사하였다. 이 결과 평균 매출량이 320개이고, 표준편차는 28개인 것으로 나타났다. 모집단이 정규분포를 한다는 가정하에 이를 기초로 평균 매출량에 대한 95%의 신뢰구간을 추정하시오.

풀이 표본크기가 $n=15$로 소표본에 해당하므로, 신뢰구간은 $\bar{x} \pm t\frac{s}{\sqrt{n}}$에 따라 추정할 수 있다. 신뢰수준이 0.95이므로 t분포의 양측 기각역 확률은 $\alpha=1-0.95=0.05$가 되고, 자유도는 $df=n-1=14$가 된다. 따라서 t분포표에서 신뢰구간 상하한값에 대한 t값을 찾으면 $t=\pm 2.145$가 되어 신뢰구간은 다음과 같이 구할 수 있다.

$$\bar{x} \pm t\frac{s}{\sqrt{n}} = 320 \pm 2.145\left(\frac{28}{\sqrt{15}}\right) = 320 \pm 15.51$$

즉 신뢰구간은 약 305개에서 336개 사이의 범위가 된다. 이는 바로 모집단 모평균이 신뢰구간의 범위에 있을 확률 즉 $P(305 \leqq \mu \leqq 336)$가 95%임을 의미한다.

입력과정

① B2: B5 : 표본크기, 표본평균과 표준편차 등을 입력한다.

② E2 : TINV(prob,df) 함수를 이용하여 95% 신뢰수준하에서의 상한 임계값 t를 계산한다. TINV 함수에 입력되는 prob 인수는 양측검정을 기준으로 했을 때의 기각역 확률이므로, 여기서는 1에서 신뢰수준 0.95를 뺀 0.05를 입력하는 것에 주의해야 한다. 또 자유도는 물론 $df=n-1$에 따라 입력한다.

= TINV(0.05,B2−1)

E2에 t상한값이 2.145로 나타나 있다. 따라서 t하한값은 −2.145가 된다.

③ E3:E4 : $\bar{x} \pm t\frac{s}{\sqrt{n}}$에 따라 신뢰구간의 상한값과 하한값을 계산한다.

= B3+E2*B4/SQRT(B2)

= B3−E2*B4/SQRT(B2)

	A	B	C	D	E	F
1	예제 7.36					
2	n =	15		t =	2.144787	
3	x bar =	320		신뢰구간 상한값 =	335.5059	
4	s =	28		신뢰구간 하한값 =	304.4941	
5	conf_lev =	0.95				
6						

소표본 하에서의 모평균의 가설검정

표본크기가 $n<30$인 소표본일 때 모집단이 정규분포를 하는 경우 표본평균 $\bar{x}$의 표준화 값인 $\frac{\bar{x}-\mu_0}{s/\sqrt{n}}$는 t분포를 하므로, 소표본인 경우 모평균의 가설검정은 표준화식 $\frac{\bar{x}-\mu_0}{s/\sqrt{n}}$에 따라 검정통계량 t값을 구하고 이를 유의수준 α하에서 t임계값과 비교하여 귀무가설 채택여부를 결정한다.

$$t=\frac{\bar{x}-\mu_0}{s/\sqrt{n}}$$

예제 7.37 크기가 $n=20$인 표본조사를 통해 표본평균이 $\bar{x}=62$이고 표준편차가 $s=14$인 결과를 얻었다. 이 결과를 가지고 유의수준 5%에서 t검정통계량을 이용하여 아래 가설을 검정하는 과정은 다음과 같다.

$$H_0 : \mu = 58$$
$$H_1 : \mu \neq 58$$

풀이 표본크기가 $n=20(<30)$으로 소표본이므로 표본평균 $\bar{x}=62$를 표준화하여 t값을 구하고, 이 검

정통계량 t값이 t분포에서 유의수준을 5%로 하였을 때 귀무가설 채택역에 속하는지 또는 기각역에 속하는지를 확인한다. 먼저 표본평균 $\bar{x}=62$에 대한 t값을 구하면

$$t=\frac{\bar{x}-\mu_0}{s/\sqrt{n}}=\frac{62-58}{14/\sqrt{20}}=1.278$$

이 된다. 또한 위의 가설검정은 양측검정이고, 유의수준과 자유도가 각각 $\alpha=0.05$, $df=19$이므로 이를 t분포표에서 찾으면 귀무가설 채택역의 상하한 t값은 $t=\pm 2.093$임을 알 수 있다. 즉 t값이 $-2.093 \leq t \leq 2.093$의 범위에 있으면 귀무가설이 채택되고, 그렇지 않으면 대립가설이 채택되는 것이다.

t	양측 확률			
df	0.20	0.10	0.05	0.01
18	1.330	1.734	2.101	2.878
19	1.328	1.729	2.093	2.861
20	1.325	1.725	2.086	2.845
	0.10	0.05	0.025	0.005
	단측 확률			

위에서 구한 표본평균 $\bar{x}=62$에 대한 t값은 1.278로 $-2.093 \leq t \leq 2.093$의 범위에 있으므로 귀무가설이 채택된다.

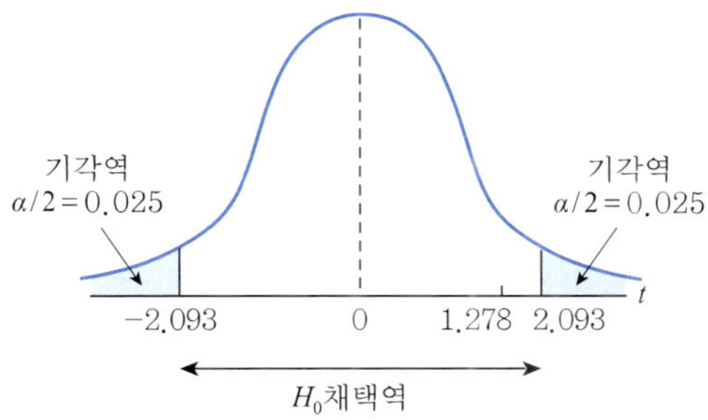

그림 7-24 $n=15$, $\alpha=0.05$에서의 t임계값

입력과정

① B2:B6 : 모평균, 표본평균, 표준편차 등을 입력한다.

② E2 : TINV(prob,df) 함수를 이용하여 5% 유의수준하에서 양측검정을 할 경우 이에 대한 t분포에서의 상한값 t를 계산한다.

= TINV(0.05,B3−1)

E2에 상한값이 $t=2.093$으로 나타나 있다. 따라서 t값이 $-2.093 \leq t \leq 2.093$의 범위에 있으면 귀무가설이 채택되고, 그렇지 않으면 대립가설이 채택된다.

③ E3 : $t = \dfrac{\overline{x} - \mu_0}{s/\sqrt{n}}$에 따라 $\overline{x} = 62$를 표준화한 t값을 계산한다.

= (B4−B2)/(B5/SQRT(B3))

E3에 계산되어 있는 t값은 1.278로 E2에서 계산한 귀무가설 채택범위 $-2.093 \leq t \leq 2.093$에 포함되어 있으므로 귀무가설을 채택하게 된다.

	A	B	C	D	E	F
1	예제 7.37					
2	mu =	58		t_crit =	2.093024	
3	n =	20		t_val =	1.277753	
4	x bar =	62				
5	s =	14				
6	sug_lev =	0.05				
7						

예제 7.38 소음 정도가 $89dB$인 진공청소기를 생산하는 업체가 있다. 이 회사에서는 소음을 낮추는데 목표를 두고 신제품을 개발하였다. 기술자들은 이 신제품이 실제로 기존 제품보다 소음이 낮은지를 확인하기 위해 5대를 무작위로 뽑아 소음을 측정한 결과 아래와 같은 자료를 얻었다. 이 때 기술자들이 설정하게 될 가설을 제시하고, 이를 5%의 유의수준에서 검정하시오. 이 때 모집단은 정규분포를 한다고 가정한다.

83 82 86 90 81

풀이 신제품에 대한 소음이 감소되었는지를 확인하고자 하는 것이므로 하한단측검정에 해당하며, 다음과 같이 가설을 설정할 수 있다.

$$H_0 : \mu \geqq 89$$
$$H_1 : \mu < 89$$

먼저 5개 표본에 대해 표본평균과 표준편차를 구한 후, 이를 이용하여 표본평균 $\overline{x}$에 대한 t값을 $t = \dfrac{\overline{x} - \mu_0}{s/\sqrt{n}}$에 따라 구한다.

제품	x	$(x - \overline{x})^2$
1	83	1.96
2	82	5.76
3	86	2.56
4	90	31.36
5	81	11.56

$$\sum x = 422, \quad \sum (x-\bar{x})^2 = 53.2$$

위의 표로부터 표본평균은

$$\bar{x} = \frac{\sum x}{n} = \frac{422}{5} = 84.4$$

이고 표준편차는

$$s = \sqrt{\frac{\sum (x-\bar{x})^2}{n-1}} = \sqrt{\frac{53.2}{4}} = 3.646$$

이 된다. 따라서 표본평균 $\bar{x}$에 대한 검정통계량 t값은 다음과 같이 구할 수 있다.

$$t = \frac{\bar{x}-\mu_0}{s/\sqrt{n}} = \frac{84.4-89}{3.646/\sqrt{5}} = -2.82$$

그런데 유의수준이 5%이고, 자유도가 $df=n-1=4$인 상태에서 하한단측검정을 위한 t값을 t분포표에서 찾으면 -2.132가 된다. 원래 t분포표에서 단측검정에 해당하는 t값은 2.132가 되나, 이는 상한단측검정에 대한 t값이므로 여기에 (−)부호를 붙인 값이 하한단측검정을 위한 t값이 되는 것이다.

t	양측 확률			
df	0.20	0.10	0.05	0.01
3	1.638	2.353	3.182	5.841
4	1.533	2.132	2.776	4.604
5	1.476	2.015	2.571	4.302
	0.10	0.05	0.025	0.005
	단측 확률			

위에서 구한 표본평균 $\bar{x}=84.4$의 표준화 검정통계량 t값은 −2.82로서 하한단측검정에서 귀무가설 채택여부의 경계가 되는 임계값 -2.132보다 작으므로 귀무가설을 기각하고 대립가설을 채택하게 된다. 즉 신제품의 소음 정도는 기존 제품보다 낮아졌다고 볼 수 있다는 결론을 내리게 된다.

입력과정

① A3:B7 : 각 제품에 대한 소음 데이터를 입력한다.

② E2 : 소음 감소에 대한 하한단측검정의 기준이 되는 소음 수준인 89를 입력한다.

③ E3 : B3에서 B7까지의 구간에 입력된 표본의 평균을 구한다.
= AVERAGE(B3:B7)
표본평균이 E3에 84.4로 나타나 있다.

④ E4 : COUNT 함수를 이용하여 표본의 크기를 계산한다. 물론 여기서는 표본의 크기가 5임을 쉽게 알 수 있으나, COUNT 함수의 이용방법의 습득을 위해 다음과 같이 입력하였다.
= COUNT(B3:B7)

⑤ E5 : STDEV 함수를 이용하여 표본에 대한 표준편차를 구한다.
= STDEV(B3:B7)

⑥ E7 : TINV(prob,df)함수를 이용하여 유의수준이 0.05이고 자유도가 $df = n-1 = 4$일 때의 하한단측검정을 위한 t임계값을 계산한다.
= −TINV(0.1,E4−1)
TINV 함수에 입력되는 첫 번째 인수는 양측검정 기준의 기각역 확률이므로, 유의수준 5%의 하한단측검정 t값을 구하기 위해서는 5%의 2배인 0.1을 입력해야 한다. 또한 이 때 TINV(0.1,E4−1)에 의해 계산되는 t값은 양측검정의 상한 임계값에 해당하므로 여기에 (−)부호를 붙임으로써 하한 임계값을 구할 수 있다. E7에 하한 임계값이 -2.132로 나타나 있다.

⑦ E8 : $t = \dfrac{\overline{x} - \mu_0}{s/\sqrt{n}}$에 따라 $\overline{x} = 84.4$에 대한 검정통계량 t값을 계산한다.
= (E3−E2)/(E5/SQRT(E4))
E8에 t검정통계량 값이 -2.820으로 나타나 있다. 이는 하한단측검정의 t임계값 −2.132보다 작으므로 귀무가설을 기각하고 대립가설을 채택하게 된다. 즉 신제품의 소음 수준은 기존제품보다 낮다고 결론내릴 수 있다.

	A	B	C	D	E	F
1	예제 7.38					
2	Item	x		mu =	89	
3	1	83		x bar =	84.4	
4	2	82		n =	5	
5	3	86		s =	3.646917	
6	4	90				
7	5	81		t_crit(lower) =	-2.13185	
8				t_val =	-2.82044	
9						

예제 7.39 아래 자료는 A은행이 자기 은행에서 발행한 수표가 7일 이내에 환수되어 다시 현금으로 전환된 비율을 알고자 10개 지점을 무작위로 추출하여 환수비율을 조사한 결과이다. 자금 운용자가 A은행이 발행한 수표가 7일 이내에 다시 현금화되는 환수비율이 90%가 되는지를 추정하고자 한다고 할 때 이에 대한 가설을 설정하고, 이를 5% 유의수준 하에서 검정하시오. 이 때 모집단은 정규분포를 한다

고 가정한다.

93.4	94.8	95.1	94.7	89.2
91.2	81.4	90.5	83.3	91.7

풀이 모집단의 수표 환수비율이 90%가 되는지를 검정하고자 하는 것이므로 양측검정에 해당하며 다음과 같이 가설을 설정할 수 있다.

$$H_0 : \mu = 90$$
$$H_1 : \mu \neq 90$$

제품	x	$(x-\bar{x})^2$
1	93.4	8.2369
2	94.8	18.2329
3	95.1	20.8849
4	94.7	17.3889
5	89.2	1.7689
6	91.2	0.4489
7	81.4	83.3569
8	90.5	0.0009
9	83.3	52.2729
10	91.7	1.3689

위의 표로부터

$$\sum x = 90.53$$
$$(x-\bar{x})^2 = 203.961$$

이므로 표본평균과 표준편차를 다음과 같이 구한다.

$$\bar{x} = \frac{\sum x}{n} = 90.53$$
$$s = \sqrt{\frac{\sum (x-\bar{x})^2}{n-1}} = \sqrt{\frac{203.961}{9}} = 4.76$$

이를 이용하여 $\bar{x} = 90.53$에 대한 검정통계량 t값을 구하면

$$t = \frac{\bar{x} - \mu_0}{s/\sqrt{n}} = \frac{90.53 - 90}{4.76/\sqrt{10}} = 0.352$$

가 된다. 이 검정통계량 t값 0.352가 유의수준을 5%로 설정했을 때 t분포의 귀무가설 채택역에 있는지 기각역에 있는지를 확인하기 위해 자유도가 $df = 9$이고 유의수준이 $\alpha = 0.05$일 때 양측검정하의 t값을 t분포표에서 찾으면 상하한값이 ± 2.262임을 알 수 있다.

t	양측 확률			
df	0.20	0.10	0.05	0.01
8	1.397	1.860	2.306	3.355
9	1.383	1.833	2.262	3.250
10	1.372	1.812	2.228	3.169
	0.10	0.05	0.025	0.005
	단측 확률			

위에서 구한 표본평균 $\bar{x}=90.53$에 대한 검정통계량 t값은 0.352로서 귀무가설 채택범위인 ± 2.262의 구간에 속하므로 귀무가설을 채택하고 대립가설은 기각하게 된다. 따라서 이 은행은 발행한 수표가 7일 이내에 환수되는 비율이 90%에 이른다고 결론내릴 수 있다.

입력과정

① A3:A12 : 10개 지점에 대한 환수비율을 입력한다.

② D2 : 양측검정의 기준이 되는 환수비율 수준인 90(%)를 입력한다.

③ D3 : A3에서 A12까지의 구간에 입력된 표본의 평균을 구한다.

= AVERAGE(A3:A12)

표본평균이 D3에 90.53으로 나타나 있다.

④ D4 : COUNT 함수를 이용하여 표본의 크기를 계산한다.

= COUNT(A3:A12)

⑤ D5 : STDEV 함수를 이용하여 표본에 대한 표준편차를 구한다.

= STDEV(A3:A12)

⑥ D7 : TINV(prob,df) 함수를 이용하여 유의수준이 5%이고 자유도가 $df=n-1=9$일 때의 양측검정을 위한 t임계값을 계산한다.

= TINV(0.05,D4−1)

이 때 TINV(0.05,D4−1)에 의해 계산되는 t값은 양측검정의 상한 임계값에 해당하므로 여기에 (−)부호를 붙임으로써 하한 임계값을 구할 수 있다. D7에 양측검정의 상한 임계값이 2.262로 나타나 있다. 따라서 하한 임계값은 -2.262가 되고 $-2.262 \leq t \leq 2.262$의 구간이 귀무가설의 채택범위가 된다.

⑦ D8 : $t=\dfrac{\bar{x}-\mu_0}{s/\sqrt{n}}$에 따라 $\bar{x}=90.53$에 대한 검정통계량 t값을 계산한다.

= (D3−D2)/(D5/SQRT(D4))

D8에 t검정통계량 값이 0.352로 나타나 있다.

이는 양측검정하의 귀무가설 채택범위인 $-2.262 \leq t \leq 2.262$의 구간에 속해 있으므로 귀무가설을 채택하고 대립가설을 기각하게 된다. 즉 환수비율이 90%에 이른다고 결론내릴 수 있다.

	A	B	C	D	E
1	예제 7.39				
2	x		mu =	90	
3	93.4		x bar =	90.53	
4	94.8		n =	10	
5	95.1		s =	4.760497	
6	94.7				
7	89.2		t_crit =	2.262157	
8	91.2		t_val =	0.352066	
9	81.4				
10	90.5				
11	83.3				
12	91.7				
13					

7.5 모비율의 추정과 가설검정

모비율과 표본비율

모집단 전체 개체 중에서 특정한 관심의 대상이 되는 개체들의 비율을 모비율(population proportion)이라 하며, 표본을 구성하는 개체 중에서 특정한 관심의 대상이 되는 개체들의 비율을 표본비율(sample proportion)이라 한다. 이 때 모비율은 π, 표본비율은 p라고 표시한다. 일반적으로 모비율은 알려져 있지 않기 때문에 표본비율을 통해 이를 추정하게 된다. 여기서 관심의 대상이 되는 개체들과 이들을 제외한 나머지 개체들을 각각 성공과 실패의 두 가지로 표시하고 성공의 횟수를 확률변수 x로 하면 이는 바로 이항분포를 한다(5장 참조). 이 때 중요한 것은 시행 횟수 n이 $n \to \infty$일 때 이항분포는 정규분포에 수렴한다는 사실이다. 이는 표본비율 p가 성공 횟수를 시행 횟수로 나눈 $p = \frac{x}{n}$를 의미하기 때문에 확률변수 x가 정규분포를 한다는 것은 바로 표본비율 p에 대한 확률분포가 정규분포를 함을 의미하는 것이다. 즉 표본비율 p는 평균이 모비율인 π이고 표준편차가 $\sqrt{\frac{p(1-p)}{n}}$ 인 정규분포를 하는 것이다. 그러나 일반적으로 모비율 π는 알려져 있지 않기 때문에 정규분포 확률변수인 표본비율 p의 표준편차는 $\sqrt{\frac{\pi(1-\pi)}{n}}$ 대신 π를 p로 대체한 $\sqrt{\frac{p(1-p)}{n}}$ 를 이용하게 되며 이를 표준오차라 한다.

예제 7.40 다음은 표본비율에 대한 예이다.

(1) 어느 대학교에서 1990년 이후 MBA 졸업생들의 사회 진출분야를 조사하기 위

해 100명을 표본으로 뽑아 조사한 결과 75명이 금융계로 진출했다고 했을 때, 금융계 진출에 대한 표본비율은 $p=\dfrac{75}{100}=0.75$ 즉 75%가 된다.

(2) 공장에서 불량률을 조사하기 위해 제품 50개를 임의로 뽑아 성능검사를 실시하였다. 이 중 2개 기준에 미달한 것으로 나타났다면 불량률에 대한 표본비율은 $p=\dfrac{2}{50}=0.04$ 즉 4%이다.

예제 7.41 표본비율 p의 분포는 평균이 모비율 π이고 표준편차가 $\sigma_p=\sqrt{\dfrac{p(1-p)}{n}}$ 인 정규분포를 하므로 표본비율 p가 모비율 π를 중심으로 $\pi\pm\sigma_p$ 사이의 값을 갖게 될 확률은 68.26%, $\pi\pm2\sigma_p$ 사이의 값을 갖게 될 확률은 95.45%, $\pi\pm3\sigma_p$ 사이의 값을 갖게 될 확률은 99.73%에 달한다.

$$P(\pi-\sigma_p\leqq p\leqq\pi+\sigma_p)=0.6826$$
$$P(\pi-2\sigma_p\leqq p\leqq\pi+2\sigma_p)=0.9545$$
$$P(\pi-3\sigma_p\leqq p\leqq\pi+3\sigma_p)=0.9973$$

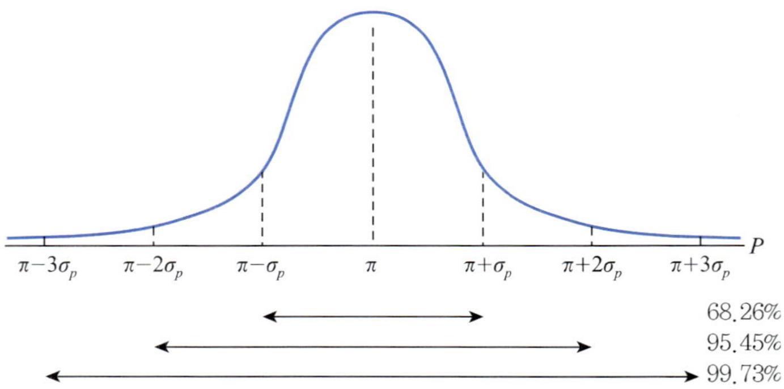

그림 7-25 표본비율의 분포

모비율의 신뢰구간 추정

표본비율 p에 대한 분포는 평균이 π이고 표준편차 σ_p가 $\sqrt{\dfrac{p(1-p)}{n}}$ 인 정규분포를 하므로 모비율 π에 대한 신뢰구간은 다음과 같이 구할 수 있다.

$$p\pm Z\sigma_p=p\pm Z\sqrt{\frac{p(1-p)}{n}}$$

p : 표본비율, Z : 신뢰수준에 따른 표준화 Z값, n : 표본크기

> **Note**
>
> 모비율 π에 대한 신뢰구간 추정식은 모평균 $\bar{x}$에 대한 신뢰구간 추정식과 유사함을 알 수 있다.
>
> (1) 모평균 $\bar{x}$에 대한 신뢰구간 : $\bar{x} \pm Z\sigma_{\bar{x}} = \bar{x} \pm Z\frac{s}{\sqrt{n}}$
>
> (2) 모비율 p에 대한 신뢰구간 : $p \pm Z\sigma_p = p \pm Z\sqrt{\frac{p(1-p)}{n}}$
>
> 특히 모비율 신뢰구간에서는 이항분포의 시행 횟수에 해당하는 표본크기 n이 커야 이항분포가 정규분포에 수렴하고 이에 따라 표본비율 p도 정규분포를 하기 때문에 당연히 표본크기 n은 대표본이 되어 t값이 아닌 표준정규분포의 Z값을 사용하는 것이다.

예제 7.42 대학생 420명을 대상으로 상품 구매방법에 대해 조사한 결과에 따르면 72명이 통신을 통해 상품을 구입한 경험이 있는 것으로 나타났다. 대학생들의 통신판매 이용비율 π에 대한 신뢰구간을 95% 신뢰수준에서 구하면 다음과 같다.

풀이 신뢰구간 추정식이 $p \pm Z\sqrt{\frac{p(1-p)}{n}}$ 이므로 먼저 표본비율과 표준오차를 구하고 신뢰수준에 따른 Z값은 표준정규분포표에서 찾는다.

$$p = \frac{x}{n} = \frac{72}{420} = 0.171$$

$$\sigma_p = \sqrt{\frac{p(1-p)}{n}} = \sqrt{\frac{0.171(1-0.171)}{420}} = 0.018$$

신뢰수준 95%에서 Z값을 구하려면 먼저 표준정규분포에서 신뢰구간의 상한 임계값까지의 누적확률을 구해야 한다. 신뢰수준이 95%이므로 표준정규분포에서 기각역에 해당하는 양쪽 꼬리부분의 확률이 5%가 되고, 좌우대칭이므로 오른쪽 꼬리 부분의 확률은 2.5% 즉 0.025(=0.05/2)가 된다.

따라서 신뢰구간의 상한 임계값까지의 누적확률은 1에서 0.025를 뺀 0.975가 된다. 이 때 누적확률 0.975에 해당하는 Z값을 표준정규분포표에서 찾으면 1.96이 된다.

Z	0.05	0.06	0.07	0.08
⋮				
1.8	0.9678	0.9686	0.9693	0.9699
1.9	0.9744	0.9750	0.9756	0.9761
2.0	0.9798	0.9803	0.9808	0.9812

따라서 신뢰구간은

$$p \pm Z\sqrt{\frac{p(1-p)}{n}} = 0.171 \pm 1.96\sqrt{\frac{0.171(1-0.171)}{420}}$$
$$= 0.171 \pm 0.036 = (0.135,\ 0.207)$$

이 된다.

이는 모비율 π가 0.135에서 0.207 사이의 범위에 있는 값을 가질 확률이 0.95 즉

$$P(0.135 \leqq \pi \leqq 0.207) = 0.95$$

임을 의미하는 것이다.

입력과정

① B2:B4 : 표본비율과 표준편차를 계산하기 위해 필요한 표본크기와 통신구매 이용자 수를 입력한다.

② E2 : 표본비율을 $p = \frac{x}{n}$에 따라 계산한다.

= B3/B2

표본비율이 $p = 0.171$로 나타나 있다.

③ E3 : 표준편차를 $\sigma_p = \sqrt{\frac{p(1-p)}{n}}$에 따라 계산한다.

= SQRT(E2*(1−E2)/B2)

④ E4 : 신뢰수준 95% 하에서의 Z값을 구하기 위해 신뢰구간의 상한 임계값까지의 누적확률 0.975(= 1−0.05/2)를 NORMSINV 함수에 인수로 지정한다.

= NORMSINV(0.975)

E4에 95% 신뢰수준 하에서 신뢰구간 상한값에 대응하는 표준화 Z값이 1.96으로 계산되어 있다. 이 값에 (−)부호를 붙이면 신뢰구간 하한값에 대응하는 표준화 Z값(−1.96)이 된다.

⑤ E5:E6 : $p \pm Z\sqrt{\frac{p(1-p)}{n}}$에 따라 95% 신뢰수준에서의 표본비율의 신뢰구간을 계산한다.

= E2+E4*E3

= E2−E4*E3

E5와 E6에 신뢰구간의 상한값과 하한값이 각각 0.207, 0.135로 계산되어 있다.

	A	B	C	D	E	F
1	예제 7.42					
2	n =	420		p =	0.171429	
3	x =	72		sigma_p =	0.01839	
4	sig_lev =	0.95		z =	1.959964	
5				신뢰구간(상한값) =	0.207472	
6				신뢰구간(하한값) =	0.135385	
7						

예제 7.43 TV방송국에서는 하나의 프로그램이 끝나고 새로운 프로그램이 시작하기 전에 나가는 광고방송 중에 얼마나 많은 시청자들이 다른 채널로 바꾸는지를 550명을 대상으로 조사하였다. 그 결과 42%가 광고방송 중에 채널을 바꾸는 것으로 나타났다. 시청자들의 채널 변환비율에 대해 90% 신뢰구간을 구하시오.

풀이 90% 신뢰수준에서의 Z값은 신뢰구간의 상한값이 위치한 곳까지의 누적확률을 구하여 이에 대응하는 값을 표준정규분포표에서 찾으면 된다. 신뢰수준이 90%이므로 기각역에 해당하는 양쪽 꼬리부분의 확률은 0.1이되고, 표준정규분포가 좌우 대칭이라는 사실로부터 오른쪽 꼬리부분의 확률은 0.05가 된다. 따라서 신뢰구간 상한값까지의 누적확률은 0.95가 되고 이 때 Z값은 1.645임을 알 수 있다.

Z	0.03	0.04	0.05	0.06
1.5	0.9370	0.9382	0.9394	0.9406
1.6	0.9484	0.9495	0.9505	0.9515
1.7	0.9582	0.9591	0.9599	0.9608

그리고 표본비율과 표본크기가 각각 $p=0.42$, $n=550$이므로 신뢰구간은

$$p \pm Z\sqrt{\frac{p(1-p)}{n}} = 0.42 \pm 1.645\sqrt{\frac{0.42(1-0.42)}{550}} = (0.385,\ 0.455)$$

사이의 범위가 된다. 즉 광고방송 중에 다른 채널로 이동하는 시청자의 비율은 90%의 확률하에서 38.5%에서 45.5%의 값을 가질 것으로 추정할 수 있다.

입력과정

① B2:B4 : 표본크기, 표본비율을 입력한다.

② E2 : 표준편차를 $\sigma_p = \sqrt{\dfrac{p(1-p)}{n}}$ 에 따라 계산한다.
= SQRT(B3*(1−B3)/B2)

③ E3 : 신뢰수준 90% 하에서의 Z값을 구하기 위해 신뢰구간의 상한 임계값까지의 누적확률 0.95(= 1−0.1/2)를 NORMSINV 함수에 인수로 지정한다.
= NORMSINV(0.95)
E3에 90% 신뢰수준 하에서 신뢰구간 상한값에 대응하는 표준화 Z값이 1.645로 계산되어 있다. 이 값에 (−)부호를 붙이면 신뢰구간 하한값에 대응하는 표준화 Z값(−1.645)이 된다.

④ E4:E5 : $p \pm Z\sqrt{\dfrac{p(1-p)}{n}}$ 에 따라 90% 신뢰수준 하에서의 표본비율의 신뢰구간을 계산한다.

= B3+E3*E2

= B3−E3*E2

E4와 E5에 신뢰수산의 상한값과 하한값이 각각 0.455, 0.385로 계산되어 있다.

	A	B	C	D	E	F
1	예제 7.43					
2	n =	550		sigma_p =	0.021045	
3	p =	0.42		z =	1.644854	
4	sig_lev =	0.9		신뢰구간(상한값) =	0.454617	
5				신뢰구간(하한값) =	0.385383	
6						

유한모집단 수정계수에 의한 표준오차의 수정

모집단의 크기가 알려져 있고 표본크기가 모집단 크기의 5% 이상인 경우 유한모집단수정계수 $\sqrt{\frac{N-n}{N-1}}$ 을 이용하여 표준오차를 수정해야 한다(6장 참조). 즉 표준오차에 유한모집단수정계수 $\sqrt{\frac{N-n}{N-1}}$ 를 곱하여 표준오차를 수정한다.

예제 7.44 어느 헬스클럽에서는 전체 1,564세대로 구성된 아파트 단지에 운행버스의 노선연장을 고려하고 있는데, 일주일에 1회 이상 이용하는 가구 비율이 50% 이상이 되어야 경제성이 있다고 보고 있다. 이를 위해 임의로 선정한 500가구를 대상으로 운행버스가 운행될 경우 일주일에 1회 이상 헬스클럽을 이용할 의사가 있는지를 가구별로 조사한 결과 230가구가 이용의사가 있는 것으로 나타났다.

헬스클럽 이용 가구비율에 대한 95% 신뢰구간을 구하고, 이를 통해 헬스클럽에서는 운행버스의 노선연장에 대해 어떻게 판단내릴 것인지 설명하시오.

풀이 표본크기가 500가구이고 이 중 헬스클럽 이용의사가 있는 가구가 230가구 이므로 표본비율은

$$p=\frac{230}{500}=0.46$$

이 된다. 또한 모집단 크기가 1,564가구로 이미 정해져 있고 모집단에서 표본이 차지하는 비중이 $\frac{500}{1.564}=0.32$로 5%를 상회하고 있어 표준오차는 유한모집단수정계수 $\sqrt{\frac{N-n}{N-1}}$ 를 통해 수정해야 한다. 즉 표준오차는

$$\sqrt{\frac{p(1-p)}{n}}\cdot\sqrt{\frac{N-n}{N-1}}=\sqrt{\frac{0.46(1-0.46)}{500}}\cdot\sqrt{\frac{1,564-500}{1,564-1}}=0.0183$$

이 된다.

그리고 95% 신뢰수준에서의 Z값은 표준정규분포에서 신뢰구간 상한값까지의 누적확률이 0.975가

되는 곳에 위치한 값으로, 이를 표준정규분포표에서 찾아면 1.96임을 알 수 있다.

따라서 신뢰구간은

$$p \pm Z\sqrt{\frac{p(1-p)}{n}} \cdot \sqrt{\frac{N-n}{N-1}} = 0.46 \pm 1.96\sqrt{\frac{0.46(1-0.46)}{500}} \cdot \sqrt{\frac{1,564-500}{1,564-1}}$$
$$= 0.46 \pm (1.96 \times 0.0183) = (0.424,\ 0.496)$$

이 된다. 즉 95% 신뢰수준 하에서 헬스클럽 이용가구 비율의 신뢰구간은 0.424에서 0.496의 범위를 가지고 있고, 운행버스 노선 연장의 기준이 되는 클럽 이용가구의 비율은 0.5로 신뢰구간 범위를 벗어나 있으므로 노선 연장은 하지 않는 것으로 결론내리게 된다.

입력과정

① B2:B5 : 모집단 크기, 표본크기 그리고 헬스클럽 이용의사가 있는 가구 수 등을 입력한다.

② E2 : 표본비율을 $p = \frac{x}{n}$에 따라 계산한다.

= B4/B3

③ E3 : 95% 신뢰수준 하에서의 Z값을 구하기 위해 신뢰구간의 상한 임계값까지의 누적확률 0.975(= 1−0.05/2)를 NORMSINV 함수에 인수로 지정한다.

= NORMSINV(0.975)

E3에 95% 신뢰수준 하에서 신뢰구간 상한값에 대응하는 표준화 Z값이 1.96으로 계산되어 있다. 이 값에 (−)부호를 붙이면 신뢰구간 하한값에 대응하는 표준화 Z값(−1.96)이 된다.

④ E4 : 모집단에서 표본이 차지하는 비중이 5%(500/1564= 0.32로)를 상회하고 있어 표준오차를 수정하기 위한 유한모집단수정계수 $\sqrt{\frac{N-n}{N-1}}$ 에 따라 계산한다.

= SQRT((B2−B3)/(B2−1))

⑤ E5:E6 : $p \pm Z\sqrt{\frac{p(1-p)}{n}} \cdot \sqrt{\frac{N-n}{N-1}}$ 에 따라 95% 신뢰수준 하에서의 표본비율의 신뢰구간을 계산한다.

= E2+E3*SQRT(E2*(1−E2)/B3)*E4

= E2−E3*SQRT(E2*(1−E2)/B3)*E4

E5와 E6에 신뢰구간의 상한값과 하한값이 각각 0.496, 0.424으로 계산되어 있다.

	A	B	C	D	E	F
1	예제 7.44					
2	N =	1564		p =	0.46	
3	n =	500		z =	1.959964	
4	x =	230		수정계수 =	0.825071	
5	sig_lev =	0.95		신뢰구간(상한값) =	0.496044	
6				신뢰구간(하한값) =	0.423956	
7						

표본비율 추정에서 표본크기의 결정

모평균에 대한 신뢰구간을 추정할 때 오차의 크기를 일정한 수준 이내로 유지하기 위해 표본크기를 조정했던 것처럼 모비율의 신뢰구간 추정에서도 표본크기를 조정함으로써 오차의 크기를 일정 수준 이내로 유지할 수 있다.

표본오차를 E로 유지하기 위한 표본크기 n은 아래 공식에 따라 결정된다.

$$n = \frac{Z^2\pi(1-\pi)}{E^2}$$

Z : 신뢰수준에 대응하는 Z값, π : 모비율

위의 식에서 보통 모비율 π는 알려져 있지 않기 때문에 이 때는 과거의 경험이나 예비조사를 통해 얻은 표본비율 p로 대체하여 사용하게 된다. 즉 이러한 경우 표본크기 결정식은

$$n = \frac{Z^2p(1-p)}{E^2}$$

가 된다.

이 식은 신뢰구간 추정식 $p \pm Z\sqrt{\frac{p(1-p)}{n}}$ 에서 오차의 크기를 나타내는 표본오차인 $Z\sqrt{\frac{p(1-p)}{n}}$ 를 E라고 했을 때, 등식 $E = Z\sqrt{\frac{p(1-p)}{n}}$ 로부터 n을 구하는 과정을 통해 도출한 결과이다.

Note

π에 대한 어떤 정보도 주어지지 않았을 경우는 $\pi = 0.5$를 사용한다.

예제 7.45 국회의원 입후보자가 당선가능성을 알아보기 위해 지지도에 대한 표본오차를 3%로 한 신뢰구간을 신뢰수준 95%에서 추정하려고 하는 경우 표본크기는 얼마로 해야 하는가?

이 입후보자에 대한 지지도에 대해 알려진 것이 없기 때문에 담당자는 유권자 50명을 대상으로 예비조사를 실시하였고, 이 결과 22명이 이 후보자를 지지하고 있다는 사실을 알아내었다. 또 만약 예비조사를 실시하지 않는다면 표본크기는 얼마로

해야 하는가?

풀이 입후보자의 지지도를 나타내는 모비율이 알려져 있지 않기 때문에 예비조사 결과인 표본비율 $p=\frac{22}{50}=0.44$로 대체하여 사용해야 한다.

신뢰수준 95%하에서 상한값에 대응하는 Z값은 표준정규분포에서 누적확률이 0.975가 되는 곳의 값이므로 이를 표준정규분포표에서 찾으면 1.96이 된다.

따라서 표본크기는

$$n=\frac{Z^2p(1-p)}{E^2}=\frac{1.96^2\times0.44\times0.56}{0.03^2}=1,051.7$$

이 된다.

즉 표본크기는 1,052가 되어야 한다.

예비조사를 실시하지 않는다면 모비율 π를 대체할 표본비율에 대한 정보도 없기 때문에 이 경우는 $\pi=0.5$로 간주하여 계산한다.

따라서 이 때 표본크기는

$$n=\frac{Z^2p(1-p)}{E^2}=\frac{1.96^2\times0.5\times0.5}{0.03^2}=1,067$$

이 된다.

입력과정

① B2:B5 : 표본오차와 예비조사에서의 표본크기 등을 입력한다.

② E2 : 예비조사를 통해 얻은 표본비율을 $p=\frac{x}{n}$에 따라 계산한다.

= B4/B3

③ E3 : 95% 신뢰수준 하에서의 Z값을 구하기 위해 신뢰구간의 상한 임계값까지의 누적확률 0.975(= 1−0.05/2)를 NORMSINV 함수에 인수로 지정한다.

= NORMSINV(0.975)

E3에 95% 신뢰수준 하에서 신뢰구간 상한값에 대응하는 표준화 Z값이 1.96으로 계산되어 있다. 이 값에 (−)부호를 붙이면 신뢰구간 하한값에 대응하는 표준화 Z값이 −1.96이 된다.

④ E4 : $n=\frac{Z^2p(1-p)}{E^2}$에 따라 표본크기를 계산한다.

= E3^2*E2*(1−E2)/B2^2

E4에 표본크기가 약 1052로 나타나 있다.

⑤ E5 : π에 대한 어떤 정보도 주어지지 않고 예비조사도 실시하지 않아 p역

시 모르고 있을 때 $\pi = 0.5$로 간주하고 $n = \dfrac{Z^2\pi(1-\pi)}{E^2}$에 따라 계산한다.

= E3^2*0.5*(1-0.5)/B2^2

	A	B	C	D	E	F
1	예제 7.45					
2	E =	0.03		p =	0.44	
3	n =	50		Z =	1.959964	
4	x =	22		표본크기(E=0.03, p=0.44) =	1051.706	
5	sig_lev =	0.95		표본크기(E=0.03, pi=0.5) =	1067.072	
6						

Note

유한모집단의 경우 표본오차를 일정 수준 이내로 유지하기 위한 위의 표본크기 결정식은

$$n = \frac{NZ^2\pi(1-\pi)}{E^2(N-1)+Z^2\pi(1-\pi)}$$

가 된다. 물론 이 경우에도 모비율 π는 일반적으로 알려져 있지 않기 때문에 과거 경험이나 예비조사를 통해 얻은 표본비율 p로 대체한 아래의 식을 이용하게 된다.

$n = \dfrac{NZ^2p(1-p)}{E^2(N-1)+Z^2p(1-p)}$는 모집단의 크기가 알려져 있는 유한모집단일 때의 신뢰구간 추정식 $p \pm Z\sqrt{\dfrac{p(1-p)}{n}} \cdot \sqrt{\dfrac{N-n}{N-1}}$의 표본오차인 $Z\sqrt{\dfrac{p(1-p)}{n}} \cdot \sqrt{\dfrac{N-n}{N-1}}$에서 p를 π로 대체한 식 $Z\sqrt{\dfrac{\pi(1-\pi)}{n}} \cdot \sqrt{\dfrac{N-n}{N-1}}$으로부터 n을 구하는 과정을 통해 도출할 수 있다.

예제 7.46 전체 회원이 812명으로 구성된 상조회가 있다. 이 상조회의 임원들은 생필품 공동구매에 대한 회원들의 찬성 비율을 조사하고자 한다. 찬성률에 대한 90% 신뢰구간 추정에서 표본오차를 4%로 유지하기 위해서는 몇 명을 대상으로 조사해야 하는가?

풀이 π에 대한 어떤 추정값도 제시되어 있지 않으므로 $\pi = 0.5$로 간주하여 표본크기를 결정한다. 신뢰수준 90% 하에서의 표준화 Z값은 표준정규분포에서 누적확률이 0.95가 되는 곳의 값이므로 이를 표준정규분포표에서 찾으면 1.645가 된다. 또한 모집단의 크기가 812로서 유한모집단인 경우에 해당하므로 아래 식에 따라 표본크기를 구하면

$$n = \frac{NZ^2p(1-p)}{E^2(N-1)+Z^2p(1-p)}$$

$$n = \frac{NZ^2\pi(1-\pi)}{E^2(N-1)+Z^2\pi(1-\pi)} = \frac{812\times 1.645^2\times 0.5\times 0.5}{(0.04^2\times 811)+(1.645^2\times 0.5\times 0.5)} = 278.2$$

가 된다. 따라서 표본크기는 278또는 289 정도로 하면 된다.

입력과정

① B2:B5 : 모집단 크기 및 표본오차 등을 입력한다.

② E2 : 90% 신뢰수준 하에서의 Z값을 구하기 위해 신뢰구간의 상한 임계값까지의 누적확률 0.95(= 1−0.10/2)를 NORMSINV 함수에 인수로 지정한다.
= NORMSINV(0.95)
E2에 90% 신뢰수준 하에서의 신뢰구간 상한값에 대응하는 표준화 Z값이 1.645로 계산되어 있다.

③ E3 : $n = \dfrac{NZ^2\pi(1-\pi)}{E^2(N-1)+Z^2\pi(1-\pi)}$에 따라 표본오차를 일정한 수준으로 유지하기 위한 표본크기를 계산한다.
= (B2*E2^2*B4*(1−B4))/(B3^2*(B2−1)+E2^2*B4*(1−B4))
E3에 $n = 278$로 나타나 있다.

	A	B	C	D	E	F
1	예제 7.46					
2	N =	812		Z =	1.644854	
3	E =	0.04		n =	278.2316	
4	pi =	0.5				
5	sonf_lev =	0.9				
6						

모비율의 가설검정

모비율에 대한 가설검정은 모평균에 대한 가설검정과 매우 유사하다. 표본크기 n이 커질 때 즉 대표본인 경우 중심극한정리에 따라 표본비율 p에 대한 표본분포는 평균이 모비율 π이고, 표준오차가 $\sqrt{\dfrac{\pi(1-\pi)}{n}}$ 인 정규분포를 하게 된다. 따라서 대표본하에서 표본비율이 p이고 가설에서 설정된 모비율 값이 π_0일 때 모비율에 대한 검정통계량인 표준화 Z값은 다음과 같이 구한다.

$$Z = \frac{p-\pi_0}{\sqrt{\dfrac{\pi_0(1-\pi_0)}{n}}}$$

Note

모평균과 모비율에 대한 검정통계량인 표준화 Z값을 구하는 식을 비교하면 이들이 매우 유사함을 알 수 있다.

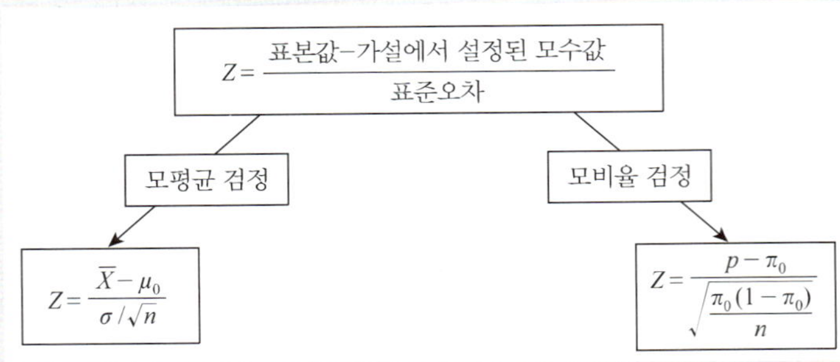

그림 7-26 모평균 검정과 모비율 검정에서의 표준화 Z값

여기서 한 가지 주의할 것은 모비율의 가설검정에서 사용한 표준오차는 $\sqrt{\dfrac{p(1-p)}{n}}$ 인 것과 달리 신뢰구간 추정에서 사용한 표준오차는 $\sqrt{\dfrac{\pi(1-\pi)}{n}}$ 라는 점이다. 이는 모비율에 대한 귀무가설 검정의 경우 모비율 π를 귀무가설에서 설정한 특정값 π_0로 지정하였기 때문에 표본비율 p에 대한 표준화 Z값을 구하기 위한 표준편차는 $\sqrt{\dfrac{\pi(1-\pi)}{n}}$ 가 이용되는 반면에 신뢰구간 추정에서는 모비율 π를 모르고 있는 상태에서 표본비율 p를 통해 모비율 π를 추정하는 것이므로, 이 때는 당연히 표본비율 p에 대한 표준오차인 $\sqrt{\dfrac{\pi(1-\pi)}{n}}$ 를 직접 이용하는 것이 불가능하게 되어 π대신 표본비율 p로 대체한 $\sqrt{\dfrac{p(1-p)}{n}}$ 를 표준오차로 사용하게 되는 것이다.

예제 7.47 2년 전 신용카드 신청자의 68%만이 카드를 발급받을 수 있었다. 지난 6개월에 걸쳐 신용카드 신청자 400명을 대상으로 카드 발급을 조사한 결과 이 중 284명이 카드를 발급 받고 나머지 116명은 신청이 기각된 것으로 나타났다. 이를 기초로 모든 신청자에 대한 카드발급률에 변화가 있었는지를 5%의 유의수준에서 검정하시오.

풀이 카드발급률을 나타내는 모비율이 2년 전과 차이가 있는지를 검정하는 것이므로 먼저 이에 대한 가설을 다음과 같이 설정한다.

$$H_0 : \pi = 0.68$$
$$H_1 : \pi \neq 0.68$$

400명 중 284명이 카드를 발급받았으므로 표본비율은 $p=\dfrac{284}{400}=0.71$이 된다. 이를 표준화하면 $\pi_0=0.68$이므로

$$Z=\frac{p-\pi_0}{\sqrt{\dfrac{\pi_0(1-\pi_0)}{n}}}=\frac{0.71-0.68}{\sqrt{\dfrac{0.68(1-0.68)}{400}}}=1.286$$

이 된다. 유의수준이 5%이고 양측검정이므로 이 때의 표준화 임계값은 표준정규분포표에서 누적확률이

0.975가 되는 곳의 Z값이 된다. 이 때의 Z값은 1.960이 되므로 유의수준 5%의 양측검정 하에서 귀무가설 채택역은 $-1.96 \le Z \le 1.96$임을 알 수 있다.

Z	0.05	0.06	0.07	0.08
1.8	0.9678	0.9686	0.9693	0.9699
1.9	0.9744	0.9750	0.9756	0.9761
2.0	0.9798	0.9803	0.9808	0.9812

위에서 계산한 표본비율 0.71에 대한 Z값은 1.286이므로 $-1.96 \le Z \le 1.96$의 범위에 속해 있으므로 귀무가설을 채택한다. 따라서 카드 발급률은 2년 전과 달라졌다고 볼 수 없다고 판단하게 된다.

입력과정

① B2:B5 : 모비율과 표본크기 등을 입력한다.

② E2 : $p = \dfrac{x}{n}$에 따라 표본비율을 계산한다.

= B4/B3

E2에 표본비율이 $p = 0.71$로 나타나 있다.

③ E3 : $Z = \dfrac{p - \pi_0}{\sqrt{\dfrac{\pi_0(1-\pi_0)}{n}}}$에 따라 표본비율 $p = 0.71$에 대한 표준화 Z값을 계산한다.

= (E2−B2)/SQRT(B2*(1−B2)/B3)

E3에 Z값이 1.286으로 나타나 있다.

④ E4 : NORMSINV 함수를 이용하여 5% 유의수준에서의 상한 임계값에 해당하는 Z값을 계산한다. NORMSINV 함수에 지정하는 확률은 누적확률이기 때문에 표준정규분포에서 오른쪽 꼬리 부분의 확률 즉 유의수준 0.05의 1/2인 0.025를 1에서 뺀 값이 된다.

= NORMSINV(0.975)

E4에 5% 유의수준에서 신뢰구간 상한값에 대응하는 표준화 Z값이 1.96으로 계산되어 있다. 이 값에 (−)부호를 붙이면 신뢰구간 하한값에 대응하는 표준화 Z값이 −1.96이 된다.

따라서 귀무가설 채택역은 $-1.96 \le Z \le 1.96$이 되고 E3에서 계산된 검정통계량 Z값 1.286은 이 범위에 속해 있으므로 귀무가설을 채택하게 된다.

	A	B	C	D	E	F
1	예제 7.47					
2	π =	0.68		p =	0.71	
3	n =	400		Z =	1.286239	
4	x =	284		Z_crt =	1.959964	
5	sig_lev =	0.05				
6						

예제 7.48 여행 대리점을 경영하는 갑은 요즘 전체 여행자 중에서 동남아 여행자가 차지하는 비율이 3년 전에 비해 감소했다는 생각을 하고 있다.

이를 확인하기 위해 과거 1년간의 자료를 통해 무작위로 추출한 고객 250명을 대상으로 조사한 결과 동남아 여행자수는 74명인 것으로 나타났다. 3년 전의 동남아 여행자의 비율이 38% 수준이었다고 할 때 갑의 생각이 맞는지 5% 유의수준에서 검정하시오.

풀이 3년 전에 비해 동남아 여행자의 비율이 감소하였는지의 여부를 확인하는 것이므로 하한단측검정에 해당한다.

$$H_0 : \pi \geqq 0.38$$
$$H_1 : \pi < 0.38$$

먼저 표본비율은 $p = 0.296 (= 74/250)$에 대한 표준화 Z값을 구하면

$$Z = \frac{p - \pi_0}{\sqrt{\frac{\pi_0(1-\pi_0)}{n}}} = \frac{0.296 - 0.38}{\sqrt{\frac{0.38(1-0.38)}{250}}} = -2.736$$

이 된다.

하한단측검정이고 유의수준이 5%이므로, 귀무가설 기각역의 임계값에 해당하는 Z값은 표준정규분포표에서 누적확률이 0.05가 되는 곳의 표준화 값인 -1.645가 된다. 즉 표본비율 p의 표준화 Z값이 $Z > -1.645$이면 귀무가설을 채택하고 $Z \leq -1.645$이면 귀무가설을 기각하고 대립가설을 채택한다.

Z	0.03	0.04	0.05	0.06
−1.7	0.0418	0.0409	0.0401	0.0392
−1.6	0.0516	0.0505	0.0495	0.0485
−1.5	0.0630	0.0618	0.0606	0.0594

위에서 구한 표본비율 p의 표준화 Z값은 −2.736이므로 귀무가설을 기각하고, 대립가설을 채택한다. 따라서 동남아 여행자의 비율이 3년 전에 비해 감소하였다고 볼 수 있다.

입력과정

① B2:B5 : 모비율과 표본크기 등을 입력한다.

② E2 : $p = \frac{x}{n}$에 따라 표본비율을 계산한다.

= B4/B3

E2에 표본비율이 $p = 0.296$으로 나타나 있다.

③ E3 : $Z = \frac{p - \pi_0}{\sqrt{\frac{\pi_0(1-\pi_0)}{n}}}$에 따라 표본비율 $p = 0.296$에 대한 표준화 Z값을 계산한다.

= (E2−B2)/SQRT(B2*(1−B2)/B3)

E3에 Z값이 −2.736으로 나타나 있다.

④ E4 : NORMSINV 함수를 이용하여 5% 유의수준에서의 하한단측검정을 위한 하한 임계값에 해당하는 Z값을 계산한다. NORMSINV 함수에 지정하는 확률은 누적확률이기 때문에 하한단측검정의 경우 표준정규분포에서 왼쪽 꼬리부분의 확률 즉 유의수준 0.05를 그대로 지정하면 된다.

= NORMSINV(0.05)

E4에 5% 유의수준에서 귀무가설 채택여부를 결정하는 표준화 Z임계값이 −1.645로 계산되어 있다. 따라서 귀무가설 채택역은 $Z > -1.645$가 되고, E3에서 계산된 검정통계량 Z값 −2.736은 이 범위에서 벗어나 있으므로 귀무가설을 기각하게 된다. 즉 동남아 여행자의 비율이 감소했다고 판단하게 된다.

	A	B	C	D	E	F
1	예제 7.48					
2	π =	0.38		p =	0.296	
3	n =	250		Z =	-2.73629	
4	x =	74		Z_crt =	-1.64485	
5	sig_lev =	0.05				
6						

예제 7.49 임금 협상을 하고 있는 노조에서는 회사와의 협상이 결렬될 경우 조합원의 과반수의 찬성이 있을 경우 즉시 파업에 돌입하기로 결정하였다. 노조 집행부에서는 사용자측과의 협상에서 강력한 요구를 하기 위해 실제로 조합원들이 과반수 이상이 파업의사가 있는지를 확인하려고 한다. 이를 위해 실제로 조합원들이 과반수 이상이 파업의사가 있는지를 확인하려고 한다. 이를 위해 전체 1,564명의 조합

원 중 300명을 무작위로 추출하여 파업에 대한 의사를 조사한 결과 164명이 찬성, 122명이 반대, 그리고 14명이 기권하였다. 이를 기초로 10% 유의수준에서 조합원들의 과반수 이상이 파업을 지지하고 있다고 볼 수 있는지 검정하시오.

풀이 파업에 대한 지지비율이 과반수를 넘는지 여부를 검정하는 것으로 상한단측검정을 해야 한다.

$$H_0 : \pi \leqq 0.5$$

$$H_1 : \pi > 0.5$$

300명 중 찬성인원이 164명이므로 표본비율은 $p = \frac{164}{300} = 0.547$이다. 다음 이 표본비율에 대한 표준화 Z값을 구해야 하는데, 이 때 주의할 것은 모집단의 크기가 1,564명으로 알려져 있는 유한모집단이므로 표준오차를 계산할 때 유한모집단 수정계수 $\sqrt{\frac{N-n}{N-1}}$ 로 수정한 결과를 사용해야 한다는 점이다.

$$Z = \frac{p-\pi_0}{\sqrt{\frac{\pi_0(1-\pi_0)}{n}} \cdot \sqrt{\frac{N-n}{N-1}}} = \frac{0.547-0.5}{\sqrt{\frac{0.5(1-0.5)}{300}} \cdot \sqrt{\frac{1,564-300}{1,564-1}}} = 1.80$$

유의수준이 10%이고, 상한단측검정이므로 임계값에 해당하는 표준화 Z값은 표준정규분포표에서 누적확률이 0.9인 곳의 Z값인 1.28이다.

Z	0.07	0.08	0.09
1.1	0.8790	0.8810	0.8830
1.2	0.8980	0.8997	0.9015
1.3	0.9147	0.9162	0.9177

따라서 $Z < 1.28$이면 귀무가설이 채택되고 $Z \geq 1.28$이면 귀무가설이 기각된다. 위에서 구한 표본비율 $p = 0.547$에 대한 표준화 Z값이 1.80으로 귀무가설 채택범위($Z < 1.28$)를 벗어나 있으므로, 귀무가설을 기각하고 대립가설을 채택하게 된다. 즉 노조에서는 조합원들의 과반수 이상이 파업을 지지하고 있다고 판단할 수 있다. 이는 다시 말해 표본비율 54.7%가 유의적(significant)인 것임을 의미하는 것이다.

입력과정

① B2:B6 : 표본크기를 비롯한 조사결과를 입력한다.

② E2 : $p = \frac{x}{n}$에 따라 표본비율을 계산한다.

= B5/B4

E2에 표본비율이 $p = 0.547$로 나타나 있다.

③ E3 : 유한모집단($N = 1,564$)이므로 $Z = \frac{p-\pi_0}{\sqrt{\frac{\pi_0(1-\pi_0)}{n}} \cdot \sqrt{\frac{N-n}{N-1}}}$에

따라 표본비율 $p=0.547$에 대한 표준화 Z값을 계산한다.

= (E2−B3)/(SQRT(B3*(1−B3)/B4)*SQRT((B2−B4)/(B2−1)))

E3에 Z값이 1.90으로 나타나 있다.

④ E4 : NORMSINV 함수를 이용하여 10% 유의수준에서의 상한단측검정을 위한 상한 임계값에 해당하는 Z값을 계산한다. NORMSINV 함수에 지정하는 확률은 누적확률이기 때문에 상한단측검정의 경우 표준정규분포에서 오른쪽 꼬리부분의 확률 즉 유의수준 0.10을 1에서 뺀 값 즉 $1-\alpha=0.9$를 지정하면 된다.

= NORMSINV(0.90)

E4에 10% 유의수준에서 귀무가설 채택여부를 결정하는 표준화 Z임계값이 1.28로 계산되어 있다.

	A	B	C	D	E	F
1	예제 7.49					
2	N =	1564		p =	0.546667	
3	pi =	0.5		Z =	1.797643	
4	n =	300		Z_crt =	1.281552	
5	x =	164				
6	sig_lev =	0.1				
7						

따라서 귀무가설 채택역은 $Z<1.28$이 되고 E3에서 계산된 검정통계량 Z값 1.80은 이 범위에서 벗어나 있으므로 귀무가설을 기각하게 된다.

7.6 모분산의 추정과 가설검정

■ 모분산의 신뢰구간 추정

모평균이 μ이고 분산이 σ^2인 정규분포를 하는 모집단으로부터 크기가 n인 표본을 추출하여 얻은 표본의 분산 s^2은 모분산 σ^2에 대한 점추정치로서 다음과 같은 식에 따라 구할 수 있다.

$$s^2 = \frac{\sum(x-\overline{x})^2}{n-1}$$

이 때 표본분산과 모분산 사이의 비율 $\frac{s^2}{\sigma^2}$에 $(n-1)$을 곱하여 얻게 되는 통계량 $\frac{(n-1)s^2}{\sigma^2}$는 아래 그림과 같은 모양을 가진 자유도 $df = n-1$의 χ^2분포를 한다. 따라서 χ^2값은 모분산 σ^2뿐 아니라 표본크기와 표본분산 s^2에 따라 결정되는 확률변수인 것이다.

아래 그림에서 보는 바와 같이 χ^2분포는 비대칭으로서 χ^2값은 항상 양(+)의 값을 가지며, 자유도가 커짐에 따라 정규분포의 형태에 접근하는 특성을 가지고 있다.

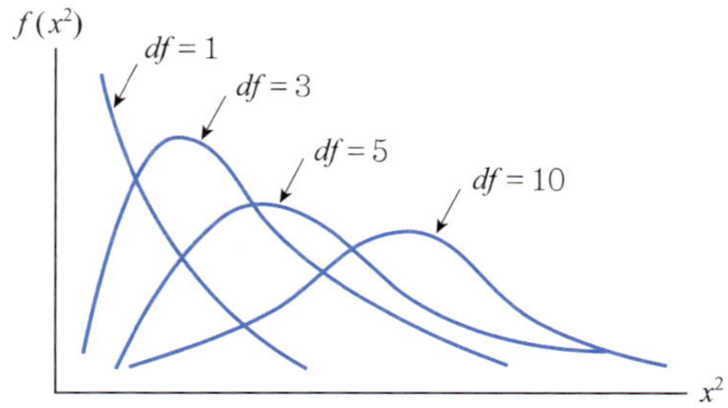

그림 7-27 χ^2분포와 자유도

여기서 $\chi^2 = \frac{(n-1)s^2}{\sigma^2}$의 관계식을 이용하면 표본분산 s^2와 표본크기 n을 알고 있는 경우 χ^2값이 일정 범위의 값을 갖는 σ^2값의 범위를 생각할 수 있는데 이를 이용하여 모분산의 신뢰구간을 추정할 수 있다.

즉 주어진 유의수준에 따라 χ^2값의 상하한값이 각각 χ^2_U, χ^2_L로 결정되면 위의 관계식에 따라 σ^2의 신뢰구간을 아래와 같이 구할 수 있다.

$$\frac{(n-1)s^2}{\chi^2_U} < \sigma^2 < \frac{(n-1)s^2}{\chi^2_L}$$

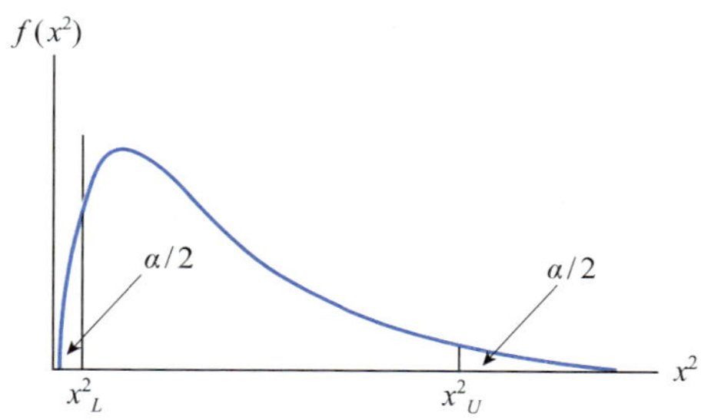

그림 7-28 모분산 σ^2의 신뢰구간

예제 7.50 건전지 15개를 무작위로 추출하여 수명을 조사한 결과 표본평균이 42시간이고 표준편차가 4.5시간으로 나타났다. 건전지 수명이 정규분포를 한다고 할 때 95%의 신뢰수준 하에서 모분산의 신뢰구간은 다음과 같이 추정한다.

풀이 표본크기가 n이고 표본분산이 s^2일 때 모분산의 신뢰구간은

$$\frac{(n-1)s^2}{\chi_U^2} < \sigma^2 < \frac{(n-1)s^2}{\chi_L^2}$$

에 따라 구할 수 있는데 이를 위해서는 먼저 χ^2분포에서 신뢰수준이 95%일 때 χ^2값의 상하한 임계값을 χ^2분포표를 통해 구해야 한다.

부표에 제시되어 있는 χ^2분포표는 χ^2분포의 오른쪽 꼬리 부분 기각역 확률을 기준으로 χ^2값이 계산되어 있기 때문에 상한 임계값을 찾기 위해서는 먼저 오른쪽 꼬리 부분의 기각역 확률을 알아야 한다.

신뢰수준이 95%라는 것은 기각역 확률 α가 5%임을 의미하기 때문에 χ^2분포의 오른쪽 꼬리부분의 기각역 확률은 $\alpha/2=0.025$가 되고, 자유도가 $df=n-1=14$이므로 이를 χ^2분포표에서 찾으면 χ^2상한 값은 26.12가 된다.

하한 임계값은 χ^2분포표에서 누적확률이 0.025가 되는 곳의 χ^2값이 되는데, χ^2분포표는 오른쪽 꼬리부분의 기각역 확률을 기준으로 χ^2값을 표시하고 있으므로 이 경우는 오른쪽 꼬리부분의 기각역 확률이 0.975이면서 자유도가 14인 곳의 값을 찾으면 되며 이 때 χ^2값은 5.63이다.

χ^2	상한 단측확률			
df	0.975	0.050	0.025	0.010
13	5.009	22.362	24.736	27.688
14	5.629	23.685	26.119	29.141
15	6.262	24.996	27.488	30.578

모분산 신뢰구간의 하한값과 상한값은 각각

$$\frac{(n-1)s^2}{\chi_U^2} = \frac{(15-1)\times 4.5^2}{26.119} = 10.85$$

$$\frac{(n-1)s^2}{\chi_L^2} = \frac{(15-1)\times 4.5^2}{5.629} = 50.36$$

이므로 모분산의 신뢰구간은 $10.85 \leq \sigma^2 \leq 50.36$이 된다. 즉 모분산이 $10.85 \leq \sigma^2 \leq 50.36$의 신뢰구간 범위에 있는 값을 가진 확률이 95%임을 의미한다.

입력과정

① B2:B5 : 표본크기, 표본평균, 표준편차 등을 입력한다.

② E2 : 표본에 대한 분산을 계산한다. 표준편차가 이미 B4에 입력되어 있으

므로 이를 제곱하면 된다.
= B4^2

③ E3:E4 : CHIINV(prob,df) 함수를 이용하여 χ^2분포에서 신뢰수준이 95%일 때, χ^2값의 상하한 임계값을 계산한다.

CHIINV 함수의 첫 번째 인수인 prob에는 주어진 신뢰수준 하에서 χ^2분포의 오른쪽 꼬리부분 기각역 확률을 지정하며 두 번째 인수 df에는 자유도를 지정한다.

따라서 신뢰수준이 95%로 주어졌을 때 기각역 확률 α는 5%가 되어 χ^2분포의 오른쪽 꼬리 부분의 기각역 확률은 $\alpha/2 = 0.025$가 되므로, χ^2상한값을 구하기 위한 CHINV 함수의 prob 인수값은 0.025가 되나 χ^2하한값을 구하기 위한 CHIINV 함수의 prob 인수값은 왼쪽 꼬리가 0.025가 되므로 오른쪽 꼬리부분의 기각역 확률 0.975를 지정한다.
= CHIINV(0.025,B2−1)
= CHIINV(0.975,B2−1)

E3과 E4에 신뢰수준이 95%이고 자유도가 $df = n - 1 = 14$일 때 χ^2분포의 상하한값이 각각 26.12, 5.63으로 계산되어 있다.

④ E5:E6 : $\dfrac{(n-1)s^2}{\chi_L^2}$, $\dfrac{(n-1)s^2}{\chi_U^2}$에 따라 분산의 신뢰구간 상하한값을 각각 계산한다.
= (B2−1)*E2/E4
= (B2−1)*E2/E3

모분산에 대한 신뢰구간 상한값과 하한값이 E5와 E6에 각각 50.37과 10.85로 계산되어 있다.

	A	B	C	D	E	F
1	예제 7.50					
2	n =	15		s^2 =	20.25	
3	x bar =	42		Chi_U =	26.11895	
4	s =	4.5		Chi_L =	5.628726	
5	conf_lev =	0.95		sigma^2_U =	50.36664	
6				sigma^2_L =	10.85419	
7						

모분산의 가설검정

표본크기가 n인 표본의 분산이 s^2일 때 이 표본이 추출된 모집단의 모분산 σ^2이 특정한 값

σ_0^2과 동일하다고 볼 수 있는지를 검정하려 한다면 다음과 같이 가설을 설정할 수 있다.

$$H_0 : \sigma^2 = \sigma_0^2$$
$$H_1 : \sigma^2 \neq \sigma_0^2$$

Note

물론 이 때 모분산 σ^2이 특정한 값 σ_0^2보다 큰지 또는 작은지를 검정한다고 한다면 대립가설은 각각 $H_1 : \sigma^2 > \sigma_0^2$ 또는 $H_1 : \sigma^2 < \sigma_0^2$으로 설정될 것이다.

앞에서 살펴본 바와 같이 $\frac{(n-1)s^2}{\sigma^2}$은 χ^2분포를 하므로 $\frac{(n-1)s^2}{\sigma^2}$에 표본크기 n과 표본분산 s^2 그리고 가설에서 설정한 모분산값 σ_0^2을 대입하면 검정통계량 χ^2값을 구할 수 있으며, 이 χ^2값이 χ^2분포의 어디에 위치해 있는가를 통해 위에서 설정한 가설을 검정할 수 있다.

즉 $\frac{(n-1)s^2}{\sigma^2}$는 χ^2분포를 하므로 상한단측검정인 경우 이 값의 유의수준이 α이고 자유도가 $df = n-1$일 때 χ^2의 상한 임계값 χ_U^2보다 크다면 귀무가설이 기각되고 대립가설이 채택된다. 또한 하한단측검정인 경우는 $\frac{(n-1)s^2}{\sigma^2}$의 값이 유의수준이 α이고 자유도가 $df = n-1$일 때의 χ^2의 하한 임계값 χ_L^2보다 작다면 귀무가설이 기각되고 대립가설이 채택된다. 만약 양측검정을 하는 경우라면 χ^2의 상한 임계값과 하한 임계값을 구해야 하는데 이 때 상한 임계값은 χ^2분포의 오른쪽 꼬리 부분의 기각역 확률이 $\alpha/2$이고 자유도가 $n-1$일 때의 χ^2값이 되며, 하한 임계값은 χ^2분포의 왼쪽 꼬리 부분의 기각역 확률이 $\alpha/2$이고 자유도가 $n-1$일 때의 χ^2값이 된다. 따라서 $\frac{(n-1)s^2}{\sigma^2}$에 따라 계산된 χ^2값이 된다. 따라서 $\frac{(n-1)s^2}{\sigma^2}$에 따라 계산된 χ^2값이 하한 임계값 χ_L^2과 상한 임계값 χ_U^2 사이에 속하면 귀무가설을 채택하게 된다.

예제 7.51 200ml 주스를 캔에 담는 생산라인의 담당자는 가능한 한 정확한 중량의 주스가 캔에 주입되도록 캔에 담는 주스의 중량에 대한 표준편차를 2ml 이하로 유지하려 한다. 이를 확인하게 위해 50개를 무작위로 뽑아 조사한 결과 평균이 201.5ml이고 표준편차는 1.84ml인 것으로 나타났다. 이 결과를 통해 모집단의 표준편차가 $\sigma < 2$ml이라고 볼 수 있는지 5% 유의수준에서 검정하시오.

풀이 표준편차가 $\sigma<2$인지를 검정하는 것이므로 이는 모분산이 $\sigma^2<4$인지를 검정하는 가설을 설정하면 된다.

$$H_0 : \sigma^2 \geq 4$$
$$H_1 : \sigma^2 < 4$$

표본에 대한 표준편차가 1.84이므로 표본분산은 $s^2=1.842^2=3.3856$이고, 검정하고자 하는 지정된 모분산이 $\sigma^2=4$이므로 χ^2값은

$$\frac{(n-1)s^2}{\sigma^2}=\frac{(50-1)\times 3.3856}{4}=41.47$$

이 된다. 다음 이 χ^2이 귀무가설 채택역에 속하는지 기각역에 속하는지를 알기 위해 5% 유의수준에서의 χ^2임계값을 구해야 한다. 그런데 위의 가설은 하한 단측검정이므로 χ^2분포에서 누적확률이 0.05가 되는 곳의 χ^2값에 해당하는데, 부록의 χ^2분포표는 기각역 확률을 기준으로 χ^2값이 제시되어 있기 때문에 오른쪽 꼬리 부분의 기각역 확률이 0.95이면서 자유도가 49($n-1=50-1$)인 곳의 값을 찾으면 33.93의 χ^2임계값을 얻게 된다. 위에서 계산한 χ^2값(=41.47)이 임계값보다 작지 않기 때문에 귀무가설을 채택하게 된다. 즉 모집단의 표준편차가 $\sigma<2$라고 볼 수 없다는 판단을 내린다.

χ^2	상한 단측확률			
df	0.975	0.050	0.025	0.010
48	28.177	33.098	35.949	73.683
49	28.941	33.930	36.818	74.919
50	29.707	34.764	37.689	76.154

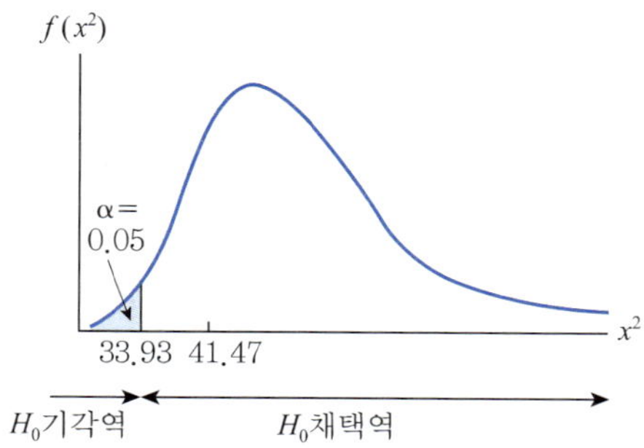

그림 7-29 σ^2의 하한단측검정

입력과정

① B2:B3 : 표본크기와 가설검정의 기준이 될 모집단의 표준편차 및 표본의 표준편차를 입력한다.

② E2 : $\dfrac{(n-1)s^2}{\sigma^2}$ 에 따라 표본분산에 대한 χ^2값을 계산한다.

= (B2−1)*B4^2/B3^2

χ^2검정통계량이 41.47로 계산되어 있다.

③ E3 : CHIINV(prob,df) 함수를 이용하여 주어진 유의수준과 자유도 하에서의 χ^2임계값을 구한다. 이 때 prob에는 χ^2분포에서 오른쪽 꼬리부분의 기각역 확률을 대입하여야 하는데, 위의 가설검정은 하한 단측검정이면서 유의수준이 5%로 주어졌기 때문에 $1-\alpha=0.95$를 인수로 지정한다.

=CHIINV(0.95,B2−1)

유의수준이 0.05이고 자유도가 $df=49$일 때의 χ^2임계값이 E3에 33.93으로 나타나 있다. E2의 검정통계량 χ^2값(41.47)이 E3에 있는 임계값(33.93)보다 작지 않으므로 귀무가설을 채택하게 된다.

	A	B	C	D	E	F
1	예제 7.51					
2	n =	50		Chi^2_stat =	41.4736	
3	sigma =	2		Chi^2_crit =	33.93031	
4	s =	1.84				
5	sig_lev =	0.05				
6						

7장 연습문제

■ 추정과 가설검정

연습 7.1 어느 편의점에 출입하는 손님들 가운데 100명을 표본으로 하여 1인당 평균 지출액을 조사한 결과 3,400원인 것으로 나타났다.

(1) $\mu = 3,400$이라고 볼 수 있는가?

(2) 추정치 오차가 1,400원이라 할 때 모평균 μ는 2,000원에서 4,800원 사이에 있다고 확실하게 보장할 수 있는가?

(3) 이 경우 모평균 μ은 상수인가 변수인가?

풀이 (1) 표본을 통해 모집단의 평균 지출액을 추측하는 것이기 때문에 표본이 어떻게 뽑히느냐에 따라 표본평균은 얼마든지 달라질 수 있다. 따라서 여기서 얻은 표본평균 3,400원이 우리가 추정하고자 하는 모평균 값과 정확히 일치한다고 볼 수 없다.

(2) 추정치 오차가 1,400원으로 나타난 경우 우리는 모평균에 대한 구간추정을 할 수 있다.
즉 표본평균±추정치 오차의 범위에 모평균 값이 있을 것으로 추정하는 것이다. 그러나 여기서 주의할 것은 모평균이 이 구간에 반드시 있다는 의미가 아니라 단지 이 구간에 있을 확률이 신뢰수준만큼 높다는 의미이다. 만약 신뢰도가 95%이면 이 구간에 모평균이 있을 확률이 95%가 된다는 의미가 되는 것이다.
따라서 모평균이 구간추정치 범위인 2,000원과 4,800원 사이에 반드시 있으리라는 보장은 없다.

(3) 모평균은 모집단에 속하는 모든 개체에 대한 평균이므로 하나의 값이 존재하고 따라서 상수에 해당한다.

연습 7.2 아래의 가설이 귀무가설인지 대립가설인지 확인하시오.

(1) $\mu > 1,250$

(2) $\pi \geq 0.6$

(3) $\mu = 68$

(4) $\sigma^2 \leq 420$

(5) $\sigma > 20$

(6) $\pi \neq 0.75$

풀이 가설의 내용이 모수를 추정하는 어떤 특정 값을 포함하고 있으면 귀무가설이 된다.

(1) '모평균이 1,250보다 크다'라는 대립가설이다.

(2) '모비율이 0.6이상이다'라는 귀무가설이다.

(3) '모평균이 68이다'라는 귀무가설이다.

(4) '모분산이 420이하이다'라는 귀무가설이다.

(5) '모집단의 표준편차가 20보다 크다'라는 대립가설이다.

(6) '모비율이 0.75가 아니다'라는 대립가설이다.

연습 7.3 대출기간이 3년인 대출의 경우 정해진 대출기간 내에 회수되는 비율이 92%인 것으로 알려져 있다. 이 때 대출기간이 5년인 대출 역시 기간 내 회수비율이 92%가 되는지를 알고 싶다고 있을 때 귀무가설과 대립가설을 설정하시오.

풀이 〈귀무가설〉 $H_0 : \pi = 0.92$
〈대립가설〉 $H_1 : \pi \neq 0.92$

연습 7.4 어느 제과업체에서 생산되는 캔디의 경우 식용색소의 사용량은 보건당국의 규정에 따라 100g당 1mg 미만이 되어야 한다. 보건당국에서는 시중에서 판매되는 캔디를 표본으로 뽑아 이 규정이 잘 시행되고 있는지를 조사하려 한다. 이 때 검사자가 설정하는 귀무가설과 대립가설을 기술하시오.

풀이 보건당국에서는 캔디에 함유된 식용색소의 양이 규정치 이내라고 믿기 어렵다는 가정에서부터 출발하는 것이다. 따라서
〈귀무가설〉 H_0 : 식용색소의 함유량이 1mg 이상이다.
〈대립가설〉 H_1 : 식용색소의 함유량이 1mg 미만이다.

연습 7.5 인사 담당자는 신입사원을 채용할 때 다음과 같은 가설을 설정하고, 면접과 여러 가지 테스트를 통해 귀무가설이 진실인 것으로 채택되면 채용하는 것으로 결정하고 있다.

〈귀무가설〉 지원자가 회사에서 요구하는 잠재능력을 가지고 있다.
〈대립가설〉 지원자가 회사에서 요구하는 잠재능력을 가지고 있지 않다.

(1) 인사 담당자가 범할 수 있는 1종오류와 2종오류는 무엇인가?
(2) 1종과 2종 중 어느 오류가 이 회사에게 더 치명적이 될 수 있는가?

풀이 (1) 1종오류는 진실인 귀무가설을 거짓이라고 판단하여 기각하게 되는 오류이다. 따라서 이 경우는 지원자가 잠재능력을 가지고 있음에도 불구하고 이 지원자를 능력이 없는 것으로 판단하여 탈락시킬 오류를 의미한다. 반면에 2종오류는 거짓인 귀무가설을 진실로 판단하여 이를 채택함으로써 발생하는 오류를 말하며, 이 경우 회사는 능력이 없는 지원자를 능력이 있는 것으로 판단하여 채용하게 되는 오류를 말한다.
(2) 2종오류를 범하는 것이 더 심각한 오류가 된다.

연습 7.6 어느 금융기관에서는 연체율의 상한선을 1%로 설정하고 있다. 금융분석실에서는 이 금융기관의 연체율이 상한선으로 설정한 1%의 기준을 만족시키고 있다고 보고 실제로 표본조사를 통해 이를 확인하고자 한다. 이 때 조사 담당자가

작성하는 귀무가설과 대립가설은 무엇인가?

풀이 이 경우 모집단의 연체율인 모수 π가 상한선 1%인지 아닌지의 두 가지 상황이 귀무가설과 대립가설의 내용이 될 것이다.

$$H_0 : \pi \leq 0.1$$
$$H_1 : \pi > 0.1$$

연습 7.7 주식 투자자가 다음과 같은 가설을 설정하였다.

H_0 : 지금은 주식을 매각할 때이다.
H_1 : 지금은 주식을 매수할 때이다.

위 두 가지 상황 즉 매각, 매수만이 존재한다고 할 때 다음에 답하시오.

(1) 1종오류와 2종오류는 무엇인가?
(2) 어떤 오류가 투자자에게 더 심각한다?

풀이 (1) 1종오류는 진실인 귀무가설을 거짓인 것으로 판단하여 기각하는 오류로서, 이 경우 1종오류를 범하게 되면 투자자는 주식을 매각할 때임에도 불구하고 매수하게 된다. 또한 2종오류는 거짓인 귀무가설을 진실인 것으로 판단하여 채택하는 오류로서, 이 경우 2종오류를 범하게 되면 투자자는 주식을 매수할 때임에도 불구하고 매각하게 된다.
(2) 매각해야 하는데도 불구하고 이를 매수하는 1종오류를 범할 때 투자자는 큰 손해를 보기 때문에 투자자에게는 1종오류가 더 심각하다.

연습 7.8 감시카메라가 설치된 고속도로에서 한 운전자가 제한속도 이상으로 운행하고 있고, 이 운전자는 감시카메라의 작동 여부를 확인할 수 없다고 하자. 다음과 같은 가설 하에서 아래 제시된 내용은 1종오류, 2종오류, 올바른 판단의 세 가지 중 어느 것에 해당하는지 확인하시오.

H_0 : 감시카메라는 거짓 신호를 보내고 있다.
H_1 : 감시카메라는 실제 과속 탐지 신호를 보내고 있다.

(1) 감시카메라가 과속탐지 신호를 보내는 구역을 통과하면서 현재 속도를 유지한 경우
(2) 감시카메라가 과속탐지 신호를 보내는 구역을 통과하면서 현재 속도를 낮춘 경우
(3) 감시카메라가 거짓 신호를 보내는 구역을 통과하면서 현재 속도를 유지한 경우
(4) 감시카메라가 거짓 신호를 보내는 구역을 통과하면서 현재 속도를 낮춘 경우

풀이 (1) 감시카메라가 설치된 구역을 통과하면서 현재 속도를 유지한다는 것은 감시카메라가 거짓 신호를 보내고 있다고 운전자가 판단하였기 때문이다. 그런데 실제로는 과속탐지 신호를 보내고 있는

경우이므로 이는 거짓의 귀무가설을 채택한 경우에 해당한다. 따라서 이는 2종오류에 해당한다.

(2) 감시카메라가 설치된 구역을 통과하면서 과속탐지신호가 작동되고 있다고 보고 속도를 낮춘 것이므로, 거짓 내용의 귀무가설을 기각하고 내용이 진실인 대립가설을 채택한 것으로서 올바른 판단을 내린 것이다.

(3) 감시카메라가 설치된 구역을 통과하면서 과속탐지신호가 거짓으로 작동하고 있다고 보고 현재 속도를 유지한 것이므로, 참된 내용의 귀무가설을 채택하고 거짓 내용의 대립가설을 기각한 것으로서 올바른 판단을 내린 것이다.

(4) 감시카메라가 설치된 구역을 통과하면서 과속탐지신호가 작동되고 있다고 보고 현재 속도를 낮춘 것이므로 참된 내용의 귀무가설을 거짓으로 생각하여 이를 기각하고 거짓 내용의 대립가설을 채택한 것으로서 1종오류에 해당한다.

■ 모평균의 추정

연습 7.9 신뢰수준이 다음과 같을 때 신뢰구간 설정에 적합한 표준화 Z값을 구하시오.

(1) 70%

(2) 80%

(3) 85%

(4) 99.5%

풀이 (1) 신뢰수준이 70%이므로 기각역의 확률은 좌우 대칭인 표준정규분포의 양쪽 꼬리 부분의 30%가 되고 어느 한 쪽 꼬리 부분만의 확률은 15%가 된다. 따라서 신뢰구간의 상한값에 대응하는 Z값은 표준정규분포표에서 누적확률이 0.85가 되는 곳의 표준화값을 찾으면 되는데, 이 때 값은 약 1.04가 된다. 또한 신뢰구간의 하한값에 대응하는 Z값과 상한값에 대응하는 Z값은 $Z=0$을 중심으로 좌우로 같은 크기만큼 떨어져 있으므로 신뢰구간의 하한값에 대응하는 Z값은 상한값에 대응하는 Z값 1.04에 (−)부호를 붙인 −1.04가 되는데, 이는 표준정규분포표에서 누적확률이 0.15가 되는 곳의 표준화 값에 해당하는 것이기도 하다.

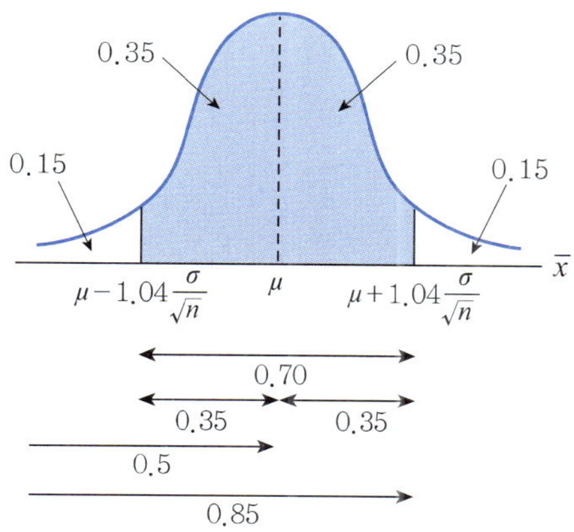

그림 7–30 모평균의 추정

(2) 표준정규분포표에서 누적확률이 0.9가 되는 곳의 표준화 값을 구하면 약 1.28이 된다. 이는 신뢰구간의 상한 표준화 Z값에 해당하며 하한 표준화 Z값은 −1.28이 된다.

(3) 표준정규분포표에서 누적확률이 0.925가 되는 곳의 표준화 값을 구하면 약 1.44가 된다. 이는 신뢰구간의 상한 표준화 Z값에 해당하며 하한 표준화 Z값은 −1.44가 된다.

(4) 표준정규분포표에서 누적확률이 0.9975가 되는 곳의 표준화 값을 구하면 2.81이 된다. 이는 신뢰구간의 상한 표준화 Z값에 해당하며 하한 표준화 Z값은 −2.81이 된다.

입력과정

① A3:A6 : 문제에서 주어진 신뢰수준을 입력한다.

② C3:C6 : NORMSINV(prob) 함수를 이용하여 주어진 신뢰수준하에서의 표준정규분포의 상한 임계값을 계산한다.

= NORMSINV(1−(1−A3)/2)

신뢰수준이 70%일 때 표준정규분포의 표준화 상한값이 C3에 1.036으로 계산되어 있다. 이 값에 (−)부호를 붙인 -1.036이 표준화 하한값이 된다. A4:A6의 범위에 주어진 신뢰수준 하에서의 표준화 상한값을 구하기 위해 복사기능을 이용한다. 즉 C3셀을 마우스로 지정하여 활성화시킨 후 자동채우기 핸들을 이용하여 C6까지 드래그 하여 복사과정을 실행한다.

	A	B	C	D
1	연습 7.9			
2	신뢰수준		표준화 상한값(z)	
3	0.7		1.036433	
4	0.8		1.281552	
5	0.85		1.439531	
6	0.995		2.807034	
7				

연습 7.10 표준편차가 14인 모집단에서 표본크기가 81인 표본을 뽑아 표본평균을 계산한 결과 $\bar{x} = 64.2$임을 알았다. 이 때 모평균에 대한 99%의 신뢰구간을 구하시오.

풀이 먼저 주어진 신뢰수준에 따른 표준화 Z값의 상한값을 구한다. 이는 누적확률이 0.995가 되는 곳의 표준화 Z값으로서 이를 표준정규분포표에서 찾으면 약 2.58이 된다. $\bar{x} = 64.2$, $\sigma = 14$, $n = 81$이고 $Z = 2.58$이므로 이를 신뢰구간을 구하는 식 $\bar{x} \pm Z\frac{\sigma}{\sqrt{n}}$에 대입하면

$$\bar{x} \pm Z\frac{\sigma}{\sqrt{n}} = 64.2 \pm 2.58\frac{14}{\sqrt{81}} = 64.2 \pm 4.0$$

이 된다. 즉 모평균은 60.2와 68.2 사이의 값을 가질 확률이 99%이다.

입력과정

① B2:B5 : 표본평균, 표준편차, 표본크기 등을 입력한다.

② E2 : 신뢰구간의 상한값에 대응하는 표준화 Z값을 NORMSINV(prob) 함수를 이용하여 구한다. NORMSINV 함수에 입력되는 인수는 누적확률이므로 신뢰구간의 상한값에 대응하는 누적확률 0.995를 입력해야 한다.

= NORMSINV(0.995)

E2에 이 값이 2.57583으로 계산되어 있다.

③ E3:E4 : $\bar{x} \pm Z\frac{\sigma}{\sqrt{n}}$에 따라 주어진 신뢰수준 하에서의 신뢰구간을 구한다.

= B2+E2*B3/SQRT(B4)

= B2−E2*B3/SQRT(B4)

E3과 E4에 신뢰구간의 상한값과 하한값이 각각 68.2, 60.2로 계산되어 있다.

	A	B	C	D	E	F
1	연습 7.10					
2	x bar =	64.2		Z =	2.575829	
3	sigma =	14		상한값 =	68.20685	
4	n =	81		하한값 =	60.19315	
5	conf_lev =	0.99				
6						

연습 7.11 모집단으로부터 45개의 관찰치를 뽑아 조사한 결과 표본평균은 $\bar{x} = 12.0$이고 표준편차는 $s = 8.45$임을 알게 되었다. 이를 이용하여 모평균이 신뢰구간에 속하지 않을 위험이 10%가 되는 신뢰구간을 추정하시오.

풀이 모평균이 신뢰구간에 속하지 않을 위험이 10%가 된다는 것은 신뢰수준이 90%가 된다는 것과 동일한 의미로서, 표준정규분포의 양쪽 꼬리 부분이 10%이므로 한쪽 꼬리 부분의 확률은 5%가 된다. 따라서 신뢰구간의 상한값에 해당하는 표준화 Z값은 표준정규분포표에서 누적확률이 0.95가 되는 곳의 값인 1.645가 된다. 또한 신뢰구간을 나타내는 식 $\bar{x} \pm Z\frac{\sigma}{\sqrt{n}}$에서 모집단의 표준편차 σ가 알려져 있지 않으므로 표본에서 얻은 표준편차 s로 대체하여 사용한다.

$$\bar{x} \pm Z\frac{s}{\sqrt{n}} = 12.0 \pm 1.645\frac{8.45}{\sqrt{45}} = 12.0 \pm 2.07$$

즉 모평균이 9.93에서 14.07 사이의 값을 가질 확률이 90%가 된다는 것을 의미하며 이를 다음과 같이 표시할 수 있다.

$$P\left(\bar{x} - Z\frac{s}{\sqrt{n}} \le \mu \le \bar{x} + Z\frac{s}{\sqrt{n}}\right) = P(9.93 \le \mu \le 14.07) = 0.90$$

입력과정

① B2:B5 : 표본평균, 표준편차, 표본크기 등을 입력한다.

② E2 : 신뢰구간의 상한값에 대응하는 표준화 Z값을 NORMSINV(prob) 함수를 이용하여 구한다. NORMSINV 함수에 입력되는 인수는 누적확률이므로 신뢰구간의 상한값에 대응하는 누적확률 0.95를 입력해야 한다.

= NORMSINV(0.95)

E2에 이 값이 1.645로 계산되어 있다.

③ E3:E4 : $\bar{x} \pm Z\frac{\sigma}{\sqrt{n}}$에 따라 주어진 신뢰수준 하에서의 신뢰구간을 구한다.

= B2+E2*B3/SQRT(B4)

= B2−E2*B3/SQRT(B4)

E3과 E4에 신뢰구간의 상한값과 하한값이 각각 14.07, 9.93으로 계산되어 있다.

	A	B	C	D	E	F
1	연습 7.11					
2	x bar =	12		Z =	1.644854	
3	s =	8.45		상한값 =	14.07194	
4	n =	45		하한값 =	9.928057	
5	sig_lev =	0.1				
6						

연습 7.12 표본조사를 통해 얻은 표본평균 $\bar{x}$를 이용하여 모평균의 신뢰구간을 추정하려고 한다. 이 때 신뢰구간의 범위에 영향을 주는 세 요소를 제시하고 이들 각 요소가 작아지게 되면 신뢰구간의 범위에는 어떤 영향을 미치는지 설명하시오.

풀이 신뢰구간의 상하한값은 $\bar{x} \pm Z\frac{s}{\sqrt{n}}$에 의해 구해지므로 신뢰구간의 범위는 표본오차 $Z\frac{s}{\sqrt{n}}$에 의해 결정된다.

따라서 신뢰구간의 범위는 바로 신뢰수준에 의해 결정되는 Z값, 표준편차(s) 그리고 표본크기(n)의 세 요소에 의해 영향을 받게 된다.

먼저 신뢰수준이 낮아지면 Z값도 작아지므로 신뢰구간의 범위는 좁아지게 되며 표준편차가 작아지는 경우도 신뢰구간의 범위는 좁아지게 된다. 반면에 표본크기가 작아지면 신뢰구간의 범위는 넓어지게 된다.

연습 7.13 대학교 도서관에서 학생들의 1인당 도서대출 권수를 조사하기 위해 무작위로 40명을 뽑아 분석한 결과 표본평균 $\bar{x} = 10.2$권이고 표준편차는 $s = 5.8$권인 것으로 나타났다. 신뢰수준 90%에서의 신뢰구간을 구하시오.

풀이 신뢰구간의 상한값이 위치하는 곳은 신뢰수준이 90%이므로 표준정규분포에서 오른쪽 꼬리 부분의 확률이 5%가 되는 곳에 해당한다. 따라서 신뢰구간의 상한값이 위치하는 곳의 표준화 Z값은 표준정규분포표에서 누적확률이 95%에 해당하는 곳의 값인 1.645가 된다.

표본크기, 표본평균, 표준편차는 이미 주어졌으므로 신뢰구간의 상하한값은

$$\bar{x}+Z\frac{s}{\sqrt{n}}=10.2\pm1.645\frac{5.8}{\sqrt{40}}=10.2\pm1.51$$

가 된다. 즉 신뢰구간은 8.69에서 11.71로 추정할 수 있다.

입력과정

① B2:B5 : 표본평균, 표준편차, 표본크기 등을 입력한다.

② E2 : 신뢰구간의 상한값에 대응하는 표준화 Z값을 NORMSINV(prob) 함수를 이용하여 구한다. NORMSINV 함수에 입력되는 인수는 누적확률이므로 신뢰구간의 상한값에 대응하는 누적확률 0.95를 입력해야 한다.

= NORMSINV(0.95)

E2에 이 값이 1.645로 계산되어 있다.

③ E3:E4 : $\bar{x}\pm Z\frac{\sigma}{\sqrt{n}}$ 에 따라 주어진 신뢰수준 하에서의 신뢰구간을 구한다.

= B2+E2*B3/SQRT(B4)

= B2−E2*B3/SQRT(B4)

E3과 E4에 신뢰구간의 상한값과 하한값이 각각 11.71, 8.69로 계산되어 있다.

	A	B	C	D	E	F
1	연습 7.13					
2	x bar =	10.2		Z =	1.644854	
3	s =	5.8		상한값 =	11.70843	
4	n =	40		하한값 =	8.69157	
5	conf_lev =	0.9				
6						

연습 7.14 어느 백화점의 기획실에서 고객 140명을 대상으로 각 고객의 가족 수를 조사하여 다음과 같은 결과를 얻었다.

가족수(x)	1	2	3	4	5	6	7	8
고객수(f)	12	28	38	34	16	7	3	2

(1) 가구당 평균 가족 수가 $\bar{x}=3.41$이고 표준편차는 $s=1.50$임을 보이시오.

(2) 신뢰수준 90%에서 모평균에 대한 신뢰구간을 구하시오.

풀이 (1) 위에 주어진 자료는 그룹화된 자료이므로 이에 대한 평균과 표준편차는 앞의 3장 4절에서 살펴본 바와 같이 아래의 식에 따라 구한다.

$$\bar{x} = \frac{\sum x_i f_i}{n} \quad (\text{여기서 } n = \sum f_i)$$

$$s = \sqrt{\frac{\sum (x_i - \bar{x})^2 f_i}{n-1}} = \sqrt{\frac{\sum x_i^2 f_i - \frac{(\sum x_i^2 f_i)^2}{n}}{n-1}}$$

아래 계산표에서 $\sum x_i^2 f_i = 477$이고 $n = \sum f_i = 140$이므로 이를 대입하면 평균은

$$\bar{x} = \frac{\sum x_i f_i}{n} = \frac{477}{140} = 3.41$$

이 된다. 또한 표준편차는 $\sum x_i^2 f_i = 1{,}937$이므로

$$s = \sqrt{\frac{\sum x_i^2 f_i - \frac{(\sum x_i^2 f_i)^2}{n}}{n-1}} = \sqrt{\frac{1937 - \frac{(477)^2}{140}}{139}} = 1.50$$

이 된다.

x	f	x*f	x^2*f
1	12	12	12
2	28	56	112
3	38	114	342
4	34	136	544
5	16	80	400
6	7	42	252
7	3	21	147
8	2	16	128
합계	140	477	1937
		평균	표준편차
		3.407143	1.497703

(2) 90%의 신뢰수준에서 신뢰구간의 상한값이 위치하는 곳의 표준화 Z값은 표준정규분포표에서 누적확률이 0.95에 해당하는 곳의 값인 1.645가 된다. 표본크기, 표본평균, 표준편차는 이미 주어졌으므로 신뢰구간의 상하한값은

$$\bar{x} \pm Z\frac{s}{\sqrt{n}} = 3.41 \pm 1.645\frac{1.50}{\sqrt{140}} = 3.41 \pm 0.21$$

가 된다. 즉 신뢰구간은 3.20에서 3.62로 추정할 수 있다. 이는 모평균이 3.20에서 3.62까지의 신뢰구간에 속할 확률이 90%임을 의미한다.

입력과정

① A3:I4 : 가족 수에 대한 도수분포표를 입력한다.

② B6 : SUM 함수를 이용하여 총고객수를 계산한다.

= SUM(B4:I4)

③ B7 : 도수분포표의 형태로 그룹화된 자료이므로 평균 가족 수는

$\bar{x} = \dfrac{\sum x_i f_i}{n}$에 따라 구한다.

= SUMPRODUCT(B3:I3,B4:I4)/B6

평균 가족수가 B7에 3.4로 나타나 있다.

④ B8 : $s = \sqrt{\dfrac{\sum (x_i - \bar{x})^2 f_i}{n-1}}$ 에 따라 표준편차를 계산한다.

= SQRT(SUMPRODUCT((B3:I3−B7)^2,B4:I4)/(B6−1))

위의 입력식에서 SUMPRODUCT((B3:I3−B7)^2,B4:I4)는

$s = \sqrt{\dfrac{\sum (x_i - \bar{x})^2 f_i}{n-1}}$ 에서 제곱근 안의 분자 $\sum (x_i - \bar{x})^2 f_i$를 계산하는 식이다. 표준편차가 B8에 1.50으로 계산되어 있다.

⑤ B9 : 90% 신뢰수준에서 표준정규분포의 상한 임계값을 계산한다.

= NORMSINV(0.95)

NORMSINV 함수는 누적확률을 인수로 입력해야 하므로 오른쪽 꼬리 부분의 기각역 확률 0.05를 뺀 0.95로 입력한다. 표준화 Z값이 1.645로 나타나 있다.

⑥ B10:B11 : $\bar{x} \pm Z\dfrac{s}{\sqrt{n}}$ 에 따라 신뢰수준 90%에서의 모평균에 대한 신뢰구간을 계산한다.

= B7+B9*B8/SQRT(B6)

= B7−B9*B8/SQRT(B6)

상한값과 하한값이 각각 3.62와 3.20으로 계산되어 있다.

	A	B	C	D	E	F	G	H	I	J
1	연습 7.14									
2										
3	가족수(x)	1	2	3	4	5	6	7	8	
4	고객수(f)	12	28	38	34	16	7	3	2	
5										
6	n =	140								
7	평균 =	3.407143								
8	표준편차 =	1.497703								
9	Z =	1.644854								
10	상한값 =	3.615347								
11	하한값 =	3.198939								
12										

연습 7.15 환경단체에서 수질오염을 조사하기 위해 40개 지역에서 표본을 채취하여 오염물질을 검사한 결과 표본평균이 82.7ppm, 표준편차는 32.3ppm이었다고 한다. 이로부터 모평균이 신뢰구간에 속하지 않을 위험 확률이 1%가 되는 구간추정치를 구하시오.

풀이 이는 신뢰수준이 99%인 신뢰구간을 구하는 것이므로 먼저 신뢰구간 상한값에 해당하는 표준화 Z값은 표준정규분포표에서 누적확률이 0.995가 되는 곳의 값인 2.58이 된다. 따라서 신뢰구간은

$$\bar{x} \pm Z\frac{s}{\sqrt{n}} = 82.7 \pm 2.58\frac{32.3}{\sqrt{40}} = 82.7 \pm 13.15$$

가 된다.

입력과정

① B2:B5 : 표본크기, 표본평균, 표준편차를 입력한다.
② E2 : 신뢰수준이 99%일 때 표준정규분포의 상한 임계값을 계산한다.
= NORMSINV(0.995)
③ E3:E4 : $\bar{x} \pm Z\frac{s}{\sqrt{n}}$에 따라 99% 신뢰수준하에서의 모평균에 대한 신뢰구간을 계산한다.
= B3+E2*B4/SQRT(B2)
= B3−E2*B4/SQRT(B2)
상한값과 하한값이 각각 95.85, 69.55로 계산되어 있다.

	A	B	C	D	E	F
1	연습 7.15					
2	n =	40		Z =	2.575829	
3	x bar =	82.7		상한값 =	95.85496	
4	s =	32.3		하한값 =	69.54504	
5	sig_lev =	0.01				
6						

연습 7.16 모집단의 표준편차가 18.7일 때 신뢰수준 95%에서 모평균의 표본오차가 ±3.2 사이에 있게 하기 위해서는 표본크기를 얼마로 해야 하는가?

풀이 Z값과 표준편차 σ, 표본오차 E가 주어지면 표본크기는 $n = \left(\frac{Z\sigma}{E}\right)^2$에 따라 결정된다. 여기서 Z값은 신뢰수준이 95%이므로, 표준정규분포에서 신뢰구간의 상한값이 위치하는 곳까지의 누적확률인 0.975에 해당하는 Z값으로서 이를 표준정규분포표에서 찾으면 1.96임을 알 수 있다. 따라서 표본크기는

$$n = \left(\frac{Z\sigma}{E}\right)^2 = \left(\frac{1.96 \times 18.7}{3.2}\right)^2 \approx 131$$

이 된다.

입력과정

① B2:B4 : 표준편차와 표본오차를 입력한다.

② E2 : 신뢰구간의 상한값에 대응하는 표준화 Z값을 NORMSINV(prob) 함수를 이용하여 구한다. NORMSINV 함수에 입력되는 인수는 누적확률이 95% 신뢰수준에서 신뢰구간의 상한값에 대응하는 누적확률 0.975를 입력한다.

= NORMSINV(0.975)

E2에 이 값이 1.96으로 나타나 있다.

③ E3 : $n = \left(\frac{Z\sigma}{E}\right)^2$에 따라 표본크기를 계산한다.

= (E2*B2/B3)^2

표본크기가 E3에 131.2로 계산되어 있다. 표본크기는 정수가 되어야 하므로 표본크기는 131개로 하면 된다.

	A	B	C	D	E	F
1	연습 7.16					
2	sigma =	18.7		Z =	1.959964	
3	E =	3.2		n =	131.1836	
4	conf_lev =	0.95				
5						

연습 7.17 99%의 신뢰수준에서 모평균을 추정하려고 한다. 추정되는 신뢰구간의 표본오차 범위를 ±150으로 하려고 할 때 만약 모집단의 표준편차가 800이라면 표본크기는 얼마로 해야 하는가?

풀이 99% 신뢰수준에서 신뢰구간의 상한값에 해당하는 Z값은 표준정규분포에서 누적확률이 0.995가 되는 곳의 값으로서 2.58의 값을 가지게 된다.

표준편차와 표본오차가 각각 $\sigma = 800$, $E = 150$이므로 표본크기는

$$n = \left(\frac{Z\sigma}{E}\right)^2 = \left(\frac{2.58 \times 800}{150}\right)^2 = 188.7$$

이 되므로 표본크기는 약 190정도로 하면 될 것이다.

입력과정

① B2:B4 : 표준편차와 표본오차를 입력한다.

② E2 : 신뢰구간의 상한값에 대응하는 표준화 Z값을 NORMSINV(prob) 함수를 이용하여 구한다. NORMSINV 함수에 입력되는 인수는 누적확률이므로 99% 신뢰수준에서 신뢰구간의 상한값에 대응하는 누적확률 0.995를 입력한다.

= NORMSINV(0.995)

E2에 이 값이 2.58로 나타나 있다.

③ E3 : $n = \left(\frac{Z\sigma}{E}\right)^2$에 따라 표본크기를 계산한다.

= (E2*B2/B3)^2

표본크기가 E3에 188.7로 계산되어 있다.

표본크기는 정수가 되어야 하므로 표본크기는 약 190개 정도로 하면 된다.

	A	B	C	D	E	F
1	연습 7.17					
2	sigma =	800		Z =	2.575829	
3	E =	150		n =	188.7259	
4	conf_lev =	0.99				
5						

연습 7.18 대학원 학생 전체의 평균 학점을 추정하려고 한다. 그리고 학점은 2.00에서 4.00까지의 값을 가진다고 한다. 이 때 95% 신뢰수준에서 신뢰구간의 오차범위가 ±0.1이 되도록 하려면 표본크기는 얼마로 하여야 하는가? 표준편차는 이에 대한 어떠한 정보도 알려져 있지 않기 때문에 학점의 분포가 정규분포를 한다고 보고 학점이 취할 수 있는 값의 범위를 기초로 표준편차의 개략적인 값을 구하여 이용하도록 한다.

풀이 여기서 중요한 것은 표준편차가 알려져 있지 않을 때 학점이 취할 수 있는 값의 범위를 기초로 표준편차의 개략적인 값을 어떻게 구하는가 하는 문제이다.

학점의 분포가 정규분포를 한다고 보면 거의 모든 학생들의 학점은 모평균을 중심으로 $\pm 3\sigma$ 사이에 포함되어 있을 것이다.

학점의 범위가 2.00에서 4.00인 2(=4−2)이므로 표준편차는 이 범위의 1/6인 1/3(=2×(1/6))로 추정할 수 있다.

신뢰수준 95%에 해당하는 Z값이 1.960이고 표본오차는 $E=0.10$이므로 표본크기는

$$n = \left(\frac{Z\sigma}{E}\right)^2 = \left(\frac{1.96 \times 0.333}{0.1}\right)^2 = 42.6$$

이 된다.

따라서 표본크기는 43개 정도로 하면 될 것이다.

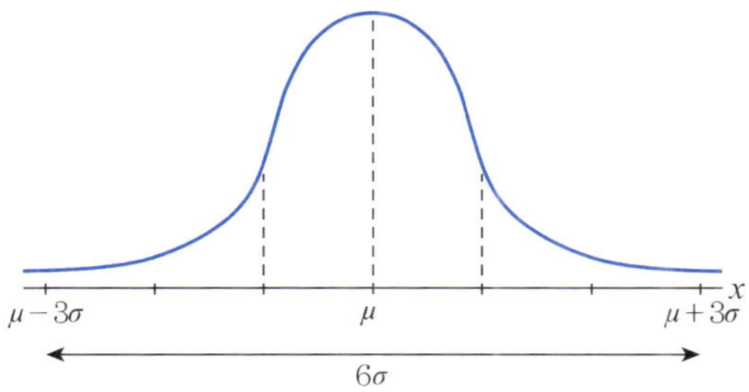

그림 7-31 정규분포와 범위

입력과정

① B2:B4 : 표준편차와 표본오차를 입력한다.

② E2 : 신뢰구간의 상한값에 대응하는 표준화 Z값을 NORMSINV(prob) 함수를 이용하여 구한다. NORMSINV 함수에 입력되는 인수는 누적확률이므로 95% 신뢰수준에서 신뢰구간의 상한값에 대응하는 누적확률 0.975를 입력한다.

= NORMSINV(0.975)

E2에 이 값이 1.96으로 나타나 있다.

③ E3 : $n = \left(\frac{Z\sigma}{E}\right)^2$에 따라 표본크기를 계산한다.

= (E2*B2/B3)^2

표본크기가 E3에 42.6으로 계산되어 있다. 표본크기는 정수가 되어야 하므로 표본크기는 약 43개 정도로 하면 된다.

	A	B	C	D	E	F
1	연습 7.18					
2	sigma =	0.333		Z =	1.959964	
3	E =	0.1		n =	42.59755	
4	conf_lev =	0.95				
5						

연습 7.19 소비자 단체에서 주유소의 무연휘발유 $1l$당 평균가격을 조사하려 한다. 각 주유소의 무연휘발유 가격의 표준편차는 예비조사를 통해 얻은 결과 $s = 30$

(원)으로 나타났다. 소비자 단체는 이를 기초로 모집단의 무연휘발유 $1l$당 평균가격을 95% 신뢰수준에서 표본오차의 범위를 ±10(원) 이내로 추정하려 한다. 만약 주유소 한 곳을 표본조사 하는데 1,200원의 비용이 소요된다면 총 표본조사비용은 얼마가 되겠는가? 또 신뢰수준을 90%로 하는 경우의 총 표본조사비용은 얼마가 되겠는가?

풀이 표본의 표준편차가 $s=30$일 때 신뢰수준 95%에서 표본오차를 $E=10$으로 하는 신뢰구간 추정을 하려 할 때 필요한 표본의 크기는 신뢰수준 95%에 해당하는 Z값이 1.96이므로

$$n=\left(\frac{Zs}{E}\right)^2=\left(\frac{1.96\times 30}{10}\right)^2=34.57$$

이 된다.

따라서 35개의 표본을 조사한다고 하면 총비용은 $35\times 1,200=42,000$(원)이 된다.

신뢰수준을 99%할 때는 이에 해당하는 Z값이 2.58이므로 표본크기는

$$n=\left(\frac{Zs}{E}\right)^2=\left(\frac{2.58\times 30}{10}\right)^2=59.71$$

이 되며 약 60개를 조사한다고 하면 조사비용은 $60\times 1,200=72,000$(원)이 되어 신뢰수준을 90%로 했을 때보다 비용이 더 소요됨을 알 수 있다.

입력과정

① B2:B4 : 표준편차와 표본오차를 입력한다.

② E2:E3 : $n=\left(\frac{Zs}{E}\right)^2$에 따라 신뢰수준별로 표본크기를 계산한다.

= (NORMSINV(0.975)*B2/B3)^2

= (NORMSINV(0.995)*B2/B3)^2

신뢰수준이 각각 95%, 99%일 때의 표본크기가 E2, E3에 34.6과 59.7로 나타나 있다. 따라서 표본크기는 약 35개, 60개로 하면 될 것이다.

	A	B	C	D	E	F
1	연습 7.19					
2	sigma =	30		n_1 =	34.57313	
3	E =	10		n_2 =	59.71407	
4	conf_lev =	0.95				
5						

연습 7.20 크기는 482인 모집단으로부터 무작위로 크기가 112개인 표본을 뽑았다. 이 표본의 표본평균은 365.8이고 표준편차는 121.4라고 할 때, 신뢰수준 95%에서 모평균이 속할 신뢰구간을 유한모집단 수정계수(finite population correction

term)를 이용하여 구하시오.

풀이 6장에서 유리는 모집단의 크기가 알려져 있고 표본의 크기가 모집단 크기의 5%를 상회하는 경우 표준오차를 계산하기 위해서는 $\frac{\sigma}{\sqrt{n}}$에 유한모집단 수정계수 $\sqrt{\frac{N-n}{N-1}}$를 곱해야 한다는 사실을 살펴보았다.

이 문제에서 모집단 크기는 482개로 알려져 있고 또 표본의 크기가 112개로 모집단 크기의 5%를 훨씬 상회하므로 표본평균에 대한 표준오차를 계산하기 위해서는 $\sigma_{\bar{x}}=\frac{\sigma}{\sqrt{n}}$ 대신에 $\sigma_{\bar{x}}=\frac{\sigma}{\sqrt{n}}\cdot\sqrt{\frac{N-1}{N-n}}$를 사용해야 한다. 그런데 여기서 모집단의 표준편차 σ를 모르기 때문에 표본에서 얻은 표준편차 $s=121.4$를 대체하여 사용하도록 한다. 신뢰수준이 95%이므로 신뢰구간 상한값에 해당하는 표준화 Z값은 누적확률이 0.975가 되는 곳의 값인 1.96이고 $N=482$, $n=112$이므로 신뢰구간의 상하한값은 다음과 같다.

$$\bar{x}\pm Z\frac{s}{\sqrt{n}}\cdot\sqrt{\frac{N-n}{N-1}}=365.8\pm1.96\frac{121.4}{\sqrt{112}}\cdot\sqrt{\frac{482-112}{482-1}}=365.8\pm19.72$$

즉 모평균이 346.08에서 385.52 사이에 속할 확률이 95%가 될 것이다.

입력과정

① B2:B6 : 모집단과 표본의 크기, 표본평균, 표준편차 등을 입력한다.

② E2: 신뢰구간의 상한값에 대응하는 표준화 Z값을 NORMSINV(prob) 함수를 이용하여 구한다. NORMSINV 함수에 입력되는 인수는 누적확률이 95% 신뢰수준에서 신뢰구간의 상한값에 대응하는 누적확률 0.975를 입력한다.

= NORMSINV(0.975)

E2에 이 값이 1.96으로 나타나 있다.

③ E3:E4 : $\sigma_{\bar{x}}=\frac{s}{\sqrt{n}}\cdot\sqrt{\frac{N-1}{N-n}}$에 따라 모평균의 신뢰구간을 계산한다.

= B4+E2*B5/SQRT(B3)*SQRT((B2−B3)/(B2−1))

= B4−E2*B5/SQRT(B3)*SQRT((B2−B3)/(B2−1))

신뢰구간의 상한값과 하한값이 각각 385.52, 346.08로 계산되어 있다.

	A	B	C	D	E	F
1	연습 7.20					
2	N =	482		Z =	1.959964	
3	n =	112		상한값 =	385.5191	
4	x bar =	365.8		하한값 =	346.0809	
5	s =	121.4				
6	conf_lev =	0.95				
7						

연습 7.21 위의 문제 [연습 7.20]에서 신뢰수준은 그대로 유지하면서 표본오차를 ±15.0 이내로 하려고한다면 표본크기는 얼마로 해야 하는가?

풀이 모집단의 크기가 알려져 있고 표본크기가 모집단 크기의 5%를 상회함으로써 유한모집단 수정계수를 사용하여 표준오차를 계산한 경우의 표본크기는 $n=\frac{NZ^2\sigma^2}{E^2(N-1)+Z^2\sigma^2}$에 따라 결정된다(7장 [신뢰구간과 표본크기] [NOTE] 참조). 단지 여기서는 모집단의 표준편차를 모르고 있으므로 표본에서 얻은 표준편차 $s=121.4$를 대체하여 사용하면 된다.

$$n=\frac{NZ^2s^2}{E^2(N-1)+Z^2s^2}=\frac{482\times1.96^2\times121.4^2}{(15.0^2\times481)+(1.96^2\times121.4^2)}=165.55$$

표본크기는 정수가 되어야 하므로 166개로 하면 될 것이다.

입력과정

① B2:B5 : 모집단의 크기, 표본의 표준편차, 표준오차 등을 입력한다.

② E2 : 신뢰구간의 상한값에 대응하는 표준화 Z값을 NORMSINV(prob) 함수를 이용하여 구한다. NORMSINV 함수에 입력되는 인수는 누적확률이므로, 신뢰수준 95%에서 신뢰구간의 상한값에 대응하는 누적확률 0.975를 입력한다.

= NORMSINV(0.975)

E2에 이 값이 1.96으로 나타나 있다.

③ E3 : $n=\frac{NZ^2s^2}{E^2(N-1)+Z^2s^2}$에 따라 주어진 표본오차를 유지하기 위한 표본크기를 계산한다.

= (B2*E2^2*B3^2)/(B4^2*(B2-1)+E2^2*B3^2)

표본크기가 E3에 약 166개로 나타나 있다.

	A	B	C	D	E	F
1	연습 7.21					
2	N =	482		Z =	1.959964	
3	s =	121.4		n =	165.5455	
4	E =	15				
5	conf_lev =	0.95				
6						

연습 7.22 직원이 총 325명인 업체에서 40명을 표본으로 하여 지난해 1년간 결근일수를 조사하였더니 평균이 5.2(일)이고 표준편차는 3.6(일)인 것으로 나타났다. 모평균이 속할 확률이 90%가 되는 신뢰구간을 구하시오.

풀이 모집단의 크기가 325명으로 알려져 있고 또 표본의 크기가 40명으로 모집단의 크기의 5%를 상회하므로 표준오차는 $\sigma_{\bar{x}} = \frac{\sigma}{\sqrt{n}}$ 대신에 $\sigma_{\bar{x}} = \frac{\sigma}{\sqrt{n}} \cdot \sqrt{\frac{N-n}{N-1}}$ 에 따라 계산해야 한다. 여기서 모집단의 표준편차 σ는 표본에서 얻은 표준편차 $s=3.6$을 대체하여 사용하도록 한다.

신뢰수준이 90%이므로 신뢰구간 상한값에 해당하는 표준화 Z값은 1.645이고 $N=325$, $n=40$이므로 신뢰구간의 상하한값은 다음과 같다.

$$\bar{x} \pm Z\frac{s}{\sqrt{n}} \cdot \sqrt{\frac{N-n}{N-1}} = 5.2 \pm 1.645\frac{3.6}{\sqrt{40}} \cdot \sqrt{\frac{325-40}{325-1}} = 5.2 \pm 0.88$$

모평균이 속할 확률이 90%가 되는 신뢰구간은 4.32에서 6.08이 된다.

입력과정

① B2:B6 : 모집단 크기, 표본크기, 표본평균, 표준편차 등을 입력한다.

② E2 : 신뢰구간의 상한값에 대응하는 표준화 Z값을 NORMSINV(prob) 함수를 이용하여 구한다. NORMSINV 함수에 입력되는 인수는 누적확률이므로, 신뢰수준 95%에서 신뢰구간의 상한값에 대응하는 누적확률 0.95를 입력한다.

= NORMSINV(0.95)

E2에 이 값이 1.645로 나타나 있다.

③ E3:E4 : $\bar{x} \pm Z\frac{s}{\sqrt{n}} \cdot \sqrt{\frac{N-n}{N-1}}$ 에 따라 모평균의 신뢰구간을 계산한다.

= B4+E2*B5/SQRT(B3)*SQRT((B2−B3)/(B2−1))

= B4−E2*B5/SQRT(B3)*SQRT((B2−B3)/(B2−1))

신뢰구간의 상한값과 하한값이 E3, E4에 각각 6.08, 4.32로 계산되어 있다.

	A	B	C	D	E	F
1	연습 7.22					
2	N =	325		Z =	1.644854	
3	n =	40		상한값 =	6.078112	
4	x bar =	5.2		하한값 =	4.321888	
5	s =	3.6				
6	conf_lev =	0.9				
7						

연습 7.23 124개의 개체로 이루어진 모집단의 표준편차가 33이라고 한다. 표본조사를 통해 모평균을 추정하려고 하는데 표본오차는 95%의 신뢰수준에서 ±10 이내로 하려 하는 경우 표본크기는 얼마로 정하는 것이 적정하겠는가?

풀이 모집단 크기가 124로 알려져 있으므로 표본크기는 표준오차가 $\sigma_{\bar{x}} = \frac{\sigma}{\sqrt{n}}$ 대신에 $\sigma_{\bar{x}} = \frac{\sigma}{\sqrt{n}} \cdot \sqrt{\frac{N-n}{N-1}}$ 에 의해 계산된 $n = \frac{NZ^2\sigma^2}{E^2(N-1)+Z^2\sigma^2}$ 에 따라 구해야 한다.

또한 신뢰수준이 95%이므로 표준정규분포에서 신뢰구간 상한값에 대응하는 Z값까지의 누적확률이 0.975가 되고, 이에 해당하는 Z값을 표준정규분포표에서 찾으면 1.96임을 알 수 있다.

$$n = \frac{NZ^2\sigma^2}{E^2(N-1)+Z^2\sigma^2} = \frac{124 \times 1.96^2 \times 33^2}{(10^2 \times 123)+(1.96^2 \times 33^2)} = 31.5$$

Note

모집단 크기가 알려져 있다고 하더라도 표본크기가 모집단 크기의 5% 이내라고 하면 표준오차의 계산 결과가 유한모집단 수정계수를 사용한 경우와 사용하지 않은 경우의 차이가 거의 없기 때문에 굳이 유한모집단 수정계수를 사용할 필요는 없다. 그러나 이 문제의 경우는 표본크기가 모집단의 몇 %가 되는지 알고 있지는 않지만 5% 이내가 되려면 표본크기가 6개 이하가 되어야 하며 이는 표본크기가 절대적으로 작다고 판단되기 때문에 유한모집단 수정계수를 사용하여 표준오차를 계산하는 것이다. 실제로 적정 표본크기를 계산한 결과는 32개로 모집단 크기 124개와 비교해 볼 때 5%를 훨씬 상회하고 있다.

입력과정

① B2:B5 : 모집단의 크기와 표준편차 그리고 표본오차 등을 입력한다.

② E2: 신뢰구간의 상한값에 대응하는 표준화 Z값을 NORMSINV(prob) 함수를 이용하여 구한다. NORMSINV 함수에 입력되는 인수는 누적확률이므로 95% 신뢰수준 하에서 신뢰구간의 상한값에 대응하는 누적확률 0.975를 입력한다.

= NORMSINV(0.975)

E2에 이 값이 1.96으로 나타나 있다.

③ E3 : $n = \frac{NZ^2\sigma^2}{E^2(N-1)+Z^2\sigma^2}$ 에 따라 주어진 표본오차를 유지하기 위한 표본크기를 계산한다.

= (B2*E2^2*B3^2)/(B4^2*(B2−1)+E2^2*B3^2)

표본크기가 E3에 약 32개로 나타나 있다.

	A	B	C	D	E	F
1	연습 7.23					
2	N =	124		Z =	1.959964	
3	sigma =	33		n =	31.47026	
4	E =	10				
5	conf_lev =	0.95				
6						

■ 모평균의 가설검정

연습 7.24 표본크기가 $n=100$이고 표본평균과 표준편차가 각각 $\bar{x}=82.4$, $s=16.6$일 때 유의수준 10%에서 다음 가설을 검정하시오. 그리고 유의수준 10%의 의미를 해석하시오.

$$H_0 : \mu = 86$$
$$H_1 : \mu \neq 86$$

풀이 먼저 표본평균 $\bar{x}=82.4$를 표준화하면

$$Z=\frac{\bar{x}-\mu_0}{s/\sqrt{n}}=\frac{82.4-86}{16.6/\sqrt{100}}=-2.17$$

이 된다. 다음 이 표준화 값이 채택역에 속하는지 여부를 확인하기 위해 채택역과 기각역의 경계가 되는 임계값을 구한다.

위의 가설은 양측검정에 해당하고 유의수준이 10%이므로 양쪽 꼬리의 각 기각역 확률은 5%가 된다. 따라서 상한 표준화 임계값인 $Z_{\alpha/2}$는 표준정규분포표에서 누적확률이 0.95가 되는 곳의 표준화값을 찾으면 되며 이는 $Z_{\alpha/2}=1.645$가 된다. 또한 하한 표준화 임계값인 $Z_{(-\alpha/2)}$는 $Z_{\alpha/2}$의 값에 (−)부호만 붙이면 되므로 $Z_{(-\alpha/2)}=-1.645$임을 쉽게 알 수 있다.

즉 표준화 값으로 나타낸 채택역의 범위는 −1.645에서 1.645 사이가 되어 만약 표본평균의 표준화 Z값이 이 범위에 속하면 귀무가설을 채택하게 되는 것이다. 그런데 위에서 구한 표본평균 $\bar{x}=82.4$의 표준화 Z값은 −2.17이 되어 귀무가설 채택범위인 $-1.645 \leq Z \leq 1.645$의 구간을 벗어나 있으므로 귀무가설을 기각하고 대립가설을 채택하게 된다. 따라서 모평균은 86이라고 볼 수 없다는 결론을 내리게 된다. 이 때 만약 실제의 모평균이 86이라고 한다면 위의 결론은 귀무가설이 진실임에도 불구하고 이를 거짓으로 판단하여 진실인 귀무가설을 기각하는 1종 오류를 범하게 되는데, 유의수준은 바로 이러한 오류를 범할 확률로서 여기서는 10%가 된다.

입력과정

① B2:B6 : 표본크기, 모평균, 표본평균, 표준편차를 입력한다.

② E2 : $Z=\frac{\bar{x}-\mu_0}{s/\sqrt{n}}$에 따라 표본평균 $\bar{x}=82.4$를 표준화한다.

= (B4−B3)/(B5/SQRT(B2))

E2에 표본평균 82.4에 대한 표준화 Z값이 −2.16867로 나타나 있다.

③ E3 : NORMSINV(prob) 함수를 이용하여 누적확률이 0.95가 되는 곳의 표준화 Z값을 구한다.

= NORMSINV(0.95)

이는 바로 귀무가설 채택역의 상한 임계값 $Z_{\alpha/2}$에 해당하며 E3셀에 1.64485로 계산되어 있다.

④ E4 : 채택역의 하한 임계값 $Z_{(-\alpha/2)}$는 채택역의 상한 임계값 $Z_{\alpha/2}$와 부호만 반대라는 사실을 이용한다. 따라서 $Z_{(-\alpha/2)}$는 E4셀에 나타난 바와 같이 -1.64455가 되고 귀무가설 채택역의 범위는 -1.64485에서 1.64485 사이가 된다.

	A	B	C	D	E	F
1	연습 7.24					
2	n =	100		Z_x bar =	-2.16867	
3	mu =	86		Z_upp =	1.644854	
4	x bar =	82.4		Z_low =	-1.64485	
5	s =	16.6				
6	sig_lev =	0.1				
7						

연습 7.25 1년 전 어느 지역의 사무실 임대료를 조사한 결과 평당 평균 임대료는 560(단위: 천원)인 것으로 나타났다. 국세청에서는 올해 이 지역의 임대료가 작년과 같은 수준으로 유지되고 있는지를 알아보기 위해 무작위로 60개의 사무실 건물을 선정하여 표본조사를 실시하였다. 이 때의 표본평균과 표준편차가 각각 $\bar{x}=586$, $s=98$이라고 할 때, 유의수준 10%에서 올해의 평당 평균임대료가 작년과 변함이 없다는 가설을 검정하시오. 그리고 유의수준의 의미를 설명하시오.

풀이 귀무가설과 대립가설을 설정하고 양측검정을 한다.

$$H_0 : \mu_0 = 560$$
$$H_1 : \mu_0 \neq 560$$

표본평균 $\bar{x}=586$을 표준화하면

$$Z = \frac{\bar{x}-\mu_0}{s/\sqrt{n}} = \frac{586-560}{98/\sqrt{60}} = 2.055$$

가 된다. 유의수준이 10%이고 양측검정을 하는 것이므로 표준정규분포에서 어느 한 쪽 꼬리의 기각역 확률은 5%임을 알 수 있다. 따라서 채택역의 상한 임계값인 $Z_{\alpha/2}$는 누적확률이 0.95인 곳의 표준화값에 해당하며 이를 표준정규분포표에서 찾으면 1.645가 된다.

위에서 구한 표본평균 $\bar{x}=586$에 대한 표준화 Z값 2.055는 유의수준 10%에서 귀무가설 채택역의 범위인 -1.645와 1.645 사이의 구간을 벗어나 있으므로 귀무가설을 기각하고 대립가설을 채택하게 된다. 따라서 올해 사무실 평균 임대료는 작년 수준과 동일하다고 볼 수 없다는 판단을 내리게 된다.

이 때 유의수준 10%의 의미는 실제로 올해 사무실 임대료가 작년과 동일함에도 불구하고 작년 수준과 동일하다고 볼 수 없다는 잘못된 판단을 내리게 되는 1종오류의 확률이 10%가 된다는 것을 뜻하는 것이다.

입력과정

① B2:B6 : 표본크기, 모평균, 표본평균, 표준편차를 입력한다.

② E2 : $Z = \dfrac{\overline{x} - \mu_0}{s/\sqrt{n}}$ 에 따라 표본평균 $\overline{x} = 586$ 에 대한 표준화 Z값을 계산한다.

= (B4−B3)/(B5/SQRT(B2))

E2에 표본평균 586에 대한 표준화 Z값이 2.055로 나타나 있다.

③ E3 : NORMSINV(prob) 함수를 이용하여 누적확률이 0.95가 되는 곳의 표준화 Z값을 구한다.

= NORMSINV(0.95)

이는 바로 귀무가설 채택역의 상한 임계값 $Z_{\alpha/2}$에 해당하며 E3 셀에 1.64485로 계산되어 있다.

④ E4 : 채택역의 하한 임계값 $Z_{(-\alpha/2)}$는 채택역의 상한 임계값 $Z_{\alpha/2}$와 부호만 반대라는 사실을 이용한다. 따라서 $Z_{(-\alpha/2)}$는 E4셀에 나타난 바와 같이 -1.64485가 되고 귀무가설 채택역의 범위는 -1.64485에서 1.64485 사이가 된다.

	A	B	C	D	E	F
1	연습 7.25					
2	n =	60		Z_x bar =	2.055052	
3	mu =	560		Z_upp =	1.644854	
4	x bar =	586		Z_low =	-1.64485	
5	s =	98				
6	sig_lev =	0.1				
7						

연습 7.26 전국적으로 승용차의 1년간 평균 주행거리는 15,800km인 것으로 알려져 있고, 어느 신도시에 거주하는 주민 150명을 뽑아 그들이 소유한 승용차의 연간 평균 주행거리를 조사하였더니 표본평균이 14,640km이고 표준편차는 10,600km인 것으로 나타났다. 이러한 자료를 통해 신도시 주민들이 승용차 주행거리가 전국 평균 주행거리와 차이가 없다고 보아도 되는지 조사하여고 한다. 다음 물음에 답하시오.

(1) 가설을 설정하시오.

(2) 5% 유의수준에서 (1)에서 설정한 가설을 검정하시오.

풀이 (1) $H_0 : \mu = 15,800$

$H_1 : \mu \neq 15,800$

(2) 표본평균 $\bar{x} = 14,640$을 표준화하면 이 때 Z값은

$$Z = \frac{\bar{x} - \mu_0}{s/\sqrt{n}} = \frac{14,640 - 15,800}{10,600/\sqrt{150}} = -1.34$$

가 된다.

다음 유의수준 5%에서 귀무가설 채택역의 상하한 임계값을 구한다. 양측검정에 해당하므로 표준정규분포의 오른쪽 꼬리 부분의 기각역 확률은 $\alpha/2 = 0.025$가 된다. 따라서 채택역의 상한 임계값인 $Z_{\alpha/2}$는 표준정규분포에서 누적확률이 0.975가 되는 곳의 표준화 값이 되고, 이를 표준정규분포표에서 찾으면 1.96이 된다. 또 채택역의 하한 임계값인 $Z_{(-\alpha/2)}$는 상한 임계값 $Z_{\alpha/2}$와 부호만 반대이므로 $-Z_{\alpha/2}$가 되어 -1.96임을 알 수 있다.

표본평균 $\bar{x} = 14,640$의 Z값은 −1.34로서 채택역의 범위인 -1.96과 1.96 사이에 들어 있으므로 귀무가설을 채택하게 된다. 따라서 담당자는 신도시 거주자들의 승용차 평균 주행거리가 전국 평균과 다르지 않다고 판단내리게 된다.

입력과정

① B2:B6 : 표본크기, 모평균, 표본평균, 표준편차를 입력한다.

② E2 : $Z = \dfrac{\bar{x} - \mu_0}{s/\sqrt{n}}$에 따라 표본평균 $\bar{x} = 14,640$에 대한 표준화 Z값을 계산한다.

= (B4−B3)/(B5/SQRT(B2))

E2에 표본평균 586에 대한 표준화 Z값이 −1.34로 나타나 있다.

③ E3 : NORMSINV(prob) 함수를 이용하여 누적확률이 0.975가 되는 곳의 표준화 Z값을 구한다.

= NORMSINV(0.975)

이는 바로 귀무가설 채택역의 상한 임계값 $Z_{\alpha/2}$에 해당하며 E3셀에 1.96으로 계산되어 있다.

④ E4 : 채택역의 하한 임계값 $Z_{(-\alpha/2)}$는 채택역의 상한 임계값 $Z_{\alpha/2}$와 부호만 반대라는 사실을 이용한다.

따라서 $Z_{(-\alpha/2)}$는 E4셀에 나타난 바와 같이 -1.96이 되고 귀무가설 채택역의 범위는 -1.96에서 1.96 사이가 된다.

표본평균 $\bar{x} = 14,640$에 대한 표준화 Z값 −1.34는 귀무가설 채택역의 범위인 -1.96과 1.96 사이에 속해 있으므로 귀무가설을 채택하게 된다.

	A	B	C	D	E	F
1	연습 7.26					
2	n =	150		Z_x bar =	-1.34029	
3	mu =	15800		Z_upp =	1.959964	
4	x bar =	14640		Z_low =	-1.95996	
5	s =	10600				
6	sig_lev =	0.05				
7						

연습 7.27 어느 은행의 지점에서 현금자동인출기를 통해 인출되는 금액은 작년의 경우 고객 1인당 평균 82,000원이었다고 한다. 지점장은 올해 현금자동인출기를 통해 인출되는 금액이 작년과 동일한 수준을 유지하는지 여부를 확인하고자 현금자동인출기를 사용하는 고객 60명을 대상으로 표본조사를 실시하였다. 그 결과 표본평균이 92,600원이었고 표준편차는 28,500원인 것으로 나타났다. 이에 대한 가설을 설정하고 이를 5%의 유의수준에서 검정하시오.

풀이 올해의 평균 인출액이 작년과 동일한지를 알고자 하는 것이므로 다음과 같이 가설을 설정할 수 있으며 양측검정을 통해 귀무가설 채택 여부를 결정한다.

$$H_0 : \mu = 82{,}000$$
$$H_1 : \mu \neq 82{,}000$$

먼저 표본평균 $\bar{x} = 92{,}600$를 표준화하면

$$Z = \frac{\bar{x} - \mu_0}{s/\sqrt{n}} = \frac{92{,}600 - 82{,}000}{28{,}500/\sqrt{60}} = 2.88$$

이 된다. 또한 유의수준 5%에서 양측검정을 했을 때, 귀무가설 채택역 범위의 상한 임계값은 표준정규분포에서 누적확률이 0.975($= 1 - \alpha/2 = 1 - 0.05/2$)가 되는 곳의 표준화 값으로서 이를 부록에 있는 표준정규분포표에서 찾으면 $Z_{\alpha/2} = 1.96$이 되며 채택역 범위의 하한 임계값 $Z_{(-\alpha/2)}$는 상한 임계값 $Z_{\alpha/2}$와 부호만 반대이므로 -1.96이 된다. 표본평균 $\bar{x} = 92{,}600$의 표준화 Z값 2.88은 -1.96에서 1.96 사이의 귀무가설 채택 범위를 벗어나 있으므로 귀무가설을 기각하고 대립가설을 채택하게 된다. 따라서 올해의 현금자동인출기를 통한 평균인출액은 작년과 같다고 볼 수 없다는 결론을 내리게 되며, 이 결론이 잘못된 판단이 될 확률은 5%가 되는 것이다.

입력과정

① B2:B6 : 표본크기, 모평균, 표본평균, 표준편차를 입력한다.

② E2 : $Z = \dfrac{\bar{x} - \mu_0}{s/\sqrt{n}}$에 따라 표본평균 $\bar{x} = 92{,}600$에 대한 표준화 Z값을 계산한다.

= (B4−B3)/(B5/SQRT(B2))

E2에 표본평균 92,600에 대한 표준화 Z값이 2.88로 나타나 있다.

③ E3 : NORMSINV(prob) 함수를 이용하여 누적확률이 0.975가 되는 곳의 표준화 Z값을 구한다.

= NORMSINV(0.975)

이는 바로 귀무가설 채택역의 상한 임계값 $Z_{\alpha/2}$에 해당하며 E3셀에 1.96으로 계산되어 있다.

④ E4 : 채택역의 하한 임계값 $Z_{(-\alpha/2)}$는 채택역의 상한 임계값 $Z_{\alpha/2}$와 부호만 반대라는 사실을 이용한다. 따라서 $Z_{(-\alpha/2)}$는 E4셀에 나타난 바와 같이 -1.96이 되고 귀무가설 채택역의 범위는 -1.96에서 1.96 사이가 된다. 표본평균 $\bar{x} = 92,600$에 대한 표준화 Z값 2.88은 귀무가설 채택역의 범위인 -1.96과 1.96 구간을 벗어나 있으므로 귀무가설을 기각하고 대립가설을 채택하게 된다.

	A	B	C	D	E	F
1	연습 7.27					
2	n =	60		Z_x bar =	2.880956	
3	mu =	82000		Z_upp =	1.959964	
4	x bar =	92600		Z_low =	-1.95996	
5	s =	28500				
6	sig_lev =	0.05				
7						

연습 7.28 표본크기가 150인 표본조사에서 표본평균과 표준편차가 각각 $\bar{x} = 1,302$, $s = 282$인 것으로 나타났다. 이를 이용하여 유의수준 10%에서 아래 가설을 검정하시오.

$$H_0 : \mu \leq 1,278$$
$$H_1 : \mu > 1,278$$

풀이 표본평균 $\bar{x} = 1,302$를 표준화하면

$$Z = \frac{\bar{x} - \mu_0}{s/\sqrt{n}} = \frac{1,302 - 1,278}{282/\sqrt{150}} = 1.04$$

가 된다. 위의 가설은 유의수준이 10%인 상한단측검정이므로 표준정규분포에서 오른쪽 꼬리부분의 기각역 확률은 그대로 0.1이 된다. 따라서 귀무가설 채택역의 표준화 임계값은 표준정규분포표에서 누적확률이 0.9가 되는 곳의 표준화 값에 해당하며, 이 값은 $Z_\alpha = 1.28$이 된다. 따라서 귀무가설 채택역 범위는 표본평균의 표준화 Z값이 Z_α 이하의 값을 가질 때이다. 따라서 귀무가설 채택역 범위는 표본평균

의 표준화 Z값이 1.28 이하의 값을 가질 때이다. 표본평균 $\overline{x}=1,302$의 표준화 Z값(=1.04)은 $Z_{\alpha}=1.28$ 보다 작으므로 귀무가설이 채택된다.

입력과정

① B2:B6 : 표본크기, 모평균, 표본평균, 표준편차를 입력한다.

② E2 : $Z=\dfrac{\overline{x}-\mu_0}{s/\sqrt{n}}$에 따라 표본평균 $\overline{x}=1,302$에 대한 표준화 Z값을 계산한다.

= (B4−B3)/(B5/SQRT(B2))

E2에 표본평균 1,302에 대한 표준화 Z값이 1.04로 나타나 있다.

③ E3 : NORMSINV(prob) 함수를 이용하여 누적확률이 0.90이 되는 곳의 표준화 Z값을 구한다.

= NORMSINV(0.9)

이는 바로 상한단측검정에서 귀무가설의 채택과 기각의 기준이 되는 임계값 Z_{α}에 해당하며 E3셀에 1.28로 계산되어 있다. 따라서 표준정규분포에서 귀무가설 채택역의 범위는 표본평균의 표준화값이 1.28155 이하의 값을 가질 때이다. E2셀에 있는 표본평균의 표준화값 1.04234는 임계값 $Z_{\alpha}(=1.28155)$ 이하의 범위에 위치하므로 귀무가설을 채택하게 된다.

	A	B	C	D	E	F
1	연습 7.28					
2	n =	150		Z_x bar =	1.042336	
3	mu =	1278		Z_upp =	1.281552	
4	x bar =	1302				
5	s =	282				
6	sig_lev =	0.1				
7						

연습 7.29 2년 전 강 하류의 수질 오염을 조사한 결과 독성이 있는 화학물질이 210ppm에 이른 것으로 나타났다. 그 후 수질 개선을 위해 정부에서는 정화시설의 확충과 함께 오염물질 방출에 대한 강력한 단속을 시행해 오고 있다. 2년이 지난 현 시점에서 강 하류의 40곳을 선정하여 수질오염을 조사한 결과 표본평균과 표준편차는 각각 164ppm, 54ppm인 것으로 보고되었다.

이 조사 결과를 통해 정부의 수질개선 노력이 효과가 있었는지 여부를 5% 유의수준에서 검정하시오.

풀이 수질이 개선되었는지를 검정하는 것이므로 이는 하한단측검정을 해야 한다. 즉 현재의 수질오염에 대한 모평균이 2년 전의 수질오염 모평균 210ppm보다 낮아졌는지를 검정하는 것이다.

$$H_0 : \mu \geqq 210$$
$$H_1 : \mu < 210$$

표본평균 $\bar{x} = 164$를 표준화하면

$$Z = \frac{\bar{x} - \mu_0}{s/\sqrt{n}} = \frac{164 - 210}{54/\sqrt{40}} = -5.39$$

이 된다. 이 Z값이 채택역에 포함되는지 기각역에 포함되는지 알기 위해 채택역과 기각역의 경계가 되는 임계값을 구해야 한다. 위의 가설검정은 유의수준 5%의 하한단측검정이므로 임계값은 표준정규분포에서 누적확률이 0.05일 때의 표준화 Z값에 해당하며 이를 표준정규분포표에서 찾으면 -1.645가 된다. 즉 채택역의 범위는 $Z \geqq -1.645$이고 기각역의 범위는 $Z < -1.645$가 된다. 그리고 표본평균의 표준화값이 -5.39이므로 우리는 귀무가설을 기각하고 대립가설을 채택하게 된다. 따라서 정부의 오염방지 시설확충 및 오염물질 방출에 대한 단속이 수질개선에 영향을 주었다고 결론내릴 수 있다.

입력과정

① B2:B6 : 표본크기, 모평균, 표본평균, 표준편차를 입력한다.

② E2 : $Z = \dfrac{\bar{x} - \mu_0}{s/\sqrt{n}}$에 따라 표본평균 $\bar{x} = 164$에 대한 표준화 Z값을 계산한다.

= (B4−B3)/(B5/SQRT(B2))

E2에 표본평균 164에 대한 표준화 Z값이 −5.39로 나타나 있다.

③ E3 : 5% 유의수준에서 하한단측검정이므로 NORMSINV(prob) 함수를 이용하여 누적확률이 0.05가 되는 곳의 표준화 Z값을 구한다.

= NORMSINV(0.05)

이는 하한단측검정에서 귀무가설의 채택과 기각의 기준이 되는 임계값 Z_α에 해당하며 E3셀에 -1.645로 계산되어 있다.

따라서 표준정규분포에서 귀무가설 채택역의 범위는 표본평균의 표준화값이 -1.645 이상의 값을 가질 때이다. E2셀에 있는 표본평균의 표준화 Z값 -5.39는 임계값 $Z_\alpha(=-1.645)$ 이하의 범위에 위치하므로 귀무가설을 기각하고 대립가설을 채택하게 된다.

	A	B	C	D	E	F
1	연습 7.29					
2	n =	40		Z_x bar =	-5.38758	
3	mu =	210		Z_upp =	-1.64485	
4	x bar =	164				
5	s =	54				
6	sig_lev =	0.05				
7						

연습 7.30 소비자 권장가격이 5,000원인 상품이 있는데 실제로 시장에서는 소비자들에게 할인된 가격으로 판매되고 있다고 한다. 이 제품을 생산하는 회사에서는 평균 판매가격이 얼마인지를 알아보기 위해 무작위로 35개 점포를 대상으로 판매가격을 조사하여 아래와 같은 자료를 얻었다. 이를 이용하여 아래 물음에 답하시오.

4530	4590	4470	4460	4550
4500	4590	4530	4530	4690
4610	4570	5000	4810	5000
4620	4740	4700	5000	4770
5000	4550	5000	4820	5000
4810	5000	5000	5000	5000
5000	5000	5000	5000	5000

(1) 이 자료의 표본평균과 표준편차를 구하시오.

(2) 모집단의 평균 판매가격을 신뢰수준 90%에서 추정하시오.

풀이 (1) $n=35$이고 $\sum x=167,440$, $\sum x^2=802,519,000$이므로 이들을 아래 공식에 대입하여 표본평균과 표준편차를 구한다.

$$\bar{x}=\frac{\sum x}{n}=\frac{167,440}{35}=4,784$$

$$s=\sqrt{\frac{\sum(x-\bar{x})^2}{n-1}}=\sqrt{\frac{\sum x^2-\frac{(\sum x)^2}{n}}{n-1}}=\sqrt{\frac{802,519,000-\frac{(167,440)^2}{35}}{35-1}}=209.06$$

(2) 모평균이 속해 있을 신뢰구간의 상하한값은 $\bar{x}\pm Z\frac{s}{\sqrt{n}}$에 따라 구한다.

신뢰수준이 90%이므로 표본평균 $\bar{x}$의 표본분포에서 양쪽 꼬리 부분의 확률은 10%가 된다. 따라서 오른쪽 꼬리 부분의 확률은 5%가 되어 표본평균 $\bar{x}$의 신뢰구간의 상한값이 위치하는 곳의 표준화 Z값은 표준정규분포의 누적확률이 0.95가 되는 곳의 값인 1.645가 된다. 이는 유의수준이 90%일 때 모평균이 속해 있을 신뢰구간의 상한값과 하한값이 표본평균 $\bar{x}$로부터 각각 표준오차 $\frac{s}{\sqrt{n}}$의 1.645배 만큼 떨어져 있음을 의미하는 것이다.

신뢰구간의 상하한값을 구하면

$$\bar{x}\pm Z\frac{s}{\sqrt{n}}=4,784\pm1.645\times\frac{209.06}{\sqrt{35}}=4,784\pm58.13=(4,725.87,\ 4,842.13)$$

이 된다. 이는 평균 판매가격 즉 모평균이 4,725.87원에서 4,842.13원 사이의 값을 가질 확률이 90%가 됨을 의미하며 이는 다음과 같은 식으로 표시할 수 있다.

$$P\left(\bar{x}-Z\frac{s}{\sqrt{n}}\le\mu\le\bar{x}+Z\frac{s}{\sqrt{n}}\right)=P(4725.87\le\mu\le4842.13)=0.90$$

입력과정

① A2:E8 : 주어진 판매가격 데이터를 입력한다.

② H4 : 판매가격에 대한 표본평균을 계산한다.

= AVERAGE(A2:E8)

평균 판매가격이 H2에 4784(원)으로 나타나 있다.

③ H5 : STDEV 함수를 이용하여 표준편차를 계산한다.

= STDEV(A2:E8)

H5에 표준편차가 209로 계산되어 있다.

④ H6 : 표본크기를 COUNT 함수를 이용하여 계산한다.

= COUNT(A2:E8)

표본크기가 H6에 35로 나타나 있다.

⑤ H7:H8 : 90% 신뢰수준에서 $\overline{x} \pm Z\frac{s}{\sqrt{n}}$에 신뢰구간을 구한다.

= H4+NORMSINV(0.95)*H5/SQRT(H6)

= H4−NORMSINV(0.95)*H5/SQRT(H6)

H7:H8에 신뢰구간의 상한값과 하한값이 각각 4842.13, 4725.87로 계산되어 있다.

	A	B	C	D	E	F	G	H	I
1	연습 7.30								
2	4530	4590	4470	4460	4550		신뢰수준 =	0.9	
3	4500	4590	4530	4530	4690				
4	4610	4570	5000	4810	5000		표본평균 =	4784	
5	4620	4740	4700	5000	4770		표준편차 =	209.0623	
6	5000	4550	5000	4820	5000		표본크기 =	35	
7	4810	5000	5000	5000	5000		상한값 =	4842.126	
8	5000	5000	5000	5000	5000		하한값 =	4725.874	
9									

연습 7.31 유통회사에서는 신도시에 할인체인점을 새로 건설할 계획을 세우고 체인점이 들어설 장소를 물색하고 있다. 그리고 영업시간인 오전 10시부터 오후 8시까지 30분당 250대 이상의 차량이 그 곳을 통과하는지를 장소 선정의 기준으로 설정하고 있다고 한다.

후보지 중의 한 장소를 대상으로 2개월에 걸쳐 50시간을 조사한 결과 30분당 평균 통과 차량은 272대이고 표준편차는 48대인 것으로 나타났다. 이 때 이곳을 통과하는 평균 차량대수가 250대 이상이 된다고 판단해도 되는지 유의수준 1%에서 검정하시오.

풀이 표본이 추출된 모집단의 모평균이 250대인지 또는 그 이상인지를 검정하는 것이므로 이는 상한 단측검정에 해당하며 다음과 같이 가설을 설정할 수 있다.

$$H_0 : \mu \leq 250$$
$$H_1 : \mu > 250$$

표본평균 $\overline{x} = 272$를 표준화 하면

$$Z = \frac{\overline{x} - \mu_0}{s/\sqrt{n}} = \frac{272 - 250}{48/\sqrt{50}} = 3.24$$

가 된다.

따라서 이 Z값이 표준정규분포에서 유의수준 1%로 했을 때 귀무가설 채택역에 속하는지 또는 기각역에 속하는지를 확인하면 된다.

이를 위해서는 채택역과 기각역의 경계가 되는 임계값을 구해야 하는데, 이 값은 위의 가설검정이 상한단측검정이고 유의수준이 $\alpha = 0.01$이므로 표준정규분포에서 누적확률이 $(1-\alpha) = 0.99$가 되는 곳의 표준화 값인 2.33이 된다.

표본평균 $\overline{x} = 272$의 표준화값 3.24는 귀무가설 채택역의 상한 임계값 2.33을 상회하므로 귀무가설을 기각하고 대립가설을 채택하게 된다.

즉 표본조사가 이루어진 장소의 30분당 평균 통과 차량대수는 250대를 넘는다고 결론내릴 수 있다.

물론 실제 모평균이 250대인 경우라면 이러한 판단은 귀무가설이 진실임에도 불구하고 거짓의 대립가설을 채택하게 되어 1종오류를 범하게 되는데 이러한 오류를 범할 확률은 유의수준인 1%가 된다.

입력과정

① B2:B6 : 표본크기, 모평균, 표본평균, 표준편차를 입력한다.

② E2 : $Z = \frac{\overline{x} - \mu_0}{s/\sqrt{n}}$에 따라 표본평균 $\overline{x} = 272$에 대한 표준화 Z값을 계산한다.

= (B4−B3)/(B5/SQRT(B2))

E2에 표본평균 272에 대한 표준화 Z값이 3.24로 나타나 있다.

③ E3 : 유의수준 1%의 상한단측검정이므로 NORMSINV(prob) 함수를 이용하여 누적확률이 0.99가 되는 곳의 표준화 Z값을 구한다.

= NORMSINV(0.99)

이는 바로 귀무가설 채택역의 임계값을 구하는 식으로 E3셀에 2.33으로 계산되어 있다.

표본평균 $\overline{x} = 272$에 대한 표준화 Z값 3.24는 귀무가설 채택역의 상한 임계값인 2.33보다 크므로 귀무가설을 기각하고 대립가설을 채택하게 된다.

	A	B	C	D	E	F
1	연습 7.31					
2	n =	50		Z_x bar =	3.240906	
3	mu =	250		Z_upp =	2.326348	
4	x bar =	272				
5	s =	48				
6	sig_lev =	0.01				
7						

연습 7.32 위의 [연습 7.31]의 문제를 확률 p값에 따라 가설검정을 하시오.

풀이 표본평균 $\bar{x}=272$의 표준화값은 $Z=3.24$이다. 상한단측검정에서 이 값을 귀무가설 채택역의 상한 임계값을 설정한다고 가정한다면 기각역의 확률은 몇 %가 되는가? 이 기각역 확률이 문제에서 제시된 1%보다 작다면 표본평균 $\bar{x}$의 표준화 Z값이 유의수준 1%의 기각역에 위치하고 있음을 의미하므로 귀무가설을 기각하게 되나, 유의수준 1%보다 크다면 표본평균 $\bar{x}$의 표준화 값이 귀무가설 채택역에 속하고 있음을 나타내는 것이므로 귀무가설을 채택하게 된다.

따라서 확률 p값에 따라 가설검정을 하기 위해서는 먼저 표본평균 $\bar{x}=272$의 표준화 $Z=3.24$를 귀무가설 채택역의 상한 임계값으로 설정한다고 가정했을 때의 기각역 확률을 구해야 한다. 이 기각역 확률은 표준정규분포에서 Z값이 $Z>3.24$가 될 확률이 된다. 표준정규분포표에서 $Z=3.24$에 해당하는 확률값을 찾으면 0.9994가 되는데 이는 누적확률로서 $P\{Z|Z\leq 3.24\}$를 의미한다. 그러므로 $Z=3.24$를 귀무가설 채택역의 상한 임계값으로 설정한다고 가정했을 때의 기각역 확률은 0.0006(=1−0.9994)이 되며, 이는 유의수준을 1%로 했을 때 표본평균 $\bar{x}=272$의 Z값이 귀무가설의 기각역에 속하고 있음을 의미하므로 귀무가설을 기각하고 대립가설을 채택하게 되는 것이다.

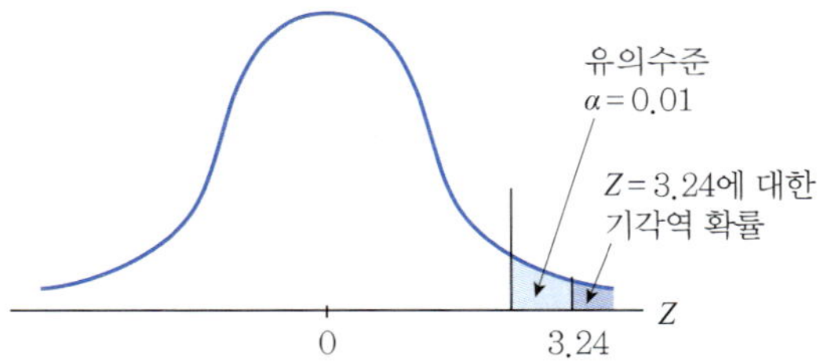

그림 7-32 유의수준과 $Z=3.24$에 대한 기각역 확률

입력과정

① B2:B6 : 표본크기, 모평균, 표본평균, 표준편차를 입력한다.

② E2 : $Z=\dfrac{\bar{x}-\mu_0}{s/\sqrt{n}}$에 따라 표본평균 $\bar{x}=272$에 대한 표준화 Z값을 계산한다.

= (B4−B3)/(B5/SQRT(B2))

E2에 표본평균 272에 대한 표준화 Z값이 3.24로 나타나 있다.

③ E3 : 표본평균 $\bar{x}=272$의 표준화 $Z=3.24$를 귀무가설 채택역의 상한 임

계값으로 설정한다고 가정했을 때의 기각역 확률을 구한다.

= 1−NORMSDIST(E2)

위의 입력식에서 NORMSDIST(E2)는 누적확률 $P(Z \leq 3.24091)$을 계산하는 것이므로 이를 1에서 뺀 1−NORMSDIST(E2)는 표본평균에 대한 표준화 Z값 3.24를 임계값으로 했을 때의 기각역 확률을 의미하게 된다. 이 확률값은 E3에 0.000596으로 나타나 있다.

즉 표본평균 $\bar{x}=272$의 표준화 Z값 3.24를 귀무가설 채택역의 상한 임계값으로 설정한다고 가정했을 때의 기각역 확률 0.000596은 기각역 확률로서 설정한 유의수준 1%보다 작으므로 귀무가설을 기각하고 대립가설을 채택하게 된다.

	A	B	C	D	E	F
1	연습 7.32					
2	n =	50		Z_x bar =	3.240906	
3	mu =	250		alpha =	0.000596	
4	x bar =	272				
5	s =	48				
6	sig_lev =	0.01				
7						

연습 7.33 유의수준 α와 표준평균 $\bar{x}$에 대한 표준화 Z값을 임계값으로 했을 때의 단측검정 기준의 기각확률 p가 다음과 같이 주어졌을 때 귀무가설 H_0의 채택 여부를 확인하시오.

(1) $\alpha = 0.10$, $p = 0.1268$일 때의 양측검정

(2) $\alpha = 0.05$, $p = 0.0132$일 때의 양측검정

(3) $\alpha = 0.10$, $p = 0.0624$일 때의 상한단측검정

(4) $\alpha = 0.01$, $p = 0.0568$일 때의 하한단측검정

풀이 (1) 유의수준이 10%이고 양측검정이므로 표준정규분포에서 양쪽에 있는 각 꼬리 부분의 기각역 확률은 0.05가 된다. 표본평균 $\bar{x}$의 Z값을 기준으로 했을 때의 기각역 확률 p는 0.1268로서 0.05를 상회하므로 표본평균 $\bar{x}$의 Z값이 귀무가설 채택역의 범위에 있음을 의미한다. 따라서 귀무가설을 채택한다.

(2) 유의수준이 5%이고 양측검정이므로 표준정규분포에서 양쪽에 있는 각 꼬리 부분의 기각역 확률은 0.025가 된다. $\bar{x}$에 대한 표준화 Z값을 기준으로 했을 때의 기각역 확률 p는 0.0132로서 유의수준에서 설정한 기각역 확률 0.025보다 작으므로 귀무가설을 기각하고 대립가설을 채택하게 된다.

(3) 유의수준이 10%이고 상한단측검정이므로 표준정규분포에서 기각역 확률은 유의수준과 동일한 0.10이 된다. 표본평균 $\bar{x}$에 대한 표준화 Z값을 기준으로 했을 때의 기각역 확률 p는 0.0624로서 유의수준에서 설정한 기각역 확률 0.10보다 작으므로 귀무가설을 기각하고 대립가설을 채택하게 된다.

(4) 유의수준이 1%이고 하한단측검정이므로 표준정규분포에서 기각역 확률은 유의수준과 동일한 0.01이 된다. 표본평균 $\bar{x}$에 대한 표준화 Z값을 기준을 했을 때의 기각역 확률 p는 0.0568로서 유의수준에서 설정한 기각역 확률 0.01보다 크므로 귀무가설을 채택한다.

연습 7.34 신뢰수준 90%에서 모평균에 대한 신뢰구간을 구하기 위해 표본크기가 $n=120$인 표본을 조사한 결과 표본평균이 $\bar{x}=22.4$이고 표준편차가 $s=2.6$임을 알게 되었다. 조사담당자는 이 신뢰구간이 보고서에 $22.01 \leq \bar{x} \leq 22.79$이라고 기재되어 있음을 보고 오류를 수정하였다. 담당자가 수정한 오류는 무엇인가?

풀이 모평균이 대한 신뢰구간을 추정하는 것이므로 표본조사를 통해 추정한 신뢰구간은 $22.01 \leq \bar{x} \leq 22.79$이 아닌 $22.01 \leq \mu \leq 22.79$라고 기재해야 한다. 즉 $\bar{x}$가 아닌 μ로 수정해야 한다. 다음 신뢰구간이 정확히 추정되었는지를 확인하기 위해 $\bar{x} \pm Z\frac{s}{\sqrt{n}}$에 따라 신뢰구간을 구한다. 이 때 Z값은 신뢰수준에 따라 결정되는데 이 경우는 신뢰수준이 0.90이므로 신뢰구간의 상한값에 해당하는 표준화 Z값은 표준정규분포에서 누적확률이 0.95가 되는 곳의 Z값을 표준정규분포표에서 찾으면 된다. 이 Z값은 1.645이므로 신뢰구간의 하한값에 해당하는 표준화 Z값은 −1.645가 됨을 알 수 있으며, 이를 $\bar{x} \pm Z\frac{s}{\sqrt{n}}$에 대입하여 다음과 같이 신뢰구간을 구할 수 있다.

$$\bar{x} \pm Z\frac{s}{\sqrt{n}} = 22.4 \pm 1.645\frac{2.6}{\sqrt{120}} = 22.4 \pm 0.39 = (22.01,\ \ 22.79)$$

따라서 상하한값은 옳게 기재되어 있음을 알 수 있다.

Note

표본평균이 $\bar{x}^*$이고 신뢰수준이 $(1-\alpha)$로 주어졌을 때(여기서 α는 유의수준에 해당한다) 이를 기초로 하여 추정한 모평균의 신뢰구간은 $\bar{x}^* - Z\frac{s}{\sqrt{n}} \leq \mu \leq \bar{x}^* + Z\frac{s}{\sqrt{n}}$이 되는 이유를 아래 [그림 7-33]을 통해 살펴보기로 하자.

먼저 신뢰수준의 의미가 모평균이 신뢰구간에 포함될 확률을 뜻하는 것이므로 신뢰구간과 신뢰수준 사이의 관계는 다음과 같이 표시할 수 있다.

$$P\left(\mu | \bar{x}^* - Z\frac{s}{\sqrt{n}} \leq \mu \leq \bar{x}^* + Z\frac{s}{\sqrt{n}}\right) = 1-\alpha$$

모집단으로부터 표본을 뽑아 얻은 표본평균이 $\bar{x}^*$일 때, 이러한 표본평균이 나타나기 위해서는 모집단의 모평균이 얼마가 되어야 하는가를 생각해 보자.

먼저 모집단의 분포가 아래 [그림 7-33]에 있는 (a)로서 모평균 μ가 $\bar{x}^*$의 값을 가지고 있다고 가정했을 때 이러한 모집단으로부터 추출된 표본들의 표본평균값들이 $\bar{x}^* - Z\frac{s}{\sqrt{n}}$와 $\bar{x}^* + Z\frac{s}{\sqrt{n}}$ 사이의 범위에 속할 확률은 유의수준이 α이므로 $(1-\alpha)$가 될 것이다. 즉 당연한 이야기지만 모평균이 $\bar{x}^*$인 분포에서는 표본평균이 $\bar{x}^*$의 값을 갖는 표본이 분명 추출될 수 있는 것이다. 그러면 유의수준이 α로 주어진 상태에서(또는 신뢰수준이 $(1-\alpha)$로 주어진 상태에서) $\bar{x}^*$의 값을 가진 표본평균이 나올 수 있는 모집단 분포는 모평균이 $\bar{x}^*$ 값을 가진 (a)분포 하나뿐인가 하는 의문이다. 물론 (a)분포에서만 표본평균값이 $\bar{x}^*$인 표본이 뽑힐 수 있는 것은 아니다.

(a)분포를 왼쪽으로 이동시켜 모평균이 $\bar{x}^* - Z\frac{s}{\sqrt{n}}$의 값을 갖는 분포 (b)를 생각해 보자. 유의수준을 α로 유지한다고 했을 때 표본평균이 $\bar{x}^*$인 값을 갖는 표본은 모평균이 $\bar{x}^* - Z\frac{s}{\sqrt{n}}$인 모집단에서 추출된 것이라고 추정할 수 있다. 유의수준 α값을 낮추지 않는 한 $\bar{x}^* - Z\frac{s}{\sqrt{n}}$보다 작은 모평균을 가진 모집단에서는 $\bar{x}^*$의 표본평균값을 가진 표본은 모평균이 $\bar{x}^* - Z\frac{s}{\sqrt{n}}$인 분포에서 추출된 표본평균이라는 가설을 기각하게 되는 것이다. 다음에는 (a)분포를 오른쪽으로 조금씩 이동시켜 보면 이들 분포의 모평균은 $\bar{x}^*$보다 커질 것이고 이러한 모평균 값을 가진 분포에서 분명히 $\bar{x}^*$의 표본평균 값을 갖는 표본이 추출될 수 있다. 그러면 표본평균 값이 $\bar{x}^*$인 표본이 추출될 수 있는 분포의 모평균 값은 어떤 값을 가질 때 까지인가? 이는 바로 신뢰수준에 의해 결정되는 것이다. 즉 유의수준이 α로 변함이 없는 경우 모평균 값이 $\bar{x}^* + Z\frac{s}{\sqrt{n}}$를 상회하지 않는 한 $\bar{x}^* + Z\frac{s}{\sqrt{n}}$의 모평균 값을 갖는 모집단에서 $\bar{x}^*$의 표본평균 값을 갖는 표본이 추출되었다고 볼 수 있는 것이다.

따라서 표본평균 값이 $\bar{x}^*$일 때 신뢰수준을 $(1-\alpha)$로 하는 경우 이러한 표본평균 값을 갖는 표본이 추출될 수 있는 모집단은 모평균이 $\bar{x}^* - Z\frac{s}{\sqrt{n}}$와 $\bar{x}^* + Z\frac{s}{\sqrt{n}}$ 사이의 값을 갖는 모집단이 될 것이다.

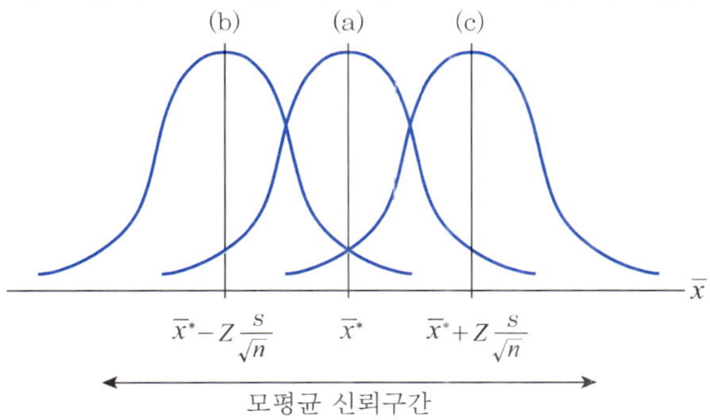

그림 7-33 표본평균이 $\bar{x}^*$일 때 모평균 μ의 신뢰구간

입력과정

① B2:B5 : 표본크기, 표본평균, 표준편차, 신뢰수준을 입력한다.

② E3:E4 : $\bar{x}^* + Z\frac{s}{\sqrt{n}}$에 따라 표본평균이 $\bar{x}^*$일 때의 신뢰수준 90%에서의 신뢰구간을 계산한다.

= B3+NORMSINV(0.95)*B4/SQRT(B2)

= B3−NORMSINV(0.95)*B4/SQRT(B2)

90% 신뢰수준 하에서의 신뢰구간은 22.01에서 22.79가 된다.

	A	B	C	D	E	F
1	연습 7.34					
2	n =	120		신뢰구간		
3	x bar =	22.4		상한값 =	22.7904	
4	s =	2.6		하한값 =	22.0096	
5	conf_lev =	0.9				
6						

연습 7.35 $H_0: \mu = 120$, $H_1: \mu \neq 120$의 가설검정에서 아래 기호가 표시하는 의미를 설명하시오.

(1) α (2) $1-\alpha$

(3) β (4) $1-\beta$

풀이 (1) 가설검정에서의 α는 유의수준을 나타내는 것으로서 진실의 귀무가설을 거짓으로 판단하여 귀무가설을 기각하고 대립가설을 채택할 확률을 말한다. 즉 진실의 귀무가설을 기각할 확률을 의미하는 것으로 1종오류를 범할 확률인 것이다(7.3절의 가설검정에서의 1종오류와 2종오류 참조).

(2) 진실의 귀무가설을 진실이라고 올바르게 판단할 확률을 의미한다.

(3) 거짓의 귀무가설을 진실이라고 잘못 판단할 확률을 의미하는 것으로서 2종오류를 범할 확률인 것이다. 즉 진실인 대립가설을 기각하고 거짓의 귀무가설을 채택할 확률이 되는 것이다.

(4) 거짓의 귀무가설을 거짓이라고 올바르게 판단할 확률을 의미한다.

연습 7.36 가설검정 결과가 귀무가설을 기각하는 것으로 나타났을 때 2종오류가 발생할 가능성이 있는지 여부를 확인하시오.

풀이 2종오류란 거짓의 귀무가설을 채택할 확률(β)를 의미하는 것인데, 가설검정 결과가 귀무가설을 기각하는 것으로 나타났으므로 2종오류가 발생할 수 없다. 다시 말해 귀무가설이 기각되는 경우는 2종오류가 나타날 수 없다.

연습 7.37 $H_0: \mu = 750$, $H_1: \neq 750$에 대한 가설을 1종오류의 위험을 5%로 하여 검정하시오. 이 때 표본크기가 169인 표본으로부터 얻은 표본평균은 732이고 표본편차는 184이다.

풀이 1종오류의 위험을 5%로 한다는 것은 유의수준을 5%로 한다는 것과 동일한 의미이며 가설이 $H_0: \mu = 750$, $H_1: \neq 750$으로 설정되었으므로 양측검정을 하면 된다.

먼저 표본평균 $\bar{x} = 732$를 표준화하면

$$Z=\frac{\bar{x}-\mu_0}{s/\sqrt{n}}=\frac{732-750}{184/\sqrt{169}}=-1.27$$

이 되는데, 이 $\bar{x}$의 표준화 값이 유의수준 5%에서 채택역에 속하는지 기각역에 속하는지를 확인하면 된다. 유의수준이 5%이고 양측검정이므로 귀무가설 채택역의 상한값에 대한 표준화값 $Z_{\alpha/2}$는 표준정규분포의 누적확률이 0.975가 되는 표준화 값에 해당하며 이는 표준정규분포표에 1.96으로 나타나 있다. 또한 표준정규분포는 평균이 0이고 좌우대칭이므로 귀무가설 채택역의 하한값에 대한 표준화값 $Z_{(-\alpha/2)}$는 상한값의 표준화값 1.96과 부호만 다르므로 -1.96이 된다. 따라서 귀무가설의 채택역의 범위는 $-1.96 \leq Z \leq 1.96$이 되고 위에서 구한 표본평균에 대한 표준화값은 -1.27로 이 범위에 포함되므로 귀무가설을 채택하게 된다.

입력과정

① B2:B6 : 표본크기, 모평균, 표본평균, 표준편차를 입력한다.

② E2 : 표본평균 $\bar{x}=732$를 $Z=\frac{\bar{x}-\mu_0}{s/\sqrt{n}}$에 따라 표준화한다. 이 때 Z값이 E2에 -1.27로 계산되어 있다.
= (B4−B3)/(B5/SQRT(B2))

③ E3 : 5% 유의수준에서 표준정규분포의 표준화 상한임계값을 NORMSINV 함수를 이용하여 구한다.
= NORMSINV(0.975)
E3에 1.96으로 계산되어 있다.

④ E4 : 귀무가설 채택역의 하한값에 대한 표준화값 $Z_{(-\alpha/2)}$는 상한값에 대한 표준화값 $Z_{\alpha/2}$와 부호만 상이하므로 이를 이용하여 $Z_{(-\alpha/2)}$를 구하고 있다.
= −E3
E4에 -1.96으로 나타나 있다.

	A	B	C	D	E	F
1	연습 7.37					
2	n =	169		Z =	-1.27174	
3	mu =	750		Z_upp =	1.959964	
4	x bar =	732		Z_low =	-1.95996	
5	s =	184				
6	sig_lev =	0.05				
7						

■ t 분포

연습 7.38 표준정규분포인 Z분포 대신에 t분포를 사용해야 하는 조건은 무엇인가?

풀이 모집단의 표준편차 σ가 알려져 있지 않으며 표본크기 n이 30 미만인 동시에 모집단의 확률변수 x가 정규분포를 한다고 가정할 수 있을 때 t분포를 사용할 수 있다. 이 때는 t값에 따라 모평균에 대한 신뢰구간 추정이나 가설검정을 할 수 있다.

연습 7.39 다음 조건하에서 기각역과 채택역의 경계가 되는 t값을 구하시오.

(1) 표본크기=20, $\alpha = 0.10$의 양측검정

(2) 표본크기=16, $\alpha = 0.05$의 하한단측검정

(3) 표본크기=8, $\alpha = 0.025$의 상한단측검정

풀이 (1) 표본크기가 $n=20$이고 유의수준 $\alpha=0.10$의 양측검정을 위한 t값은 t분포표에서 자유도가 $df=n-1=19$이고 양측 확률이 0.10이 되는 곳의 값인 1.729이다.

양측검정이므로 기각역과 채택역의 경계가 되는 t값은 상한값과 하한값이 존재하는데, t분포에 나와 있는 1.729는 상한값에 해당하는 것이며 하한값은 이에 (−)부호를 붙인 −1.729가 된다.

t	양측 확률			
df	0.20	0.10	0.05	0.01
18	1.330	1.734	2.101	2.878
19	1.328	1.729	2.093	2.861
20	1.325	1.725	2.086	2.845
	0.10	0.05	0.025	0.005
	단측 확률			

(2) 표본크기가 $n=16$이고 $\alpha=0.05$의 하한단측검정이므로, t분포표에서 자유도가 $df=15$인 행과 단측 확률이 0.05인 열이 만나는 곳의 값을 찾는다. 이 때의 t값인 1.753은 상한단측검정의 값에 해당하는 하한단측검정의 t값은 여기에 (−)부호를 붙인 −1.753이 된다.

t	양측 확률			
df	0.20	0.10	0.05	0.01
14	1.345	1.761	2.145	2.977
15	1.341	1.753	2.131	2.947
16	1.337	1.746	2.120	2.921
	0.10	0.05	0.025	0.005
	단측 확률			

(3) 표본크기가 $n=8$이고 $\alpha=0.025$의 유의수준에서 상한단측검정을 위한 t값은 t분포표에서 자유도가 $df=7$인 행과 단측확률이 0.025인 열이 만나는 곳의 값인 2.365가 된다.

t	양측 확률			
df	0.20	0.10	0.05	0.01
6	1.440	1.943	2.447	3.707
7	1.415	1.895	2.365	3.499
8	1.397	1.860	2.306	3.355
	0.10	0.05	0.025	0.005
	단측 확률			

입력과정

① A3:B5 : 각 문제별로 표본크기, 유의수준 등을 입력한다.

② E3:E5 : TINV(prob) 함수를 이용하여 t임계값을 계산한다. TINV 함수에 입력되는 인수 prob에는 t분포에서 양측검정을 기준으로 했을 때의 기각역 확률을 입력하게 되며 df에는 자유도를 입력한다.

= TINV(0.1,A3−1)

= TINV(0.1,A4−1)

= TINV(0.05,A5−1)

	A	B	C	D	E	F
1	연습 7.39					
2	표본크기	alpha	검정		t임계값	
3	20	0.1	양측		1.729133	
4	16	0.05	하한단측		1.75305	
5	8	0.025	상한단측		2.364624	
6						

연습 7.40 그물망의 강도를 알기 위해 생산된 제품 중 20개를 무작위로 뽑아 몇 파운드의 힘을 가했을 때 그물이 끊어지는지를 조사하였다. 아래 자료는 그물이 끊어졌을 때의 힘을 표시한 것이다.

44	40	56	46	45
58	54	48	54	55
46	45	40	54	56
46	46	50	58	48

(1) 표본평균과 표준편차를 구하시오.

(2) 이 표본이 추출된 모집단이 정규분포를 한다고 보고 모평균의 95% 신뢰구간을 구하시오.

풀이 (1) $\sum x = 44+40+56+\cdots+50+58+48=989$

$\sum x^2 = (44)^2+(40)^2+(56)^2+\cdots(50)^2+(58)^2+(48)^2=49,531$

$n=20$

이므로 이를 이용하여 표본평균과 표준편차를 구한다.

$$\bar{x}=\frac{\sum x}{n}=\frac{989}{20}=49.45$$

$$s=\sqrt{\frac{\sum x^2-\frac{(\sum x^2)}{n}}{n-1}}=\sqrt{\frac{49,531-\frac{989^2}{20}}{20-1}}=5.735$$

(2) 표본크기가 $n=20$이므로 t분포를 이용해야 한다.

$df=19$이고 유의수준은 $\alpha=1-0.95=0.05$가 되어 이에 대한 t값을 t분포표에서 찾으면 2.093이 된다. 따라서 95% 신뢰수준에서의 신뢰구간은 다음과 같이 구할 수 있다.

$$\bar{x}\pm t\frac{s}{\sqrt{n}}=49.45\pm 2.093\frac{5.735}{\sqrt{20}}=49.45\pm 2.68$$

즉 신뢰구간은 46.77에서 52.13 사이의 구간이 된다.

t	양측 확률			
df	0.20	0.10	0.05	0.01
18	1.330	1.734	2.101	2.878
19	1.328	1.729	2.093	2.861
20	1.325	1.725	2.086	2.845
	0.10	0.05	0.025	0.005
	단측 확률			

입력과정

① B2:F5 : 그물에 가해진 힘의 강도를 나타내는 데이터를 입력한다.

② I2:I3 : 표본크기와 신뢰수준을 입력한다.

③ I4 : AVERAGE 함수를 이용하여 표본평균을 계산한다.

= AVERAGE(B2:F5)

표본평균이 49.45로 계산되어 있다.

④ I5 : STDEV 함수를 이용하여 표준편차를 계산한다.

= STDEV(B2:F5)

표준편차가 5.735로 계산되어 있다.

⑤ I6 : 신뢰수준이 95%일 때의 t분포에서의 신뢰구간 상한값에 대응하는 t값을 계산하기 위해 TINV(prob,df)를 이용한다. 여기서 주의할 것은 TINV 함수에 입력되는 인수 prob는 양측검정을 기준으로 했을 때의 기각역 확률이다. 따라서 신뢰수준이 95%인 경우 TINV 함수에 입력되는 prob 인수값은 0.05가 된다.

= TINV(0.05,I2−1)

⑥ I7:I8 : $\bar{x} \pm t\dfrac{s}{\sqrt{n}}$에 따라 신뢰구간의 상한값과 하한값을 계산한다.

= I4+I6*I5/SQRT(I2)

= I4−I6*I5/SQRT(I2)

신뢰구간의 상한값과 하한값이 각각 52.13, 46.77로 나타나 있다.

	A	B	C	D	E	F	G	H	I	J
1	연습 7.40									
2		44	40	56	46	45		n =	20	
3		58	54	48	54	55		conf_lev =	0.95	
4		46	45	40	54	56		x bar =	49.45	
5		46	46	50	58	48		s =	5.735164	
6								t =	2.093024	
7								상한값 =	52.13414	
8								하한값 =	46.76586	
9										

연습 7.41 어느 비스킷의 제품 명세서에는 비스킷 20g 속에 90mg의 염분이 들어 있는 것으로 표기되어 있다. 식품 조사당국에서는 이를 확인하기 위해 임의로 12개를 뽑아 염분을 측정한 결과 다음과 같은 자료를 얻었다.

98	94	91	86	82	90
92	84	94	90	97	94

(1) 표본평균과 표준편차를 구하시오.

(2) 제품 명세서에 표기된 것처럼 비스킷 20g 속에는 90mg의 염분이 들어 있다고 보아도 되는지 알아보고자 한다. 이를 위한 가설을 설정하고 유의수준 1%에서 이를 검정하시오.

풀이 (1) $\sum x = 98+94+91+\cdots+97+94 = 1,092$

$\sum x^2 = 98^2+94^2+91^2+\cdots+97^2+94^2 = 99,642$

$n = 12$

이므로 이를 이용하여 표본평균과 표준편차를 구한다.

$$\bar{x} = \frac{\sum x}{n} = \frac{1,092}{12} = 91$$

$$s = \sqrt{\frac{\sum x^2 - \frac{(\sum x^2)}{n}}{n-1}} = \sqrt{\frac{99,642 - \frac{1,092^2}{12}}{12-1}} = 4.594$$

(2) 모평균이 90mg이 되는지를 검정하는 것이므로 양측검정에 해당한다.

$$H_0 : \mu = 90$$
$$H_1 : \mu \neq 90$$

유의수준 $\alpha = 0.01$일 때 귀무가설 채택역의 t값은 자유도가 $df = n-1 = 11$이고 양측검정이므로 이를 t분포표에서 찾으면 3.106이 된다. 또한 이 값은 채택역의 상한값을 표시하므로 하한값은 이 값에 (−)부호를 붙인 −3.106이 된다. 따라서 유의수준을 1%로 했을 때 귀무가설이 채택되는 구간은 표본평균에 대한 표준화 t값이 $-3.106 \leq t \leq 3.106$의 구간에 있을 때이다. 위에서 구한 표본평균에 대한 t값은 0.699로 이 구간에 포함되므로 귀무가설을 채택하게 된다. 즉 1%의 유의수준에서 이 회사가 생산하는 비스킷 20g 속에는 표기되어 있는대로 90mg의 염분이 들어 있다고 볼 수 있다.

t	양측 확률			
df	0.20	0.10	0.05	0.01
10	1.372	1.812	2.228	3.169
11	1.363	1.796	2.201	3.106
12	1.356	1.782	2.179	3.055
	0.10	0.05	0.025	0.005
	단측 확률			

입력과정

① B2:G3 : 데이터를 입력한다.

② B5:B7 : 표본크기, 유의수준, 모평균을 입력한다.

③ E5 : 표본평균을 계산한다.
= AVERAGE(B2:G3)

④ E6 : 표준편차를 계산한다.
= STDEV(B2:G3)

⑤ E7 : E5셀에서 구한 표본평균 $\bar{x} = 91$에 대한 표준화 t값을 $t = \frac{\bar{x} - \mu_0}{s/\sqrt{n}}$에 따라 계산한다.
= (E5−B7)/(E6/SQRT(B5))

표준화 t값이 0.699로 계산되어 있다.

⑥ E8 : 유의수준 $\alpha = 0.01$에서 t분포의 상한 임계값을 TINV(prob,df) 함수를 이용하여 구한다.

= TINV(0.01,B5−1)

t분포의 상한 임계값이 3.106으로 나타나 있다. 하한 임계값은 상한 임계값에 (−)부호를 붙인 값이므로 유의수준 $\alpha = 0.01$에서 귀무가설 채택범위는 $-3.106 \leq t \leq 3.106$이 된다.

$\bar{x} = 91$에 대한 t값 0.699는 채택역 범위에 속해 있으므로 귀무가설을 채택하게 된다.

	A	B	C	D	E	F	G	H
1	연습 7.41							
2		98	94	91	86	82	90	
3		92	84	94	90	97	94	
4								
5	n =	12		x bar =	91			
6	sig_lev =	0.01		s =	4.954337			
7	mu =	90		t =	0.699206			
8				t_crit =	3.105807			
9								

연습 7.42 사원들의 교육을 담당하고 있는 부서에서 새로운 교육방법을 개발하여 이에 대한 효과 여부를 조사하기 위해 교육대상자 22명을 임의로 추출하여 새 교육방법에 따라 교육한 후 시험을 통해 효과를 측정하였다. 그 결과 평균이 88.4, 표준편차는 7.6인 것으로 나타났다. 과거 기존의 교육방법에 따라 교육시킨 후의 평균점수가 82점인 것으로 알려져 있다고 할 때 새로운 교육방법이 기존보다 좋아졌다고 할 수 있는지 유의수준 5%에서 판단하시오.

풀이 새로운 교육방법으로 교육하였을 때의 효과가 기존의 방법보다 더 큰지를 판단하는 것이므로 상한단측검정을 해야 하며 다음과 같이 가설을 설정할 수 있다.

$$H_0 : \mu \leq 82$$

$$H_1 : \mu > 82$$

표본크기가 $n = 22$로 소표본에 해당하므로 표본평균 $\bar{x} = 88.4$에 대한 t값을 구한다.

$$t = \frac{\bar{x} - \mu_0}{s/\sqrt{n}} = \frac{88.4 - 82}{7.6/\sqrt{22}} = 3.95$$

t분포표에서 유의수준이 5%이고 상한단측검정에서의 임계값은 $df = 21$일 때 1.721이 된다. 따라서 표본평균에 대한 t값이 $t \leq 1.721$이면 귀무가설을 채택하고, $t > 1.721$이면 귀무가설을 기각하고 대립가

설을 채택하게 된다. 위에서 구한 표본평균에 대한 t값이 3.95이므로 귀무가설을 기각하고 대립가설을 채택하게 된다. 즉 새로운 교육방법이 기존 방법보다 더 효과적이라고 말할 수 있다.

t	양측 확률			
df	0.20	0.10	0.05	0.01
20	1.325	1.725	2.086	2.845
21	1.323	1.721	2.080	2.831
22	1.321	1.717	2.074	2.819
	0.10	0.05	0.025	0.005
	단측 확률			

입력과정

① B2:B6 : 표본크기, 표본평균, 표준편차 등을 입력한다.

② E2 : 표본평균 $\bar{x}=88.4$에 대한 표준화 t값을 $t=\dfrac{\bar{x}-\mu_0}{s/\sqrt{n}}$에 따라 계산한다.

= (B4−B6)/(B5/SQRT(B2))

t값이 E2에 3.94로 나타나 있다.

③ E3 : 5% 유의수준에서 t분포의 상한 임계값을 TINV(prob,df) 함수를 이용하여 구한다. 그런데 상한단측검정에서의 유의수준이므로 TINV 함수에 입력되는 prob 인수값은 양측검정에서의 기각역 확률이 기준이 되므로 0.05의 2배인 0.1을 입력해야 한다.

= TINV(0.1,B2−1)

t분포의 상한 임계값이 1.721로 나타나 있다. 따라서 표본평균 $\bar{x}=88.4$에 대한 표준화 t값이 상한 임계값 1.721보다 작으면 귀무가설을 채택하고 반대로 상한 임계값 1.721보다 크면 귀무가설을 기각하고 대립가설을 채택하게 된다. $\bar{x}=88.4$에 대한 t값 3.94는 임계값 1.721보다 크므로 귀무가설을 기각하고 대립가설을 채택하게 된다.

	A	B	C	D	E	F
1	연습 7.42					
2	n =	22		t =	3.949824	
3	sig_lev =	0.05		t_crit =	1.720743	
4	x bar =	88.4				
5	s =	7.6				
6	mu =	82				
7						

■ 모비율의 추정과 가설검정

연습 7.43 판매 증대를 위해 백화점에서는 일부 상품에 대해 10% 할인 쿠폰을 발행하려고 한다. 할인 쿠폰의 회수율을 조사하기 위해 이 백화점에서는 유효기간이 한 달인 쿠폰 500매를 고객들에게 무작위로 배포하였다. 한 달 후 회수된 쿠폰의 매수가 48매라고 할 때 다음 물음에 답하시오.

(1) 모집단의 회수율 π에 대한 점추정 값은 얼마인가?

(2) 모비율에 대한 95% 신뢰구간을 구하시오.

(3) 만약 이 백화점에서 5,000매의 할인 쿠폰을 발행하기로 하였다면 회수되는 쿠폰매수의 95% 신뢰구간은 얼마인가?

풀이 (1) 배포된 쿠폰 500매 중 48매가 회수되었으므로 표본비율은 $p=48/500=0.096$이고 이는 바로 모비율에 대한 점추정 값이다.

(2) 먼저 신뢰구간 추정식 $p \pm Z\sqrt{\frac{p(1-p)}{n}}$에서 필요한 Z값을 계산한다.

신뢰수준이 95%일 때의 Z값은 표준정규분포표에서 누적확률이 0.975가 되는 곳의 값인 1.96이 된다. 그리고 $n=500$, $p=0.096$이므로 신뢰구간은

$$p \pm Z\sqrt{\frac{p(1-p)}{n}} = 0.096 \pm 1.96\sqrt{\frac{0.096(1-0.096)}{500}} = 0.096 \pm 0.026$$

이 된다.

즉 모비율이 0.07에서 0.122 사이의 값을 가질 확률은 95%가 된다.

Z	0.05	0.06	0.07	0.08
1.8	0.9678	0.9686	0.9693	0.9699
1.9	0.9744	0.9750	0.9756	0.9761
2.0	0.9798	0.9803	0.9808	0.9812

(3) 모비율에 대한 95% 신뢰구간이 0.07에서 0.122이므로 이 백화점이 5,000매의 쿠폰을 발행할 경우 회수되는 쿠폰매수는 350매(=5,000×0.07)에서 610매(=5,000×0.122) 사이가 될 것이다.

입력과정

① B2:B4 : 발행 쿠폰 수(n)와 회수된 쿠폰 수(x)를 입력한다.

② E2 : $p=\frac{x}{n}$에 따라 표본비율을 계산한다.

=B3/B2

표본비율이 0.096으로 계산되어 있다.

③ E3:E4 : 신뢰구간 추정식 $p \pm Z\sqrt{\frac{p(1-p)}{n}}$ 에 따라 표본비율의 상한값과 하한값을 계산한다.

= E2+NORMSINV(0.975)*SQRT(E2*(1−E2)/B2)

= E2−NORMSINV(0.975)*SQRT(E2*(1−E2)/B2)

NORMSINV(prob) 함수는 표준정규분포에서 누적확률에 대응하는 표준화 Z값을 계산한다. 신뢰수준이 95%이므로 기각역 확률은 $\alpha = 0.05$이고 또 양측검정이므로 표준정규분포에서 신뢰구간 상한값에 대응하는 Z값은 누적 확률이 0.975가 되는 곳의 값이다.

④ E5:E6 : 쿠폰 발행매수에 모비율에 대한 95% 신뢰구간의 하한값과 상한값을 곱하여 쿠폰 회수 매수에 대한 신뢰구간을 구한다. 신뢰구간은 351매에서 609매 사이의 범위가 된다.

= 5000*E3

= 5000*E4

	A	B	C	D	E	F
1	연습 7.43					
2	n =	500		p =	0.096	
3	x =	48		ci_upp =	0.121822	
4	conf_lev =	0.95		ci_low =	0.070178	
5				ci_upp1 =	609.1079	
6				ci_low1 =	350.8921	
7						

연습 7.44 국세청에서는 국민들에 대한 서비스 향상 차원에서 세무상담 프로그램을 마련하여 시행하고 있다. 이 서비스에 대한 개선 여부를 알아보기 위해 담당자는 이 서비스를 이용한 적이 있는 사람 중 812명을 대상으로 전화조사를 실시한 결과 만족한다고 응답한 비율이 68%에 이른 것으로 나타났다. 이에 대해 신뢰수준 80%의 신뢰구간을 구하시오.

풀이 표본비율은 $p=0.68$이고 표본크기가 $n=812$명이므로 표준오차는

$$\sqrt{\frac{p(1-p)}{n}} = \sqrt{\frac{0.68(1-0.68)}{812}} = 0.016$$

이다. 신뢰수준이 80%이므로 표준정규분포에서 신뢰수준을 벗어난 오른쪽 꼬리 부분의 확률은 10%가 된다. 따라서 신뢰수준이 80%일 때 표준화 Z값은 표준정규분포표에서 누적확률이 0.9일 때의 값을 찾으면 된다. 이 때의 값이 1.28이므로 신뢰구간은 다음과 같이 구할 수 있다.

$$p \pm Z\sqrt{\frac{p(1-p)}{n}} = 0.68 \pm 1.28\sqrt{\frac{0.68(1-0.68)}{812}}$$

$$= 0.68 \pm (1.28 \times 0.016) = 0.68 \pm 0.02$$

즉 이 서비스 이용자 중 66%에서 70%의 이용자들이 만족하고 있다고 볼 수 있다.

Z	0.07	0.08	0.09	0.10
1.1	0.8790	0.8810	0.8830	0.8849
1.2	0.8980	0.8997	0.9015	0.9032
1.3	0.9147	0.9162	0.9177	0.9192

입력과정

① B2:B4 : 표본크기, 표본비율, 신뢰수준을 입력한다.

② E2:E3 : 신뢰구간 추정식 $p \pm Z\sqrt{\frac{p(1-p)}{n}}$ 에 따라 표본비율의 상한값과 하한값을 계산한다.

= B3+NORMSINV(0.9)*SQRT(B3*(1−B3)/B2)

= B3−NORMSINV(0.9)*SQRT(B3*(1−B3)/B2)

	A	B	C	D	E	F
1	연습 7.44					
2	n =	812		ci_upp =	0.700979	
3	p =	0.68		ci_low =	0.659021	
4	sonf_lev =	0.8				
5						

연습 7.45 방송국에서 여론조사를 실시한 결과 정부의 대외정책에 대한 지지도가 58%이고 표본오차는 ±3%라고 발표하였다. 만약 이 조사가 95%의 신뢰수준에서 이루어졌다면 표본크기는 얼마가 되겠는가?

풀이 신뢰구간 추정식 $p \pm Z\sqrt{\frac{p(1-p)}{n}}$ 에서 표본오차를 구성하는 것은 두 번째 항인

$$Z\sqrt{\frac{p(1-p)}{n}} \text{ 이므로}$$

$$Z\sqrt{\frac{p(1-p)}{n}} = 0.03$$

임을 알 수 있다. 또한 신뢰수준이 95%일 때의 표준화 Z값은 표준정규분포표에서 누적확률이 0.975일 때의 값인 1.96이고 $p = 0.58$이므로 이를 대입한 후 n을 구한다. 즉 표준오차를 E라고 했을 때 표본크

기 n은 아래 식에 따라 구할 수 있다.

$$n = \frac{Z^2 p(1-p)}{E^2} = \frac{1.96^2 \times 0.58 \times 0.42}{0.03^2} = 1,039.8$$

따라서 표본크기는 1,040명이 된다.

입력과정

① B2:B4 : 표본비율, 표본오차, 신뢰수준을 입력한다.

② E2 : $n = \frac{Z^2 p(1-p)}{E^2}$에 따라 표본크기를 계산한다.

= NORMSINV(0.975)^2*B2*(1-B2)/B3^2

	A	B	C	D	E	F
1	연습 7.45					
2	p =	0.58		n =	1039.755	
3	e =	0.03				
4	conf_lev =	0.95				
5						

연습 7.46 전체 645개 대리점으로 이루어진 모집단에 대해 순수익률이 15% 이상이 되는 대리점 수가 얼마나 되는지 그 비율을 추정하고자 한다. 이 때 모비율에 대한 신뢰구간 추정에서 표본오차를 ±5%로 하기 위해서는 표본크기를 얼마로 해야 하는가? 예비조사를 통해 얻은 표본비율은 65%이고 신뢰수준은 90%로 설정하려 한다.

풀이 모집단의 크기가 645개로 유한이므로 표준오차가 유한모집단 수정계수로 수정되었을 때 표본크기를 결정하는 식 $n = \frac{NZ^2\pi(1-\pi)}{E^2(N-1) + Z^2\pi(1-\pi)}$를 사용하여야 한다.

여기서 모비율 π는 표본비율 0.65로 대체하고 신뢰수준이 90%일 때의 Z값은 1.645이므로 이를 대입하면

$$n = \frac{NZ^2\pi(1-\pi)}{E^2(N-1) + Z^2\pi(1-\pi)}$$

$$= \frac{645 \times 1.645^2 \times 0.65 \times 0.35}{(0.05^2 \times 644) + (1.645^2 \times 0.65 \times 0.35)} = 178.39$$

으로 표본크기는 178로 하면 된다.

Z	0.03	0.04	0.05	0.06
1.5	0.9370	0.9382	0.9394	0.9406
1.6	0.9484	0.9495	0.9505	0.9515
1.7	0.9582	0.9591	0.9599	0.9608

입력과정

① B2:B5 : 모집단 크기, 표본비율, 표본오차 등을 입력한다.

② E2 : 신뢰수준이 90%일 때 표준정규분포의 상한값에 대응하는 Z값을 계산한다.

= NORMSINV(0.95)

③ E3: $n = \dfrac{NZ^2\pi(1-\pi)}{E^2(N-1)+Z^2\pi(1-\pi)}$에 따라 표본크기를 계산한다.

= B2*E2^2*B3*(1−B3)/(B4^2*(B2−1)+E2^2*B3*(1−B3))

표본크기 E3에 약 178로 나타나 있다.

	A	B	C	D	E	F
1	연습 7.46					
2	N =	645		Z =	1.644854	
3	p =	0.65		n =	178.3881	
4	e =	0.05				
5	conf_lev =	0.9				
6						

연습 7.47 성공비율에 대한 가설검정을 위해 표본조사를 한 결과 성공이 118개, 실패가 282개 인 것으로 나타났다. 다음 가설에 대해 물음에 답하시오.

$$H_0 : \pi = 0.27$$
$$H_1 : \pi \neq 0.27$$

(1) 진실의 귀무가설을 잘못 판단하여 기각할 확률을 5%로 하였을 때 위의 가설을 검정하시오.

(2) 위 가설검정에서 검정통계량 Z값의 기각역 확률 p값은 얼마인가?

풀이 (1) 성공이 118, 실패가 282개이므로 표본크기는 $n=400(=118+282)$임을 알 수 있다. 따라서 표본비율 p는 $p=118/400=0.295$가 된다.

또 표본비율 $p=0.295$에 대한 표준화 값을 구하면

$$Z=\frac{p-\pi_0}{\sqrt{\frac{\pi_0(1-\pi_0)}{n}}}=\frac{0.295-0.27}{\sqrt{\frac{0.27(1-0.27)}{400}}}=1.126$$

이 된다. 진실의 귀무가설을 잘못 판단하여 기각할 확률을 5%로 한다는 것은 바로 유의수준을 5%로 설정하는 것을 의미하므로 이 때의 Z값에 대한 임계값을 표준정규분포표에서 구하면 누적확률이 0.975일 때의 값인 1.96이 된다.

Z	0.05	0.06	0.07	0.08
1.8	0.9678	0.9686	0.9693	0.9699
1.9	0.9744	0.9750	0.9756	0.9761
2.0	0.9798	0.9803	0.9808	0.9812

따라서 귀무가설 채택역의 범위는 $-1.96 \leq Z \leq 1.96$이 되고 위에서 구한 표본비율 $p=0.295$의 Z값 1.126은 이 범위에 속하므로 귀무가설을 채택하게 된다. 즉 모비율은 0.27이라고 판단할 수 있을 것이다.

(2) (1)에서 표본비율에 대한 표준화 Z값을 구하고, 이 Z값이 주어진 유의수준에서 귀무가설 채택역 범위에 속하는지 여부를 통해 설정된 가설을 검정하였다.
그러나 확률 p값에 따른 가설검정은 먼저 표본비율에 대한 표준화 Z값을 귀무가설 채택의 임계값으로 했을 때의 기각역 확률을 구하고 이를 유의수준과 비교하여 귀무가설 채택 여부를 결정하는 것이다. 즉 기각역 확률이 주어진 유의수준보다 클 경우 이는 표본비율에 대한 표준화 Z값이 귀무가설 채택역 범위에 위치하고 있음을 의미하는 것이므로 귀무가설을 채택하게 되며, 기각역 확률이 주어진 유의수준보다 작을 경우는 표본비율에 대한 표준화 Z값이 귀무가설 채택역 범위를 벗어나 있음을 의미하는 것이기 때문에 귀무가설을 기각하게 된다.
p확률 값에 따른 가설검정에서 특히 주의할 것은 양측검정의 경우 표본비율에 대한 표준화 Z값을 임계값으로 했을 때의 기각역 확률을 구할 때 여기서 계산된 기각역 확률은 한 쪽 꼬리부분의 확률을 의미하므로 이를 2배한 확률값을 유의수준과 비교하여야 한다는 점이다.
표본비율 $p=0.295$에 대한 표준화 Z값 1.126을 임계값으로 했을 때 귀무가설 채택역 범위는 $-1.126 \leq Z \leq 1.126$이 되고 이 때 기각역 확률은 다음과 같이 구할 수 있다. 즉 Z값이 1.126일 때 누적확률은 표준정규분포표에서 약 0.87이 되므로 오른쪽 꼬리 부분의 기각역 확률은 0.13이 된다. 따라서 표준정규분포가 좌우 대칭인 상태에서 왼쪽 꼬리 부분의 기각역 확률이 오른쪽 꼬리 부분의 기각역 확률과 동일하므로 양측검정의 기각역 확률은 0.13의 2배인 0.26이 된다. 다시 말해서 표본비율 0.295에 대한 표준화 Z값 1.126이 기각역에 포함되어 귀무가설이 기각되기 위해서는 유의수준이 적어도 26% 이상이 되어야 함을 의미하는 것이다. 이는 위에서 주어진 유의수준은 5%보다 크므로 귀무가설을 채택하게 되는 것이다.

Z	0.02	0.03	0.04	0.05
1.0	0.8461	0.8485	0.8508	0.8531
1.1	0.8686	0.8708	0.8729	0.8749
1.2	0.8888	0.8907	0.8925	0.8944

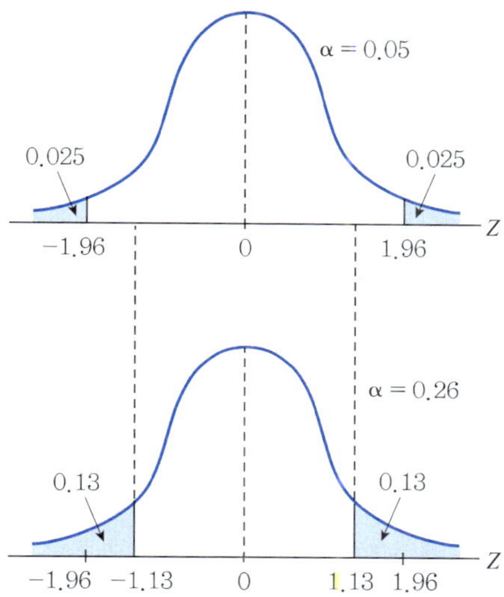

그림 7-34 유의수준과 표준정규분포

입력과정

① B2: B5 : 표본크기, 성공횟수, 모비율 등을 입력한다.

② E2 : $p = \dfrac{x}{n}$에 따라 표본비율을 계산한다.

= B3/B2

표본비율이 0.295로 나타나 있다.

③ E3 : 표본비율 $p = 0.295$에 대한 표준화 Z값을 $Z = \dfrac{p - \pi_0}{\sqrt{\dfrac{\pi_0(1 - \pi_0)}{n}}}$에 따라 계산한다.

= (E2−B4)/SQRT(B4*(1−B4)/B2)

표본비율에 대한 표준화 Z값이 1.126으로 계산되어 있다.

④ E4 : 유의수준이 $\alpha = 0.05$일 때 표준정규분포에서의 귀무가설 채택역의 상한 임계값을 계산한다. 양측검정이므로 이 때 표준정규분포에서 상한값에 대응하는 누적확률은 0.975이다.

= NORMSINV(0.975)

상한 임계값이 1.96으로 나타나 있다. 그리고 하한 임계값은 상한 임계값과 부호만 반대이므로 -1.96이 되므로 표준정규분포에서 귀무가설 채택역은 $-1.96 \leq Z \leq 1.96$이 된다. 표본비율 $p = 0.295$에 대한 표준화 Z값 1.126은 $-1.96 \leq Z \leq 1.96$의 범위에 속해 있으므로 귀무가설을 채택하게 된다.

⑤ E6:E7 : 표본비율 $p = 0.295$에 대한 표준화 Z값을 상한 임계값으로 했을 때 이 임계값에 대응하는 누적확률을 계산한다.

= NORMSDIST(E3)

표본비율 $p = 0.295$에 대한 표준화 Z값까지의 누적확률이 0.87로 나타나 있다. 따라서 오른쪽 꼬리 부분의 확률은 0.13(= 1−0.87)이 된다. 양측검정을 기준으로 하고 있으므로 오른쪽 꼬리부분의 확률 0.13을 2배 한 것이 표본비율 $p = 0.295$에 대한 표준화 Z값을 상한 임계값으로 했을 때의 P-Value가 된다.

= (1−E6)*2

E7에 P-Value가 0.26으로 나타나 있다.

	A	B	C	D	E	F
1	연습 7.47					
2	n =	400		p =	0.295	
3	x =	118		Z =	1.126229	
4	pi =	0.27		Z_crt =	1.959964	
5	alpha =	0.05				
6				prob_Z =	0.869966	
7				p-value =	0.260069	
8						

연습 7.48 어느 햄버거 판매점에서는 6개월 전에 기존의 햄버거 세트보다 콜라와 감자튀김의 양을 늘린 새로운 세트를 판매하기 시작하면서 소비자들의 25%는 새로 판매하기 시작한 햄버거 세트를 구매할 것으로 예상하였다. 판매 책임자는 6개월이 지난 현재 기존의 햄버거 세트에 대한 구매율이 75%가 되는지를 알아보기 위해 500명의 고객을 대상으로 조사한 결과 388명이 기존의 햄버거 세트를 주문한 것으로 나타났다. 1종오류를 범할 확률을 5%로 하여 이를 검정하시오.

풀이 먼저 기존에 판매하던 햄버거 세트에 대한 구매율이 0.75가 되는지를 검정하는 것이므로 다음과 같이 가설을 검정할 수 있다.

$$H_0 : \pi = 0.75$$
$$H_1 : \pi \neq 0.75$$

기존에 판매하던 햄버거 세트에 대한 구매율은 $p=388/500=0.776$이므로 이에 대한 표준화 Z값은

$$Z=\frac{p-\pi_0}{\sqrt{\frac{\pi_0(1-\pi_0)}{n}}}=\frac{0.776-0.75}{\sqrt{\frac{0.75(1-0.75)}{500}}}=1.34$$

가 된다. 1종오류를 범할 확률을 5%로 한다는 것은 유의수준을 5%로 한다는 것을 의미하므로 이 때 Z의 임계값은 표준정규분포표에서 누적확률이 0.975가 되는 곳의 표준화 값인 1.96이 된다. 따라서 귀무가설 채택역의 범위는 $-1.96 \leqq Z \leqq 1.96$이 되고 구매율 0.776에 대한 Z값은 1.34로 이 범위에 속하므로 귀무가설을 채택하게 된다. 즉 고객들의 기존 햄버거 세트에 대한 구매율은 75%라고 볼 수 있을 것이다.

입력과정

① B2:B5 : 표본크기, 성공횟수, 모비율 등을 입력한다.

② E2 : $p=\frac{x}{n}$에 따라 표본비율을 계산한다.

= B3/B2

표본비율이 0.776으로 나타나 있다.

③ E3 : 표본비율 $p=0.776$에 대한 표준화 Z값을 $Z=\frac{p-\pi_0}{\sqrt{\frac{\pi_0(1-\pi_0)}{n}}}$에 따라 계산한다.

= (E2−B4)/SQRT(B4*(1−B4)/B2)

표본비율에 대한 표준화 Z값이 1.34로 계산되어 있다.

④ E4 : 유의수준 $\alpha=0.05$일 때 표준정규분포에서의 귀무가설 채택역의 상한 임계값을 계산한다. 양측검정이므로 이 때 표준정규분포에서 상한값에 대응하는 누적확률은 0.975이다.

= NORMSINV(0.975)

E4에 상한 임계값이 1.96으로 나타나 있다. 그리고 하한 임계값은 상한 임계값과 부호만 반대이므로 -1.96이 되므로 표준정규분포에서 귀무가설 채택역은 $-1.96 \leqq Z \leqq 1.96$이 된다. 표본비율 $p=0.776$에 대한 표준화 Z값 1.34는 $-1.96 \leqq Z \leqq 1.96$의 범위에 속해 있으므로 귀무가설을 채택하게 된다.

	A	B	C	D	E	F
1	연습 7.48					
2	n =	500		p =	0.776	
3	x =	388		Z =	1.342634	
4	pi =	0.75		Z_crt =	1.959964	
5	alpha =	0.05				
6						

연습 7.49 아래 자료는 4개 선거구에서 전체 유권자수에 따라 표본크기를 결정한 후 유권자들을 무작위로 추출하여 여당과 야당 중 어느 후보에게 투표할 것인지를 표본조사한 결과이다(후보는 여당, 야당 두 사람이고 기권은 없는 것으로 가정). 4개 선거구 중 가장 안정적인 여당의 승리가 예상되는 선거구와 여당의 승리가 가장 위험한 선거구는 어디인가?

선거구	표본크기	여당지지율	야당지지율
A	500	0.56	0.44
B	750	0.54	0.46
C	1500	0.52	0.48
D	3000	0.515	0.485

풀이 각 선거구에 대해 가설검정을 하는 경우 이는 상한단측검정에 해당한다. 즉 여당이 승리하면 지지율이 0.5를 넘어야 하므로 가설은

$$H_0 : \pi \leq 0.5$$

$$H_1 : \pi > 0.5$$

로 설정할 수 있다.

여기서 주의할 것은 각 지역에서의 표본크기가 다르기 때문에 표본비율인 지지율 크기 순서에 따라 이에 대한 표준화 Z값이 결정되지 않는다는 점이다. 즉 표본비율인 지지율 p에 대한 표준화 Z값이 크면 클수록 귀무가설을 기각하고 대립가설을 채택할 기각역의 안정적인 범위에 속해 있을 것이다. 그러므로 먼저 여당지지율을 나타내는 표본비율 p에 대한 Z값을 구하고 이 값들을 비교하면 4개 선거구 중 여당이 안정적으로 승리할 수 있는 지역과 승리가 위험한 지역을 구별해 낼 수 있다. 표본비율인 여당지지율 p를

$$Z = \frac{p - \pi_0}{\sqrt{\frac{\pi_0(1-\pi_0)}{n}}}$$

에 따라 표준화한 Z값이 아래 표에 나타나 있다.

$$Z = \frac{p - \pi_0}{\sqrt{\frac{\pi_0(1-\pi_0)}{n}}} = \frac{0.56 - 0.5}{\sqrt{\frac{0.5(1-0.5)}{500}}} = 2.683$$

$$Z = \frac{p - \pi_0}{\sqrt{\frac{\pi_0(1-\pi_0)}{n}}} = \frac{0.54 - 0.5}{\sqrt{\frac{0.5(1-0.5)}{750}}} = 2.191$$

$$Z = \frac{p - \pi_0}{\sqrt{\frac{\pi_0(1-\pi_0)}{n}}} = \frac{0.52 - 0.5}{\sqrt{\frac{0.5(1-0.5)}{1500}}} = 1.549$$

$$Z = \frac{p-\pi_0}{\sqrt{\frac{\pi_0(1-\pi_0)}{n}}} = \frac{0.515-0.5}{\sqrt{\frac{0.5(1-0.5)}{3000}}} = 1.643$$

Z값이 클수록 기각역에 속할 확률이 커지는 것이므로 A선거구에서 여당은 가장 안정적인 승리가 가능할 것으로 예상할 수 있다. 반면에 C선거구는 D선거구보다 지지율이 다소 높다고 하더라도 지지율 p에 대한 표준화 Z값이 가장 낮게 나타나고 있어 승리를 장담하기가 가장 위험한 지역으로 볼 수 있다.

선거구	n	p	π	Z
A	500	0.56	0.5	2.68328
B	750	0.54	0.5	2.19089
C	1500	0.52	0.5	1.54919
D	3000	0.515	0.5	1.64317

입력과정

① A3:D6 : 표본크기와 지지율을 나타내는 표본비율을 입력한다.

② F2 : $Z = \frac{p-\pi_0}{\sqrt{\frac{\pi_0(1-\pi_0)}{n}}}$에 따라 표본비율 $p=0.56$에 대한 표준화 Z값을 계산한다.

= (C3−D3)/SQRT(D3*(1−D3)/B3)

F2에 Z값이 2.68로 계산되어 있다. 그리고 F3셀을 마우스로 지정하여 활성화시킨 후 자동채우기 핸들을 이용하여 F6까지 드래그하여 복사과정을 실행한다.

	A	B	C	D	E	F	G
1	연습 7.49						
2	선거구	n	p	pi		Z	
3	A	500	0.56	0.5		2.683282	
4	B	750	0.54	0.5		2.19089	
5	C	1500	0.52	0.5		1.549193	
6	D	3000	0.515	0.5		1.643168	
7							

■ 모분산의 추정과 가설검정

연습 7.50 베이링 20개를 표본으로 하여 직경(mm)을 조사한 결과 표준오차가 0.08인 것으로 나타났다. 모분산의 95% 신뢰구간을 추정하시오.

풀이 표준오차가 $s/\sqrt{n}=0.08$이고 표본크기가 $n=20$이므로 표본의 분산 s^2를 구할 수 있다.

$$s^2 = 0.08^2 \times 20 = 0.128$$

신뢰수준이 95%일 때 χ^2값의 상하한 임계값을 구해야 하는데 χ^2분포표에서의 χ^2값이 χ^2분포에서 오른쪽 꼬리 부분의 기각역 확률을 기준으로 χ^2값이 제시되어 있으므로 상한값은 오른쪽 꼬리 부분의 기각역 확률이 0.025이면서 자유도가 19인 값을 χ^2분포표에서 찾으면 되며 이 값은 $\chi^2_U = 32.852$가 된다. 하한값은 자유도가 19이면서 오른쪽 꼬리 부분의 기각역 확률이 0.975가 되는 곳의 값이 되며 이 값은 $\chi^2_L = 8.907$임을 알 수 있다.

χ^2	상한 단측확률			
df	0.975	0.050	0.025	0.010
18	8.231	28.869	31.526	34.805
19	8.907	30.144	32.852	36.191
20	9.591	31.410	34.170	37.566

다음 이들 값들을 신뢰구간 추정식 $\frac{(n-1)s^2}{\chi^2_U} < \sigma^2 < \frac{(n-1)s^2}{\chi^2_L}$에 대입하여 신뢰구간의 하한값과 상한값을 구한다.

$$\frac{(n-1)s^2}{\chi^2_U} = \frac{(20-1)\times 0.128}{32.852} = 0.074$$

$$\frac{(n-1)s^2}{\chi^2_L} = \frac{(20-1)\times 0.128}{8.907} = 0.273$$

따라서 모분산의 신뢰구간은 $0.074 \leq \sigma^2 \leq 0.273$이 된다.

입력과정

① B2:B4 : 표본크기와 표준오차를 입력한다.

② E2 : 표준오차가 $s/\sqrt{n} = 0.08$이므로 여기에 표본크기 $n = 20$을 대입하면 표준편차 s를 계산할 수 있다.

= B3*SQRT(B2)

E2에 표준편차가 0.358로 나타나 있다.

③ E3:E4 : $\frac{(n-1)s^2}{\chi^2_U} < \sigma^2 < \frac{(n-1)s^2}{\chi^2_L}$에 따라 모분산에 대한 신뢰구간을 계산한다.

= (B2−1)*E2^2/CHIINV(0.025,B2−1)

= (B2−1)*E2^2/CHIINV(0.975,B2−1)

χ^2값의 상하한 임계값 χ^2_U, χ^2_L은 CHIINV(prob,df) 함수를 이용하여 구하

게 되는데 여기서 주의할 것은 prob 인수에 입력되는 확률은 χ^2분포에서 오른쪽 꼬리 부분의 기각역 확률이 기준이 된다는 점이다. 따라서 상한 임계값 χ_U^2는 오른쪽 꼬리 부분의 기각역 확률 0.025를 대입하여야 하며 이때 자유도는 $df = n-1 = 20-1 = 19$가 된다.

E3과 E4에 모분산의 신뢰구간 하한값과 상한값이 0.074, 0.273으로 나타나 있다.

	A	B	C	D	E	F
1	연습 7.50					
2	n =	20		s =	0.357771	
3	se =	0.08		ci_low =	0.074028	
4	conf_lev =	0.95		ci_upp =	0.273058	
5						

연습 7.51 사무직원들의 스트레스 정도를 측정하기 위해 40명을 표본으로 하여 조사한 결과 스트레스를 나타내는 평점은 평균이 58이고 분산이 62인 것으로 나타났다. 이 조사를 통해 모분산이 50보다 크다고 결론내일 수 있는지 5% 유의수준에서 검정하시오.

풀이 이는 모분산에 대한 상한 단측검정이므로 다음과 같이 가설을 설정할 수 있다.

$$H_0 : \sigma^2 \leq 50$$

$$H_1 : \sigma^2 > 50$$

표본분산이 $s^2 = 62$이고 가설에서 설정된 모분산이 $\sigma^2 = 50$이므로 χ^2검정통계량은

$$\chi^2 = \frac{(n-1)s^2}{\sigma^2} = \frac{(40-1)\times 62}{50} = 48.36$$

이 된다. χ^2임계 은 유의수준이 5%이고 상한 단측검정이므로 χ^2분포표에서 상한 단측의 기각역 확률이 0.050이고 자유도가 39인 곳의 값을 찾으면 54.572가 된다.

χ^2	상한 단측확률			
df	0.100	0.050	0.025	0.010
38	49.513	53.384	56.895	61.162
39	50.660	54.572	58.120	62.428
40	51.805	55.758	59.342	63.691

위에서 구한 검정통계량 χ^2값은 48.36으로 5% 유의수준의 임계값 54.57보다 작으므로 귀무가설을 기

각하지 못한다. 즉 모분산이 50보다 크다고 말할 수 없을 것이다.

입력과정

① B2:B5 : 표본크기, 표본분산, 모분산을 입력한다.

② E2 : $\dfrac{(n-1)s^2}{\sigma^2}$에 따라 검정통계량 χ^2값을 계산한다.

E2에 48.36으로 계산되어 있다.

③ E3 : CHIINV(prob,df) 함수를 이용하여 5% 유의수준에서의 임계값을 구한다. 이 때 주의할 것은 CHIINV(prob,df) 함수는 χ^2분포에서의 기각역 확률을 기준으로 χ^2값을 계산해 주기 때문에 prob 인수에는 상한 단측검정의 기각역 확률 0.05를 대입한다.

E3에 상한 단측검정의 임계값이 54.5722로 나타나 있다. χ^2검정통계량 값이 48.36으로 5% 유의수준의 임계값 54.57보다 작으므로 귀무가설을 채택하게 된다.

	A	B	C	D	E	F
1	연습 7.51					
2	n =	40		chi_stat =	48.36	
3	s^2 =	62		chi_crit =	54.57223	
4	sigma^2 =	50				
5	sig_lev =	0.05				
6						

제8장

두 모집단의 비교

CONTENTS

8.1 두 모집단의 독립성과 종속성

독립적인 두 표본

두 모집단을 비교하기 위해 각각의 모집단으로부터 두 개의 표본이 별개로 추출되었을 때 이들 두 표본은 서로 독립적이라고 하며, 이러한 경우 어느 한 모집단에서 표본으로 뽑히는 개체는 다른 모집단에서 표본으로 뽑힐 수 없는 독립된 관계를 가지게 된다.

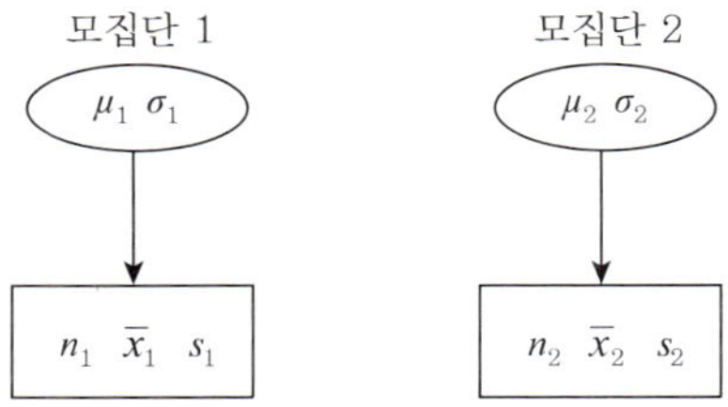

그림 8-1 독립적인 두 표본

예제 8.1 대학생들의 한 달 용돈이 남학생과 여학생 사이에 차이가 있는지를 조사하기 위해 남학생과 여학생을 각각 50명씩 표본으로 추출하였다고 하자. 여기서 남학생 표본과 여학생 표본은 각각 남자 대학생 모집단과 여자 대학생 모집단이라는 별개의 두 모집단에서 무작위로 추출된 표본으로서 독립적인 표본이다. 즉 남학생 모집단에서 추출되는 남학생은 여학생 모집단에서 표본으로 추출될 수 없다.

예제 8.2 복사기를 50대 구입하려고 하는 회사에서 최종적으로 두 개의 업체 가운데 어느 하나를 선택하기 위해 각 업체별로 5대씩을 뽑아 한 달 동안 시험 사용 후 대당 고장 횟수를 조사하여 이를 제품 선택의 기초자료로 사용하고자 했을 때, 이들 두 표본은 서로 다른 회사 제품의 모집단으로부터 추출된 것이므로 독립적 표본에 해당한다.

종속적인(짝을 이룬) 두 표본

독립적은 표본과는 달리 '비교하고자 하는 특성'을 기준으로 하여 먼저 두 개의 모집단으로 구분한다. 그리고 이 특성을 만족시키는 모집단에서 표본을 추출하고 이 표본과 짝(matched pairs)이 되는 표본을 다른 하나의 모집단에서 추출하여 두 표본을 구성하였을 때 이를 종속적 또는 짝을 이룬 표본(paired samples)이라고 한다.

여기서 짝이 된다는 말의 의미는 첫 번째 모집단에서 추출된 표본의 개체들이 가진 속성과 동일하거나 거의 유사한 속성을 가지고 있는 다른 모집단의 개체를 뜻하는 것이다. 즉 두 번째 모집단에서 뽑히는 표본은 첫 번째 모집단에서 뽑힌 표본의 속성과는 상관없이 독립적으로 추출되는 것이 아니라 첫 번째 모집단에서 뽑힌 표본의 속성을 그대로 가지고 있는 표본을 추출하여 구성되는 것이므로 이들 두 표본은 종속적인 관계에 있는 것이다. 단지 이들 두 표본에서 짝을 이루고 있는 개체들은 모집단을 구분 짓는 '비교하고자 하는 특성'에서만 차이를 보일 뿐이다. 이 때 두 번째 모집단에서 추출되는 표본은 첫 번째 모집단에서 추출되는 표본과 짝을 이루는 형태로 추출되기 때문에 두 표본의 크기는 당연히 동일하다는 특징을 갖는다. 따라서 각각의 모집단에서 추출된 두 표본은 처음에 모집단을 구분하는 기준이 된 특성을 제외하고는 나머지 속성에서는 모두 동일하거나 유사하다. 이러한 면에서 독립적인 두 표본보다는 짝을 이룬 두 표본을 이용한 모집단의 비교가 유용한 정보를 얻는 데 더 효과적이라고 할 수 있다.

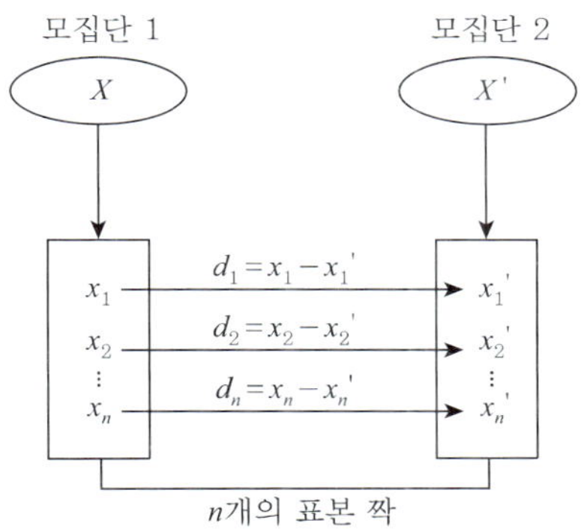

그림 8–2 짝을 이룬 두 표본

> Note
>
> **첫 번째 모집단에서 추출된 표본의 개체들 각각의 속성에 관계없이 두 번째 모집단에서 표본을 추출하였다면 이들 모집단에서 뽑힌 각각의 두 표본은 독립적인 경우에 해당한다.**

예제 8.3 영어회화 수강생 40명을 표본으로 청취력 향상을 위한 새로운 교수법을 한 학기 동안 실시하고, 학기말 청취력 성적과 학기초 성적의 비교를 통해 새로운 교수법의 효과 여부를 확인하고자 한다. 이 경우 학기초의 수강생 40명은 새로운 교수법을 기준으로 했을 때 이 교수법이 시행되지 않은 모집단의 표본으로, 그리고 학기말의 수강생 40명은 새로운 교수법이 시행된 모집단의 표본으로 간주할 수 있다.
새로운 교수법을 실시하기 전(학기초)의 모집단에서 뽑힌 40명의 표본 중에서 홍길동이라는 학생이 들어 있었다면 새로운 교수법을 실시한 후(학기말)의 모집단에서 다시 홍길동 학생의 표본을 추출하는 것이며 이러한 면에서 이들 두 개체는 짝을 이루고 있는 것이다. 다시 말해 학기말에 추출되는 표본은 학기초의 표본과는 독립적으로 추출되는 것이 아니라 학기초에 어떤 학생이 추출되었느냐에 따라 학기말 표본에서도 이들을 그대로 추출하여 새로운 교수법의 실시에 따른 변화를 파악하는 것이다.
그러므로 두 표본을 구성하는 학생들 각각은 새로운 교수법으로 수업을 받았는지의 여부에 따라 두 표본의 개체로 구분되었을 뿐 나머지 속성들은 동일한 것이다.
이러한 면에서 두 표본은 짝을 이룬 표본 또는 종속적 표본이라고 할 수 있다.

예제 8.4 두 사람의 골동품 감정 전문가가 주어진 골동품의 감정평가액에 대해 평균적으로 동일한 평가를 내리는지를 확인하기 위해 10점의 골동품을 제시하고 두 사람으로 하여금 이들 골동품을 감정하도록 하였다.
이 경우 동일한 골동품에 대해 두 사람이 평가를 내리고 이 차이가 있는지를 확인하는 것이므로 이는 짝을 이룬 또는 종속적 표본이 된다.

예제 8.5 피임약의 장기 복용이 여성의 만성적 두통을 유발하는지를 조사하기 위해 과거 5년 동안 피임약의 장기 복용 여부를 기준으로 모집단의 장기 복용집단과 그렇지 않은 집단의 두 개로 구분하였다.
그리고 장기 복용한 모집단에서 무작위로 표본을 추출하고 이 표본에 속하는 각 여성의 연령, 소득수준 그리고 신체조건 및 건강상태 등의 속성을 조사하여 이와 동일하거나 유사한 속성을 지닌 여성을 피임약을 장기 복용하지 않은 모집단에서 추출하여 또 하나의 표본을 추출하였다면 이들 표본은 짝을 이룬 또는 종속적 두 표본에 해당한다.

Note

[예제 8.5]는 [예제 8.3]에 비해 일반화된 경우의 종속적 표본에 해당한다. 즉 [예제 8.3]의 두 표본에서 짝을 이루고 있는 개체는 동일한 사람이나 [예제 8.5]의 두 표본에서 짝을 이루고 있는 개체는 동일인이 아니다.

8.2 모평균의 차이에 대한 신뢰구간과 가설검정(두 표본이 독립적인 경우)

대표본에서의 모평균 차이에 대한 신뢰구간

정규분포를 하는 두 모집단의 모평균과 모분산이 각각 $(\mu_1,\ \sigma_1^2)$, $(\mu_2,\ \sigma_2^2)$일 때 모평균의 차이 $\mu_1-\mu_2$에 대한 점추정치는 각 모집단으로부터 얻은 표본평균의 차이인 $\bar{x}_1-\bar{x}_2$가 된다. 독립적인 모집단1과 2에서 크기가 각각 $n_1,\ n_2$인 표본을 추출하여 얻은 표본으로부터 계산되는 두 표본평균 $\bar{x}_1$과 $\bar{x}_2$는 모집단에서 표본이 어떻게 뽑히느냐에 따라 그 값이 달라지는 확률변수이기 때문에 두 표본 평균의 차이 $\bar{x}_1-\bar{x}_2$ 또한 확률변수가 되며, 이 값 역시 각 모집단에서 표본이 어떻게 뽑히느냐에 따라 변하게 된다.
이 때 두 표본평균의 차이인 $\bar{x}_1-\bar{x}_2$의 표본분포는 각 표본의 표본크기가 적어도 30이상일 경우 중심극한정리에 따라 평균이 $\mu_1-\mu_2$이고 표준오차가 $\sigma_{\bar{x}_1}-\sigma_{\bar{x}_2}=\sqrt{\frac{\sigma_1^2}{n_1}+\frac{\sigma_2^2}{n_2}}$ 인 정규분포를 한다. 여기서 일반적으로 모분산은 알려져 있지 않기 때문에 이러한 경우는 σ_1^2과 σ_2^2 대신에 표본분산인 s_1^2과 s_2^2로 대체하여 표준오차를 계산하게 되는데 이를 추정된 표준오차(estimated standard error)라 한다.
여기서 표본평균의 차이인 $\bar{x}_1-\bar{x}_2$는 모평균의 차이 $\mu_1-\mu_2$에 대한 점추정치에 해당하므로 $\mu_1-\mu_2$의 신뢰구간은 아래와 같은 식에 따라 추정할 수 있다.
($\mu_1-\mu_2$의 신뢰구간 추정식)

$$(\bar{x}_1-\bar{x}_2)\pm Z\sqrt{\frac{s_1^2}{n_1}+\frac{s_2^2}{n_2}}$$

Note

위의 모평균 차이 $\mu_1-\mu_2$에 대한 신뢰구간 추정식은 앞에서 살펴본 단일 모집단에서의 모평균 μ에 대한 신뢰구간 추정식 $\bar{x}\pm Z\frac{s}{\sqrt{n}}$와 유사한 형태임을 알 수 있다.

예제 8.6 어느 유통점에서 고객들이 사용하는 신용카드별 평균 구매액을 조사하여 다음과 같은 자료를 얻었다. 신용카드 종류에 따른 구매액 차이의 신뢰구간을 90%의 신뢰수준에서 추정하시오.

(단위: 천원)

카드종류	표본크기(n)	표본평균($\bar{x}$)	표준편차(s)
Visa	65	58.4	22.3
BC	70	46.2	18.5

풀이 신뢰구간 추정식 $(\bar{x}_1 - \bar{x}_2) \pm Z\sqrt{\frac{s_1^2}{n_1}+\frac{s_2^2}{n_2}}$ 에서 먼저 $\bar{x}_1 - \bar{x}_2$의 표준오차 $\hat{\sigma}_{\bar{x}_1-\bar{x}_2}$를 구한다.

$$\hat{\sigma}_{\bar{x}_1-\bar{x}_2} = \sqrt{\frac{s_1^2}{n_1}+\frac{s_2^2}{n_2}} = \sqrt{\frac{22.3^2}{65}+\frac{18.5^2}{70}} = 3.54$$

표본크기가 30이상으로 대표본에 해당하므로 Z값을 표준정규분포표에서 찾는다.
신뢰수준이 90%이므로 Z값의 상한 임계값은 누적확률이 0.95인 곳의 값인 1.645가 된다.
따라서 $\bar{x}_1 - \bar{x}_2$의 신뢰구간은

$$(\bar{x}_1 - \bar{x}_2) \pm Z\sqrt{\frac{s_1^2}{n_1}+\frac{s_2^2}{n_2}} = 12.2 \pm 1.645\sqrt{\frac{22.3^2}{65}+\frac{18.5^2}{70}} = 12.2 \pm 5.82 = (6.38,\ \ 18.02)$$

가 된다.

여기서 단위가 천원이므로 사용카드별로 구매액의 차이가 6,380원에서 18,020원 사이의 구간에서 발생할 확률이 90%가 된다고 볼 수 있다.

Z	0.03	0.04	0.05	0.06
1.5	0.9370	0.9382	0.9394	0.9406
1.6	0.9484	0.9495	0.9505	0.9515
1.7	0.9582	0.9591	0.9599	0.9608

입력과정

① B2:B7 : 카드 종류별로 표본크기, 표본평균, 표준편차를 입력한다.

② E2 : 두 표본평균의 차이 $\bar{x}_1 - \bar{x}_2$를 계산한다.

= B4−B5

③ E3 : 표본평균의 차이 $\bar{x}_1 - \bar{x}_2$에 대한 표준오차를 $\hat{\sigma}_{\bar{x}_1-\bar{x}_2} = \sqrt{\frac{s_1^2}{n_1}+\frac{s_2^2}{n_2}}$ 에 따라 계산한다.

= SQRT(B6^2/B2+B7^2/B3)

표준오차가 3.54로 계산되어 있다.

④ E4 : 신뢰수준이 90%일 때 표준정규분포에서 신뢰구간의 상한값에 대응하는 표준화 Z값을 NORMSINV(prob) 함수를 이용하여 계산한다.

NORMSINV 함수의 prob 인수에는 누적확률이 지정되어야 하므로 0.95를 대입한다.

= NORMSINV(0.95)

신뢰구간의 상한값에 대응하는 표준화 Z값이 1.645로 나타나 있다.
신뢰구간의 하한값에 대응하는 표준화 Z값은 상한 임계값 1.645에 (−)부호를 붙인 -1.645가 된다.

⑤ E5:E6 : $(\bar{x}_1 - \bar{x}_2) \pm Z\sqrt{\frac{s_1^2}{n_1} + \frac{s_2^2}{n_2}}$ 에 따라 신뢰구간의 상한값과 하한값을 계산한다.

= E2+E4*E3

= E2−E4*E3

신뢰구간의 상한값과 하한값이 각각 18.02, 6.38로 나타나 있다.

	A	B	C	D	E	F
1	예제 8.6					
2	n1 =	65		x bar_diff =	12.2	
3	n2 =	70		se =	3.541172	
4	x bar1 =	58.4		Z =	1.644854	
5	x bar2 =	46.2		ci_upp =	18.02471	
6	s1 =	22.3		ci_low =	6.37529	
7	s2 =	18.5				
8						

대표본에서의 모평균 차이에 대한 가설검정

두 표본의 비교는 보통 표본평균 사이에 차이가 존재하는지를 확인하기 위해 행해지는데 이를 위해서는 먼저 다음과 같은 가설을 설정한다.

$$H_0 : \mu_1 = \mu_2 (\text{또는 } H_0 : \mu_1 - \mu_2 = 0)$$
$$H_1 : \mu_1 \neq \mu_2 (\text{또는 } H_1 : \mu_1 - \mu_2 \neq 0)$$

여기서 귀무가설은 두 모집단의 모평균 사이에 차이가 없다는 것을 의미하므로 모평균 사이에 차이가 존재한다는 결론을 내리려면 귀무가설이 기각되어야 한다. 위의 대립가설은 양측검정을 기준으로 한 것이므로 만약 상한단측검정이면 $H_1 : \mu_1 > \mu_2$로, 하한단측검정이면 $H_1 : \mu_1 < \mu_2$로 설정해야 한다.

앞에서 언급한 바와 같이 모평균과 모분산이 각각 $(\mu_1,\ \sigma_1^2)$, $(\mu_2,\ \sigma_2^2)$인 정규분포를 하는 두 모집단에서 추출된 두 표본의 표본평균이 $\bar{x}_1$, $\bar{x}_2$일 때 표본평균의 차 $\bar{x}_1 - \bar{x}_2$의 표본분포는 평균이 $\mu_1 - \mu_2$이고 표준오차가 $\sigma_{\bar{x}_1} - \sigma_{\bar{x}_2} = \sqrt{\frac{\sigma_1^2}{n_1} + \frac{\sigma_2^2}{n_2}}$ 인 정규분포를 한다. 따라서 대표본의 경우 가설검정을 위한 $\bar{x}_1 - \bar{x}_2$에 대한 표준화 Z값은

$$Z = \frac{\text{표본평균의 차} - \text{귀무가설에서 설정한 모평균의 차}}{\text{표준오차}}$$

에 따라 구하게 된다. 그런데 위 식에서 표준오차는 모분산을 모르고 있는 것이 일반적으로 σ_1^2과 σ_2^2를 표본분산인 $H_0 : \mu_1 = \mu_2$인 경우의 $\bar{x}_1 - \bar{x}_2$에 대한 표준화 Z값은

$$Z = \frac{(\bar{x}_1 - \bar{x}_2) - (\mu_1 - \mu_2)}{\sqrt{\frac{s_1^2}{n_1} + \frac{s_2^2}{n_2}}} = \frac{(\bar{x}_1 - \bar{x}_2) - 0}{\sqrt{\frac{s_1^2}{n_1} + \frac{s_2^2}{n_2}}} = \frac{(\bar{x}_1 - \bar{x}_2)}{\sqrt{\frac{s_1^2}{n_1} + \frac{s_2^2}{n_2}}}$$

에 따라 구할 수 있다.

예제 8.7 아래 자료는 입사한지 1년이 지난 자동차 판매사원 중에서 남녀 각각 40명을 무작위로 추출하여 이들의 월평균 자동차 판매대수를 조사한 결과이다. 이 자료를 통해 남녀별로 자동차 판매대수에 차이가 있는지를 5% 유의수준에 검정하시오.

성별	표본크기	월평균판매대수	표준편차
남자	40	18.2	3.2
여자	40	15.4	2.5

풀이 남녀별 자동차 판매대수의 차이가 존재하는지를 확인하기 위해서 먼저 다음과 같이 가설을 설정한다.

$$H_0 : \mu_1 = \mu_2$$
$$H_1 : \mu_1 \neq \mu_2$$

위의 가설은 양측검정으로서 두 모평균의 차가 $\mu_1 - \mu_2 = 0$인지 아닌지를 검정하는 것과 동일한 것이므로 먼저 두 표본평균의 차 $\bar{x}_1 - \bar{x}_2$의 표준화 Z값을 다음과 같이 구한다.

$$Z = \frac{(\bar{x}_1 - \bar{x}_2) - (\mu_1 - \mu_2)}{\sqrt{\frac{s_1^2}{n_1} + \frac{s_2^2}{n_2}}} = \frac{(18.2 - 15.4) - 0}{\sqrt{\frac{3.2^2}{40} + \frac{2.5^2}{40}}} = 4.36$$

유의수준이 5%이고 양측검정이므로 표준화 확률변수 Z의 상한 임계값은 표준정규분포표에서 누적확률이 0.975가 되는 곳의 값인 1.96이 된다. 이 Z값은 상한 임계값으로서 하한 임계값은 여기에 (–)부호를 붙인 -1.96이 된다. 따라서 귀무가설 채택역은 $-1.96 \leq Z \leq 1.96$이 된다.

위에서 두 표본평균의 차인 $\bar{x}_1 - \bar{x}_2$의 표준화 Z값은 4.36으로 귀무가설 채택역 범위를 벗어나 있으므로 두 모평균 사이에는 차이가 있다고 볼 수 있다. 즉 남녀별로 자동차 판매대수에 차이가 있다는 결

론을 내리게 된다.

입력과정

① B2:B7 : 남녀 두 집단에 대한 표본크기, 표본평균, 표준편차를 입력한다.

② E2 : 표본평균의 차이 $\bar{x}_1 - \bar{x}_2$에 대한 표준오차를 $\hat{\sigma}_{\bar{x}_1 - \bar{x}_2} = \sqrt{\frac{s_1^2}{n_1} + \frac{s_2^2}{n_2}}$에 따라 계산한다.

= SQRT(B6^2/B2+B7^2/B3)

E2에 표준오차가 0.64로 계산되어 있다.

③ E3 : $Z = \frac{(\bar{x}_1 - \bar{x}_2) - (\mu_1 - \mu_2)}{\sqrt{\frac{s_1^2}{n_1} + \frac{s_2^2}{n_2}}}$에 따라 $\bar{x}_1 - \bar{x}_2$에 대한 표준화 Z값을 계산한다.

= (B4−B5)/E2

두 표본평균의 차이에 대한 표준화 Z값이 4.36으로 출력되어 있다.

④ E4 : 5% 유의수준에서 양측검정을 할 때의 상한 임계값을 NORMSINV 함수를 이용하여 계산한다. E4에 1.96으로 나타나 있다. 하한 임계값은 상한 임계값에 (−)부호를 붙인 -1.96이 된다. 따라서 귀무가설 채택역은 $-1.96 \leq Z \leq 1.96$이 된다.

= NORMSINV(0.975)

	A	B	C	D	E	F
1	예제 8.7					
2	n1 =	40		se =	0.642067	
3	n2 =	40		Z =	4.360916	
4	x bar1 =	18.2		Z_crit =	1.959964	
5	x bar2 =	15.4				
6	s1 =	3.2				
7	s2 =	2.5				
8						

소표본에서의 모평균의 차이에 대한 신뢰구간과 가설검정

앞에서 우리는 두 표본의 표본크기가 각각 30이상으로 대표본으로 구성되어 있는 경우, 표본평균의 차이 $\bar{x}_1 - \bar{x}_2$에 대한 표본분포는 평균이 $\mu_1 - \mu_2$이고 표준오차가 $\sigma_{\bar{x}_1} - \sigma_{\bar{x}_2} = \sqrt{\frac{\sigma_1^2}{n_1} + \frac{\sigma_2^2}{n_2}}$ 인 표준정규분포를 한다는 것을 살펴보았다. 그리고 이 때 두 모집단의 분산인 σ_1^2, σ_2^2은 일반적으로 알려져 있지 않기 때문에 신뢰구간 추정이나 가설검정을 위한 Z값을 계산하는데 필요한 표준오차는 각 표본의 분산인 s_1^2, s_2^2으로 대체하여 얻은 추정된 표준오차 $\hat{\sigma}_{\bar{x}_1-\bar{x}_2}=\sqrt{\frac{s_1^2}{n_1}+\frac{s_2^2}{n_2}}$ 를 이용한다는 것도 살펴보았다. 그러나 두 표본의 크기가 30미만으로 소표본인 경우 두 표본평균의 차 $\bar{x}_1-\bar{x}_2$에 대한 표본분포는 평균이 $\mu_1-\mu_2$인 t분포를 하는데, 이 경우도 모분산을 모르고 있는 것이 일반적이므로 추정된 표준오차를 사용해야 한다. 이 때 표준오차에 대한 추정은 두 모집단의 분산이 동일하다는 가정하에 두 표본분산을 이용하여 아래 식에 따라 합동표본분산 s_p^2를 계산하고 $\sigma_{\bar{x}_1}-\sigma_{\bar{x}_2}=\sqrt{\frac{\sigma_1^2}{n_1}+\frac{\sigma_2^2}{n_2}}$ 의 σ_1^2, σ_2^2를 s_p^2로 대체하여 $\bar{x}_1-\bar{x}_2$에 대한 표준오차를 추정하게 된다.

$$s_p^2=\frac{s_1^2(n_1-1)+s_2^2(n_2-1)}{n_1+n_2-2}$$

$$\hat{\sigma}_{\bar{x}_1-\bar{x}_2}=\sqrt{\frac{s_p^2}{n_1}+\frac{s_p^2}{n_2}}$$

따라서 두 표본이 모두 소표본으로 구성된 상태에서 모평균의 차 $\mu_1-\mu_2$에 대한 신뢰구간은 아래의 식에 따라 추정할 수 있다.
($\mu_1-\mu_2$에 대한 신뢰구간 추정식)

$$(\bar{x}_1-\bar{x}_2)\pm t\sqrt{\frac{s_p^2}{n_1}+\frac{s_p^2}{n_2}}$$

예제 8.8 아래는 회사채와 공채의 연간 수익률에 차이가 있는지를 알아보기 위해 회사채 종목과 공채 종목에서 각각 12개와 10개 종목을 임의로 뽑아 과거 3년간의 연평균 수익률과 표준편차를 조사한 결과이다.

종류	연평균수익률(%)	표준편차
회사채	10.2	2.3
공채	8.6	1.8

이 자료를 이용하여 회사채와 공채의 두 모집단 연평균 수익률 차이에 대한 신뢰구간을 90% 신뢰수준에서 추정하시오(단, 두 모집단의 분산은 등분산 임을 가정한다).

풀이 회사채의 표본과 공채의 표본의 크기가 각각 12개, 10개로 소표본에 해당하고 두 모집단의 분산이 동일하였다고 가정하였으므로 표본평균의 차이에 대한 신뢰구간은 아래의 식에 따라 구할 수 있다.

$$(\bar{x}_1-\bar{x}_2)\pm t\sqrt{\frac{s_p^2}{n_1}+\frac{s_p^2}{n_2}}$$

여기서 먼저 두 모집단의 합동표본분산 s_p^2를 추정하면

$$s_p^2 = \frac{s_1^2(n_1-1)+s_2^2(n_2-1)}{n_1+n_2-2} = \frac{(2.3^2\times 11)+(1.8^2\times 9)}{12+10-2} = 4.37$$

이 되고 90% 신뢰수준에서 t값은 t분포표에서 자유도가 $df=n_1+n_2-2=20$이면서 t분포의 양쪽 꼬리부분의 유의수준 확률이 10%가 되는 곳의 값인 1.725가 된다.

t	양측 확률			
df	0.20	0.10	0.05	0.01
19	1.328	1.729	2.093	2.861
20	1.325	1.725	2.086	2.845
21	1.323	1.721	2.080	2.831
	0.10	0.05	0.025	0.005
	단측 확률			

따라서 연평균 수익률 차이에 대한 신뢰구간은

$$(\bar{x}_1-\bar{x}_2)\pm t\sqrt{\frac{s_p^2}{n_1}+\frac{s_p^2}{n_2}} = (10.2-8.6)\pm 1.725\sqrt{\frac{4.37}{12}+\frac{4.37}{10}} = 1.60\pm 1.54$$

가 된다. 즉 신뢰구간은 0.06에서 3.14의 범위를 갖는다.

입력과정

① B2:B7 : 두 집단에 대한 표본크기, 표본평균, 표준편차를 입력한다.

② E2 : 표본분산 s_1^2과 s_2^2를 이용하여 두 모집단의 분산이 동일하다고 가정했을 때의 합동표본분산 $s_p^2 = \dfrac{s_1^2(n_1-1)+s_2^2(n_2-1)}{n_1+n_2-2}$을 계산한다.

= (B6^2*(B2−1)+B7^2*(B3−1))/(B2+B3−2)

E2에 4.3675로 나타나 있다.

③ E3 : 신뢰수준이 90%이고 자유도가 $df=20$일 때 신뢰구간의 상한값에 대응하는 t값을 구하기 위해 TINV(prob,df) 함수를 이용한다. TINV 함수에 입력되는 prob 인수는 양측검정 기준에서의 기각역 확률에 해당하므로 기각역 확률 0.1을 입력하고 df인수에는 $df=n_1+n_2-2$에 따라 계산한 $df=20$을 입력한다.

= TINV(0.1,B2+B3−2)

E3에 t분포에서의 상한 임계값이 1.7247로 나타나 있다.

④ E4:E5 : $(\overline{x}_1 - \overline{x}_2) \pm t\sqrt{\frac{s_p^2}{n_1} + \frac{s_p^2}{n_2}}$ 에 따라 신뢰구간을 계산한다.

= (B4−B5)+E3*SQRT(E2/B2+E2/B3)

= (B4−B5)−E3*SQRT(E2/B2+E2/B3)

	A	B	C	D	E	F
1	예제 8.8					
2	n1 =	12		sp^2 =	4.3675	
3	n2 =	10		t_crit =	1.724718	
4	x bar1 =	10.2		ci_upp =	3.143318	
5	x bar2 =	8.6		cu_low =	0.056682	
6	s1 =	2.3				
7	s2 =	1.8				
8						

Note

※ 두 모집단의 분산이 동일하지 않은 경우

회사채의 표본이 12개, 공채의 표본이 10개로 소표본인 상태에서 두 모집단의 분산이 동일하지 않은 경우, 표본평균의 차이에 대한 신뢰구간은 아래의 식에 따라 구할 수 있다.

$$(\overline{x}_1 - \overline{x}_2) \pm t_{\nu,\alpha/2}\sqrt{\frac{s_1^2}{n_1} + \frac{s_2^2}{n_2}}$$

또 여기에 적용할 공통의 자유도 ν의 값을 구하면

$$\nu = \frac{\left(\frac{s_1^2}{n_1} + \frac{s_2^2}{n_2}\right)^2}{\frac{\left(\frac{s_1^2}{n_1}\right)^2}{n_1 - 1} + \frac{\left(\frac{s_2^2}{n_2}\right)^2}{n_2 - 1}} = \frac{\left(\frac{2.3^2}{12} + \frac{1.8^2}{10}\right)^2}{\frac{\left(\frac{2.3^2}{12}\right)^2}{12-1} + \frac{\left(\frac{1.8^2}{10}\right)^2}{10-1}} = 19.944 \approx 19$$

가 되고, 90% 신뢰수준에서 t 임계값은 t 분포표에서 자유도 $\nu \approx 19$이면서 t 분포의 양쪽 꼬리부분의 유의수준 확률이 10%가 되는 곳의 값인 1.729가 된다.

t	양측 확률			
df	0.20	0.10	0.05	0.01
18	1.330	1.734	2.101	2.878
19	1.328	1.729	2.093	2.861
20	1.325	1.725	2.086	2.845
	0.10	0.05	0.025	0.005
	단측 확률			

따라서 연평균 수익률 차이에 대한 신뢰구간은

$$(\overline{x_1}-\overline{x_2}) \pm t_{\nu,\alpha/2}\sqrt{\frac{s_1^2}{n_1}+\frac{s_2^2}{n_2}} = (10.2-8.6) \pm 1.729\sqrt{\frac{2.3^2}{12}+\frac{1.8^2}{10}} = (0.088,\ 3.112)$$

가 된다. 즉 신뢰구간은 0.088에서 3.112의 범위를 갖는다.

입력과정

① B3:B8 : 두 집단에 대한 표본크기, 표본평균, 표준편차를 입력한다.

② E3 : 표본분산 s_1^2과 s_2^2를 이용하여 두 모집단의 분산이 동일하지 않다고 가정했을 때의 자유도를 아래 식에 따라 계산한다.

$$\nu = \frac{\left(\dfrac{s_1^2}{n_1}+\dfrac{s_2^2}{n_2}\right)^2}{\dfrac{\left(\dfrac{s_1^2}{n_1}\right)^2}{n_1-1}+\dfrac{\left(\dfrac{s_2^2}{n_2}\right)^2}{n_2-1}}$$

=((B7^2/(B3))+(B8^2/(B4)))^2/((((B7^2/B3)^2)/(B3−1))+(((B8^2/B4)^2)/(B4−1)))

E3에 19.94393으로 나타나 있다.

③ E4 : 신뢰수준이 90%이고 자유도가 $\nu = 19$일 때 신뢰구간의 상한값에 대응하는 t값을 구하기 위해 TINV(prob,df) 함수를 이용한다. TINV 함수에 입력되는 prob 인수는 양측검정 기준에서의 기각역 확률에 해당하므로 기각역 확률 0.1을 입력하고 df 인수에는 자유도를 계산한 $df = 19$을 입력한다.

=TINV(0.1,19)

E4에 t분포에서의 상한 임계값이 1.7291로 나타나 있다.

④ E5:E6 : $(\overline{x_1} - \overline{x_2}) \pm t_{\nu,\,\alpha/2}\sqrt{\frac{s_1^2}{n_1} + \frac{s_2^2}{n_2}}$ 에 따라 신뢰구간을 계산한다.

=(B5−B6)+(E4*SQRT((B7^2/B3)+(B8^2/B4)))
=(B5−B6)−(E4*SQRT((B7^2/B3)+(B8^2/B4)))

	A	B	C	D	E	F
1	예제 8.8(두 집단의 분산이 동일하지 않은 경우)					
2						
3	n1 =	12		df =	19.94393	
4	n2 =	10		t_crit	1.729133	
5	x bar1 =	10.2		c_upp =	3.112209	
6	x bar2 =	8.6		c_low =	0.087791	
7	s1 =	2.3				
8	s2 =	1.8				
9						

소표본에서의 모평균 차이에 대한 가설검정

소표본의 경우 표본평균의 차이인 $\overline{x}_1 - \overline{x}_2$의 표본분포는 t분포로서 평균이 모평균의 차이인 $\mu_1 - \mu_2$이고 표준오차는 두 모집단의 분산이 동일하다는 가정하에 $\hat{\sigma}_{\overline{x}_1 - \overline{x}_2} = \sqrt{\frac{s_p^2}{n_1} + \frac{s_p^2}{n_2}}$ 으로 추정할 수 있으므로 $H_0 : \mu_1 = \mu_2$의 귀무가설을 검정하기 위한 검정통계량은 다음과 같이 구할 수 있다.

$$t = \frac{(\overline{x}_1 - \overline{x}_2) - (\mu_1 - \mu_2)}{\sqrt{\frac{s_p^2}{n_1} + \frac{s_p^2}{n_2}}} = \frac{(\overline{x}_1 - \overline{x}_2) - 0}{\sqrt{\frac{s_p^2}{n_1} + \frac{s_p^2}{n_2}}} = \frac{(\overline{x}_1 - \overline{x}_2)}{\sqrt{\frac{s_p^2}{n_1} + \frac{s_p^2}{n_2}}}$$

예제 8.9 두 신용카드회사에 신고된 유사한 카드 사고를 각각 10건씩 추출하여 사고 발생신고 후 이것이 완전히 해결될 때까지의 기간을 표본조사하여 다음과 같은 결과를 얻었다. 이 자료를 통해 A회사의 업무처리 기간이 B회사보다 길다고 말할 수 있는지 유의수준 5%에서 판단하시오(단, 두 모집단의 분산은 동일하다고 가정한다).

카드회사	표본크기	평균처리기간	표준편차
A	10	42.5	7.2
B	10	34.4	6.1

풀이 A회사의 업무처리 기간이 B회사보다 길다고 말할 수 있는지를 검정하는 것이므로 상한단측검정에 해당한다.

즉 귀무가설은 두 회사의 처리기간이 동일하다고 설정하고, 대립가설에는 A회사의 업무처리기간이 B

회사보다 길다고 설정한다.

$$H_0 : \mu_1 \leqq \mu_2$$
$$H_1 : \mu_1 > \mu_2$$

표본평균의 차 $\bar{x}_1 - \bar{x}_2$에 대한 표준오차를 구하기 위해 먼저 두 모집단의 합동표본분산인 s_p^2를 추정한다.

$$s_p^2 = \frac{s_1^2(n_1-1)+s_2^2(n_2-1)}{n_1+n_2-2} = \frac{(7.2^2\times 9)+(6.1^2\times 9)}{10+10-2} = 44.525$$

그리고 이를 이용하여 표본평균의 차 $\bar{x}_1 - \bar{x}_2$에 대한 t값을 구하면

$$t = \frac{(\overline{x_1}-\overline{x_2})-(\mu_1-\mu_2)}{\sqrt{\frac{s_p^2}{n_1}+\frac{s_p^2}{n_2}}} = \frac{(\overline{x_1}-\overline{x_2})-0}{\sqrt{\frac{s_p^2}{n_1}+\frac{s_p^2}{n_2}}} = \frac{(\overline{x_1}-\overline{x_2})}{\sqrt{\frac{s_p^2}{n_1}+\frac{s_p^2}{n_2}}} = \frac{(42.525-34.4)}{\sqrt{\frac{44.525}{10}+\frac{44.525}{10}}} = 2.714$$

이 된다. 여기서 유의수준이 5%인 상한단측검정에서의 t임계값은 t분포표에서 자유도가 $18(=n_1+n_2-2=10+10-2)$이고 상한단측 기각역 확률이 5%인 곳에서 찾을 수 있다.

t	양측 확률			
df	0.20	0.10	0.05	0.01
17	1.333	1.740	2.110	2.898
18	1.330	1.734	2.101	2.878
19	1.328	1.729	2.093	2.861
	0.10	0.05	0.025	0.005
	단측 확률			

위에서 구한 표본평균의 차 $\bar{x}_1 - \bar{x}_2$에 대한 t값(=2.71)은 임계값 1.734보다 크기 때문에 귀무가설을 기각하고 대립가설을 채택하게 된다. 즉 A회사의 업무처리 기간이 B회사보다 길다고 판단할 수 있다.

입력과정

① B2:B7 : 두 표본집단에 대한 표본크기, 표본평균, 표준편차 등을 입력한다.

② E2 : 두 모집단의 분산이 동일하다는 가정하에

$s_p^2 = \frac{s_1^2(n_1-1)+s_2^2(n_2-1)}{n_1+n_2-2}$에 따라 합동표본분산을 추정한다.

= (B6^2*(B2−1)+B7^2*(B3−1))/(B2+B3−2)

E2에 44.525로 나타나 있다.

③ E3 : $t = \dfrac{(\overline{x_1} - \overline{x_2}) - (\mu_1 - \mu_2)}{\sqrt{\dfrac{s_p^2}{n_1} + \dfrac{s_p^2}{n_2}}}$ 에 따라 $\bar{x}_1 - \bar{x}_2$에 대한 t값을 계산한다.

= (B4−B5)/SQRT(E2/B2+E2/B3)

E3에 2.714로 나타나 있다.

④ E4 : TINV(prob,df) 함수를 이용하여 자유도가 $df = 18$이고 유의수준이 5%인 상한단측검정에서의 t임계값을 구한다.

이 때 TINV 함수에는 입력되는 prob 인수는 양측검정을 기준으로 했을 때의 기각역 확률을 지정해야 하므로 여기서는 0.1을 입력한다.

= TINV(0.1,B2+B3−2)

E4에 t임계값이 1.734로 나타나 있다.

E3의 검정통계량 t값 2.71은 임계값 1.73을 상회하고 있으므로 귀무가설을 기각하고 대립가설을 채택하게 된다.

	A	B	C	D	E	F
1	예제 8.9					
2	n1 =	10		sp^2 =	44.525	
3	n2 =	10		t =	2.714364	
4	x bar1 =	42.5		t_crit =	1.734064	
5	x bar2 =	34.4				
6	s1 =	7.2				
7	s2 =	6.1				
8						

Note

※ 두 모집단의 분산이 동일하지 않은 경우

A회사의 업무처리 기간이 B회사보다 길다고 말할 수 있는지를 검정하는 것이므로 상한단측검정에 해당한다.
즉 귀무가설은 A회사의 처리 기간이 B회사의 처리 기간보다 작거나 동일하다고 설정하고, 대립가설에는 A 회사의 업무처리기간이 B 회사보다 길다고 설정한다.

① 가설설정

$$H_0 : \mu_1 \leqq \mu_2$$
$$H_1 : \mu_1 > \mu_2$$

② 유의수준

$$\alpha = 0.05$$

③ 검정통계량

$$t_0 = \frac{(\overline{x_1} - \overline{x_2}) - (\mu_1 - \mu_2)}{\sqrt{\frac{s_1^2}{n_1} + \frac{s_2^2}{n_2}}} = \frac{(42.5 - 34.4) - 0}{\sqrt{\frac{7.2^2}{10} + \frac{6.1^2}{10}}} = 2.714$$

④ 기각역

여기서 두 모집단의 분산이 동일하지 않으므로, 자유도 ν의 값을 구하면

$$\nu = \frac{\left(\frac{s_1^2}{n_1} + \frac{s_2^2}{n_2}\right)^2}{\frac{\left(\frac{s_1^2}{n_1}\right)^2}{n_1 - 1} + \frac{\left(\frac{s_2^2}{n_2}\right)^2}{n_2 - 1}} = \frac{\left(\frac{7.2^2}{10} + \frac{6.1^2}{10}\right)^2}{\frac{\left(\frac{7.2^2}{10}\right)^2}{10 - 1} + \frac{\left(\frac{6.1^2}{10}\right)^2}{10 - 1}} = 17.53 \approx 17$$

이 되고, 5% 유의수준에서 t임계값은 t분포표에서 자유도 $\nu \approx 17$이고 상한단측 기각역 확률이 5%가 되는 곳의 값인 1.740가 된다.

$$t_{17,\ 0.05} = 1.740$$

t	양측 확률			
df	0.20	0.10	0.05	0.01
16	1.337	1.746	2.120	2.921
17	1.333	1.740	2.110	2.898
18	1.330	1.734	2.101	2.878
	0.10	0.05	0.025	0.005
	단측 확률			

⑤ 판정

$t_0 > 1.740$이므로 귀무가설을 기각시킨다.

즉 A회사의 업무처리 기간이 B회사보다 길다고 볼 수 있을 것이다.

입력과정

① B3:B8 : 두 표본집단에 대한 표본크기, 표본평균, 표준편차 등을 입력한다.

② E3 : 두 모집단의 분산이 동일하지 않다고 가정했을 때의 자유도를 아래의 식에 따라 계산한다.

$$\nu = \frac{\left(\frac{s_1^2}{n_1} + \frac{s_2^2}{n_2}\right)^2}{\frac{\left(\frac{s_1^2}{n_1}\right)^2}{n_1 - 1} + \frac{\left(\frac{s_2^2}{n_2}\right)^2}{n_2 - 1}}$$

=((B7^2/(B3))+(B8^2/(B4)))^2/((((B7^2/B3)^2)/(B3−1))
+(((B8^2/B4)^2)/(B4−1)))

E3에 17.52693으로 나타나 있다.

③ E4 : $t=\dfrac{(\overline{x_1}-\overline{x_2})-(\mu_1-\mu_2)}{\sqrt{\dfrac{s_1^2}{n_1}+\dfrac{s_2^2}{n_2}}}$ 에 따라 $\overline{x}_1-\overline{x}_2$에 대한 t값을 계산한다.

=(B5−B6)/SQRT((B7^2/B3)+(B8^2/B4))

E4에 2.714로 나타나 있다.

④ E5 : TINV(prob, df) 함수를 이용하여 자유도가 $df=17$이고 유의수준이 5%인 상한단측검정에서의 t임계값을 구한다.

이 때 TINV 함수에는 입력되는 prob 인수는 양측검정을 기준으로 했을 때의 기각역 확률을 지정해야 하므로 여기서는 0.1을 입력한다.

=TINV(0.1, 17)

E5에 t임계값이 1.740으로 나타나 있다.

E4의 검정통계량 t값 2.714는 임계값 1.740을 상회하고 있으므로 귀무가설을 기각하고 대립가설을 채택하게 된다.

	A	B	C	D	E	F
1	예제 8.9(두 집단의 분산이 동일하지 않은 경우)					
2						
3	n1 =	10		df =	17.52693	
4	n2 =	10		t =	2.714364	
5	x bar1 =	42.5		t_crit	1.739607	
6	x bar2 =	34.4				
7	s1 =	7.2				
8	s2 =	6.1				
9						

예제 8.10 아래는 어느 고등학교 1반과 2반 학생 중 각각 10명을 뽑아 이들의 수학점수를 표시한 자료이다. 1반과 2반 학생의 수학실력이 차이가 있다고 할 수 있는지를 5%의 유의수준에서 검정하시오(단, 두 모집단의 분산은 동일하다고 가정한다).

반	수학점수									
1	82	78	77	76	74	80	71	84	77	83
2	75	73	78	72	68	72	72	68	75	70

풀이 먼저 두 반의 표본평균과 분산을 구한다. 1반과 2반의 평균을 각각 $\overline{x}_1$, $\overline{x}_2$ 그리고 분산을 s_1^2, s_2^2라고 하면

$$\bar{x}_1 = \frac{\sum x_i}{n} = \frac{82+78+\cdots+83}{10} = 78.2$$

$$\bar{x}_2 = \frac{\sum x_i}{n} = \frac{75+73+\cdots+70}{10} = 72.3$$

$$s_1^2 = \frac{\sum (x-\bar{x})^2}{n-1} = \frac{(82-78.2)^2+(78-78.2)^2+\cdots+(83-78.2)^2}{9} = 16.84$$

$$s_2^2 = \frac{\sum (x-\bar{x})^2}{n-1} = \frac{(75-72.3)^2+(73-72.3)^2+\cdots+(70-72.3)^2}{9} = 10.01$$

이 된다.

수학실력이 차이가 있는지를 검정하는 것이므로 이는 양측검정으로서 다음과 같이 가설을 설정할 수 있다.

$$H_0 : \mu_1 = \mu_2$$
$$H_1 : \mu_1 \neq \mu_2$$

이는 다시 말해서 두 반의 표본평균의 차인 5.9($=\bar{x}_1 - \bar{x}_2 = 78.2-72.3$)가 모평균의 차이에 의해 발생한 유의적 차이인지를 검정하는 것과 동일한 것이기 때문에 다음과 같이 가설을 설정할 수도 있다.

$$H_0 : \mu_1 - \mu_2 = 0$$
$$H_1 : \mu_1 - \mu_2 \neq 0$$

표본평균의 차 $\bar{x}_1 - \bar{x}_2$에 대한 표준오차를 구하기 위해 먼저 두 모집단의 공통분산인 s_p^2를 측정한 후 이를 이용하여 표본평균의 차 $\bar{x}_1 - \bar{x}_2$에 대한 t값을 구한다.

$$s_p^2 = \frac{s_1^2(n_1-1)+s_2^2(n_2-1)}{n_1+n_2-2} = \frac{(16.84\times 9)+(10.01\times 9)}{10+10-2} = 13.428$$

$$t = \frac{(\bar{x}_1-\bar{x}_2)-(\mu_1-\mu_2)}{\sqrt{\frac{s_p^2}{n_1}+\frac{s_p^2}{n_2}}} = \frac{(\bar{x}_1-\bar{x}_2)-0}{\sqrt{\frac{s_p^2}{n_1}+\frac{s_p^2}{n_2}}} = \frac{(\bar{x}_1-\bar{x}_2)}{\sqrt{\frac{s_p^2}{n_1}+\frac{s_p^2}{n_2}}} = \frac{(78.2-72.3)}{\sqrt{\frac{13.428}{10}+\frac{13.428}{10}}} = 3.60$$

이 된다. 양측검정이면서 유의수준이 5%일 때 t임계값은 자유도가 18이고 t분포표에서 2.101이 되어 귀무가설이 채택되는 경우의 t값은 $-2.101 \leq t \leq 2.101$의 범위에 속할 때이다.

위에서 구한 t값은 3.60으로, 채택역의 범위를 벗어나 있으므로 귀무가설을 기각하고 대립가설을 채택하게 된다. 따라서 두 반의 수학성적은 차이가 있다고 볼 수 있다는 결론을 내리게 된다.

입력과정

① A3:B12 : 수학 점수를 반별로 입력한다.

② E2:E3 : COUNT 함수를 이용하여 각 반의 관찰치 수를 계산한다.

= COUNT(A3:A12)

= COUNT(B3:B12)

③ E4:E5 : 각 반의 표본평균을 계산한다.

= AVERAGE(A3:A12)

= AVERAGE(B3:B12)

④ E6:E7 : 각 반의 표준편차를 계산한다.

= STDEV(A3:A12)

= STDEV(B3:B12)

⑤ E9 : 두 모집단의 분산이 동일하다는 가정하에

$s_p^2 = \dfrac{s_1^2(n_1-1)+s_2^2(n_2-1)}{n_1+n_2-2}$에 따라 합동표본분산을 추정한다.

= (E6^2*(E2−1)+E7^2*(E3−1))/(E2+E3−2)

⑥ E10 : $t = \dfrac{(\overline{x_1}-\overline{x_2})-(\mu_1-\mu_2)}{\sqrt{\dfrac{s_p^2}{n_1}+\dfrac{s_p^2}{n_2}}}$에 따라 $\overline{x}_1-\overline{x}_2$에 대한 t값을 계산한다.

= (E4−E5)/SQRT(E9/E2+E9/E3)

E10에 검정통계량 t값이 3.6으로 계산되어 있다.

⑦ E11 : TINV(prob,df) 함수를 이용하여 자유도가 $df=18$이고 유의수준이 5%인 양측검정하에서의 t임계값을 구한다. 이 때 TINV 함수에는 입력되는 prob 인수는 양측검정을 기준으로 했을 때의 기각역 확률을 지정해야 하므로 여기서는 0.05를 그대로 입력한다.

= TINV(0.05,E2+E3−2)

E11에 t임계값이 2.1로 계산되어 있다. 이는 상한 임계값에 해당하므로 양측검정하에서의 하한임계값은 −2.1이 된다. 따라서 귀무가설 채택역은 $-2.101 \leqq t \leqq 2.101$이 되고 검정통계량 t값은 3.6으로 이 범위를 벗어나 있으므로 귀무가설을 기각하고 대립가설을 채택하게 된다.

	A	B	C	D	E	F
1	예제 8.10					
2	1반	2반		n1 =	10	
3	82	75		n2 =	10	
4	78	73		x bar1 =	78.2	
5	77	78		x bar2 =	72.3	
6	76	72		s1 =	4.104198	
7	74	68		s2 =	3.164034	
8	80	72				
9	71	72		sp^2 =	13.42778	
10	84	68		t =	3.600269	
11	77	75		t_crit =	2.100922	
12	83	70				
13						

8.3 모평균의 차이에 대한 신뢰구간과 가설검정 (두 표본이 종속적인 - 짝을 이룬 - 경우)

두 표본이 짝을 이루고 있는 경우의 표본평균의 차이에 대한 신뢰구간 추정이나 가설검정은 두 표본이 독립적인 경우와 같은 방법을 따르게 된다. 단지 차이가 나는 것은 두 표본이 독립적인 경우는 두 표본의 평균 $\bar{x}_1$과 $\bar{x}_2$를 구하고 이에 대한 차이인 $\bar{x}_1 - \bar{x}_2$가 유의적 차이인지의 여부를 검정하는 것인데 반해 두 표본이 짝을 이루고 있는 경우는 [그림 8-2]에 표시되어 있는 것처럼 두 표본 사이에 짝을 이루고 있는 각 개체들의 차이 $d = x - x'$가 유의적 차이가 있는가를 검정하는 것이다.

따라서 표본크기의 개념에서도 독립적 두 표본의 경우는 두 표본의 크기를 각각 n_1, n_2로 표시하였으나 두 표본이 짝을 이루고 있는 경우의 표본크기는 짝의 개수 (n)가 된다는 점에 유의해야 한다. 결과적으로 두 표본이 짝을 이루고 있는 경우 두 표본평균의 차이를 검정할 때 분석 대상이 되는 확률변수는 두 표본 사이에 짝의 관계(matched pairs)에 있는 표본개체들의 차이인 d가 되고 짝의 개수 n이 표본의 크기에 해당하는 것이다.

이 때 표본 개체들의 차이 d에 대한 표본평균과 표준편차를 각각 $\bar{d}$, s_d라 하고 두 모집단을 구성하는 개체들의 차이의 평균을 μ_d라 할 때, $\bar{d}$의 표본분포는 평균이 μ_d이고 표준오차가 $\frac{s_d}{\sqrt{n}}$인 t분포를 하므로 μ_d에 대한 신뢰구간 추정과 귀무가설 $H_0 : \mu_d = 0$을 검정하기 위한 검정통계량은 다음과 같이 구한다.

$$\mu_d = \bar{d} \pm t\frac{s_d}{\sqrt{n}}$$

$$t = \frac{\bar{d} - 0}{s_d / \sqrt{n}} = \frac{\bar{d}}{s_d / \sqrt{n}}$$

Note

위의 μ_d에 대한 신뢰구간 추정식에서 s_d는 일반적인 표준편차 계산방법에 따라 구한다.

$$s_d = \sqrt{\frac{\sum(d - \bar{d})^2}{n-1}} = \sqrt{\frac{\sum d^2 - \frac{(\sum d)^2}{n}}{n-1}}$$

예제 8.11 콜레스테롤을 낮추는 신약의 효과를 분석하기 위해 콜레스테롤 수치가 250 이상인 환자 5명을 무작위로 추출하여 두 달간의 투여기간을 거친 후 콜레스테롤 수치를 조사하여 아래와 같은 결과를 얻었다. 콜레스테롤 수치에서 모평균의 변화에 대한 95% 신뢰구간을 추정하시오.

환자	신약투여 전	신약투여 후
1	224	202
2	270	228
3	253	217
4	265	220
5	281	229

풀이 동일한 환자에 대해 신약을 투여하기 전과 후의 콜레스테롤 수치를 비교하는 것이므로 두 표본이 짝을 이룬 종속적인 경우에 해당한다. 따라서 먼저 표본을 구성하는 각 개체별로 신약 투여 전후의 콜레스테롤 수치의 차이 d를 구한 후 이 d에 대한 표본평균 $\bar{d}$와 표준편차 s_d를 통해 μ_d의 신뢰구간을 추정하면 된다.

환자	신약투여 전	신약투여 후	차이(d)
1	224	202	22
2	270	228	42
3	253	217	36
4	265	220	45
5	281	229	52

Note

위에서 신약 투여 전후의 콜레스테롤 수치의 차이 d를 구하기 위해 신약투약 전의 수치에서 투약 후의 수치를 빼었으나 반대로 투약 후의 수치에서 투약 전의 수치를 빼서 차이 값을 구해도 부호만 달라질 뿐 결과에는 변함이 없다. d에 대한 표본평균 $\bar{d}$와 표준편차 s_d를 구하면

$$\bar{d} = \frac{22+42+36+45+52}{5} = 39.4$$

$$s_d = \sqrt{\frac{\sum(d-\bar{d})^2}{n-1}} = 11.3$$

위에서 신약 투여 전후의 콜레스테롤 수치의 차이 d를 구하기 위해 신약투약 전의 수치에서 투약 후의 수치를 빼었으나 반대로 투약 후의 수치에서 투약 전의 수치를 빼서 차이값을 구해도 부호만 달라질 뿐 결과에는 변함이 없다.
95% 신뢰수준에서의 t임계값은 자유도가 $df = n-1 = 4$일 때 2.776이므로 신뢰구간은 다음과 같이 추정할 수 있다.

$$\bar{d} \pm t\frac{s_d}{\sqrt{n}} = 39.4 \pm 2.776\frac{11.3}{\sqrt{5}} = 39.4 \pm 14.04$$

따라서 신약투약 전후의 콜레스테롤 수치의 변화는 약 25에서 53 사이일 것으로 판단한 수 있다. 여기서 수치의 변화가 (+)라는 것은 앞에서 수치 변화의 차이 d를 구할 때 투약 전의 수치에서 투약 후의 수치를 뺀 것이므로 신약 투여 후의 콜레스테롤 수치가 약 25에서 53 사이의 감소를 보일 것으로 판단할 수 있음을 의미한다.

t	양측 확률			
df	0.20	0.10	0.05	0.01
3	1.638	2.353	3.182	5.841
4	1.533	2.132	2.776	4.604
5	1.476	2.015	2.571	4.032
	0.10	0.05	0.025	0.005
	단측 확률			

입력과정

① A3:B7 : 콜레스테롤 데이터를 입력한다.

② C3 : 신약투여 전후의 콜레스테롤 차이를 계산한다.

= A3−B3

C3셀을 마우스로 지정하여 활성화시킨 후 자동채우기 핸들을 이용하여 C7까지 드래그하여 복사과정을 실행한다.

③ F3:F5 : 표본크기와 표본평균, 표준편차를 계산한다.

= COUNT(C3:C7)

= AVERAGE(C3:C7)

= STDEV(C3:C7)

④ F6 : 유의수준이 5%이고 양측검정일 때 t임계값을 TINV(prob,df) 함수를 이용하여 계산한다.

= TINV(0.05,F3−1)

t임계값이 2.776으로 계산되어 있다.

⑤ F7:F8 : $\bar{d} \pm \frac{s_d}{\sqrt{n}}$에 따라 신뢰구간의 상한값과 하한값을 계산한다.

= F4+F6*F5/SQRT(F3)

= F4−F6*F5/SQRT(F3)

상한값과 하한값이 각각 53.44, 25.36으로 계산되어 있다.

	A	B	C	D	E	F	G
1	예제 8.11						
2	투여 전	투여 후	d		신뢰수준 =	0.95	
3	224	202	22		n =	5	
4	270	228	42		평균(d) =	39.4	
5	253	217	36		표준편차 =	11.30487	
6	265	220	45		t_crit =	2.776445	
7	281	229	52		상한값 =	53.43685	
8					하한값 =	25.36315	
9							

예제 8.12 아래는 어느 금융기관이 동일한 부동산에 대해 두 사람의 부동산 감정평가사들이 평가하는 평가액에 차이가 있는지를 조사하기 위해 임의로 선정한 10개 부동산에 대해 두 사람의 평가사들이 각각 평가하도록 하여 얻은 자료이다. 이들 평가사들이 평가하는 부동산평가액에는 차이가 있는지를 5% 유의수준에서 검정하시오.

(단위: 백만원)

부동산	평가사1	평가사2
1	98.4	97.5
2	103.3	105.8
3	112.1	113.4
4	77.6	69.9
5	80.5	81.2
6	112.8	118.4
7	84.5	88.1
8	100.9	100.8
9	85.6	86.7
10	74.9	73.8

풀이 동일한 부동산에 대해 두 사람의 평가사가 평가하는 평가액의 모평균 사이에 차이가 존재하는지를 검정하는 것이므로 이는 짝을 이룬 종속적인 경우의 모평균 비교에 해당한다.

따라서 각 표본 개체별로 평가액의 차이(d)를 구하고 이 차이의 모평균 μ_d가 0인지를 검정하는 과정을 거치면 된다.

$$H_0 : \mu_d = 0$$

$$H_1 : \mu_d \neq 0$$

평가액 차이의 표본평균 $\bar{d}$에 대한 표본분포는 평균이 μ_d이고 표준오차는 $s_d/\sqrt{n}$인 t분포를 하는데 귀무가설에서 모평균 μ_d가 0인지를 검정하는 것이므로 표본평균 $\bar{d}$에 대한 표준화 t값은 다음과 같이 구할 수 있다.

부동산	평가사1(A)	평가사2(B)	차이(A−B)
1	98.4	97.5	0.9
2	103.3	105.8	−2.5
3	112.1	113.4	−1.3
4	77.6	69.9	7.7
5	80.5	81.2	−0.7
6	112.8	118.4	−5.6
7	84.5	88.1	−3.6
8	100.9	100.8	0.1
9	85.6	86.7	−1.1
10	74.9	73.8	1.1
		계	−5.0

$$t=\frac{\bar{d}-\mu_d}{s_d/\sqrt{n}}=\frac{\bar{d}}{s_d/\sqrt{n}}$$

$$\bar{d}=-5/10=-0.5$$

$$s_d=\sqrt{\frac{\sum(d-\bar{d})^2}{n-1}}=3.54$$

이므로 이를 대입하면 t값은 다음과 같다.

$$t=\frac{\bar{d}}{s_d/\sqrt{n}}=\frac{-0.5}{3.54/\sqrt{10}}=-0.447$$

5% 유의수준에서 $df=9$이고 양측검정일 때의 t상한 임계값은 2.262이므로 귀무가설 채택역은 $-2.262 \leq t \leq 2.262$가 되고 위에서 구한 t값은 −0.447로 이 구간에 속하므로 귀무가설을 채택하게 된다. 따라서 부동산에 대한 감정평가사 사이의 평가액에는 차이가 없다는 결론을 내리게 된다.

t	양측 확률			
df	0.20	0.10	0.05	0.01
8	1.397	1.860	2.306	3.355
9	1.383	1.833	2.262	3.250
10	1.372	1.812	2.228	3.169
	0.10	0.05	0.025	0.005
	단측 확률			

입력과정

① A3:C12 : 각 부동산에 대해 두 평가사가 평가한 금액을 입력한다.

② 메뉴 바에 있는 [데이터]탭을 클릭하고 이 때 나타나는 풀다운 메뉴에서 [데이터 분석]을 찾아 클릭하면 [통계 데이터 분석] 창이 열린다.

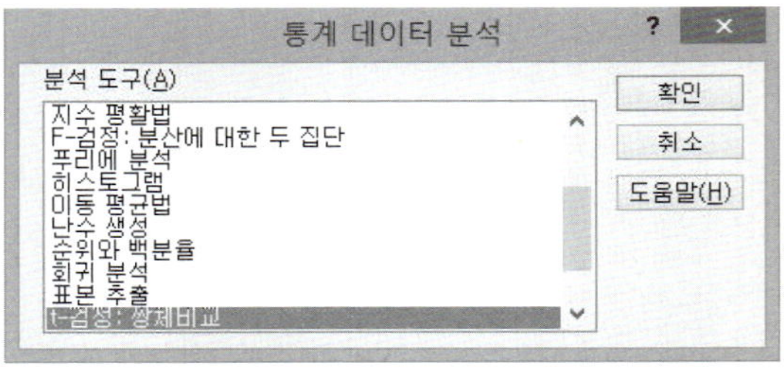

③ 여기서 스크롤바를 이용하여 [t-검정 : 쌍체비교] 항목을 찾아 클릭하고 [확인] 버튼을 누르면 [t-검정 : 쌍체비교] 창이 열린다.

[t-검정 : 쌍체비교] 창이 열리면 [변수1 입력범위(1)]의 입력창에 평가사1의 평가액이 입력되어 있는 B3:B12의 구간을 마우스로 지정하고 [변수2 입력범위(2)]의 입력창에는 평가사2의 평가액이 입력되어 있는 C3:C12의 구간을 마우스로 지정한다.

두 감정평가사의 평가금액에 차이가 있는지를 검정하는 것이므로 [가설 평균차(E)]의 입력창에는 '0'을 지정한다. 그리고 [출력범위]로 E2를 지정하고 [확인] 버튼을 누른다.

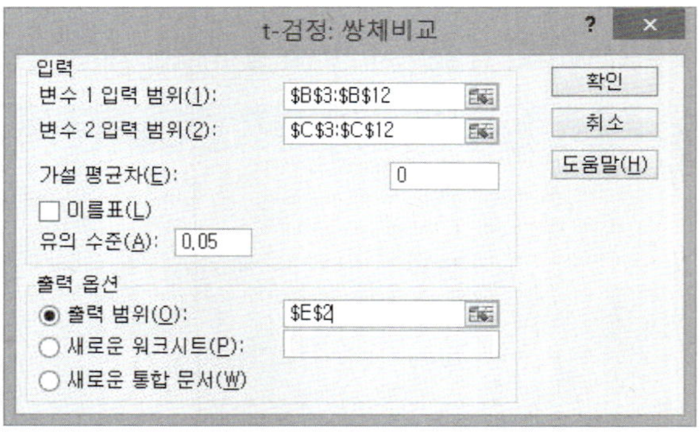

④ F11 : t검정통계량이 −0.447로 나타나 있다.

⑤ F15 : 그리고 양측검정을 기준으로 했을 때의 귀무가설을 기각하는 상한 임계값이 2.262로 나타나 있어 귀무가설 채택역은 $-2.262 \leq t \leq 2.262$가 되고, 위에서 구한 t검정통계량은 −0.447로 이 구간에 속하므로 귀무가설

을 채택하게 된다.

	A	B	C	D	E	F	G	H
1	예제 8.12							
2	부동산	평가사1	평가사2		t-검정: 쌍체 비교			
3	1	98.4	97.5					
4	2	103.3	105.8			변수 1	변수 2	
5	3	112.1	113.4		평균	93.06	93.56	
6	4	77.6	69.9		분산	200.2782	267.5893	
7	5	80.5	81.2		관측수	10	10	
8	6	112.8	118.4		피어슨 상관 계수	0.983447		
9	7	84.5	88.1		가설 평균차	0		
10	8	100.9	100.8		자유도	9		
11	9	85.6	86.7		t 통계량	-0.44666		
12	10	74.9	73.8		P(T<=t) 단측 검정	0.332838		
13					t 기각치 단측 검정	1.833113		
14					P(T<=t) 양측 검정	0.665676		
15					t 기각치 양측 검정	2.262157		
16								

8.4 모비율의 차이에 대한 신뢰구간과 가설검정

모비율의 차이에 대한 신뢰구간

이항분포를 하는 두 모집단의 모비율을 모르고 있을 때 이들 모비율 π_1과 π_2에 대한 추정치는 7장에서 살펴본 바와 같이 표본비율 p_1과 p_2에 의해 추정할 수 있다. 이 때 표본비율 값은 각각 표본크기(n)와 성공횟수(x)의 비율인 $\frac{x}{n}$이므로 두 모집단으로부터 뽑은 두 표본의 크기가 n_1, n_2이고 성공횟수가 각각 x_1, x_2일 때 두 표본비율은 $p_1 = \frac{x_1}{n_1}$, $p_2 = \frac{x_2}{n_2}$가 된다. 따라서 두 모비율의 차이인 $\pi_1 - \pi_2$에 대한 추정치는 이들 모비율의 추정치 p_1, p_2의 차이인 $p_1 - p_2$가 되며 이 때 두 표본이 독립적이라 할 때, $p_1 - p_2$의 표본분포는 평균이 $\pi_1 - \pi_2$이고 표준오차가 $\sqrt{\frac{\pi_1(1-\pi_1)}{n_1} + \frac{\pi_2(1-\pi_2)}{n_2}}$인 정규분포에 유사한 분포를 하게 된다.

> $p_1 - p_2$의 표본분포
>
> 평균 : $\pi_1 - \pi_2$
>
> 표준오차 : $\sigma_{p_1 - p_2} = \sqrt{\frac{\pi_1(1-\pi_1)}{n_1} + \frac{\pi_2(1-\pi_2)}{n_2}}$

Note

$p_1 - p_2$의 표본분포가 중심극한정리에 따라 정규분포에 근접하기 위해서는 $n_1\pi_1$, $n_2\pi_2$ 그리고 $n_1(1-\pi_1)$, $n_2(1-\pi_2)$의 값들이 모두 적어도 5 이상이 되어야 한다.

여기서 $p_1 - p_2$에 대한 표준화 Z값은 $p_1 - p_2$의 표본분포가 정규분포에 유사하므로

$$Z = \frac{(p_1 - p_2) - (\pi_1 - \pi_2)}{\sqrt{\dfrac{\pi_1(1-\pi_1)}{n_1} + \dfrac{\pi_2(1-\pi_2)}{n_2}}}$$

가 되어 위의 식을 $\pi_1 - \pi_2$에 대해 풀면 다음과 같이 $\pi_1 - \pi_2$에 대한 신뢰구간 추정식을 구할 수 있다.

$$(\pi_1 - \pi_2) = (p_1 - p_2) \pm Z\sqrt{\frac{\pi_1(1-\pi_1)}{n_1} + \frac{\pi_2(1-\pi_2)}{n_2}}$$

그러나 모비율 차이에 대한 신뢰구간 추정이나 가설검정에서 표준오차를 이용할 때 일반적으로 모비율 $\pi_1 - \pi_2$는 모르고 있기 때문에 위의 표준오차식을 그대로 이용할 수 없으므로 이 때는 π_1, π_2를 p_1, p_2로 대체한 추정된 표준오차를 이용하게 된다.

추정된 표준오차

$$\hat{\sigma}_{p_1 - p_2} = \sqrt{\frac{p_1(1-p_1)}{n_1} + \frac{p_2(1-p_2)}{n_2}}$$

따라서 두 모비율의 차인 $\pi_1 - \pi_2$의 신뢰구간은 추정된 표준오차를 이용하여 다음과 같이 추정할 수 있다.

$\pi_1 - \pi_2$의 신뢰구간 추정식

$$(p_1 - p_2) \pm Z\sqrt{\frac{p_1(1-p_1)}{n_1} + \frac{p_2(1-p_2)}{n_2}}$$

예제 8.13 같은 지역에 있는 두 백화점에서 고객의 성향을 파악하기 위해 각각 400명의 고객을 표본으로 하여 연령대 40대 이상인 고객의 비율을 조사하였다. 그

결과 연령이 40대 이상인 고객의 수가 A백화점은 246명, B백화점은 204명인 것으로 나타났다. 두 백화점의 40대 이상 고객비율의 차이에 대한 90% 신뢰구간은 다음과 같이 구한다.

풀이 $n_1 = 400$, $n_2 = 400$, $x_1 = 246$, $x_2 = 204$이므로 두 백화점의 40대 이상 고객비율은 각각

$$p_1 = \frac{246}{400} = 0.615$$

$$p_2 = \frac{204}{400} = 0.51$$

이다. 또 표준정규분포표에서 90%의 신뢰구간에 대한 Z값이 1.645이므로 이를 신뢰구간 추정식에 대입하면

$$\begin{aligned}(p_1 - p_2) \pm Z\sqrt{\frac{p_1(1-p_1)}{n_1} + \frac{p_2(1-p_2)}{n_2}} \\ &= (0.615 - 0.51) \pm 1.645\sqrt{\frac{0.615(1-0.615)}{400} + \frac{0.51(1-0.51)}{400}} \\ &= 0.105 \pm 0.057 = (0.048,\ 0.162)\end{aligned}$$

의 신뢰구간을 구할 수 있다.

즉 A, B 두 백화점의 40대 이상 고객비율의 차이가 0.048에서 0.162에 이르는데 이러한 범위의 차이를 나타낼 확률은 90%에 달한다고 말할 수 있다.

입력과정

① B2:B5 : 두 표본의 크기와 40대 이상 고객의 수를 입력한다.

② E2:E3 : 표본비율을 계산한다.

= B4/B2

= B5/B3

③ NORMSINV(prob) 함수를 이용하여 신뢰수준이 90%일 때의 표준화 Z값을 계산한다. 함수에 대입하는 확률은 표준정규분포의 누적확률이어야 하므로 90% 신뢰수준에서 오른쪽 꼬리부분의 기각역 확률은 0.05가 되므로 이를 1에서 뺀 0.95를 대입하여야 한다.

= NORMSINV(0.95)

④ E5:E6 : $(p_1 - p_2) \pm Z\sqrt{\frac{p_1(1-p_1)}{n_1} + \frac{p_2(1-p_2)}{n_2}}$에 따라 신뢰구간의 상한값과 하한값을 계산한다.

= (E2−E3)+E4*SQRT(E2*(1−E2)/B2+E3*(1−E3)/B3)

= (E2−E3)−E4*SQRT(E2*(1−E2)/B2+E3*(1−E3)/B3)

상한값과 하한값이 각각 0.162와 0.048로 나타나 있다.

	A	B	C	D	E	F
1	예제 8.13					
2	n1 =	400		p1 =	0.615	
3	n2 =	400		p2 =	0.51	
4	x1 =	246		Z =	1.644854	
5	x2 =	204		ci_upp =	0.162374	
6				xi_low =	0.047626	
7						

모비율의 차이에 대한 가설검정

두 모집단의 모비율이 동일한지를 알아보기 위해서는 먼저 각 모집단으로부터 표본을 추출하여 모비율의 추정치인 표본비율을 구한 후 이를 이용하여 귀무가설 채택 여부를 결정하여야 한다.

이 때 귀무가설은

$$H_0 : \pi_1 - \pi_2 = 0$$

으로 설정하고 대립가설은 양측검정인 경우

$$H_1 : \pi_1 - \pi_2 \neq 0$$

으로 설정한다. 물론 위의 대립가설은 상한단측검정이냐 하한단측검정이냐에 따라

$$H_1 : \pi_1 - \pi_2 < 0 \text{ 또는 } H_1 : \pi_1 - \pi_2 > 0$$

의 형태를 가지게 된다. 위에서 설정한 가설의 채택 여부를 결정하기 위해서는 먼저 표본비율의 차이 $p_1 - p_2$에 대한 표준화 Z값을 아래 식에 따라 구한 후, 이 값을 주어진 유의수준하에서의 귀무가설 채택역 범위에 있는지를 확인하면 된다.

$\pi_1 - \pi_2 = 0$에 대한 검정통계량

$$Z = \frac{(p_1 - p_2) - (\pi_1 - \pi_2)}{\sqrt{\frac{\bar{p}(1-\bar{p})}{n_1} + \frac{\bar{p}(1-\bar{p})}{n_2}}} = \frac{(p_1 - p_2) - 0}{\sqrt{\frac{\bar{p}(1-\bar{p})}{n_1} + \frac{\bar{p}(1-\bar{p})}{n_2}}} = \frac{p_1 - p_2}{\sqrt{\frac{\bar{p}(1-\bar{p})}{n_1} + \frac{\bar{p}(1-\bar{p})}{n_2}}}$$

여기서 주의할 것은 부분의 표준오차가

$$\sqrt{\frac{p_1(1-p_1)}{n_1}+\frac{p_2(1-p_2)}{n_2}}$$

가 아닌

$$\sqrt{\frac{\bar{p}(1-\bar{p})}{n_1}+\frac{\bar{p}(1-\bar{p})}{n_2}}$$

로 대체되어 사용되고 있다는 점이다.

여기서 $\bar{p}$는 두 표본비율의 가중평균 값으로서

$$\bar{p}=\frac{p_1n_1+p_2n_2}{n_1+n_2}$$

또는

$$\bar{p}=\frac{x_1+x_2}{n_1+n_2}$$

에 의해 얻어진다.

Note

귀무가설 $\pi_1-\pi_2=0$의 가설검정을 위해 p_1-p_2의 표준화 Z값을 구할 때 표준오차를 $\sqrt{\frac{p_1(1-p_1)}{n_1}+\frac{p_2(1-p_2)}{n_2}}$ 가 아닌 $\sqrt{\frac{\bar{p}(1-\bar{p})}{n_1}+\frac{\bar{p}(1-\bar{p})}{n_2}}$ 로 대체하여 사용하는 이유는 만약 귀무가설 $\pi_1-\pi_2=0$이 진실(true)인 경우 두 모집단의 모비율이 동일하므로 표준오차의 계산에서도 이에 대한 추정치로서 공통의 p를 사용해야 하나 이를 추정할 수 없으므로 우리가 표본비율을 통해 알고 있는 p_1, p_2를 가중평균하여 공통의 p로 사용하는 것이다.

예제 8.14 통신판매업체에서는 주문자의 결혼여부에 따른 주문 취소율에 차이가 있는지를 조사하고자 한다. 이를 위해 미혼자 546명과 기혼자 604명을 무작위로 추출하여 조사하였더니 미혼자의 경우는 35명이 기혼자의 경우는 52명이 각각 주문을 취소한 것으로 나타났다. 이 자료를 통해 미혼자와 기혼자 사이에 취소율의 차이가 있는지 5% 유의수준에서 검정하시오.

풀이 먼저 미혼자와 기혼자 모집단의 주문 취소율인 모비율을 π_1, π_2로 하여 다음과 같이 가설을 설정한다.

$$H_0: \pi_1 - \pi_2 = 0$$
$$H_1: \pi_1 - \pi_2 \neq 0$$

표본비율은 $p_1 = \frac{35}{546} = 0.064$, $p_2 = \frac{52}{604} = 0.086$으로 미혼자와 기혼자 사이에 주문 취소율에 차이가 나타나고 있으나 이 차이가 원래 모집단의 모비율 차이에 의해 발생한 것인지 아니면 모비율은 차이가 없는데 표본추출과정에서 발생한 비유의적인 것인지를 검정하는 것이다.
다음 $\pi_1 - \pi_2$에 대한 추정치 $p_1 - p_2$에 대한 표준화 Z값을

$$Z = \frac{(p_1 - p_2) - (\pi_1 - \pi_2)}{\sqrt{\frac{\bar{p}(1-\bar{p})}{n_1} + \frac{\bar{p}(1-\bar{p})}{n_2}}}$$

에 따라 구한다.

이 때 $\bar{p}$는

$\bar{p} = \frac{x_1 + x_2}{n_1 + n_2} = \frac{35 + 52}{546 + 604} = 0.076$이고 $\pi_1 - \pi_2 = 0$인지를 검정하는 것이므로 표준화 Z값은

$$Z = \frac{(p_1 - p_2) - (\pi_1 - \pi_2)}{\sqrt{\frac{\bar{p}(1-\bar{p})}{n_1} + \frac{\bar{p}(1-\bar{p})}{n_2}}}$$
$$= \frac{(0.064 - 0.086) - 0}{\sqrt{\frac{0.076(1-0.076)}{546} + \frac{0.076(1-0.076)}{604}}} = -1.41$$

이 된다.

이 값은 유의수준이 5%이고 양측검정일 때의 임계값 ±1.96 사이의 범위에 속해 있으므로 귀무가설을 채택하게 된다. 따라서 미혼자와 기혼자 집단 사이의 주문 취소율에는 차이가 없다는 결론을 내릴 수 있다. 즉 $p_1 = 0.064$와 $p_2 = 0.086$의 표본비율 차이는 비유의적 차이로서 두 모집단의 모비율의 차이에 의해 발생한 것이 아니라는 결론을 내리게 된다.

입력과정

① B2:B5 : 두 표본의 크기와 주문취소 건수를 입력한다.

② E2:E3 : 미혼자와 기혼자의 주문취소율에 대한 표본비율을 입력한다.

= B4/B2

= B5/B3

③ E4 : 두 표본비율을 대표하는 공통의 표본비율을 $\bar{p} = \frac{x_1 + x_2}{n_1 + n_2} = \frac{35 + 52}{546 + 604}$에 따라 계산한다.

= (B4+B5)/(B2+B3)

④ E5 : $p_1 - p_2$의 표준화 Z값을 $Z = \dfrac{(p_1 - p_2)}{\sqrt{\dfrac{\bar{p}(1-\bar{p})}{n_1} + \dfrac{\bar{p}(1-\bar{p})}{n_2}}}$에 따라 계산한다.

= (E2−E3)/SQRT(E4*(1−E4)/B2+E4*(1−E4)/B3)

E5에 −1.408로 나타나 있다.

⑤ E6 : 양측검정이면서 유의수준이 5%일 때의 표준화 Z값의 임계값을 계산한다.

= NORMSINV(0.975)

	A	B	C	D	E	F
1	예제 8.14					
2	n1 =	546		p1 =	0.064103	
3	n2 =	604		p2 =	0.086093	
4	x1 =	35		p bar =	0.075652	
5	x2 =	52		Z =	-1.4082	
6				Z_crit =	1.959964	
7						

8.5 모분산의 차이에 대한 가설검정

가끔 두 모집단 사이의 평균이 동일한가를 아는 것 못지 않게 두 모집단이 동일한 분산을 가지고 있는가가 중요한 의미를 가질 때가 있다. 예를 들어 주식시장을 분석할 때 분산을 주식의 위험을 나타내는 척도로 사용되어 분산이 크면 그 주식의 위험은 그만큼 큰 것으로 간주되는데 이 때 두 주식의 분산(위험)이 동일한가의 여부는 주식투자 분석가들에게는 아주 중요한 의미를 지니게 된다.

두 모집단 사이에 모분산의 차이가 있는지를 검정하기 위해서는 먼저 다음과 같이 가설을 설정한다. 그리고 이들 모집단으로부터 추출된 각각의 표본에서 표본분산을 계산한 다음 두 표본분산의 비율을 구한다.

$$H_0 : \sigma_1^2 = \sigma_2^2$$
$$H_1 : \sigma_1^2 \neq \sigma_2^2$$

여기서 두 표본분산의 비율을 F비율(F ratio)이라 하며 이 F(비율)값을 확률변수로 하는 분포를 F분포(F distribution)라 한다.

$$F = \frac{s_1^2}{s_2^2}$$

분자 s_1^2의 자유도$=n_1-1$
분자 s_2^2의 자유도$=n_2-1$(n_1, n_2 : 표본크기)

Note

두 표본분산의 비율을 확률변수로 하는 F분포는 이들 표본이 추출된 모집단이 정규분포를 하고 있다는 것을 기본가정으로 하고 있으며 분포의 모양은 아래 [그림 8-3]과 같이 비대칭의 모양을 하고 있다. 그리고 F분포표에서는 상한 단측검정을 기준으로 했을 때 주어진 유의수준 α에 대응하는 F값을 표시하고 있음에 유의해야 한다. 즉 아래 그림에서 유의수준 α는 빗금 친 부분으로 나타나 있으며 이에 대응하는 F값은 F_α로 표시되어 있다.
만약 두 모집단의 분산이 동일하다면 이들 모집단에서 추출된 두 표본의 표본분산 역시 비슷한 값을 가질 확률이 높기 때문에 이 때 F값은 '1'에 가까운 값을 가질 것이다.

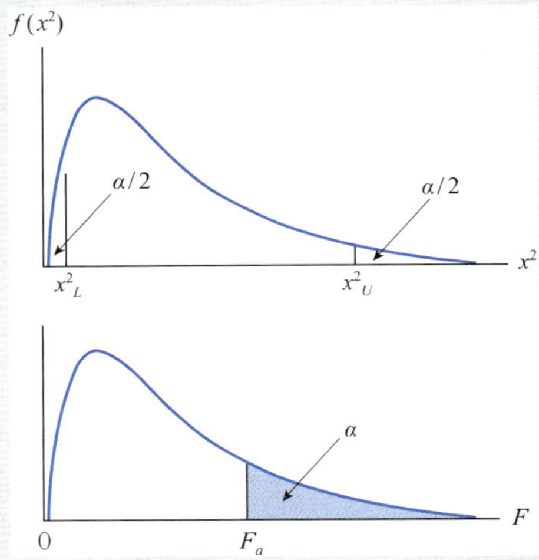

그림 8-3 F분포와 유의수준

또한 F값이 두 표본분산의 비율에 의해 얻어졌기 때문에 (+)의 값을 갖는다는 점을 감안할 때 F값이 1에서 멀리 떨어진 값을 가질수록 두 모집단의 모분산은 서로 동일하지 않을 확률이 그만큼 커진다는 것을 의미하는 것이다.
따라서 양측검정인 가설에서 이 F값이 주어진 유의수준하에서의 상한 F임계값보다 크거나 또는 하한 F임계값보다 작을 때 두 모분산이 동일하다는 가설 즉 두 모분산의 차이가 없다는 귀무가설을 기각하고 대립가설을 채택하게 되는 것이다.

Note

유의수준이 α인 양측검정에서 확률변수 $F=s_1^2/s_2^2$의 분자, 분모 부분의 자유도를 각각 ν_1, ν_2라 할 때 상한 임계값 $F_{\alpha/2,\ \nu_1,\ \nu_2}$는 하한 임계값 $F_{1-\alpha/2,\nu_2,\ \nu_1}$과 역수의 관계에 있다. 따라서 상한 임계값을 F분포표를 통해 구한 경우 하한 임계값은 이에 역수를 취함으로써 쉽게 구할 수 있다.

$$F_{\alpha/2,\ \nu_1,\ \nu_2} = \frac{1}{F_{1-\alpha/2, \nu_2,\ \nu_1}}$$

예제 8.15 금속 판막을 생산하는 업체의 품질관리 담당자는 두 생산라인에서 생산되는 판막 두께의 분산이 동일한지를 확인하고자 각 생산라인에서 각각 20개, 22개의 표본을 추출하여 분산을 조사한 결과 $s_1^2 = 0.142mm$, $s_2^2 = 0.045mm$인 것을 알게 되었다. 이 때 5% 유의수준에서 분산의 동일성을 검정하는 과정은 다음과 같다.

풀이 먼저 다음과 같이 가설을 설정한다.

$$H_0 : \sigma_1^2 = \sigma_2^2$$
$$H_1 : \sigma_1^2 \neq \sigma_2^2$$

분산의 비율인 F값을 구하면

$$F = \frac{s_1^2}{s_2^2} = \frac{0.142}{0.045} = 3.16$$

이 된다.

유의수준이 5%이고 양측검정인 경우 F분포에서의 상한 임계값은 F분포표가 상한 단측검정을 기준으로 유의수준을 설정하고 있기 때문에 $\alpha = 0.025$이면서 두 분산의 자유도가 각각 $n_1 = 20 - 1 = 19$, $n_2 = 22 - 1 = 21$인 곳의 값을 찾으면 된다. 즉 아래 표에서 보는 바와 같이 F의 상한 임계값은 2.442가 됨을 알 수 있다(실제 F분포표에는 분자의 자유도가 19인 경우가 제시되어 있지 않기 때문에 가장 근접한 20으로 간주할 경우 F임계값은 2.44가 된다). 하한 임계값은 상한 임계값의 역수이므로 1/2.442=0.409가 된다.

F	상한단측기각율			
자유도	0.025			
분모 \ 분자	18	19	20	21
20	2.501	2.482	2.464	2.448
21	2.462	2.442	2.425	2.409
22	2.426	2.407	2.389	2.373

따라서 귀무가설 채택역은 0.409에서 2.442까지의 범위이며, 위에서 구한 F값 3.16은 이 범위를 벗어나 있으므로 두 모집단의 분산이 동일하다는 귀무가설을 기각하게 된다. 즉 두 생산라인에서 생산된 제품의 분산은 동일하다고 볼 수 없다는 결론은 내리게 된다.

입력과정

① B2:B5 : 표본크기와 분산을 입력한다.

② E2 : $F=\dfrac{s_1^2}{s_2^2}$에 따라 두 표본분산의 비율인 F값을 계산한다.
F값이 3.16으로 나타나 있다.

③ E3 : FINV(prob,df1,df2) 함수를 이용하여 F분포에서의 상한 임계값을 계산한다. FINV 함수의 prob에는 F분포에서의 우측 기각역 확률을, 그리고 df1, df2에는 F비율을 계산할 때 사용된 분자 부분의 표본분산에 대한 자유도(df1)와 분모 부분의 표본분산에 대한 자유도(df2)를 대입한다. 여기에서는 양측검정이면서 유의수준이 5%이므로 상한 임계값을 계산하기 위해서는 오른쪽 꼬리 부분의 기각역 확률, 즉 0.025(=0.05/2)를 대입한다. 그리고 자유도에는 각각 n_1-1, n_2-1을 대입한다.
=FINV(0.025,B2−1,B3−1)
E3에 2.442로 나타나 있다.

④ E4 : 하한 임계값은 상한 임계값의 역수이므로 이를 이용하여 하한 임계값을 계산한다.
=1/E3
E4에 0.409로 나타나 있다.

	A	B	C	D	E	F
1	예제 8.15					
2	n1 =	20		F =	3.155556	
3	n2 =	22		F_upp =	2.442404	
4	var1 =	0.142		F_low =	0.409433	
5	var2 =	0.045				
6						

8장 연습문제

▪ 모평균의 차이에 대한 신뢰구간과 가설검정(두 표본이 독립적인 경우)

연습 8.1 서로 다른 회사에서 제조된 복사기의 수명을 조사하기 위해 같은 급을 기준으로 각 회사제품 중 각각 50대를 무작위로 추출하여 최초로 고장이 날 때까지의 평균수명시간을 조사하여 아래의 자료를 얻었다. 두 회사제품의 평균수명시간 차이에 대한 90% 신뢰구간을 추정하시오.

제조회사	표본크기	평균수명시간	표준편차
A	50	692	114
B	50	642	136

풀이 표본평균의 차 $\bar{x}_1 - \bar{x}_2$와 이에 대한 표준오차를 다음과 같이 구한 후 이를 대표본인 경우의 신뢰구간 추정식 $(\bar{x}_1 - \bar{x}_2) \pm Z\sqrt{\frac{s_1^2}{n_1} + \frac{s_2^2}{n_2}}$ 에 대입한다.

$$\bar{x}_1 - \bar{x}_2 = 692 - 642 = 50$$

$$\hat{\sigma}_{\bar{x}_1 - \bar{x}_2} = \sqrt{\frac{s_1^2}{n_1} + \frac{s_2^2}{n_2}} = \sqrt{\frac{114^2}{50} + \frac{136^2}{50}} = 25.1$$

신뢰수준이 90%이므로 Z값은 표준정규분포표에서 누적확률이 0.95가 되는 곳의 값인 1.645가 된다. 따라서 신뢰구간은

$$(\bar{x}_1 - \bar{x}_2) \pm Z\sqrt{\frac{s_1^2}{n_1} + \frac{s_2^2}{n_2}} = 50 \pm (1.645 \times 25.1) = 50 \pm 41.28 = (8.72,\ 91.28)$$

이 된다.

즉 두 제품의 평균수명의 차 $\bar{x}_1 - \bar{x}_2$가 $8.72 \le \bar{x}_1 - \bar{x}_2 \le 91.28$의 범위에 있을 확률은 90%가 됨을 의미하는 것이다.

입력과정

① B2:B7 : 표본크기, 표본평균, 표준편차를 입력한다.

② E2 : 90% 신뢰수준에서 Z임계값을 NORMSINV(prob) 함수를 이용하여 구한다.

= NORMSINV(0.95)

E2에 1.64485로 계산되어 있다.

③ E3:E4 : $(\bar{x}_1 - \bar{x}_2) \pm Z\sqrt{\frac{s_1^2}{n_1}+\frac{s_2^2}{n_2}}$ 에 따라 모평균 차이에 대한 신뢰구간을 계산한다.

= (B4−B5)+E2*SQRT(B6^2/B2+B7^2/B3)

= (B4−B5)−E2*SQRT(B6^2/B2+B7^2/B3)

신뢰구간의 상한값과 하한값이 각각 91.28, 8.72로 나타나 있다.

	A	B	C	D	E	F
1	연습 8.1					
2	n1 =	50		Z =	1.644854	
3	n2 =	50		c_upp =	91.28026	
4	x bar1 =	692		c_low =	8.719745	
5	x bar2 =	642				
6	s1 =	114				
7	s2 =	136				
8						

연습 8.2 아래 자료는 MBA 프로그램 졸업생들 중 학부에서의 동일계열 전공자와 비전공자를 대상으로 각각 40명을 추출하여 대학이 그들에 대한 학업성취도 관련 평가점수를 분석한 결과이다. 학부에서의 동일계열 전공자와 비전공자 사이에 학업성취도의 차이가 존재하는지 유의수준 5%에서 기각역 확률 p값을 기준으로 하여 검정하시오.

동일계열	성취도점수	표준편차
비전공자	936	86
전공자	892	82

풀이 비전공자와 전공자의 모평균이 동일한지를 검정하는 것이므로 이들의 모평균을 각각 μ_1, μ_2라 하면 다음과 같이 가설을 설정할 수 있다.

$$H_0 : \mu_1 = \mu_2$$
$$H_1 : \mu_1 \neq \mu_2$$

표본평균을 각각 $\bar{x}_1$, $\bar{x}_2$라 하면 표본평균의 차는 $\bar{x}_1 - \bar{x}_2 = 44$이고 이에 대한 표준화 Z값은 $Z=\frac{(\bar{x}_1 - \bar{x}_2)}{\sqrt{\frac{s_1^2}{n_1}+\frac{s_2^2}{n_2}}}$에 따라 구할 수 있다.

$$Z=\frac{(\bar{x}_1 - \bar{x}_2)}{\sqrt{\frac{s_1^2}{n_1}+\frac{s_2^2}{n_2}}}=\frac{(936-892)}{\sqrt{\frac{86^2}{40}+\frac{82^2}{40}}}=2.34$$

기각역 확률 p를 기준으로 검정하는 것이므로 위에서 구한 Z값을 귀무가설 채택여부를 결정하는 상한 임계값으로 택했을 경우의 기각역 확률 p를 구하고 이를 유의수준 5%와 비교하여야 한다.

$Z=2.34$를 임계값으로 하는 경우의 귀무가설 채택범위는 $-2.34 \leq Z \leq 2.34$가 되므로 기각역 확률은 Z값이 이 범위에 속하지 않을 확률 즉 $P(Z>2.34)+P(Z<-2.34)$를 의미하는 것이다.

표준정규분포표에서 $P(Z<2.34)$의 누적확률이 0.9904이므로 표준정규분포 오른쪽 꼬리부분의 기각역 확률 $P(Z>2.34)$은 $1-P(Z<2.34)=0.0096$이 되며, 좌우대칭이므로 이는 또한 왼쪽 꼬리부분의 기각역 확률 $P(Z<-2.34)$의 확률이기도 하다.

따라서 $-2.34 \leq Z \leq 2.34$를 귀무가설 채택역 범위로 택할 경우의 유의수준은 $0.0096\times 2=0.0192$가 되고, 이는 주어진 유의수준 5%보다 작으므로 귀무가설을 기각하고 대립가설을 채택하게 된다.

즉 비전공자와 전공자의 성취도 차이는 모평균의 차이에서 발생한 유의적인 차이라고 결론내리게 된다.

입력과정

① B2:B7 : 표본크기, 표본평균, 표준편차를 입력한다.

② E2 : $Z=\dfrac{(\bar{x}_1-\bar{x}_2)}{\sqrt{\dfrac{s_1^2}{n_1}+\dfrac{s_2^2}{n_2}}}$dp 따라 표본평균의 차이 $\bar{x}_1-\bar{x}_2$에 대한 표준화 Z값을 계산한다.

= (B4−B5)/SQRT(B6^2/B2+B7^2/B3)

E2에 2.34로 계산되어 있다.

③ E3 : 표준정규분포에서 $Z=2.34$까지의 누적확률을 NORMSDIST(z) 함수를 이용하여 계산한 후, 이 결과를 1에서 빼면 오른쪽 꼬리부분의 기각확률을 구할 수 있다.

그리고 이를 2배하면 $Z=2.34$가 임계값이 되기 위한 양측검정하에서의 기각역 확률을 구할 수 있다.

= (1−NORMSDIST(E2))*2

$Z=2.34$가 임계값이 되기 위한 기각역 확률 0.019는 주어진 유의수준 5%보다 작으므로 귀무가설을 기각하고 대립가설을 채택하게 된다.

	A	B	C	D	E	F
1	연습 8.2					
2	n1 =	40		Z =	2.341884	
3	n2 =	40		prob_tail =	0.019187	
4	x bar1 =	936				
5	x bar2 =	892				
6	s1 =	86				
7	s2 =	82				
8						

연습 8.3 아래는 두 회사에서 제조되는 햄버거 패티를 무작위로 각각 12개씩 추출하여 100g당 지방의 무게를 측정한 결과이다. 이 결과를 통하여 두 회사에서 제조되는 햄버거 패티에 포함된 지방의 차이에 대한 90% 신뢰구간을 구하시오(단, 이때 두 집단의 분산은 등분산임을 가정한다).

회사	표본크기	지방	표준편차
갑	12	16.12	0.65
을	12	13.41	0.61

풀이 표본크기가 각각 12개로 소표본에 해당하고 두 모집단의 분산이 동일하므로 패티에 포함된 지방의 표본평균 차이에 대한 신뢰구간은 아래 식에 따라 구하면 된다.

$$(\bar{x}_1 - \bar{x}_2) \pm t\sqrt{\frac{s_p^2}{n_1} + \frac{s_p^2}{n_2}}$$

먼저 두 모집단의 합동표본분산인 s_p^2을 구하면

$$s_p^2 = \frac{s_1^2(n_1-1)+s_2^2(n_2-1)}{n_1+n_2-2} = \frac{(0.65^2 \times 11)+(0.61^2 \times 11)}{12+12-2} = 0.3973$$

이 된다.

90% 신뢰수준에서의 t값은 t분포표에서 자유도가 $df = n_1 + n_2 - 2 = 22$이면서 t분포의 양쪽꼬리 부분의 신뢰수준 확률이 10%가 되는 곳의 값인 1.717이 된다.

따라서 패티에 포함된 지방의 표본평균 차이에 대한 신뢰구간은

$$(\bar{x}_1 - \bar{x}_2) \pm t\sqrt{\frac{s_p^2}{n_1} + \frac{s_p^2}{n_2}} = (16.12 - 13.41) \pm 1.717\sqrt{\frac{0.3973}{12} + \frac{0.3973}{12}} = 2.71 \pm 0.44 = (2.27,\ 3.15)$$

가 된다.

입력과정

① B2:B7 : 표본크기, 표본평균, 표준편차를 입력한다.

② E2 : $s_p^2 = \dfrac{s_1^2(n_1-1)+s_2^2(n_2-1)}{n_1+n_2-2}$에 따라 두 모집단의 합동표본분산을 계산한다.

= (B6^2*(B2−1)+B7^2*(B3−1))/(B2+B3−2)

③ E3:E4 : $(\bar{x}_1 - \bar{x}_2) \pm t\sqrt{\dfrac{s_p^2}{n_1} + \dfrac{s_p^2}{n_2}}$에 따라 표본평균 차이에 대한 신뢰구간을 계산한다.

= (B4−B5)+TINV(0.1,B2+B3−2)*SQRT(E2/B2+E2/B3)

= (B4−B5)−TINV(0.1,B2+B3−2)*SQRT(E2/B2+E2/B3)

여기서 주의할 것은 TINV(prob,df) 함수에 입력되는 prob 인수는 양측검정에서의 기각역 확률이므로 여기서는 신뢰수준이 0.9이므로 0.1을 입력한다. 신뢰구간의 상한값과 하한값이 각각 3.15, 2.27로 나타나 있다.

	A	B	C	D	E	F
1	연습 8.3					
2	n1 =	12		sp^2 =	0.3973	
3	n2 =	12		ci_upp =	3.151866	
4	x bar1 =	16.12		ci_low =	2.268134	
5	x bar2 =	13.41				
6	s1 =	0.65				
7	s2 =	0.61				
8						

연습 8.4 A지역 주민으로부터 모기가 극성이라는 주민 불평신고가 계속 접수됨에 따라 보건당국에서는 A지역이 실제로 다른 지역보다 모기가 많은지를 조사하기 위해 A지역과 A지역에서 20km 떨어진 B지역의 다섯 곳에 모기장을 설치하여 잡힌 모기수를 조사하였다.

아래 자료를 이용하여 다음 물음에 답하시오.

지역	모기수				
A	12	17	16	21	14
B	16	20	4	8	8

(1) A지역과 B지역별로 모기장에 잡힌 평균 모기수와 표준편차를 구하시오.

(2) 두 지역에서 추출된 위의 표본이 분산이 동일한 두 정규분포 모집단에서 추출된 것이라고 가정했을 때, A지역에서의 모기문제가 B지역보다 주민의 신고대로 더 심각하다고 할 수 있는지 5%의 유의수준에서 검정하시오.

풀이 (1) A지역과 B지역에서 잡힌 평균 모기수와 표준편차를 각각 $\bar{x}_1$, $\bar{x}_2$, s_1, s_2라 하면

$$\bar{x}_1 = \frac{12+17+16+21+14}{5} = 16$$

$$\bar{x}_2 = \frac{16+10+4+8+8}{5} = 9.2$$

이 되고, 표준편차는 $s = \sqrt{\frac{\sum(x-\bar{x})^2}{n-1}}$ 에 따라 구하면 다음과 같다.

$$s_1 = \sqrt{\frac{\sum(x-\bar{x})^2}{n-1}} = \sqrt{\frac{(12-16)^2+(17-16)^2+\cdots+(14-16)^2}{5-1}} = 3.39$$

$$s_2 = \sqrt{\frac{\sum(x-\bar{x})^2}{n-1}} = \sqrt{\frac{(16-9.2)^2+(10-9.2)^2+\cdots+(8-9.2)^2}{5-1}} = 4.38$$

(2) A지역에서의 모기문제가 B지역보다 더 심각한지를 조사하기 위해서는 A지역에서 B지역보다 평균적으로 모기가 많이 잡혔는지를 확인하면 되므로 이들의 모평균을 각각 μ_1, μ_2라 하면 다음과 같이 가설을 설정할 수 있다.

$$H_0 : \mu_1 \leqq \mu_2$$
$$H_1 : \mu_1 > \mu_2$$

표본평균의 차는 $\bar{x}_1 - \bar{x}_2 = 6.8$이고 또한 소표본이면서 두 모집단의 분산이 동일하다고 가정하였으므로 이에 대한 표준화 t값은 다음과 같이 구할 수 있다.

이를 위해 먼저 합동표본분산을 계산한다.

$$s_p^2 = \frac{s_1^2(n_1-1)+s_2^2(n_2-1)}{n_1+n_2-2} = \frac{(3.39^2 \times 4)+(4.38^2 \times 4)}{5+5-2} = 15.35$$

$$t = \frac{(\bar{x}_1 - \bar{x}_2)}{\sqrt{\frac{s_p^2}{n_1}+\frac{s_p^2}{n_2}}} = \frac{(16-9.2)}{\sqrt{\frac{15.35}{4}+\frac{15.35}{4}}} = 2.74$$

이 t값은 상한단측검정에서 자유도가 8이고, 유의수준이 5%일 때의 t임계값인 1.860보다 크므로 귀무가설을 기각하고 대립가설을 채택한다. 따라서 A지역이 B지역보다 모기가 많다고 볼 수 있을 것이다.

입력과정

① A3:B7 : A, B 두 지역의 모기수를 입력한다.

② E2:E3 : AVERAGE 함수를 이용하여 두 지역의 표본평균을 구한다.
= AVERAGE(A3:A7)
= AVERAGE(B3:B7)

③ E4:E5 : STDEV 함수를 이용하여 표준편차를 계산한다.
= STDEV(A3:A7)
= STDEV(B3:B7)

④ E6:E7 : COUNT 함수를 이용하여 표본크기를 계산한다.
= COUNT(A3:A7)
= COUNT(B3:B7)

⑤ E8 : $s_p^2 = \frac{s_1^2(n_1-1)+s_2^2(n_2-1)}{n_1+n_2-2}$에 따라 합동표본분산을 계산한다.
= (E4^2*(E6−1)+E5^2*(E7−1))/(E6+E7−2)

⑥ E9 : $t = \dfrac{(\overline{x_1} - \overline{x_2})}{\sqrt{\dfrac{s_p^2}{n_1} + \dfrac{s_p^2}{n_2}}}$에 따라 표본평균의 차이인 $\overline{x}_1 - \overline{x}_2 = 6.8$에 대한 표준화 t값을 계산한다.

= (E2−E3)/SQRT(E8/E6+E8/E7)

⑦ E10 : 상한단측검정에서 자유도가 8이고, 유의수준이 5%일 때의 t임계값을 계산한다.

= TINV(0.1,E6+E7−2)

유의수준 5%는 상한단측검정의 기각역 확률이므로 양측검정을 기준으로 하고 있는 TINV 함수에는 0.1로 지정해야 한다.

E9의 t값 2.74는 임계값 1.86보다 크므로 귀무가설을 기각하고 대립가설을 채택하게 된다.

	A	B	C	D	E	F
1	연습 8.4					
2	A	B		x1 bar =	16	
3	12	16		x2 bar =	9.2	
4	17	10		s1 =	3.391165	
5	16	4		s2 =	4.38178	
6	21	8		n1 =	5	
7	14	8		n2 =	5	
8				sp^2 =	15.35	
9				t =	2.744257	
10				t_crit =	1.859548	
11						

■ 모평균의 차이에 대한 신뢰구간과 가설검정(두 표본이 짝을 이룬 − 종속적인 − 경우)

연습 8.5 아래는 8명의 종업원들에 대해 작업시간당 불필요한 동작으로 인해 소비되는 평균시간을 작업장의 재배치 전과 후로 나누어 조사한 결과이다. 두 모집단을 구성하는 각 개체별 차이의 평균인 μ_d에 대한 99% 신뢰구간을 추정하시오.

(분)

종업원	재배치 전	재배치 후
1	9.4	8.1
2	7.5	6.7
3	8.2	7.7
4	12.1	10.4

종업원	재배치 전	재배치 후
5	11.2	9.6
6	6.8	6.2
7	7.2	7.0
8	11.4	9.6

풀이 위의 자료는 두 표본이 서로 짝을 이룬 경우에 해당하므로 μ_d에 대한 99% 신뢰구간을 추정하기 위해서는 먼저 두 표본을 구성하는 각 개체별로 휴식시간의 차이인 d를 구한 후 이 d에 대한 표본평균 $\bar{d}$와 표준편차 s_d를 이용하여 μ_d의 신뢰구간을 추정한다.

종업원	실시전	실시후	차이(d)
1	9.4	8.1	1.3
2	7.5	6.7	0.8
3	8.2	7.7	0.5
4	12.1	10.4	1.7
5	11.2	9.6	0.6
6	6.8	6.2	0.6
7	7.2	7.0	0.2
8	11.4	9.6	1.8

d에 대한 표본평균 $\bar{d}$와 표준편차 s_d를 구하면

$$\bar{d} = \frac{1.3+0.8+\cdots+0.2+1.8}{8} = 1.06$$

$$s_d = \sqrt{\frac{\sum(d-\bar{d})^2}{n-1}} = \sqrt{\frac{2.6387}{7}} = 0.614$$

가 되고 99% 신뢰수준에서의 t임계값은 자유도가 $df = n-1 = 7$일 때 3.499이므로 신뢰구간은 다음과 같이 추정할 수 있다.

$$\bar{d} \pm t\frac{s_d}{\sqrt{n}} = 1.06 \pm 3.499\frac{0.614}{\sqrt{8}} = 1.06 \pm 0.76 = (0.30,\ 1.82)$$

입력과정

① A3:C10 : 데이터를 입력한다.

② D3:D10 : 재배치 전후의 차이를 계산한다.

= B3−C3

E3셀을 마우스로 지정하여 활성화시킨 후 자동채우기 핸들을 이용하여 D10까지 드래그하여 복사과정을 실행한다.

③ G2:G3 : 재배치 전후의 차이 d에 대한 평균과 표준편차를 계산한다.

= AVERAGE(D3:D10)

= STDEV(D3:D10)

평균과 표준편차가 각각 1.06, 0.614로 계산되어 있다.

④ G4 : 신뢰수준이 99%이고 자유도가 $df=7$일 때 t분포의 상한임계값을 계산한다.

= TINV(0.01,7)

⑤ G5:G6 : $\bar{d} \pm t\dfrac{s_d}{\sqrt{n}}$에 따라 신뢰구간의 상한값과 하한값을 계산한다.

= G2+G4*G3/SQRT(8)

= G2−G4*G3/SQRT(8)

	A	B	C	D	E	F	G	H
1	연습 8.5							
2	종업원	전	후	d		d bar =	1.0625	
3	1	9.4	8.1	1.3		sd =	0.613974	
4	2	7.5	6.7	0.8		t =	3.499483	
5	3	8.2	7.7	0.5		ci_upp =	1.822142	
6	4	12.1	10.4	1.7		cu_low =	0.302858	
7	5	11.2	9.6	1.6				
8	6	6.8	6.2	0.6				
9	7	7.2	7.0	0.2				
10	8	11.4	9.6	1.8				
11								

연습 8.6 A, B 두 회사에서 생산되는 볼펜의 필기감을 조사하기 위해 6명의 학생으로 하여금 두 제품을 각각 2분 동안 사용한 후 필기감에 대한 점수를 기재하도록 하여 아래와 같은 자료를 얻었다. 두 제품 사이에 필기감의 차이가 존재하는지를 유의수준 5%에서 검정하시오.

회사 \ 응답자	1	2	3	4	5	6
A	72	80	62	84	94	78
B	66	75	56	75	95	73

풀이 두 표본이 짝을 이룬 경우이므로 두 표본에서 짝을 이루는 개체 사이의 차이(d)를 구한 후 d의 표본평균이 0인지의 여부를 검정하면 된다. 이 때 d에 대한 표본평균 $\bar{d}$의 분포는 모평균이 μ_d이고 표준오차가 $s_d/\sqrt{n}$인 t분포를 하므로 위 문제의 가설은 다음과 같이 설정할 수 있다.

$$H_0 : \mu_d = 0$$
$$H_1 : \mu_d \neq 0$$

먼저 d에 대한 표본평균 $\bar{d}$와 표준편차 s_d를 구하면

$$\bar{d} = \frac{6+5+6+9+(-1)+5}{6} = 5$$

$$s_d = \sqrt{\frac{\sum(d-\bar{d})^2}{n-1}} = 3.29$$

가 되므로 t값은 다음과 같이 계산할 수 있다.

$$t = \frac{\bar{d}-\mu_d}{s_d/\sqrt{n}} = \frac{\bar{d}}{s_d/\sqrt{n}} = \frac{5}{3.29/\sqrt{6}} = 3.72$$

이 t값은 자유도가 $df=5$이고 유의수준이 5%일 때의 t임계값 2.571을 상회하고 있으므로 귀무가설을 기각하고 대립가설을 채택하게 된다. 따라서 두 회사에서 생산되는 볼펜의 필기감에는 차이가 있다고 볼 수 있을 것이다.

입력과정

① A3:B8 : 두 종류의 볼펜에 대한 필기감을 나타내는 데이터를 입력한다.

	A	B	C
1	연습 8.6		
2	A	B	
3	72	66	
4	80	75	
5	62	56	
6	84	75	
7	94	95	
8	78	73	
9			

② 메뉴 바에 있는 [데이터]탭을 클릭하고 이 때 나타나는 풀다운 메뉴에서 [데이터 분석]을 찾아 클릭하면 [통계 데이터 분석] 창이 열린다. 여기서 스크롤바를 이용하여 [t-검정 : 쌍체비교] 항목을 찾아 클릭하고 [확인] 버튼을 누르면 [t-검정 : 쌍체비교] 창이 열린다.

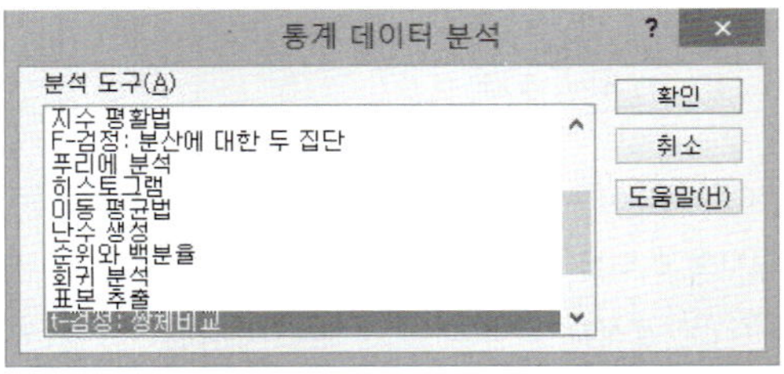

③ [t-검정 : 쌍체비교] 창이 열리면 [변수1 입력범위(1)] 상자를 클릭하여 활성화시킨 후 여기에 ①에서 입력한 데이터 범위를 마우스를 이용하여 A3에서 A8까지 드래그 하여 지정하고 [변수2 입력범위(2)] 상자에는 B3에서 B8

까지 드래그 하여 지정한다. 그리고 [가설 평균차(E)] 입력상자에는 '0'을 지정하고 [유의수준(A)] 입력상자에는 0.05를 입력한 후 [확인] 버튼을 클릭한다.

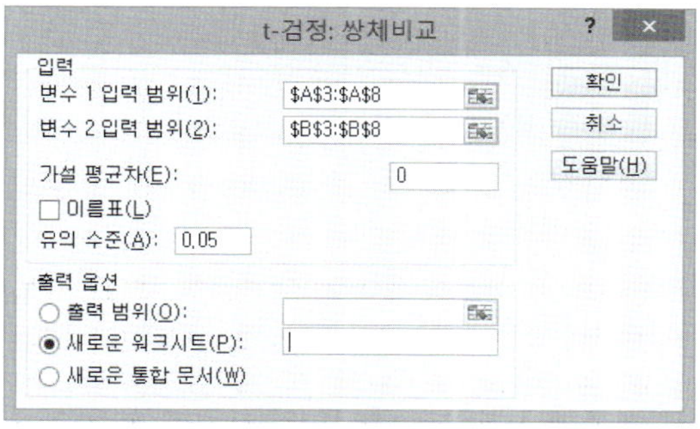

④ 아래에 출력결과가 나타나 있다. B10셀에 t검정통계량 값이 3.73으로 계산되어 있고 양측검정에서의 t임계값이 B14셀에 2.57로 계산되어 있다. 검정통계량 값이 임계값 2.57보다 크므로 귀무가설을 기각하고 대립가설을 채택하게 된다.

	A	B	C	D
1	t-검정: 쌍체 비교			
2				
3		변수 1	변수 2	
4	평균	78.33333	73.33333	
5	분산	117.4667	165.8667	
6	관측수	6	6	
7	피어슨 상관 계수	0.976231		
8	가설 평균차	0		
9	자유도	5		
10	t 통계량	3.72678		
11	P(T<=t) 단측 검정	0.006808		
12	t 기각치 단측 검정	2.015048		
13	P(T<=t) 양측 검정	0.013616		
14	t 기각치 양측 검정	2.570582		
15				

연습 8.7 자동차 보험회사에서는 A자동차 정비업체의 정비비용이 다른 정비업체보다 높다는 인식을 가지고 있다. 이를 확인하기 위해 정비를 요하는 10대의 자동차를 A, B 두 정비업체에 의뢰 후 다음과 같은 정비비용 자료를 얻었다. 10% 유의수준에서의 상한단측검정을 통해 A업체의 정비비용이 B업체 보다 높다고 할 수 있는지 검정하시오.

(단위: 천원)

A	B
576	584
818	756
585	552
924	857
795	748
854	884
921	878
694	675
684	680
832	813

풀이 동일한 자동차를 A, B 두 업체에 의뢰하여 비용을 조사한 결과이므로 이는 두 표본이 짝을 이루고 있는 종속적인 경우에 해당한다.

따라서 A업체의 비용이 B업체보다 높은지를 검정하기 위해서는 먼저 두 표본 사이에 짝을 이루고 있는 개체들의 차이(d)에 대한 표본평균인 $\bar{d}$의 모평균 μ_d에 대해 다음과 같이 가설을 설정한다.

$$H_0 : \mu_d \leq 0$$
$$H_1 : \mu_d > 0$$

이 때 $\bar{d}$의 표본분포는 평균이 μ_d이고 표준오차가 $\dfrac{s_d}{\sqrt{n}}$인 t분포를 하므로 t값은 다음과 같이 구할 수 있다.

$$t = \frac{\bar{d} - \mu_d}{s_d / \sqrt{n}} = \frac{\bar{d} - 0}{s_d / \sqrt{n}} = \frac{\bar{d}}{s_d / \sqrt{n}}$$

두 표본에서 짝을 이루는 개체 사이의 차이에 대한 표본평균과 표준편차를 구하면

$$\bar{d} = \frac{(576-584)+(818-756)+\cdots+(832-813)}{10} = 25.6$$

$$s_d = \sqrt{\frac{\sum(d-\bar{d})^2}{n-1}} = \sqrt{\frac{8628.4}{9}} = 30.96$$

이 되고 이 값들을 위의 식에 대입하여 t값을 구하면 $t = 2.61$이 된다.

이 값은 유의수준이 10%일 때의 상한단측검정에서의 t임계값인 1.383보다 크므로 귀무가설을 기각하고 대립가설을 채택하게 된다.

따라서 A업체의 정비비용이 B보다 높다고 말할 수 있을 것이다.

입력과정

① A3:B12 : 정비비용에 대한 데이터를 업체별로 입력한다.

	A	B	C
1	연습 8.7		
2	A	B	
3	576	584	
4	818	756	
5	585	552	
6	924	857	
7	795	748	
8	854	884	
9	921	878	
10	694	675	
11	684	680	
12	832	813	
13			

② 메뉴 바에 있는 [데이터]탭을 클릭하고 이 때 나타나는 풀다운 메뉴에서 [데이터 분석]을 찾아 클릭하면 [통계 데이터 분석] 창이 열린다. 여기서 스크롤바를 이용하여 [t-검정 : 쌍체비교] 항목을 찾아 클릭하고 [확인] 버튼을 누르면 [t-검정 : 쌍체비교] 창이 열린다.

③ [t-검정 : 쌍체비교] 창이 열리면 [변수1 입력범위(1)] 상자를 클릭하여 활성화시킨 후 여기에 ①에서 입력한 데이터 범위를 마우스를 이용하여 A3에서 A12까지 드래그 하여 지정하고, [변수2 입력범위(2)] 상자에는 B3에서 B12까지 드래그 하여 지정한다. 그리고 [가설 평균차(E)] 입력상자에는 '0'을 지정하고 [유의수준(A)] 입력상자에는 0.10를 입력한 후 [확인] 버튼을 클릭한다.

④ 아래에 출력결과가 나타나 있다. B10셀에 t검정통계량 값이 2.61로 계산되어 있고 상한단측검정에서의 t임계값이 B12셀에 1.383으로 계산되어 있다. 검정통계량값은 임계값 1.383보다 크므로 귀무가설을 기각하고 대립가설을 채택하게 된다.

	A	B	C	D
1	t-검정: 쌍체 비교			
2				
3		변수 1	변수 2	
4	평균	768.3	742.7	
5	분산	16150.01	14061.12	
6	관측수	10	10	
7	피어슨 상관 계수	0.970589		
8	가설 평균차	0		
9	자유도	9		
10	t 통계량	2.614545		
11	P(T<=t) 단측 검정	0.01403		
12	t 기각치 단측 검정	1.383029		
13	P(T<=t) 양측 검정	0.028061		
14	t 기각치 양측 검정	1.833113		
15				

■ 모비율의 차이에 대한 신뢰구간과 가설검정

연습 8.8 아래 주어진 자료를 이용하여 모비율의 차이 $\pi_1 - \pi_2$에 대한 95% 신뢰구간을 추정하시오.

모집단	표본크기	성공횟수(사건발생)
A	500	276
B	450	216

풀이 먼저 각 모집단별로 표본비율을 구하면

$$p_1 = 276/500 = 0.552$$
$$p_2 = 216/450 = 0.48$$

이 된다.

표준정규분포에서 95% 신뢰구간에 대한 Z값이 1.96이므로 이를 신뢰구간 추정식에 대입하면

$$\begin{aligned}(p_1 - p_2) &= Z\sqrt{\frac{p_1(1-p_1)}{n_1} + \frac{p_2(1-p_2)}{n_2}} \\ &= (0.552 - 0.48) \pm 1.96\sqrt{\frac{0.552(1-0.552)}{500} + \frac{0.48(1-0.48)}{450}} \\ &= 0.072 \pm 0.063 = (0.009,\ 0.135)\end{aligned}$$

가 된다.

즉 두 모집단의 모비율의 차이가 0.009에서 0.135 사이의 값을 가질 확률이 95%가 됨을 의미한다.

입력과정

① B2:B6 : 표본크기와 사건발생 횟수를 입력한다.

② E2:E3 : $p = \frac{x}{n}$에 따라 표본비율을 계산한다.

= B3/B2

= B5/B4

③ E4 : NORMSINV(prob) 함수를 이용하여 95% 신뢰수준에서의 상한임계값을 계산한다. 상한임계값을 구하기 위해 누적확률 0.975를 대입하였다.

= NORMSINV(0.975)

④ E5:E6 : $(p_1 - p_2) = Z\sqrt{\frac{p_1(1-p_1)}{n_1} + \frac{p_2(1-p_2)}{n_2}}$에 따라 신뢰구간을 계산한다.

= (E2−E3)+E4*SQRT(E2*(1−E2)/B2+E3*(1−E3)/B4)

= (E2−E3)−E4*SQRT(E2*(1−E2)/B2+E3*(1−E3)/B4)

	A	B	C	D	E	F
1	연습 8.8					
2	n1 =	500		p1 =	0.552	
3	x1 =	276		p2 =	0.48	
4	n2 =	450		Z =	1.959964	
5	x2 =	216		ci_upp =	0.135488	
6	conf_lev =	0.95		ci_low =	0.008512	
7						

연습 8.9 어느 연구소에서 5년 전에 20세 이상 2,000명을 대상으로 사회의 전반적인 공공질서가 잘 지켜지고 있는지를 조사한 결과 1,250명이 이에 긍정적으로 답하였다.

5년이 지난 현재 다시 20세 이상의 2,000명을 대상으로 동일한 질문을 한 결과 질서가 잘 지켜지고 있다고 긍정적으로 답한 사람은 1,140명으로 나타났다.

이를 통해 사회가 5년 전보다 무질서해졌다고 말할 수 있는지 5% 유의수준에서 검정하시오.

풀이 5년 전과 현재의 두 모집단의 모비율을 π_1과 π_2라고 하고, 가설을 다음과 같이 설정한다.

$$H_0 : \pi_1 - \pi_2 \leqq 0$$
$$H_1 : \pi_1 - \pi_2 > 0$$

위에서 귀무가설이 채택되면 현재의 사회질서가 전보다 나아졌거나 동일하다고 볼 수 있으나 대립가설이 채택되면 현재의 사회질서가 전보다 나빠졌다고 볼 수 있게 된다.

Note

위의 귀무가설은 $H_0 : \pi_1 - \pi_2 = 0$으로 표시해도 상관없다. 즉 귀무가설 $H_0 : \pi_1 - \pi_2 = 0$이 $H_0 : \pi_1 - \pi_2 \leqq 0$으로 설정했을 때의 내용을 포함하고 있다고 볼 수 있기 때문이다. 그 이유는 위의 가설검정에서 가장 핵심이 되는 내용은 현재의 사회질서가 전보다 나빠졌는지를 확인하는 것으로서 이 내용은 대립가설에 $H_1 : \pi_1 - \pi_2 > 0$으로 포함되어 있기 때문에 이 내용을 제외한 나머지 내용은 귀무가설에서 $H_0 : \pi_1 - \pi_2 = 0$과 $H_0 : \pi_1 - \pi_2 \leqq 0$의 두 가지 중 어느 것으로 설정해도 상관은 없는 것이다.

먼저 5년 전과 현재의 표본비율을 구하고 이 표본비율의 차 $p_1 - p_2$의 표준화 Z값을 계산한 후 이를 5% 유의수준에서의 상한임계값과 비교하면 된다.

$$p_1 = 1250/2000 = 0.625$$
$$p_2 = 1140/2000 = 0.57$$

이다. 그리고 두 표본비율의 가중평균인 $\bar{p}$가

$$\bar{p}=\frac{x_1+x_2}{n_1+n_2}=\frac{1250+1140}{2000+2000}=0.5975$$

이므로 p_1-p_2의 표준화 Z값은 다음과 같이 구할 수 있다.

$$Z=\frac{(p_1-p_2)-0}{\sqrt{\frac{\bar{p}(1-\bar{p})}{n_1}+\frac{\bar{p}(1-\bar{p})}{n_2}}}$$
$$=\frac{(0.625-0.57)}{\sqrt{\frac{0.5975(1-0.5975)}{2000}+\frac{0.5975(1-0.5975)}{2000}}}=3.547$$

이 값은 5% 유의수준에서 상한단측검정일 때의 표준화 임계값 1.645보다 크므로 귀무가설을 기각하고 대립가설을 채택하게 된다.

즉 5년 전보다 현재의 사회질서가 더 나빠졌을 수 있다고 결론을 내리게 된다.

입력과정

① B2:B6 : 표본크기와 사건발생 횟수를 입력한다.

② E2:E3 : $p=\frac{x}{n}$에 따라 표본비율을 계산한다.

= B3/B2

= B5/B4

③ E4 : $\bar{p}=\frac{x_1+x_2}{n_1+n_2}$에 따라 p_1-p_2의 표본분포에 대한 표준오차를 계산하는데 필요한 p_1과 p_2의 가중평균을 구한다.

= (B3+B5)/(B2+B4)

④ E5 : $Z=\frac{(p_1-p_2)-0}{\sqrt{\frac{\bar{p}(1-\bar{p})}{n_1}+\frac{\bar{p}(1-\bar{p})}{n_2}}}$에 따라 표본비율의 차 p_1-p_2애 대한 표준화 Z값을 계산한다. E5에 3.547로 나타나 있다.

= (E2−E3)/SQRT(E4*(1−E4)/B2+E4*(1−E4)/B4)

⑤ E5 : NORMSINV(prob) 함수를 이용하여 5% 유의수준에서 상한단측검정일 때의 임계값을 계산한다.

임계값을 구하기 위해 누적확률 0.95를 대입하였다.

= NORMSINV(0.95)

	A	B	C	D	E	F
1	연습 8.9					
2	n1 =	2000		p1 =	0.625	
3	x1 =	1250		p2 =	0.57	
4	n2 =	2000		p bar =	0.5975	
5	x2 =	1140		Z =	3.546588	
6	sig_lev =	0.05		Z_crt =	1.644854	
7						

연습 8.10 두 하청회사로부터 밸브를 공급받는 회사가 있다. 두 회사로부터 납품 받은 밸브 중 각각 300개, 350개를 표본으로 추출하여 불량품을 조사한 결과 불량률이 각각 15%, 12%에 이른 것으로 나타났다. 아래 물음에 답하시오.

(1) 두 회사 제품의 불량률이 동일한지를 검정하는데 필요한 공통 표본비율 즉 두 표본비율의 가중평균을 구하시오.

(2) 두 회사 제품의 불량률이 동일한지를 10% 유의수준에서 검정하시오.

(3) 두 표본비율의 차 $p_1 - p_2$의 표준화 Z값에 대한 기각역 확률 p를 구하시오.

풀이 (1) $n_1 = 300$, $n_2 = 350$이고 표본비율을 계산할 필요없이 그대로 $p_1 = 0.15$, $p_2 = 0.12$가 된다. 따라서 두 표본비율의 가중평균은 다음과 같이 구할 수 있다.

$$\bar{p} = \frac{x_1 + x_2}{n_1 + n_2} = \frac{(300 \times 0.15) + (350 \times 0.12)}{300 + 350} = 0.134$$

(2) 두 표본비율의 차는 $p_1 - p_2 = 0.03$이고, 이에 대한 표준화 Z값은

$$Z = \frac{(p_1 - p_2) - 0}{\sqrt{\frac{\bar{p}(1-\bar{p})}{n_1} + \frac{\bar{p}(1-\bar{p})}{n_2}}}$$

$$= \frac{(0.15 - 0.12)}{\sqrt{\frac{0.134(1-0.134)}{300} + \frac{0.134(1-0.134)}{350}}} = 1.12$$

가 된다.

10% 유의수준에서 양측검정일 때의 임계값이 1.645이고 이에 따라 귀무가설 채택역의 범위가 -1.645에서 1.645까지가 된다. $p_1 - p_2$의 표준화 Z값 1.12는 이 범위에 속하게 되어 귀무가설을 채택하게 된다. 즉 두 하청업체의 불량률에는 차이가 없을 것이라는 결론을 내리게 된다.

(3) $p_1 - p_2$의 표준화 Z값 1.12가 임계값이 되는 경우의 귀무가설 기각역 확률을 구하는 것이다. 1.12의 Z값이 위치하는 곳까지의 누적확률이 0.8686이므로 표준정규분포에서 오른쪽 꼬리부분의 기각역 확률은 1−0.8686=0.1314가 되고 왼쪽꼬리 부분의 기각역 확률은 -1.12의 Z값이 위치하는 곳까지의 누적확률로서 0.1314가 된다.

따라서 $p_1 - p_2$의 표준화 Z값 1.12가 임계값이 되는 경우의 귀무가설 기각역 확률은 이 두 확률을 합한 0.2628이 된다.

이는 유의수준이 10%로 주어진 경우 두 하청업체의 불량률 사이에 차이가 없다는 귀무가설을 채택하게 됨을 의미한다.

입력과정

① B2:B6 : 표본크기와 표본비율인 불량률을 입력한다.

② E2 : $\bar{p}=\dfrac{x_1+x_2}{n_1+n_2}$에 따라 두 표본비율의 가중평균을 구한다. 이 때 $x=np$에 따라 계산한다.

= (B2*B3+B4*B5)/(B2+B4)

③ E3 : $Z=\dfrac{(p_1-p_2)-0}{\sqrt{\dfrac{\bar{p}(1-\bar{p})}{n_1}+\dfrac{\bar{p}(1-\bar{p})}{n_2}}}$에 따라 p_1-p_2에 대한 표준화 Z값을 구한다. E3셀에 1.12로 나타나 있다.

= (B3−B5)/SQRT(E2*(1−E2)/B2+E2*(1−E2)/B4)

④ E4 : NORMSINV 함수를 이용하여 유의수준이 10%이면서 양측검정일 때의 표준화 임계값을 구한다. 유의수준이 10%이므로 표준정규분포에서 오른쪽 꼬리부분의 기각역 확률은 5%가 되고 이를 1에서 뺀 0.95를 대입하면 양측검정하에서의 상한 임계값을 구할 수 있다. 하한 임계값은 상한 임계값에 (−)부호를 붙이기만 하면 된다.

= NORMSINV(0.95)

상한 임계값에 해당하는 Z값이 E4에 1.645로 출력되어 있다. E3셀에서 구한 Z값 1.12는 귀무가설 채택역을 나타내는 표준화 Z임계값의 범위인 -1.645에서 1.645 사이에 속해 있으므로 귀무가설을 채택하게 되는 것이다.

⑤ E5:E6 : NORMSDIST(z) 함수에 표준화 값을 대입하면 표준정규분포에서 대입한 표준화 값까지의 누적확률을 구해 준다. 따라서 E3에서 구한 Z값을 상한 임계값으로 할 때의 누적확률을 구할 수 있으며 이 값은 E5셀에 0.8686으로 나타나 있다.

이를 1에서 뺀 1−0.8686= 0.1314는 표준정규분포에서 오른쪽 꼬리부분의 기각역 확률이 되고 양측검정일 경우 이를 2배한 0.2628이 기각역 확률 p가 된다. 다시말해 E3셀의 표준화 Z값 1.12가 상한 임계값이 되어 귀무가설 채택역의 범위가 -1.12에서 1.12까지 되기 위해서는 유의수준이 26.28%가 되어야 한다는 것을 의미하는 것이다.

이 기각역 확률 p에 대한 계산이 E6에 나타나 있다.

따라서 문제에서 주어진 유의수준 10%에서는 1.12의 표준화 Z값은 귀무가설 채택역 범위에 속하게 되어 두 하청업체의 불량률 사이에 차이가 없다는 귀무가설을 채택하게 된다.

= NORMSDIST(E3)

= 2*(1−E5)

	A	B	C	D	E	F
1	연습 8.10					
2	n1 =	300		p bar =	0.133846	
3	p1 =	0.15		Z =	1.119847	
4	n2 =	350		Z_crt =	1.644854	
5	p2 =	0.12		prob_Z =	0.868611	
6	sig_lev =	0.1		alpha =	0.262779	
7						

■ 모분산의 차이에 대한 가설검정

연습 8.11 어느 고등학교에서 모의고사를 실시한 후 남학생 25명과 여학생 20명을 추출하여 시험점수의 분산을 조사한 결과 남학생은 38.6, 여학생은 16.4인 것으로 나타났다. 이 결과를 통해 남학생 점수의 분산이 여학생보다 크다고 말할 수 있는지 5%의 유의수준에서 검정하시오. 이 때 모집단은 정규분포를 한다고 가정한다.

풀이 남학생 점수의 분산이 여학생보다 더 크다고 볼 수 있는지를 검정하는 것이므로 이는 상한단측검정에 해당하므로 다음과 같이 가설을 설정한다.

$$H_0 : \sigma_1^2 \leqq \sigma_2^2$$
$$H_1 : \sigma_1^2 > \sigma_2^2$$

다음 표본분산의 비율을 계산하면 F는 $F = \frac{s_1^2}{s_2^2} = \frac{38.6}{16.4} = 2.35$이다. 또한 상한단측검정에서 유의수준이 5%인 경우의 F임계값은 F분포표에서 기각역 확률이 유의수준과 동일한 5%이면서 분자, 분모 부분의 자유도가 각각 24, 19인 곳의 값인 2.110이다.

F	상한단측기각율			
자유도	0.05			
분자 / 분모	23	24	25	26
18	2.159	2.150	2.141	2.134
19	2.123	2.114	2.106	2.098
20	2.092	2.082	2.074	2.066

표본분산의 비율에 따라 구한 F통계량 2.35는 임계값 2.11보다 크므로 귀무가설을 기각하고 대립가설을 채택하게 된다. 따라서 남학생 점수의 분산이 여학생보다 크다고 볼 수 있을 것이다.

입력과정

① B2:B6 : 표본크기와 분산을 입력한다.

② E2 : $F=\dfrac{s_1^2}{s_2^2}$에 따라 F검정통계량을 계산한다.

= B4/B5

③ E3 : FINV(prob,df1,df2)에 따라 5% 유의수준에서의 F상한임계값을 구한다. FINV 함수의 prob 인수에는 F분포의 오른쪽 꼬리부분의 기각역 확률을 입력해야 하는데, 여기서는 상한단측검정이므로 유의수준 0.05를 그대로 입력한다. 그리고 df1, df2에는 각각 분자, 분모의 자유도를 입력한다.

= FINV(0.05,B2−1,B3−1)

F임계값이 2.114로 계산되어 있다.

	A	B	C	D	E	F
1	연습 8.11					
2	n1 =	25		F =	2.353659	
3	n2 =	20		F_crit =	2.114143	
4	var1 =	38.6				
5	var2 =	16.4				
6	sig_lev =	0.05				
7						

연습 8.12 다음은 A, B 두 도시에 있는 주유소 가운데 표본으로 각각 10개, 12개 주유소를 추출하여 가솔린 $1l$당 가격을 조사하여 표준편차를 계산한 결과 A도시는 9.12원, B도시는 21.5원인 것으로 나타났다. 이를 통해 A도시 주유소 모집단의 가솔린 가격에 대한 분산이 B도시보다 작다고 볼 수 있는지 유의수준 5%에서 검정하시오.

풀이 A도시 주유소 모집단의 분산이 B도시보다 작다고 볼 수 있는지를 검정하는 것이므로 이는 하한단측검정에 해당한다.

$$H_0 : \sigma_1^2 \geq \sigma_2^2$$
$$H_1 : \sigma_1^2 < \sigma_2^2$$

먼저 두 표본의 표준편차가 각각 9.12, 21.50이므로 이들을 제곱하여 표본분산을 구한다. 이로부터 표본분산의 비율인 F값을 구하면

$$F=\frac{s_1^2}{s_2^2}=\frac{9.12^2}{21.5^2}=0.18$$

이 된다.

여기서 주의할 것은 위의 가설이 하한단측검정을 하는 것이므로 5% 유의수준은 F분포에서 왼쪽 꼬리 부분의 기각역 확률을 의미하게 되는데, F분포표에서의 기각역 확률은 오른쪽 꼬리부분을 기준으로 하고 있어 F임계값을 찾을 때 $\alpha=0.95$에 해당하는 값을 찾아야 한다. 그러나 F분포표에는 $\alpha=0.95$에 해당하는 F값이 나와 있지 않기 때문에 $F_{\alpha,\ \nu_1,\ \nu_2}=\dfrac{1}{F_{1-\alpha,\nu_2,\ \nu_1}}$의 관계식을 이용한다.

즉 F분포표에서 기각역 확률이 0.05인 곳에서 분자, 분모의 자유도가 11, 9인 곳에 위치한 값을 찾으면 된다(분자, 분모의 자유도의 순서가 바뀐 것에 주의). 그런데 F분포표에는 분자, 부분의 자유도가 11인 경우가 표시되어 있지 않으므로 여기서는 자유도가 10인 경우의 값을 기준으로 하기로 한다. 이 때 값이 약 3.14이므로 하한단측검정의 임계값은 3.14의 역수인 0.32가 된다.

위에서 구한 표본분산의 비율인 F통계량은 0.18로 임계값 0.32보다 작으므로 귀무가설을 기각하고 대립가설을 채택하게 된다. 따라서 A도시의 가솔린 가격에 대한 분산이 B도시보다 작다고 말할 수 있을 것이다. 즉 B도시의 경우 주유소 간 가격차가 A보다 크다고 말할 수 있을 것이다.

입력과정

① B2:B6 : 표본크기, 표준편차를 입력한다.

② E2 : $F=\dfrac{s_1^2}{s_2^2}$에 따라 F검정통계량을 계산한다.

= B4^2/B5^2

③ E3 : FINV(prob,df1,df2)에 따라 유의수준 5%에서의 F하한임계값을 구한다. FINV 함수의 prob 인수에는 상한단측검정을 기준을 했을 때 F분포의 오른쪽 꼬리부분의 기각역 확률을 입력해야 하므로, 유의수준 5%에서의 하한단측검정을 하는 이 문제에서는 prob 인수에 0.95를 입력한다.

= FINV(0.95,B2−1,B3−1)

F임계값이 0.322로 계산되어 있다.

	A	B	C	D	E	F
1	연습 8.12					
2	n1 =	10		F =	0.179934	
3	n2 =	12		F_crit =	0.322322	
4	s1 =	9.12				
5	s2 =	21.5				
6	sig_lev =	0.05				
7						

제9장

분산분석

CONTENTS

9.1 1요인 분산분석

8장에서 우리는 두 모집단의 평균이 동일한지를 확인하기 위해 귀무가설 $H_0 : \mu_1 = \mu_2$를 검정하였다. 9장에서 다루는 주제는 모집단이 두 개가 아니라 세 개 이상인 경우 이들의 모평균이 동일한지를 검정하는 것이다.

예를 들어 모집단이 세 개인 경우 귀무가설을 $H_0 : \mu_1 = \mu_2 = \mu_3$으로 설정하고 이를 검정하는 것이다.

분산분석

세 개 또는 그 이상의 모집단 평균의 동일성 여부를 검정하는 통계적 방법을 분산분석(Analysis of Variance: ANOVA)이라 한다.

예제 9.1 A, B, C 세 브랜드의 전구에 대해 수명을 표본조사하여 세 브랜드의 전구가 모두 동일한 평균수명을 가지고 있는가를 알아보려 한다고 하자. 이 때 모집단은 브랜드에 의해 세 개로 구분할 수 있으며 각 모집단의 모평균 즉 평균수명이 동일한가는 바로 분산분석에 의해 파악할 수 있는 것이다.

여기서 모집단을 구분하는 기분이 되는 변수를 분산분석에서는 요인(factor)이라고 하고 이 요인이 갖게 되는 값을 요인의 수준(level)이라고 한다. 따라서 이 예제의 경우 모집단을 브랜드에 따라 세 개로 구분하고 있으므로 브랜드가 요인이 되고 이 요인은 A, B, C 세 개의 수준을 갖는다.

또한 이 예제는 1요인 분산분석에 해당하는 것으로서 브랜드 요인의 수준이 A, B, C 어느 값을 갖느냐에 따라 모평균이 변함없이 동일한가를 검정하는 것이다. 만약 분산분석에서 귀무가설 $H_0 : \mu_A = \mu_B = \mu_C$가 기각되었다면 이는 브랜드의 수준이 변함에 따라 모평균이 달라지고 있음을 의미하는 것이다.

Note

요인과 더불어 분산분석에서 중요한 용어 중의 하나가 처리(treatment)인데 이는 각 요인의 수준을 조합한 것을 말한다.

즉 위의 예제에서 브랜드 요인 외에 생산지의 요인이 추가되고 이 요인의 수준은 국내생산(1)과 해외주문생산(2)의 두 가지로 구성되어 있다고 하자. 이 때 브랜드와 생산지 두 요인의 수준을 조합하면 브랜드 A이면서 생산지가 국내인 경우인 A1을 비롯하여 A2, B1, B2, C1, C2 등으로 6가지가 나타나는데 이를 처리라고 한다. 물론 이 경우도 각 처리별로 모집단의 구분이 가능하다. 1요인 분산분석에서는 요인이 하나이므로 요인의 수준이 바로 처리인 셈이다.

분산분석에서의 검정통계량

분산분석에서의 귀무가설 $H_0 : \mu_1 = \mu_2 = \mu_3$를 채택하느냐 기각하느냐의 기준이 되는 검정통계량은 처리(treatment) 사이의 분산과 오차에 대한 분산의 비율인 F통계량에 의해 결정된다.

$$F = \frac{\text{처리(표본) 사이의 분산}}{\text{오차의 분산}} = \frac{SSTR/(c-1)}{SSE/(n-c)} = \frac{MSTR}{MSE}$$

$SSTR$: 처리 사이의 제곱합, SSE: 오차의 제곱합, c: 처리수, n: 총표본크기

위 식의 $SSTR$, SSE, c, n의 의미를 이해하기 위해 [예제 9.1]에서 살펴본 브랜드별 전구의 수명을 조사한 데이터가 다음과 같은 형태를 가지고 있다고 보고 분산분석에서의 검정통계량에 대해 살펴보기로 하자.

A	B	C	
x_{11}	x_{12}	x_{13}	
x_{21}	x_{22}	x_{23}	
x_{31}	x_{32}	x_{33}	
$\vdots$	$\vdots$	$\vdots$	
n_1	n_2	n_3	
$\bar{x}_1$	$\bar{x}_2$	$\bar{x}_3$	$\bar{\bar{x}}$

위의 데이터에서 x_{ij}는 브랜드가 $j(=A,\ B,\ C)$인 i번째 전구의 수명을 나타내는 것이다. 그리고 n_1, n_2, n_3는 각각 브랜드별 표본의 크기를 나타내고 있으며 그 아래의 $\bar{x}_1$, $\bar{x}_2$, $\bar{x}_3$는 각 브랜드별 표본평균을, $\bar{\bar{x}}$는 표본의 총평균을 나타내고 있다.

즉 $\bar{x}_1$은 A브랜드의 표본평균으로서 $(x_{11}+x_{21}+x_{31}+\cdots)/n_1$에 의해 계산된 것이며 총표본평균 $\bar{\bar{x}}$는 브랜드에 관계없이 모든 표본값을 더한 후 이를 전체 표본 수로 나눈 것으로$(x_{11}+x_{21}+\cdots+x_{12}+x_{22}+\cdots+x_{13}+x_{23}+\cdots)/(n_1+n_2+n_3)$에 따라 계산된 것이다.

분산분석의 검정통계량 F를 구하는 식에서 $SSTR$은 처리 또는 표본 사이의 제곱합(treatment sum of squares)으로서

$$SSTR = \sum n_j(\bar{x}_j - \bar{\bar{x}})^2$$

에 따라 계산되는데 이는 각 브랜드의 표본평균에서 총표본평균을 뺀 결과를 제곱

하고 이에 다시 표본크기를 곱한 후 이들을 모두 합계한 것이다. $SSTR$의 자유도는 처리수 c에서 1을 뺀 $(c-1)$이 되므로 $SSTR$을 자유도 $(c-1)$로 나눈 것이 바로 처리 사이의 분산 $MSTR$을 나타내는 것이다.

또한 검정통계량 F에서 SSE는 오차의 제곱합(error sum of squares)으로서

$$SSE = \sum_j \sum_i = (x_{ij} - \bar{x}_j)^2$$

에 따라 계산되는데 이는 각 브랜드별로 오차의 제곱합 $\sum_i (x_{ij} - \bar{x}_j)^2$을 구하여 이들을 모두 합한 것이다. SSE에 대한 자유도는 총표본크기 n에서 처리수 c를 뺀 $(n-c)$이므로 SSE를 자유도로 나눈 $SSE/(n-c)$는 오차의 분산 MSE를 나타내는 것이다.

특히 총평균을 기준으로 한 총제곱합(total sum of squares: SST)은

$$SST = \sum_j \sum_i (x_{ij} - \bar{\bar{x}})^2$$

에 따라 구할 수 있으며 이는 처리에 대한 제곱합($SSTR$)과 오차의 제곱합(SSE)을 더한 것과 같다. 또한 총제곱합의 자유도는 $(n-1)$로서 $SSTR$의 자유도 $(c-1)$과 SSE의 자유도 $(n-c)$를 더한 것과 같다.

$$SST = SSTR + SSE$$
$$\sum_j \sum_i (x_{ij} - \bar{\bar{x}})^2 = \sum_i n_j (x_j - \bar{\bar{x}})^2 + (x_{ij} - \bar{x}_j)^2$$

분산분석에서는 기본가정으로서 표본은 정규분포를 하는 모집단에서 무작위로 추출되었으며 각 모집단의 분산은 동일하다는 것을 전제로 하고 있기 때문에, 만약 가설검정에서 각 처리 사이의 모평균이 동일하다면 이는 처리의 값이 변할 때 즉 브랜드가 달라질 때 전구의 수명이 크게 달라지지 않고 있음을 의미하는 것이므로 검정통계량 $F = \dfrac{SSTR(c-1)}{SSE(n-c)}$의 값은 1에서 크게 벗어나 있지 않을 것이라는 사실을 예상할 수 있다.

그러나 만약 브랜드가 달라짐에 따라 모평균이 크게 달라진다면 $SSTR$이 커지게 되어 검정통계량 F도 1보다 커질 것이다. 따라서 검정통계량 F값이 크면 클수록 모평균이 동일하다는 $H_0 : \mu_1 = \mu_2 = \mu_3$을 기각할 확률은 높아지는 것이다.

예제 9.2 업체별로 전구의 평균수명을 조사한 결과가 다음과 같을 때, 유의수준 5%에서 업체별로 평균수명에 차이가 있는지를 살펴보자.

(단위: 100시간)

A	B	C
36	38	35
42	36	38
38	35	37
36	27	34

먼저 다음과 같이 가설을 설정한다.

$$H_0 : \mu_1 = \mu_2 = \mu_3$$

H_1 : 세 개 업체의 전구 수명이 모두 동일하지는 않다.

세 개 이상의 집단에 대한 평균이 동일한지를 검정하는 것이므로 분산분석을 해야 하며, 이를 위해서는 처리(표본)의 제곱합인 $SSTR$과 오차의 제곱합 SSE를 구해야 한다.

각 처리의 평균과 총평균을 구하면

$$\text{처리 1(업체 A)} : \bar{x}_1 = (36+42+38+36)/4 = 38$$

$$\text{처리 2(업체 B)} : \bar{x}_2 = (38+36+35+27)/4 = 34$$

$$\text{처리 3(업체 C)} : \bar{x}_3 = (35+38+37+34)/4 = 36$$

총평균 :

$$\bar{\bar{x}} = (36+42+38+36+38+36+35+27+35+38+37+34)/12 = 36$$

이 된다.

이를 이용하여 처리의 제곱합 $SSTR$과 오차의 제곱합 SSE를 구하면

$$SSTR = \sum n_j (\bar{x}_j - \bar{\bar{x}})^2 = 4(38-36)^2 + 4(34-36)^2 + 4(36-36)^2 = 32$$

$$SSE = \sum_j \sum_i (x_{ij} - \bar{x}_j)^2 = (36-38)^2 + (42-38)^2 + (38-38)^2 + (36-38)^2$$

$$+ (38-34)^2 + (36-34)^2 + (35-34)^2 + (27-34)^2$$

$$+ (35-36)^2 + (38-36)^2 + (37-36)^2 + (34-36)^2 = 104$$

물론 여기서 $SSTR$과 SSE를 더하면 이는 총제곱합 $SST=\sum_j\sum_i(x_{ij}-\overline{\overline{x}})^2$과 동일하다.

	A	B	C
	36	38	35
	42	36	38
	38	35	37
	36	27	34
표본(처리)평균	38	34	36
총평균	36		
SST	136		
SSTR	32		
SSE	104		
F	1.38		

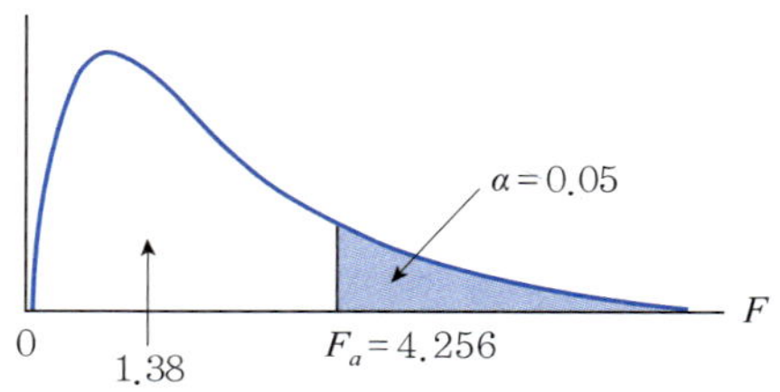

그림 9-1 F분포와 임계값

$SSTR$과 SSE의 자유도는 각각 $c-1=3-1=2$이고 $n-c=12-3=9$이므로 F값은

$$F=\frac{SSTR/(c-1)}{SSE/(n-c)}=\frac{32/(3-1)}{104/(12-3)}=1.38$$

이 되고, 이는 유의수준 5%에서의 F임계값 4.26보다 작으므로 귀무가설을 채택하게 된다. 즉 세 업체별 전구의 평균수명에는 차이가 존재한다고 볼 수 없을 것이라고 결론을 내린다.

F	상한단측기각율			
자유도	0.05			
분모 \ 분자	1	2	3	4
8	5.318	4.459	4.066	3.838
9	5.117	4.256	3.863	3.633
10	4.965	4.103	3.708	3.478

실제로 데이터가 아주 작다고 하더라도 분산분석을 손으로 계산한다는 것은 번거로운 일이 아닐 수 없다. 따라서 분산분석은 대개 컴퓨터에 의존하여 결과를 도출하는 것이 일반적이다.

입력과정

① A3:C6 : 전구 업체와 평균수명을 입력한다.

	A	B	C	D
1	예제 9.2			
2	A	B	C	
3	36	38	35	
4	42	36	38	
5	38	35	37	
6	36	27	34	
7				

② 메뉴 바에 있는 [데이터]탭을 클릭하고 이 때 나타나는 풀다운 메뉴에서 [데이터 분석]을 찾아 클릭하면 [통계 데이터 분석] 창이 열린다. 여기서 스크롤바를 이용하여 [분산 분석 : 일원 배치법] 항목을 찾아 클릭하고 [확인] 버튼을 누르면 [분산 분석 : 일원 배치법] 창이 열린다.

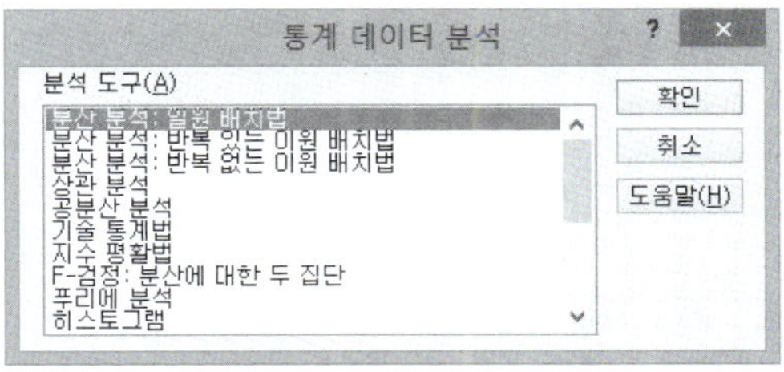

③ [분산 분석 : 일원 배치법] 창이 열리면 먼저 입력범위를 표시하기 위한 입력상자를 클릭한 후 여기에 데이터가 입력되어 있는 범위를 지정한다.

A2:C2의 범위에는 업체 이름이 지정되어 있으므로 '첫째 행 이름표 사용'을 체크한 후 [확인] 버튼을 누른다.

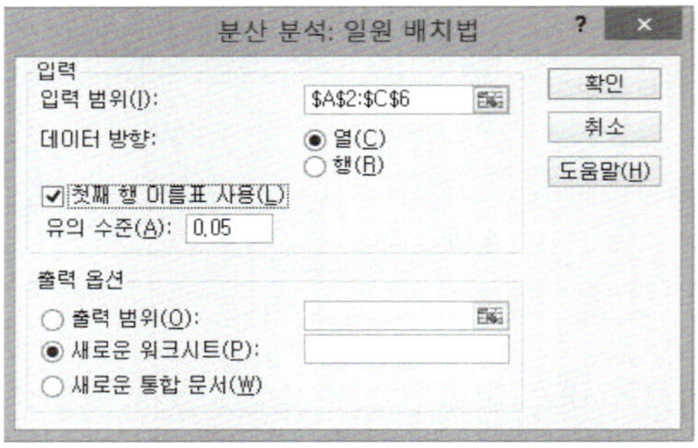

④ 아래에 실행 결과가 출력되어 있다.

B12셀과 B13셀에 처리에 대한 제곱합 $SSTR$과 오차의 제곱합 SSE가 각각 32, 104로 계산되어 있고, 이들 제곱합의 합계인 총제곱합 SST가 B15셀에 136으로 나타나 있다.

그리고 처리에 대한 제곱합 $SSTR$과 오차의 제곱합 SSE를 각각 자유도로 나눈 결과인 처리에 대한 평균제곱합 $MSTR$과 오차에 대한 평균제곱합 MSE가 D12셀과 D13셀에 각각 16, 11.56으로 나타나 있다.

$F = MSTR/MSE$에 따라 이들 평균제곱합의 비율을 계산한 F통계량이 E12셀에 1.38로 계산되어 있고, 유의수준 5%에서의 F임계값이 G12셀에 4.26으로 나타나 있어 귀무가설을 채택하게 된다. F12셀에는 바로 G12셀의 F임계값을 받아들이는 경우의 기각역 확률이 0.299임을 표시하고 있다. 따라서 유의수준이 5%로 주어진 경우 F값 1.38은 귀무가설 채택역에 속하게 된다.

	A	B	C	D	E	F	G	H
1	분산 분석: 일원 배치법							
2								
3	요약표							
4	인자의 수준	관측수	합	평균	분산			
5	A	4	152	38	8			
6	B	4	136	34	23.33333			
7	C	4	144	36	3.333333			
8								
9								
10	분산 분석							
11	변동의 요인	제곱합	자유도	제곱 평균	F 비	P-값	F 기각치	
12	처리	32	2	16	1.384615	0.299037	4.256495	
13	잔차	104	9	11.55556				
14								
15	계	136	11					
16								

Note

위의 결과물에서 분산분석이라고 이름 붙여진 내용을 분산분석표(ANOVA table)라 칭하기도 한다. 일반적으로 1요인 분산분석표는 다음과 같은 형태를 지닌다.

변동요인	제곱합	자유도	평균제곱합	F
처리	$SSTR$	$c-1$	$MSTR = SSTR/(c-1)$	$MSTR/MSE$
오차	SSE	$n-c$	$MSE = SSE/(n-c)$	
총변동	SST	$n-1$		

9.2 난괴설계

앞에서 살펴본 1요인 분산분석에서 세 개 이상의 각 모집단에서 추출된 표본들은 서로 독립적이라는 것이 전제되었다. 그러나 세 개 이상의 각 모집단에서 추출된 표본들이 서로 종속적(dependent)인 경우 1요인 분산분석을 적용할 수 없으며 이 때는 난괴설계(randomized block design)에 의한 분산분석을 해야 한다.

여기서 표본들이 종속적이라는 의미는 요인의 수준을 나타내는 처리 사이에서 표본의 관찰치들이 짝을 이루고(matched) 있음을 말하는 것으로서 이 때 짝을 이루고 있는 관찰치들을 괴(block)라고 한다.

예제 9.3 아래 표는 세 사람의 부동산 감정평가사가 감정하는 평가액이 동일한지를 확인하기 위해 이들 감정평가사들로 하여금 네 개의 부동산에 대해 평가하게 한 후 그 결과를 나타낸 표이다.

부동산	감정평가사		
	1	2	3
1	184	204	182
2	57	76	68
3	102	103	98
4	228	239	214

이는 세 감정평가서의 부동산에 대한 감정평가액이 동일한지를 분석하는 것이므로 감정평가사가 요인(factor)이 되며 요인의 수준(level)은 세 사람의 감정평가사를 표시하는 1, 2, 3으로서 이는 바로 처리(treatment)가 된다. 따라서 이는 1요인 분산분석에 해당한다. 그런데 여기서 주의할 것은 부동산 1, 2, 3, 4 각각에 대한 평가액은 감정평가사 세 사람이 각각 감정한 평가액이라는 점이다. 즉 '동일한' 부동산

1에 대해 세 사람의 감정평가사가 감정한 평가액이 가로로 184, 204, 182로 나타나 있다. 다시 말해 감정액 184, 204, 162는 짝을 이룬 관찰치에 해당하는 것이며 이를 괴(block)라고 한다. 부동산 2, 3, 4 각각에 대해서도 짝을 이룬 관찰치가 존재하므로 위의 경우 괴는 4개가 된다. 이와 같이 각 처리별 표본은 동일한 부동산에 대한 감정평가액이라는 점에서 세 개의 각 표본들은 종속적이 되는 것이고, 또 부동산 1, 2, 3, 4는 임의로 추출된 것이므로 난괴(randomized block)에 해당하기 때문에 이는 1요인으로서 세 개의 처리와 네 개의 괴로 구성된 난괴설계임을 알 수 있다.

난괴설계에 의한 분산분석

난괴설계에 의한 분산분석 역시 1요인 분산분석에서와 같이 요인의 수준인 처리에 따른 모평균이 동일한지를 검정하는 것이다. 단지 난괴설계인 경우 추가로 고려해야 할 것은 괴의 변화에 따라 모평균의 변화가 유발되는지를 확인하는 과정이다.

이는 1요인 분산분석의 경우 처리에 의한 제곱합($SSTR$)과 오차에 의한 제곱합(SSE) 두 가지로 구성된 총제곱합(SST)이 난괴설계에 의한 1요인 분산분석에서는 처리에 의한 제곱합($SSTR$)과 괴에 의한 제곱합(SSB) 그리고 오차에 의한 제곱합(SSE)의 세 가지로 구성된다는 것을 의미한다. 이 때 $SSTR$, SSB, SSE가 어떻게 계산되는지를 살펴보자. 먼저 자료의 형태가 아래와 같이 1요인으로서 처리가 k개, 괴가 b개로 구성되어 있다고 하자. 즉 b개의 각 행은 괴를 나타내고 k개의 열은 요인에 대한 수준인 처리를 나타내고 있다.

괴 \ 처리	1	2······k
1	x_{11}	$x_{12}\cdots\cdots x_{1k}$
2	x_{21}	$x_{22}\cdots\cdots x_{2k}$
	······	
b	x_{b1}	$x_{b2}\cdots\cdots x_{bk}$

여기서 i번째 괴에 대한 평균을 $\bar{x}_{i.}$ 그리고 j번째 처리에 대한 평균 $\bar{x}_{.j}$ 표시하고 데이터 전체에 대한 총평균을 $\bar{\bar{x}}$로 표시했을 때 SST, $SSTR$, SSB, SSE는 다음과 같이 계산할 수 있다.

괴 \ 처리	1	2……k	$\bar{x}_{i.}$
1	x_{11}	$x_{12}\cdots\cdots x_{1k}$	$\bar{x}_{1.}$
2	x_{21}	$x_{22}\cdots\cdots x_{2k}$	$\bar{x}_{2.}$
	……		
b	x_{b1}	$x_{b2}\cdots\cdots x_{bk}$	$\bar{x}_{b.}$
$\bar{x}_{.j}$	$\bar{x}_{.1}$	$\bar{x}_{.2}\cdots\cdots\bar{x}_{.k}$	$\bar{\bar{x}}$

$$SST = \sum_i \sum_j (x_{ij} - \bar{\bar{x}})^2$$

$SSTR = \sum_j n_j(\bar{x}_{.j} - \bar{\bar{x}})^2$ (n_j는 j번째 처리에 속하는 관찰치 개수로서 괴의 개수가 된다)

$SSB = k\sum_i (\bar{x}_{i.} - \bar{\bar{x}})^2$ (k는 처리의 개수를 의미한다)

$$SSE = SST - SSTR - SSB = \sum_i \sum_j (\bar{x}_{ij} - \bar{x}_{i.} - \bar{x}_{.j} + \bar{\bar{x}})^2$$

이 때 처리에 의한 제곱합과 괴에 의한 제곱합의 자유도는 각각 $(k-1)$, $(b-1)$이 되고 오차에 의한 제곱합의 자유도는 $(k-1)(b-1)$이 된다. 따라서 $SSTR$, SSB, SSE를 각각 이들의 자유도로 나누면 평균제곱합 $MSTR$, MSB, MSE를 구할 수 있고 처리에 대한 F값과 괴에 대한 F값은 각각 $MSTR/MSE$와 MSB/MSE에 따라 계산할 수 있다. 그리고 이러한 내용을 하나의 표로 만들면 다음과 같은 난괴설계에 의한 분산분석표를 작성할 수 있다.

변동요인	제곱합	자유도	평균제곱합	F
처리	$SSTR$	$k-1$	$MSTR = SSTR/(k-1)$	$MSTR/MSE$
괴	SSB	$b-1$	$MSB = SSB/(b-1)$	MSB/MSE
오차	SSE	$(k-1)(b-1)$	$MSE = SSE/(k-1)(b-1)$	
총변동	SST	$n-1$		

예제 9.4 위의 [예제 9.3]에서 주어진 자료를 이용하여 난괴설계에 의한 분산분석표를 작성하고 이를 통해 세 사람의 감정평가사들이 감정하는 평가액의 모평균이 동일한지를 유의수준 5%에서 검정하는 과정을 살펴보자. 먼저 분산분석표의 작성

을 위해서 총제곱합(SST), 처리에 대한 제곱합($SSTR$), 괴에 대한 제곱합(SSB) 그리고 오차에 대한 제곱합(SSE)을 구한다.

$$\bar{\bar{x}} = \frac{\sum\sum x_{ij}}{n} = \frac{184+57+\cdots+98+214}{12} = 146.25$$

$$SST = \sum\sum(x_{ij} - \bar{\bar{x}})^2$$
$$= (184-146.25)^2 + (57-146.25)^2 + \cdots + (98-146.25)^2$$
$$+ (214-146.25)^2 = 51,094.25$$

$$SSTR = \sum n_j(x_{.j} - \bar{\bar{x}})^2$$
$$= 4(142.75-146.25)^2 + 4(155.5-146.25)^2 + 4(140.5-146.25)^2$$
$$= 523.5$$

$$SSB = k\sum(x_{i.} - \bar{\bar{x}})^2$$
$$= 3[(190-146.25)^2 + (67-146.25)^2 + (101-146.25)^2 + (227-146.25)^2]$$
$$= 50,288.25$$

$$SSE = SST - SSTR - SSB$$
$$= 51,094.25 - 523.5 - 50,288.25 = 282.5$$

난괴설계	감정평가사			
부동산(B1–B4)	1	2	3	Row Mean
1	184	204	182	190
2	57	76	68	67
3	102	103	98	101
4	228	239	214	227
Column Mean	142.75	155.5	140.5	
처리(포본)평균	142.75	155.5	140.5	
표본크기	4	4	4	
총평균	146.25			

처리, 괴, 오차에 대한 제곱합을 각각의 자유도로 나누어 평균제곱합을 구하고 이를 기초로 F값을 구하여 정리하면 다음과 같은 분산분석표를 작성할 수 있다.

$$MSTR = SSTR/df = 523.5/2 = 261.75$$
$$MSB = SSB/df = 50288.25/3 = 16762.75$$

$MSE = SSE/df = 282.5/6 = 47.08$

처리에 대한 F값 $= MSTR/MSE = 261.75/47.08 = 5.56$

괴에 대한 F값 $= MSB/MSE = 16762.75/47.08 = 356.02$

분산분석표

변동요인	제곱합	자유도	평균제곱합	F
처리	523.5	2	261.75	5.559292
괴	50288.25	3	16762.75	356.023
오차	282.5	6	47.08333	
총변동	51094.25	11		

여기서 세 감정평가사들이 감정하는 부동산 평가액에 대한 모평균이 모두 동일하다는 귀무가설 $\mu_1 = \mu_2 = \mu_3$의 채택여부는 처리에 대한 F값에 따라 결정된다. 처리에 대한 F값은 5.56으로 유의수준이 5%이고 자유도가 각각 (2, 6)일 때의 F임계값 5.143보다 크므로 귀무가설을 기각하고 대립가설을 채택하게 된다. 즉 '세 감정평가사들의 부동산 평가액에 대한 모평균은 모두 동일하다고 볼 수 없을 것이다.'라고 결론을 내리게 된다.

F	상한단측기각율			
자유도	0.05			
분모 \ 분자	1	2	3	4
5	6.608	5.786	5.409	5.192
6	5.987	5.143	4.757	4.534
7	5.591	4.737	4.347	4.120

입력과정

① A2:D6 : 각 부동산에 대한 감정평가사들의 평가액을 입력한다.

	A	B	C	D	E
1	예제 9.4				
2	감정평가사	감평사1	감평사2	감평사3	
3	1	184	204	182	
4	2	57	76	68	
5	3	102	103	98	
6	4	228	239	214	
7					

② 메뉴 바에 있는 [데이터]탭을 클릭하고 이 때 나타나는 풀다운 메뉴에서 [데이터 분석]을 찾아 클릭하면 [통계 데이터 분석] 창이 열린다. 여기서 스크롤바를 이용하여 [분산 분석 : 반복없는 이원 배치법] 항목을 찾아 클릭하고 [확인] 버튼을 누르면 [분산 분석 : 반복없는 이원 배치법] 창이 열린다.

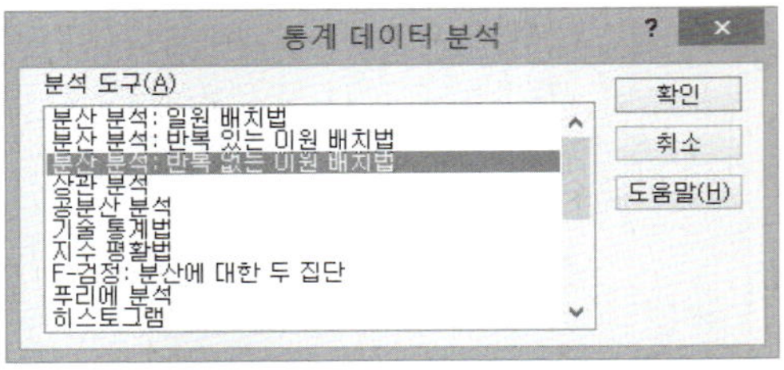

③ [분산 분석 : 반복없는 이원 배치법] 창이 열리면 먼저 입력범위를 표시하기 위한 입력상자를 클릭한 후 여기에 데이터가 입력되어 있는 범위를 지정한다. A2:D6의 범위에는 괴의 이름이 포함되어 있으므로 '이름표'을 체크한 후 [확인] 버튼을 누른다.

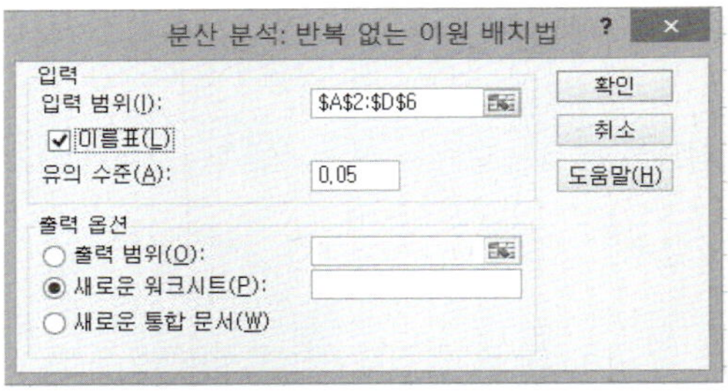

④ 아래에 실행 결과가 출력되어 있다. 아래 출력결과의 B16:B18에 SSB, $SSTR$, SSE가 각각 계산되어 있으며 이들을 자유도로 나는 MSB, $MSTR$, MSE는 D16:D18의 범위에 나타나 있다.

E17셀에 처리에 대한 F통계량이 5.56으로 계산되어 있고, 이는 유의수준 5%에서 F임계값이 5.143보다 크게 나타나 있다.

E16에는 괴에 대한 F통계량이 356.0으로 F임계값 4.76을 훨씬 상회하고 있다.

	A	B	C	D	E	F	G	H
1	분산 분석: 반복 없는 이원 배치법							
2								
3	요약표	관측수	합	평균	분산			
4	1	3	570	190	148			
5	2	3	201	67	91			
6	3	3	303	101	7			
7	4	3	681	227	157			
8								
9	감평사1	4	571	142.75	5994.25			
10	감평사2	4	622	155.5	6133.667			
11	감평사3	4	562	140.5	4729			
12								
13								
14	분산 분석							
15	변동의 요인	제곱합	자유도	제곱 평균	F 비	P-값	F 기각치	
16	인자 A(행)	50288.25	3	16762.75	356.023	3.81E-07	4.757063	
17	인자 B(열)	523.5	2	261.75	5.559292	0.043058	5.143253	
18	잔차	282.5	6	47.08333				
19								
20	계	51094.25	11					
21								

9.3 2요인 분산분석

■ 2요인 분산분석

2요인 분산분석은 용어가 뜻하는 그대로 요인이 두 개인 경우의 분산분석이다. 2요인 분산분석을 좀 더 쉽게 이해하기 위해 다음의 예를 생각해 보자.

농업연구소에서는 질소, 인산, 칼륨의 배합을 서로 달리한 세 가지 비료를 투여했을 때의 쌀 수확량을 비교하고자 논에 일정한 넓이로 18개의 구획을 설정하고 세 종류의 비료를 각각 여섯 구획에 투여하였다. 일정 기간이 지나 이들의 수확량을 조사한 후 세 가지 비료의 종료에 따라 쌀 수확량에 차이가 있는지 비교하기 위해서는 세 종류의 비료별로 평균수확량은 동일하다는 귀무가설을 다음과 같이 설정하고 1요인 분산분석을 해야 한다.

$$H_0 : \mu_{F1} = \mu_{F2} = \mu_{F3}$$

$$H_1 : (\mu_{F1} = \mu_{F2} = \mu_{F3}) \text{ 가 아니다.}$$

이 때 세 종류의 비료는 각각 하나의 처리를 나타내므로 실험계획은 아래와 같이 세 개 처리를 가지면서 동시에 각 처리의 표본크기는 6개의 구획으로 구성된 형태를 가지게 된다.

처리		
비료1	비료2	비료3
… 6개 구획의 수확량 …	… 6개 구획의 수확량 …	… 6개 구획의 수확량 …
$\bar{x}_{F1}$	$\bar{x}_{F2}$	$\bar{x}_{F3}$

위의 1요인 분산분석을 통해 비료 종류에 따른 쌀 수확량을 비교한 연구소에서 이번에는 볍씨의 세 가지 종자별로 쌀의 평균수확량을 비교하고자 같은 방법으로 논에 일정한 넓이로 18개의 구획을 설정하고 세 종류의 종자를 각각 여섯 구획에 뿌렸다고 하자. 이번 역시 세 가지 종자에 따라 쌀 수확량에 차이가 있는지 비교하기 위해서는 세 종류의 종자별로 평균수확량은 동일하다는 귀무가설을 다음과 같이 설정하고 1요인 분산분석을 해야 한다.

$$H_0 : \mu_{H1} = \mu_{H2} = \mu_{H3}$$
$$H_1 : (\mu_{H1} = \mu_{H2} = \mu_{H3}) \text{ 가 아니다.}$$

여기서 세 종류의 종자는 각각 하나의 처리를 나타내므로 실험계획은 아래와 같이 세 개 처리를 가지면서 동시에 각 처리의 표본크기는 6개의 구획으로 구성된 형태를 가지게 된다. 단지 처리의 종류가 달라질 뿐이다.

처리		
종자1	종자2	종자3
… 6개 구획의 수확량 …	… 6개 구획의 수확량 …	… 6개 구획의 수확량 …
$\bar{x}_{H1}$	$\bar{x}_{H2}$	$\bar{x}_{H3}$

그런데 여기서 우리의 관심을 끄는 것은 연구자가 쌀 농사에 투여하는 비료의 종류와 볍씨의 종자별로 수확량을 비교하고자 하는 경우, 위와 같이 비료의 종류와 볍씨의 종자에 대해 두 번의 1요인 분산분석을 시행하지 않고 '한 번의' 분산분석을 통해 비료와 종자 두 요인에 대한 가설을 모두 검정할 수 있는 방법이 있는가 하는 것이다.

이와 같이 두 가지 요인에 대한 분산분석을 통해 두 요인에 대한 가설을 동시에 검정할 수 있도록 하는 방법이 2요인 분산분석이다. 그리고 2요인 분산분석에서 두 요인에 대한 수준(level)의 조합을 처리(treatment)라 한다. 위의 비료와 볍씨 종자에 대한 2요인 분산분석에 대한 실험설계는 다음과 같은 형태를 띠게 되는데 위의 2요인 분산분석에서의 처리는 비료의 세 수준과 종자의 세 수준의 조합으로 이루어지므로 모두 9개($= 3 \times 3$)임을 알 수 있다.

종자 \ 비료	1	2	3	종자 평균
1	2개 구획의 수확량	2개 구획의 수확량	2개 구획의 수확량	$\bar{x}_{H1}$
2	2개 구획의 수확량	2개 구획의 수확량	2개 구획의 수확량	$\bar{x}_{H2}$
3	2개 구획의 수확량	2개 구획의 수확량	2개 구획의 수확량	$\bar{x}_{H3}$
비료 평균	$\bar{x}_{F1}$	$\bar{x}_{F2}$	$\bar{x}_{F3}$	$\bar{\bar{x}}$

Note

2요인 분산분석은 언뜻 보면 앞에서 살펴본 난괴설계와 비슷하나 다음 두 가지 면에선 차이가 있다. 첫째는 난괴설계에서의 괴는 요인이 아니라는 점이며, 다른 하나는 난괴설계의 경우 괴를 나타내는 행과 요인의 수준을 나타내는 열이 만나는 셀(cell)의 관찰치가 하나인데 반해 2요인 분산분석의 경우는 두 요인의 각 수준을 나타내는 행과 열이 만나는 셀, 즉 각 요인별 수준의 조합인 각각의 처리에 대한 관찰치가 두 개 이상일 수 있다는 점이다. 2요인 분산분석에서도 각 처리에 대한 관찰치가 한 개인 경우는 다음에 살펴볼 두 요인의 상호작용(interaction)은 '0'이 되기 때문에 이러한 면에서 난괴설계를 상호작용이 존재하지 않는 2요인 분산분석이라고도 한다.

■ 상호작용

2요인 분산분석에서 상호작용(interaction)의 의미와 그것이 존재여부를 확인하는 가장 좋은방법은 그래프를 이용하는 것이다. 앞에서 보여준 예로 비료와 종자의 2요인 분산분석을 위해 수확량을 조사한 결과 각각의 처리의 평균이 아래 표와 같이 나타났다고 하자.

종자 \ 비료	1	2	3
1	25	28	23
2	28	31	26
3	24	27	22

위에서 비료 1이 투여된 경우 수확량은 종자에 따라 차이를 보이고 있다. 즉 종자 2의 수확량이 28로 가장 높게 나타나고 있고 종자 1과 3은 각각 25, 24의 수확량

을 보이고 있다. 이러한 현상은 비료 2와 3을 투여한 경우에도 동일하게 나타나고 있음을 알 수 있다. 즉 비료 2와 3을 투여했을 때의 종자별 수확량의 변화는 비료 1을 투여했을 때의 종자별 수확량 변화와 동일하다. 다시 말해 투입비료가 1인 경우 종자 1보다는 종자 2가 3만큼 수확량이 크고 종자 3은 종자 2보다 수확량이 4가 적은데, 이러한 종자 변화에 따른 수확량 변화가 비료 2와 비료 3에서도 동일하게 나타나고 있다.

이와 같이 한 요인의 수준변화에 따라 종속변수(여기서는 수확량이 종속변수에 해당한다)의 변화가 다른 요인의 모든 수준에서 동일하게 나타날 때 '두 요인 사이에 상호작용은 없다' 라고 말한다. 즉 위의 경우 종자 변화에 따른 수확량 변화가 투입비료의 종류에 따라 다르게 나타나고 있지 않으므로 종자와 비료의 두 요인 사이에는 상호작용이 없는 것이다.

위의 조사표 내용을 그래프로 그려보면 상호작용의 의미를 좀 더 확실히 알 수 있다. 즉 횡축에 종자의 종류를 표시하고 종축에는 수확량을 표시하면 비료 종류별로 아래와 같이 세 개의 그래프를 그릴 수 있다.

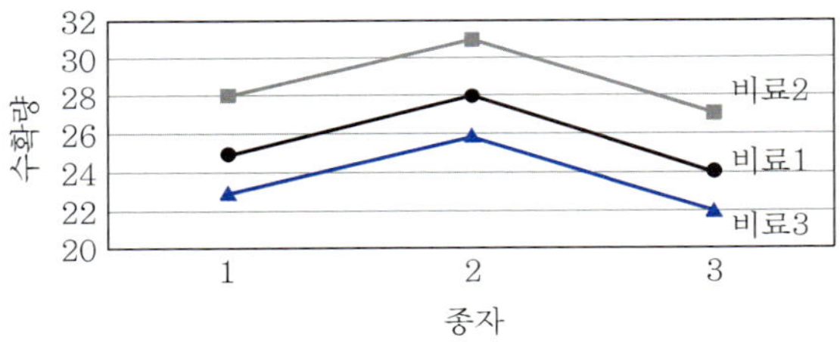

그림 9-2 상호작용이 없는 2요인 분산분석

위 그래프에서 보듯이 종자의 종류에 따른 수확량의 변화가 투여된 비료의 종류에 관계없이 일정하게 나타남으로써 평행을 유지하고 있을 때, 두 요인의 상호작용은 존재하지 않는 것이다. 비료의 종류에 따라 각각 표시한 세 개의 그래프가 평행을 유지하고 있다는 것은 종자 요인의 수준이 변화함으로써 발생하는 수확량의 변화가 비료라는 다른 요인의 수준 변화에 의해 영향을 받지 않고 있음을 의미하는 것이다.

따라서 상호작용이 존재한다는 것은 종자의 종류 즉 종자의 수준이 변화함으로써 발생하는 수확량의 변화가 다른 또 하나의 요인인 비료의 수준 변화에 의해 영향을 받는 경우를 말한다. 그러므로 두 요인 사이에 상호작용이 존재하는 경우를 그래프로 나타내면 위와 같은 평행을 이루는 것이 아니라 그래프가 서로 만나는 형태를 보이게 된다.

예제 9.5 비료와 종자의 2요인 분산분석을 위해 수확량을 조사한 결과 각각의 처리의 평균이 아래 표와 같이 나타났다. 상호작용 존재여부를 그래프를 통해 확인하시오.

종자 \ 비료	1	2	3
1	25	28	23
2	36	31	26
3	27	32	31

풀이 투여된 비료 1인 경우 종자의 종류를 나타내는 종자의 수준이 1에서 2로 변화했을 때 수확량은 25에서 36으로 11만큼 증가하고 다시 종자의 수준이 2에서 3으로 변화했을 때 수확량은 9가 감소한 27로 나타나고 있다. 그러나 비료 2와 3이 투여된 경우 종자 요인의 수준변화에 따른 수확량의 변화는 비료 1과는 다르게 나타나고 있다. 특히 종자의 수준이 2에서 3으로 변했을 때의 수확량은 비료 1의 경우 9만큼 감소하였으나 비료 2와 3의 경우는 오히려 1과 5만큼 증가한 것으로 나타나고 있다. 따라서 종자 요인의 수준변화에 따른 수확량 변화는 투여된 비료의 종류 즉 비료 요인의 수준에 따라 크게 달라지므로 이들 두 요인 사이에는 상호작용이 존재함을 알 수 있다. 이를 그래프로 그려보면 예상한 바와 같이 비료 요인의 수준별로 표시한 세 개의 그래프가 종자 요인의 수준 변화에 따라 평행으로 나타나지 않고 있다.

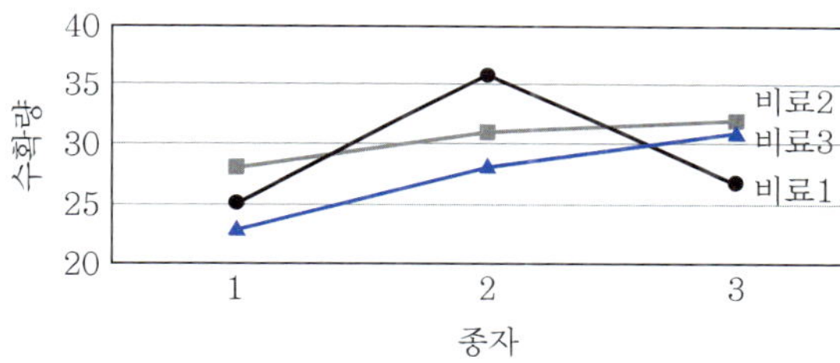

그림 9-3 상호작용이 존재하는 2요인 분산분석

▪ 2요인 분산분석표

> 2요인 분산분석에서는 앞에서 살펴본 바와 같이 상호작용이 존재할 수 있기 때문에 요인은 두 개 이지만 귀무가설에서 검정대상이 되는 가설은 두 개의 각 요인에 대한 가설 외에 두 요인의 상호작용에 대한 가설이 포함되어 세 개로 구성된다.

위에서 살펴본 예의 경우 요인이 비료와 종자 두 개 이므로 먼저 다음과 같이 두 개의 가설을 설정할 수 있다.

H_0 : 비료 요인의 수준별 즉 비료 종류별 평균이 모두 동일하다.

H_0 : 종자 요인의 수준별 즉 종자 종류별 평균이 모두 동일하다.

그리고 여기에 상호작용에 대한 가설 즉 '두 요인 사이에 상호작용이 없다' 라는 가설을 추가해야 한다. 따라서 두 요인의 수준을 각각 열(column)과 행(row)으로 나타낼 때 귀무가설은 다음과 같이 일반화시켜 표시할 수 있다.

$H_0 : \mu_{c1} = \mu_{c2} = \mu_{c3}$ (열의 평균들이 모두 동일하다.)
$H_0 : \mu_{r1} = \mu_{r2} = \mu_{r3}$ (행의 평균들이 모두 동일하다.)
H_0 : 두 요인 사이에 상호작용이 없다.

물론 이 때 대립가설은 귀무가설과는 상반된 내용으로 다음과 같이 세 개로 구성된다.

H_1 : 열의 평균들이 모두 동일하지는 않다.
H_1 : 행의 평균들이 모두 동일하지는 않다.
H_1 : 두 요인 사이에 상호작용이 존재한다.

이와 같이 설정된 가설검정을 위해서는 2요인 분산분석표를 먼저 작성해야 하는데 2요인 분산분석에서는 종속변수의 변화가 두 개 요인의 수준 변화 뿐만 아니라 이들 요인의 상호작용에 의해서도 영향을 받으므로, 2요인 분산분석표는 1요인 분산분석표와는 달리 종속변수의 총변동량을 표시하는 총제곱합(SST)은 먼저 열과 행에 표시된 두 요인에 의한 종속변수의 변동량을 표시하는 열제곱합(column sum of squares : SSC), 행제곱합(row sum of squares : SSR)과 상호작용에 의한 종속변수의 변동량을 표시하는 상호제곱합(interaction sum of squares : SSI) 그리고 끝으로 오차의 제곱합(error sum of squares : SSE)로 구성된다.

$$SST = SSC + SSR + SSI + SSE$$

분산분석을 위한 실험설계표가 다음과 같이 구성되어 있을 때 위의 열제곱합(SSC), 행제곱합(SSR), 상호제곱합(SSI) 그리고 오차의 제곱합(SSE)은 아래와 같은 식에 따라 계산한다.

요인R \ 요인C	$C1$	$C2$	$C3$	요인 R_i 평균	요인 R_i의 표본크기
$R1$	$\bar{x}_{11}$	$\bar{x}_{12}$	$\bar{x}_{13}$	$\bar{x}_{1.}$	$n_{1.}$
$R2$	$\bar{x}_{21}$	$\bar{x}_{22}$	$\bar{x}_{23}$	$\bar{x}_{2.}$	$n_{2.}$
$R3$	$\bar{x}_{31}$	$\bar{x}_{32}$	$\bar{x}_{33}$	$\bar{x}_{3.}$	$n_{3.}$
요인 C_j	$\bar{x}_{.1}$	$\bar{x}_{.2}$	$\bar{x}_{.3}$	$\bar{\bar{x}}$	
요인 C_j의 표본크기	$n_{.1}$	$n_{.2}$	$n_{.3}$		n

Note

위의 표에서 x_{ij}의 값은 i행과 j열에 속하는 표본들의 평균 즉 처리(treatment)의 평균값임에 유의해야 한다. 예를 들어 총 180개의 표본을 가지고 분산분석을 한다고 했을 때 두 요인의 수준이 각각 3개 이므로 전체 처리(treatment) 수, 즉 셀의 수는 9개가 되어 위의 각 셀에는 20개의 표본값이 포함될 것이다.
따라서 이 경우 x_{ij}의 값은 i행과 j열에 속하는 20개 표본값들의 평균값인 것이다.

$$SST = \sum(\text{모든 각각의 표본 값} - \bar{\bar{x}})^2 = \sum_i^r \sum_j^c \sum_k^{n_{ij}} (x_{ijk} - \bar{\bar{x}})^2$$

여기서 n_{ij} : i번째 행과 j번째 행의 표본크기

x_{ijk} : 행에 표시된 요인의 i번째 수준과 열이 표시된 요인의 j번째 수준을 나타내는 셀에 속하는 k번째 표본 값

$\bar{\bar{x}}$: 총평균

$$SSC = \sum_j^c n_{.j}(\bar{x}_{.j} - \bar{\bar{x}})^2$$

여기서 $n_{.j}$: 열에 표시된 요인의 j번째 수준에 속하는 표본의 크기

$\bar{x}_{.j}$: 열에 표시된 요인의 j번째 수준에 속하는 표본 값의 평균

$$SSR = \sum_i^r n_{i.}(\bar{x}_{i.} - \bar{\bar{x}})^2$$

여기서 $n_{i.}$: 행에 표시된 요인의 i번째 수준에 속하는 표본의 크기

$\bar{x}_{i.}$: 행에 표시된 요인의 i번째 수준에 속하는 표본 값의 평균

$$SSI = \sum_i^r \sum_j^c n_{ij}(\bar{\bar{x}}_{ij} - \bar{x}_{.j} - \bar{x}_{i.} + \bar{\bar{x}})^2$$

여기서 n_{ij} : 행에 표시된 요인의 i번째 수준과 열에 표시된 요인의 j번째 수준을 나타내는 셀에 포함된 표본의 크기

$\bar{x}_{ij}$: 행에 표시된 요인의 i번째 수준과 열에 표시된 요인의 j번째 수준을 나타내는 셀에 포함된 표본값의 평균

$$SSE = (\text{각각의 표본 값} - \text{각 표본 값이 속해 있는 처리의 평균})^2$$
$$= \sum_{i}^{r}\sum_{j}^{c}\sum_{k}^{n_{ij}}(x_{ijk} - \bar{x}_{ij})^2 = SST - SSC - SSR - SSI$$

위와 같이 계산된 행과 열에 대한 요인의 제곱합 SSC, SSR을 비롯하여 상호작용 제곱합 SSI 그리고 오차의 제곱합 SSE를 해당 제곱합의 자유도로 나누면 각각의 평균제곱합 MSC, MSR, MSI, MSE를 구할 수 있다.
그리고 MSC, MSR, MSI에 대한 F값은 이들 각각의 평균제곱합을 오차의 평균제곱합 MSE로 나누어 얻을 수 있으며, 이 F값에 따라 주어진 유의수준에서의 귀무가설 채택여부를 판단하게 된다.

변동요인	제곱합	자유도	평균제곱합	F
열에 표시된 요인	SSC	$c-1$	$MSC = SSC/(c-1)$	MSC/MSE
행에 표시된 요인	SSR	$r-1$	$MSR = SSR/(r-1)$	MSR/MSE
상호작용	SSI	$(c-1)(r-1)$	$MSI = SSI/(c-1)(r-1)$	MSI/MSE
오차	SSE	$n-cr$	$MSE = SSE/(n-cr)$	
총변동	SST	$n-1$		

예제 9.6 고속버스 회사에서는 버스에 장착하는 타이어의 마모 정도가 제조업체와 주행도로의 종류(아스콘 포장도로와 시멘트 포장도로)에 따라 다른지를 조사하기 위해, 정해진 구간을 왕복하는 동일한 조건의 고속버스 30대를 선정하여 이에 세 개의 제조업체의 타이어를 장착시키고 정해진 종류의 주행도로를 10,000km 주행한 후 타이어의 마모를 측정하여 다음과 같은 자료를 얻었다. 이 때 10% 유의수준에서 타이어의 마모가 제조업체와 주행도로의 종류에 따라 상이한지를 검정하는 과정을 2요인 분산분석을 통해 살펴보자.

제조업체 / 도로	1	2	3
아스콘	34 29 24 36 25	24 20 18 20 19	32 24 36 25 23
시멘트	26 25 18 31 27	22 17 20 22 17	28 24 34 27 20

풀이 (1) 이 자료는 타이어의 마모가 타이어 제조업체와 주행도로의 종류에 따라 상이한지를 분석하는 것이므로 다음과 같이 가설을 설정한다.

〈귀무가설〉

$H_0 : \mu_{c1} = \mu_{c2} = \mu_{c3}$

(열의 평균 즉 제조업체별 타이어 마모의 평균은 모두 동일하다.)

$H_0 : \mu_{r1} = \mu_{r2}$

(행의 평균 즉 주행도로 종류별 타이어 마모의 평균은 모두 동일하다.)

H_0 : 두 요인 사이에 상호작용이 없다.

〈대립가설〉

$H_1 : (\mu_{c1} = \mu_{c2} = \mu_{c3})$가 아니다.

(열의 평균 즉 제조업체별 타이어 마모의 평균이 모두 동일하지는 않다.)

$H_1 : (\mu_{r1} = \mu_{r2})$가 아니다.

(행의 평균 즉 주행도로 종류별 타이어 마모의 평균이 모두 동일하지는 않다.)

H_1 : 두 요인 사이에 상호작용이 존재한다.

(2) 위의 가설을 검정하기 위해 2요인 분산분석표를 작성한다.

이를 위해서는 총제곱합 SST, 열과 행과에 표시된 요인의 제곱합인 SSC와 SSR, 상호작용 제곱합 SSI 그리고 오차제곱합 SSE 등을 계산해야 한다. 이를 위해 이들 제곱합을 계산하는 데 필요한 총평균 $\bar{\bar{x}}$와 열과 행에 표시된 요인의 수준별 평균 $\bar{x}_{.j}$와 $\bar{x}_{i.}$를 구하여 아래와 같은 표를 작성한다.

업체 \ 도로	1	2	3	요인 R_i 평균	요인R_i의 표본크기
1 (아스콘)	34 29 24 36 25 (29.6)	24 20 18 20 19 (20.2)	32 24 36 25 23 (28.0)	25.93	15
2 (시멘트)	26 25 18 31 27 (25.4)	22 17 20 22 17 (19.6)	28 24 34 27 20 (26.6)	23.87	15
요인 C_i 평균	27.5	19.9	27.3	24.90	
요인 C_i의 표본크기	10	10	10		30

* ( )안의 숫자는 처리(treatment)를 나타내는 각 셀의 평균을 표시한다.

$$SST = \sum(\text{모든 각각의 표본값} - \bar{\bar{x}})^2 - \sum_i^r \sum_j^c \sum_k^{n_{ij}} (x_{ijk} - \bar{\bar{x}})^2 = (34-24.9)^2 + (29-24.9)^2$$
$$+ (24-24.9)^2 + \cdots + (34-24.9)^2 + (27-24.9)^2 + (20-24.9)^2 = 910.7$$

$$SSC = \sum_j^c n_{.j}(\bar{x}_{.j} - \bar{\bar{x}})^2 = 10(27.5-24.9)^2 + 10(19.9-24.9)^2 + 10(27.3-24.9)^2 = 375.2$$

$$SSR = \sum_i^r n_{i.}(\bar{x}_{i.} - \bar{\bar{x}})^2 = 15(25.93-24.9)^2 + 15(23.87-24.9)^2 = 32.03$$

$$SST = \sum_i^r \sum_j^c n_{ij}(\bar{x}_{ij} - \bar{x}_{.j} - \bar{x}_{i.} + \bar{\bar{x}})^2 = 5(29.6-27.5-25.93+24.9)^2$$
$$+ 5(25.4-27.5-23.87+24.9)^2 + 5(20.2-19.9-25.93+24.9)^2$$
$$+ 5(19.6-19.9-23.87+24.9)^2 + 5(28.0-27.3-25.93+24.9)^2$$
$$+ 5(26.6-27.3-23.87+24.9)^2 = 17.87$$

$$SSE = SST - SSC - SSR - SSI = 910.7 - 375.2 - 32.03 - 17.87 = 485.6$$

이 때 SSC와 SSR의 자유도는 각각

$$c-1=3-1=2,\ r-1=2-1=1$$

이고 SSI와 SSE의 자유도는 각각

$$(c-1)(r-1)=(3-1)(2-1)=2,\ n-cr=30-(3\times2)=24$$

이므로 각각의 제곱합을 이들의 자유도로 나누어 평균제곱합을 구한 후, 다시 열과 행 그리고 상호작용에 대합 평균제곱합 MSC, MSR, MSI를 각각 MSE로 나누면 각 변동요인에 대한 F값을 구할 수 있다.

$MSC = SSC/df = 375.2/2 = 187.6$
$MSR = SSR/df = 32.03/1 = 32.03$
$MSI = SSI/df = 17.87/2 = 8.94$
$MSE = SSE/df = 485.6/24 = 20.23$
제조업체에 대한 F값 = $MSC/MSE = 187.6/20.23 = 9.27$
도로종류에 대한 F값 = $MSR/MSE = 32.02/20.23 = 1.58$
상호작용에 대한 F값 = $MSI/MSE = 8.94/20.23 = 0.44$

분산분석표

변동요인	제곱합	자유도	평균제곱합	F
열(제조업체)	375.2	2	187.60	9.272
행(도로)	32.03	1	32.03	1.583
상호작용	17.87	2	8.94	0.442
오차	485.6	24	20.23	
총변동	910.7	29		

(3) 위의 분산분석표에 나타난 제조업체에 대한 F값 9.27은 유의수준 10%에서 분자, 분모에 대한 자유도가 2, 24 일 때 F분포의 임계값인 2.538을 훨씬 상회하므로 귀무가설 $H_0 : \mu_{c1} = \mu_{c2} = \mu_{c3}$를 기각한다.
즉 열의 평균인 제조업체별 타이어 마모의 평균이 모두 동일하다고 볼 수 없다는 결론을 내리게 된다.

F	상한단측기각율			
자유도	0.10			
분자 / 분모	1	2	3	4
23	2.937	2.549	2.339	2.207
24	2.927	2.538	2.327	2.195
25	2.918	2.528	2.317	2.184

도로 종류에 대한 F값 1.58은 유의수준 10%에서 분자, 분모에 대한 자유도가 1, 24일 때 F분포의 임계값 2.927보다 작으므로 $H_0 : \mu_{r1} = \mu_{r2}$를 채택한다.
따라서 타이어 마모의 평균은 도로 종류에 따라 다르다고 볼 수 없다는 결론을 내리게 된다.
끝으로 타이어의 제조업체와 도로 종류의 상호작용에 대한 F값 0.44는는 유의수준 10%에서 분자, 분모에 대한 자유도가 2, 24 일 때 F분포의 임계값 2.538보다 작으므로 두 요인의 상호작용은 존재하지 않는다는 귀무가설을 채택한다.
즉 제조업체별 타이어 마모의 차이가 주행도로의 종류에 의해 영향을 받지 않는다는 결론을 내리게 된다.

입력과정

① A2:D12 : 도로 포장종류와 타이어 제조업체별로 마모 정도를 입력한다.

	A	B	C	D	E
1	예제 9.6				
2	도로/제조업체	제조업체1	제조업체2	제조업체3	
3	도로1	34	24	32	
4		29	20	24	
5		24	18	36	
6		36	20	25	
7		25	19	23	
8	도로2	26	22	28	
9		25	17	24	
10		18	20	34	
11		31	22	27	
12		27	17	20	
13					

② 메뉴 바에 있는 [데이터]탭을 클릭하고 이 때 나타나는 풀다운 메뉴에서 [데이터 분석]을 찾아 클릭하면 [통계 데이터 분석] 창이 열린다. 여기서 스크롤바를 이용하여 [분산 분석 : 반복있는 이원 배치법] 항목을 찾아 클릭하고 [확인] 버튼을 누르면 [분산 분석 : 반복있는 이원 배치법] 창이 열린다.

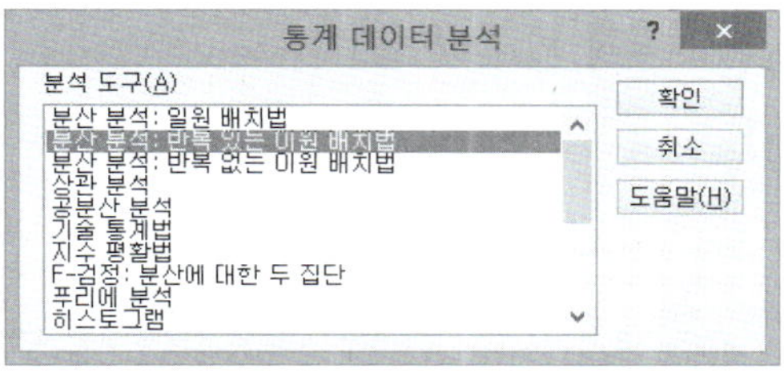

③ [분산 분석 : 반복있는 이원 배치법] 창이 열리면 먼저 입력범위를 표시하기 위한 입력상자를 클릭한 후 여기에 데이터가 입력되어 있는 범위를 지정한다. 그리고 각 처리별로 관찰치 수가 5개로 구성되어 있으므로 [표본당 행수

(R)]의 입력상자에 '5'를 입력한 후 [확인] 버튼을 누른다.

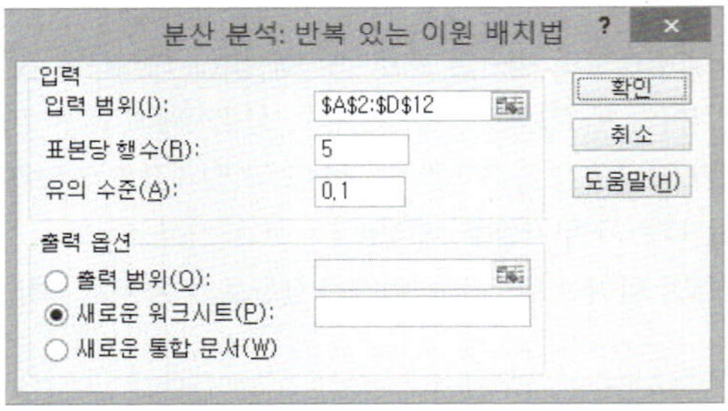

④ 아래의 실행 결과가 출력되어 있다. 아래 출력결과의 B25:B28에 SSR, SSC, SSI, SSE는 각각 32.0, 375.2, 17.9, 485.6으로 계산되어 있으며 이들을 자유도로 나눈 MSR, MSC, MSI, MSE는 각각 D25:D28의 범위에 나타나 있다. 그리고 B30에는 SST가 910.7로 계산되어 있다. E26셀에 제조업체 요인에 대한 F통계량이 9.27로 계산되어 있고, 이는 유의수준 10%에서의 F임계값 2.54보다 크게 나타나 있어 제조업체별 타이어 마모의 평균이 모두 동일하다는 귀무가설을 기각하게 된다.

	A	B	C	D	E	F	G	H
1	분산 분석: 반복 있는 이원 배치법							
2								
3	요약표	제조업체1	제조업체2	제조업체3	계			
4	도로1							
5	관측수	5	5	5	15			
6	합	148	101	140	389			
7	평균	29.6	20.2	28	25.933333			
8	분산	28.3	5.2	32.5	36.92381			
9								
10	도로2							
11	관측수	5	5	5	15			
12	합	127	98	133	358			
13	평균	25.4	19.6	26.6	23.866667			
14	분산	22.3	6.3	26.8	25.838095			
15								
16	계							
17	관측수	10	10	10				
18	합	275	199	273				
19	평균	27.5	19.9	27.3				
20	분산	27.388889	5.2111111	26.9				
21								
22								
23	분산 분석							
24	변동의 요인	제곱합	자유도	제곱 평균	F 비	P-값	F 기각치	
25	인자 A(행)	32.033333	1	32.033333	1.583196	0.2204048	2.9271175	
26	인자 B(열)	375.2	2	187.6	9.2718287	0.0010388	2.5383319	
27	교호작용	17.866667	2	8.9333333	0.4415157	0.6481798	2.5383319	
28	잔차	485.6	24	20.233333				
29								
30	계	910.7	29					
31								

그러나 F25셀의 도로 요인에 대한 F통계량이 1.58로 유의수준 10%에서의 F임계값 2.93보다 작게 나타나고 있어 도로의 차이가 타이어 마모에 영향을 받는다고 볼 수 없다는 결론을 내리게 되는 것이다.

9장 연습문제

■ 1요인 분산분석

연습 9.1 다음 자료에 대해 (1) 분산분석표를 작성하고, (2) 귀무가설 $H_0 : \mu_1 = \mu_2 = \mu_3$를 10% 유의수준에서 검정하시오.

표본1	27	24	20	22
표본2	21	27	26	28
표본3	32	29	28	

풀이 (1) 분산분석표를 작성하기 위해서는 처리(표본)의 제곱합인 $SSTR$과 오차의 제곱한 SSE를 구해야 한다.

이를 위해 먼저 각 처리의 평균과 총평균을 구하면

처리1(표본1) : $\bar{x}_1 = (27+24+20+22)/4 = 23.3$

처리2(표본2) : $\bar{x}_2 = (21+27+26+28)/4 = 25.5$

처리3(표본3) : $\bar{x}_3 = (32+29+28)/3 = 29.7$

총평균 : $\bar{\bar{x}} = (27+24+20+\cdots+32+29+28)/11 = 25.8$

이 된다.

이를 이용하여 처리의 제곱합 $SSTR$과 오차의 제곱합 SSE, 총제곱합 SST를 구하면

$$SSTR = \sum n_j(\bar{x}_j - \bar{\bar{x}})^2$$
$$= 4(23.3-25.8)^2 + 4(25.5-25.8)^2 + 3(29.7-25.8)^2 = 71.0$$
$$SSE = \sum_j \sum_i (x_{ij} - \bar{x}_j)^2$$
$$= (27-23.3)^2 + (24-23.3)^2 + (20-23.3)^2 + (22-23.3)^2$$
$$+ (21-25.5)^2 + (27-25.5)^2 + (26-25.5)^2 + (28-25.5)^2$$
$$+ (32-29.7)^2 + (29-29.7)^2 + (28-29.7)^2 = 64.4$$
$$SST = \sum_j \sum_i (x_{ij} - \bar{\bar{x}})^2 = SSTR + SSE = 71.0 + 64.4 = 135.4$$

이 된다.

$SSTR$과 SSE를 자신의 자유도로 나누면 처리와 오차에 대한 평균제곱합 $MSTR$과 MSE를 구할 수 있으며 F값은 $MSTR/MSE$에 의해 구할 수 있다.

$$MSTR = SSTR/df = SSTR/(c-1) = 71.0/2 = 35.5$$
$$MSE = SSE/df = SSE/(n-c) = 64.4/8 = 8.1$$
$$F = MSTR/MES = 35.5/8.1 = 4.4$$

따라서 분산분석표는 다음과 같이 작성할 수 있다.

변동요인	제곱합	자유도	평균제곱합	F
처리	71.0	2	35.5	4.4
오차	64.4	8	8.1	
총변동	135.4	10		

(2) 위에서 구한 검정통계량 F값이 4.4이고 유의수준 10%에서의 F임계값은 분자, 분모의 자유도가 각각 2, 8일 때 3.11이므로 귀무가설 $H_0 : \mu_1 = \mu_2 = \mu_3$을 기각하고 대립가설을 채택하게 된다. 따라서 적어도 어느 두 그룹 사이의 모평균에는 유의적 차이가 존재한다고 볼 수 있을 것이다.

F	상한단측기각율			
자유도	0.10			
분모 \ 분자	1	2	3	4
7	3.589	3.257	3.074	2.961
8	3.458	3.113	2.924	2.806
9	3.360	3.006	2.813	2.693

입력과정

① A2:C5 : 데이터를 입력한다.

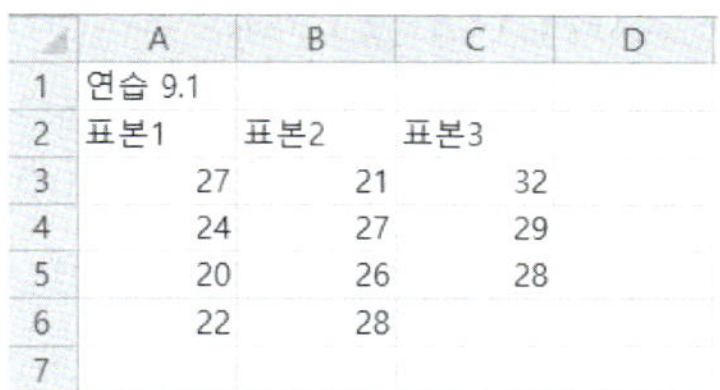

	A	B	C	D
1	연습 9.1			
2	표본1	표본2	표본3	
3	27	21	32	
4	24	27	29	
5	20	26	28	
6	22	28		
7				

② 메뉴 바에 있는 [데이터]탭을 클릭하고 이 때 나타나는 풀다운 메뉴에서 [데이터 분석]을 찾아 클릭하면 [통계 데이터 분석] 창이 열린다. 여기서 스크롤바를 이용하여 [분산 분석 : 일원 배치법] 항목을 찾아 클릭하고 [확인] 버튼을 누르면 [분산 분석 : 일원 배치법] 창이 열린다.

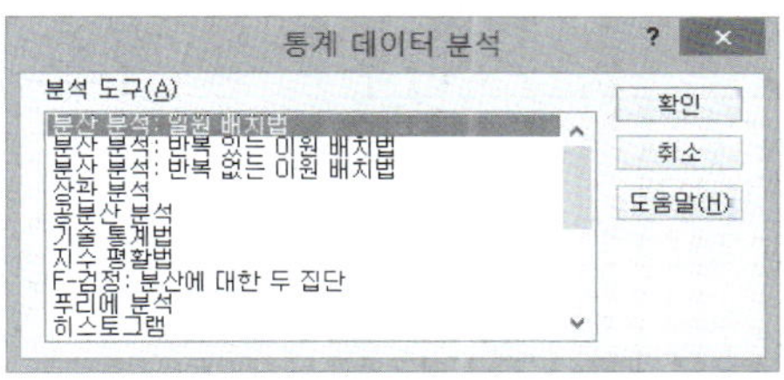

③ [분산 분석 : 일원 배치법] 창이 열리면 먼저 입력범위를 표시하기 위한 입

력상자를 클릭한 후 여기에 데이터가 입력되어 있는 범위를 마우스를 이용하여 지정한다. A2:C2의 범위에는 표본 이름이 지정되어 있으므로 '첫째 행 이름표 사용'을 체크한 후 [확인] 버튼을 누른다.

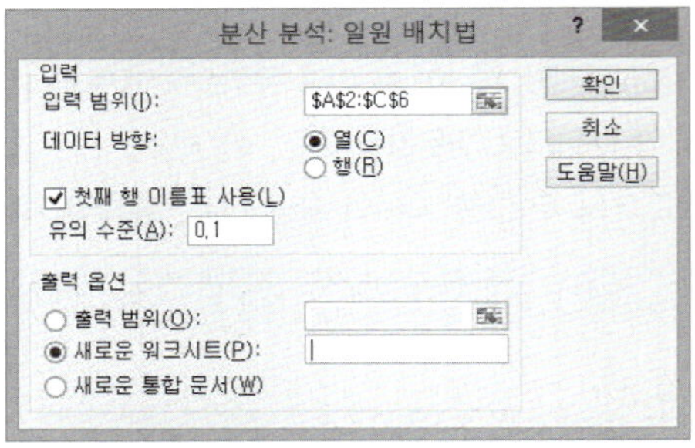

④ 아래에 실행 결과가 출력되어 있다.

B12셀과 B13셀에 처리에 대한 제곱합 *SSTR*과 오차의 제곱합 *SSE*가 각각 71.2, 64.4로 계산되어 있고, 이들 제곱합의 합계인 총제곱합 *SST*가 B15에 135.6으로 나타나 있다.

그리고 처리에 대한 제곱합 *SSTR*와 오차의 제곱합 *SSE*를 각각 자유도로 나눈 결과인 처리에 대한 평균제곱합 *MSTR*과 오차에 대한 평균제곱합 *MSE*가 D12셀과 D13셀에 각각 35.6, 8.1로 나타나 있다.

$F = MSTR/MSE$에 따라 이들 평균제곱합의 비율을 계산한 *F*통계량이 E12셀에 4.4로 계산되어 있고, 유의수준 10%에서의 *F*임계값이 G12셀에 3.11로 나타나 있어 귀무가설을 기각하고 대립가설을 채택하게 된다.

F12셀에는 바로 4.4를 임계값으로 받아들이는 경우의 기각역 확률이 0.051임을 표시하고 있다. 따라서 유의수준이 10%로 주어진 경우 *F*값 4.4는 귀무가설 기각역에 속하게 된다.

	A	B	C	D	E	F	G	H
1	분산 분석: 일원 배치법							
2								
3	요약표							
4	인자의 수준	관측수	합	평균	분산			
5	표본1	4	93	23.25	8.916667			
6	표본2	4	102	25.5	9.666667			
7	표본3	3	89	29.66667	4.333333			
8								
9								
10	분산 분석							
11	변동의 요인	제곱합	자유도	제곱 평균	F 비	P-값	F 기각치	
12	처리	71.2197	2	35.60985	4.422439	0.050873	3.113118	
13	잔차	64.41667	8	8.052083				
14								
15	계	135.6364	10					
16								

연습 9.2 다음은 인문대, 사회과학대, 공과대학생 중 각각 20명을 추출하여 얻은 영어 점수에 대한 자료의 일부이다. 이를 이용하여 분산분석표를 작성하고 이 결과를 통해 세 대학의 영어점수 사이에 차이가 존재하는지 유의수준 10%에서 검정하시오.

$$\bar{x}_1 = 74,\ \bar{x}_2 = 72,\ \bar{x}_3 = 71$$
$$n_1 = n_2 = n_3 = 20,\ SSE = 2487.2$$

풀이 분산분석표를 작성하기 위해서는 위에서 주어진 자료를 이용하여 처리(treatment)에 대한 제곱합 $SSTR$을 구해야 한다.

$SSTR = \sum n_j(\bar{x}_j - \bar{\bar{x}})^2$에서 n_j와 $\bar{x}_j$는 주어졌으므로 총평균 $\bar{\bar{x}}$만 알면 $SSTR$은 간단히 구할 수 있다. 그런데 $\sum_i x_{ij} = \bar{x}_j n_j$이므로 총평균은 $\bar{\bar{x}} = \sum_j \sum_i x_{ij} / \sum_j n_j = \sum_j \bar{x}_j n_j / \sum_j n_j$에 따라 구할 수 있다.

$$\bar{\bar{x}} = \sum_j \sum_i x_{ij} / \sum_j n_j = \sum_j \bar{x}_j n_j / \sum_j n_j$$
$$= ((74 \times 20) + (72 \times 20) + (72 \times 20)) / (20 + 20 + 20) = 72.3$$
$$SSTR = \sum n_j(\bar{x}_j - \bar{\bar{x}})^2 = 20(74 - 72.3)^2 + 20(72 - 72.3)^2 + 20(71 - 72.3)^2 = 93.3$$

$SSTR$과 SSE의 자유도는 각각 $c - 1 = 3 - 1 = 2$이고 $n - 3 = 60 - 3 = 57$이므로 $MSTR$과 MSE 그리고 F값은

$$MSTR = SSTR/df = 93.3/2 = 46.6$$
$$MSE = SSE/df = 2487.2/57 = 43.6$$
$$F = MSTR/MSE = 46.6/43.6 = 1.07$$

이 된다.

그리고 $SST = SSTR + SSE$이므로 분산분석표는 다음과 같이 작성할 수 있다.

변동요인	제곱합	자유도	평균제곱합	F
처리	93.3	2	46.6	1.07
오차	2487.2	57	43.6	
총변동	2580.5	59		

이 때 유의수준이 10%이고 분자, 분모의 자유도가 각각 2, 57일 때의 F임계값은 2.39이고, 위에서 구한 F검정통계량은 1.07이므로 귀무가설을 채택하게 된다. 즉 '인문대학, 사회과학대학, 공과대학 학생들의 영어 평균점수에는 유의적 차이가 있다고 볼 수는 없을 것이다.' 라는 결론을 내리게 된다.

F	상한단측기각율			
자유도	0.10			
분모 \ 분자	1	2	3	4
56	2.797	2.400	2.184	2.048
57	2.796	2.398	2.182	2.046
58	2.794	2.396	2.181	2.044

입력과정

① A2:B8 : 분산분석표 작성을 위해 주어진 데이터를 입력한다.

② E2 : $\bar{\bar{x}} = \sum_j \sum_i x_{ij} / \sum_j n_j = \sum_j \bar{x}_j n_j / \sum_j n_j$에 따라 총평균을 구한다. E2에 72.3으로 계산되어 있다.

= SUMPRODUCT(B2:B4,B5:B7)/SUM(B5:B7)

③ E3 : $SSTR = \sum n_j (\bar{x}_j - \bar{\bar{x}})^2$에 따라 처리에 대한 제곱합을 계산한다.

= SUMPRODUCT(B5:B7,(B2:B4-$E$2)^2)

E3셀에 $SSTR$이 93.3으로 계산되어 있다.

④ E4 : $MSTR = SSTR/df = SSTR/(c-1)$에 따라 처리에 대한 평균제곱합을 계산한다. 이 때 자유도는 처리의 수가 $c=3$이므로 $df = c-1 = 2$가 되고 $SSTR$은 E2셀에 계산되어 있으므로 이를 이용한다. $MSTR$이 E4셀에 46.7로 나타나 있다.

= E3/2

⑤ E5 : $MSE = SSE/df = SSE/(n-c)$에 따라 오차에 대한 평균제곱합을 계산한다. 이 때 자유도는 $df = n-c = 60-3 = 57$이 되고 SSE는 이미 B8에 주어져 있으므로 이를 이용하여 계산한다. MSE가 D5셀에 43.6으로 나타나 있다.

= B8/57

⑥ E6 : $F = MSTR/MSE$에 따라 F값을 계산한다. E6셀에 1.07로 계산되어 있다.

= E4/E5

⑦ E7 = $SST = SSTR + SSE$에 따라 총제곱합을 계산한다.

= E3+B8

⑧ E8 : FINV(prob, df1, df2) 함수를 이용하여 10% 유의수준에서의 임계값을 계산한다. 이 때 prob 인수는 유의수준 확률을 의미하며 df1과 df2는 각각 $F = MSTR/MSE$에서 분자, 분모의 자유도를 의미한다.

= FINV(0.1,2,57)

E8에 F임계값이 2.398로 나타나 있고, E6에서 구한 F값은 1.07로 이보다 작으므로 귀무가설을 채택하게 된다.

	A	B	C	D	E	F
1	연습 9.2					
2	x1 bar =	74		x bar bar =	72.33333	
3	x2 bar =	72		SSTR =	93.33333	
4	x3 bar =	71		MSTR =	46.66667	
5	n1 =	20		MSE =	43.63509	
6	n2 =	20		F =	1.069476	
7	n3 =	20		SST =	2580.533	
8	SSE =	2487.2		F_crt =	2.398157	
9						

연습 9.3 우유회사의 생산담당자는 네 개 의 생산라인에 설치된 각각의 포장기계가 우유팩에 담아 포장하는 우유의 평균량이 동일한지를 알기 위해 각 생산라인에서 생산된 200mg짜리 제품을 표본으로 추출하여 실제 양을 조사한 결과 아래와 같은 자료를 얻었다. 이를 5% 유의수준에서 검정하시오.

기계1	기계2	기계3	기계4
205	199	197	200
201	202	198	203
202	201	196	198
204	199	195	202
	201	200	
	200		

풀이 모집단이 세 개 이상인 경우 모집단 평균 사이의 차이를 검정하는 것이므로 분산분석을 해야한다. 먼저 다음과 같이 가설을 설정한다.

$$H_0 : \mu_1 = \mu_2 = \mu_3 = \mu_4$$

$$H_1 : \mu_1 = \mu_2 = \mu_3 = \mu_4 \text{가 아니다.}$$

처리의 제곱합 $SSTR$과 오차의 제곱합 SSE를 구하기 위해 먼저 각 처리에 대한 평균 즉 표본평균과 총평균을 구한다.

처리 1(표본 1) : $\bar{x}_1 = (205 + 201 + 202 + 204)/4 = 203$

처리 2(표본 2) : $\bar{x}_2=(199+202+201+199+201+200)/6=200.3$

처리 3(표본 3) : $\bar{x}_3=(197+198+196+195+200)/5=197.2$

처리 4(표본 4) : $\bar{x}_4=(200+203+198+202)/4=200.8$

총평균 : $\bar{\bar{x}}=(205+201+202+\cdots203+198+202)/19=200.2$

다음 이를 이용하여 $SSTR$과 SST를 구한 후 오차의 제곱합은 $SSE=SST-SSTR$에 따라 구한다.

$$SSTR=\sum n_j(\bar{x}_j-\bar{\bar{x}})^2$$
$$=4(203-200.2)^2+6(200.3-200.2)^2+5(197.2-200.2)^2+4(200.8-200.2)^2=77.6$$

$$SST=\sum_j\sum_i(x_{ij}-\bar{\bar{x}})^2$$
$$=(205-200.2)^2+(201-200.2)^2+(202-200.2)^2+(204-200.2)^2+\cdots+(200-200.2)^2$$
$$+(203-200.2)^2+(198-200.2)^2+(202-200.2)^2=124.5$$

$$SSE=SST-SSTR=124.5-77.6=46.9$$

	1	2	3	4
	205	199	197	200
	201	202	198	203
	202	201	196	198
	204	199	195	202
		201	200	
		200		
처리(표본)평균	203.0	200.3	197.2	200.8
표본크기	4	6	5	4
총평균	200.2			

위에서 구한 $SSTR$과 SSE를 각각 이들의 자유도로 나누면 처리에 대한 평균제곱합과 오차에 대한 평균제곱합인 $MSTR$과 MSE를 구할 수 있다.

$$MSTR=SSTR/df=SSTR/(c-1)=77.6/3=25.9$$
$$MSE=SSE/df=SSE/(n-c)=46.9/15=3.1$$
$$F=MSTR/MSE=25.9/3.1=8.3$$

따라서 분산분석표는 다음과 같이 작성할 수 있다.

변동요인	제곱합	자유도	평균제곱합	F
처리	77.64298	3	25.88099	8.280446
오차	46.88333	15	3.125556	
총변동	124.5263	18		

이 F값 8.3은 분자, 분모의 자유도가 각각 3, 15이고 유의수준이 5%일 때의 F임계값 3.29보다 크므로 귀무가설을 기각하고 대립가설을 채택하게 된다. 즉 '기계에 따라 포장되는 우유 정량의 평균이 동일

하다고 볼 수 없을 것이다.' 라도 결론을 내릴 수 있다.

F	상한단측기각율			
자유도	0.05			
분모 \ 분자	2	3	4	5
14	3.739	3.344	3.112	2.958
15	3.682	3.287	3.056	2.901
16	3.634	3.239	3.007	2.852

입력과정

① A2:D8 : 데이터를 입력한다.

	A	B	C	D	E
1	연습 9.3				
2	기계1	기계2	기계3	기계4	
3	205	199	197	200	
4	201	202	198	203	
5	202	201	196	198	
6	204	199	195	202	
7		201	200		
8		200			
9					

② 메뉴 바에 있는 [데이터]탭을 클릭하고 이 때 나타나는 풀다운 메뉴에서 [데이터 분석]을 찾아 클릭하면 [통계 데이터 분석] 창이 열린다. 여기서 스크롤바를 이용하여 [분산 분석 : 일원 배치법] 항목을 찾아 클릭하고 [확인] 버튼을 누르면 [분산 분석 : 일원 배치법] 창이 열린다.

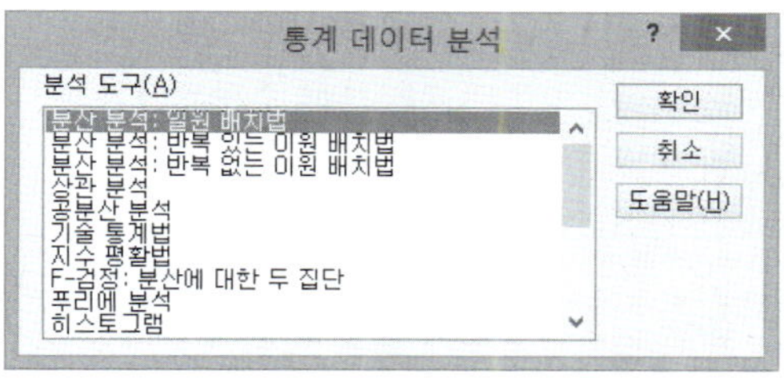

③ [분산 분석 : 일원 배치법] 창이 열리면 먼저 입력범위를 표시하기 위한 입력상자를 클릭한 후 여기에 데이터가 입력되어 있는 범위를 마우스를 이용하여 지정한다. A2:D8의 범위에는 생산라인의 이름이 지정되어 있으므로 '첫째 행 이름표 사용'을 체크한 후 [확인] 버튼을 누른다.

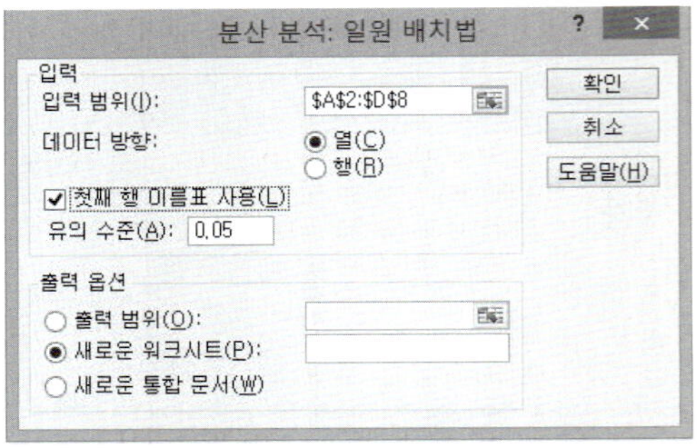

④ 아래에 실행 결과가 출력되어 있다. B13셀과 B14셀에 처리에 대한 제곱합 $SSTR$과 오차의 제곱합 SSE가 각각 77.6, 46.9로 계산되어 있고, 이들 제곱합의 합계인 총제곱합 SST가 B16셀에 124.5로 나타나 있다. 그리고 처리에 대한 제곱합 $SSTR$과 오차의 제곱합 SSE를 각각 자유도로 나눈 결과인 처리에 대한 평균제곱합 $MSTR$과 오차에 대한 평균제곱합 MSE가 D13셀과 D14셀에 각각 25.8, 3.1로 나타나 있다. $F = MSTR/MSE$에 따라 이들 평균제곱합의 비율을 계산한 F통계량이 E13셀에 8.3으로 계산되어 있고 이는 G13셀에 계산되어 있는 10% 유의수준에서의 F임계값 3.29보다 크므로 귀무가설을 기각하고 대립가설을 채택하게 된다.
F13셀에는 바로 F통계량 8.3을 임계값으로 받아들이는 경우의 기각역 확률이 0.0017임을 표시하고 있다. 따라서 유의수준이 10%로 주어진 경우 F값 8.3은 귀무가설 기각역에 속하게 된다.

	A	B	C	D	E	F	G	H
1	분산 분석: 일원 배치법							
2								
3	요약표							
4	인자의 수준	관측수	합	평균	분산			
5	기계1	4	812	203	3.333333			
6	기계2	6	1202	200.3333	1.466667			
7	기계3	5	986	197.2	3.7			
8	기계4	4	803	200.75	4.916667			
9								
10								
11	분산 분석							
12	변동의 요인	제곱합	자유도	제곱 평균	F 비	P-값	F 기각치	
13	처리	77.64298	3	25.88099	8.280446	0.001742	3.287382	
14	잔차	46.88333	15	3.125556				
15								
16	계	124.5263	18					
17								

▪ 난괴설계

연습 9.4 아래는 위생검사 과정을 마친 검사원 중 세 사람을 뽑아 이들이 음식점의 위생상태를 조사한 후 평가하는 점수가 동일한지를 알아보기 위해 이들로 하여금 A, B, C, D, E 5개 음식점의 위생상태를 조사하도록 하여 얻은 결과이다. 세 검사원이 평가하는 점수가 동일하다고 볼 수 있는지 유의수준 10%에서 검정하시오.

음식점	검사원		
	1	2	3
A	76	71	77
B	89	88	90
C	88	87	84
D	92	90	96
E	87	84	85

풀이 검사원을 나타내는 1, 2, 3은 처리(treatment)가 되고 5개의 음식점 각각은 동일한 음식점에 대해 세 사람의 검사원이 실시한 위생상태의 점수가 행으로 나타나 있으므로 음식점을 나타내는 5개의 행은 괴(block)가 된다. 검사원이 평가하는 위생상태 점수가 세 사람 사이에 동일한지를 검정하기 위해서는 난괴설계에 의한 분산분석을 해야 한다. 이를 위해 먼저 처리에 의한 제곱합($SSTR$), 괴에 의한 제곱합(SSB), 오차에 의한 제곱합(SSE), 총제곱합(SST)을 구하고 이를 기초로 분산분석표를 작성한다.

음식점	검사원			괴평균
	1	2	3	
A	76	71	77	74.67
B	89	88	90	89.00
C	88	87	84	86.33
D	92	90	96	92.67
E	87	84	85	85.33
처리(포본)평균	86.4	84	86.4	

검사원 1의 평균(처리 1의 평균) : $\bar{x}_{.1} = (76+89+88+92+87)/5 = 86.4$

음식점 1의 평균(괴 1의 평균) : $\bar{x}_{1.} = (76+71+77)/3 = 74.67$

$$\bar{\bar{x}} = (76+89+88+\cdots+84+96+85)/15 = 85.6$$

이외의 처리와 괴의 평균도 같은 방법으로 계산한다.

$$SST = \sum\sum(x_{ij} - \bar{\bar{x}})^2$$
$$= (76-85.6)^2 + (89-85.6)^2 + \cdots + (71-85.6)^2 + (88-85.6)^2 + \cdots$$
$$+ (96-85.6)^2 + (85-85.6)^2 = 599.6$$

$$SSTR = \sum n_j (x_j - \bar{\bar{x}})^2 = 5(86.4-85.6)^2 + 5(84-85.6)^2 + 5(86.4-85.6)^2 = 19.2$$

$$\begin{aligned} SSB &= k\sum(x_i - \bar{\bar{x}})^2 \\ &= 3[(74.67-85.6)^2 + (89-85.6)^2 + (86.33-85.6)^2 + (92.67-85.6)^2 + (85.33-85.6)^2] \\ &= 544.93 \end{aligned}$$

$$SSE = \sum\sum(x_{ij} - \bar{x}_{i.} - \bar{x}_{.j} + \bar{\bar{x}})^2 = SST - SSTR - SSB = 599.6 - 19.2 - 544.93 = 35.47$$

$SSTR$과 SSE에 대한 자유도가 각각

$$k-1 = 3-1 = 2,\ (b-1)(k-1) = 4\times 2 = 8$$

이므로 처리와 오차에 대한 평균제곱합은

$$MSTR = SSTR/df = 19.2/2 = 9.6$$
$$MSE = SSE/df = 35.47/8 = 4.43$$

이 된다. 따라서 F값은 $F = MSTR/MSE = 9.6/4.43 = 2.17$이 되고 이 값은 유의수준이 10%이고 자유도가 (2, 8)일 때의 F임계값인 3.11보다 작으므로 귀무가설 채택역에 속해 있음을 알 수 있다. 즉 세 검사원의 음식점 위생상태에 대한 평가점수는 동일하다고 볼 수 있다.

변동요인	제곱합	자유도	평균제곱합	F
처리	19.20	2	9.60	2.17
괴	544.93	4	136.23	
오차	35.47	8	4.43	
총변동	599.60	14		

입력과정

① A2:D7 : 각각의 음식점에 대해 3명의 검사원들이 조사한 위생상태의 점수를 입력한다.

	A	B	C	D	E
1	연습 9.4				
2	구분	검사원1	검사원2	검사원3	
3	A	76	71	77	
4	B	89	88	90	
5	C	88	87	84	
6	D	92	90	96	
7	E	87	84	85	
8					

② 메뉴 바에 있는 [데이터]탭을 클릭하고 이 때 나타나는 풀다운 메뉴에서 [데이터 분석]을 찾아 클릭하면 [통계 데이터 분석] 창이 열린다. 여기서 스크롤바를 이용하여 [분산 분석 : 반복없는 이원 배치법] 항목을 찾아 클릭하

고 [확인] 버튼을 누르면 [분산 분석 : 반복없는 이원 배치법] 창이 열린다.

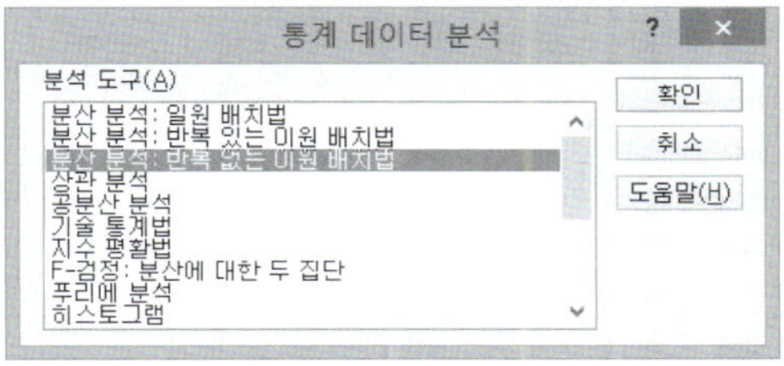

③ [분산 분석 : 반복없는 이원 배치법] 창이 열리면 먼저 입력범위를 표시하기 위한 입력상자를 클릭한 후 여기에 데이터가 입력되어 있는 범위를 지정한다. A2:D7의 범위에는 괴의 이름이 포함되어 있으므로 '이름표'을 체크하고, 유의수준은 0.1로 지정한 후 [확인] 버튼을 누른다.

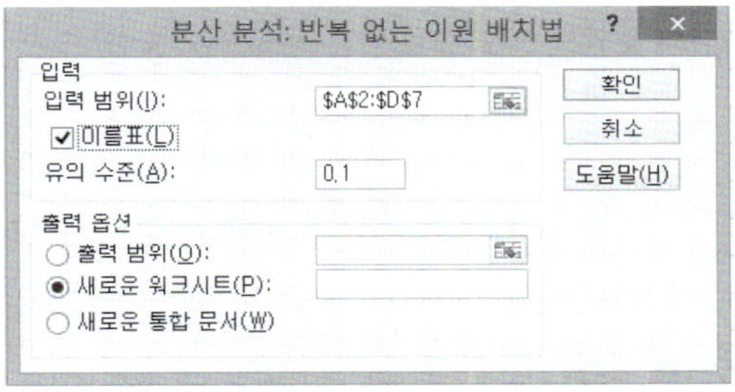

④ 아래 실행 결과가 출력되어 있다.

아래 출력결과의 B17:B19에 SSB, $SSTR$, SSE가 각각 계산되어 있으며, 이들을 자유도로 나눈 MSB, $MSTR$, MSE는 D17:D19의 범위에 나타나 있다.

E18셀에 처리에 대한 F통계량이 2.17로 계산되어 있고, 이는 유의수준 10%에서의 F임계값인 3.11보다 작게 나타나 있어 세 검사원의 평가점수는 동일하다는 귀무가설을 채택하게 된다.

E17셀에는 괴에 대한 F통계량이 30.73으로 F임계값 2.81을 훨씬 상회하고 있다.

	A	B	C	D	E	F	G	H
1	분산 분석: 반복 없는 이원 배치법							
2								
3	요약표	관측수	합	평균	분산			
4	A	3	224	74.66667	10.33333			
5	B	3	267	89	1			
6	C	3	259	86.33333	4.333333			
7	D	3	278	92.66667	9.333333			
8	E	3	256	85.33333	2.333333			
9								
10	검사원1	5	432	86.4	37.3			
11	검사원2	5	420	84	57.5			
12	검사원3	5	432	86.4	50.3			
13								
14								
15	분산 분석							
16	변동의 요인	제곱합	자유도	제곱 평균	F 비	P-값	F 기각치	
17	인자 A(행)	544.9333	4	136.2333	30.72932	6.63E-05	2.806426	
18	인자 B(열)	19.2	2	9.6	2.165414	0.17717	3.113118	
19	잔차	35.46667	8	4.433333				
20								
21	계	599.6	14					
22								

연습 9.5 편의점을 내기 위한 후보지로 선택된 세 지역 가운데 최종적으로 한 곳을 선택하기 위해 시간대별로 해당 지역을 통과하는 통행자 수를 조사하여 아래와 같은 결과를 얻었다.

시간대	지역		
	1	2	3
10:00~10:05	33	20	20
12:00~12:05	60	43	58
4:00~4:05	25	24	17
6:00~6:05	69	45	57
8:00~8:05	23	22	25

(1) 총제곱합이 $SST = 4352.9$로 이미 계산되어 있다고 보고 이를 이용하여 분산분석표를 작성하시오.

(2) 세 지역을 통과하는 통행자 수가 동일한지를 분산분석을 통해 유의수준 10%에서 검정하시오.

(3) 10% 유의수준에서 귀무가설이 기각되었을 경우 후보지로 최적인 지역은 어느 곳인가?

풀이 (1) 위의 조사결과에서 지역을 표시하는 세 개의 열은 처리(treatment)에 해당하고 조사 시간대를 나타내는 다섯 개의 행은 괴(block)에 해당한다. 따라서 분산분석표를 작성하기 위해서는 처리와 괴에 대한 평균을 구하고 이를 통해 처리에 대한 제곱합($SSTR$)과 괴에 대한 제곱합(SSB)을 구해야 한다.

시간대	검사원 1	검사원 2	검사원 3	괴평균
1	33	20	20	24.33333
2	60	43	58	53.66667
3	25	24	17	22
4	69	45	57	57
5	23	22	25	23.33333
처리(포본)평균	42	30.8	35.4	
총평균	36.06667			

위의 표에서 조사 시간대를 각각 1, 2, 3, 4, 5로 표시했을 대 괴 1의 평균과 처리 1의 평균 그리고 총평균은 다음과 같다.

$$\text{괴 1의 평균 : } \bar{x}_{1.} = (33+20+20)/3 = 24.33$$

$$\text{처리 1의 평균 : } \bar{x}_{.1} = (33+60+25+69+23)/5 = 42$$

$$\bar{\bar{x}} = (33+60+\cdots+45+22+\cdots 57+25)/15 = 36.07$$

처리와 괴에 대한 제곱합 $SSTR$, SSB를 구하면 SST가 주어져 있으므로 SSE를 구할 수 있다.

$$SSTR = \sum n_j(\bar{x}_{.j} - \bar{\bar{x}})^2 = 5(42-36.07)^2 + 5(30.8-36.07)^2 + 5(35.4-36.07)^2 = 316.9$$

$$\begin{aligned} SSB &= k\sum(\bar{x}_i - \bar{\bar{x}})^2 \\ &= 3[(24.33-36.07)^2 + (53.67-36.07)^2 + (22-36.07)^2 + (57-36.07)^2 + (23.33-36.07)^2] \\ &= 3737.8 \end{aligned}$$

$$SSE = \sum\sum(x_{ij} - \bar{x}_{i.} - \bar{x}_{.j} + \bar{\bar{x}})^2 = SST - SSTR - SSB = 4352.9 - 316.9 - 3737.8 = 298.2$$

여기서 처리와 괴의 제곱합에 대한 자유도가 각각 $k-1=3-1=2$, $b-1=5-1=4$이고 오차의 제곱합에 대한 자유도는 $(k-1)(b-1)=2\times 4=8$이므로 $SSTR$, SSB, SSE를 이들 자유도로 나누면 $MSTR$, MSB, MSE를 구할 수 있다. 그리고 $MSTR/MSE$에 따라 F값을 구할 수 있으며 이들을 정리하여 분산분석표를 작성할 수 있다.

$$MSTR = SSTR/df = 316.9/2 = 158.5$$

$$MSB = SSB/df = 3737.8/4 = 934.5$$

$$MSE = SSE/df = 298.2/8 = 37.3$$

$$F = MSTR/MSE = 4.25$$

변동요인	제곱합	자유도	평균제곱합	F
처리	316.9	2	158.5	4.25
괴	3737.8	4	934.5	
오차	298.2	8	37.3	
총변동	4352.9	14		

(2) 분자, 분모의 자유도 즉 $MSTR$과 MSE의 자유도가 (2, 8)이고 유의수준이 10%일 때 F임계값은 3.11이고 (1)의 분산분석에서 구한 F값은 4.25로 이보다 크므로 $\mu_1 = \mu_2 = \mu_3$의 귀무가설을 기각하고 대립가설을 채택하게 된다. 즉 '세 지역의 통행자수 모평균이 동일하다고 볼 수 없을 것이다.' 라는 결론을 내리게 된다.

(3) 지역 간 통행자수가 상이하다고 결론 내려진 상태에서 편의점으로서의 최적 후보지는 통행자수가 가장 많은 지역이 될 것이다. 따라서 평균 통행자수가 42명으로 가증 큰 1지역을 최적지로 볼 수 있다.

입력과정

① A2:D7 : 통행자수에 대한 데이터를 입력한다.

	A	B	C	D	E
1	연습 9.5				
2	구분	지역1	지역2	지역3	
3	시간대1	33	20	20	
4	시간대2	60	43	58	
5	시간대3	25	24	17	
6	시간대4	69	45	57	
7	시간대5	23	22	25	
8					

② 메뉴 바에 있는 [데이터]탭을 클릭하고 이 때 나타나는 풀다운 메뉴에서 [데이터 분석]을 찾아 클릭하면 [통계 데이터 분석] 창이 열린다. 여기서 스크롤바를 이용하여 [분산 분석 : 반복없는 이원 배치법] 항목을 찾아 클릭하고 [확인] 버튼을 누르면 [분산 분석 : 반복없는 이원 배치법] 창이 열린다.

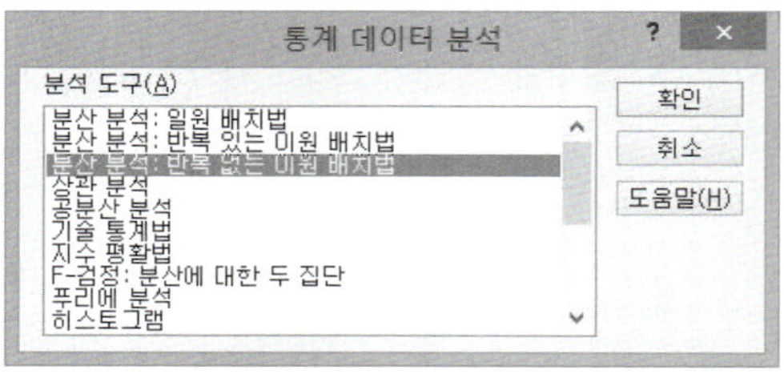

③ [분산 분석 : 반복없는 이원 배치법] 창이 열리면 먼저 입력범위를 표시하기 위한 입력상자를 클릭한 후 여기에 데이터가 입력되어 있는 범위 A2:D7을

마우스를 이용하여 지정한다. 그리고 데이터의 처리와 괴의 이름이 포함되어 있으므로 '이름표'을 체크하고, 유의수준은 0.1로 지정한 후 [확인] 버튼을 누른다.

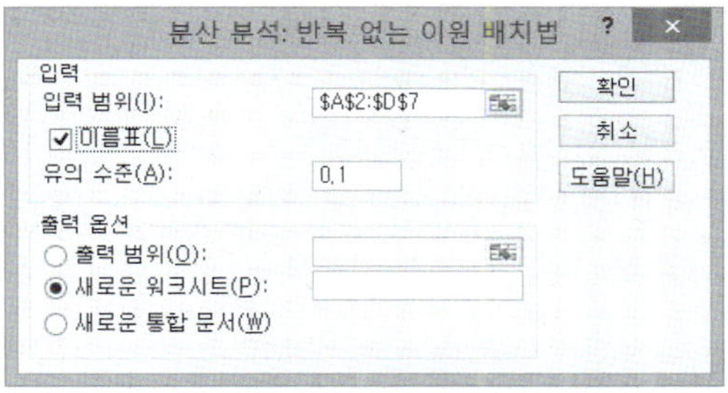

④ 아래에 실행 결과가 출력되어 있다.

아래 출력결과의 B17:B19에 SSB, $SSTR$, SSE가 각각 계산되어 있으며 이들을 자유도로 나눈 MSB, $MSTR$, MSE는 D17:D19의 범위에 나타나 있다.

E18셀에 처리에 대한 F통계량이 4.24로 계산되어 있고, 이는 유의수준 10%에서의 F임계값인 3.11보다 크게 나타나 있어 지역별 통행자수가 동일하다는 귀무가설을 기각하게 된다.

	A	B	C	D	E	F	G	H
1	분산 분석: 반복 없는 이원 배치법							
2								
3	요약표	관측수	합	평균	분산			
4	시간대1	3	73	24.33333	56.33333			
5	시간대2	3	161	53.66667	86.33333			
6	시간대3	3	66	22	19			
7	시간대4	3	171	57	144			
8	시간대5	3	70	23.33333	2.333333			
9								
10	지역1	5	210	42	446			
11	지역2	5	154	30.8	147.7			
12	지역3	5	177	35.4	415.3			
13								
14								
15	분산 분석							
16	변동의 요인	제곱합	자유도	제곱 평균	F 비	P-값	F 기각치	
17	인자 A(행)	3736.933	4	934.2333	24.99064	0.000142	2.806426	
18	인자 B(열)	316.9333	2	158.4667	4.238966	0.055558	3.113118	
19	잔차	299.0667	8	37.38333				
20								
21	계	4352.933	14					
22								

■ 2요인 분산분석

연습 9.6 아래 분산분석표는 행과 열의 수가 각각 3과 2인 실험계획표에 따라 얻어진 결과이다. 미완성으로 주어진 2요인 분산분석표를 완성하고 유의수준 10%에서 다음 가설을 검정하시오.

(1) 열에 표시된 요인의 수준별 평균은 모두 동일하다.

(2) 행에 표시된 요인의 수준별 평균은 모두 동일하다.

(3) 행과 열에 표시된 요인의 상호작용은 존재하지 않는다.

변동요인	제곱합	자유도	평균제곱합	F
열	76.2			
행	216.8			
상호작용				
오차	609.6			
총변동	975.0	35		

풀이 위의 분산분석표에서 총제곱합은 $SST = SSC + SSR + SSI + SSE$이므로 이를 이용하면 상호작용의 제곱합 SSI는 쉽게 계산할 수 있다.

$$SSI = SST - SSC - SSR - SSE = 975.0 - 76.2 - 216.8 - 609.6 = 72.4$$

또한 실험계획표의 행과 열의 수가 3, 2라는 것은 행과 열에 표시된 두 요인의 수준이 각각 3과 2라는 것을 의미한다. 행과 열의 수준이 각각 r, c일 때 행과 열에 표시된 이들 두 요인에 대한 자유도는 각각 $r-1$, $c-1$이 되므로 이들에 대한 자유도는 $r-1=3-1=2$, $c-1=2-1=1$이 된다. 이 때 상호작용 변동요인에 대한 자유도는 $(r-1)(c-1)=2\times1=2$가 된다. 또한 열과 행 그리고 상호작용 오차에 대한 자유도를 모두 합계한 것이 총변동의 자유도이므로 오차에 대한 자유도는 총변동의 자유도 35에서 열과 행 그리고 상호작용에 대한 자유도를 뺀 30이 된다. 그리고 평균제곱합은 각 변동요인에 대한 제곱합을 자유도로 나누면 쉽게 구할 수 있다. 끝으로 열과 행 그리고 상호작용 변동요인에 대한 F값은 이들 각각의 평균제곱합을 오차의 평균제곱합으로 나누어 구한다.

열 변동요인에 대한 F값 = $MSC/MSE = 76.2/20.3 = 3.75$

행 변동요인에 대한 F값 = $MSR/MSE = 108.4/20.3 = 5.33$

상호작용 변동요인에 대한 F값 = $MSI/MSE = 36.2/20.3 = 1.78$

변동요인	제곱합	자유도	평균제곱합	F
열	76.2	1	76.2	3.75
행	216.8	2	108.4	5.33
상호작용	72.4	2	36.2	1.78
오차	609.6	30	20.3	
총변동	975.0	35		

(1) 열에 표시된 요인에 대한 F값은 3.750이고, 이 F값 계산할 때의 분자, 분모의 자유도 즉 열과 오차의 변동요인에 대한 자유도가 각각 (1, 30)이면서 유의수준이 10%로 주어진 경우 F임계값은 2.88이 된다. 열 변동요인의 F값 3.75는 임계값 2.88보다 크므로 귀무가설은 기각된다. 즉 열에 표시된 요인의 수준별 평균은 모두 동일하다고 볼 수 없을 것이다.

(2) 행에 표시된 요인에 대한 F값은 5.330이고, 유의수준이 10%일 때 이에 대한 F임계값은 분자, 분모의 자유도 즉 행과 오차의 변동요인에 대한 자유도가 각각 (2, 30)이므로 이를 F분포표에서 찾으면 2.49가 된다. 행 변동요인의 F값 5.33은 이에 대한 임계값 2.49보다 크므로 귀무가설은 기각된다. 즉 행에 표시된 요인의 수준별 평균은 모두 동일하다고 볼 수 없을 것이다.

(3) 상호작용 요인에 대한 F값은 1.780이고, 유의수준이 10%일 때 이에 대한 F임계값은 분자, 분모의 자유도 즉 상호작용과 오차의 변동요인에 대한 자유도가 각각 (2, 30)이므로 이를 F분포표에서 찾으면 2.49가 된다. 상호작용 변동요인의 F값 1.78은 이에 대한 임계값 2.49보다 작으므로 귀무가설은 채택된다. 즉 행과 열에 표시된 요인의 상호작용이 존재한다고 볼 수 없을 것이다.

입력과정

① A2:B4, E2:E3, E5:E6, F6 : 요인의 수준, 열과 행, 오차의 제곱합, 자유도 등을 입력한다.

② E4 : $SSI = SST - SSC - SSR - SSE$에 따라 상호작용에 대한 제곱합을 계산한다.

= E6−E2−E3−E5

③ F2:F5 : 열 $(c-1)$과 행 $(r-1)$, 상호작용 $(c-1)(r-1)$에 대한 자유도를 계산한다. 그리고 오차에 대한 자유도는 총변동에 대한 자유도 35에서 열과 행, 상호작용에 대한 자유도의 합을 빼면 된다.

= B2−1

= B3−1

= (B2−1)*(B3−1)

= F6−F2−F3−F4

④ G2:G5 : 평균제곱합은 각 변동요인에 대한 제곱합을 자유도로 나누면 쉽게 구할 수 있다. 이를 위해 먼저 G2셀에서 열에 대한 평균제곱합을 다음과 같이 계산한다.

= E2/F2

G2셀을 G3:G5의 범위에 있는 셀에 복사하기 위해 G2셀을 클릭하여 활성화시킨 후 마우스로 자동채우기 핸들을 이용하여 G5까지 복사한다. 이에 따라 각 변동요인에 따른 평균제곱합을 계산할 수 있다.

⑤ H2:H4 : 열과 행, 그리고 상호작용 변동요인에 대한 각각의 평균제곱합을

오차에 대한 평균제곱합으로 나누어 F값을 계산한다.

= G2/\$G\$5

= G3/\$G\$5

= G4/\$G\$5

⑥ I2:I4 : FINV(prob,df1,df2) 함수를 이용하여 각 변동요인에 대한 F임계값을 계산한다.

= FINV(0.1,F2,\$F\$5)

= FINV(0.1,F3,\$F\$5)

= FINV(0.1,F4,\$F\$5)

	A	B	C	D	E	F	G	H	I	J
1	연습 9.6			변동요인	제곱합	자유도	평균제곱합	F	F임계값	
2	c =	2		열	76.2	1	76.2	3.750	2.881	
3	r =	3		행	216.8	2	108.4	5.335	2.489	
4	sig_level =	0.1		상호작용	72.4	2	36.2	1.781	2.489	
5				오차	609.6	30	20.32			
6				총변동	975.0	35				
7										

연습 9.7 다음은 신제품으로 개발된 비스킷의 맛이 밀가루 반죽의 방법과 이를 튀길 때 기름의 온도에 따라 달라지는지를 조사하기 위해 각기 다른 처리 조건하에서 제조된 총 30개의 표본에 대해 맛을 측정하여 얻은 결과이다(이 때 맛은 1점에서 10점까지 평점화 하였으며 맛이 좋을수록 높은 점수를 부여하였다).

반죽 \ 온도	150℃	200℃	250℃
묽은 반죽	9 9 9 9 8	9 8 8 9 8	7 6 7 6 7
된 반죽	7 6 7 7 6	8 7 9 8 9	9 8 8 9 9

(1) 위 데이터의 총평균과 함께 행과 열에 표시도니 요인의 수준별 평균과 각 처리별 평균을 구하시오.

(2) 분산분석표를 작성하시오.

(3) 5% 유의수준에서 비스킷 맛에 대한 두 요인의 효과를 검정하시오.

(4) 두 요인에 대한 효과만을 기준으로 판단할 때 가장 좋은 맛을 내는 최적온도는 얼마인가?

(5) 유의수준 5%에서 비스킷 맛에 대해 반죽 방법과 온도 사이에 유의적인 상호작용 효과가 존재한다고 볼 수 있는가? 만약 유의적인 상호작용 효과가 존재한다면 이를 그래프로 그리시오.

(6) 가장 좋은 맛을 내는 것은 두 요인이 어떻게 결합되었을 때인가?

풀이 (1) 30개 표본에 대한 총평균 7.87과 함께 행과 열에 표시된 요인의 수준별 평균이 아래 표에 나타나 있다. 그리고 도 요인에 대한 각 처리별 평균은 (　　)안에 표시되어 있다.

반죽 / 온도	1	2	3	요인 R_i 평균	요인 R_i의 표본크기
1 (묽은 반죽)	9 9 9 9 8 (8.8)	9 8 8 9 8 (8.4)	7 6 7 6 7 (6.6)	7.93	15
2 (된 반죽)	7 6 7 7 6 (6.6)	8 7 9 8 9 (8.2)	9 8 8 9 9 (8.6)	7.80	15
요인 C_i 평균	7.7	8.3	7.6	7.87	
요인 C_i의 표본크기	10	10	10		30

* ( )안의 숫자는 처리(treatment)를 나타내는 각 셀의 평균을 표시한다.

(2) 분산분석표를 작성하기 위해 먼저 총제곱합 SST와 함께 행과 열에 표시된 두 변동요인에 대한 제곱합 SSR, SSC와 상호작용 변동요인에 대한 제곱합 SSI 그리고 오차의 제곱합 SSE를 구한다.

$$SST=\sum(\text{모든 각각의 표본값}-\bar{\bar{x}})^2=\sum_i^r\sum_j^c\sum_k^{n_{ij}}(x_{ijk}-\bar{\bar{x}})^2$$
$$=(9-7.87)^2+(9-7.87)^2+(9-7.87)^2+(9-7.87)^2$$
$$+\cdots+(8-7.87)^2+(8-7.87)^2+(9-7.87)^2+(9-7.87)^2=33.467$$

$$SSC=\sum_j^c n_{.j}(\bar{x}_{.j}-\bar{\bar{x}})^2=10(7.7-7.87)^2+10(8.3-7.87)^2+10(7.6-7.87)^2=2.867$$

$$SSR=\sum_i^r n_{i.}(\bar{x}_{i.}-\bar{\bar{x}})^2=15(7.93-7.87)^2+15(7.80-7.87)^2=0.133$$

$$SSI=\sum_i^r\sum_j^c n_{ij}(\bar{x}_{ij}-\bar{x}_{.j}-\bar{x}_{i.}+\bar{\bar{x}})^2$$
$$=5(8.8-7.7-7.93+7.87)^2+5(6.6-7.7-7.80+7.87)^2+5(8.4-8.3-7.93+7.87)^2$$
$$+5(8.2-8.3-7.80+7.87)^2+5(6.6-7.6-7.93+7.87)^2+5(8.6-7.6-7.80+7.87)^2$$
$$=22.067$$

$$SSE=SST-SSC-SSR-SSI=33.47-2.87-0.13-22.07=8.40$$

이 때 SSC와 SSR의 자유도는 각각

$$c-1=3-1=2$$
$$r-1=2-1=1$$

이고 SSI와 SSE의 자유도는 각각

$$(c-1)(r-1)=(3-1)(2-1)=2$$

$$n - cr = 30 - (3 \times 2) = 24$$

이므로 제곱합을 이들의 자유도로 나눈 평균제곱합은 다음과 같다.

$$MSC = SSC/df = 2.867/2 = 1.433$$
$$MSR = SSR/df = 0.133/1 = 0.133$$
$$MSI = SSI/df = 22.067/2 = 11.033$$
$$MSE = SSE/df = 8.4/24 = 0.35$$

열과 행 그리고 상호작용에 대한 F값은 이들의 평균제곱합 MSC, MSR, MSI를 각각 MSE로 나누어 구한다. 그리고 이를 유의수준 5%에서의 F임계값과 비교하여 귀무가설 채택여부를 결정한다.

온도에 대한 F값 = $MSC/MSE = 1.433/0.35 = 4.09$
반죽방법에 대한 F값 = $MSR/MSE = 0.133/0.35 = 0.38$
상호작용에 대한 F값 = $MSI/MSE = 11.033/0.35 = 31.52$

지금까지 계산한 결과를 정리하면 다음과 같은 분산분석표를 작성할 수 있다.

분산분석표

변동요인	제곱합	자유도	평균제곱합	F
열(온도)	2.867	2	1.43	4.10
행(반죽)	0.133	1	0.13	0.38
상호작용	22.067	2	11.03	31.52
오차	8.40	24	0.35	
총변동	33.467	29		

(3) 위의 분산분석표에 나타난 바와 같이 열에 표시된 요인인 온도에 대한 F값은 4.09이고 이는 유의수준 5%에서의 온도 요인에 대한 임계값(자유도: 2, 24) 3.40보다 크므로 온도 요인에 대한 귀무가설을 기각된다. 즉 '기름에 튀기는 온도에 따라 비스킷의 맛이 달라진다고 볼 수 있을 것이다.' 라고 결론을 내릴 수 있다.

F	상한단측기각율			
자유도	0.05			
분모 \ 분자	1	2	3	4
23	4.279	3.422	3.028	2.796
24	4.260	3.403	3.009	2.776
25	4.242	3.385	2.991	2.759

그러나 행에 표시된 요인인 반죽방법에 대한 F값은 0.38로서 행 요인에 대한 임계값(자유도: 1, 24) 4.26보다 작으므로 귀무가설을 채택한다. 따라서 '반죽방법에 따른 맛의 변화는 없을 것이다.' 라는 결론을 내릴 수 있다.

(4) (1)에서 구한 표에 나타난 바와 같이 200℃에서 맛의 점수는 8.3으로 가장 높게 나타나고 있으므로 최적온도는 200℃이다.

(5) (2)에서 작성한 분산분석표에서 상호작용에 대한 F값은 31.52로서, 유의수준 5%의 임계값(자유도: 2, 24) 3.40보다 크게 나타나고 있다. 따라서 두 요인에 대한 상호작용은 존재한다고 볼 수 있을 것이다. 즉 '기름 온도의 변화에 따른 맛의 변화는 반죽방법에 의해 영향 받을 수 있을 것이다.'라고 결론 내릴 수 있다.

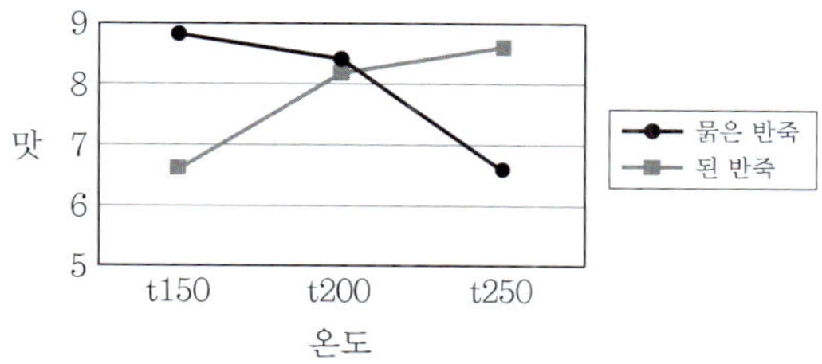

그림 9-4 2요인 분산분석

(6) (1)에서 구한 6개 처리에 대한 평균을 보면 온도가 150℃이면서 반죽방법은 묽게 하는 처리가 8.8의 가장 높은 점수로 나타나고 있다.

입력과정

① A2:D12 : 온도와 반죽 정도별로 맛에 대한 측정값을 입력한다.

	A	B	C	D	E
1	연습 9.7				
2	반죽/온도	150도	200도	250도	
3	묽은반죽	9	9	7	
4		9	8	6	
5		9	8	7	
6		9	9	6	
7		8	8	7	
8	된반죽	7	8	9	
9		6	7	8	
10		7	9	8	
11		7	8	9	
12		6	9	9	
13					

② 메뉴 바에 있는 [데이터]탭을 클릭하고 이 때 나타나는 풀다운 메뉴에서 [데이터 분석]을 찾아 클릭하면 [통계 데이터 분석] 창이 열린다. 여기서 스크롤바를 이용하여 [분산 분석 : 반복있는 이원 배치법] 항목을 찾아 클릭하고 [확인] 버튼을 누르면 [분산 분석 : 반복있는 이원 배치법] 창이 열린다.

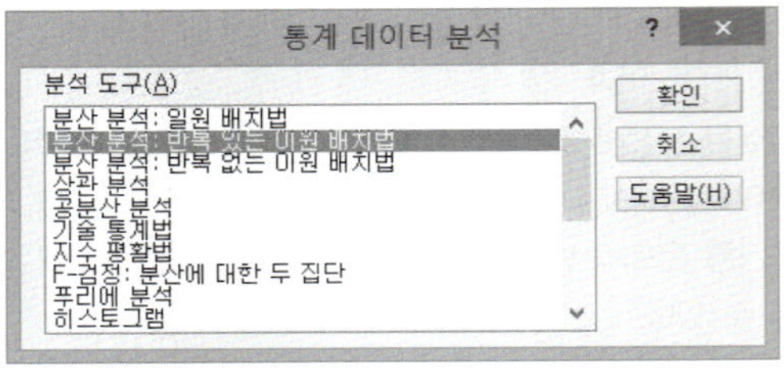

③ [분산 분석 : 반복있는 이원 배치법] 창이 열리면 먼저 입력범위를 표시하기 위한 입력상자를 클릭한 후 여기에 데이터가 입력되어 있는 범위를 지정한다. 그리고 각 처리별로 관찰치 수가 5개로 구성되어 있으므로 [표본당 행수(R)]의 입력상자에 '5'를 입력한 후 [확인] 버튼을 누른다.

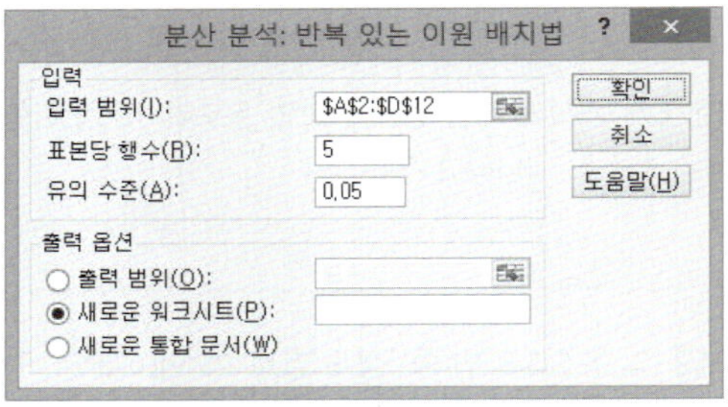

④ 아래에 실행 결과가 출력되어 있다.
아래 출력결과의 B25:B28에 SSR, SSC, SSI, SSE가 각각 0.133, 2.867, 22.067, 8.40으로 계산되어 있으며 이들을 자유도로 나눈 MSR, MSC, MSI, MSE는 각각 D25:D28의 범위에 나타나 있따.
그리고 B30에는 SST가 33.467로 계산되어 있다.
E26셀에 온도 요인에 대한 F통계량이 4.09로 계산되어 있고, 이는 유의수준 5%에서의 F임계값 3.40보다 크게 나타나 있어 온도별로 맛의 차이가 없다는 귀무가설을 기각하게 된다. 그러나 E25에는 반죽 요인에 대한 F통계량이 0.38로 유의수준 5%에서의 F임계값 3.26보다 작게 나타나고 있어 반죽 방법에 따른 맛의 차이는 없다는 결론을 내릴 수 있다.

	A	B	C	D	E	F	G	H
1	분산 분석: 반복 있는 이원 배치법							
2								
3	요약표	150도	200도	250도	계			
4	묽은반죽							
5	관측수	5	5	5	15			
6	합	44	42	33	119			
7	평균	8.8	8.4	6.6	7.933333			
8	분산	0.2	0.3	0.3	1.209524			
9								
10	된반죽							
11	관측수	5	5	5	15			
12	합	33	41	43	117			
13	평균	6.6	8.2	8.6	7.8			
14	분산	0.3	0.7	0.3	1.171429			
15								
16	계							
17	관측수	10	10	10				
18	합	77	83	76				
19	평균	7.7	8.3	7.6				
20	분산	1.566667	0.455556	1.377778				
21								
22								
23	분산 분석							
24	변동의 요인	제곱합	자유도	제곱 평균	F 비	P-값	F 기각치	
25	인자 A(행)	0.133333	1	0.133333	0.380952	0.542906	4.259677	
26	인자 B(열)	2.866667	2	1.433333	4.095238	0.029499	3.402826	
27	교호작용	22.06667	2	11.03333	31.52381	1.93E-07	3.402826	
28	잔차	8.4	24	0.35				
29								
30	계	33.46667	29					
31								

연습 9.8 가격과 용도에 있어서 동급인 서로 다른 상표의 건전지 수명을 고온과 저온의 상태에서 측정하여 다음과 같은 자료를 얻었다.

(1) 2요인 분산분석표를 작성하시오.

(2) 10% 유의수준에서 상표 요인과 온도 요인 각각에 대해 귀무가설을 검정하시오.

(3) 10% 유의수준에서 상표와 온도 두 요인의 상호작용 효과가 존재하는지 검정하시오.

처리	수명(시간)							
상표 1, 저온	21.1	22.4	21.3	20.6	21.0	20.1	20.8	21.6
상표 1, 고온	17.2	15.8	14.1	16.9	17.4	15.8	15.8	16.0
상표 2, 저온	22.2	22.6	23.1	21.7	23.5	22.1	21.4	23.1
상표 2, 고온	18.0	16.2	16.8	18.2	15.2	15.4	15.7	16.6

풀이 각 변동요인에 대한 제곱합을 계산하는 대신에 여기서는 직접 Excel을 이용하여 결과를 도추출

해 보도록 한다.

입력과정

① A2:C18 : 상표와 온도별로 건전지 수명을 입력한다.

	A	B	C	D
1	연습 9.8			
2	상표/온도	저온	고온	
3	상표1	21.1	17.2	
4		22.4	15.8	
5		21.3	14.1	
6		20.6	16.9	
7		21.0	17.4	
8		20.1	15.8	
9		20.8	15.8	
10		21.6	16.0	
11	상표2	22.2	18.0	
12		22.6	16.2	
13		23.1	16.8	
14		21.7	18.2	
15		23.5	15.2	
16		22.1	15.4	
17		21.4	15.7	
18		23.1	16.6	
19				

② 메뉴 바에 있는 [데이터]탭을 클릭하고 이 때 나타나는 풀다운 메뉴에서 [데이터 분석]을 찾아 클릭하면 [통계 데이터 분석] 창이 열린다. 여기서 스크롤바를 이용하여 [분산 분석 : 반복있는 이원 배치법] 항목을 찾아 클릭하고 [확인] 버튼을 누르면 [분산 분석 : 반복있는 이원 배치법] 창이 열린다.

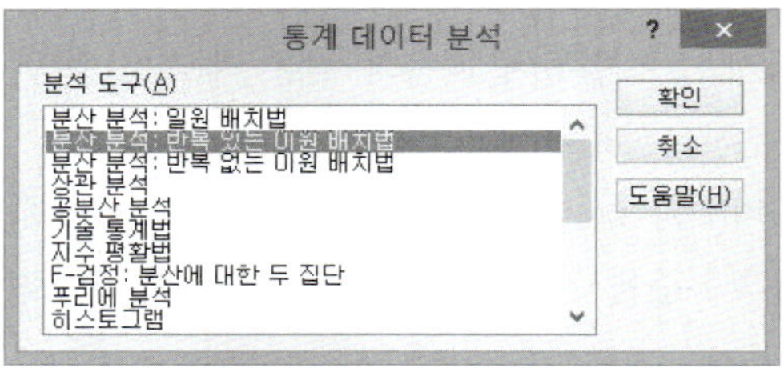

③ [분산 분석 : 반복있는 이원 배치법] 창이 열리면 먼저 입력범위를 표시하기 위한 입력상자를 클릭한 후 여기에 데이터가 입력되어 있는 범위를 지정한다. 그리고 각 처리별로 관찰치 수가 8개로 구성되어 있으므로 [표본당 행 수(R)]의 입력상자에 '8'을 입력한 후 [확인] 버튼을 누른다.

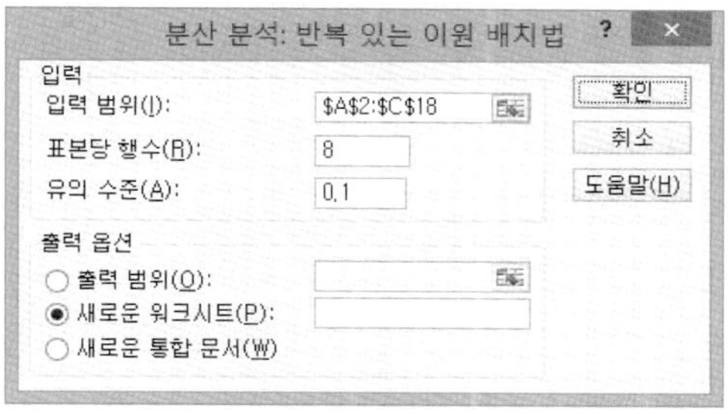

④ 아래에 실행 결과가 출력되어 있다. 아래 출력결과의 B25:B28셀에 *SSR*, *SSC*, *SSI*, *SSE*가 각각 6.04, 239.3, 1.853, 23.831로 계산되어 있으며, 이들을 자유도로 나는 *MSR*, *MSC*, *MSI*, *MSE*는 각각 D25:D28의 범위에 나타나 있다. 그리고 B30에는 *SST*가 270.98로 계산되어 있다. E25셀에 상표 요인에 대한 *F*통계량이 7.09로 계산되어 있고, 이는 유의수준 10%에서의 *F*임계값 2.89보다 크게 나타나 있어 상표별 건전지 평균수명이 모두 동일하다는 귀무가설을 기각하게 된다.

	A	B	C	D	E	F	G	H
1	분산 분석: 반복 있는 이원 배치법							
2								
3	요약표	저온	고온	계				
4	상표1							
5	관측수	8	8	16				
6	합	168.9	129	297.9				
7	평균	21.1125	16.125	18.61875				
8	분산	0.475536	1.116429	7.376292				
9								
10	상표2							
11	관측수	8	8	16				
12	합	179.7	132.1	311.8				
13	평균	22.4625	16.5125	19.4875				
14	분산	0.545536	1.266964	10.2865				
15								
16	계							
17	관측수	16	16					
18	합	348.6	261.1					
19	평균	21.7875	16.31875					
20	분산	0.9625	1.152292					
21								
22								
23	분산 분석							
24	변동의 요인	제곱합	자유도	제곱 평균	F 비	P-값	F 기각치	
25	인자 A(행)	6.037812	1	6.037812	7.093994	0.012679	2.893846	
26	인자 B(열)	239.2578	1	239.2578	281.1107	3.91E-16	2.893846	
27	교호작용	1.852813	1	1.852813	2.176921	0.151252	2.893846	
28	잔차	23.83125	28	0.851116				
29								
30	계	270.9797	31					
31								

E26셀에는 온도 요인에 대한 F통계량이 239.3으로 유의수준 10%에서의 F임계값 2.89보다 크게 나타나고 있어 온도별로 건전지 평균수명에 차이가 없다는 귀무가설을 기각하고 대립가설을 채택하게 된다. 즉 온도에 따라 건전지의 평균수명이 달라질 수 있다는 결론을 내리게 된다.
상호작용에 대한 F값은 E27셀에 2.18로 나타나 있고, 이는 유의수준 10%에서의 F임계값 2.89보다 작기 때문에 상호작용이 없다는 귀무가설을 채택하게 된다.

제10장

단순회귀분석과 상관분석

CONTENTS

10.1 단순회귀분석

단순회귀(simple regression)라는 것은 단순선형회귀(simple linear regression)를 줄인 말로서 x, y 두 변수 사이의 선형관계를 분석하는 것을 말한다. 따라서 단순회귀라고 했을 때의 용어 속에는 '두 개의 변수'와 '선형관계(linear relationship)'라는 두 가지 의미가 내포되어 있는 것이다. 변수가 3개 이상일 때 이들 변수 사이의 선형관계를 분석하는 경우 이를 다중회귀(multiple regression)라 하며 이는 11장에서 살펴볼 것이다.

산점도

x, y 두 변수의 값에 각각 하나씩을 축을 할당하여 이를 좌표축에 표시하였을 때 이를 산점도(scatter diagram)라 한다. 단순회귀가 내포하고 있는 '선형관계'의 의미는 산점도에 산포되어 있는 점들의 모양이 직선의 형태를 가지는 것을 의미한다. 따라서 단순회귀모형(simple regression model)은 $a+bx$와 같은 직선의 방정식 형태를 지니게 된다.

예제 10.1 아래 x, y 두 변수에 대한 산점도를 그리기 위해 x값은 x축에 y값은 y축에 할당하면 좌표가 (10, 5), (13, 8), (15, 7), (20, 10), (22, 12)인 5개의 점으로 나타낼 수 있다.

x	10	13	15	20	22
y	5	8	7	10	12

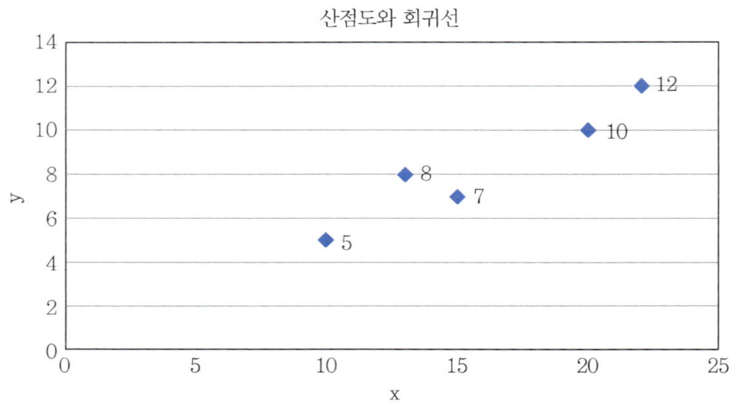

그림 10-1 산점도와 회귀선

위의 그림에서 5개의 점은 우상향의 모양을 하면서 산포되어 있음을 알 수 있다.

즉 x값이 증가함에 따라 y값도 같이 증가함을 알 수 있다. 이 5개의 점을 모두 통과하는 직선은 그릴 수 없지만, 이들 점 사이를 가장 '가까이' 통과하는 직선을 그리고 이 직선의 방정식을 알아낼 수 있다면 x값이 변화했을 때 y값이 얼마나 변할 것인가를 예측할 수 있을 것이다. 이 때 산점도에 나타난 점들을 가장 가까이 통과하는 직선을 회귀선(regression line)이라 한다.

단순회귀모형

단순회귀모형(simple regression model)은 x, y 두 변수 사이의 관계를 선형적으로 표현한 '통계적 모형(statistical model)으로서 다음과 같은 식으로 나타낼 수 있다. 여기서 통계적 모형이라 함은 다음과 같이 확률오차항(random error term)을 모함하고 있는 선형관계식을 말한다.

$$y = \beta_0 + \beta_1 x + \epsilon$$

위의 단순회귀모형에서 β_0, β_1은 절편과 기울기를 나타내는 모수(parameter)이며 x와 y 각각 독립변수, 종속변수를 그리고 ϵ은 확률오차항을 표시한다. 종속변수 y는 x의 변화에 의한 설명되어지기 때문에 x를 설명변수(explanatory variable)라고도 한다.
만약 y가 x에 의해 정확히 선형적으로 표현될 수 있다면 확률오차항 ϵ은 0으로서 $y = \beta_0 + \beta_1 x$가 될 것이다. 이와 같이 선형관계식에 확률오차항이 포함되어 있지 않은 모형을 확정적 모형(deterministic model)이라 한다.

앞에서 언급한 바와 같이 단순회귀모형은 x, y 두 변수 사이의 관계를 선형적으로 분석하는 것이기는 하나 여기에는 확률오차항 ϵ이 들어 있는 통계적 모형이기 때문에, 확률오차항이 모두 '0'이 아닌 한 이들 두 변수에 대한 산점도를 그렸을 때 산점도 상의 점들이 모두 일직선상에 놓여 있다고 볼 수는 없다. 만약 산점도의 점들이 우상향이든 우하향이든 직선의 모양에 가깝게 위치해 있다면 이들 점들을 가장 가까이 통과하는 직선의 방정식을 도출함으로써 x값이 변했을 때 이에 대응하는 y값을 예측할 수 있을 것이다.

산점도의 점들을 가장 가까이 통과하는 직선 즉 회귀선의 식을 $\beta_0 + \beta_1 x$라 했을 때 이를 회귀식 또는 회귀방정식이라 하는데, 여기서 중요한 것은 회귀식의 절편 β_0와 기울기 β_1이 어떤 값을 가질 때 회귀선이 산점도의 점들을 가장 가까이 통과할 것인가 하는 점이다. 따라서 회귀분석에서 가장 중요한 것은 회귀식의 모수 β_0, β_1을 추정하는 일이다.

예제 10.2 아래 그림에서 x값이 x_1일 때 이를 회귀식에 대입하면 $\beta_0 + \beta_1 x_1$의 y값을 얻게 되는데, 이는 회귀식이 $\beta_0 + \beta_1 x$인 경우 $x = x_1$일 때의 y에 대한 추정값

$\hat{y_1}$으로서 아래 그림에서는 x축에서 회귀선까지의 수직선 거리에 해당한다. 그러나 실제 y값은 점 (x_1, y_1)이 나타내는 바와 같이 x값이 x_1일 때 y_1임을 보이고 있어 회귀식에 의한 추정값 $\hat{y_1}$과 실제값 y_1 사이에 ϵ_1만큼의 오차가 발생하고 있는 것이다. 이는 바로 점 (x_1, y_1)이 회귀선으로부터 수직거리로 ϵ_1만큼 떨어져 있음을 의미하는 것이다. 따라서 점 (x_1, y_1)의 경우 y_1은 $y_1 = \beta_0 + \beta_1 x_1 + \epsilon_1$과 같이 나타낼 수 있다.

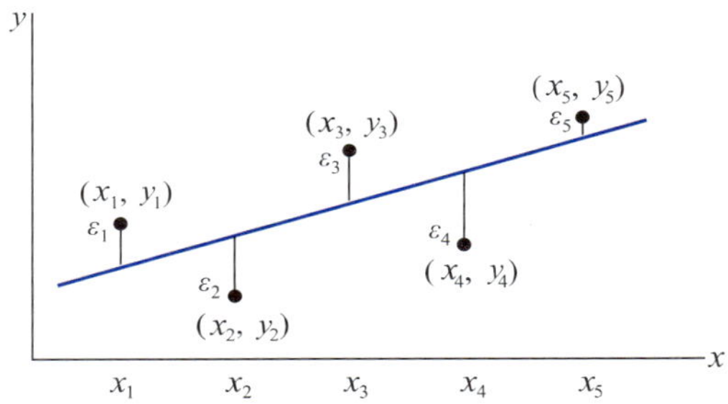

그림 10-2 실제값(y)과 추정값($\hat{y}$)

모집단의 산점도와 표본의 산점도

회귀분석에서 사용하는 자료는 일반적으로 표본에 의해 얻은 데이터이기 때문에 산점도는 표본 산점도를 가리키는 것이 보통이다. 그러나 회귀분석에서 중요한 역할을 하는 확률오차 ϵ의 분포를 잘 이해하기 위해서는 먼저 모집단의 산점도와 표본의 산점도를 구분하여 그 차이를 이해하여야 한다.

이를 위해 가구의 소득과 소비를 표본조사하여 아래와 같은 자료를 얻었다고 하고 이를 예로 하여 모집단과 표본의 산점도를 비교설명하기로 한다(표본은 비현실적이지만 5가구를 무작위로 추출하였다고 하자).

(단위: 백만원)

소득(x)	1	2	3	4	5
소비(y)	0.9	1.2	2.5	2.8	3.3

이를 산점도로 나타내면 아래와 같은 그림을 얻을 수 있는데, 이는 표본으로 얻은 자료를 기초로 그린 것이므로 표본의 산점도에 해당한다.

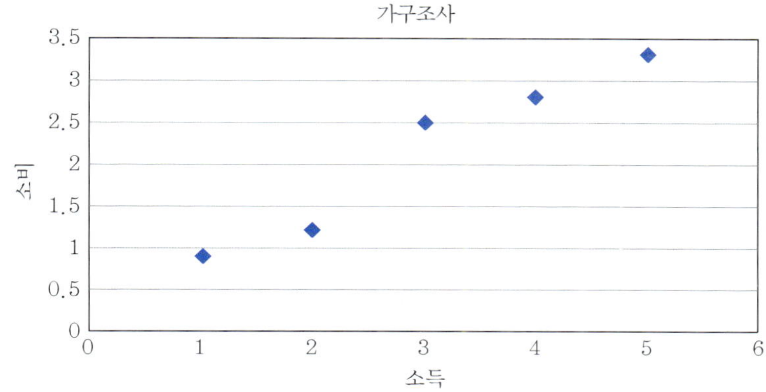

그림 10-3 표본의 산점도

위의 표본조사에서 소득이 400만원인 가구의 소비는 280만원인 것으로 나타나고 있다. 그러나 여기서 주의할 것은 소득이 400만원인 가구가 모집단에는 하나가 아닌 여러 가구가 있을 것이고 이들 가구의 소비 역시 280만원으로 모두 동일하다고 볼 수는 없을 것이다. 즉 소비가 280만원인 가구는 모집단에서 소득이 400만원인 여러 가구 가운데 단지 소비가 280만원인 가구가 표본으로 뽑힘으로써 나타난 결과일 뿐이다. 다시 말해 소득이 400만원이지만 40만원을 소비하는 가구도 있을 것이고 소득의 전부를 소비하는 가구도 있을 것이다. 그러나 이러한 소비를 하는 가구는 확률적으로 적을 것이기 때문에 소비가 280만원인 가구가 추출되었다는 것은 확률적으로 280만원을 전후한 수준의 소비를 하는 가구가 많기 때문에 이러한 표본이 추출되었으리라는 추측을 할 수 있을 것이다.

따라서 모집단에 속하는 모든 가구들의 소득과 소비 두 변수를 산점도로 표현한다면 동일한 소득수준(x)에 대한 소비(y)가 다양하게 나타날 것이므로 수직으로 여러 개의 점을 구성할 것이다. 그러나 일반적으로 모집단에 대한 정보가 알려져 있는 것이 아니기 때문에 모집단의 산점도는 가상적인 개념으로 이용될 뿐이다.

예제 10.3 소득이 200만원인 가구와 400만원인 가구만을 대상으로 모집단의 산점도를 그린다면 아래 그림과 같이 나타날 것이다. 굵은 점일수록 가구를 표시하는 점들이 많이 집중되어 있는 것을 나타내는 것이다. 따라서 아래 그림은 200만원 소득의 가구보다는 400만원 소득의 가구가 더 높은 소비수준에 많은 가구가 집중되어 있음을 나타내고 있는 것이다. 그리고 아래쪽 또는 위쪽으로 갈수록 다시 말해 주어진 소득수준에서 과도한 소비나 과소한 소비를 하는 가구는 희소하다는 것을 의미하고 있다. 그러므로 400만원의 소득을 가진 가구가 표본으로 추출되는 경우 이 가구는 아래

그림에서 굵은 점의 부분의 소비수준을 가진 가구 중에서 추출될 확률이 가장 높은 것이라는 생각을 할 수 있다.

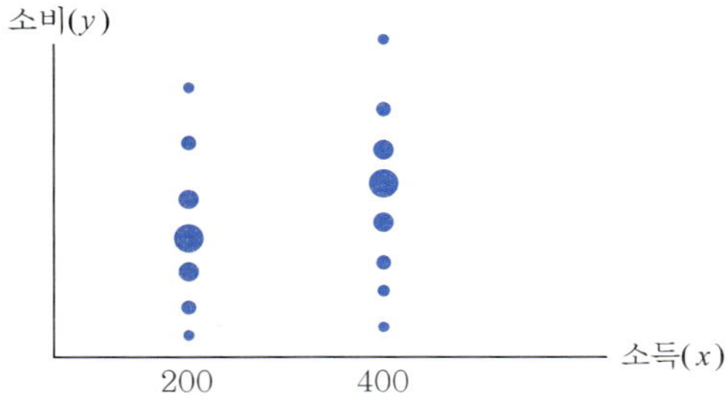

그림 10-4 모집단의 산점도

확률오차 ϵ의 분포

위의 예제에서 살펴본 바와 같이 모집단에는 동일한 소득을 가진 가구라 하더라도 이들 가구의 소비는 제각기 다르기 때문에 이를 산점도로 표시할 경우 수직선을 따라 여러 개의 점들이 퍼져 있게 된다. 그러나 회귀분석을 위한 자료는 일반적으로 모집단이 아닌 표본에 의한 것이므로 표본의 산점도는 모집단의 산점도에서 수직으로 산포되어 있는 여러 개의 점들 중의 일부가 될 것이다.

아래 그림에서 검은 점이 표본으로 추출된 것이라고 가정하고 x, y 두 변수 사이의 회귀방정식이 $\beta_0 + \beta_1 x$라고 하면 $x = 200$일 때의 추정값은 $\beta_0 + \beta_1 x = \beta_0 + (\beta_1 \times 200)$으로서 x축의 $x = 200$의 점에서 회귀선까지의 수직거리가 되나, 실제 표본에서 측정된 값은 검은 점으로 표시된 값으로서 이보다 큰 값을 가지고 있다.

즉 ϵ_1만큼 확률오차(random error)가 발생하고 있다. 이를 확률오차라고 하는 것은 표본으로 추출될 수 있는 점은 모집단 산점도를 구성하는 $x = 200$에서 수직선을 따라 산포되어 있는 어느 점도 추출될 수 있는 가능성이 있기 때문이다. 단지 많은 점이 밀집되어 있는 부분을 큰 점으로 표시하고 있으므로 이 부근의 점이 표본으로 뽑힐 확률이 높다는 것을 확인할 수 있을 뿐이다. 만약 회귀선상에 있는 점이 표본으로 추출되었다면 확률오차는 $\epsilon = 0$이 될 것이다.

단순회귀모형에서는 이러한 확률오차 ϵ에 대해 다음과 같은 가정을 한다.

(1) 단순회귀모형 $y = \beta_0 + \beta_1 x + \epsilon$은 확률변수(random variable)이다.
(2) 독립변수 x의 값에 관계없이 확률변수 ϵ은 평균이 '0'이고, 분산이 σ^2인 정규분포를 한다.
(3) 확률오차 ϵ은 독립변수 x에 대해 독립적(independent)이다.

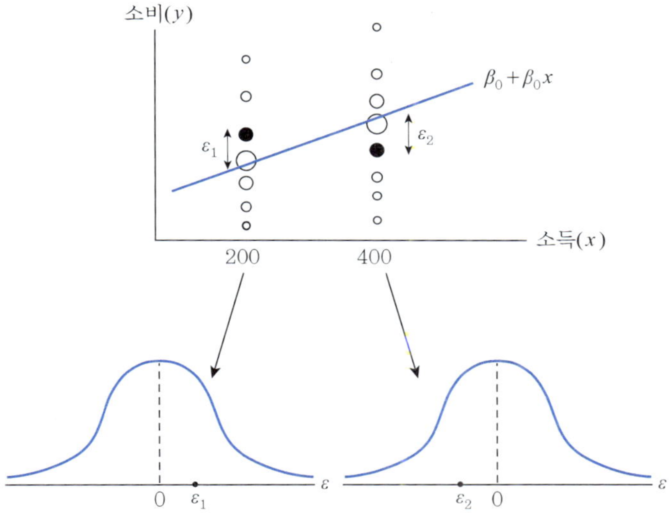

그림 10-5 확률오차 ϵ의 분포

> **Note**
>
> 단순회귀모형 $y=\beta_0+\beta_1 x+\epsilon$에서 보듯이 y는 확률변수 ϵ를 포함하고 있으므로 종속변수 y 또한 확률변수임을 알 수 있다. 확률오차 ϵ이 평균이 '0'이고 분산이 σ^2인 정규분포를 한다고 가정하고 있으므로 $\epsilon=0$일 때의 값을 표시하는 $\beta_0+\beta_1 x$의 회귀선상에 있는 종속변수 y값은 바로 $E(y|x)$를 의미하는 것이다. 예를 들어 소득이 x_1일 때의 추정값 $\beta_0+\beta_1 x$은 바로 모집단의 산점도 $x=x_1$을 통과하는 수직선상에 위치한 여러 y(소비수준)값의 평균인 $E(y|x_1)$을 의미하는 것이다. 즉 $E(y|x_i)=\beta_0+\beta_1 x_i$가 되는 것이다.

10.2 회귀모형의 추정

■ 최소자승법

x, y 두 변수 사이에 선형관계를 단순회귀모형 $y=\beta_0+\beta_1 x+\epsilon$에 따라 분석하고자 할 때 항상 주의해야 할 것은 실제 이 모형에 적용되는 데이터는 모집단이 아닌 표본자료가 일반적이라는 사실이다. 이는 바로 표본을 통해 모평균을 추정하는 것처럼 표본 산점도상의 점들을 통해 단순회귀모형인 $y=\beta_0+\beta_1 x+\epsilon$의 β_0, β_1을 추정해야 한다는 것을 의미하는 것이다. 이러한 β_0, β_1을 추정하는 방법 중에서 가장 일반적으로 이용되는 것이 최소자승법(least square method)이다.

β_0, β_1을 추정하는데 있어서 최소자승법의 기준은, 표본자료를 통해 얻은 β_0, β_1의 추정값을 b_0, b_1이라고 했을 때 이를 이용하여 추정한 종속변수의 추정값 $\hat{y}(=b_0+b_1(x))$과 실제

y값 사이의 오차인 $y-\hat{y}$의 절대값이 $|y-\hat{y}|$들의 합, 즉 $\sum|y-\hat{y}|$를 최소화하는 b_0, b_1을 구하는 것이다.
이 때 $\hat{y}=b_0+b_1x$를 회귀방정식이라 하며 이를 그래프로 그렸을 때 나타나는 직선을 회귀선(regression line)이라 한다. 특히 회귀방정식의 b_1을 회귀계수(regression coefficient)라 한다.

Note

$y-\hat{y}$를 잔차(resibual)라 하기도 한다.
β_0, β_1에 대한 추정값은 $\widehat{\beta_0}$, $\widehat{\beta_1}$으로 표시하기도 하나 여기서는 b_0, b_1으로 표시하기로 한다.

실제 최소자승법에서는 $\sum|y-\hat{y}|$ 대신에 오차의 제곱합 즉 $\sum(y-\hat{y})^2$를 최소화하는 b_0, b_1을 구하게 되는데 이는 실제 y값과 추정된 y값인 $\hat{y}$ 사이의 오차를 최소화한다는 면에서 결과는 동일하기 때문이다. 특히 여기서 오차를 최소화할 때 $y-\hat{y}$의 절대값 ($|y-\hat{y}|$) 또는 오차의 제곱인 $(y-\hat{y})^2$을 기준으로 하는 것은 오차인 $y-\hat{y}$의 크기가 양(+) 또는 음(−)이 될 수 있으므로 오차의 합을 최소화할 때의 기준을 $\sum(y-\hat{y})$으로 할 경우 오차가 심하게 발생함에도 불구하고 계산결과는 (+)의 오차와 (−)의 오차가 서로 상쇄되어짐으로써 오차가 거의 없는 것으로 나타날 수도 있기 때문이다.

아래 그림은 이러한 상황을 잘 보여주고 있다. 그림 (a)의 산점도를 볼 때 점들이 우하향의 방향으로 산포되어 있어, x, y의 선형관계가 음(−)의 관계에 있음을 알 수 있다. 즉 x가 증가함에 따라 y는 감소하는 추세를 보이고 있는 것이다. 따라서 $\hat{y}=b_0+b_1x$의 회귀선은 그림 (a)의 우하향 직선의 형태를 띨 것이다.

그러나 그림 (a)와 동일한 산점도를 나타내는 그림 (b)의 우상향 직선은 $\sum(y-\hat{y})$를 기준으로 했을 때의 오차합은 '0'($=\sum(y-\hat{y})=\epsilon_1+\epsilon_2+\epsilon_3+\epsilon_4=1+0+(-0.1)+(-0.9)=0$)이 되어 최소화가 이루어지고 있으나 실제 산점도가 나타내는 x, y 사이에 존재하는 음(−)의 선형관계를 잘 나타내는 회귀선이라고 할 수 없다. 이러한 이유로 최소자승법에서 오차를 최소화할 때는 오차의 제곱합 $\sum(y-\hat{y})^2$을 기준으로 하는 것이다.

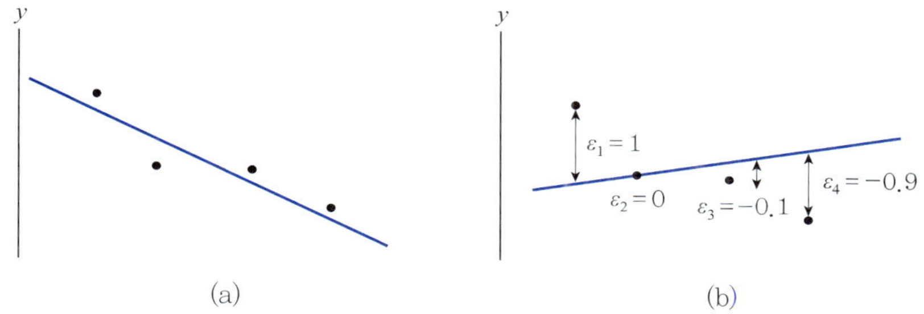

그림 10-6 오차의 최소화방법 자료

■ 회귀계수의 추정

최소자승법에 의해 추정된 회귀방정식 $\hat{y} = b_0 + b_1 x$의 절편 b_0와 기울기인 회귀계수 b_1은 단순회귀모형 $y = \beta_0 + \beta_1 x + \epsilon$에서 오차의 제곱합을 최소화하는 모수 β_0, β_1의 추정값이기 때문에 최적화 조건을 이용하면 아래와 같은 여러 형태의 회귀계수를 도출하는 공식을 얻을 수 있다.

$$b_1 = \frac{\sum (x-\bar{x})(y-\bar{y})}{\sum (x-\bar{x})^2} = \frac{n\sum xy - \sum x \sum y}{n\sum x^2 - (\sum x)^2} = \frac{\sum xy - \frac{\sum x \sum y}{n}}{\sum x^2 - \frac{(\sum x)^2}{n}} = \frac{\sum xy - n\bar{x}\bar{y}}{\sum x^2 - n\bar{x}^2}$$

$$b_0 = \bar{y} - b_1 \bar{x}$$

위의 b_1에 대한 공식을 제곱합의 형태로 나타내기 위해 x, y에 대한 편차의 제곱합을

$$SSX = \sum (x-\bar{x})^2 = \sum x^2 - \frac{(\sum x)^2}{n} = \sum x^2 - n\bar{x}^2$$

$$SSY = \sum (y-\bar{y})^2 = \sum y^2 - \frac{(\sum y)^2}{n} = \sum y^2 - n\bar{y}^2$$

$$SSXY = \sum (x-\bar{x})(y-\bar{y}) = \sum xy - \frac{(\sum x)(\sum y)}{n} = \sum xy - n\bar{x}\bar{y}$$

로 정의하면 회귀계수 b_1에 대한 도출공식

$$b_1 = \frac{\sum xy - \frac{\sum x \sum y}{n}}{\sum x^2 - \frac{(\sum x)^2}{n}}$$

에서 분자, 분모는 각각 $SSXY$, SSX를 나타내므로 회귀계수 b_1은 다음과 같이 간단히 표시할 수 있다.

$$b_1 = \frac{SSXY}{SSX}$$

Note

최적화 조건을 이용하여 회귀계수 도출공식을 얻은 과정은 다음과 같다.

먼저 단순회귀모형의 $y = \beta_0 + \beta_1 x + \epsilon$에서 모수 β_0, β_1의 추정값을 b_0, b_1이라 하면 회귀선의 방정식은 $\hat{y} = b_0 + b_1 x$가 되어 오차의 제곱합은 다음과 같이 표시할 수 있다.

$$SSE = \sum (y - \bar{y})^2 = \sum [y - (b_0 + b_1 x)]^2$$

여기서 최소자승법에 의해 추정된 b_0, b_1은 오차의 제곱합 SSE를 최소화하는 추정식이므로 최소화 1차조건에 따라 b_0와 b_1에 대한 SSE의 편도함수(partial derivative)는 '0'이 되어야 한다.

① $\frac{\partial SSE}{\partial b_0} = \sum 2[y - (b_0 + b_1 x)] \cdot (-1) = 0$

② $\frac{\partial SSE}{\partial b_1} = \sum 2[y - (b_0 + b_1 x)] \cdot (-x) = 0$

①과 ②를 정리하면 다음과 같은 b_0, b_1에 대한 연립방정식을 얻을 수 있다.

①′ $\sum y = nb_0 + b_1 \sum x$

②′ $\sum xy = b_0 \sum x + b_1 \sum x^2$

위의 연립방정식을 b_1에 대해 풀면 다음과 같은 회귀계수 도출공식을 얻을 수 있다.

$$b_1 = \frac{n \sum xy - \sum x \sum y}{n \sum x^2 - (\sum x)^2}$$

$$b_0 = \bar{y} - b_1 \bar{x}$$

위에서 b_0를 구하는 공식 $b_0 = \bar{y} - b_1 \bar{x}$는 식 ①′ 의 양변을 n으로 나누어 직접 도출할 수도 있다.

예제 10.4 x, y에 관련된 자료가 다음과 같을 때 회귀선의 절편과 회귀계수를 구하시오.

$$\sum x = 261, \qquad \sum y = 148$$
$$\sum x^2 = 11219, \qquad \sum y^2 = 3938$$
$$\sum xy = 6596, \qquad n = 9$$

풀이 $\hat{y} = b_0 + b_1 x$에서 먼저 회귀계수 b_1을 구한 후 절편을 구한다.

$$b_1 = \frac{n\sum xy - \sum x \sum y}{n\sum x^2 - (\sum x)^2} = \frac{(9\times 6596) - (261\times 148)}{(9\times 11219) - (261)^2} = 0.631$$

$$b_0 = \bar{y} - b_1\bar{x} = \frac{148}{9} - \left(0.631 \times \frac{261}{9}\right) = -1.855$$

따라서 회귀방정식 $\hat{y} = -1.855 + 0.631x$가 된다.

여기서 절편은 -1.855이고 회귀계수는 0.631이 됨을 알 수 있다.

Note

위의 회귀방정식에서 회귀계수가 0.631로 (+)의 값을 가지므로 x가 증가하면 y도 증가하는 추세를 보이고 있음을 알 수 있다. 회귀방정식이 1차식이기 때문에 회귀계수 자체는 x의 변화분에 대한 y의 반응정도를 나타내는 계수이기도 하다. 즉 $b_1 = 0.631$은 x가 1단위 증가할 때 y가 0.631 증가하고 있음을 의미하는 것이다.

예제 10.5 x, y에 대한 자료가 다음과 같이 주어졌을 때 회귀 방정식 $\hat{y} = b_0 + b_1 x$을 구하시오.

x	1	2	3	4	5
y	5	8	10	12	15

풀이 $b_1 = \dfrac{SSXY}{SSX}$이므로 먼저 아래 표의 계산결과를 이용하여 SSX와 $SSXY$를 구한다.

$$SSXY = \sum xy - \frac{\sum x \sum y}{n} = 174 - \frac{15\times 50}{5} = 24$$

$$SSX = \sum x^2 - n\bar{x}^2 = 55 - (5\times 9) = 10$$

$$b_1 = \frac{SSXY}{SSX} = \frac{24}{10} = 2.4$$

$$b_0 = \bar{y} - b_1\bar{x} = 10 - (2.4\times 3) = 2.8$$

$$\sum x = 15, \quad \sum y = 50, \quad \sum xy = 174, \quad \sum x^2 = 55, \quad n = 5$$

x	y	xy	x^2
1	5	5	1
2	8	16	4
3	10	30	9
4	12	48	16
5	15	75	25

$$\bar{x} = \frac{\sum x}{n} = \frac{15}{5} = 3$$

$$\bar{y} = \frac{\sum y}{n} = \frac{50}{5} = 10$$

따라서 회귀방정식은 $\hat{y} = 2.8 + 2.4x$가 된다.

대부분의 회귀분석은 데이터의 크기에 관계없이 과정 자체가 지루한 계산을 요구하기 때문에 일반적으로 통계관련 프로그램을 이용하게 된다. 아래는 Excel을 이용하여 회귀방정식을 구하는 과정을 보여주고 있다.

입력과정

① A2:B7 : 데이터를 입력한다.

	A	B	C
1	예제 10.5		
2	x	y	
3	1	5	
4	2	8	
5	3	10	
6	4	12	
7	5	15	
8			

② 메뉴 바에 있는 [데이터]탭을 클릭하고 이 때 나타나는 풀다운 메뉴에서 [데이터 분석]을 찾아 클릭하면 [통계 데이터 분석] 창이 열린다. 여기서 스크롤바를 이용하여 [회귀 분석] 항목을 찾아 클릭하고 [확인] 버튼을 누르면 [회귀 분석] 창이 열린다.

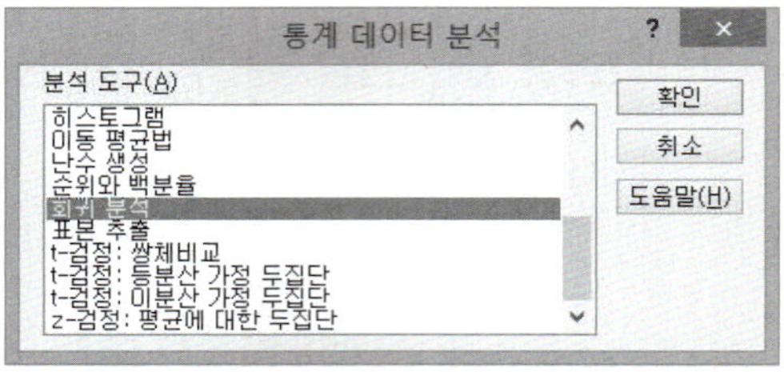

③ [회귀 분석] 창이 열리면 먼저 입력범위를 표시하기 위한 입력상자를 클릭한

후 여기에 데이터가 입력되어 있는 범위를 지정한다.

y축 입력범위와 x축 입력범위를 마우스를 이용하여 지정한 후 이들 범위에는 각 변수 이름이 지정되어 있으므로 '이름표' 선택을 체크하고 [확인] 버튼을 누른다.

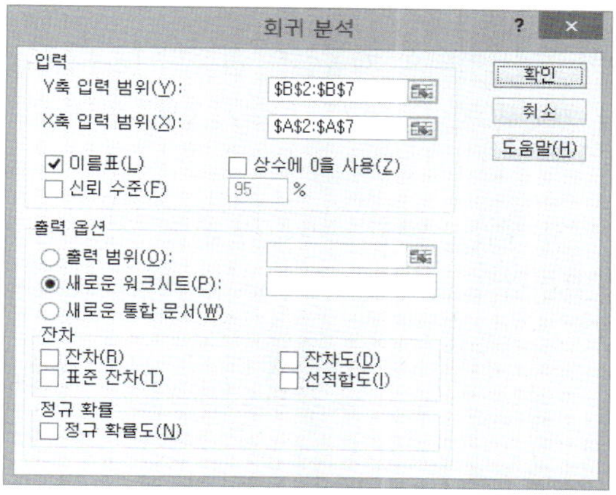

④ 아래에 실행 결과가 출력되어 있다.

B17셀과 B18셀에 각각 절편과 회귀계수가 각각 2.8, 2.4로 출력되어 있다. 따라서 회귀방정식은 $\hat{y} = 2.8 + 2.4x$가 된다.

	A	B	C	D	E	F	G	H	I	J
1	요약 출력									
2										
3	회귀분석 통계량									
4	다중 상관계수	0.996546								
5	결정계수	0.993103								
6	조정된 결정계수	0.990805								
7	표준 오차	0.365148								
8	관측수	5								
9										
10	분산 분석									
11		자유도	제곱합	제곱 평균	F 비	유의한 F				
12	회귀	1	57.6	57.6	432	0.0002436				
13	잔차	3	0.4	0.133333						
14	계	4	58							
15										
16		계수	표준 오차	t 통계량	P-값	하위 95%	상위 95%	하위 95.0%	상위 95.0%	
17	Y 절편	2.8	0.382971	7.311262	0.005284	1.5812159	4.0187841	1.5812159	4.0187841	
18	x	2.4	0.11547	20.78461	0.000244	2.0325228	2.7674772	2.0325228	2.7674772	
19										

■ 확률오차 ϵ의 분산

단순회귀모형 $y = \beta_0 + \beta_1 x + \epsilon$에서 확률오차 ϵ은 평균이 '0'이고 분산이 σ^2으로

일정한 값을 갖는 정규분포를 한다고 가정하였다. 여기서 분산 σ^2은 알려져 있는 값이 아니기 때문에 이를 추정하게 되는데 σ^2에 대한 추정값 s_e^2은 다음과 같이 구한다.

$$s_e^2 = \frac{\sum(y-\hat{y})^2}{n-2} = \frac{SSE}{n-2}$$

이는 오차 또는 잔차의 제곱합을 자유도 $(n-2)$로 나눈 것이므로 오차 제곱의 평균이라는 개념을 지니고 있다. 따라서 이를 평균제곱오차(mean square error)라고도 한다.

그리고 s_e^2의 제곱근 s_e를 추정값의 표준오차(standard error of estimates) 또는 회귀의 표준오차(standard error of regression)이라 한다.

$$s_e = \sqrt{\frac{\sum(y-\hat{y})^2}{n-2}} = \sqrt{\frac{SSE}{n-2}}$$

추정값의 표준오차 s_e는 회귀모형이 표본데이터와 얼마나 적합한지를 보여주는 것으로서 s_e가 작으면 작을수록 산점도의 점들은 회귀선 근처에 더 가까이 근접해 있을 것이다.

예제 10.6 [예제 10.5]에서 주어진 데이터를 기준으로 회귀의 표준오차를 구하시오.

풀이 먼저 y의 추정값 $\hat{y}$를 구한 후 오차 또는 잔차의 제곱합 $SSE=\sum(y-\hat{y})^2$을 구한다.

$\hat{y}=2.8+2.4x$이므로 여기에 1부터 5까지의 x값을 대입하면 $\hat{y}$를 간단히 계산할 수 있다.

x	y	$\hat{y}=2.8+2.4x$	$(y-\hat{y})^2$
1	5	5.2	0.04
2	8	7.6	0.16
3	10	10.0	0
4	12	12.4	0.16
5	15	14.8	0.04
			$\sum(y-\hat{y})^2=0.4$

$\sum(y-\hat{y})^2=0.4$이고 관찰치 수가 $n=5$이므로 회귀의 표준오차는

$$s_e = \sqrt{\frac{\sum(y-\hat{y})^2}{n-2}} = \sqrt{\frac{0.4}{5-2}} = \sqrt{0.1333} = 0.36515$$

가 된다. 아래는 [예제 10.5]에 대한 결과물의 일부이다.

B13셀에 오차의 제곱합 $\sum(y-\hat{y})^2$에 대한 자유도 $(n-2)$가 3으로 나타나 있고, C13셀에는 $\sum(y-\hat{y})^2$의 값이 0.4로 출력되어 있다.

그리고 D13셀에는 평균 제곱오차값이 $\frac{\sum(y-\hat{y})^2}{n-2}=\frac{0.4}{3}=0.1333$으로 출력되어 있다. 끝으로 B7셀에는 우리가 구하고자 하는 회귀의 표준오차인 $s_e=\sqrt{\frac{\sum(y-\hat{y})^2}{n-2}}$가 0.36515로 계산되어 있다.

	A	B	C	D	E	F	G	H	I	J
1	요약 출력									
2										
3	회귀분석 통계량									
4	다중 상관계수	0.996546								
5	결정계수	0.993103								
6	조정된 결정계수	0.990805								
7	표준 오차	0.365148								
8	관측수	5								
9										
10	분산 분석									
11		자유도	제곱합	제곱 평균	F 비	유의한 F				
12	회귀	1	57.6	57.6	432	0.0002436				
13	잔차	3	0.4	0.133333						
14	계	4	58							
15										
16		계수	표준 오차	t 통계량	P-값	하위 95%	상위 95%	하위 95.0%	상위 95.0%	
17	Y 절편	2.8	0.382971	7.311262	0.005284	1.5812159	4.0187841	1.5812159	4.0187841	
18	x	2.4	0.11547	20.78461	0.000244	2.0325228	2.7674772	2.0325228	2.7674772	
19										

10.3 회귀모형의 적합성 검정

독립변수 x와 종속변수 y의 상관정도와 회귀계수의 크기

회귀방정식 $\hat{y}=b_0+b_1x$에서 회귀계수 b_1은 회귀직선의 기울기로서 독립변수 x가 1단위 증가할 때 종속변수 y의 추정치 $\hat{y}$가 b_1만큼 변화한다는 것을 의미하는 것이다. 만약 b_1이 (+)이면 x가 증가함에 따라 y도 증가하며, b_1이 (−)이면 x가 증가함에 따라 y는 감소하는 추세를 보이고 있음을 나타내는 것이다. 또한 부호에 관계없이 b_1의 절대값이 작다는 것은 x의 변화에 y가 영향을 받지 않고 있음을 나타내는 것이다.

그런데 여기서 b_1은 회귀모형 $y=\beta_0+\beta_1x+\epsilon$에서 β_1에 대한 추정치로서 모집단이 아닌 표본에 의해 얻어진 것이므로 추정된 b_1의 값을 전적으로 믿을 수는 없다.

다시 말해 모집단의 모수 β_1이 '0'이 아닌 값을 가지고 있음에도 표본에 의해 추정된 b_1의 값은 '0'이 될 수도 있기 때문이다.

이러한 사실은 바로 우리가 회귀분석을 한 후 반드시 모수 β_1에 대해 $\beta_1=0$이라는 귀무가설을 세우고 이를 검정해야 함을 시사하는 것이다.

회귀계수의 표본분포

회귀계수 b_1은 표본에 의해 추정된 것이므로 어떤 표본이 추출되느냐에 따라 그 값이 달라지는 확률변수에 해당한다. 이 때 회귀모형 $y=\beta_0+\beta_1x+\epsilon$의 오차항 ϵ이 정규분포를 한다고 가정할 때 b_1에 대한 표본분포는 평균(μ_{b1})이고 표준편차(σ_{b1})가 $\frac{\sigma}{\sqrt{SSX}}$인 정규분포를 하게 된다.

〈회귀계수 b_1에 대한 표본분포의 평균과 표준오차〉

평균 : $\mu_{b1}=\beta_1$

표준편차 : $\sigma_{b1}=\frac{\sigma}{\sqrt{SSX}}$

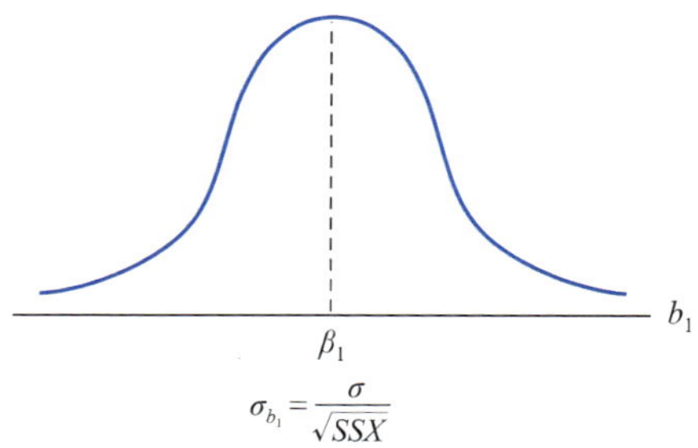

그림 10–7 회귀계수 b_1에 대한 표본분포

그런데 여기서 회귀모형 $y=\beta_0+\beta_1x+\epsilon$의 오차항 ϵ의 분산인 σ^2은 알려져 있지 않기 때문에 σ^2를 표본에 의해 추정된 s_e^2 즉

$$s_e^2=\frac{\sum(y-\hat{y})^2}{n-2}=\frac{SSE}{n-2}$$

로 대체하여 다음의 식에 따라 b_1의 추정된 표준오차 s_{b1}를 구하게 된다.

$$b_1\text{의 추정된 표준오차 : } s_{b1}=\frac{s_e}{\sqrt{SSX}}$$

회귀모수 β_1에 대한 가설검정

독립변수 x와 종속변수 y사이에 선형관계가 성립하는지는 $\beta_1=0$인지의 여부에 따라 결정된다. 즉 $\beta_1=0$이라면 $\hat{y}=b_0+b_1x$는 수평선이 되고 두 변수 사이에는 어떤 선형관계도 존재하지 않음을 의미하는 것이다.

따라서 x와 y사이에 선형관계가 성립하는가를 확인하기 위해서는 다음과 같이 가설을 설정한다.

$$H_0 : \beta_1 = 0$$
$$H_1 : \beta_1 \neq 0$$

위의 귀무가설 $H_0 : \beta_1 = 0$은 x와 y사이의 선형관계가 존재하지 않는다는 것이고 대립가설 $H_1 : \beta_1 \neq 0$은 x와 y사이의 선형관계가 존재한다는 것을 의미하는 것이다. 여기서 대립가설은 $H_1 : \beta_1 \neq 0$ 대신에 $H_1 : \beta_1 > 0$ 또는 $H_1 : \beta_1 < 0$으로 설정할 수도 있다.

그런데 여기서 회귀방정식 $\hat{y} = b_0 + b_1 x$의 회귀계수 b_1은 평균이 β_1이고 추정된 표준오차가 $s_{b1}\left(= \frac{s_e}{\sqrt{SSX}}\right)$인 정규분포를 하는 표본분포의 확률변수이므로, 표본분포의 확률변수 b_1의 평균이 β_1인지를 유의수준 α에서 검정하기 위해서는 b_1의 표준화값을 구하여 이 값이 유의수준 α에서의 채택역에 속하는지 기각역에 속하는지를 확인하여야 한다.

이 때 표본크기가 소표본인 경우 가설검정을 의한 b_1에 대한 검정통계량은 자유도 $(n-2)$의 t통계량을 사용하는데 회귀모형 $y = \beta_0 + \beta_1 x + \epsilon$에서의 ϵ의 표준편차 σ가 알려져 있지 않은 경우 b_1의 표준화 과정에서 이용되는 b_1의 표준오차로 $\sigma_{b1} = \frac{\sigma}{\sqrt{SSX}}$를 사용할 수 없으므로 σ를 s_e로 대체한 추정된 표준오차 즉 $s_{b1} = \frac{s_e}{\sqrt{SSX}}$를 사용하게 된다. 그러나 대표본인 경우는 Z값을 검정통계량으로 사용한다.

Note

회귀계수 b_1은 평균이 β_1이고 표준오차가 s_{b1}인 정규분포를 하는 표본분포의 확률변수이므로 b_1의 표준화 t값은 다음과 같이 구한다.

$$t = \frac{b_1 - \beta_1}{s_{b1}}$$

귀무가설 채택여부는 위에서 구한 검정통계량 t값과 유의수준이 α이고 자유도가 $(n-2)$일 때의 t임계값과의 비교를 통해 검정통계량 t값이 기각역에 속하는지의 여부에 따라 결정된다. 즉 대립가설이 $\beta_1 \neq 0$인 경우는 양측검정이 되어 아래 그림 (a)에서처럼 기각역이 t분포의 양쪽 꼬리 부분에 나타나지만, 대립가설이 $\beta_1 > 0$

또는 $\beta_1 < 0$인 경우는 각각 그림(b)와 그림(c)에서와 같이 상한단측검정과 하한단측검정을 하게 된다.

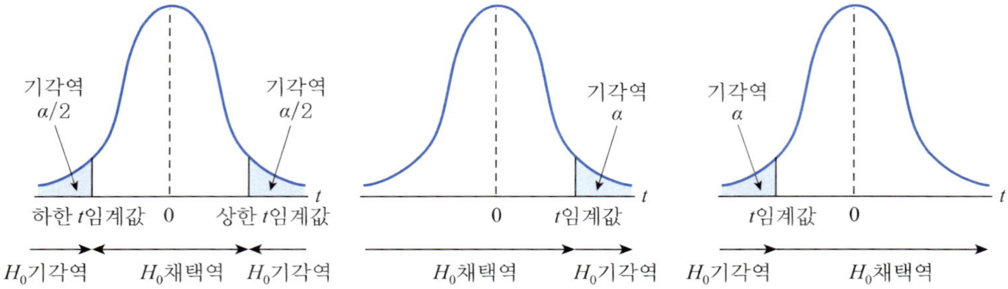

그림 10-8 β_1에 대한 가설검정

예제 10.7 [예제 10.5]의 자료에 대해 x, y 사이에 선형적 관계가 존재하는지 유의수준 5%에서 검정하는 과정은 다음과 같다.

풀이 회귀방정식 $\hat{y}=2.8+2.4x$이므로 회귀모형의 기울기를 나타내는 모수 β_1은 $b_1=2.4$로 추정되었다. x, y 사이에 선형적 관계가 존재하는지의 여부는 회귀모형 $y=\beta_0+\beta_1 x+\epsilon$의 기울기인 β_1이 $\beta_1=0$인지의 여부를 확인하는 것을 의미하므로 먼저 다음과 같이 가설을 설정한다.

〈1단계〉

$H_0 : \beta_1 = 0$ (x, y 사이에 선형적 관계가 존재하지 않는다.)

$H_1 : \beta_1 \neq 0$ (x, y 사이에 선형적 관계가 존재한다.)

〈2단계〉

회귀계수 b_1에 대한 검정통계량 t값을 구한다. 이를 위해 [예제 10.6]에서 구한 회귀의 표준오차 s_e와 [예제 10.5]에서 구한 SSX를 이용하여 b_1에 대한 표준오차 s_{b1}을 계산한다.

귀무가설에 나타난 바와 같이 b_1에 대한 모수 β_1이 $\beta_1=0$인지를 검정하는 것이므로 t값은 구하는 식의 β_1에는 '0'을 대입한다.

$$s_e = \sqrt{\frac{\sum(y-\hat{y})^2}{n-2}} = \sqrt{\frac{0.4}{5-2}} = 0.36515\text{이고}$$

$$SSX = \sum x^2 - n\bar{x}^2 = 55-(5\times 9) = 10$$

$$s_{b1} = \frac{s_e}{\sqrt{SSX}} = \frac{0.36515}{\sqrt{10}} = 0.11547$$

$$t = \frac{b_1-\beta_1}{s_{b1}} = \frac{2.4-0}{0.11547} = 20.785$$

〈3단계〉

양측검정에서 유의수준이 5%이고 자유도가 $df=n-2=5-2=3$이므로 이를 t분포표에서 찾으면 t임계값이 ±3.182가 됨을 알 수 있다.

따라서 귀무가설 기각역은 $t>3.182$ 또는 $t<-3.182$가 되는데, 2단계에서 구한 t값은 20.785이므로

$\beta_1 = 0$의 귀무가설을 기각하게 된다.

즉 x, y 사이에 선형적 관계가 존재한다는 결론을 내리게 된다.

t	양측 확률			
df	0.10	0.05	0.02	0.01
2	2.920	4.303	6.965	9.925
3	2.353	3.182	4.541	5.841
4	2.132	2.776	3.747	4.604
	0.050	0.025	0.010	0.005
	단측 확률			

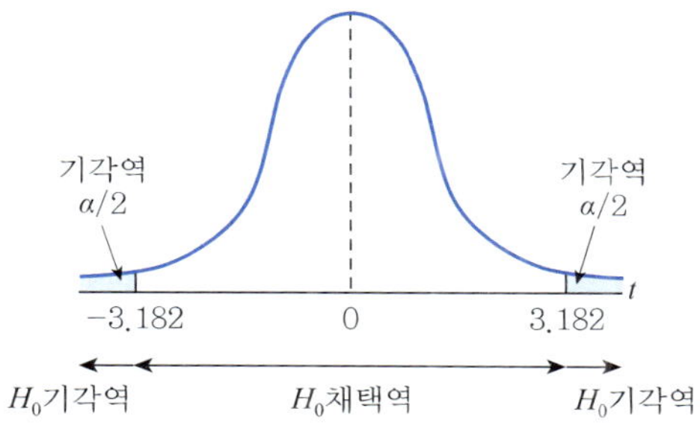

그림 10-9 귀무가설($\beta_1 = 0$)의 기각역과 채택역

아래는 [예제 10.5]의 프로그램을 실행하여 얻은 결과물의 일부이다.

D18셀에 회귀계수 b_1에 대한 t값이 20.785로 나타나 있다.

이는 $t = \dfrac{b_1 - \beta_1}{s_{b1}} = \dfrac{b_1}{s_{b1}}$에 따라 B18셀에 있는 b_1값 2.4를 C18셀에 있는 b_1에 대한 표준오차값 0.11547로 나누어서 얻은 결과이다.

E18셀에는 D18셀의 t값 20.785를 임계값으로 했을 때의 기각역 확률이 $P(|t| > 20.785) = 0.0002$임을 나타내고 있다. 유의수준이 5%인 경우 20.785의 t값은 기각역에 속하게 됨을 알 수 있다.

	A	B	C	D	E	F	G	H	I	J
1	요약 출력									
2										
3	회귀분석 통계량									
4	다중 상관계수	0.996546								
5	결정계수	0.993103								
6	조정된 결정계수	0.990805								
7	표준 오차	0.365148								
8	관측수	5								
9										
10	분산 분석									
11		자유도	제곱합	제곱 평균	F 비	유의한 F				
12	회귀	1	57.6	57.6	432	0.0002436				
13	잔차	3	0.4	0.133333						
14	계	4	58							
15										
16		계수	표준 오차	t 통계량	P-값	하위 95%	상위 95%	하위 95.0%	상위 95.0%	
17	Y 절편	2.8	0.382971	7.311262	0.005284	1.5812159	4.0187841	1.5812159	4.0187841	
18	x	2.4	0.11547	20.78461	0.000244	2.0325228	2.7674772	2.0325228	2.7674772	
19										

예제 10.8 다음은 비료 투입량과 어느 농작물의 수확량을 나타낸 자료이다. 아래 물음에 답하시오.

비료투입량(x)	25	20	18	15	14	8
수확량(y)	45	38	32	24	22	10

(1) 회귀방정식을 구하시오.

(2) 회귀의 표준오차를 구하시오.

(3) 회귀계수 b_1에 대한 표준오차를 구하고 비료투입량과 수확량 사이에 선형관계가 있는지 10% 유의수준에서 검정하시오.

풀이 (1) $b_1 = \dfrac{SSXY}{SSX}$이므로 먼저 SSX와 $SSXY$를 구한다.

$$SSXY = \sum xy - \frac{(\sum x) \cdot (\sum y)}{n} = 3209 - \frac{100 \times 171}{6} = 359$$

$$SSX = \sum x^2 - n\bar{x}^2 = 1834 - (6 \times 16.66667)^2 = 167.33267$$

$$b_1 = \frac{SSXY}{SSX} = \frac{359}{167.33267} = 2.14543$$

$$b_0 = \bar{y} - b_1\bar{x} = 28.5 - (2.14543 \times 16.66667) = -7.25717$$

$$\sum x = 100, \quad \sum y = 171, \quad \sum xy = 3209, \quad \sum x^2 = 1834$$

x	y	xy	x^2
25	45	1125	625
20	38	760	400
18	32	576	324
15	24	360	225
14	22	308	196
8	10	80	64

$$\bar{x} = 16.66667, \quad \bar{y} = 28.5$$

따라서 회귀방정식은 $\hat{y} = -7.25717 + 2.14543x$가 된다.

(2) 회귀의 표준오차를 구하기 위해 먼저 잔차의 제곱합 $SSE = \sum(y - \hat{y})^2$를 계산한다.

$\hat{y} = -7.25717 + 2.14543x$에 따라 x에 대응하는 y의 추정값 $\hat{y}$를 구한다.

x	y	$\hat{y}=-7.25717+2.14543x$	$(y-\hat{y})^2$
25	45	46.379	1.90048
20	38	35.651	5.51578
18	32	31.361	0.40887
15	24	24.924	0.85429
14	22	22.779	0.60661
8	10	9.906	0.00879

$$\sum(y-\hat{y})^2 = 9.29482$$

$SSE=\sum(y-\hat{y})^2 = 9.29482$이고 관찰치 수가 $n=6$이므로 회귀의 표준오차는

$$s_e = \sqrt{\frac{\sum(y-\hat{y})^2}{n-2}} = \sqrt{\frac{9.29482}{6-2}} = \sqrt{2.32371} = 1.52437$$

이 된다.

Note

잔차의 제곱합 SSE는 간단히 $SSE=SSY-b_1SSXY$에 의해서 구할 수도 있다.

(3) (1)에서 $SSX=167.33267$이고 (2)에서 회귀의 표준오차가 $S_e=1.52437$이므로 회귀계수 b_1에 대한 표준오차 s_{b1}은

$$s_{b1} = \frac{s_e}{\sqrt{SSX}} = \frac{1.52437}{\sqrt{167.33267}} = 0.11784$$

가 된다.

비료투입량(x)과 수확량(y) 사이에 선형관계가 있는지를 검정하기 위해 1단계로 다음과 같이 가설을 설정한다.

〈1단계〉

$H_0:\beta_1=0$ (비료투입량(x)과 수확량(y) 사이에 선형관계가 존재하지 않는다.)

$H_1:\beta_1\neq 0$ (비료투입량(x)과 수확량(y) 사이에 선형관계가 존재한다.)

〈2단계〉

회귀계수 b_1에 대한 t값을 구한다.

$$t=\frac{b_1-\beta_1}{s_{b1}}=\frac{b_1-0}{s_{b1}}=\frac{2.14543}{0.11784}=18.206$$

〈3단계〉

자유도가 $n-2=6-2=4$이고 유의수준이 10%일 때 양측검정에서의 t임계값을 t분포표에서 찾으면 2.132가 되어 귀무가설 기각역은 $t>2.132$ 또는 $t<-2.132$가 됨을 알 수 있다. 2단계에서 구한 t값

18.206은 $t > 2.132$의 기각역 범위에 속하게 되어 비료투입량과 수확량 사이에 선형관계가 존재하지 않는다는 귀무가설을 기각하게 된다. 즉 비료투입량과 수확량 사이에 선형관계가 존재할 수도 있다고 판단할 수 있다.

t	양측 확률			
df	0.20	0.10	0.05	0.01
3	1.638	2.353	3.182	5.841
4	1.533	2.132	2.776	4.604
5	1.476	2.015	2.571	4.032
	0.100	0.050	0.025	0.005
	단측 확률			

입력과정

① A2:B8 : 비료투입량과 수확량 데이터를 입력한다.

	A	B	C
1	예제 10.8		
2	x	y	
3	25	45	
4	20	38	
5	18	32	
6	15	24	
7	14	22	
8	8	10	
9			

② 메뉴 바에 있는 [데이터]탭을 클릭하고 이 때 나타나는 풀다운 메뉴에서 [데이터 분석]을 찾아 클릭하면 [통계 데이터 분석] 창이 열린다. 여기서 스크롤바를 이용하여 [회귀 분석] 항목을 찾아 클릭하고 [확인] 버튼을 누르면 [회귀 분석] 창이 열린다.

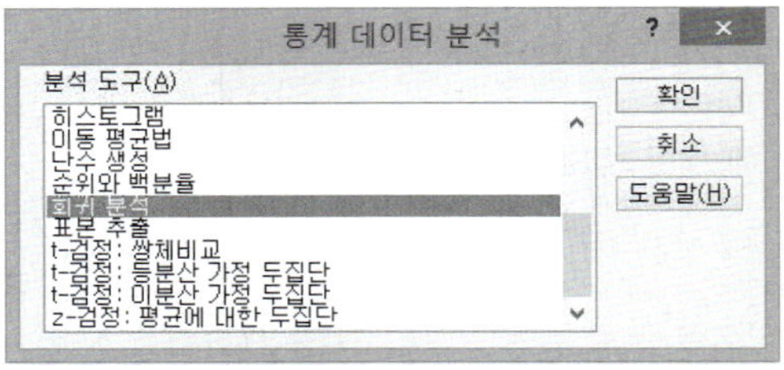

③ [회귀 분석] 창이 열리면 먼저 입력범위를 표시하기 위한 입력상자를 클릭한 후 여기에 데이터가 입력되어 있는 범위를 지정한다.

y축 입력범위와 x축 입력범위를 마우스를 이용하여 지정한 후 이들 범위에는 각 변수 이름이 지정되어 있으므로 '이름표' 선택상자를 체크한다. 또 유의수준 10%에서의 회귀계수를 검정하기 위해 '신뢰수준' 선택상자를 체크하고 신뢰수준을 90%로 지정한 후 [확인] 버튼을 누른다.

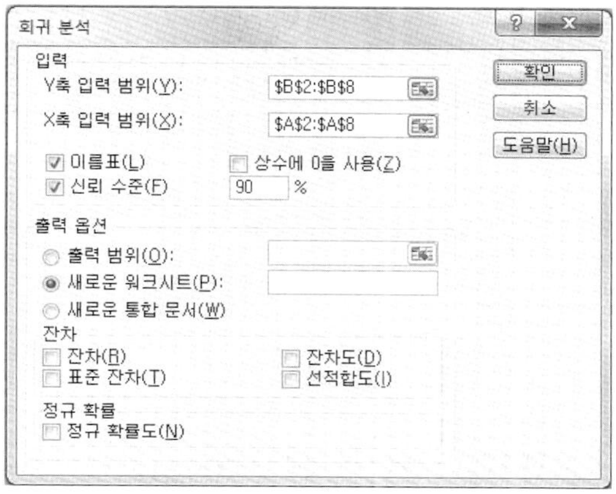

④ 아래에 실행 결과가 출력되어 있다.

B17:B18 : 절편과 회귀계수가 각각 −7.257과 2.145로 출력되어 있다. 따라서 회귀방정식은 $\hat{y}=-7.257+2.145x$가 된다.

B7 : 회귀의 표준오차 s_e는 B7셀에 1.524로 출력되어 있다.

C18 : 회귀계수의 표준오차가 0.11784로 나타나 있다.

D18 : 회귀계수 b_1에 대한 t값이 18.206으로 나타나 있다.

E18 : 회귀계수 b_1에 대한 t값이 18.206을 임계값으로 가정했을 때의 유의수준 확률이 0.0000535로 나타나 있다. 이는 회귀계수 b_1에 대한 t값 18.206이 유의수준 10%일 때의 기각역에 속해 있음을 나타내는 것이다. 따라서 비료투입량과 수확량 사이에 선형관계가 존재하지 않는다는 $\beta_1=0$의 귀무가설을 기각하게 된다.

	A	B	C	D	E	F	G	H	I	J
1	요약 출력									
2										
3	회귀분석 통계량									
4	다중 상관계수	0.99402								
5	결정계수	0.988076								
6	조정된 결정계수	0.985095								
7	표준 오차	1.52437								
8	관측수	6								
9										
10	분산 분석									
11		자유도	제곱합	제곱 평균	F 비	유의한 F				
12	회귀	1	770.2052	770.2052	331.4556	5.35E-05				
13	잔차	4	9.294821	2.323705						
14	계	5	779.5							
15										
16		계수	표준 오차	t 통계량	P-값	하위 95%	상위 95%	하위 90.0%	상위 90.0%	
17	Y 절편	-7.25697	2.060266	-3.52235	0.024398	-12.9772	-1.53676	-11.6491	-2.8648	
18	x	2.145418	0.117842	18.20592	5.35E-05	1.818237	2.4726	1.894198	2.396639	
19										

회귀계수 β_1에 대한 신뢰구간

회귀모수 β_1에 대한 가설검정을 통해 $\beta_1 \neq 0$이라는 대립가설이 채택되어 x, y 사이에 선형 관계가 존재한다는 결론을 내리게 되었을 때, 우리의 관심을 끄는 것은 그러면 독립변수 x의 변화가 종속변수 y에 얼마나 영향을 미칠 것인가 하는 점이다.
물론 회귀선에서 기울기를 나타내는 회귀계수 b_1의 크기가 x가 y에 미치는 영향의 정도를 표시하고는 있으나 b_1은 어디까지나 표본을 통해 얻은 점추정치(point estimate)이기 때문에 이 값이 모집단의 회귀모수 β_1과 정확히 일치한다고 볼 수는 없다. 따라서 점추정치인 b_1만으로 영향 정도를 파악하는 것에는 위험성이 따르게 된다.

이러한 면에서 β_1에 대한 신뢰구간 추정은 점추정치가 갖는 위험성을 보완할 수 있는 추정방법으로서 넓게 이용되고 있으며 신뢰수준이 주어진 경우 β_1에 대한 신뢰구간은 다음과 같이 구한다.

$$b_1 \pm t \cdot s_{b1}$$

위의 식에서 t값은 주어진 신뢰수준의 자유도$(df = n-2)$에 따라 결정된다.

예제 10.9 [예제 10.8]에서 추정한 회귀계수 b_1에 대한 모수 β_1의 신뢰구간을 95% 신뢰수준에서 추정하시오.

풀이 회귀방정식 $\hat{y} = -7.25717 + 2.14543x$에서 $b_1 = 2.14543$이고 b_1에 대한 표준오차 s_{b1}은 [예제 10.8]의 (3)에서 0.11784로 계산되어 있다. 신뢰수준이 95%이므로 양측검정을 기준으로 했을 때의 기각역 확률은 5%가 되고 자유도는 $df = n-2 = 6-2 = 4$이므로 t값은 2.776임을 알 수 있다. 따라서 b_1

에 대한 신뢰구간은 다음과 같이 구할 수 있다.

$$b_1 \pm t \cdot s_{b1} = 2.14543 \pm (2.776 \times 0.11784) = 2.14543 \pm 0.32712 = (1.81831, 2.47255)$$

즉 b_1의 모수 β_1이 약 1.81에서 2.47 사이의 구간에 있을 확률이 95%임을 나타내는 것이다. 다시 말해 $P(1.81831 \leq \beta_1 \leq 2.47255) = 0.95$임을 의미하는 것이다.

t	양측 확률			
df	0.20	0.10	0.05	0.01
3	1.638	2.353	3.182	5.841
4	1.533	2.132	2.776	4.604
5	1.476	2.015	2.571	4.032
	0.100	0.050	0.025	0.005
	단측 확률			

입력과정

	A	B	C	D	E	F	G	H	I	J
1	요약 출력									
2										
3	회귀분석 통계량									
4	다중 상관계수	0.99402								
5	결정계수	0.988076								
6	조정된 결정계수	0.985095								
7	표준 오차	1.52437								
8	관측수	6								
9										
10	분산 분석									
11		자유도	제곱합	제곱 평균	F 비	유의한 F				
12	회귀	1	770.2052	770.2052	331.4556	5.35E-05				
13	잔차	4	9.294821	2.323705						
14	계	5	779.5							
15										
16		계수	표준 오차	t 통계량	P-값	하위 95%	상위 95%	하위 90.0%	상위 90.0%	
17	Y 절편	-7.25697	2.060266	-3.52235	0.024398	-12.9772	-1.53676	-11.6491	-2.8648	
18	x	2.145418	0.117842	18.20592	5.35E-05	1.818237	2.4726	1.894198	2.396639	
19										

위는 [예제 10.8]에서의 결과물을 옮겨 놓은 것이다.

① F18, G18 : $b_1 \pm t \cdot s_{b1}$에 따라 계산된 β_1에 대한 신뢰구간의 하한값과 상한값이 각각 1.8182, 2.4726으로 나타나 있다.

모형에 대한 적합성 검정 – F검정

회귀모형에 대한 적합성 검정이란 주어진 독립변수와 종속변수 사이에 선형관계가 존재하는지 여부를 검정하는 것을 말하는 것으로서, 이는 분산분석을 이용한 F검정을 통해 확인할 수 있다. 이는 다시 말해 종속변수가 독립변수들의 선형결합으로 설명되어질 수 있는지를 검정하는 것으로서 독립변수가 두 개 이상인 경우 독립변수들의 회귀모수인 β들 중 '적어도 하나 이상'의 β가 $\beta \neq 0$인지의 여부를 검정하는 것을 의미하는 것이다(독립변수가 두 개 이상인 경우의 다중회귀분석은 다음 장에서 살펴볼 것이다).

따라서 독립변수가 하나인 단순회귀모형의 경우, 모형에 대한 적합성 검정은 회귀모수가 $\beta_0 = 0$인지 아닌지를 검정하는 것을 의미하게 되어 이는 바로 앞 절에서 살펴본 회귀계수에 대한 t검정과 동일함을 알 수 있다. 즉 단순회귀모형의 경우는 독립변수가 하나이기 때문에 독립변수와 종속변수 사이에 선형관계가 존재하는지를 확인하기 위한 회귀계수에 대한 t검정은 바로 모형에 대한 적합성 검정이 되는 것이다.

Note

단순회귀방정식 $\hat{y} = b_0 + b_1 x$에서 회귀계수 b_1에 대한 검정통계량 t값과 전반적인 모형의 적합성에 대한 검정통계량 F값 사이에는 다음과 같은 관계가 성립한다.

$$t^2_{\alpha/2,\, n-2} = F_{\alpha,1,\ n-2}$$

모형의 적합성을 검정하기 위한 F값을 구하기 위해서는 분산분석표를 작성해야 하는데, 이는 9장에서 살펴본 분산분석표와 유사하다. 즉 9장에서의 분산분석표가 변동요인에 따라 처리(treatment)에 의한 변동과 오차(error)에 의한 변동별로 이들 각각에 대한 제곱합, 자유도, 평균제곱합을 계산하여 작성했던 것과 마찬가지로, 회귀분석에서의 분산분석표 역시 변동요인을 회귀에 의한 변동(regression variation)과 오차에 의한 변동(error variation)으로 구분하는 것이 다를 뿐 이들 변동요인에 따른 제곱합, 자유도, 평균제곱합을 계산하여 작성하는 과정은 모두 동일하다. 회귀에 의한 변동과 오차에 의한 변동을 합한 것을 총변동(total variation)이라 하며 이들은 모두 아래와 같은 제곱합의 형태로 계산된다.

총변동(total sum of squares)	$SST = \sum (y - \bar{y})^2$
회귀변동(regression sum of squares)	$SSR = \sum (\hat{y} - \bar{y})^2$
오차변동(error sum of squares)	$SSE = \sum (y - \hat{y})^2$

$$\sum (y - \bar{y})^2 = \sum (\hat{y} - \bar{y})^2 + \sum (y - \hat{y})^2$$

$$(\ SST \quad = \quad SSR \quad + \quad SSE\ )$$

또한 이 때 총변동의 자유도는 $n-1$이고 단순회귀모형에서 오차변동의 자유도는 $n-2$이므로 회귀변동의 자유도는 $df_{SST}=df_{SSR}+df_{SSE}$로부터 1이 됨을 알 수 있다. 변동요인별로 회귀의 제곱합인 SSR과 오차의 제곱합 SSE를 각각의 자유도로 나누면 회귀의 평균제곱합(mean square for regression : MSR)과 오차의 평균제곱합(mean square for error(MSE)을 구할 수 있다.

이 때 모형희 적합성을 검정하는데 사용하는 F통계량은 $F=MSR/MSE$에 의해 구한다. 따라서 단순회귀분석에서의 분산분석표는 다음과 같이 작성할 수 있다.

단순회귀분석에서의 분산분석표

변동요인	제곱합	자유도	평균제곱합	F
회귀	SSR	1	$MSR=SSR/1$	MSR/MSE
오차	SSE	$n-2$	$MSE=SSE/(n-2)$	
총변동	SST	$n-1$		

위의 분산분석표가 작성되면 아래의 과정에 따라 모형의 적합성을 검정한다.

모형의 적합성 검정과정

〈1단계〉

가설을 설정한다.

$H_0:\beta_1=0$ (x, y 사이에 선형관계가 존재하지 않는다.)

$H_1:\beta_1\neq 0$ (x, y 사이에 선형관계가 존재한다.)

〈2단계〉

분산분석표의 평균제곱합을 이용하여 모형의 적합성을 검정하는 통계량 F값을 $F=MSR/MSE$에 따라 계산한다.

〈3단계〉

2단계에서 구한 검정통계량 F값이 유의수준이 α일 때의 임계값 $F_{1,\ n-2}$(1과 $n-2$는 각각 분자와 분모의 자유도)보다 크면 $\beta_1=0$의 귀무가설을 기각하고 선형모형이 x, y 사이의 관계를 설명하는 모형으로서 적합하다는 결론을 내리게 되며, 반대로 2단계에서 구한 F값이 유의수준이 α일 때의 임계값 $F_{1,\ n-2}$보다 작으면 $\beta_1=0$의 귀무가설을 채택하게 되어 x, y 사이에 어떤 선형관계도 존재하지 않으므로 회귀모형이 모형으로서 적합하지 않다는 결론을 내리게 된다.

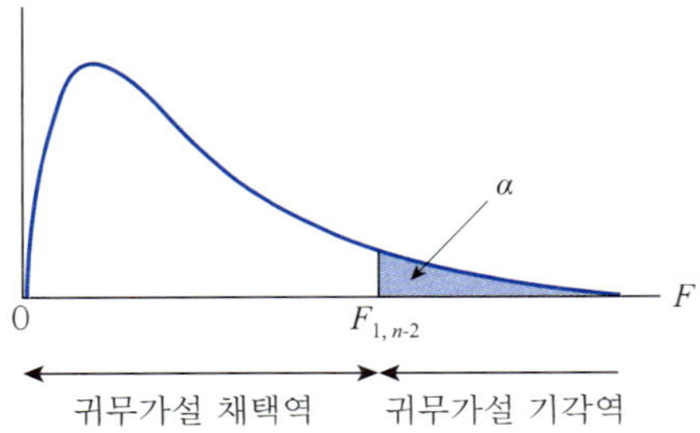

그림 10-10 모형의 적합성 검정통계량 F값의 기각역

예제 10.10 아래는 [예제 10.5]의 자료를 옮겨 놓은 것이다. 그리고 [예제 10.5]에서 회귀방정식은 $\hat{y}=2.8+2.4x$로 추정되었다. 이 회귀분석에 대한 분산분석표의 빈칸에 들어갈 값을 계산하고 5% 유의수준에서 모형의 적합성을 검정하시오.

x	1	2	3	4	5
y	5	8	10	12	15

변동요인	제곱합	자유도	평균제곱합	F
회귀				
오차				
총변동				

풀이 먼저 아래 계산표를 작성하여 변동요일별로 회귀의 제곱합 SSR과 오차의 제곱합 SSE를 구한다.

x	y	$\hat{y}=2.8+2.4x$	$(\hat{y}-\bar{y})^2$	$(\bar{y}-\hat{y})^2$
1	5	5.2	23.04	0.04
2	8	7.6	5.76	0.16
3	10	10.0	0.00	0
4	12	12.4	5.76	0.16
5	15	14.8	23.04	0.04

$\bar{x}=3,\quad \bar{y}=10,\quad \sum(\hat{y}-\bar{y})^2=57.6,\quad \sum(y-\hat{y})^2=0.40$

$$SSR=\sum(\hat{y}-\bar{y})^2=57.6$$

$$SSE=\sum(y-\hat{y})^2=0.40$$

$$SST=\sum(y-\bar{y})^2=\sum(\hat{y}-\bar{y})^2+\sum(y-\hat{y})^2=SSR+SSE=58$$

SSR과 SSE를 이들의 자유도로 나누면 평균제곱합을 구할 수 있고, 회귀의 평균제곱합(MSR)을 오차의 제곱합(MSE)로 나누면 모형의 적합성에 대한 검정통계량 F값을 구할 수 있다.

$$MSR=SSR/df_{SSR}=57.6/1=57.6$$

$$MSE=SSE/df_{SSE}=0.4/3=0.13333$$

$$F = MSR/MSE = 57.6/0.13333 = 432.0$$

변동요인	제곱합	자유도	평균제곱합	F
회귀	57.6	1	57.6	432.0
오차	0.4	3	0.13333	
총변동	58.0	4		

모형의 적합성을 검정하기 위해 먼저 다음과 같이 가설을 설정한다.

$H_0 : \beta_1 = 0$(x, y 사이에 선형관계가 존재하지 않는다.)

$H_1 : \beta_1 \neq 0$(x, y 사이에 선형관계가 존재한다.)

위의 분산분석표에서 구한 F값(432.0)은 유의수준 5%이고 분자, 분모의 자유도가 (1, 3)일 때의 F임계값 10.13보다 크므로 귀무가설을 기각한다.

즉 x, y 사이에 선형관계가 존재한다고 볼 수 있으므로 모형으로서 적합하다는 결론을 내리게 된다.

Note

위에서 모형의 적합성 여부를 확인하기 위해 설정한 귀무가설 $H_0 : \beta_1 = 0$에 대한 F검정은 바로 t검정과 동일함을 알 수 있다. 실제로 이들 검정통계량 사이의 $t^2 = F$ 관계가 성립함을 아래 결과물에서 확인할 수 있다. 결과물 D18셀에 회귀계수 b_1에 대한 t값이 20.785로 나타나 있는데, 이를 제곱하면 결과물 E12셀에 있는 F값 432.0이 됨을 알 수 있다.

Note

분산분석표를 작성할 때 회귀의 제곱합(SSR), 오차의 제곱합(SSE)은 다음과 같은 식을 이용하여 구할 수 도 있다($SSR = b_1 \cdot SSXY$).

$$SSE = SSY - b_1 \cdot SSXY$$

여기서

$$SSXY = \sum(x-\bar{x})(y-\bar{y}) = \sum xy - n\bar{x}\bar{y}$$
$$SSY = \sum(y-\bar{y})^2 = \sum y^2 - n\bar{y}^2$$
$$SST = \sum(y-\bar{y})^2$$

이므로 $SST = SSY$임을 알 수 있다.

입력과정

아래는 [예제 10.5]의 결과물을 옮겨놓은 것이다. A11:F14의 범위에 분산분석표가 나타나 있다.

① B12:C14 : 회귀, 오차 그리고 총변동에 대한 자유도와 제곱합이 출력되어 있다.

② D12:D13 : *SSR*과 *SSE*를 이들의 자유도로 나눈 결과인 회귀의 평균제곱합(*MSR*)과 오차의 제곱합(*MSE*)이 각각 57.6, 0.133으로 나타나 있다.

③ E12 : D12셀에 있는 회귀의 평균제곱합(*MSR*)을 D13에 있는 오차의 제곱합(*MSE*)으로 나누면 모형의 적합성에 대한 검정통계량 *F*값을 구할 수 있다.

④ F12 : E12셀의 *F*값 432를 임계값으로 했을 때의 기각역 확률이 0.00024로 나타나 있다. 따라서 *F*값 432.0은 유의수준을 5%로 했을 때 기각역에 위치해 있음을 알 수 있으며, 이에 따라 귀무가설을 기각하게 된다.

	A	B	C	D	E	F	G	H	I	J
1	요약 출력									
2										
3	회귀분석 통계량									
4	다중 상관계수	0.996546								
5	결정계수	0.993103								
6	조정된 결정계수	0.990805								
7	표준 오차	0.365148								
8	관측수	5								
9										
10	분산 분석									
11		자유도	제곱합	제곱 평균	F 비	유의한 F				
12	회귀	1	57.6	57.6	432	0.0002436				
13	잔차	3	0.4	0.133333						
14	계	4	58							
15										
16		계수	표준 오차	t 통계량	P-값	하위 95%	상위 95%	하위 95.0%	상위 95.0%	
17	Y 절편	2.8	0.382971	7.311262	0.005284	1.5812159	4.0187841	1.5812159	4.0187841	
18	x	2.4	0.11547	20.78461	0.000244	2.0325228	2.7674772	2.0325228	2.7674772	
19										

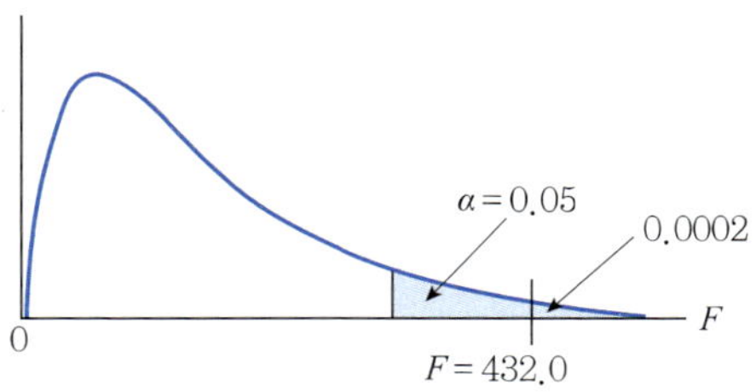

그림 10-11 *F*분포의 기각역 확률

결정계수

결정계수(Coefficient of determination)란 선형회귀분석에서 총변동(*SST*)에 대한 회귀변동(*SSR*)의 비율을 말하며 R^2로 표시한다.

$$R^2 = \frac{SSR}{SST} = 1 - \frac{SSE}{SST}$$

$SST = SSR + SSE$이므로 $0 \leq SSR \leq SST$가 되어 회귀계수는 항상

$0 \le \dfrac{SSR}{SST} \le 1$ 범위의 값을 가지게 된다. 결정계수 R^2이 높다는 것은 종속변수 y 변동의 더 많은 부분이 회귀모형에 의해 설명되어질 수 있다는 것을 의미하는 것으로서 x, y 사이의 관계를 설명하는데 선형회귀모형이 모형으로서 적합성 정도가 크다는 것을 나타내는 것이다. 따라서 $R^2 = 0$인 경우 x, y 사이의 관계는 서로 독립적임을 의미하며 이는 $\beta_1 = 0$임을 시사하는 것이기도 하다.

예제 10.11 단순회귀모형에 대한 분산분석의 결과 회귀의 제곱합이 $SSR = 248.4$, 오차의 제곱합이 $SSE = 23.1$로 나타났다. 결정계수를 계산하고 그 의미를 설명하시오.

풀이 $SST = SSR + SSE = 248.4 + 23.1 = 271.5$이므로 결정계수는

$$R^2 = \frac{SSR}{SST} = \frac{248.4}{271.5} = 0.915(91.5\%)$$

가 된다.

이는 종속변수 y변동의 91.5%가 x의 변동에 의해 설명되어질 수 있음을 의미한다.

10.4 회귀모형을 이용한 예측

회귀모형이 x, y 사이의 관계를 설명하는 모형으로서 적합성이 인정되는 경우 즉 다시 말해 $\beta_1 = 0$의 귀무가설이 기각된 경우 $\hat{y} = b_0 + b_1 x$의 회귀방정식으로 종속변수 y를 예측하는 데는 두 가지 접근방법이 있다.

첫 번째 접근방법은 독립변수 x값이 주어진 경우 이에 대응하는 특정한 y값을 예측하는 것이고, 다른 한 가지 방법은 독립변수 x값이 주어진 경우 이에 대응하는 y변수의 평균값을 추정하는 것이다.

▪ 종속변수 y의 특정값에 대한 예측구간

주어진 x에 대응하는 특정한 y값의 예측은 회귀방정식 $\hat{y} = b_0 + b_1 x$에 주어진 x값을 대입함으로써 쉽게 얻을 수 있다. 그러나 이는 점추정에 해당하는 값이기 때문에 잘못 예측될 위험을 가지고 있으며 이를 피하기 위해 신뢰구간과 비슷한 개념의 예측구간(prediction interval)을 아래의 식에 따라 구하게 된다.

x에 대응하는 특정한 y의 예측구간

$$\hat{y} \pm t \cdot s_e \sqrt{1 + \frac{1}{n} + \frac{(x-\bar{x})^2}{SSX}}$$

위의 예측구간 추정식에서 $\hat{y}$는 회귀방정식 $\hat{y} = b_0 + b_1 x$에 의해 얻은 점추정치에 해당하는 예측값이고 t값은 위험을 표시하는 기각확률과 자유도 $df = n-2$에 의해 결정된다.

Note

위에서 신뢰구간 대신에 예측구간이라는 용어를 사용하는 것은, 신뢰구간이 모집단에서 일정한 값을 가지고 있는 파라메터(parameter)의 구간을 추정하는 과정에서 얻게 되는 구간추정인데 반해, 여기서 추정하는 것은 주어진 X값에 대응하는 Y의 특정한 개별값으로서 이는 Y가 얼마든지 다른 값을 가질 수 있는 확률변수이기 때문에 이를 구분하기 위한 것이다. 따라서 다음에 살펴볼 Y평균값에 대한 구간추정은 신뢰구간이라는 용어를 사용하게 된다.

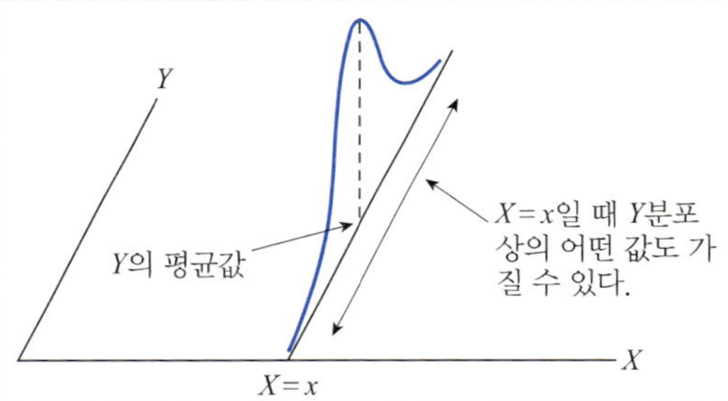

그림 10-12 Y의 예측구간과 신뢰구간의 비교

예제 10.12 [예제 10.8]에서 비료투입량이 $x=30$일 때 수확량 y의 예측구간을 신뢰수준 95%에서 구하시오.

풀이 [예제 10.8]에서 구한 회귀방정식 $\hat{y} = -7.25717 + 2.14543x$에 $x=30$을 대입하면 점추정치에 해당하는 종속변수 y의 예측값을 다음과 같이 구할 수 있다.

$$\hat{y} = -7.25727 + 2.14543x = -7.25717 + (2.14543 \times 30) = 57.10573$$

신뢰수준이 95%이고 자유도가 $df = n-2 = 6-2 = 4$일 때의 t값은 위험확률을 표시하는 유의수준이 5%일 때의 t값인 2.7760이다.

그리고 [예제 10.8]의 (1)과 (2)에서 회귀의 표준오차와 독립변수 x의 제곱합이 각각

$$s_e = 1.52437$$

$$SSX = 167.33267$$

$$n = 6$$

$$\bar{x} = 16.66667$$

이므로 수확량 y의 예측구간은 다음과 같이 구할 수 있다.

$$\hat{y} \pm t \cdot s_e \sqrt{1 + \frac{1}{n} + \frac{(x-\bar{x})^2}{SSX}} = 57.10573 \pm 2.776 \times 1.52437 \times \sqrt{1 + \frac{1}{6} + \frac{(30-16.66667)^2}{167.33267}}$$
$$= 57.10573 \pm 6.31791 = (50.8,\ 63.4)$$

즉 예측구간은 50.8에서 63.4로서 비료투입량이 $x=30$일 때 수확량 y가 예측구간의 값을 가질 확률이 95%에 이르고 있음을 나타내는 것이다.

■ 종속변수 y의 평균값에 대한 신뢰구간

주어진 x값에 대응하여 나타날 수 있는 종속변수 y값의 평균에 대한 신뢰구간은 아래식에 따라 구한다.

y의 평균값에 대한 신뢰구간

$$\hat{y} \pm t \cdot s_e \sqrt{\frac{1}{n} + \frac{(x-\bar{x})^2}{SSX}}$$

위의 식을 앞에서 살펴본 주어진 x값에 대응하는 y의 특정한 개별값에 대한 예측구간을 구하는 식과 비교해 보면 제곱근 속의 '1'이 빠져 있는 것을 제외하고는 동일하다. 이는 결국 y의 평균값에 대한 신뢰구간이 개별값에 대한 예측구간보다 좋은 오차범위를 가지고 있음을 뜻하는 것이다.

예제 10.13 [예제 10.8]에서 비료투입량이 $x=30$일 때 수확량 y의 평균값에 대한 신뢰구간을 신뢰수준 9%에서 구하시오.

풀이 [예제 10.12]에서 사용한 값들을 그대로 이용하여 수확량 y의 평균값에 대한 신뢰구간을 구할 수 있다.

$$\hat{y} \pm t \cdot s_e \sqrt{\frac{1}{n} + \frac{(x-\bar{x})^2}{SSX}} = 57.10573 \pm 2.776 \times 1.52437 \times \sqrt{\frac{1}{6} + \frac{(30-16.66667)^2}{167.33267}}$$
$$= 57.10573 \pm 4.69139 = (52.41,\ 61.80)$$

즉 $x=30$일 때 수확량 y분포의 평균값이 52.41에서 61.80사이의 신뢰구간에 있을 확률이 95%가 됨을 의미하는 것이다.

10.5 상관분석

▪ 상관계수

두 변수가 있을 때 어느 한 변수를 통해 다른 변수를 예측하기 보다는 이들 두 변수가 단지 서로 관련이 있는지를 파악하고자 할 때 상관분석을 하게 된다. 따라서 상관분석의 초점은 변수 사이에 얼마나 밀접한 관계가 있는지를 측정하는데 있으며 이 때 x변수의 값이 커짐에 따라 y변수의 값도 커지는 경우 이들 두 변수 사이에는 양(+)의 관련성이 있는 것이고, 반대로 y변수의 값이 작아지는 경우 이들 두 변수 사이에는 음(−)의 관련성이 있는 것이다.

이러한 두 변수 사이의 밀접한 관련성의 정도를 나타내는 척도를 상관계수(correlation coefficient)라 하며 모집단의 상관계수는 ρ, 그리고 표본의 상관계수는 r로 표시한다. 상관분석을 하는 경우 대부분 표본을 대상으로 하고 있기 때문에, 상관분석의 목적은 표본으로 추출된 두 변수의 상관계수 r을 통해 모집단의 모수인 상관계수 ρ를 추정하는데 있다.

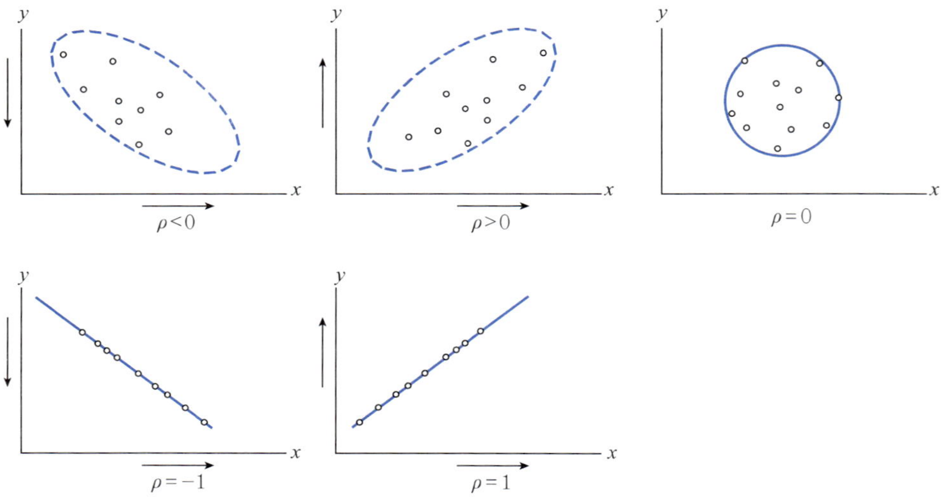

그림 10-13 상관계수와 산포도

만약 모집단에서 두 변수의 상관계수가 $\rho=0$이라면 두 변수 사이에는 어떤 관련성도 없음을 나타내는 것이며 ρ가 (+)1 또는 (−)1에 가까운 값을 가질수록 두 변수 사이에는 더 밀접한 관련성이 있음을 나타내는 것이다. 단지 (+), (−)의 부호는 x의 변화에 대한 y가 같은 방향으로 변화하느냐 아니면 반대 방향으로 변화하느냐를 나타낼 뿐이다. 또한 상관계수가 $\rho = \pm 1$인 경우 두 변수에 대한 산점도를 그렸을 때 아래 그림과 같이 직선상에 관찰치를 나타내는 점들이 위치해 있을 것이다. 여기서 우리는 상관계수가 -1에서 1사이의 값을 가지게 됨을 알 수 있다.

표본을 통해 두 변수의 관찰치를 얻었을 때 이들 사이의 상관계수는 아래의 식에 따라 구할 수 있다.

상관계수

$$r = \frac{SSXY}{\sqrt{SSX \cdot SSY}}$$

여기서 상관계수 r은 결정계수 R^2의 양의 제곱근과 같다. 따라서 상관계수 r을 구하여 제곱하면 결정계수 R^2을 얻을 수 있다.

Note

위의 사실은 다음과 같은 과정을 통해 쉽게 추론할 수 있다.

$$R^2 = \frac{SSR}{SST} = \frac{b_1 \cdot SSXY}{SSY} = \frac{\left(\frac{SSXY}{SSX}\right) \cdot SSXY}{SSY} = \frac{(SSXY)^2}{SSX \cdot SSY}$$

따라서 $r = \frac{SSXY}{\sqrt{SSX \cdot SSY}}$가 된다.

예제 10.14 [예제 10.8]의 자료를 이용하여 비료투입량과 수확량 사이의 상관계수를 구하시오.

풀이 [예제 10.8]에서 $SSXY = 359$, $SSX = 167.332$이다. SSY를 추가로 계산하면 상관계수를 구할 수 있다.

$$SSY = \sum(y - \bar{y})^2 = \sum y^2 - n\bar{y}^2 = 5653 - (6 \times 28.5^2) = 779.5$$

$$r = \frac{SSXY}{\sqrt{SSX \cdot SSY}} = \frac{359}{\sqrt{(167.332 \times 779.5)}} = 0.994$$

입력과정

① A2:B8 : 비료투입량과 수확량의 데이터를 입력한다.

	A	B	C
1	예제 10.14		
2	x	y	
3	25	45	
4	20	38	
5	18	32	
6	15	25	
7	14	22	
8	8	10	
9			

② 메뉴 바에 있는 [데이터]탭을 클릭하고 이 때 나타나는 풀다운 메뉴에서 [데이터 분석]을 찾아 클릭하면 [통계 데이터 분석] 창이 열린다. 여기서 스크롤바를 이용하여 [상관 분석] 항목을 찾아 클릭하고 [확인] 버튼을 누르면 [상관 분석] 창이 열린다.

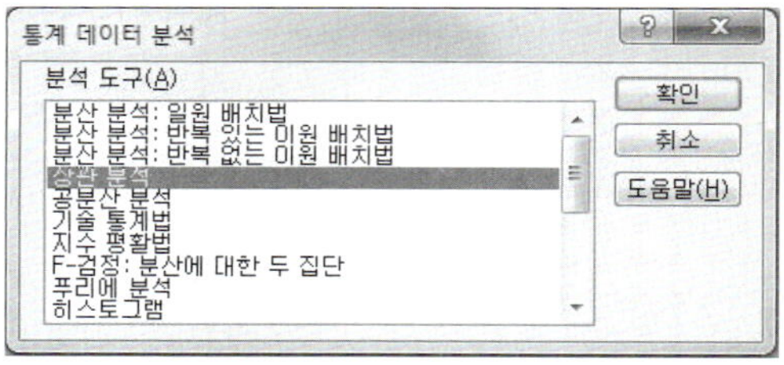

③ [상관 분석] 창이 열리면 먼저 입력범위를 표시하기 위한 입력상자를 클릭한 후 여기에 데이터가 입력되어 있는 범위를 지정한다.
이들 범위에는 각 변수 이름이 지정되어 있으므로 '첫째 행 이름표 사용' 선택을 체크하고 [확인] 버튼을 누른다.

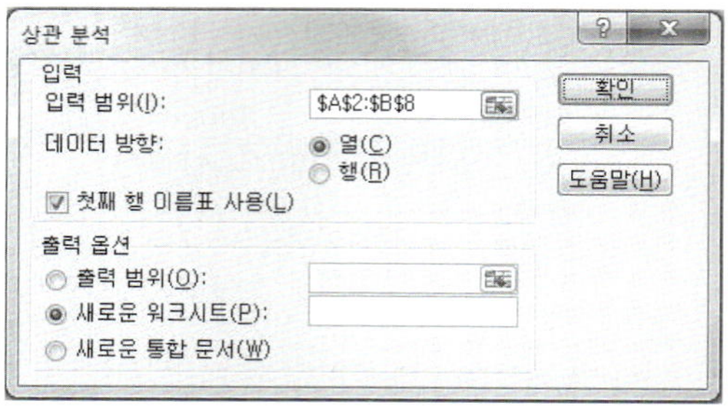

④ 아래에 실행 결과가 출력되어 있다.
B3 : 상관계수가 0.994로 출력되어 있다.

	A	B	C	D
1		x	y	
2	x	1		
3	y	0.994629	1	
4				

상관계수의 가설검정

상관계수 r은 모수 ρ에 대한 추정치이므로 r을 추정한 후에는 가설검정 과정을 거쳐야 한다. 즉 다음과 같이 가설을 설정하고 이들에 대한 채택여부를 결정한다.

$$H_0 : \rho = 0 \text{ } (x,\ y \text{ 사이에 관계가 없다.})$$
$$H_1 : \rho \neq 0 \text{ } (x,\ y \text{ 사이에 관계가 있다.})$$

만약 x, y 사이에 정(+)의 상관관계가 존재하는지 여부를 검정하고자 한다면 위의 대립가설은 $H_1 : \rho > 0$이 되나 부(−)의 상관관계가 존재하는지 여부를 검정하고자 한다면 대립가설은 $H_1 : \rho < 0$이 된다. 위의 가설에 대한 채택여부를 결정하기 위한 상관계수 r의 검정통계량 t는 다음과 같이 구한다.

상관계수 r의 검정통계량 t

$$t = \frac{r}{\sqrt{\frac{1-r^2}{n-2}}}$$

이 t값을 주어진 유의수준 α에서의 t임계값(이 때 자유도는 $df = n-2$)과 비교하여 귀무가설 채택여부를 결정하게 된다.

예제 10.15 [예제 10.14]에서 구한 상관계수를 유의수준 $\alpha = 0.01$에서 양측검정을 기준으로 검정하시오.

풀이 〈1단계〉

먼저 다음과 같이 가설을 설정한다.

$$H_0 : \rho = 0$$
$$H_1 : \rho \neq 0$$

〈2단계〉

검정통계량을 계산한다. [예제 10.8]의 자료를 이용하여 [예제 10.14]에서 구한 상관계수가 $r = 0.994$이고 표본의 크기는 [예제 10.8]에서 $n = 6$이므로 t검정통계량은 아래와 같이 구할 수 있다.

$$t=\frac{r}{\sqrt{\frac{1-r^2}{n-2}}}=\frac{0.994}{\sqrt{\frac{1-(0.994)^2}{6-2}}}=18.175$$

양측검정에서의 유의수준이 $\alpha=0.01$이고, 자유도가 $df=n-2=4$일 때의 t임계값은 4.604이므로 귀무가설 채택역은 $-4.604 \le t \le 4.604$가 된다.

t	양측 확률			
df	0.20	0.10	0.05	0.01
3	1.638	2.353	3.182	5.841
4	1.533	2.132	2.776	4.604
5	1.476	2.015	2.571	4.032
	0.100	0.050	0.025	0.005
	단측 확률			

위에서 구한 t검정통계량은 18.175로, 채택역 범위를 벗어나 있으므로 $\rho=0$의 귀무가설을 기각하고 대립가설을 채택하게 된다. 즉 x, y 사이에는 상관관계가 있으며 특히 $r=0.994>0$이므로 양의 상관관계가 있다고 판단할 수 있을 것이다.

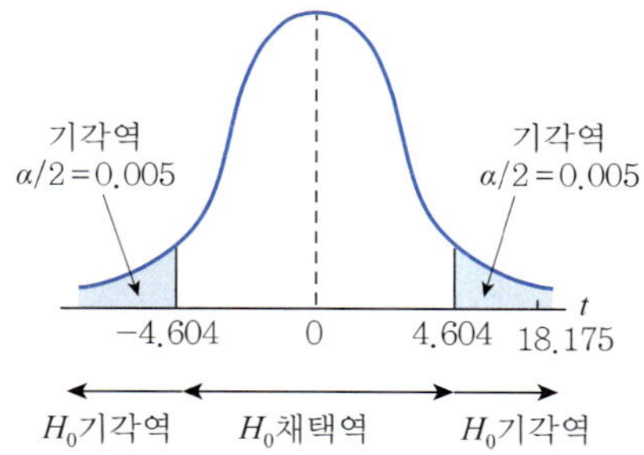

그림 10-14 귀무가설($\rho=0$)에 대한 기각역과 채택역

이러한 결과는 [예제 10.4]의 프로그램을 실행하여 얻은 결과물 ①의 상관계수 0.99402 아래에 양측검정에서의 기각역 확률이 0.0001로 나타나 있음을 통해서도 확인할 수 있다. 즉 기각역 확률은 주어진 유의수준 0.01보다 작으므로 귀무가설을 기각하게 되는 것이다.

10장 연습문제

■ 단순회귀모형

연습 10.1 아래에 같은 내용의 두 변수에 대해 단순회귀모형을 적용하는 경우 어느 변수가 독립변수와 종속변수가 되어야 하는지 구분하시오.

(1) 각 가정의 연간 전력 소비량과 거주하는 주택의 면적

(2) 과거 10년간 해외로부터의 수입과 국민소득

(3) 자동차 보유대수와 가솔린 소비량

풀이 (1) 전력 소비량과 주택 면적의 두 변수 사이의 선형관계를 보고자 하는 경우 주택 면적의 크기에 따라 전력 소비량이 달라진다고 보는 것이 타당하다. 따라서 전력 소비량(y)이 종속변수가 되고, 주택 면적(x)이 독립변수가 된다.

(2) 일반적으로 국민소득이 높아질수록 해외로부터의 수입은 증가하게 된다. 즉 수입은 국민소득에 의해 영향을 받는다고 볼 수 있으므로 수입과 국민소득의 두 변수 사이의 선형관계를 분석하는 경우 국민소득(x)이 독립변수, 수입(y)는 종속변수가 된다.

(3) 가솔린 소비량은 자동차 보유대수에 의해 영향을 받는다고 볼 수 있으므로 가솔린 소비량은 종속변수(y)가 되고 자동차 보유대수는 독립변수(x)가 된다.

연습 10.2 다음은 광고비 지출액과 매출액 사이의 관계를 표시한 자료이다. 기획실에서는 광고비 지출액에 따라 매출액이 영향을 받는지 두 변수 사이의 선형관계를 파악하고자 한다. 이 때 두 변수 사이의 선형관계를 표시하는 모형으로서 통계적 모형이 적합한지 아니면 확정적 모형이 적합한지를 산점도를 통해 확인하시오.

(단위: 천만원)

광고비(x)	3	3	4	6	4	5	2	3
매출액(y)	24.6	27.6	26.8	30.2	27.8	30.5	26.3	25.4

풀이

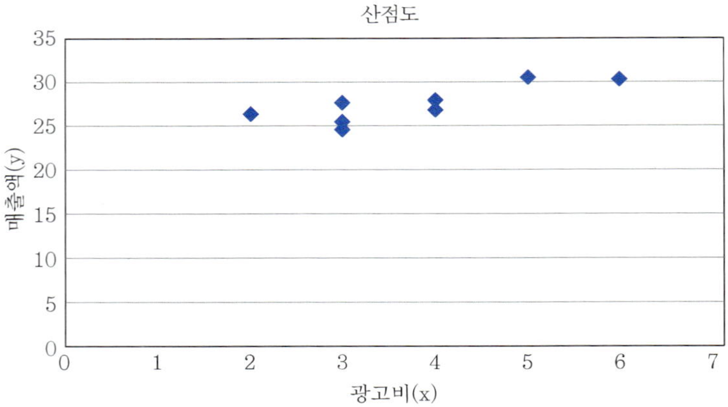

그림 10-15 산점도

횡축에 광고비(x)를 그리고 종축에 매출액(y)을 표시하면 위와 같은 산점도를 얻을 수 있다.

산점도에 나타난 바와 같이 8개의 점을 모두 통과하는 일직선은 존재하지 않음을 알 수 있다.

따라서 광고비를 독립변수(x)로 하고 매출액(y)을 종속변수로 하였을 때 종속변수 y를 $\beta_0+\beta_1 x$로 나타낼 수 없다.

즉 y는 확률변수인 오차 ϵ이 포함된 $\beta_0+\beta_1 x+\epsilon$으로 표현해야만 하므로 통계적 모형이 적합함을 알 수 있다.

입력과정

① x축(광고비)와 y축(매출액)의 범위를 마우스를 이용하여 지정한다. 이 때 범위는 x축과 y축의 데이터 값만 해당된다.

② [삽입] 탭에 있는 [차트]에서 [분산형] 아이콘을 클릭 후, [표식만 있는 분산형]을 클릭하면 산점도 그림이 나타난다.

③ 산점도 그림을 선택한 후, [디자인]탭에 있는 [차트 레이아웃]에서 [레이아웃 1]을 선택한다.

④ 산점도 그림을 선택한 후, [레이아웃]탭에 있는 [레이블]에서 [범례]를 클릭한 후, [없음]을 선택한다.

⑤ 가로(값) 축제목에 '광고비(x)'를, 세로(값) 축제목에 '매출액(y)'를 입력하고, 차트제목을 클릭 후, 차트제목에는 '산점도'라고 입력한다.

⑥ 아래와 같이 산점도가 출력됐다.

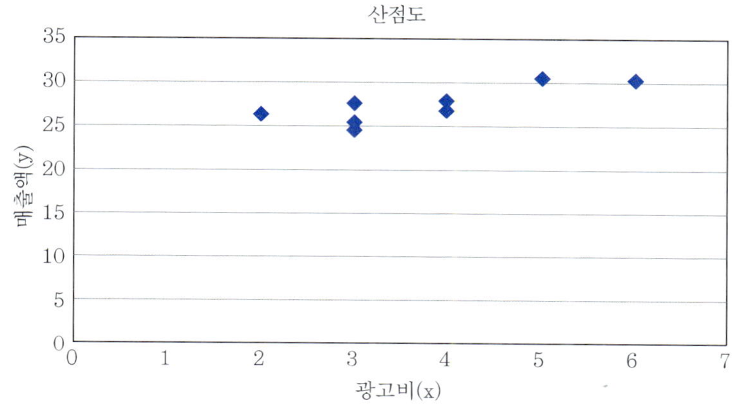

그림 10-16 산점도

■ 회귀모형의 추정

연습 10.3 아래 데이터에 대해 물음에 답하시오.

(1) 산점도를 그리시오.

(2) 회귀방정식을 구하시오.

(3) 잔차 $y-\hat{y}$를 구하시오.

x	11	13	14	15	18
y	74	78	75	80	86

풀이 (1) 산점도를 구성하는 점들의 좌표는 {(11, 74), (13, 78), (14, 75), (15, 80), (18, 86)}이 되므로 이를 좌표축에 나타내면 아래와 같은 산점도가 된다.

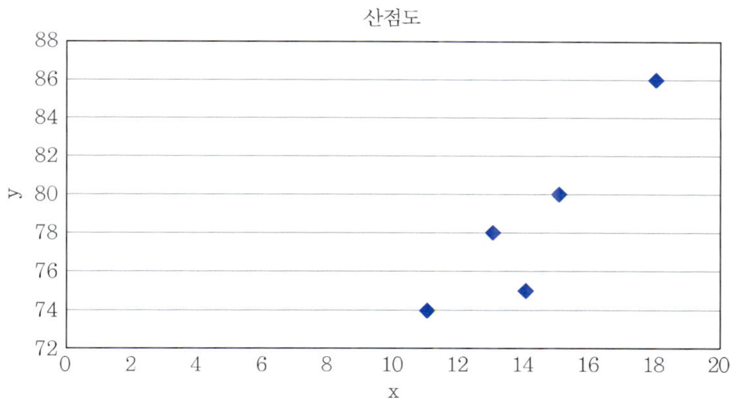

그림 10-17 산점도

(2) $\hat{y}=b_0+b_1x$에서

$$b_1=\frac{n\sum xy-\sum x\sum y}{n\sum x^2-(\sum x)^2}$$

이므로 $\sum x$, $\sum y$, $\sum xy$, $\sum x^2$을 먼저 계산한다.

x	y	xy	x^2
11	74	814	121
13	78	1014	169
14	75	1050	196
15	80	1200	225
18	86	1548	324

$$\sum x=71,\quad \sum y=393,\quad \sum xy=5626,\quad \sum x^2=1035$$

$$b_1=\frac{n\sum xy-\sum x\sum y}{n\sum x^2-(\sum x)^2}=\frac{(5\times5626)-(71\times393)}{(5\times1035)-71^2}=1.694$$

$$b_0=\bar{y}-b_1\bar{x}=\frac{393}{5}-\left(1.694\times\frac{71}{5}\right)=54.545$$

따라서 회귀방정식은 $\hat{y}=54.545-1.694x$가 된다.

(3) 회귀방정식 $\hat{y}=54.545-1.694x$에 x값을 대입하면 이에 대응하는 y의 추정값 $\hat{y}$를 구할 수 있다.

x	y	$\hat{y}$	$y-\hat{y}$
11	74	73.179	0.821
13	78	76.567	1.433
14	75	78.261	-3.261
15	80	79.955	0.045
18	86	85.037	0.963

입력과정

산점도를 구하는 과정은 위의 [연습 10.2]와 동일하므로 여기서는 생략하기로 한다.

① A2:B7 : 데이터를 입력한다.

	A	B	C
1	연습 10.3		
2	x	y	
3	11	74	
4	13	78	
5	14	75	
6	15	80	
7	18	86	
8			

② 메뉴 바에 있는 [데이터]탭을 클릭하고 이 때 나타나는 풀다운 메뉴에서 [데이터 분석]을 찾아 클릭하면 [통계 데이터 분석] 창이 열린다. 여기서 스크롤바를 이용하여 [회귀 분석] 항목을 찾아 클릭하고 [확인] 버튼을 누르면 [회귀 분석] 창이 열린다.

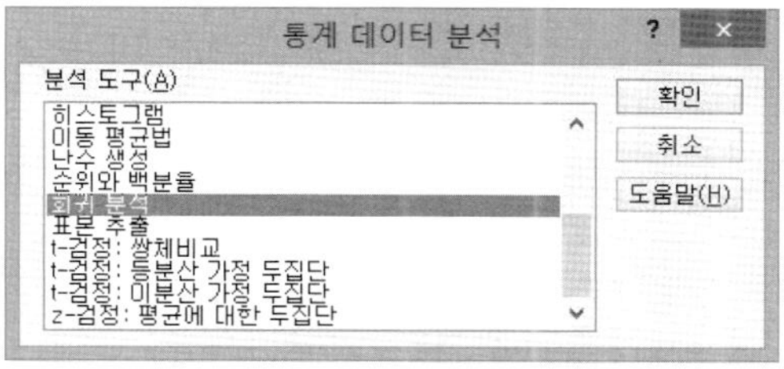

③ [회귀 분석] 창이 열리면 먼저 입력범위를 표시하기 위한 입력상자를 클릭한 후 여기에 데이터가 입력되어 있는 범위를 지정한다.
y축 입력범위와 x축 입력범위를 마우스를 이용하여 지정한 후 이들 범위에는 각 변수 이름이 지정되어 있으므로 '이름표'와 '잔차' 선택상자를 체크한 후 [확인] 버튼을 누른다.

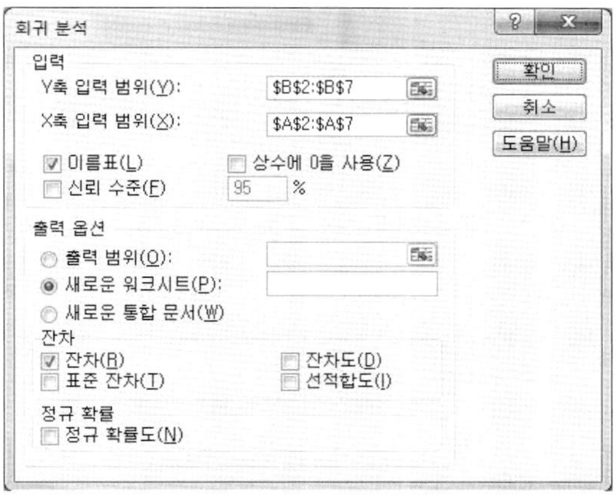

④ B17:B18 : 아래 결과물에 절편과 회귀계수가 각각 54.54, 1.69로 출력되어 있다. 따라서 회귀방정식은 $\hat{y} = 54.54 + 1.69x$가 된다.

	A	B	C	D	E	F	G	H	I	J
1	요약 출력									
2										
3	회귀분석 통계량									
4	다중 상관계수	0.918314								
5	결정계수	0.8433								
6	조정된 결정계수	0.791067								
7	표준 오차	2.182586								
8	관측수	5								
9										
10	분산 분석									
11		자유도	제곱합	제곱 평균	F 비	유의한 F				
12	회귀	1	76.90896	76.90896	16.14486	0.02768				
13	잔차	3	14.29104	4.763682						
14	계	4	91.2							
15										
16		계수	표준 오차	t 통계량	P-값	하위 95%	상위 95%	하위 95.0%	상위 95.0%	
17	Y 절편	54.54478	6.065815	8.99216	0.002903	35.24065	73.84891	35.24065	73.84891	
18	x	1.69403	0.421603	4.018066	0.02768	0.3523	3.03576	0.3523	3.03576	
19										
20										
21										
22	잔차 출력									
23										
24	관측수	예측치 y	잔차							
25	1	73.1791	0.820896							
26	2	76.56716	1.432836							
27	3	78.26119	-3.26119							
28	4	79.95522	0.044776							
29	5	85.03731	0.962687							
30										

⑤ C25:C29 : 잔차 $y-\hat{y}$의 계산결과가 출력되어 있다.

연습 10.4 아래 데이터에 대해 물음에 답하시오.

x	14	22	28	26	24
y	18	17	21	20	25

(1) 회귀방정식 $\hat{y}=b_0+b_1x$의 절편과 기울기를 구하고 이를 해석하시오.

(2) 각 관찰치에 대한 잔차 $y-\hat{y}$를 구하시오.

(3) 회귀의 표준오차는 얼마인가?

풀이 (1) 먼저 $\sum x$, $\sum y$, $\sum xy$, $\sum x^2$을 계산하고 이를 이용하여 기울기와 절편을 구한다.

x	y	xy	x^2
14	18	252	196
22	17	374	484
28	21	588	784
26	20	520	676
24	25	600	576

$$\sum x = 114,\quad \sum y = 101,\quad \sum xy = 2334,\quad \sum x^2 = 2716$$

$$b_1 = \frac{n\sum xy - \sum x \sum y}{n\sum x^2 - (\sum x)^2} = \frac{(5\times 2334)-(114\times 101)}{(5\times 2716)-114^2} = 0.267$$

$$b_0 = \bar{y} - b_1\bar{x} = \frac{101}{5} - \left(0.267\times\frac{114}{5}\right) = 14.112$$

따라서 회귀방정식은 $\hat{y} = 14.112 + 0.267x$가 된다.

여기서 절편은 $x=0$일 때 y의 평균 즉 $E(y|x=0)$이 14.112임을 의미하며 기울기 0.267은 독립변수 x가 1단위 변할 때 종속변수 y는 0.267단위 변함을 의미한다.

특히 기울기의 부호가 (+)이므로 x가 증가하면 y도 증가한다는 것을 알 수 있다.

(2) 회귀방정식 $\hat{y} = 14.112 + 0.267x$에 x값을 대입하면 이에 대응하는 y의 추정값 $\hat{y}$를 구할 수 있다.

(3) $s_e = \sqrt{\dfrac{\sum(y-\hat{y})^2}{n-2}}$ 이므로 먼저 $SSE = \sum(y-\hat{y})^2$을 구한다.

$$SSE = \sum(y-\hat{y})^2$$

x	y	$\hat{y}$	$y-\hat{y}$
14	18	17.8493	0.15068
22	17	19.9863	−2.98630
28	21	21.5890	−0.58904
26	20	21.0548	−1.05479
24	25	20.5205	4.47945

$$= (0.15068)^2 + (-2.98630)^2 + (-0.58904)^2 + (-1.05479)^2 + (4.47945)^2$$

$$= 30.4658$$

따라서 표준오차는

$$s_e = \sqrt{\frac{\sum(y-\hat{y})^2}{n-2}} = \sqrt{\frac{30.4658}{5-2}} = 3.187$$

이 된다.

입력과정

① A2:B7 : 데이터를 입력한다.

	A	B	C
1	연습 10.4		
2	x	y	
3	14	18	
4	22	17	
5	28	21	
6	26	20	
7	24	25	
8			

② 메뉴 바에 있는 [데이터]탭을 클릭하고 이 때 나타나는 풀다운 메뉴에서 [데이터 분석]을 찾아 클릭하면 [통계 데이터 분석] 창이 열린다. 여기서 스크롤바를 이용하여 [회귀 분석] 항목을 찾아 클릭하고 [확인] 버튼을 누르면 [회귀 분석] 창이 열린다.

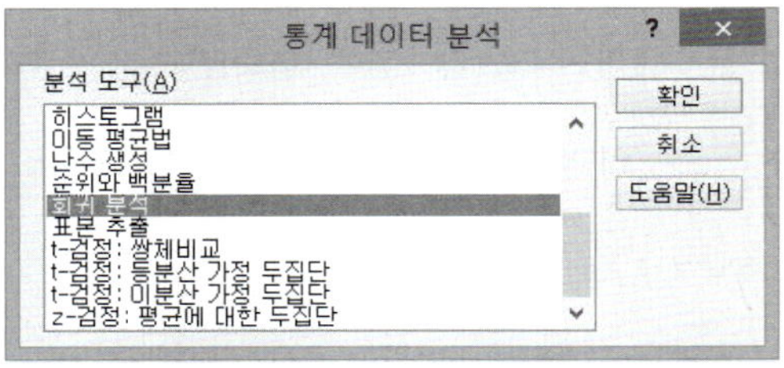

③ [회귀 분석] 창이 열리면 먼저 입력범위를 표시하기 위한 입력상자를 클릭한 후 여기에 데이터가 입력되어 있는 범위를 지정한다. y축 입력범위와 x축 입력범위를 마우스를 이용하여 지정한 후 이들 범위에는 각 변수 이름이 지정되어 있으므로 '이름표'와 '잔차' 선택상자를 체크한 후 [확인] 버튼을 누른다.

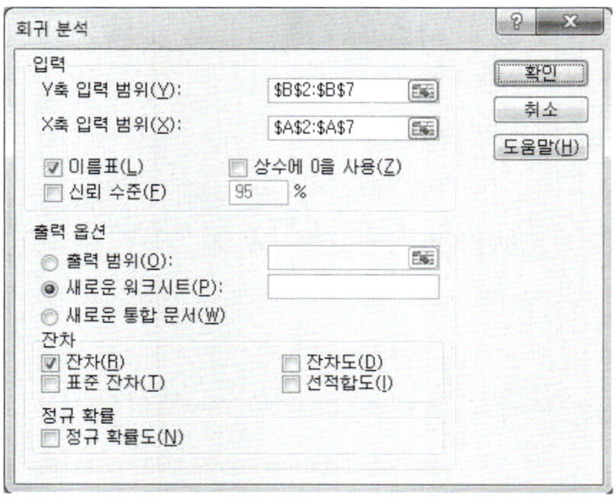

	A	B	C	D	E	F	G	H	I	J
1	요약 출력									
2										
3	회귀분석 통계량									
4	다중 상관계수	0.463465								
5	결정계수	0.2148								
6	조정된 결정계수	-0.04693								
7	표준 오차	3.18673								
8	관측수	5								
9										
10	분산 분석									
11		자유도	제곱합	제곱 평균	F 비	유의한 F				
12	회귀	1	8.334247	8.334247	0.820683	0.431762				
13	잔차	3	30.46575	10.15525						
14	계	4	38.8							
15										
16		계수	표준 오차	t 통계량	P-값	하위 95%	상위 95%	하위 95.0%	상위 95.0%	
17	Y 절편	14.10959	6.872327	2.053102	0.132369	-7.76122	35.9804	-7.76122	35.9804	
18	x	0.267123	0.294865	0.905916	0.431762	-0.67127	1.205517	-0.67127	1.205517	
19										
20										
21										
22	잔차 출력									
23										
24	관측수	예측치 y	잔차							
25	1	17.84932	0.150685							
26	2	19.9863	-2.9863							
27	3	21.58904	-0.58904							
28	4	21.05479	-1.05479							
29	5	20.52055	4.479452							
30										

식은 $\hat{y} = 14.11 + 0.267x$가 된다.

⑤ C25:C29 : 잔차 $y - \hat{y}$의 계산결과가 출력되어 있다.

⑥ B7 : 회귀의 표준오차가 3.187로 나타나 있다.

연습 10.5 회귀선은 독립변수 x의 평균과 종속변수 y의 평균으로 이루어진 점 $(\bar{x}, \bar{y})$를 통과하게 됨을 설명하시오.

풀이 회귀선의 절편 $b_0 = \bar{y} - b_1\bar{x}$이므로 이를 정리하면 $\bar{y} = b_0 + b_1\bar{x}$가 된다. 이는 회귀방정식 $\hat{y} = b_0 + b_1x$에서 x값으로 $\bar{x}$를 대입했을 때 y의 추정값인 $\hat{y}$가 $\bar{y}$가 됨을 의미하는 것이다. 그리고 이는 바로 회귀선이 $(\bar{x}, \bar{y})$를 통과하고 있음을 의미하는 것이다.

연습 10.6 표본크기가 $n = 9$이고 독립변수 x와 종속변수 y의 계산결과가 다음과 같을 때 회귀방정식을 구하시오.

$$\sum x = 261,\quad \sum y = 148,\quad \sum xy = 6596,\quad \sum x^2 = 11219$$

풀이

$$b_1=\frac{n\sum xy-\sum x\sum y}{n\sum x^2-(\sum x)^2}=\frac{(9\times 6596)-(261\times 148)}{(9\times 11219)-261^2}=0.631$$

$$b_0=\bar{y}-b_1\bar{x}=\frac{148}{9}-\left(0.631\times\frac{261}{9}\right)=-1.855$$

따라서 회귀방정식은 $\hat{y}=-1.855+0.631x$가 된다.

▪ 회귀모형의 적합성 검정

연습 10.7 아래는 $n=6$의 표본 관찰치로부터 얻은 x, y에 관한 계산결과이다. β_1에 대한 90% 신뢰구간을 구하고 회귀모형은 적합한지 판단하시오.

$$SSX=\sum(x-\bar{x})^2=4.099$$
$$SSY=\sum(y-\bar{y})^2=2.098$$
$$SSXY=\sum(x-\bar{x})(y-\bar{y})=0.6$$

풀이 β_1에 대한 신뢰구간은 $b_1\pm t\cdot s_{b1}$이므로 문제에서 주어진 제곱합을 이용하여 회귀계수 b_1과 b_1의 표준오차 s_{b1}을 계산한다.

$$b_1=\frac{SSXY}{SSX}=\frac{0.6}{4.099}=0.146$$

$$SSE=SSY-b_1SSXY=2.098-(0.146\times 0.6)=2.01$$

$$s_e=\sqrt{\frac{\sum(y-\hat{y})^2}{n-2}}=\sqrt{\frac{SSE}{n-2}}=\sqrt{\frac{2.01}{6-2}}=0.709$$

$$s_{b1}=\frac{s_e}{\sqrt{SSX}}=\frac{0.709}{\sqrt{4.099}}=0.350$$

신뢰구간이 90%이므로 기각역은 10%가 되고 자유도가 $df=n-2=6-2=4$일 때 t값은 2.132이다. 따라서 β_1에 대한 신뢰구간은

$$b_1\pm t\cdot s_{b1}=0.146\pm(2.132\times 0.35)=0.146\pm 0.746$$

이 된다.

모형의 접합성을 확인하기 위해서는 $\beta_1=0$인지의 여부에 대해 가설검정을 해야 한다.

〈1단계〉 가설검정

$$H_0:\beta_1=0$$
$$H_1:\beta_1\neq 0$$

〈2단계〉 b_1에 대한 t값을 계산한다.

$$t = \frac{b_1 - \beta_1}{s_{b1}} = \frac{b_1 - 0}{s_{b1}} = \frac{0.146}{0.35} = 0.417$$

〈3단계〉 t임계값을 찾는다.

신뢰수준이 90%로 주어졌으므로 유의수준은 10%에 해당한다. 자유도가 $df = n-2 = 4$이므로 t임계값은 2.132가 된다. 따라서 귀무가설 기각역은 $t > 2.132$ 또는 $t < -2.132$가 되고 2단계에서 구한 b_1에 대한 t값 0.417은 이 범위에 속하지 않으므로 귀무가설 $\beta_1 = 0$을 채택하게 된다. 즉 모형으로서 적합하다고 할 수 없을 것이다.

t	양측 확률			
df	0.20	0.10	0.05	0.01
3	1.638	2.353	3.182	5.841
4	1.533	2.132	2.776	4.604
5	1.476	2.015	2.571	4.032
	0.100	0.050	0.025	0.005
	단측 확률			

Note

β_1의 신뢰구간인 -0.6에서 0.892 사이의 범위에 '0'이 포함되어 있다는 것은 모형으로서 적합하지 않다는 것을 의미하는 것이기도 하다.

연습 10.8 아래 분산분석표는 단순회귀분석을 통해 얻은 결과이다. 빈칸의 값을 채우고 F검정을 통해 모형의 적합성을 $\alpha = 0.05$ 수준에서 검정하시오. 그리고 결정계수 R^2을 구하고 이를 해석하시오.

변동요인	제곱합	자유도	평균제곱합	F
회귀	12.8	(②)	(④)	(⑥)
오차	(①)	9	(⑤)	
총변동	16.2	(③)		

풀이 ① $SST = SSR + SSE$이므로 오차의 제곱합은 $SSE = SST - SSR = 16.2 - 12.8 = 3.4$가 된다.

② 단순회귀모형이므로 회귀제곱합에 대한 자유도는 1이다.

③ $df_{SST} = df_{SSR} + df_{SSE}$이므로 총변동 SST의 자유도는 $1 + 9 = 10$이다.

④ ~ ⑤ 회귀와 오차에 대한 제곱합을 각각의 자유도로 나누면 평균제곱합을 얻을 수 있다.

$$MSR = SSR/df_{SSR} = 12.8/1 = 12.8$$

$$MSE = SSE/df_{SSE} = 3.4/9 = 0.3777$$

⑥ $F = MSR/MSE = 12.8/0.3777 = 33.89$

분자, 분모의 자유도가 (1, 9)이고 유의수준이 5%인 F임계값을 F분포표에서 찾으면 5.12가 된다. 분산분석표에서 구한 F값 33.89는 임계값 5.12보다 크므로 $\beta_1 = 0$의 귀무가설을 기각하게 된다. 즉 모형으로서 적합하다고 판단할 수 있을 것이다.

변동요인	제곱합	자유도	평균제곱합	F
회귀	12.8	(1)	(12.8)	(33.89)
오차	(3.4)	9	(0.3777)	
총변동	16.2	(10)		

F	상한단측기각율			
자유도	0.05			
분자 / 분모	1	2	3	4
8	5.318	4.459	4.066	3.838
9	5.117	4.256	3.863	3.633
10	4.965	4.103	3.708	3.478

위의 완성된 분산분석표로부터 결정계수를 구하면

$$R^2 = \frac{SSR}{SST} = \frac{12.8}{16.2} = 0.7901$$

이 된다. 이는 종속변수 y변동의 약 79%가 회귀방정식에 따라 설명되어질 수 있음을 의미하는 것이다.

연습 10.9 x, y에 대한 20개 관찰치를 대상으로 단순회귀분석을 하여 회귀계수 b_1과 이에 대한 표준오차 s_{b1}을 다음과 같이 얻게 되었다.

$$b_1 = -2.96, \ s_{b1} = 1.12$$

회귀계수의 부호가 음(−)으로 나타난 것처럼 모집단의 x, y 사이에 역의 관계가 존재한다는 대립가설을 설정하고 유의수준 1%에서의 회귀모형 적합성을 검정하시오.

풀이 회귀계수 $b_1 = -2.96$으로 음(−)으로 나타난 상태에서 회귀모수 β_1이 음(−)의 값을 가질 것인가를 검정하는 것이므로 다음과 같이 가설을 설정한다.

〈1단계〉 가설설정

$$H_0 : \beta_1 \geq 0$$
$$H_1 : \beta_1 < 0$$

〈2단계〉 t값을 계산한다.

$$t = \frac{b_1 - \beta_1}{s_{b1}} = \frac{-2.96 - 0}{1.12} = -2.643$$

〈3단계〉 자유도가 $df = n - 2 = 20 - 2 = 18$이고 유의수준이 1%로 하한단측검정에 해당하므로 t임계값은 −2.552가 된다. 여기서 주의할 것은 아래 t분포표는 단측검정의 경우 상한단측검정을 기준으로 표시되어 있으므로 하한단측검정에 대한 임계값은 표에 표시된 2.552에 (−)를 붙인 값이 된다는 점이다.

즉 귀무가설 기각역은 $t < -2.552$임을 알 수 있다. 2단계에서 구한 t값 −2.643은 이 범위에 속하므로 $\beta_1 \geq 0$의 귀무가설을 기각하고 $\beta_1 < 0$의 대립가설을 채택하게 된다. 따라서 x, y 사이에는 역의 관계가 있다는 결론을 내리게 된다.

t	양측 확률			
df	0.20	0.10	0.05	0.02
17	1.333	1.740	2.110	2.567
18	1.330	1.734	2.101	2.552
19	1.328	1.729	2.093	2.539
	0.100	0.050	0.025	0.010
	단측 확률			

연습 10.10 1주일 동안의 원유 1배럴당 평균가격(단위: 달러)을 x로 하고 같은 기간 동안의 무연가솔린 가격을 y로 표시하여 10주를 무작위로 선정한 후 단순회귀분석을 한 결과 다음과 같은 통계량을 얻었다.

$$b_0 = 0.36,\ SSE = 0.0346,\ SSX = 183.061,\ SSY = 0.168,\ SSXY = 4.943$$

(1) 회귀방정식을 구하시오.

(2) 회귀분석을 위한 분산분석표를 작성하고, 1% 유의수준에서 모형의 적합성을 검정하시오.

(3) 한 주 동안에 배럴당 원유가격이 5달러 오르면 가솔린 가격은 얼마나 오를 것으로 예상할 수 있는가? 또 이 때 90% 신뢰수준에서 가솔린 가격의 변동폭은 얼마가 될 것인지 계산하시오.

풀이 (1) 회귀방정식의 절편은 $b_0 = 0.36$으로 이미 계산되어 있으므로 회귀계수 b_1만 구하면 된다.

$$b_1 = \frac{SSXY}{SSX} = \frac{4.943}{183.061} = 0.027$$

따라서 회귀방정식은 $\hat{y} = 0.36 + 0.027x$가 된다.

(2) 분산분석에서 회귀의 제곱합은

$$SSR = b_1 SSXY = 0.027 \times 4.943 = 0.13346$$

이 된다.

회귀와 오차에 대한 평균제곱합은 제곱합을 자유도로 나누어 구한다.

$$MSR = SSR/df_{SSR} = 0.13346/1 = 0.13346$$
$$MSE = SSE/df_{SSE} = 0.0346/8 = 0.00433$$
$$F = MSR/MSE = 0.13346/0.00433 = 30.822$$

이 F값은 유의수준이 1%이고 자유도가 (1, 8)일 때의 임계값 11.26보다 크므로 귀무가설 $H_0 : \beta_1 = 0$을 기각한다. 따라서 모형으로서 적합하다는 결론을 내릴 수 있다.

변동요인	제곱합	자유도	평균제곱합	F
회귀	0.13346	1	0.13346	30.822
오차	0.03460	8	0.00433	
총변동	0.16806	9		

(3) 회귀방정식 $\hat{y} = 0.36 + 0.027x$에서 회귀계수 0.027은 원유가격이 1달러 변할 때 가솔린 가격이 0.027달러 변한다는 것을 의미한다. 따라서 원유가격이 5달러 상승할 때 가솔린 가격은 $0.027 \times 5 = 0.135$달러 상승할 것이다.

다음 90% 신뢰수준에서 가솔린 가격의 상승폭을 계산하기 위해서는 먼저 회귀계수 β_1에 대한 신뢰구간을 $b_1 \pm t \cdot s_{b1}$에 따라 추정해야 한다.

여기서 회귀의 표준오차가

$$s_e = \sqrt{\frac{SSE}{n-2}} = \sqrt{\frac{0.0346}{10-2}} = 0.0658$$

이면서 신뢰수준이 90%이고(이는 결국 유의수준 α가 10%임을 의미한다.) 자유도가 $n-2=8$일 때의 t값이 1.86이므로 회귀계수 b_1에 대한 표준오차 s_{b1}은

$$s_{b1} = \frac{s_e}{\sqrt{SSX}} = \frac{0.0658}{\sqrt{183.061}} = 0.00486$$

이 된다.

t	양측 확률			
df	0.20	0.10	0.05	0.01
7	1.415	1.895	2.365	3.499
8	1.397	1.860	2.306	3.355
9	1.383	1.833	2.262	3.250
	0.100	0.050	0.025	0.005
	단측 확률			

따라서 β_1에 대한 신뢰구간은

$$b_1 \pm t \cdot s_{b1} = 0.027 \pm (1.860 \times 0.00486) = 0.027 \pm 0.009 = (0.018,\ 0.036)$$

이 된다.

즉 회귀모수 β_1이 0.018에서 0.036 범위의 값을 가질 확률이 90%가 된다는 것을 의미한다.

따라서 원유가격이 5달러 변할 때 가솔린 가격의 변동폭은 $0.018 \times 5 = 0.09$달러에서 $0.036 \times 5 = 0.18$달러 사이의 범위가 될 것이다.

즉 가솔린 변동가격이 이 범위에 속할 확률은 90%가 된다.

입력과정

① A3:B10 : 주어진 계산 자료를 입력한다.

② E2 : $b_1 = \dfrac{SSXY}{SSX}$에 따라 회귀계수를 계산한다. E2셀에 0.027로 계산되어 있다.

= B7/B5

③ E3 : $SSR = b_1 SSXY$에 따라 회귀의 제곱합 SSR을 계산한다.

= E2*B7

④ E4:E5 : $MSR = SSR/df_{SSR}$, $MSE = SSE/df_{SSE}$에 따라 회귀의 평균제곱합와 오차의 평균제곱합을 계산한다.

= E3/B9

= B4/B10

⑤ E6 : $F = MSR/MSE$에 따라 F통계량을 계산한다.

= E4/E5

⑥ E7 : 유의수준 1%에서 F임계값을 계산한다.

= FINV(0.01,1,8)

⑦ E8 : $s_e = \sqrt{\dfrac{SSE}{n-2}}$ 에 따라 회귀의 표준오차를 계산한다.

= SQRT(B4/B10)

⑧ E9 : $s_{b1} = \dfrac{s_e}{\sqrt{SSX}}$에 따라 회귀계수 b_1에 대한 표준오차 s_{b1}을 계산한다.

= E8/SQRT(B5)

⑨ E10 : 신뢰수준이 90%이고(유의수준 α가 10%) 자유도가 $n-2=8$일 때의 t값을 계산한다.

= TINV(0.1,8)

⑩ E11:E12 : $b_1 \pm t \cdot s_{b1}$에 따라 β_1에 대한 신뢰구간을 계산한다.

= E2+E10*E9

= E2−E10*E9

	A	B	C	D	E	F
1	연습 10.10					
2				b1 =	0.027002	
3	b0 =	0.36		SSR =	0.133471	
4	SSE =	0.0346		MSR =	0.133471	
5	SSX =	183.061		MSE =	0.004325	
6	SSY =	0.168		F =	30.86024	
7	SSXY =	4.943		F_crit =	11.25862	
8	n =	10		Se =	0.065765	
9	df_SSR =	1		Sb1 =	0.004861	
10	df_SSE =	8		t_crit =	1.859548	
11				b1_upp =	0.036041	
12				b1_low =	0.017963	
13						

연습 10.11 아래 자료는 6년간 호텔의 객실요금과 숙박률을 조사한 것이다. 물음에 답하시오.

(%, 천원)

연도	숙박률	객실요금
1991	74.8	34.1
1992	72.2	38.4
1993	70.5	42.5
1994	71.6	48.2
1995	68.2	50.6
1996	66.9	57.7

(1) 객실요금을 독립변수로 한 회귀방정식을 추정하시오.

(2) 유의수준 5%에서 객실요금과 숙박률 사이에 역(−)의 관계가 성립한다고 결론내릴 수 있는가?

(3) 숙박률 변동의 몇 %가 객실요금에 의해 설명될 수 있는가?

(4) β_1에 대한 80%의 신뢰구간을 설정하시오.

풀이 엑셀을 통해 직접 회귀분석을 하기로 한다.

입력과정

① A2:C8 : 데이터를 입력한다.

	A	B	C	D
1	연습 10.11			
2	year	y	x	
3	1991	74.8	34.1	
4	1992	72.2	38.4	
5	1993	70.5	42.5	
6	1994	71.6	48.2	
7	1995	68.2	50.6	
8	1996	66.9	57.7	
9				

② 메뉴 바에 있는 [데이터]탭을 클릭하고 이 때 나타나는 풀다운 메뉴에서 [데이터 분석]을 찾아 클릭하면 [통계 데이터 분석] 창이 열린다. 여기서 스크롤바를 이용하여 [회귀 분석] 항목을 찾아 클릭하고 [확인] 버튼을 누르면 [회귀 분석] 창이 열린다.

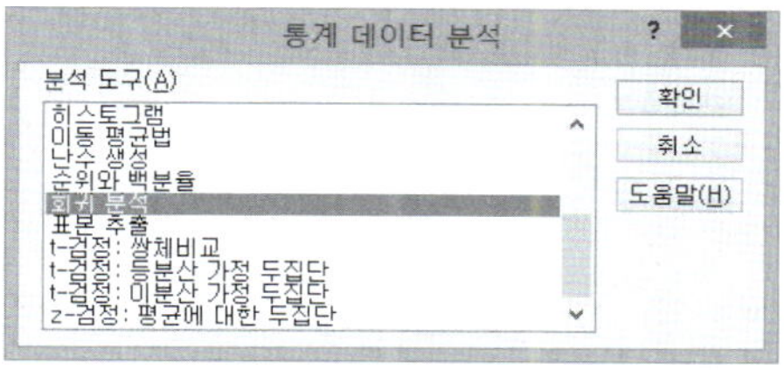

③ [회귀 분석] 창이 열리면 먼저 입력범위를 표시하기 위한 입력상자를 클릭한 후 여기에 데이터가 입력되어 있는 범위를 지정한다. y축 입력범위와 x축 입력범위를 마우스를 이용하여 지정한 후 이들 범위에는 각 변수 이름이 지정되어 있으므로 '이름표' 선택을 체크하고, '신뢰 수준' 입력상자에 신뢰수준을 90%를 지정한 후 [확인] 버튼을 누른다.

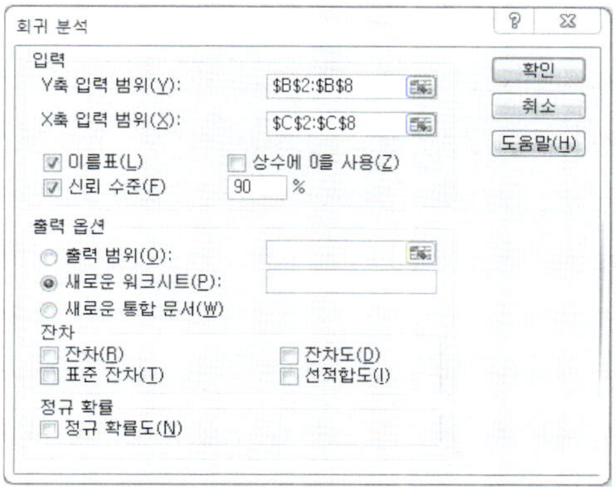

아래에 실행 결과가 출력되어 있다.

(1) B17:B18 : 절편과 회귀계수가 각각 84.53, −0.306으로 출력되어 있다. 따라서 회귀방정식은 $\hat{y}=84.53-0.306x$가 된다.

(2) 이는 유의수준 5%에서 회귀모수 β_1이 음(−)의 값을 가지는지를 검정하는 것이다. 즉 $H_0:\beta_1 \geq 0$, $H_1:\beta_1 < 0$의 가설을 검정하면 된다.
D18셀에 회귀계수 -0.3057에 대한 t값이 −4.846으로 계산되어 있고 이 값을 임계값으로 했을 때의 t분포 양쪽 꼬리부분의 기각역 확률이 E18셀에 0.0084로 나타나 있다. 이는 t값 −4.846이 위치한 곳까지의 t분포 왼쪽 꼬리부분의 기각역 확률이 0.0042(= 0.0084/2)임을 의미하는 것이고 이 확률은 주어진 유의수준 5%보다 작으므로 대립가설 $H_1:\beta_1 < 0$을 채택하게 된다. 즉 '객실요금과 숙박률 사이에는 역(−)의 관계가 있을 수 있을 것이다.' 라는 결론을 내릴 수 있다.

(3) 결정계수는 B5셀에 0.8545로 나타나 있다. 즉 종속변수인 숙박률의 변동의 85.45%가 독립변수인 객실요금에 의해 설명될 수 있음을 의미하는 것이다.

(4) H18:I18셀에 β_1의 신뢰수준 90%에서의 신뢰구간 상한값과 하한값이 각각 -0.440과 -0.171로 나타나 있다.

	A	B	C	D	E	F	G	H	I	J
1	요약 출력									
2										
3	회귀분석 통계량									
4	다중 상관계수	0.924383								
5	결정계수	0.854484								
6	조정된 결정계수	0.818106								
7	표준 오차	1.215312								
8	관측수	6								
9										
10	분산 분석									
11		자유도	제곱합	제곱 평균	F 비	유의한 F				
12	회귀	1	34.69207	34.69207	23.48847	0.008361				
13	잔차	4	5.907931	1.476983						
14	계	5	40.6							
15										
16		계수	표준 오차	t 통계량	P-값	하위 95%	상위 95%	하위 90.0%	상위 90.0%	
17	Y 절편	84.53464	2.897364	29.17639	8.22E-06	76.49026	92.57901	78.3579	90.71137	
18	x	-0.30574	0.063084	-4.84649	0.008361	-0.48089	-0.13059	-0.44022	-0.17125	
19										

연습 10.12 다음 각각의 경우에 대하여 결정계수 R^2을 구하시오.

(1) $SSE=0.343$, $SST=1.382$

(2) $SSR=471.7$, $SST=1168$

(3) $SSY = 2.098$, $SSXY = 0.6$, $b_1 = 0.1464$

풀이 (1) $R^2 = SSR/SST$이고 $SSR = SST - SSE = 1.382 - 0.343 = 1.039$이므로 $R^2 = 1.039/1.382 = 0.75181$이다.

(2) $R^2 = SSR/SST = 471.7/1168 = 0.40385$

(3) $SST = SSY = 2.098$이고 $SSR = b_1 \times SSXY = 0.1464 \times 0.6 = 0.08784$이다. 따라서 결정계수는 $R^2 = SSR/SST = 0.08784/2.098 = 0.041868$이 된다.

■ 회귀모형을 이용한 예측

연습 10.13 단순회귀분석 과정에서 다음과 같은 통계량을 얻었을 때 다음 물음에 답하시오.

$$n = 11,\quad SSX = 21704.545,\quad SSE = 14741.6$$
$$\bar{x} = 136.364,\quad \hat{y} = 50.723 + 0.4867x$$

(1) $x = 100$일 때 종속변수 y의 예측구간을 95% 신뢰수준에서 추정하고 이를 해석하시오.

(2) $x = 100$일 때 종속변수 y의 신뢰구간을 95% 신뢰수준에서 추정하고 이를 해석하시오.

풀이 아래 식에 따라 y의 예측구간과 신뢰구간을 추정하면 다음과 같다.

(y의 개별값에 대한 예측구간 추정식)

$$\hat{y} \pm t \cdot s_e \sqrt{1 + \frac{1}{n} + \frac{(x - \bar{x})^2}{SSX}}$$

(y의 평균값에 대한 신뢰구간 추정식)

$$\hat{y} \pm t \cdot s_e \sqrt{\frac{1}{n} + \frac{(x - \bar{x})^2}{SSX}}$$

입력과정

① A2:B6 : 데이터를 입력한다.

② E2 : 예측구간과 신뢰구간 추정에 필요한 $x = 100$일 때의 $\hat{y}$를 $\hat{y} = 50.723 + 0.4867x$에 따라 계산한다.
= 50.723+0.4867*B6

③ E3 : 95% 신뢰수준에서의 t값을 계산한다. 이 때 자유도는 $df = n - 2 = 11 - 2 = 9$이다.

= TINV(0.05,B2−2)

④ E4 : $\sqrt{\dfrac{SSE}{n-2}}$ 에 따라 회귀계수 b_1의 표준오차를 계산한다.

= SQRT(B4/(B2−2))

⑤ E6:E6 : $\hat{y} \pm t \cdot s_e \sqrt{1+\dfrac{1}{n}+\dfrac{(x-\overline{x})^2}{SSX}}$ 에 따라 $x=100$일 때 y의 개별값에 대한 예측구간의 하한값과 상한값을 계산한다.

= E2−E3*E4*SQRT(1+1/B2+(B6−B5)^2/B3)

= E2+E3*E4*SQRT(1+1/B2+(B6−B5)^2/B3)

하한값과 상한값이 각각 1.135와 197.651로 나타나 있다. 이는 $x=100$일 때 y가 취할 수 있는 값이 95%가 1.135와 197.651 사이의 범위에 있음을 의미하는 것이다.

⑥ E7:E8 : $\hat{y} \pm t \cdot s_e \sqrt{\dfrac{1}{n}+\dfrac{(x-\overline{x})^2}{SSX}}$ 에 따라 $x=100$일 때 y의 평균값에 대한 신뢰구간의 하한값과 상한값을 계산한다.

= E2−E3*E4*SQRT(1/B2+(B6−B5)^2/B3)

= E2+E3*E4*SQRT(1/B2+(B6−B5)^2/B3)

하한값과 상한값이 각각 63.719와 135.067로 나타나 있다. 이는 다시 말해 $x=100$일 때 y분포의 평균값이 63.719와 135.067 사이에 있을 확률이 95%임을 의미하는 것이다.

	A	B	C	D	E	F
1	연습 10.13					
2	n =	11		y hat =	99.393	
3	SSX =	21704.545		t =	2.262	
4	SSE =	14741.6		se =	40.472	
5	X bar =	136.364		yp_low =	1.135	
6	X =	100		yp_upp =	197.651	
7				yc_low =	63.719	
8				yc_upp =	135.067	
9						

연습 10.14 아래는 비디오 대여점 12개 점포를 대상으로 평균 대여수와 대여점이 위치한 지역의 평균가구소득을 조사한 것이다.

가구소득(x)	65	43	29	47	52	50	46	29	31	43	49	64
대여수(y)	710	529	314	504	619	428	317	205	468	545	607	694

(1) 위 자료에 대해 가구소득을 독립변수로 하고 대여수를 종속변수로 한 회귀방정식을 구하고 모형의 적합성을 검정하시오.

(2) 결정계수를 구하고 이를 해석하시오.

입력과정

① A2:B14 : 데이터를 입력한다.

	A	B	C
1	연습 10.14		
2	x	y	
3	65	710	
4	43	529	
5	29	314	
6	47	504	
7	52	619	
8	50	428	
9	46	317	
10	29	205	
11	31	468	
12	43	545	
13	49	607	
14	64	694	
15			

② 메뉴 바에 있는 [데이터]탭을 클릭하고 이 때 나타나는 풀다운 메뉴에서 [데이터 분석]을 찾아 클릭하면 [통계 데이터 분석] 창이 열린다. 여기서 스크롤바를 이용하여 [회귀 분석] 항목을 찾아 클릭하고 [확인] 버튼을 누르면 [회귀 분석] 창이 열린다.

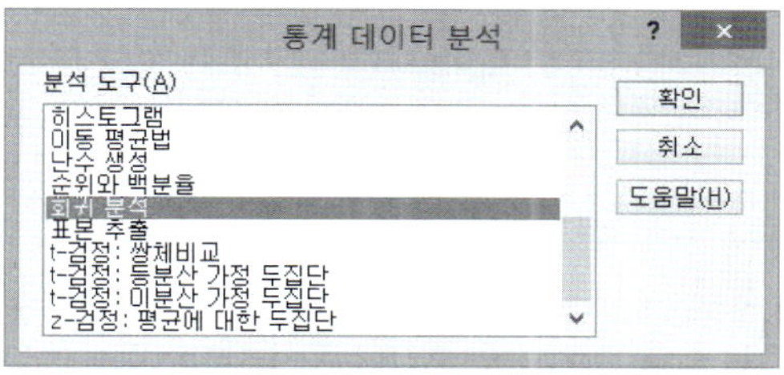

③ [회귀 분석] 창이 열리면 먼저 입력범위를 표시하기 위한 입력상자를 클릭한 후 여기에 데이터가 입력되어 있는 범위를 지정한다.

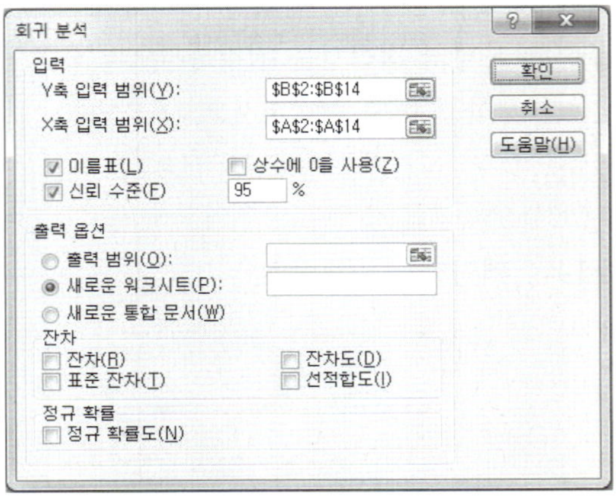

y축 입력범위와 x축 입력범위를 마우스를 이용하여 지정한 후 이들 범위에는 각 변수 이름이 지정되어 있으므로 '이름표' 선택을 체크하고, '신뢰 수준' 입력상자를 체크한 후 [확인] 버튼을 누른다.

	A	B	C	D	E	F	G	H	I	J
1	요약 출력									
2										
3	회귀분석 통계량									
4	다중 상관계수	0.807592								
5	결정계수	0.652205								
6	조정된 결정계수	0.617426								
7	표준 오차	97.12774								
8	관측수	12								
9										
10	분산 분석									
11		자유도	제곱합	제곱 평균	F 비	유의한 F				
12	회귀	1	176908	176908	18.75258	0.001489				
13	잔차	10	94337.98	9433.798						
14	계	11	271246							
15										
16		계수	표준 오차	t 통계량	P-값	하위 95%	상위 95%	하위 95.0%	상위 95.0%	
17	Y 절편	9.728511	115.5154	0.084218	0.934545	-247.656	267.1128	-247.656	267.1128	
18	x	10.62638	2.453889	4.330425	0.001489	5.158777	16.09399	5.158777	16.09399	
19										

풀이 (1) 위 실행결과의 B17:B18셀에 회귀방정식의 절편과 기울기가 각각 9.729, 10.626으로 추정되어 있다. 따라서 회귀방정식은 $\hat{y}=9.729+10.626x$가 된다.

또한 분산분석의 결과는 E12셀에 F값이 18.753으로 나타나 있고, 이를 임계값으로 할 때의 F분포의 오른쪽 꼬리부분 기각역 확률이 F12셀에 0.0015로 나타남으로써 선형회귀모형의 계수가 모두 '0'이라는 귀무가설을 기각하게 되어 모형이 적합하다는 결론을 내리게 된다.

이러한 결론은 단순회귀모형에서의 회귀계수가 하나인 점을 감안하면 회귀계수 b_1에 대한 t검정을 통해서도 동일하게 얻을 수 있다. 즉 회귀계수 b_1에 대한 t값이 D18셀에 4.33으로 나타나 있고, 이를 임계값으로 하는 양측검정의 기각역 확률이 E18셀에 0.0015로 나타나 있어 5% 유의수준에서 귀무가설 $\beta_1=0$을 기각하게 된다.

(2) 결과물 B5셀에 결정계수가 0.6522로 나타나 있다. 이는 비디오 대여 수 변동의 65.2%가 해당 지역에 속한 가구소득에 의해 설명되어질 수 있음을 의미하는 것이다.

연습 10.15 다음은 어느 공항에 주재하는 항공사 9개 회사를 무작위로 추출하여 이들 항공사의 공항 근무 직원 수와 주당 비행기 운항편수를 조사한 것이다.

출발편수(x)	98	91	88	73	47	52	49	54	32
직원수(y)	86	69	81	52	40	10	26	14	11

(1) 엑셀을 이용하여 회귀방정식을 추정하시오.

(2) 비행기 운항편수가 증가할수록 공항근무 직원수가 증가한다는 가설을 1% 유의수준에서 검정하시오.

입력과정

① A2:B11 : 데이터를 입력한다.

	A	B	C
1	연습 10.15		
2	x	y	
3	98	86	
4	91	69	
5	88	81	
6	73	52	
7	47	40	
8	52	10	
9	49	26	
10	54	14	
11	32	11	
12			

② 메뉴 바에 있는 [데이터]탭을 클릭하고 이 때 나타나는 풀다운 메뉴에서 [데이터 분석]을 찾아 클릭하면 [통계 데이터 분석] 창이 열린다. 여기서 스크롤바를 이용하여 [회귀 분석] 항목을 찾아 클릭하고 [확인] 버튼을 누르면 [회귀 분석] 창이 열린다.

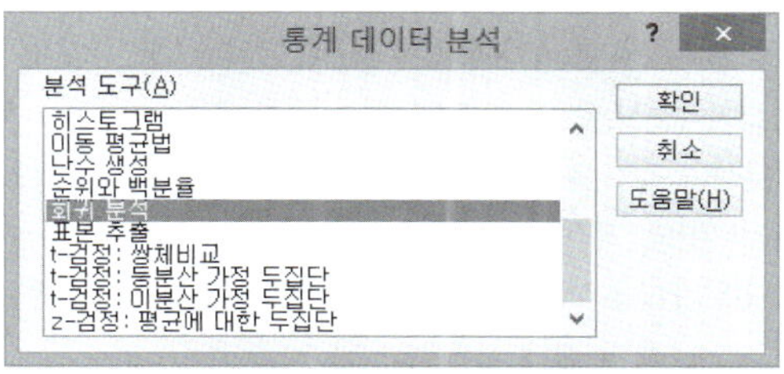

③ [회귀 분석] 창이 열리면 먼저 입력범위를 표시하기 위한 입력상자를 클릭한 후 여기에 데이터가 입력되어 있는 범위를 지정한다. y축 입력범위와 x축 입력범위를 마우스를 이용하여 지정한 후 이들 범위에는 각 변수 이름이 지정되어 있으므로 '이름표' 선택을 체크하고 [확인] 버튼을 누른다.

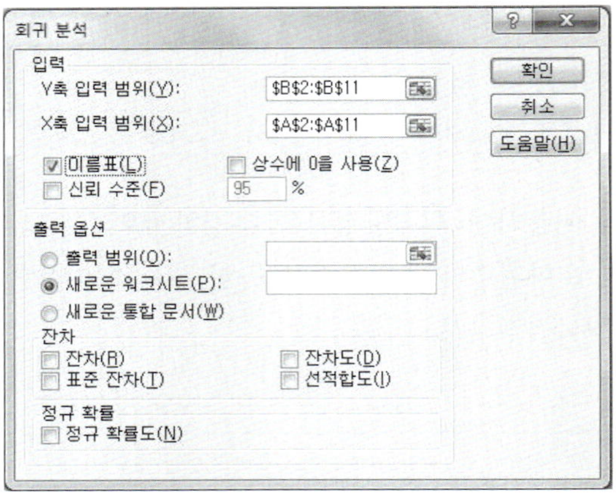

④ 아래에 실행 결과가 출력되어 있다.

	A	B	C	D	E	F	G	H	I	J
1	요약 출력									
2										
3	회귀분석 통계량									
4	다중 상관계수	0.921086								
5	결정계수	0.848399								
6	조정된 결정계수	0.826742								
7	표준 오차	12.57505								
8	관측수	9								
9										
10	분산 분석									
11		자유도	제곱합	제곱 평균	F 비	유의한 F				
12	회귀	1	6194.632	6194.632	39.17383	0.000421				
13	잔차	7	1106.923	158.1319						
14	계	8	7301.556							
15										
16		계수	표준 오차	t 통계량	P-값	하위 95%	상위 95%	하위 95.0%	상위 95.0%	
17	Y 절편	-34.5085	13.10753	-2.63272	0.033779	-65.5029	-3.5141	-65.5029	-3.5141	
18	x	1.197905	0.191392	6.2589	0.000421	0.745334	1.650476	0.745334	1.650476	
19										

풀이 (1) 위 실행결과의 B17:B18셀에 회귀방정식의 절편과 기울기가 각각 -34.51, 1.198로 추정되어 있다. 따라서 회귀방정식은 $\hat{y}=-34.51+1.198x$가 된다.

또한 분산분석의 결과는 E12셀에 F값이 39.17로 나타나 있고, 이를 임계값으로 할 때의 F분포의 오른쪽 꼬리부분의 기각역 확률이 F12셀에 0.0004로 나타남으로써 선형회귀모형의 계수가 모두 '0'이라는 귀무가설을 기각하게 되어 모형이 적합하다는 결론을 내리게 된다.

(2) 이는 회귀모수가 $\beta_1 > 0$인지를 검정하는 것으로서 다음과 같이 가설을 설정할 수 있다.

$$H_0 : \beta_1 \leq 0$$
$$H_1 : \beta_1 > 0$$

회귀계수 b_1에 대한 t값이 D18셀에 6.259로 나타나 있고, 이를 임계값으로 하는 양측검정의 기각역 확률이 E18셀에 0.0004로 나타나 있어 1% 유의수준에서 귀무가설 $\beta_1 \leq 0$을 기각하고 대립가설 $\beta_1 > 0$을 채택한다. 따라서 '항공기 운항편수가 증가함에 따라 공항근무 직원수도 증가한다.'는 가설이 옳을 수도 있다고 판단할 수 있다.

■ 상관분석

연습 10.16 아래는 판매원의 주당 평균 고객방문횟수(x)와 판매가 성사된 건수(y)에 대한 자료이다. 아래 표의 빈칸을 작성하고 물음에 답하시오.

x	y	xy	x^2	y^2
1	0			
2	1			
3	1			
4	3			

$\sum x =$ $\quad$ $\sum y =$ $\quad$ $\sum xy =$

$\sum y^2 =$ $\quad$ $\sum x^2 =$ $\quad$ $n =$

(1) 다음 제곱합을 계산하고 상관계수를 구하시오.

$SSX =$ $\quad$ $SSY =$ $\quad$ $SSXY =$ $\quad$ $r = \dfrac{SSXY}{\sqrt{SSX \cdot SSY}} =$

(2) 고객 방문횟수와 판매가 성사되는 건수 사이에 정(+)의 상관관계가 있다고 판단할 수 있는지 가설을 설정하고 이를 10% 유의수준에서 검정하시오.

풀이 (1)

x	y	xy	x^2	y^2
1	0	0	1	0
2	1	2	4	1
3	1	3	9	1
4	3	12	16	9

$\sum x = 10$ $\quad$ $\sum y = 5$ $\quad$ $\sum xy = 17$

$\sum y^2 = 11$ $\quad$ $\sum x^2 = 30$ $\quad$ $n = 4$

이 결과를 이용하여 제곱합을 계산한다.

$$SSX = \sum(x-\bar{x})^2 = \sum x^2 - \frac{(\sum x)^2}{n} = 30 - \frac{10^2}{4} = 5$$

$$SSY = \sum(y-\bar{y})^2 = \sum y^2 - \frac{(\sum y)^2}{n} = 11 - \frac{5^2}{4} = 4.75$$

$$SSXY = \sum(x-\bar{x})(y-\bar{y}) = \sum xy - \frac{(\sum x)(\sum y)}{n} = 17 - \frac{10\times 5}{4} = 17 - 12.5 = 4.5$$

$$r = \frac{SSXY}{\sqrt{SSX \cdot SSY}} = \frac{4.5}{\sqrt{5\times 4.75}} = 0.923$$

(2) 〈1단계〉 다음과 같이 가설을 설정한다.

$$H_0 : \rho = 0$$
$$H_1 : \rho \neq 0$$

〈2단계〉 검정통계량 t값을 계산한다.

$$t = \frac{r}{\sqrt{\frac{1-r^2}{n-2}}} = \frac{0.923}{\sqrt{\frac{1-0.923^2}{4-2}}} = 3.392$$

〈3단계〉 자유도가 $df = n-2 = 4-2 = 2$일 때, 유의수준 10%에서의 t임계값을 구하면 2.920이 된다. 즉 귀무가설 채택역은 $-2.920 \leq t \leq 2.920$이다.

2단계에서 구한 검정통계량 t값은 3.392로 이 범위를 벗어나 있으므로 귀무가설을 기각하고 대립가설을 채택하게 된다. 따라서 x, y사이에는 상관관계가 있다는 판단을 내릴 수 있을 것이다. 특히 상관계수가 (+)이므로 두 변수 사이에는 정(+)의 상관관계가 있음을 알 수 있다.

t	양측 확률			
df	0.20	0.10	0.05	0.01
1	3.078	6.314	12.706	63.656
2	1.886	2.920	4.303	9.925
3	1.638	2.353	3.182	5.841
	0.100	0.050	0.025	0.005
	단측 확률			

연습 10.17 표본크기가 $n = 10$이고 x, y 두 변수 사이의 상관계수가 $r = -0.826$일 때, 유의수준 1%에서 두 변수가 역의 관계에 있는지 검정하시오.

풀이 먼저 가설을 설정하고 상관계수에 대한 검정통계량 t값을 구한 후, 이 값이 주어진 유의수준에서 귀무가설을 채택하는지 여부를 결정한다.

〈1단계〉 가설을 설정한다.

$$H_0 : \rho \geq 0$$

$$H_1 : \rho < 0$$

x, y 두 변수 사이에 역의 관계가 존재하는지를 검정하는 것이므로 대립가설은 $H_1 : \rho \neq 0$이 아닌 $H_1 : \rho < 0$으로 설정해야 한다. 즉 하한단측검정을 해야 한다.

〈2단계〉 t통계량을 계산한다.

$$t = \frac{r}{\sqrt{\frac{1-r^2}{n-2}}} = \frac{-0.826}{\sqrt{\frac{1-(-0.826)^2}{10-2}}} = -4.145$$

〈3단계〉 단측검정에서의 유의수준이 1%이고 자유도가 $df = n-2 = 10-2 = 8$일 때 t임계값은 t분포표로부터 2.896임을 알 수 있다.

t	양측 확률			
df	0.20	0.10	0.05	0.02
7	1.415	1.895	2.365	2.998
8	1.397	1.860	2.306	2.896
9	1.383	1.833	2.262	2.821
	0.100	0.050	0.025	0.010
	단측 확률			

이는 상한단측검정에서의 임계값이므로 하한단측검정의 임계값은 여기에 (−)부호를 붙인 −2.896이 된다. 즉 $t < -2.896$이 귀무가설의 기각역이 된다. 2단계에서 구한 상관계수의 t값 −4.145는 $t < -2.896$의 범위에 속하므로 귀무가설을 기각하고 대립가설을 채택하게 된다. 따라서 x, y 사이에는 역의 관계가 존재할 수도 있다는 판단을 내리게 된다.

입력과정

① A2:B3 : 주어진 자료를 입력한다.

② E2 : $t = \frac{r}{\sqrt{\frac{1-r^2}{n-2}}}$에 따라 검정통계량 t값을 계산한다.

= B3/SQRT((1−B3^2)/(B2−2))

③ E3 : TINV(prob,df) 함수를 이용하여 주어진 유의수준에서의 t임계값을 계산한다. 여기서 주의해야 할 것은 이 때 입력되는 prob 인수는 양측검정을 기준으로 하고 있으므로 1% 유의수준에서 단측검정을 하기 위해서는 prob 인수에 0.02를 지정해야 한다.

= TINV(0.02,B2−2)

E3셀에 t임계값이 2.896으로 나타나 있다. 이 t값은 상한 임계값이므로 하

한임계값은 여기에 (−) 부호를 붙인 −2.896이 된다.

	A	B	C	D	E	F
1	연습 10.17					
2	n =	10		t =	-4.14477	
3	r =	-0.826		t_crit =	2.896459	
4						

연습 10.18 다음은 어느 도시의 물 소비량과 기온과의 관계를 나타낸 자료이다. 물 소비량과 기온 사이의 상관계수를 구하고 이들 두 변수 사이에 정(+)의 관계가 있는지 유의수준 1%에서 검정하시오.

물소비량(㎥)	219	56	107	129	68	184	150	112
기온(℃)	25	−10	10	11	−4	21	18	9

풀이 물 소비량을 x, 기온을 y라고 했을 때 이들의 제곱합 SSX, SSY, $SSXY$를 계산하면 상관계수를 구할 수 있다.

$$SSX = 21382.875, \qquad SSY = 1008, \qquad SSXY = 4454$$

$$r = \frac{SSXY}{\sqrt{SSX \cdot SSY}} = \frac{4454}{\sqrt{21382.875 \times 1008}} = 0.95937$$

상관계수를 검정하기 위해 다음과 같은 가설을 설정한다. 이 때 가설은 두 변수 사이에 정(+)의 관계가 있는지 검정하는 것이므로 상한단측검정에 따라 설정한다.

〈1단계〉

$$H_0 : \rho \leqq 0$$
$$H_1 : \rho > 0$$

〈2단계〉

$$t = \frac{r}{\sqrt{\frac{1-r^2}{n-2}}} = \frac{0.95937}{\sqrt{\frac{1-0.95937^2}{8-2}}} = 8.329$$

〈3단계〉 상한단측검정의 유의수준이 1%이고 자유도가 $df = n-2 = 8-2 = 6$일 때 t임계값은 t분포표로부터 3.143임을 알 수 있다. 따라서 $t > 3.143$이 귀무가설 기각역이 된다.

2단계에서 구한 상관계수의 t값 8.329는 $t > 3.143$의 범위에 속하므로 귀무가설을 기각하고 대립가설을 채택하게 된다. 따라서 x, y 사이에는 정(+)의 관계가 존재한다는 판단을 내리게 된다.

t	양측 확률			
df	0.20	0.10	0.05	0.02
5	1.476	2.015	2.571	3.365
6	1.440	1.943	2.447	3.143
7	1.415	1.895	2.365	2.998
	0.100	0.050	0.025	0.010
	단측 확률			

입력과정

① A2:B10 : 물 소비량(x)과 기온(y)에 대한 데이터를 입력한다.

	A	B	C
1	연습 10.18		
2	y	x	
3	219	25	
4	56	-10	
5	107	10	
6	129	11	
7	68	-4	
8	184	21	
9	150	18	
10	112	9	
11			

② 메뉴 바에 있는 [데이터]탭을 클릭하고 이 때 나타나는 풀다운 메뉴에서 [데이터 분석]을 찾아 클릭하면 [통계 데이터 분석] 창이 열린다. 여기서 스크롤바를 이용하여 [상관 분석] 항목을 찾아 클릭하고 [확인] 버튼을 누르면 [상관 분석] 창이 열린다.

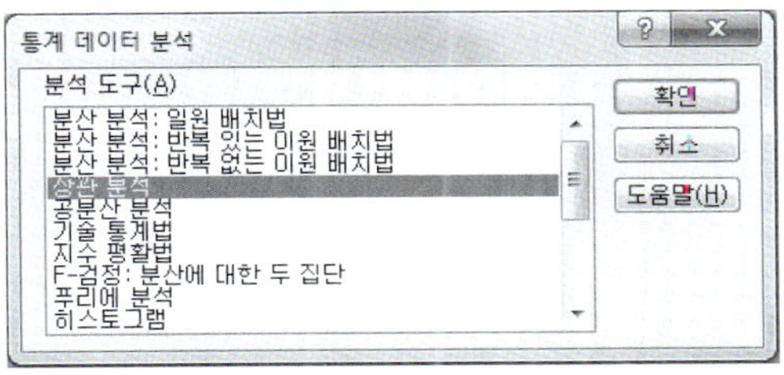

③ [상관 분석] 창이 열리면 먼저 입력범위를 표시하기 위한 입력상자를 클릭한 후 여기에 데이터가 입력되어 있는 범위를 지정한다.

이들 범위에는 각 변수 이름이 지정되어 있으므로 '첫째 행 이름표 사용' 선택을 체크하고 [확인] 버튼을 누른다.

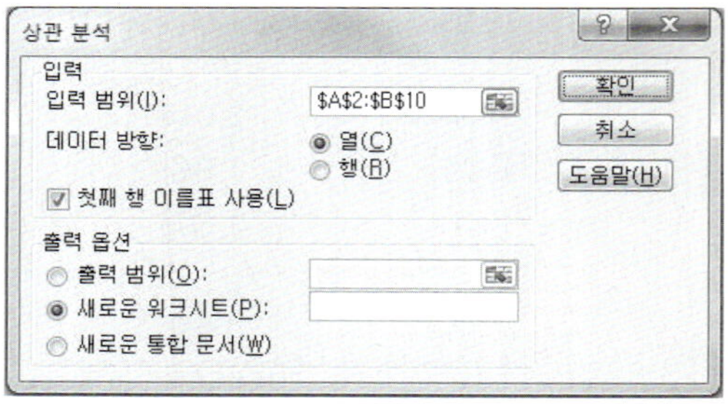

④ A1:C3 : 실행결과가 출력되어 있다. 상관계수가 B3셀에 0.959로 나타나 있다. 상관계수를 검정하기 위해 F2셀과 F3셀에서 t통계량과 1% 유의수준에서의 상한단측검정의 임계값을 계산한다.

= B3/SQRT((1−B3^2)/(8−2))

= TINV(0.02,8−2)

F2셀에 검정통계량 t값이 8.33으로 나타나 있다. F3셀에는 상한단측검정에서 유의수준이 1%이고 자유도가 $df = n - 2 = 8 - 2 = 6$일 때의 t임계값이 3.14로 계산되어 있다.

상관계수의 t값 8.329는 $t > 3.143$의 범위에 속하므로 귀무가설을 기각하고 대립가설을 채택하게 된다.

	A	B	C	D	E	F	G
1		y	x				
2	y	1			t =	8.32894	
3	x	0.959372	1		t_crit =	3.142668	
4							

제11장

다중회귀분석

CONTENTS

11.1 다중회귀분석

다중회귀분석

단순회귀분석에서와 같이 하나의 독립변수만으로 종속변수의 변화를 충분히 설명할 수 없을 때 일반적으로 회귀모형에 새로운 독립변수를 추가함으로써 종속변수의 변화를 좀 더 정확하게 설명할 수가 있다.
이와 같이 종속변수의 변화를 설명하는 독립변수가 두 개 이상인 경우의 회귀모형을 다중회귀모형(multiple regression model)이라 한다.

독립변수가 x_1, x_2, $\cdots$, x_k로 k개이고 종속변수가 y인 경우 다중회귀모형은 다음과 같이 나타낼 수 있다.

다중회귀모형

$$y = \beta_0 + \beta_1 x_1 + \beta_2 x_2 + \cdots + \beta_k x_k + \epsilon$$

β_1, β_2, $\cdots$, β_k : 회귀계수 ϵ : 확률오차

단순회귀모형 $y = \beta_0 + \beta_1 x + \epsilon$에서와 같이 위의 다중회귀모형도 확률변수인 확률오차 ϵ이 포함되어 있으므로 통계적 모형(statistical model)에 해당한다. 이는 다시 말해 k개의 독립변수 x_1, x_2, $\cdots$, x_k의 값이 주어졌을 때 종속변수 y의 값이 항상 일정하게 하나의 값으로 정해지는 것이 아니라 확률변수인 확률오차 ϵ의 값에 따라 y의 값이 얼마든지 다른 값으로 나타날 수 있음을 의미하는 것이다. 따라서 종속변수 y 역시 확률변수임을 알 수 있다.

확률오차 ϵ에 대한 가정

종속변수 y값의 결정에 중요한 역할을 하는 확률오차 ϵ에 대해 다중회귀모형에서는 다음과 같은 가정을 하고 있다.
(1) 확률오차 ϵ은 확률변수이다.
(2) 확률오차 ϵ은 평균이 '0'이고 분산이 σ^2인 정규분포를 한다.
(3) 독립변수 x_1, x_2, $\cdots$, x_k에 대한 확률오차 ϵ은 독립적이다.

11.2 다중회귀모형의 추정

■ 최소자승법

다중회귀모형 $y = \beta_0 + \beta_1 x_1 + \beta_2 x_2 + \cdots + \beta_k x_k + \epsilon$을 통해 독립변수 x_1, x_2, $\cdots$, x_k와 종속변수 y 사이의 선형관계를 파악하고자 할 때 다중회귀분석 과정에서 제일 중요한 것은 회귀계수인 k개의 모수 β_0, β_1, β_2, $\cdots$, β_k를 추정하는 것이다.

단순회귀분석에서 살펴본 바와 같이 최소자승법(least square method)은 실제 관찰된 종속변수값 y와 추정된 종속변수값 $\hat{y}$사이의 차이의 제곱합 즉 오차의 제곱합(sum of squares : SSE)인 $\sum(y-\hat{y})^2$를 최소화하는 회귀모수 β_0, β_1, β_2, $\cdots$, β_k를 추정하는 방법이다. 최소자승법에 의해 추정된 회귀모수 β_0, β_1, β_2, $\cdots$, β_k에 대한 추정값을 b_0, b_1, b_2, $\cdots$, b_k라 하면 추정된 다중회귀모형은 다음과 같이 표시할 수 있다.

추정된 다중회귀모형

$$\hat{y} = b_0 + b_1 x_1 + b_2 x_2 + \cdots + b_k x_k$$

다중회귀분석의 경우 통계 소프트웨어의 도움 없이 데이터를 처리하는 것에는 한계가 있기 때문에 여기서는 Excel을 이용하여 분석하는 과정을 중심으로 살펴보기로 한다.

예제 11.1 아래는 어느 지역에 있는 건물 12개를 추출하여 가격과 면적, 건축경과년수를 조사한 자료이다. 이 때 회귀방정식은 엑셀을 이용하여 다음과 같이 구할 수 있다.

가격(y)	면적(x_1)	건축경과년수(x_2)	가격(y)	면적(x_1)	건축경과년수(x_2)
45.1	2450	45	69.3	2144	8
56.8	2404	32	65.6	2458	9
59.7	1554	14	89.5	2714	4
56.4	1784	10	101.4	3073	7
59.2	1684	28	108.7	3269	6
63.4	2472	30	98.1	4534	11

입력과정

① A2:C14 : 건물에 대한 가격(y), 면적(x_1), 건축경과년수(x_2)에 대한 데이터를 입력한다.

	A	B	C	D
1	예제 11.1			
2	y	x1	x2	
3	45.1	2450	45	
4	56.8	2404	32	
5	59.7	1554	14	
6	56.4	1784	10	
7	59.2	1684	28	
8	63.4	2472	30	
9	69.3	2144	8	
10	65.6	2458	9	
11	89.5	2714	4	
12	101.4	3073	7	
13	108.7	3269	6	
14	98.1	4534	11	
15				

② 메뉴 바에 있는 [데이터]탭을 클릭하고 이 때 나타나는 풀다운 메뉴에서 [데이터 분석]을 찾아 클릭하면 [통계 데이터 분석] 창이 열린다. 여기서 스크롤바를 이용하여 [회귀 분석] 항목을 찾아 클릭하고 [확인] 버튼을 누르면 [회귀 분석] 창이 열린다.

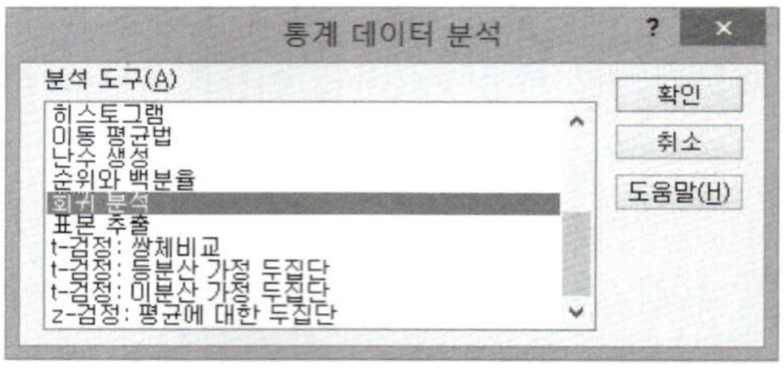

③ [회귀 분석] 창이 열리면 먼저 입력범위를 표시하기 위한 입력상자를 클릭한 후 여기에 데이터가 입력되어 있는 y축 입력범위와 x축 입력범위를 마우스를 이용하여 지정한다. 이들 범위에는 각 변수 이름이 지정되어 있으므로 '이름표' 선택을 체크하고 [확인] 버튼을 누른다. 아래에 실행 결과가 출력되어 있다.

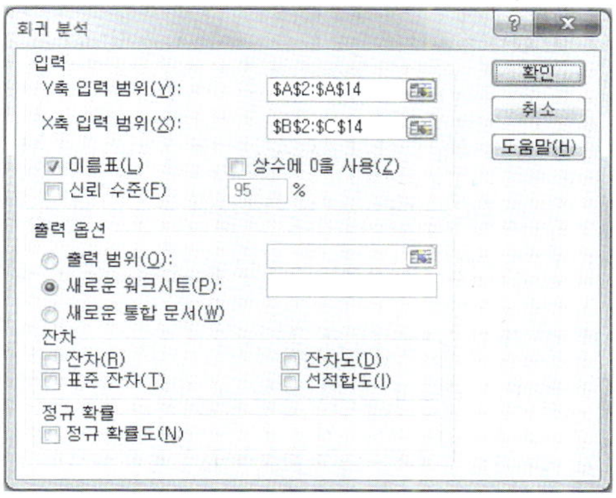

④ B17:B19 : 회귀계수에 대한 추정치가 출력되어 있다.

따라서 추정된 회귀방정식은 $\hat{y}= 47.421 + 0.016x_1 - 0.844x_2$가 된다.

여기서 x_1의 회귀계수는 (+)0.0016, x_2의 회귀계수는 (−)0.844로 추정됨으로써 건물가격이 건물면적과는 양(+)의 관계를, 건축경과년수와는 음(−)의 관계를 가지고 변화하고 있음을 알 수 있다.

⑤ D18:D19 : 회귀계수 β_1, β_2에 대하여 $\beta_1 = 0$, $\beta_2 = 0$의 귀무가설을 검정하기 위한 검정통계량 t값이 4.092, −3.6으로 계산되어 있다.

그리고 E18:E19셀에는 이들 t값을 임계값으로 했을 때 양측검정에서의 기각역 확률이 각각 0.0027, 0.0058로 나타나 있다. 이 기각역 확률은 주어진 5% 유의수준보다 작으므로 $\beta_1 = 0$, $\beta_2 = 0$의 귀무가설을 기각하게 된다.

따라서 최종적으로 건물가격은 면적이 넓을수록, 건축경과년수가 짧을수록 높아진다는 결론을 내리게 된다.

	A	B	C	D	E	F	G	H	I	J
1	요약 출력									
2										
3	회귀분석 통계량									
4	다중 상관계수	0.902845								
5	결정계수	0.815129								
6	조정된 결정계수	0.774047								
7	표준 오차	9.957529								
8	관측수	12								
9										
10	분산 분석									
11		자유도	제곱합	제곱 평균	F 비	유의한 F				
12	회귀	2	3934.635	1967.318	19.84136	0.000502				
13	잔차	9	892.3714	99.15238						
14	계	11	4827.007							
15										
16		계수	표준 오차	t 통계량	P-값	하위 95%	상위 95%	하위 95.0%	상위 95.0%	
17	Y 절편	47.42098	11.73626	4.040554	0.002926	20.87172	73.97024	20.87172	73.97024	
18	x1	0.015595	0.003811	4.09211	0.002708	0.006974	0.024216	0.006974	0.024216	
19	x2	-0.84372	0.234384	-3.59975	0.005751	-1.37394	-0.31351	-1.37394	-0.31351	
20										

■ 확률오차 ϵ의 분산

다중회귀모형 $y=\beta_0+\beta_1 x_1+\beta_2 x_2+\cdots+\beta_k x_k+\epsilon$에서 오차항 ϵ은 평균이 '0'이고 분산이 σ^2인 정규분포를 하는 확률변수로 가정하였다. 그런데 회귀분석에서 사용되는 데이터는 모집단이 아닌 표본자료에 의한 것이므로 β_0, β_1, β_2, $\cdots$, β_k는 알 수 없으며 따라서 ϵ에 대한 분산 σ^2 역시 알 수 없다.

단지 최소자승법을 통해 회귀계수 β_0, β_1, β_2, $\cdots$, β_k에 대한 추정치 b_0, b_1, b_2, $\cdots$, b_k만을 알 수 있기 때문에 확률오차 ϵ의 분산 σ^2 역시 추정값을 사용할 수밖에 없다.

표본자료를 통해 얻은 추정된 회귀모형이 $\hat{y}=b_0+b_1 x_1+b_2 x_2+\cdots+b_k x_k$일 때 ϵ에 대한 추정치인 잔차(residual) e는 $e=y-\hat{y}=y-(b_0+b_1 x_1+\cdots+b_k x_k)$이 되고 이를 이용하여 ϵ에 대한 분산 σ^2의 추정치 s_e^2를 다음과 같이 구할 수 있다.

ϵ의 분산 σ^2의 추정치

$$s_e^2=\frac{\sum(y-\hat{y})^2}{df}=\frac{SSE}{n-(k+1)}$$

그리고 s_e^2의 제곱근 즉 s_e를 추정된 회귀의 표준오차(estimated standard error of the regression)이라 한다.

회귀의 표준오차

$$s_e=\sqrt{s_e^2}=\sqrt{\frac{SSE}{n-(k+1)}}$$

예제 11.2 [예제 11.1]에서 오차에 대한 제곱합 SSE와 추정된 회귀의 표준오차 s_e는 엑셀의 회귀분석 결과에 기본적으로 출력되어 있다.

위의 [예제 11.1]의 결과물에서 C13셀에 $\sum(y-\hat{y})^2$ 즉 SSE가 892.371로 계산되어 있고 그 왼쪽의 B13셀에는 자유도가 $df=n-(k+1)=12-(2+1)=9$로 나타나 있다.

따라서 $s_e^2=\frac{\sum(y-\hat{y})^2}{df}=\frac{SSE}{n-(k+1)}$에 따라 C13셀의 $SSE=892.371$을 B13셀

의 $df=9$로 나누면 s_e^2를 구할 수 있다. 이 값이 D13셀에 99.152로 출력되어 있다. 그리고 B7셀에는 s_e^2의 제곱근인 추정된 회귀의 표준오차 s_e가 9.958로 나타나 있다.

11.3 다중회귀모형의 적합성 검정

모형으로서의 적합성

독립변수 x_1, x_2, ⋯, x_k와 종속변수 y 사이의 관계를 선형 다중회귀모형인

$$y=\beta_0+\beta_1x_1+\beta_2x_2+\cdots\beta_kx_k+\epsilon$$

으로 설정했을 때 이 모형이 독립변수와 종속변수 사이의 선형관계를 설명하는 모형으로서 적합한가는 회귀계수 β_1, ⋯, β_k가 '0'의 값을 가지는가의 여부에 달려 있다.

즉 k개의 회귀계수 β_1, ⋯, β_k가 모두 '0'이라면 독립변수 x_1, x_2, ⋯, x_k의 변화가 종속변수 y의 변화에 전혀 영향을 주지 않고 있음을 의미하는 것이므로 y와 x_1, x_2, ⋯, x_k의 관계를 $y=\beta_0+\beta_1x_1+\beta_2x_2+\cdots\beta_kx_k+\epsilon$의 선형 다중회귀모형은 모형으로서 전혀 적합하지 않은 것이다.

그러나 여기서 실제로 회귀분석에 이용되는 관찰치는 모집단이 아닌 표본에 의한 것이므로 이로부터 얻게 되는 회귀계수는 모수인 β_1, ⋯, β_k가 아니라 이에 대한 추정치인 b_1, ⋯, b_k인 것이다.

따라서 다중회귀모형이 모형으로서 적합한지를 알기 위해서는 추정된 회귀계수인 b_1, ⋯, b_k를 통해 모수인 β_1, ⋯, β_k의 값들이 '0'인지의 여부를 확인하는 검정과정을 거쳐야 한다. 또한 이 때 검정과정은 분산분석을 통해 이루어지기 때문에 검정통계량은 F값이 된다.

■ 모형의 적합성 검정 – F검정

모형의 적합성을 검정하는 과정은 다음과 같은 세 단계를 거치게 된다.

〈1단계〉 다음과 같이 가설을 설정한다.

$H_0:\beta_0=\beta_1=\cdots=\beta_k=0$ (모형으로서 적합하지 않다.)

$H_1:H_0$가 틀리다. (모형으로서 적합하다.)

〈2단계〉 $F=\dfrac{MSR}{MSE}$에 따라 검정통계량 F값을 계산한다.

여기서 MSR은 회귀의 평균제곱합(mean square for regression)을, 그리고 MSE는 오차의 평균제곱합(mean square for error)을 나타내는 것으로써 이들은 회귀에 대한 제곱합(sum of square for regression) SSR과 오차에 대한 제곱합 SSE(sum of square for error)를 자유도로 나누어 얻게 된다.

$$MSR=\frac{SSR}{k}=\frac{SSY-SSE}{k} \quad \left(\text{여기서 } SSY=\sum(y-\hat{y})^2=\sum y^2-\frac{\sum y^2}{n}\right)$$

$$MSE=\frac{SSE}{n-(k+1)}$$

〈3단계〉 F임계값을 구하고 이를 2단계에서 구한 검정통계량 F값과 비교한다.

유의수준이 α로 주어진 경우의 F임계값을 F분포표에서 구한다.

이 때 F임계값을 구할 때 분자의 자유도는 독립변수의 개수인 k가 되고 분모의 자유도는 $n-(k+1)$가 된다. 그리고 2단계에서 구한 F값과 F임계값을 비교하여 귀무가설 채택여부를 결정한다. 즉 2단계에서 구한 F값이 F임계값보다 큰 경우 귀무가설을 기각하고 대립가설을 채택하여 모형으로서 적합하다는 판단을 내리게 된다.

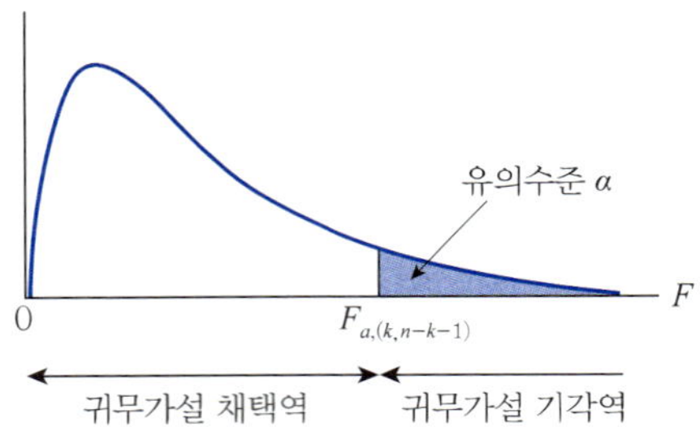

그림 11-1 모형의 적합성 검정

Note

위의 1단계에서 설정된 가설에서는 k개의 파라미터 $\beta_1, \cdots, \beta_k$ 중 어느 하나의 파라미터라도 '0'이 아니면 대립가설이 채택되어 모형으로서 적합하다는 결론을 내리게 되는데, 그러면 한 개의 파라미터를 제외한 $(k-1)$개의 파라미터가 모두 '0'으로 추정된 모형을 적합하다고 할 수 있는가 하는 의문이 생기게 된다.

이러한 상황은 얼마든지 생길 수 있기 때문에 회귀분석에서는 분산분석을 통한 일반적인 모형의 적합성을 확인한 후에 다시 개별 파라미터를 대상으로 어떤 파라미터가 '0'이 아닌 것으로 판단할 수 있는지를 t검정을 통해 확인하게 된다.

그리고 파라미터가 '0'인 것으로 간주할 수 있다는 결론이 나면 해당 독립변수를 회귀모형에서 제외시킨 후 다시 회귀분석을 하는 과정을 거치게 된다.
즉 F검정을 통해 $y=\beta_0+\beta_1 x_1+\beta_2 x_2+\cdots\beta_k x_k+\epsilon$이 모형으로 적합하다는 결론을 얻었다고 하더라도 개별 회귀계수에 대한 t검정에서 $\beta_k=0$의 귀무가설이 채택되는 경우 x_k를 제외한 후 다시 독립변수 $x_1,\ x_2,\ \cdots,\ x_{k-1}$과 종속변수 y 사이에 다중회귀모형을 설정하고 이를 회귀분석하게 된다.

예제 11.3 아래는 [예제 11.1]의 자료를 회귀분석한 결과물을 나타낸 것이다. 이 결과물을 보고 회귀에 대한 제곱합(SSR), 오차에 대한 제곱합(SSE), 회귀에 대한 평균제곱합(MSR), 오차에 대한 평균제곱합(MSE)를 구하고 검정통계량 F값을 통해 모형의 적합성을 검정하시오.

	A	B	C	D	E	F	G	H	I	J
1	요약 출력									
2										
3	회귀분석 통계량									
4	다중 상관계수	0.902845								
5	결정계수	0.815129								
6	조정된 결정계수	0.774047								
7	표준 오차	9.957529								
8	관측수	12								
9										
10	분산 분석									
11		자유도	제곱합	제곱 평균	F 비	유의한 F				
12	회귀	2	3934.635	1967.318	19.84136	0.000502				
13	잔차	9	892.3714	99.15238						
14	계	11	4827.007							
15										
16		계수	표준 오차	t 통계량	P-값	하위 95%	상위 95%	하위 95.0%	상위 95.0%	
17	Y 절편	47.42098	11.73626	4.040554	0.002926	20.87172	73.97024	20.87172	73.97024	
18	x1	0.015595	0.003811	4.09211	0.002708	0.006974	0.024216	0.006974	0.024216	
19	x2	-0.84372	0.234384	-3.59975	0.005751	-1.37394	-0.31351	-1.37394	-0.31351	
20										

풀이 ① C2:C13 :

회귀의 제곱합(SSR)과 오차의 제곱합(SSE)이 순서대로 각각 3934.64, 892.37로 나타나 있다. 이들 수치가 SSR, SSE임을 나타내는 이름이 A12셀과 A13셀에 각각 회귀, 잔차로 표시되어 있다. SSR과 SSE를 더한 총제곱합(SST)는 그 아래 C14셀에 4827.01으로 나타나 있다.
물론 여기서 SSR은 $\sum(\hat{y}-\bar{y})^2$에 따라 계산된 것이고, SSE는 $\sum(y-\hat{y})^2$에 의해 계산된 결과이다. 그리고 $SST=\sum(y-\bar{y})^2=SSR+SSE$이므로 SSR, SSE, SST 가운데 어느 두 가지만 알면 나머지 하나는 $SST=SSR+SSE$에 따라 구할 수 있다.

② D12:D13 :

SSR과 SSE를 왼쪽에 있는 B12:B13의 자유도로 나누면 회귀와 오차에 대한 각각의 평균제곱합 MSR, MSE를 구할 수 있다. 즉 MSR과 MSE는

$$MSR = \frac{SSR}{k} = \frac{3934.64}{2} = 1967.32$$

$$MSE = \frac{SSE}{n-(k+1)} = \frac{892.37}{9} = 99.15$$

로 나타나 있다.

③ E12 :

검정통계량은 $F = \frac{MSR}{MSE}$에 따라 계산된 결과가 19.84로 나타나 있다.

즉 $MSR = 1967.32$를 $MSE = 99.15$로 나눈 결과가 모형의 적합성을 검정하는 F통계량이 된다.

④ F12 :

E12셀의 F값 19.84를 귀무가설 기각역의 임계값으로 설정했을 때의 기각역 확률이 0.0005로 나타나 있다. 따라서 유의수준을 5%로 했을 경우 F검정통계량값 19.84는 5%의 기각역 안에 속하게 되어 귀무가설 $H_0 : \beta_1 = \beta_2 = 0$을 기각하게 된다. 즉 모형으로서의 적합성을 인정하는 결론을 내리게 된다.

그러나 여기서 유의할 것은 앞에서도 언급했듯이 귀무가설은 회귀계수인 β_1, β_2가 모두 '0'인 경우를 의미하고 있기 때문에 β_1, β_2 가운데 어느 하나의 계수라도 '0'이 아닌 것으로 검정된 경우라도 귀무가설은 기각되어 모형으로서의 적합성을 인정받게 된다.

따라서 분산분석을 통한 F검정에서의 모형의 적합성이 인정되었다고 하더라도 아래의 각 계수별 t 검정을 통해 모형의 적합성을 다시 확인하여야 한다.

이 경우는 x_1, x_2의 회귀계수 β_1, β_2에 대한 각각의 t검정에서 기각역 확률이 각각 E18셀과 E19셀에 나타난 바와 같이 0.0027과 0.0058로서 주어진 유의수준 5%보다 모두 작게 나타나고 있어 $\beta_1 = 0$의 귀무가설과 $\beta_2 = 0$의 귀무가설 모두를 기각하게 된다.

■ 결정계수

다중회귀분석에서의 결정계수는 단순회귀분석에서의 의미와 완전히 동일하다. 즉 결정계수 R^2는 종속변수 y의 총변동량 중 독립변수에 의해 설명되어지는 변동량의 비율을 의미하는 것이다. 따라서 당연히 결정계수 R^2는 0과 1사이의 값을 가지게 되며, 회귀분석을 하는 입장에서는 R^2가 높은 모형을 선호하게 된다.

$$R^2 = \frac{SSR}{SSY} = 1 - \frac{SSE}{SSY}$$

Note

결정계수 R^2가 높은 모형이 항상 좋은 모형이 되는 것은 아니다. 그 이유는 독립변수의 수를 증가시키게 되면 종속변수의 변동량 중 독립변수에 의해 설명되는 부분이 커지게 되어 결정계수도 커지게 되기 때문이다. 좋은 모형이라는 것은 적은 수의 독립변수를 통해 종속변수의 변동을 잘 설명할 수 있는 것이어야 하므로 이러한 면에서 볼 때 결정계수 하나만으로 종속변수에 대한 독립변수의 설명력을 판단하는 데는 문제점이 있다.
이를 해결하기 위해 고안된 개념이 바로 조정된 결정계수(adjusted coefficient of determination)인 것이다. 이는 종속변수에 영향을 별로 주지 못하는 변수임에도 불구하고 회귀모형에 독립변수로 추가됨으로써 결정계수 R^2를 증가시키는 것을 방지하기 위해 독립변수가 추가되었을 때 발생하는 자유도의 변화를 결정계수의 계산에 반영하고 있다.

조정된 결정계수

$$adj\ R^2 = 1 - \frac{\frac{SSE}{n-k-1}}{\frac{SSY}{n-1}}$$

예제 11.4 독립변수가 x_1, x_2 두 개인 회귀모형에서 회귀에 대한 제곱합이 $SSR = 1462.8$이고 종속변수의 제곱합에 해당하는 총제곱합이 $SSY = 1643.4$일 때 결정계수는 다음과 같이 구할 수 있다.

$$R^2 = \frac{SSR}{SSY} = \frac{1462.8}{1643.4} = 0.8901$$

즉 종속변수 변동의 약 89%가 두 개의 독립변수 x_1, x_2에 의해 설명되어지고 있음을 알 수 있다.
만약 위의 통계량이 30개의 관찰치를 분석하여 얻은 결과라 할 때 조정된 결정계수는 다음과 같이 구할 수 있다. 즉 독립변수의 개수가 $k=2$이고 관찰치 수는 $n=30$이며 또 오차의 제곱합은 $SSE = SSY - SSR = 1643.4 - 1462.8 = 180.6$이 되므로 조정된 결정계수는

$$adj\ R^2 = 1 - \frac{\frac{SSE}{n-k-1}}{\frac{SSY}{n-1}} = 1 - \frac{\frac{180.6}{30-2-1}}{\frac{1643.4}{30-1}} = 0.882$$

가 된다.

예제 11.5 아래는 [예제 11.1]의 자료에 대한 회귀분석 결과의 일부를 나타낸 것이다. 이로부터 결정계수 R^2와 조정된 결정계수 $adj\ R^2$를 찾아 확인하시오.

	A	B	C	D	E	F	G	H	I	J
1	요약 출력									
2										
3	회귀분석 통계량									
4	다중 상관계수	0.902845								
5	결정계수	0.815129								
6	조정된 결정계수	0.774047								
7	표준 오차	9.957529								
8	관측수	12								
9										
10	분산 분석									
11		자유도	제곱합	제곱 평균	F 비	유의한 F				
12	회귀	2	3934.635	1967.318	19.84136	0.000502				
13	잔차	9	892.3714	99.15238						
14	계	11	4827.007							
15										
16		계수	표준 오차	t 통계량	P-값	하위 95%	상위 95%	하위 95.0%	상위 95.0%	
17	Y 절편	47.42098	11.73626	4.040554	0.002926	20.87172	73.97024	20.87172	73.97024	
18	x1	0.015595	0.003811	4.09211	0.002708	0.006974	0.024216	0.006974	0.024216	
19	x2	-0.84372	0.234384	-3.59975	0.005751	-1.37394	-0.31351	-1.37394	-0.31351	
20										

풀이 위의 결과물에서 B5셀과 B6셀에 결정계수와 조정된 결정계수가 각각 0.815, 0.774로 나타나 있다. 여기서 결정계수 $R^2=0.815$는 C12셀의 $SSR=3934.64$을 C14셀에 표시되어 있는 $SSY=4827.01$으로 나누어 얻은 결과이다.

조정된 결정계수 또한 분산분석표에 이를 계산하기 위한 정보가 모두 수록되어 있다. 즉 $adj\ R^2=1-\dfrac{SSE/(n-k-1)}{SSY/(n-1)}$에서 SSE는 C13셀에 892.37로 그리고 이에 대한 자유도는 B13셀에 9로 나타나 있으며 SSY와 이의 자유도는 C14셀과 B14셀에 각각 4827.01, 11로 나타나 있다.

11.4 다중회귀모형을 이용한 예측

다중회귀분석을 통해 회귀모형이 $\hat{y}=b_0+b_1x_1+b_2x_2+\cdots+b_kx_k$로 추정되었을 때 이 회귀방정식에 독립변수들의 값들을 대입하면 종속변수 $\hat{y}$값을 예측할 수 있다. 그러나 여기서 주의할 것은 11장에서도 살펴본 바와 같이 추정된 $\hat{y}$는 회귀방정식에 대입한 독립변수값에 대해 나타날 수 있는 여러 값들 가운데 어느 하나인 특정한 개별값에 해당하므로 확률변수 값의 성격을 가지고 있다는 점이다.

다시 말해 회귀방정식을 통해 종속변수의 값을 예측하는 경우 이 y값이 확률변수의 성격을 가지고 있는 이상, 점추정에 해당하는 y의 추정값 $\hat{y}$만으로 예측을 하는 경우, 예측 자체가 상당한 위험을 가지고 있으므로 y값이 가질 수 있는 값의 범위는 구간을 예측하는 것이 더 합리적일 것이다.

그리고 이러한 구간예측은 종속변수 y의 특정한 개별값에 대한 구간예측과 y의

평균값에 대한 신뢰구간으로 구분하여 예측할 수 있으며 어느 경우이든 기본 개념인

$$\hat{y} \pm (t\text{값}) \times (\text{추정된 표준오차})$$

에 따라 계산된다. 이는 결국 종속변수의 추정값 $\hat{y}$를 중심으로 일정 범위의 구간에 y의 개별값이나 평균값이 속해 있을 확률 즉 신뢰수준이 몇 %인가를 기준으로 판단하는 것이다.

예제 11.6 [예제 11.1]의 회귀분석 결과를 이용하여 건물면적(x_1)이 5,000ft^2이고 건축결과년수(x_2)가 5년인 건물의 가격(y)를 추정하시오.

풀이 [예제 11.1]의 회귀분석 결과물의 B17:B19로부터 추정된 회귀방정식은 다음과 같다.

$$\hat{y} = 47.4210 + 0.0156x_1 - 0.8437x_2$$

위의 회귀방정식에 $x_1 = 5{,}000$, $x_2 = 5$를 대입하면 $\hat{y} = 121.2025$의 추정값을 얻을 수 있다. 여기서와 같이 회귀방정식을 구성하는 독립변수가 두 개 이상인 경우 종속변수 y의 예측값에 대한 신뢰구간 추정은 행렬을 이용하여야 하므로 여기서는 생략하기로 한다.

11장 연습문제

■ 다중회귀모형의 추정

연습 11.1 아래 자료는 10개 뮤추얼 펀드에 대한 연간 수익률(y)과 관리비용(x_1), 주식매입비율(x_2)을 조사한 것이다. 다음 물음에 답하시오.

(단위: %)

y	10	7	15	22	18	12	24	19	13	7
x_1	0	6	2	0	8.5	8.5	4	0	0	4.5
x_2	50	60	40	30	33	50	25	25	50	45

(1) y를 종속변수로 하고 x_1, x_2를 독립변수로 한 회귀방정식을 구하시오.

(2) 회귀의 표준오차는 얼마인가?

(3) y와 x_1 사이의 관계를 설명하시오.

(4) x_2의 기울기를 설명하시오.

(5) 첫 번째 관찰치에 대한 잔차 $y-\hat{y}$를 구하시오.

입력과정

① A2:C12 : 데이터를 입력한다.

	A	B	C	D
1	연습 11.1			
2	y	x1	x2	
3	10	0	50	
4	7	6	60	
5	15	2	40	
6	22	0	30	
7	18	8.5	33	
8	12	8.5	50	
9	24	4	25	
10	19	0	25	
11	13	0	50	
12	7	4.5	45	
13				

② 메뉴 바에 있는 [데이터]탭을 클릭하고 이 때 나타나는 풀다운 메뉴에서 [데이터 분석]을 찾아 클릭하면 [통계 데이터 분석] 창이 열린다. 여기서 스크롤바를 이용하여 [회귀 분석] 항목을 찾아 클릭하고 [확인] 버튼을 누르면 [회귀 분석] 창이 열린다.

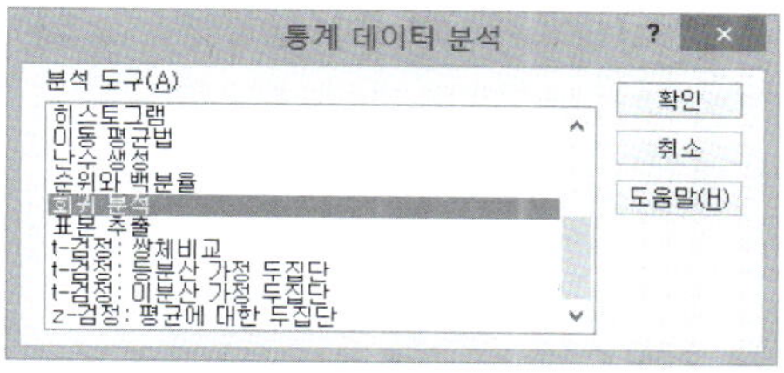

③ [회귀 분석] 창이 열리면 먼저 입력범위를 표시하기 위한 입력상자를 클릭한 후 여기에 데이터가 입력되어 있는 y축 입력범위와 x축 입력범위를 마우스를 이용하여 지정한다. 이들 범위에는 각 변수 이름이 지정되어 있으므로 '이름표' 선택을 체크하고, 잔차를 구하기 위해 '잔차' 선택을 체크한 후 [확인] 버튼을 누른다.

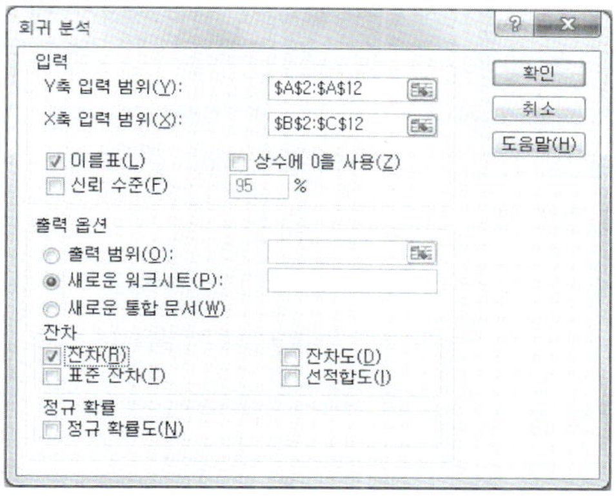

④ 아래에 실행 결과가 출력되어 있다.

풀이 (1) 아래 결과물의 B17:B19셀에 회귀방정식의 절편과 독립변수의 기울기 계수가 출력되어 있다. 따라서 회귀방정식은 $\hat{y}=32.7874-0.0192x_1-0.4418x_2$가 된다.

(2) 회귀의 표준오차 s_e는 결과물 B7셀에 2.9658로 나타나 있다.

$s_e=\sqrt{\dfrac{SSE}{n-(k+1)}}$ 이므로 이는 C13셀에 있는 오차의 제곱합(SSE) 61.57을 자유도 7로 나눈 오차의 평균제곱합(MSE) 8.7957의 제곱근에 해당한다.

(3) 회귀방정식에서 y와 x_1 사이의 관계는 회귀계수가 -0.0192로 추정됨으로써 펀드 관리비용(x_1)이 높아질수록 펀드의 수익률이 낮아지는 것으로 나타나고 있다.

D18셀에 나타난 것처럼 회귀계수가 $\beta_1=0$인지의 가설검정을 위한 t통계량이 -0.0658이고 이를 임계값으로 했을 때의 양측검정에서의 기각역 확률이 0.9494이므로, 유의수준을 5%로 할 때 귀무가설 $\beta_1=0$을 채택하게 된다.

즉 '펀드 관리비용과 수익률 사이에는 어떤 선형관계도 발견할 수 없을 것이다.' 라는 의미일 것이다.

이 때 t통계량값 −0.0658은 결과물 B18셀에 있는 x_1의 추정된 회귀계수 −0.0192를 이의 표준오차 0.2915(C18셀)로 나누어 얻은 것이다.

즉 $t=\dfrac{b_1-\beta_1}{s_{b1}}$에서 $\beta_1=0$을 검정하는 것이므로

$$t=\frac{b_1-\beta_1}{s_{b1}}=\frac{-0.0192-0}{0.2915}=-0.0658$$

을 얻은 것이다.

(4) x_2의 기울기는 결과물 B19셀에 −0.4418로 나타나 있다. 그리고 $\beta_2=0$에 대한 검정통계량 t값이 D19셀에 −5.2805로 나타나 있다.

물론 이는 x_2에 대한 추정된 회귀계수 −0.44218를 오른쪽 C19셀에 있는 표준오차 0.0837로 나누어 얻은 것이다.

또한 D19셀의 검정통계량 t값 −5.2805을 임계값으로 했을 때의 양측검정의 기각역 확률이 E19셀에 0.0011로 나타나 있어 귀무가설 $\beta_2=0$을 기각하게 된다.

따라서 '주식매입비율이 큰 펀드일수록 수익률이 감소할 수도 있다.'는 결론을 얻을 수 있게 된다.

(5) 첫 번째 관찰치에 대한 잔차 즉 $y-\hat{y}$가 결과물 C26셀에 −0.7002로 나타나 있다.

첫 번째 관찰치의 경우 x_1, x_2의 값이 각각 0, 50이므로 이를 회귀방정식에 대입하면 예측값 10.7002를 얻게 된다.

$$\begin{aligned}\hat{y}&=32.7874-0.0192x_1-0.4418x_2\\&=32.7874-(0.0192\times 0)-(0.4418\times 50)=10.7002\end{aligned}$$

따라서 잔차는 $y-\hat{y}=10-10.7002=-0.7002$가 된다.

	A	B	C	D	E	F	G	H	I	J
1	요약 출력									
2										
3	회귀분석 통계량									
4	다중 상관계수	0.898696								
5	결정계수	0.807654								
6	조정된 결정계수	0.752698								
7	표준 오차	2.965758								
8	관측수	10								
9										
10	분산 분석									
11		자유도	제곱합	제곱 평균	F 비	유의한 F				
12	회귀	2	258.53	129.265	14.69635	0.003121				
13	잔차	7	61.57004	8.79572						
14	계	9	320.1							
15										
16		계수	표준 오차	t 통계량	P-값	하위 95%	상위 95%	하위 95.0%	상위 95.0%	
17	Y 절편	32.78742	3.471499	9.444744	3.11E-05	24.57863	40.99621	24.57863	40.99621	
18	x1	-0.01917	0.291489	-0.06576	0.949406	-0.70843	0.670093	-0.70843	0.670093	
19	x2	-0.44175	0.083656	-5.28052	0.001147	-0.63956	-0.24393	-0.63956	-0.24393	
20										
21										
22										
23	잔차 출력									
24										
25	관측수	예측치 y	잔차							
26	1	10.70016	-0.70016							
27	2	6.167695	0.832305							
28	3	15.07927	-0.07927							
29	4	19.53506	2.464936							
30	5	18.04689	-0.04689							
31	6	10.53722	1.462775							
32	7	21.66711	2.332885							
33	8	21.74379	-2.74379							
34	9	10.70016	2.299841							
35	10	12.82263	-5.82263							
36										

연습 11.2 아래와 같은 조건이 주어졌을 때 회귀의 표준오차를 계산하시오.

(1) $SSE = 4.2319$, $n = 18$, $k = 2$(n은 관찰치 수이고, k는 회귀모형에서 독립변수의 개수이다.)

(2) $\sum e^2 = 157.28$, $n = 41$, $k = 6$

(3) $SSE = 98.1111$, $df = 12$

풀이 회귀의 표준오차를 구하기 위해 $s_e = \sqrt{\dfrac{SSE}{n-(k+1)}}$에 해당값을 대입한다. 이 식에서 제곱근속의 분모 $n-(k+1)$는 자유도에 해당한다. 위 문제에 대한 회귀의 표준오차가 아래 결과물 F4, F7, F9셀에 출력되어 있다.

(1) $s_e = 0.531156$

(2) $s_e = 2.150786$

(3) $s_e = 2.859357$

입력과정

① B2:C9 : 주어진 조건을 입력한다.

② F4, F7, F9 : 회귀의 표준오차를 구하기 위해 $s_e = \sqrt{\dfrac{SSE}{n-(k+1)}}$에 따라 다음과 같이 입력한다.

= SQRT(C2/(C3−(C4+1)))

= SQRT(C5/(C6−(C7+1)))

= SQRT(C8/C9)

	A	B	C	D	E	F	G
1	연습 11.2						
2	(1)	SSE =	4.2319				
3		n =	18				
4		k =	2		se =	0.531156	
5	(2)	SSE =	157.28				
6		n =	41				
7		k =	6		se =	2.150786	
8	(3)	SSE =	98.1111				
9		df =	12		se =	2.859357	
10							

연습 11.3 다음 자료는 15개 유통 매장을 대상으로 일 평균 매출액(y: 천$)과 매장면적($x_1$), 주차면적($x_2$) 그리고 해당 지역의 평균가구소득($x_3$: 천$)을 조사한 결과이다. 이 자료를 이용하여 다음 물음에 답하시오.

y	x_1	x_2	x_3	y	x_1	x_2	x_3	y	x_1	x_2	x_3
1908	537	7	44	1759	486	4	52	1818	539	8	48
1851	517	7	55	1844	518	6	51	1838	562	6	49
1888	541	5	56	1896	516	6	62	1887	542	5	51
1835	542	5	49	1827	502	4	57	1882	513	8	55
1781	491	4	53	1922	524	9	52	1815	488	8	52

(1) 회귀방정식을 추정하시오.

(2) 회귀의 표준오차 s_e를 구하시오.

(3) 결정계수(R^2)를 구하시오.

(4) 주차면적(x_2)과 매출액(y) 사이에 어떤 관계가 있는지 설명하시오.

(5) 매출액이 1908인 첫 번째 관찰치에 대한 잔차를 구하시오.

입력과정

① A2:D17 : 데이터를 입력한다.

	A	B	C	D	E
1	연습 11.3				
2	y	x1	x2	x3	
3	1908	537	7	44	
4	1851	517	7	55	
5	1888	541	5	56	
6	1835	542	5	49	
7	1781	491	4	53	
8	1759	486	4	52	
9	1844	518	6	51	
10	1896	516	6	62	
11	1827	502	4	57	
12	1922	524	9	52	
13	1818	539	8	48	
14	1838	562	6	49	
15	1887	542	5	51	
16	1882	513	8	55	
17	1815	488	8	52	
18					

② 메뉴 바에 있는 [데이터]탭을 클릭하고 이 때 나타나는 풀다운 메뉴에서 [데이터 분석]을 찾아 클릭하면 [통계 데이터 분석] 창이 열린다. 여기서 스크롤바를 이용하여 [회귀 분석] 항목을 찾아 클릭하고 [확인] 버튼을 누르면 [회귀 분석] 창이 열린다.

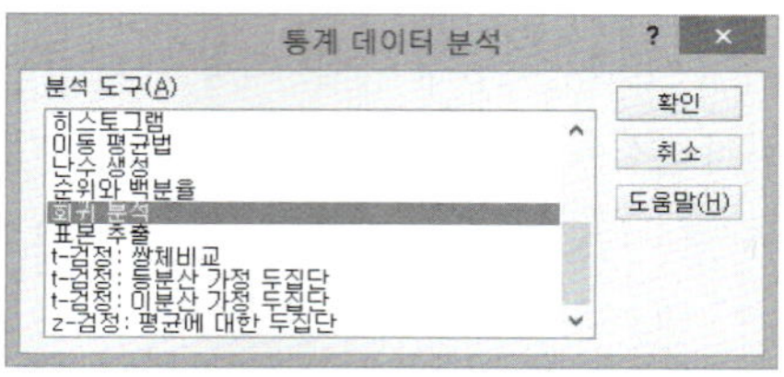

③ [회귀 분석] 창이 열리면 먼저 입력범위를 표시하기 위한 입력상자를 클릭한 후 여기에 데이터가 입력되어 있는 y축 입력범위와 x축 입력범위를 마우스를 이용하여 지정한다. 이들 범위에는 각 변수 이름이 지정되어 있으므로 '이름표' 선택을 체크하고, 잔차를 구하기 위해 '잔차' 선택을 체크한 후 [확인] 버튼을 누른다.

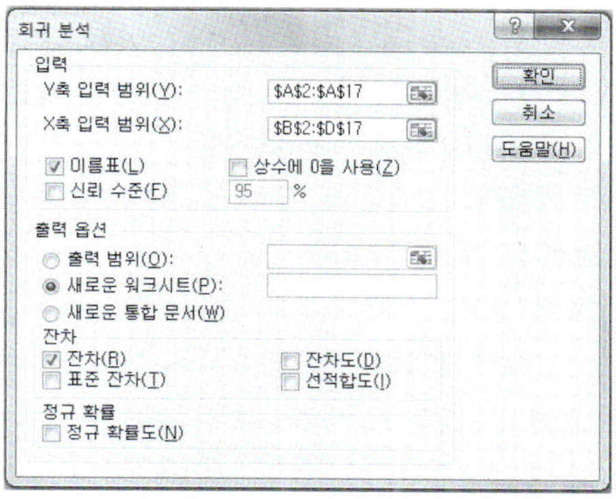

④ 아래에 실행 결과가 출력되어 있다.

요약 출력

회귀분석 통계량	
다중 상관계수	0.75372
결정계수	0.56809
조정된 결정계수	0.45029
표준 오차	34.7345
관측수	15

분산 분석

	자유도	제곱합	제곱 평균	F 비	유의한 F
회귀	3	17455.6	5818.52	4.8227	0.02218
잔차	11	13271.4	1206.49		
계	14	30726.9			

	계수	표준 오차	t 통계량	P-값	하위 95%	상위 95%	하위 95.0%	상위 95.0%
Y 절편	878.964	304.054	2.89081	0.01468	209.746	1548.18	209.746	1548.18
x1	1.24935	0.44541	2.80495	0.01712	0.26901	2.22968	0.26901	2.22968
x2	13.2597	5.79246	2.28914	0.04284	0.51061	26.0088	0.51061	26.0088
x3	4.55374	2.38166	1.912	0.08226	-0.6883	9.79574	-0.6883	9.79574

잔차 출력

관측수	예측치 y	잔차
1	1843.05	64.9533
2	1868.15	-17.151
3	1876.17	11.8305
4	1845.54	-10.543
5	1786.78	-5.7812
6	1775.98	-16.981
7	1837.93	6.07444
8	1885.52	10.482
9	1818.74	8.26102
10	1889.75	32.2455
11	1877.02	-59.02
12	1883.79	-45.789
13	1854.65	32.3498
14	1876.41	5.5868
15	1831.52	-16.518

풀이 (1) B17:B20 : 회귀계수의 추정값이 출력되어 있다.

따라서 회귀방정식은 $\hat{y}=878.9642+1.2493x_1+13.2597x_2+4.5537x_3$이 된다.

(2) B7 : 회귀의 표준오차 s_e가 34.7345로 나타나 있다.

(3) B5 : 결정계수가 0.5681로 나타나 있다.

이는 매출액 변동의 약56.8%가 매장의 면적(x_1)과 주차면적(x_2) 그리고 소득(x_3)에 의해 설명되어지고 있음을 의미하는 것이다.

(4) B19 : x_2에 대한 회귀계수 β_2의 추정치가 13.2597로 나타나 있다. 그리고 귀무가설 $\beta_2=0$에 대한 검정통계량 t값이 D19셀에 2.2891로 나타나 있고, 이 t값을 임계값으로 했을 때의 양측검정의 기각역 확률이 E19셀에 0.0428로 나타나 있다.

따라서 5% 유의수준에서 귀무가설 $\beta_2=0$은 기각된다. 즉 주차면적과 매출액 사이에는 양(+)의 선형관계가 존재한다고 볼 수 있을 것이다.

(5) B27:C27 : 회귀방정식 $\hat{y}=878.9642+1.2493x_1+13.2597x_2+4.5537x_3$에 첫 번째 관찰치의 x_1, x_2, x_3의 값 537, 7, 44를 대입하면 종속변수 y의 예측값을 구할 수 있다. 이는 B27셀에 1843.047로 나타나 있다. 따라서 잔차는 C27셀에 $y-\hat{y}=1908.0-1843.047=64.953$으로 나타나 있다.

■ 다중회귀모형의 적합성 검정

연습 11.4 관찰치 수가 $n=25$인 자료에 $y=\beta_0+\beta_1x_1+\beta_2x_2+\epsilon$의 선형회귀모형을 적용한 결과 다음과 같은 통계량을 얻었다. 유의수준 $\alpha=0.01$에서 모형이 적합한지 검정하시오.

$$SSE=0.14685,\quad SSY=7.53125$$

풀이 아래와 같이 가설을 설정하고 대립가설의 채택여부를 검정하기 위해 F검정통계량을 분산분석을 통해 구한다.

〈1단계〉 가설을 설정한다.

$$H_0:\beta_1=\beta_2=0$$
$$H_1:H_0\text{가 아니다.}$$

〈2단계〉 F검정통계량을 구한다.

오차에 대한 제곱합(SSE)과 총제곱합(SSY)이 주어졌으므로 회귀에 대한 제곱합(SSR)은 $SSY=SSR+SSE$를 이용하여 간단히 구할 수 있다.

$$SSR=SSY-SSE=7.53125-0.14685=7.3844$$

검정통계량은 $F=\dfrac{MSR}{MSE}$이므로 회귀의 평균제곱합 MSR과 오차의 평균제곱합 MSE를 먼저 계산한다.

$$MSR = \frac{SSR}{k} = \frac{7.3844}{2} = 3.6922$$

$$MSE = \frac{SSE}{n-(k+1)} = \frac{0.14685}{25-(2+1)} = 0.006675$$

$$F = \frac{MSR}{MSE} = \frac{3.6922}{0.006675} = 553.139$$

〈3단계〉 F임계값을 구하고 이를 2단계에서 구한 F값과 비교하여 귀무가설 기각여부를 결정한다. 유의수준이 $\alpha=0.01$이고 F임계값에 대한 분자, 분모의 자유도가 $(k,\ n-(k+1))=(2,\ 22)$이므로 이를 F분포표에서 찾으면 5.719가 된다. 2단계에서 구한 모형의 적합성 검정을 위한 F통계량(553.139)는 1% 유의수준에서 F임계값 5.719보다 크므로 귀무가설을 기각하고 대립가설을 채택하게 된다. 따라서 모형으로서 적합할 수도 있다는 결론을 내리게 된다.

F	상한단측기각확률			
자유도	0.01			
분자 / 분모	1	2	3	4
21	8.017	5.780	4.874	4.369
22	7.945	5.719	4.817	4.313
23	7.881	5.664	4.765	4.264

입력과정

① A2:B5 : 데이터를 입력한다.

② E2 : $SSR = SSY - SSE$와 $MSR = \frac{SSR}{k}$를 이용하여 MSR을 계산한다.

= (B4−B3)/B5

③ E3 : $MSE = \frac{SSE}{n-(k+1)}$에 따라 오차의 평균제곱합($MSE$)를 계산한다.

= B3/(B2−B5−1)

④ E4 : $F = \frac{MSR}{MSE}$에 따라 F검정통계량을 계산한다.

= E2/E3

⑤ E5 : 유의수준이 $\alpha = 0.01$이고 분자, 분모의 자유도가 $(k,\ n-(k+1)) = (2,\ 22)$일 때의 F임계값을 계산한다.

= FINV(0.01,B5,B2−B5−1)

	A	B	C	D	E	F
1	연습 11.4					
2	n =	25		MSR =	3.6922	
3	SSE =	0.14685		MSE =	0.006675	
4	SSY =	7.53125		F =	553.1386	
5	k =	2		F_crit =	5.719022	
6						

연습 11.5 아래는 어느 대학에서 졸업생들이 기부한 금액을 졸업경과 연수별로 참여인원수와 함께 정리한 것이다.

기부액 (y)	졸업경과년수 (x_1)	참여인원수 (x_2)
4.7	1	154
7.2	2	182
7.9	3	207
9.5	4	229
9.2	5	237
10.2	6	229
13.5	7	279
16.8	8	284
15.6	9	259
20.3	10	300
18.5	15	263
27.2	20	209
30.4	25	200

(1) 기부액을 종속변수로 한 회귀방정식을 구하시오.

(2) $\alpha = 0.05$일 때 모형의 적합성을 검정하시오.

(3) 회귀계수 β_1과 β_2에 대해 $\beta_1 = 0$, $\beta_2 = 0$인지를 검정하시오.

(4) 결정계수를 구하시오.

입력과정

① A2:C15 : 데이터를 입력한다.

	A	B	C	D
1	연습 11.5			
2	y	x1	x2	
3	4.7	1	154	
4	7.2	2	182	
5	7.9	3	207	
6	9.5	4	229	
7	9.2	5	237	
8	10.2	6	229	
9	13.5	7	279	
10	16.8	8	284	
11	15.6	9	259	
12	20.3	10	300	
13	18.5	15	263	
14	27.2	20	209	
15	30.4	25	200	
16				

② 메뉴 바에 있는 [데이터]탭을 클릭하고 이 때 나타나는 풀다운 메뉴에서 [데이터 분석]을 찾아 클릭하면 [통계 데이터 분석] 창이 열린다. 여기서 스크롤바를 이용하여 [회귀 분석] 항목을 찾아 클릭하고 [확인] 버튼을 누르면 [회귀 분석] 창이 열린다.

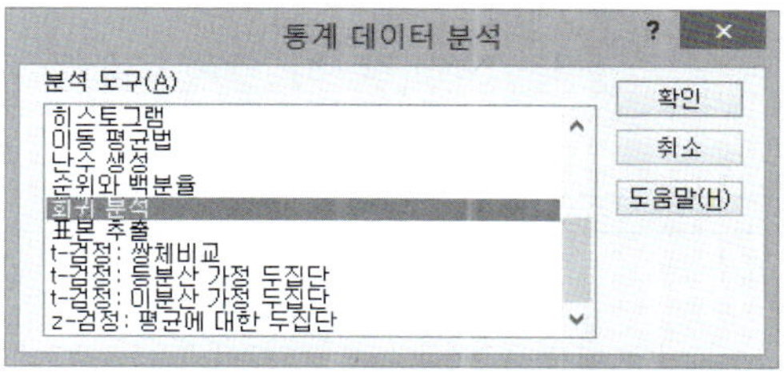

③ [회귀 분석] 창이 열리면 먼저 입력범위를 표시하기 위한 입력상자를 클릭한 후 여기에 데이터가 입력되어 있는 y축 입력범위와 x축 입력범위를 마우스를 이용하여 지정한다.

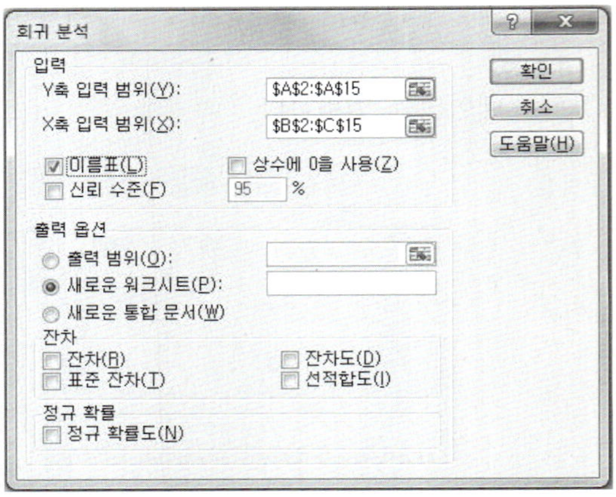

이들 범위에는 각 변수 이름이 지정되어 있으므로 '이름표' 선택을 체크하고 [확인] 버튼을 누른다.

④ 아래에 실행 결과가 출력되어 있다.

	A	B	C	D	E	F	G	H	I	J
1	요약 출력									
2										
3	회귀분석 통계량									
4	다중 상관계수	0.979878								
5	결정계수	0.960161								
6	조정된 결정계수	0.952194								
7	표준 오차	1.711448								
8	관측수	13								
9										
10	분산 분석									
11		자유도	제곱합	제곱 평균	F 비	유의한 F				
12	회귀	2	705.9387	352.9693	120.5062	1E-07				
13	잔차	10	29.29055	2.929055						
14	계	12	735.2292							
15										
16		계수	표준 오차	t 통계량	P-값	하위 95%	상위 95%	하위 95.0%	상위 95.0%	
17	Y 절편	-1.05579	2.744863	-0.38464	0.708557	-7.17172	5.060149	-7.17172	5.060149	
18	x1	1.034151	0.069436	14.89348	3.74E-08	0.879437	1.188865	0.879437	1.188865	
19	x2	0.028297	0.011632	2.432802	0.035281	0.002381	0.054214	0.002381	0.054214	
20										

풀이 회귀방정식의 추정과 함께 F검정을 통해 모형의 적합성을 검정할 수 있다.

(1) B17:B19 : 회귀계수의 추정값이 출력되어 있다.

따라서 회귀방정식은 $\hat{y}=-1.0558+1.0342x_1+0.0283x_2$가 된다.

(2) E12 : 검정통계량 F값이 120.5062로 나타나 있다. 그리고 이 값을 임계값으로 했을 때의 기각역 확률이 결과물 F12셀에 0.0000(10^{-7})으로 출력되어 있다.

이는 120.5062의 F값이 기각역 확률을 유의수준인 $\alpha=0.05$로 했을 때 기각역 안에 위치해 있음을 의미하므로 귀무가설 $H_0:\beta_1=\beta_2=0$을 기각하고 β_1, β_2 중 적어도 하나 이상이 '0'이 아닌 값을 가진다는 대립가설을 채택하게 된다. 즉 모형으로서 적합성을 인정받게 된다.

(3) C18:C19 : x_1, x_2의 회귀계수의 추정된 표준오차 s_{b1}, s_{b2}가 0.0694, 0.0116으로 나타나 있다. 그

리고 오른쪽 D18:D19셀에 있는 검정통계량 t값이 각각 14.8935, 2.4328로 나타나 있다. 이는 물론 B18:B19셀에 있는 각각의 회귀계수를 C18:C19셀에 있는 회귀계수의 표준오차로 나누어 얻은 결과이다. 그리고 이 t값을 임계값으로 했을 때의 양측검정에서의 기각역 확률이 E18:E19셀에 출력되어 있다. 따라서 유의수준을 $\alpha=0.05$로 설정하는 경우 $\beta_1=0$, $\beta_2=0$이라는 각각의 귀무가설을 모두 기각하게 된다.

(4) B5 : 결정계수 $R^2=0.9602$로 나타나 있다. 그리고 B6셀에 조정된 결정계수가 0.9522로 나타나 있다.

연습 11.6 $y=\beta_0+\beta_1x_1+\beta_2x_2+\beta_3x_3+\beta_4x_4+\epsilon$의 회귀모형을 설정하고 최소자승법에 의해 회귀분석을 한 결과 $SSR=2072.4$, $SSE=7325.6$임을 알게 되었다. 이 때 사용된 자료의 관찰치가 64개일 때 다음에 답하시오.

(1) 분산분석표를 작성하시오.

변동요인	제곱합	자유도	평균제곱합	F
회귀	2072.4	(　)	(　)	(　)
오차	7325.6	(　)	(　)	
총변동	(　)	(　)		

(2) 유의수준이 $\alpha=0.10$일 때 모형의 적합성에 대한 가설을 설정하고 이를 검정하시오.

(3) 위에서 작성한 분산분석표를 이용하여 결정계수 R^2와 조정된 결정계수 $adj\,R^2$를 계산하시오.

풀이 회귀모형 $y=\beta_0+\beta_1x_1+\beta_2x_2+\beta_3x_3+\beta_4x_4+\epsilon$에서 독립변수가 x_1, x_2, x_3, x_4 4개이므로 회귀모형에 대한 자유도는 4이다. 이 때 오차에 대한 자유도는 $n-(k+1)=64-(4+1)=59$이고 총변동에 대한 자유도는 $n-1=64-1=63$이 된다.

따라서 회귀모형과 오차에 대한 평균제곱합은 주어진 각각의 제곱합 SSR과 SSE를 각각의 자유도로 나누어 구할 수 있으며 총제곱합은 $SST=SSR+SSE$에 따라 구한다.

$$MSR=SSR/df_{reg}=2072.4/4=518.1$$
$$MSE=SSE/df_{error}=7325.6/59=124.1627$$
$$F=MSR/MSE=518.1/124.1627=4.1728$$

또한 제곱합의 총계는 $SST=SSR+SSE=2072.4+7325.6=9398.0$이 된다.

변동요인	제곱합	자유도	평균제곱합	F
회귀	2072.4	(4)	(518.1)	(4.1728)
오차	7325.6	(59)	(124.1627)	
총변동	(9398.0)	(63)		

(2) 〈가설설정〉

$H_0 : \beta_1 = \beta_2 = \beta_3 = \beta_4 = 0$

$H_1 : H_0$가 아니다. 즉 적어도 하나 이상의 회귀계수는 '0'이 다니다.

〈가설검정〉

유의수준이 $\alpha = 0.10$이고 분자, 분모의 자유도가 각각 4, 59일 때 F임계값을 부표에 있는 F분포표에서 찾으면 2.04가 된다(부표의 F분포표에는 분모의 자유도가 59인 경우가 나타나 있지 않으므로 가장 가까운 값인 60의 경우에 해당하는 값을 찾는다).

(1)에서 구한 검정통계량값은 $F = 4.1728$로 임계값 2.043보다 크므로 귀무가설을 기각하고 대립가설을 채택하게 된다.

F	상한단측기각확률			
자유도	0.01			
분자 / 분모	3	4	5	6
58	2.181	2.044	1.949	1.878
59	2.179	2.043	1.947	1.876
60	2.177	2.041	1.946	1.875

(3) 분산분석표에 있는 총제곱합 SSY와 오차의 제곱합 SSE 그리고 이들에 대한 자유도를 이용하면 결정계수와 조정된 결정계수를 구할 수 있다.

$$R^2 = \frac{SSR}{SSY} = \frac{2072.4}{9398.0} = 0.221$$

$$adj\ R^2 = 1 - \frac{\frac{SSE}{n-k-1}}{\frac{SSY}{n-1}} = 1 - \frac{\frac{7325.6}{59}}{\frac{9395.0}{63}} = 0.167$$

▪ 다중회귀모형을 이용한 예측

연습 11.7 [연습 11.3]의 자료를 회귀분석하여 연평균가구소득(x_3)이 60,000달러인 지역에 매장면적(x_1)이 600이고 주차면적(x_2)이 10인 유통매장을 개장할 경우 하루 매출액 y의 개별값과 y의 평균에 대한 신뢰구간을 95% 신뢰수준에서 구하시오.

풀이 $\hat{y} = 878.9642 + 1.2493x_1 + 13.2597x_2 + 4.5537x_3$에 $x_1 = 600$, $x_2 = 10$, $x_3 = 60$(단위: 천 달러)을 대입하여 얻은 일 매출액의 추정값 $\hat{y}$가 결과물 ①에 2021.1로 나타나 있다. 결과물 ④와 ⑤에는 주어진 독립변수값에 대한 종속변수값의 95% 신뢰수준에서의 예측구간이 1889.2에서 2153.1로 나타나 있다.

또한 ②와 ③에는 주어진 독립변수값에 대해 종속변수 y가 가질 수 있는 값들의 평균에 대한 95% 신뢰수준에서의 신뢰구간이 1913.6에서 2128.6으로 나타나 있다.

부록 통계표

CONTENTS

1 누적이항분포표

예) $n=5$이고 $P=0.6$일 때 $P(X \leq 2)=0.317$이다.

$$F(x)=P(X \leq x)=\sum_{k=0}^{x} \frac{n!}{k!(n-k)!} p^k (1-p)^{(n-k)}$$

		p												
n	**x**	**0.05**	**0.10**	**0.20**	**0.25**	**0.30**	**0.40**	**0.50**	**0.60**	**0.70**	**0.75**	**0.80**	**0.90**	**0.95**
2	**0**	0.902	0.810	0.640	0.562	0.490	0.360	0.250	0.160	0.090	0.062	0.040	0.010	0.003
	1	0.997	0.990	0.960	0.938	0.910	0.840	0.750	0.640	0.510	0.438	0.360	0.190	0.098
	2	1.000	1.000	1.000	1.000	1.000	1.000	1.000	1.000	1.000	1.000	1.000	1.000	1.000
3	**0**	0.857	0.729	0.512	0.422	0.343	0.216	0.125	0.064	0.027	0.016	0.008	0.001	0.000
	1	0.993	0.972	0.896	0.844	0.784	0.648	0.500	0.352	0.216	0.156	0.104	0.028	0.007
	2	1.000	0.999	0.992	0.984	0.973	0.936	0.875	0.784	0.657	0.578	0.488	0.271	0.143
	3	1.000	1.000	1.000	1.000	1.000	1.000	1.000	1.000	1.000	1.000	1.000	1.000	1.000
4	**0**	0.815	0.656	0.410	0.316	0.240	0.130	0.062	0.026	0.008	0.004	0.002	0.000	0.000
	1	0.986	0.948	0.819	0.738	0.652	0.475	0.313	0.179	0.084	0.051	0.027	0.004	0.000
	2	1.000	0.996	0.973	0.949	0.916	0.821	0.688	0.525	0.348	0.262	0.181	0.052	0.014
	3	1.000	1.000	0.998	0.996	0.992	0.974	0.938	0.870	0.760	0.684	0.590	0.344	0.185
	4	1.000	1.000	1.000	1.000	1.000	1.000	1.000	1.000	1.000	1.000	1.000	1.000	1.000
5	**0**	0.774	0.590	0.328	0.237	0.168	0.078	0.031	0.010	0.002	0.001	0.000	0.000	0.000
	1	0.977	0.919	0.737	0.633	0.528	0.337	0.187	0.087	0.031	0.016	0.007	0.000	0.000
	2	0.999	0.991	0.942	0.896	0.837	0.683	0.500	0.317	0.163	0.104	0.058	0.009	0.001
	3	1.000	1.000	0.993	0.984	0.969	0.913	0.812	0.663	0.472	0.367	0.263	0.081	0.023
	4	1.000	1.000	1.000	0.999	0.998	0.990	0.969	0.922	0.832	0.763	0.672	0.410	0.226
	5	1.000	1.000	1.000	1.000	1.000	1.000	1.000	1.000	1.000	1.000	1.000	1.000	1.000
6	**0**	0.735	0.531	0.262	0.178	0.118	0.047	0.016	0.004	0.001	0.000	0.000	0.000	0.000
	1	0.967	0.886	0.655	0.534	0.420	0.233	0.109	0.041	0.011	0.005	0.002	0.000	0.000
	2	0.998	0.984	0.901	0.831	0.744	0.544	0.344	0.179	0.070	0.038	0.017	0.001	0.000
	3	1.000	0.999	0.983	0.962	0.930	0.821	0.656	0.456	0.256	0.169	0.099	0.016	0.002
	4	1.000	1.000	0.998	0.995	0.989	0.959	0.891	0.767	0.580	0.466	0.345	0.114	0.033
	5	1.000	1.000	1.000	1.000	0.999	0.996	0.984	0.953	0.882	0.822	0.738	0.469	0.265
	6	1.000	1.000	1.000	1.000	1.000	1.000	1.000	1.000	1.000	1.000	1.000	1.000	1.000
7	**0**	0.698	0.478	0.210	0.133	0.082	0.028	0.008	0.002	0.000	0.000	0.000	0.000	0.000
	1	0.956	0.850	0.577	0.445	0.329	0.159	0.063	0.019	0.004	0.001	0.000	0.000	0.000
	2	0.996	0.974	0.852	0.756	0.647	0.420	0.227	0.096	0.029	0.013	0.005	0.000	0.000
	3	1.000	0.997	0.967	0.929	0.874	0.710	0.500	0.290	0.126	0.071	0.033	0.003	0.000
	4	1.000	1.000	0.995	0.987	0.971	0.904	0.773	0.580	0.353	0.244	0.148	0.026	0.004
	5	1.000	1.000	1.000	0.999	0.996	0.981	0.938	0.841	0.671	0.555	0.423	0.150	0.044
	6	1.000	1.000	1.000	1.000	1.000	0.998	0.992	0.972	0.918	0.867	0.790	0.522	0.302
	7	1.000	1.000	1.000	1.000	1.000	1.000	1.000	1.000	1.000	1.000	1.000	1.000	1.000

		p												
n	*x*	**0.05**	**0.10**	**0.20**	**0.25**	**0.30**	**0.40**	**0.50**	**0.60**	**0.70**	**0.75**	**0.80**	**0.90**	**0.95**
8	**0**	0.663	0.430	0.168	0.100	0.058	0.017	0.004	0.001	0.000	0.000	0.000	0.000	0.000
	1	0.943	0.813	0.503	0.367	0.255	0.106	0.035	0.009	0.001	0.000	0.000	0.000	0.000
	2	0.994	0.962	0.797	0.679	0.552	0.315	0.145	0.050	0.011	0.004	0.001	0.000	0.000
	3	1.000	0.995	0.944	0.886	0.806	0.594	0.363	0.174	0.058	0.027	0.010	0.000	0.000
	4	1.000	1.000	0.990	0.973	0.942	0.826	0.637	0.406	0.194	0.114	0.056	0.005	0.000
	5	1.000	1.000	0.999	0.996	0.989	0.950	0.855	0.685	0.448	0.321	0.203	0.038	0.006
	6	1.000	1.000	1.000	1.000	0.999	0.991	0.965	0.894	0.745	0.633	0.497	0.187	0.057
	7	1.000	1.000	1.000	1.000	1.000	0.999	0.996	0.983	0.942	0.900	0.832	0.570	0.337
	8	1.000	1.000	1.000	1.000	1.000	1.000	1.000	1.000	1.000	1.000	1.000	1.000	1.000
9	**0**	0.630	0.387	0.134	0.075	0.040	0.010	0.002	0.000	0.000	0.000	0.000	0.000	0.000
	1	0.929	0.775	0.436	0.300	0.196	0.071	0.020	0.004	0.000	0.000	0.000	0.000	0.000
	2	0.992	0.947	0.738	0.601	0.463	0.232	0.090	0.025	0.004	0.001	0.000	0.000	0.000
	3	0.999	0.992	0.914	0.834	0.730	0.483	0.254	0.099	0.025	0.010	0.003	0.000	0.000
	4	1.000	0.999	0.980	0.951	0.901	0.733	0.500	0.267	0.099	0.049	0.020	0.001	0.000
	5	1.000	1.000	0.997	0.990	0.975	0.901	0.746	0.517	0.270	0.166	0.086	0.008	0.001
	6	1.000	1.000	1.000	0.999	0.996	0.975	0.910	0.768	0.537	0.399	0.262	0.053	0.008
	7	1.000	1.000	1.000	1.000	1.000	0.996	0.980	0.929	0.804	0.700	0.564	0.225	0.071
	8	1.000	1.000	1.000	1.000	1.000	1.000	0.998	0.990	0.960	0.925	0.866	0.613	0.370
	9	1.000	1.000	1.000	1.000	1.000	1.000	1.000	1.000	1.000	1.000	1.000	1.000	1.000
10	**0**	0.599	0.349	0.107	0.056	0.028	0.006	0.001	0.000	0.000	0.000	0.000	0.000	0.000
	1	0.914	0.736	0.376	0.244	0.149	0.046	0.011	0.002	0.000	0.000	0.000	0.000	0.000
	2	0.988	0.930	0.678	0.526	0.383	0.167	0.055	0.012	0.002	0.000	0.000	0.000	0.000
	3	0.999	0.987	0.879	0.776	0.650	0.382	0.172	0.055	0.011	0.004	0.001	0.000	0.000
	4	1.000	0.998	0.967	0.922	0.850	0.633	0.377	0.166	0.047	0.020	0.006	0.000	0.000
	5	1.000	1.000	0.994	0.980	0.953	0.834	0.623	0.367	0.150	0.078	0.033	0.002	0.000
	6	1.000	1.000	0.999	0.996	0.989	0.945	0.828	0.618	0.350	0.224	0.121	0.013	0.001
	7	1.000	1.000	1.000	1.000	0.998	0.988	0.945	0.833	0.617	0.474	0.322	0.070	0.012
	8	1.000	1.000	1.000	1.000	1.000	0.998	0.989	0.954	0.851	0.756	0.624	0.264	0.086
	9	1.000	1.000	1.000	1.000	1.000	1.000	0.999	0.994	0.972	0.944	0.893	0.651	0.401
	10	1.000	1.000	1.000	1.000	1.000	1.000	1.000	1.000	1.000	1.000	1.000	1.000	1.000
11	**0**	0.569	0.314	0.086	0.042	0.020	0.004	0.000	0.000	0.000	0.000	0.000	0.000	0.000
	1	0.898	0.697	0.322	0.197	0.113	0.030	0.006	0.001	0.000	0.000	0.000	0.000	0.000
	2	0.985	0.910	0.617	0.455	0.313	0.119	0.033	0.006	0.001	0.000	0.000	0.000	0.000
	3	0.998	0.981	0.839	0.713	0.570	0.296	0.113	0.029	0.004	0.001	0.000	0.000	0.000
	4	1.000	0.997	0.950	0.885	0.790	0.533	0.274	0.099	0.022	0.008	0.002	0.000	0.000
	5	1.000	1.000	0.988	0.966	0.922	0.753	0.500	0.247	0.078	0.034	0.012	0.000	0.000
	6	1.000	1.000	0.998	0.992	0.978	0.901	0.726	0.467	0.210	0.115	0.050	0.003	0.000
	7	1.000	1.000	1.000	0.999	0.996	0.971	0.887	0.704	0.430	0.287	0.161	0.019	0.002
	8	1.000	1.000	1.000	1.000	0.999	0.994	0.967	0.881	0.687	0.545	0.383	0.090	0.015

		p												
n	*x*	0.05	0.10	0.20	0.25	0.30	0.40	0.50	0.60	0.70	0.75	0.80	0.90	0.95
11	9	1.000	1.000	1.000	1.000	1.000	0.999	0.994	0.970	0.887	0.803	0.678	0.303	0.102
	10	1.000	1.000	1.000	1.000	1.000	1.000	1.000	0.996	0.980	0.958	0.914	0.686	0.431
	11	1.000	1.000	1.000	1.000	1.000	1.000	1.000	1.000	1.000	1.000	1.000	1.000	1.000
12	0	0.540	0.282	0.069	0.032	0.014	0.002	0.000	0.000	0.000	0.000	0.000	0.000	0.000
	1	0.882	0.659	0.275	0.158	0.085	0.020	0.003	0.000	0.000	0.000	0.000	0.000	0.000
	2	0.980	0.889	0.558	0.391	0.253	0.083	0.019	0.003	0.000	0.000	0.000	0.000	0.000
	3	0.998	0.974	0.795	0.649	0.493	0.225	0.073	0.015	0.002	0.000	0.000	0.000	0.000
	4	1.000	0.996	0.927	0.842	0.724	0.438	0.194	0.057	0.009	0.003	0.001	0.000	0.000
	5	1.000	0.999	0.981	0.946	0.882	0.665	0.387	0.158	0.039	0.014	0.004	0.000	0.000
	6	1.000	1.000	0.996	0.986	0.961	0.842	0.613	0.335	0.118	0.054	0.019	0.001	0.000
	7	1.000	1.000	0.999	0.997	0.991	0.943	0.806	0.562	0.276	0.158	0.073	0.004	0.000
	8	1.000	1.000	1.000	1.000	0.998	0.985	0.927	0.775	0.507	0.351	0.205	0.026	0.002
	9	1.000	1.000	1.000	1.000	1.000	0.997	0.981	0.917	0.747	0.609	0.442	0.111	0.020
	10	1.000	1.000	1.000	1.000	1.000	1.000	0.997	0.980	0.915	0.842	0.725	0.341	0.118
	11	1.000	1.000	1.000	1.000	1.000	1.000	1.000	0.998	0.986	0.968	0.931	0.718	0.460
	12	1.000	1.000	1.000	1.000	1.000	1.000	1.000	1.000	1.000	1.000	1.000	1.000	1.000
13	0	0.513	0.254	0.055	0.024	0.010	0.001	0.000	0.000	0.000	0.000	0.000	0.000	0.000
	1	0.865	0.621	0.234	0.127	0.064	0.013	0.002	0.000	0.000	0.000	0.000	0.000	0.000
	2	0.975	0.866	0.502	0.333	0.202	0.058	0.011	0.001	0.000	0.000	0.000	0.000	0.000
	3	0.997	0.966	0.747	0.584	0.421	0.169	0.046	0.008	0.001	0.000	0.000	0.000	0.000
	4	1.000	0.994	0.901	0.794	0.654	0.353	0.133	0.032	0.004	0.001	0.000	0.000	0.000
	5	1.000	0.999	0.970	0.920	0.835	0.574	0.291	0.098	0.018	0.006	0.001	0.000	0.000
	6	1.000	1.000	0.993	0.976	0.938	0.771	0.500	0.229	0.062	0.024	0.007	0.000	0.000
	7	1.000	1.000	0.999	0.994	0.982	0.902	0.709	0.426	0.165	0.080	0.030	0.001	0.000
	8	1.000	1.000	1.000	0.999	0.996	0.968	0.867	0.647	0.346	0.206	0.099	0.006	0.000
	9	1.000	1.000	1.000	1.000	0.999	0.992	0.954	0.831	0.579	0.416	0.253	0.034	0.003
	10	1.000	1.000	1.000	1.000	1.000	0.999	0.989	0.942	0.798	0.667	0.498	0.134	0.025
	11	1.000	1.000	1.000	1.000	1.000	1.000	0.998	0.987	0.936	0.873	0.766	0.379	0.135
	12	1.000	1.000	1.000	1.000	1.000	1.000	1.000	0.999	0.990	0.976	0.945	0.746	0.487
	13	1.000	1.000	1.000	1.000	1.000	1.000	1.000	1.000	1.000	1.000	1.000	1.000	1.000
14	0	0.488	0.229	0.044	0.018	0.007	0.001	0.000	0.000	0.000	0.000	0.000	0.000	0.000
	1	0.847	0.585	0.198	0.101	0.047	0.008	0.001	0.000	0.000	0.000	0.000	0.000	0.000
	2	0.970	0.842	0.448	0.281	0.161	0.040	0.006	0.001	0.000	0.000	0.000	0.000	0.000
	3	0.996	0.956	0.698	0.521	0.355	0.124	0.029	0.004	0.000	0.000	0.000	0.000	0.000
	4	1.000	0.991	0.870	0.742	0.584	0.279	0.090	0.018	0.002	0.000	0.000	0.000	0.000
	5	1.000	0.999	0.956	0.888	0.781	0.486	0.212	0.058	0.008	0.002	0.000	0.000	0.000
	6	1.000	1.000	0.988	0.962	0.907	0.692	0.395	0.150	0.031	0.010	0.002	0.000	0.000
	7	1.000	1.000	0.998	0.990	0.969	0.850	0.605	0.308	0.093	0.038	0.012	0.000	0.000

		p												
n	x	0.05	0.10	0.20	0.25	0.30	0.40	0.50	0.60	0.70	0.75	0.80	0.90	0.95
14	8	1.000	1.000	1.000	0.998	0.992	0.942	0.788	0.514	0.219	0.112	0.044	0.001	0.000
	9	1.000	1.000	1.000	1.000	0.998	0.982	0.910	0.721	0.416	0.258	0.130	0.009	0.000
	10	1.000	1.000	1.000	1.000	1.000	0.996	0.971	0.876	0.645	0.479	0.302	0.044	0.004
	11	1.000	1.000	1.000	1.000	1.000	0.999	0.994	0.960	0.839	0.719	0.552	0.158	0.030
	12	1.000	1.000	1.000	1.000	1.000	1.000	0.999	0.992	0.953	0.899	0.802	0.415	0.153
	13	1.000	1.000	1.000	1.000	1.000	1.000	1.000	0.999	0.993	0.982	0.956	0.771	0.512
	14	1.000	1.000	1.000	1.000	1.000	1.000	1.000	1.000	1.000	1.000	1.000	1.000	1.000
15	0	0.463	0.206	0.035	0.013	0.005	0.000	0.000	0.000	0.000	0.000	0.000	0.000	0.000
	1	0.829	0.549	0.167	0.080	0.035	0.005	0.000	0.000	0.000	0.000	0.000	0.000	0.000
	2	0.964	0.816	0.398	0.236	0.127	0.027	0.004	0.000	0.000	0.000	0.000	0.000	0.000
	3	0.995	0.944	0.648	0.461	0.297	0.091	0.018	0.002	0.000	0.000	0.000	0.000	0.000
	4	0.999	0.987	0.836	0.686	0.515	0.217	0.059	0.009	0.001	0.000	0.000	0.000	0.000
	5	1.000	0.998	0.939	0.852	0.722	0.403	0.151	0.034	0.004	0.001	0.000	0.000	0.000
	6	1.000	1.000	0.982	0.943	0.869	0.610	0.304	0.095	0.015	0.004	0.001	0.000	0.000
	7	1.000	1.000	0.996	0.983	0.950	0.787	0.500	0.213	0.050	0.017	0.004	0.000	0.000
	8	1.000	1.000	0.999	0.996	0.985	0.905	0.696	0.390	0.131	0.057	0.018	0.000	0.000
	9	1.000	1.000	1.000	0.999	0.996	0.966	0.849	0.597	0.278	0.148	0.061	0.002	0.000
	10	1.000	1.000	1.000	1.000	0.999	0.991	0.941	0.783	0.485	0.314	0.164	0.013	0.001
	11	1.000	1.000	1.000	1.000	1.000	0.998	0.982	0.909	0.703	0.539	0.352	0.056	0.005
	12	1.000	1.000	1.000	1.000	1.000	1.000	0.996	0.973	0.873	0.764	0.602	0.184	0.036
	13	1.000	1.000	1.000	1.000	1.000	1.000	1.000	0.995	0.965	0.920	0.833	0.451	0.171
	14	1.000	1.000	1.000	1.000	1.000	1.000	1.000	1.000	0.995	0.987	0.965	0.794	0.537
	15	1.000	1.000	1.000	1.000	1.000	1.000	1.000	1.000	1.000	1.000	1.000	1.000	1.000
16	0	0.440	0.185	0.028	0.010	0.003	0.000	0.000	0.000	0.000	0.000	0.000	0.000	0.000
	1	0.811	0.515	0.141	0.063	0.026	0.003	0.000	0.000	0.000	0.000	0.000	0.000	0.000
	2	0.957	0.789	0.352	0.197	0.099	0.018	0.002	0.000	0.000	0.000	0.000	0.000	0.000
	3	0.993	0.932	0.598	0.405	0.246	0.065	0.011	0.001	0.000	0.000	0.000	0.000	0.000
	4	0.999	0.983	0.798	0.630	0.450	0.167	0.038	0.005	0.000	0.000	0.000	0.000	0.000
	5	1.000	0.997	0.918	0.810	0.660	0.329	0.105	0.019	0.002	0.000	0.000	0.000	0.000
	6	1.000	0.999	0.973	0.920	0.825	0.527	0.227	0.058	0.007	0.002	0.000	0.000	0.000
	7	1.000	1.000	0.993	0.973	0.926	0.716	0.402	0.142	0.026	0.007	0.001	0.000	0.000
	8	1.000	1.000	0.999	0.993	0.974	0.858	0.598	0.284	0.074	0.027	0.007	0.000	0.000
	9	1.000	1.000	1.000	0.998	0.993	0.942	0.773	0.473	0.175	0.080	0.027	0.001	0.000
	10	1.000	1.000	1.000	1.000	0.998	0.981	0.895	0.671	0.340	0.190	0.082	0.003	0.000
	11	1.000	1.000	1.000	1.000	1.000	0.995	0.962	0.833	0.550	0.370	0.202	0.017	0.001
	12	1.000	1.000	1.000	1.000	1.000	0.999	0.989	0.935	0.754	0.595	0.402	0.068	0.007
	13	1.000	1.000	1.000	1.000	1.000	1.000	0.998	0.982	0.901	0.803	0.648	0.211	0.043
	14	1.000	1.000	1.000	1.000	1.000	1.000	1.000	0.997	0.974	0.937	0.859	0.485	0.189
	15	1.000	1.000	1.000	1.000	1.000	1.000	1.000	1.000	0.997	0.990	0.972	0.815	0.560
	16	1.000	1.000	1.000	1.000	1.000	1.000	1.000	1.000	1.000	1.000	1.000	1.000	1.000

		p												
n	**x**	**0.05**	**0.10**	**0.20**	**0.25**	**0.30**	**0.40**	**0.50**	**0.60**	**0.70**	**0.75**	**0.80**	**0.90**	**0.95**
17	**0**	0.418	0.167	0.023	0.008	0.002	0.000	0.000	0.000	0.000	0.000	0.000	0.000	0.000
	1	0.792	0.482	0.118	0.050	0.019	0.002	0.000	0.000	0.000	0.000	0.000	0.000	0.000
	2	0.950	0.762	0.310	0.164	0.077	0.012	0.001	0.000	0.000	0.000	0.000	0.000	0.000
	3	0.991	0.917	0.549	0.353	0.202	0.046	0.006	0.000	0.000	0.000	0.000	0.000	0.000
	4	0.999	0.978	0.758	0.574	0.389	0.126	0.025	0.003	0.000	0.000	0.000	0.000	0.000
	5	1.000	0.995	0.894	0.765	0.597	0.264	0.072	0.011	0.001	0.000	0.000	0.000	0.000
	6	1.000	0.999	0.962	0.893	0.775	0.448	0.166	0.035	0.003	0.001	0.000	0.000	0.000
	7	1.000	1.000	0.989	0.960	0.895	0.641	0.315	0.092	0.013	0.003	0.000	0.000	0.000
	8	1.000	1.000	0.997	0.988	0.960	0.801	0.500	0.199	0.040	0.012	0.003	0.000	0.000
	9	1.000	1.000	1.000	0.997	0.987	0.908	0.685	0.359	0.105	0.040	0.011	0.000	0.000
	10	1.000	1.000	1.000	0.999	0.997	0.965	0.834	0.552	0.225	0.107	0.038	0.001	0.000
	11	1.000	1.000	1.000	1.000	0.999	0.989	0.928	0.736	0.403	0.235	0.106	0.005	0.000
	12	1.000	1.000	1.000	1.000	1.000	0.997	0.975	0.874	0.611	0.426	0.242	0.022	0.001
	13	1.000	1.000	1.000	1.000	1.000	1.000	0.994	0.954	0.798	0.647	0.451	0.083	0.009
	14	1.000	1.000	1.000	1.000	1.000	1.000	0.999	0.988	0.923	0.836	0.690	0.238	0.050
	15	1.000	1.000	1.000	1.000	1.000	1.000	1.000	0.998	0.981	0.950	0.882	0.518	0.208
	16	1.000	1.000	1.000	1.000	1.000	1.000	1.000	1.000	0.998	0.992	0.977	0.833	0.582
	17	1.000	1.000	1.000	1.000	1.000	1.000	1.000	1.000	1.000	1.000	1.000	1.000	1.000
18	**0**	0.397	0.150	0.018	0.006	0.002	0.000	0.000	0.000	0.000	0.000	0.000	0.000	0.000
	1	0.774	0.450	0.099	0.039	0.014	0.001	0.000	0.000	0.000	0.000	0.000	0.000	0.000
	2	0.942	0.734	0.271	0.135	0.060	0.008	0.001	0.000	0.000	0.000	0.000	0.000	0.000
	3	0.989	0.902	0.501	0.306	0.165	0.033	0.004	0.000	0.000	0.000	0.000	0.000	0.000
	4	0.998	0.972	0.716	0.519	0.333	0.094	0.015	0.001	0.000	0.000	0.000	0.000	0.000
	5	1.000	0.994	0.867	0.717	0.534	0.209	0.048	0.006	0.000	0.000	0.000	0.000	0.000
	6	1.000	0.999	0.949	0.861	0.722	0.374	0.119	0.020	0.001	0.000	0.000	0.000	0.000
	7	1.000	1.000	0.984	0.943	0.859	0.563	0.240	0.058	0.006	0.001	0.000	0.000	0.000
	8	1.000	1.000	0.996	0.981	0.940	0.737	0.407	0.135	0.021	0.005	0.001	0.000	0.000
	9	1.000	1.000	0.999	0.995	0.979	0.865	0.593	0.263	0.060	0.019	0.004	0.000	0.000
	10	1.000	1.000	1.000	0.999	0.994	0.942	0.760	0.437	0.141	0.057	0.016	0.000	0.000
	11	1.000	1.000	1.000	1.000	0.999	0.980	0.881	0.626	0.278	0.139	0.051	0.001	0.000
	12	1.000	1.000	1.000	1.000	1.000	0.994	0.952	0.791	0.466	0.283	0.133	0.006	0.000
	13	1.000	1.000	1.000	1.000	1.000	0.999	0.985	0.906	0.667	0.481	0.284	0.028	0.002
	14	1.000	1.000	1.000	1.000	1.000	1.000	0.996	0.967	0.835	0.694	0.499	0.098	0.011
	15	1.000	1.000	1.000	1.000	1.000	1.000	0.999	0.992	0.940	0.865	0.729	0.266	0.058
	16	1.000	1.000	1.000	1.000	1.000	1.000	1.000	0.999	0.986	0.961	0.901	0.550	0.226
	17	1.000	1.000	1.000	1.000	1.000	1.000	1.000	1.000	0.998	0.994	0.982	0.850	0.603
	18	1.000	1.000	1.000	1.000	1.000	1.000	1.000	1.000	1.000	1.000	1.000	1.000	1.000
19	**0**	0.377	0.135	0.014	0.004	0.001	0.000	0.000	0.000	0.000	0.000	0.000	0.000	0.000
	1	0.755	0.420	0.083	0.031	0.010	0.001	0.000	0.000	0.000	0.000	0.000	0.000	0.000

n	x	p=0.05	0.10	0.20	0.25	0.30	0.40	0.50	0.60	0.70	0.75	0.80	0.90	0.95
19	2	0.933	0.705	0.237	0.111	0.046	0.005	0.000	0.000	0.000	0.000	0.000	0.000	0.000
	3	0.987	0.885	0.455	0.263	0.133	0.023	0.002	0.000	0.000	0.000	0.000	0.000	0.000
	4	0.998	0.965	0.673	0.465	0.282	0.070	0.010	0.001	0.000	0.000	0.000	0.000	0.000
	5	1.000	0.991	0.837	0.668	0.474	0.163	0.032	0.003	0.000	0.000	0.000	0.000	0.000
	6	1.000	0.998	0.932	0.825	0.666	0.308	0.084	0.012	0.001	0.000	0.000	0.000	0.000
	7	1.000	1.000	0.977	0.923	0.818	0.488	0.180	0.035	0.003	0.000	0.000	0.000	0.000
	8	1.000	1.000	0.993	0.971	0.916	0.667	0.324	0.088	0.011	0.002	0.000	0.000	0.000
	9	1.000	1.000	0.998	0.991	0.967	0.814	0.500	0.186	0.033	0.009	0.002	0.000	0.000
	10	1.000	1.000	1.000	0.998	0.989	0.912	0.676	0.333	0.084	0.029	0.007	0.000	0.000
	11	1.000	1.000	1.000	1.000	0.997	0.965	0.820	0.512	0.182	0.077	0.023	0.000	0.000
	12	1.000	1.000	1.000	1.000	0.999	0.988	0.916	0.692	0.334	0.175	0.068	0.002	0.000
	13	1.000	1.000	1.000	1.000	1.000	0.997	0.968	0.837	0.526	0.332	0.163	0.009	0.000
	14	1.000	1.000	1.000	1.000	1.000	0.999	0.990	0.930	0.718	0.535	0.327	0.035	0.002
	15	1.000	1.000	1.000	1.000	1.000	1.000	0.998	0.977	0.867	0.737	0.545	0.115	0.013
	16	1.000	1.000	1.000	1.000	1.000	1.000	1.000	0.995	0.954	0.889	0.763	0.295	0.067
	17	1.000	1.000	1.000	1.000	1.000	1.000	1.000	0.999	0.990	0.969	0.917	0.580	0.245
	18	1.000	1.000	1.000	1.000	1.000	1.000	1.000	1.000	0.999	0.996	0.986	0.865	0.623
	19	1.000	1.000	1.000	1.000	1.000	1.000	1.000	1.000	1.000	1.000	1.000	1.000	1.000
20	0	0.358	0.122	0.012	0.003	0.001	0.000	0.000	0.000	0.000	0.000	0.000	0.000	0.000
	1	0.736	0.392	0.069	0.024	0.008	0.001	0.000	0.000	0.000	0.000	0.000	0.000	0.000
	2	0.925	0.677	0.206	0.091	0.035	0.004	0.000	0.000	0.000	0.000	0.000	0.000	0.000
	3	0.984	0.867	0.411	0.225	0.107	0.016	0.001	0.000	0.000	0.000	0.000	0.000	0.000
	4	0.997	0.957	0.630	0.415	0.238	0.051	0.006	0.000	0.000	0.000	0.000	0.000	0.000
	5	1.000	0.989	0.804	0.617	0.416	0.126	0.021	0.002	0.000	0.000	0.000	0.000	0.000
	6	1.000	0.998	0.913	0.786	0.608	0.250	0.058	0.006	0.000	0.000	0.000	0.000	0.000
	7	1.000	1.000	0.968	0.898	0.772	0.416	0.132	0.021	0.001	0.000	0.000	0.000	0.000
	8	1.000	1.000	0.990	0.959	0.887	0.596	0.252	0.057	0.005	0.001	0.000	0.000	0.000
	9	1.000	1.000	0.997	0.986	0.952	0.755	0.412	0.128	0.017	0.004	0.001	0.000	0.000
	10	1.000	1.000	0.999	0.996	0.983	0.872	0.588	0.245	0.048	0.014	0.003	0.000	0.000
	11	1.000	1.000	1.000	0.999	0.995	0.943	0.748	0.404	0.113	0.041	0.010	0.000	0.000
	12	1.000	1.000	1.000	1.000	0.999	0.979	0.868	0.584	0.228	0.102	0.032	0.000	0.000
	13	1.000	1.000	1.000	1.000	1.000	0.994	0.942	0.750	0.392	0.214	0.087	0.002	0.000
	14	1.000	1.000	1.000	1.000	1.000	0.998	0.979	0.874	0.584	0.383	0.196	0.011	0.000
	15	1.000	1.000	1.000	1.000	1.000	1.000	0.994	0.949	0.762	0.585	0.370	0.043	0.003
	16	1.000	1.000	1.000	1.000	1.000	1.000	0.999	0.984	0.893	0.775	0.589	0.133	0.016
	17	1.000	1.000	1.000	1.000	1.000	1.000	1.000	0.996	0.965	0.909	0.794	0.323	0.075
	18	1.000	1.000	1.000	1.000	1.000	1.000	1.000	0.999	0.992	0.976	0.931	0.608	0.264
	19	1.000	1.000	1.000	1.000	1.000	1.000	1.000	1.000	0.999	0.997	0.988	0.878	0.642
	20	1.000	1.000	1.000	1.000	1.000	1.000	1.000	1.000	1.000	1.000	1.000	1.000	1.000

2 포아송분포표

예) $\lambda = 0.5$일 때 $P(X=3) = 0.0126$이다.

	λ								
x	**0.1**	**0.2**	**0.3**	**0.4**	**0.5**	**0.6**	**0.7**	**0.8**	**0.9**
0	0.9048	0.8187	0.7408	0.6703	0.6065	0.5488	0.4966	0.4493	0.4066
1	0.0905	0.1637	0.2222	0.2681	0.3033	0.3293	0.3476	0.3595	0.3659
2	0.0045	0.0164	0.0333	0.0536	0.0758	0.0988	0.1217	0.1438	0.1647
3	0.0002	0.0011	0.0033	0.0072	0.0126	0.0198	0.0284	0.0383	0.0494
4	0.0000	0.0001	0.0003	0.0007	0.0016	0.0030	0.0050	0.0077	0.0111
5	0.0000	0.0000	0.0000	0.0001	0.0002	0.0004	0.0007	0.0012	0.0020
6	0.0000	0.0000	0.0000	0.0000	0.0000	0.0000	0.0001	0.0002	0.0003
7	0.0000	0.0000	0.0000	0.0000	0.0000	0.0000	0.0000	0.0000	0.0000

	λ								
x	**1.0**	**2.0**	**3.0**	**4.0**	**5.0**	**6.0**	**7.0**	**8.0**	**9.0**
0	0.3679	0.1353	0.0498	0.0183	0.0067	0.0025	0.0009	0.0003	0.0001
1	0.3679	0.2707	0.1494	0.0733	0.0337	0.0149	0.0064	0.0027	0.0011
2	0.1839	0.2707	0.2240	0.1465	0.0842	0.0446	0.0223	0.0107	0.0050
3	0.0613	0.1804	0.2240	0.1954	0.1404	0.0892	0.0521	0.0286	0.0150
4	0.0153	0.0902	0.1680	0.1954	0.1755	0.1339	0.0912	0.0573	0.0337
5	0.0031	0.0361	0.1008	0.1563	0.1755	0.1606	0.1277	0.0916	0.0607
6	0.0005	0.0120	0.0504	0.1042	0.1462	0.1606	0.1490	0.1221	0.0911
7	0.0001	0.0034	0.0216	0.0595	0.1044	0.1377	0.1490	0.1396	0.1171
8	0.0000	0.0009	0.0081	0.0298	0.0653	0.1033	0.1304	0.1396	0.1318
9	0.0000	0.0002	0.0027	0.0132	0.0363	0.0688	0.1014	0.1241	0.1318
10	0.0000	0.0000	0.0008	0.0053	0.0181	0.0413	0.0710	0.0993	0.1186
11	0.0000	0.0000	0.0002	0.0019	0.0082	0.0225	0.0452	0.0722	0.0970
12	0.0000	0.0000	0.0001	0.0006	0.0034	0.0113	0.0263	0.0481	0.0728
13	0.0000	0.0000	0.0000	0.0002	0.0013	0.0052	0.0142	0.0296	0.0504
14	0.0000	0.0000	0.0000	0.0001	0.0005	0.0022	0.0071	0.0169	0.0324
15	0.0000	0.0000	0.0000	0.0000	0.0002	0.0009	0.0033	0.0090	0.0194
16	0.0000	0.0000	0.0000	0.0000	0.0000	0.0003	0.0014	0.0045	0.0109
17	0.0000	0.0000	0.0000	0.0000	0.0000	0.0001	0.0006	0.0021	0.0058
18	0.0000	0.0000	0.0000	0.0000	0.0000	0.0000	0.0002	0.0009	0.0029
19	0.0000	0.0000	0.0000	0.0000	0.0000	0.0000	0.0001	0.0004	0.0014
20	0.0000	0.0000	0.0000	0.0000	0.0000	0.0000	0.0000	0.0002	0.0006
21	0.0000	0.0000	0.0000	0.0000	0.0000	0.0000	0.0000	0.0001	0.0003
22	0.0000	0.0000	0.0000	0.0000	0.0000	0.0000	0.0000	0.0000	0.0001

3 표준정규분포표

예) $z=-1.96$이면 $P(Z \le -1.96)=0.025$이다.

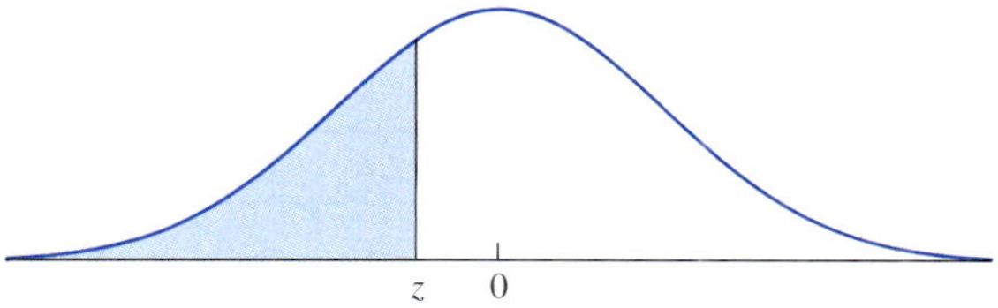

z	0.00	0.01	0.02	0.03	0.04	0.05	0.06	0.07	0.08	0.09
−3.6	.0002	.0002	.0001	.0001	.0001	.0001	.0001	.0001	.0001	.0001
−3.5	.0002	.0002	.0002	.0002	.0002	.0002	.0002	.0002	.0002	.0002
−3.4	.0003	.0003	.0003	.0003	.0003	.0003	.0003	.0003	.0003	.0002
−3.3	.0005	.0005	.0005	.0004	.0004	.0004	.0004	.0004	.0004	.0003
−3.2	.0007	.0007	.0006	.0006	.0006	.0006	.0006	.0005	.0005	.0005
−3.1	.0010	.0009	.0009	.0009	.0008	.0008	.0008	.0008	.0007	.0007
−3.0	.0013	.0013	.0013	.0012	.0012	.0011	.0011	.0011	.0010	.0010
−2.9	.0019	.0018	.0018	.0017	.0016	.0016	.0015	.0015	.0014	.0014
−2.8	.0026	.0025	.0024	.0023	.0023	.0022	.0021	.0021	.0020	.0019
−2.7	.0035	.0034	.0033	.0032	.0031	.0030	.0029	.0028	.0027	.0026
−2.6	.0047	.0045	.0044	.0043	.0041	.0040	.0039	.0038	.0037	.0036
−2.5	.0062	.0060	.0059	.0057	.0055	.0054	.0052	.0051	.0049	.0048
−2.4	.0082	.0080	.0078	.0075	.0073	.0071	.0069	.0068	.0066	.0064
−2.3	.0107	.0104	.0102	.0099	.0096	.0094	.0091	.0089	.0087	.0084
−2.2	.0139	.0136	.0132	.0129	.0125	.0122	.0119	.0116	.0113	.0110
−2.1	.0179	.0174	.0170	.0166	.0162	.0158	.0154	.0150	.0146	.0143
−2.0	.0228	.0222	.0217	.0212	.0207	.0202	.0197	.0192	.0188	.0183
−1.9	.0287	.0281	.0274	.0268	.0262	.0256	.0250	.0244	.0239	.0233
−1.8	.0359	.0351	.0344	.0336	.0329	.0322	.0314	.0307	.0301	.0294
−1.7	.0446	.0436	.0427	.0418	.0409	.0401	.0392	.0384	.0375	.0367
−1.6	.0548	.0537	.0526	.0516	.0505	.0495	.0485	.0475	.0465	.0455
−1.5	.0668	.0655	.0643	.0630	.0618	.0606	.0594	.0582	.0571	.0559
−1.4	.0808	.0793	.0778	.0764	.0749	.0735	.0721	.0708	.0694	.0681
−1.3	.0968	.0951	.0934	.0918	.0901	.0885	.0869	.0853	.0838	.0823
−1.2	.1151	.1131	.1112	.1093	.1075	.1056	.1038	.1020	.1003	.0985
−1.1	.1357	.1335	.1314	.1292	.1271	.1251	.1230	.1210	.1190	.1170
−1.0	.1587	.1562	.1539	.1515	.1492	.1469	.1446	.1423	.1401	.1379
−0.9	.1841	.1814	.1788	.1762	.1736	.1711	.1685	.1660	.1635	.1611
−0.8	.2119	.2090	.2061	.2033	.2005	.1977	.1949	.1922	.1894	.1867
−0.7	.2420	.2389	.2358	.2327	.2296	.2266	.2236	.2206	.2177	.2148
−0.6	.2743	.2709	.2676	.2643	.2611	.2578	.2546	.2514	.2483	.2451
−0.5	.3085	.3050	.3015	.2981	.2946	.2912	.2877	.2843	.2810	.2776
−0.4	.3446	.3409	.3372	.3336	.3300	.3264	.3228	.3192	.3156	.3121
−0.3	.3821	.3783	.3745	.3707	.3669	.3632	.3594	.3557	.3520	.3483
−0.2	.4207	.4168	.4129	.4090	.4052	.4013	.3974	.3936	.3897	.3859
−0.1	.4602	.4562	.4522	.4483	.4443	.4404	.4364	.4325	.4286	.4247
−0.0	.5000	.4960	.4920	.4880	.4840	.4801	.4761	.4721	.4681	.4641

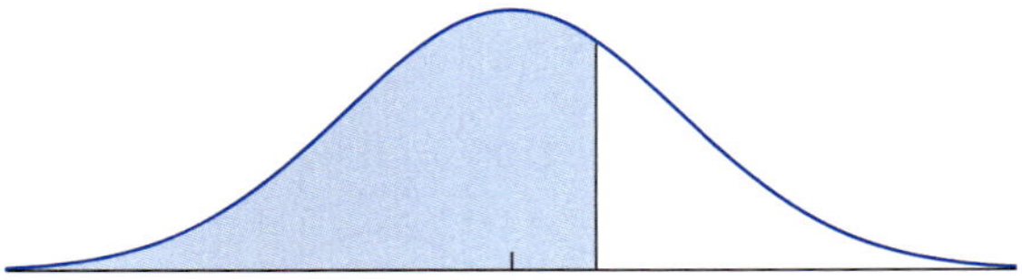

z	0.00	0.01	0.02	0.03	0.04	0.05	0.06	0.07	0.08	0.09
0.0	.5000	.5040	.5080	.5120	.5160	.5199	.5239	.5279	.5319	.5359
0.1	.5398	.5438	.5478	.5517	.5557	.5596	.5636	.5675	.5714	.5753
0.2	.5793	.5832	.5871	.5910	.5948	.5987	.6026	.6064	.6103	.6141
0.3	.6179	.6217	.6255	.6293	.6331	.6368	.6406	.6443	.6480	.6517
0.4	.6554	.6591	.6628	.6664	.6700	.6736	.6772	.6808	.6844	.6879
0.5	.6915	.6950	.6985	.7019	.7054	.7088	.7123	.7157	.7190	.7224
0.6	.7257	.7291	.7324	.7357	.7389	.7422	.7454	.7486	.7517	.7549
0.7	.7580	.7611	.7642	.7673	.7704	.7734	.7764	.7794	.7823	.7852
0.8	.7881	.7910	.7939	.7967	.7995	.8023	.8051	.8078	.8106	.8133
0.9	.8159	.8186	.8212	.8238	.8264	.8289	.8315	.8340	.8365	.8389
1.0	.8413	.8438	.8461	.8485	.8508	.8531	.8554	.8577	.8599	.8621
1.1	.8643	.8665	.8686	.8708	.8729	.8749	.8770	.8790	.8810	.8830
1.2	.8849	.8869	.8888	.8907	.8925	.8944	.8962	.8980	.8997	.9015
1.3	.9032	.9049	.9066	.9082	.9099	.9115	.9131	.9147	.9162	.9177
1.4	.9192	.9207	.9222	.9236	.9251	.9265	.9279	.9292	.9306	.9319
1.5	.9332	.9345	.9357	.9370	.9382	.9394	.9406	.9418	.9429	.9441
1.6	.9452	.9463	.9474	.9484	.9495	.9505	.9515	.9525	.9535	.9545
1.7	.9554	.9564	.9573	.9582	.9591	.9599	.9608	.9616	.9625	.9633
1.8	.9641	.9649	.9656	.9664	.9671	.9678	.9686	.9693	.9699	.9706
1.9	.9713	.9719	.9726	.9732	.9738	.9744	.9750	.9756	.9761	.9767
2.0	.9772	.9778	.9783	.9788	.9793	.9798	.9803	.9808	.9812	.9817
2.1	.9821	.9826	.9830	.9834	.9838	.9842	.9846	.9850	.9854	.9857
2.2	.9861	.9864	.9868	.9871	.9875	.9878	.9881	.9884	.9887	.9890
2.3	.9893	.9896	.9898	.9901	.9904	.9906	.9909	.9911	.9913	.9916
2.4	.9918	.9920	.9922	.9925	.9927	.9929	.9931	.9932	.9934	.9936
2.5	.9938	.9940	.9941	.9943	.9945	.9946	.9948	.9949	.9951	.9952
2.6	.9953	.9955	.9956	.9957	.9959	.9960	.9961	.9962	.9963	.9964
2.7	.9965	.9966	.9967	.9968	.9969	.9970	.9971	.9972	.9973	.9974
2.8	.9974	.9975	.9976	.9977	.9977	.9978	.9979	.9979	.9980	.9981
2.9	.9981	.9982	.9982	.9983	.9984	.9984	.9985	.9985	.9986	.9986
3.0	.9987	.9987	.9987	.9988	.9988	.9989	.9989	.9989	.9990	.9990
3.1	.9990	.9991	.9991	.9991	.9992	.9992	.9992	.9992	.9993	.9993
3.2	.9993	.9993	.9994	.9994	.9994	.9994	.9994	.9995	.9995	.9995
3.3	.9995	.9995	.9995	.9996	.9996	.9996	.9996	.9996	.9996	.9997
3.4	.9997	.9997	.9997	.9997	.9997	.9997	.9997	.9997	.9997	.9998
3.5	.9998	.9998	.9998	.9998	.9998	.9998	.9998	.9998	.9998	.9998
3.6	.9998	.9998	.9999	.9999	.9999	.9999	.9999	.9999	.9999	.9999

4 *t* 분포표

예) $df = 9$이고 유의수준 $\alpha = 0.05$일 때 상한단측검정의 상한 임계값은 $t = 1.833$이다.

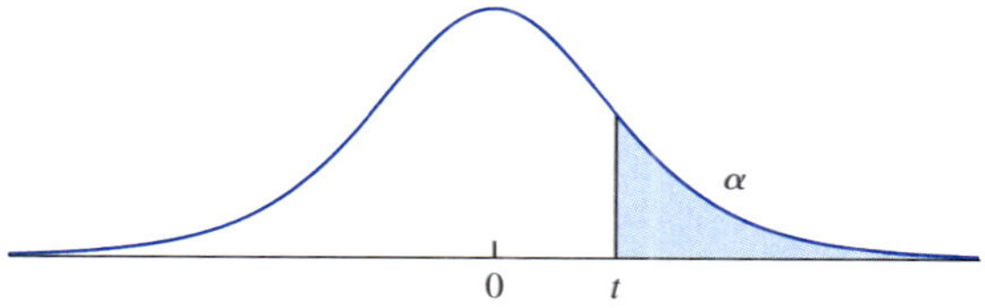

ν	0.40	0.25	0.10	0.05	0.025	0.01	0.005	0.001	0.0005
	α								
1	0.325	1.000	3.078	6.314	12.706	31.821	63.657	318.309	636.619
2	0.289	0.816	1.886	2.920	4.303	6.965	9.925	22.327	31.599
3	0.277	0.765	1.638	2.353	3.182	4.541	5.841	10.215	12.924
4	0.271	0.741	1.533	2.132	2.776	3.747	4.604	7.173	8.610
5	0.267	0.727	1.476	2.015	2.571	3.365	4.032	5.893	6.869
6	0.265	0.718	1.440	1.943	2.447	3.143	3.707	5.208	5.959
7	0.263	0.711	1.415	1.895	2.365	2.998	3.499	4.785	5.408
8	0.262	0.706	1.397	1.860	2.306	2.896	3.355	4.501	5.041
9	0.261	0.703	1.383	1.833	2.262	2.821	3.250	4.297	4.781
10	0.260	0.700	1.372	1.812	2.228	2.764	3.169	4.144	4.587
11	0.260	0.697	1.363	1.796	2.201	2.718	3.106	4.025	4.437
12	0.259	0.695	1.356	1.782	2.179	2.681	3.055	3.930	4.318
13	0.259	0.694	1.350	1.771	2.160	2.650	3.012	3.852	4.221
14	0.258	0.692	1.345	1.761	2.145	2.624	2.977	3.787	4.140
15	0.258	0.691	1.341	1.753	2.131	2.602	2.947	3.733	4.073
16	0.258	0.690	1.337	1.746	2.120	2.583	2.921	3.686	4.015
17	0.257	0.689	1.333	1.740	2.110	2.567	2.898	3.646	3.965
18	0.257	0.688	1.330	1.734	2.101	2.552	2.878	3.610	3.922
19	0.257	0.688	1.328	1.729	2.093	2.539	2.861	3.579	3.883
20	0.257	0.687	1.325	1.725	2.086	2.528	2.845	3.552	3.850
21	0.257	0.686	1.323	1.721	2.080	2.518	2.831	3.527	3.819
22	0.256	0.686	1.321	1.717	2.074	2.508	2.819	3.505	3.792
23	0.256	0.685	1.319	1.714	2.069	2.500	2.807	3.485	3.768
24	0.256	0.685	1.318	1.711	2.064	2.492	2.797	3.467	3.745
25	0.256	0.684	1.316	1.708	2.060	2.485	2.787	3.450	3.725
26	0.256	0.684	1.315	1.706	2.056	2.479	2.779	3.435	3.707
27	0.256	0.684	1.314	1.703	2.052	2.473	2.771	3.421	3.690
28	0.256	0.683	1.313	1.701	2.048	2.467	2.763	3.408	3.674
29	0.256	0.683	1.311	1.699	2.045	2.462	2.756	3.396	3.659
30	0.256	0.683	1.310	1.697	2.042	2.457	2.750	3.385	3.646
35	0.255	0.682	1.306	1.690	2.030	2.438	2.724	3.340	3.591
40	0.255	0.681	1.303	1.684	2.021	2.423	2.704	3.307	3.551
60	0.254	0.679	1.296	1.671	2.000	2.390	2.660	3.232	3.460
120	0.254	0.677	1.289	1.658	1.980	2.358	2.617	3.160	3.373
∞	0.253	0.674	1.282	1.645	1.960	2.326	2.576	3.090	3.291

5 F 분포의 임계값

예) 분자의 자유도 $\nu_1 = 2$이고 분모의 자유도 $\nu_2 = 7$일 때 유의수준 $\alpha = 0.05$에서 F 임계값은 4.74이다.

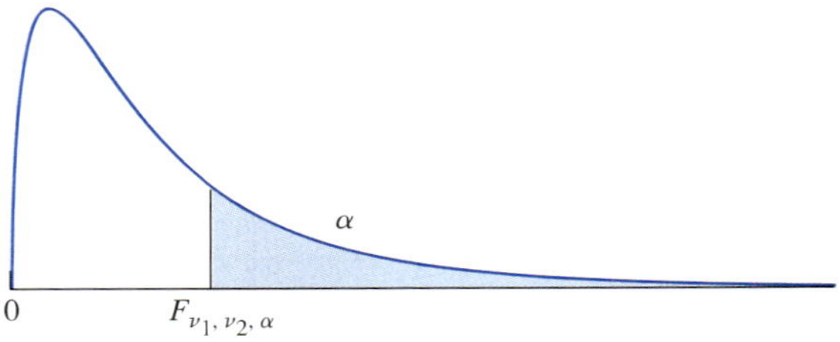

ν_2	α	ν_1 = 1	2	3	4	5	6	7	8	9
1	0.100	39.86	49.50	53.59	55.83	57.24	58.20	58.91	59.44	59.86
	0.050	161.45	199.50	215.71	224.58	230.16	233.99	236.77	238.88	240.54
	0.010	4052.18	4999.50	5403.35	5624.58	5763.65	5858.99	5928.36	5981.07	6022.47
	0.001	405284	500012	540382	562501	576405	585938	592874	598144	603040
2	0.100	8.53	9.00	9.16	9.24	9.29	9.33	9.35	9.37	9.38
	0.050	18.51	19.00	19.16	19.25	19.30	19.33	19.35	19.37	19.38
	0.010	98.50	99.00	99.17	99.25	99.30	99.33	99.36	99.37	99.39
	0.001	998.50	999.00	999.17	999.25	999.30	999.33	999.36	999.37	999.39
3	0.100	5.54	5.46	5.39	5.34	5.31	5.28	5.27	5.25	5.24
	0.050	10.13	9.55	9.28	9.12	9.01	8.94	8.89	8.85	8.81
	0.010	34.12	30.82	29.46	28.71	28.24	27.91	27.67	27.49	27.35
	0.001	167.03	148.50	141.11	137.10	134.58	132.85	131.58	130.62	129.86
4	0.100	4.54	4.32	4.19	4.11	4.05	4.01	3.98	3.95	3.94
	0.050	7.71	6.94	6.59	6.39	6.26	6.16	6.09	6.04	6.00
	0.010	21.20	18.00	16.69	15.98	15.52	15.21	14.98	14.80	14.66
	0.001	74.14	61.25	56.18	53.44	51.71	50.53	49.66	49.00	48.47
5	0.100	4.06	3.78	3.62	3.52	3.45	3.40	3.37	3.34	3.32
	0.050	6.61	5.79	5.41	5.19	5.05	4.95	4.88	4.82	4.77
	0.010	16.26	13.27	12.06	11.39	10.97	10.67	10.46	10.29	10.16
	0.001	47.18	37.12	33.20	31.09	29.75	28.83	28.16	27.65	27.24
6	0.100	3.78	3.46	3.29	3.18	3.11	3.05	3.01	2.98	2.96
	0.050	5.99	5.14	4.76	4.53	4.39	4.28	4.21	4.15	4.10
	0.010	13.75	10.92	9.78	9.15	8.75	8.47	8.26	8.10	7.98
	0.001	35.51	27.00	23.70	21.92	20.80	20.03	19.46	19.03	18.69
7	0.100	3.59	3.26	3.07	2.96	2.88	2.83	2.78	2.75	2.72
	0.050	5.59	4.74	4.35	4.12	3.97	3.87	3.79	3.73	3.68
	0.010	12.25	9.55	8.45	7.85	7.46	7.19	6.99	6.84	6.72
	0.001	29.25	21.69	18.77	17.20	16.21	15.52	15.02	14.63	14.33
8	0.100	3.46	3.11	2.92	2.81	2.73	2.67	2.62	2.59	2.56
	0.050	5.32	4.46	4.07	3.84	3.69	3.58	3.50	3.44	3.39
	0.010	11.26	8.65	7.59	7.01	6.63	6.37	6.18	6.03	5.91
	0.001	25.41	18.49	15.83	14.39	13.48	12.86	12.40	12.05	11.77
9	0.100	3.36	3.01	2.81	2.69	2.61	2.55	2.51	2.47	2.44
	0.050	5.12	4.26	3.86	3.63	3.48	3.37	3.29	3.23	3.18
	0.010	10.56	8.02	6.99	6.42	6.06	5.80	5.61	5.47	5.35
	0.001	22.86	16.39	13.90	12.56	11.71	11.13	10.70	10.37	10.11

ν_2	α	ν_1 10	12	15	20	25	30	40	50	60
1	**0.100**	60.19	60.71	61.22	61.74	62.05	62.26	62.53	62.69	62.79
	0.050	241.88	243.91	245.95	248.01	249.26	250.10	251.14	251.77	252.20
	0.010	6055.85	6106.32	6157.29	6208.73	6239.83	6260.65	6286.78	6302.52	6313.03
	0.001	606316	611276	616292	621362	624430	626486	659725	660511	6610390
2	**0.100**	9.39	9.41	9.42	9.44	9.45	9.46	9.47	9.47	9.47
	0.050	19.40	19.41	19.43	19.45	19.46	19.46	19.47	19.48	19.48
	0.010	99.40	99.42	99.43	99.45	99.46	99.47	99.47	99.48	99.48
	0.001	999.40	999.42	999.43	999.45	999.46	999.47	999.47	999.48	999.48
3	**0.100**	5.23	5.22	5.20	5.18	5.17	5.17	5.16	5.15	5.15
	0.050	8.79	8.74	8.70	8.66	8.63	8.62	8.59	8.58	8.57
	0.010	27.23	27.05	26.87	26.69	26.58	26.50	26.41	26.35	26.32
	0.001	129.25	128.32	127.37	126.42	125.84	125.45	124.96	124.66	124.47
4	**0.100**	3.92	3.90	3.87	3.84	3.83	3.82	3.80	3.80	3.79
	0.050	5.96	5.91	5.86	5.80	5.77	5.75	5.72	5.70	5.69
	0.010	14.55	14.37	14.20	14.02	13.91	13.84	13.75	13.69	13.65
	0.001	48.05	47.41	46.76	46.10	45.70	45.43	45.09	44.88	44.75
5	**0.100**	3.30	3.27	3.24	3.21	3.19	3.17	3.16	3.15	3.14
	0.050	4.74	4.68	4.62	4.56	4.52	4.50	4.46	4.44	4.43
	0.010	10.05	9.89	9.72	9.55	9.45	9.38	9.29	9.24	9.20
	0.001	26.92	26.42	25.91	25.39	25.08	24.87	24.60	24.44	24.33
6	**0.100**	2.94	2.90	2.87	2.84	2.81	2.80	2.78	2.77	2.76
	0.050	4.06	4.00	3.94	3.87	3.83	3.81	3.77	3.75	3.74
	0.010	7.87	7.72	7.56	7.40	7.30	7.23	7.14	7.09	7.06
	0.001	18.41	17.99	17.56	17.12	16.85	16.67	16.44	16.31	16.21
7	**0.100**	2.70	2.67	2.63	2.59	2.57	2.56	2.54	2.52	2.51
	0.050	3.64	3.57	3.51	3.44	3.40	3.38	3.34	3.32	3.30
	0.010	6.62	6.47	6.31	6.16	6.06	5.99	5.91	5.86	5.82
	0.001	14.08	13.71	13.32	12.93	12.69	12.53	12.33	12.20	12.12
8	**0.100**	2.54	2.50	2.46	2.42	2.40	2.38	2.36	2.35	2.34
	0.050	3.35	3.28	3.22	3.15	3.11	3.08	3.04	3.02	3.01
	0.010	5.81	5.67	5.52	5.36	5.26	5.20	5.12	5.07	5.03
	0.001	11.54	11.19	10.84	10.48	10.26	10.11	9.92	9.80	9.73
9	**0.100**	2.42	2.38	2.34	2.30	2.27	2.25	2.23	2.22	2.21
	0.050	3.14	3.07	3.01	2.94	2.89	2.86	2.83	2.80	2.79
	0.010	5.26	5.11	4.96	4.81	4.71	4.65	4.57	4.52	4.48
	0.001	9.89	9.57	9.24	8.90	8.69	8.55	8.37	8.26	8.19

ν_2	α	ν_1								
		1	2	3	4	5	6	7	8	9
10	**0.100**	3.29	2.92	2.73	2.61	2.52	2.46	2.41	2.38	2.35
	0.050	4.96	4.10	3.71	3.48	3.33	3.22	3.14	3.07	3.02
	0.010	10.04	7.56	6.55	5.99	5.64	5.39	5.20	5.06	4.94
	0.001	21.04	14.91	12.55	11.28	10.48	9.93	9.52	9.20	8.96
11	**0.100**	3.23	2.86	2.66	2.54	2.45	2.39	2.34	2.30	2.27
	0.050	4.84	3.98	3.59	3.36	3.20	3.09	3.01	2.95	2.90
	0.010	9.65	7.21	6.22	5.67	5.32	5.07	4.89	4.74	4.63
	0.001	19.69	13.81	11.56	10.35	9.58	9.05	8.66	8.35	8.12
12	**0.100**	3.18	2.81	2.61	2.48	2.39	2.33	2.28	2.24	2.21
	0.050	4.75	3.89	3.49	3.26	3.11	3.00	2.91	2.85	2.80
	0.010	9.33	6.93	5.95	5.41	5.06	4.82	4.64	4.50	4.39
	0.001	18.64	12.97	10.80	9.63	8.89	8.38	8.00	7.71	7.48
13	**0.100**	3.14	2.76	2.56	2.43	2.35	2.28	2.23	2.20	2.16
	0.050	4.67	3.81	3.41	3.18	3.03	2.92	2.83	2.77	2.71
	0.010	9.07	6.70	5.74	5.21	4.86	4.62	4.44	4.30	4.19
	0.001	17.82	12.31	10.21	9.07	8.35	7.86	7.49	7.21	6.98
14	**0.100**	3.10	2.73	2.52	2.39	2.31	2.24	2.19	2.15	2.12
	0.050	4.60	3.74	3.34	3.11	2.96	2.85	2.76	2.70	2.65
	0.010	8.86	6.51	5.56	5.04	4.69	4.46	4.28	4.14	4.03
	0.001	17.14	11.78	9.73	8.62	7.92	7.44	7.08	6.80	6.58
15	**0.100**	3.07	2.70	2.49	2.36	2.27	2.21	2.16	2.12	2.09
	0.050	4.54	3.68	3.29	3.06	2.90	2.79	2.71	2.64	2.59
	0.010	8.68	6.36	5.42	4.89	4.56	4.32	4.14	4.00	3.89
	0.001	16.59	11.34	9.34	8.25	7.57	7.09	6.74	6.47	6.26
16	**0.100**	3.05	2.67	2.46	2.33	2.24	2.18	2.13	2.09	2.06
	0.050	4.49	3.63	3.24	3.01	2.85	2.74	2.66	2.59	2.54
	0.010	8.53	6.23	5.29	4.77	4.44	4.20	4.03	3.89	3.78
	0.001	16.12	10.97	9.01	7.94	7.27	6.80	6.46	6.19	5.98
17	**0.100**	3.03	2.64	2.44	2.31	2.22	2.15	2.10	2.06	2.03
	0.050	4.45	3.59	3.20	2.96	2.81	2.70	2.61	2.55	2.49
	0.010	8.40	6.11	5.18	4.67	4.34	4.10	3.93	3.79	3.68
	0.001	15.72	10.66	8.73	7.68	7.02	6.56	6.22	5.96	5.75
18	**0.100**	3.01	2.62	2.42	2.29	2.20	2.13	2.08	2.04	2.00
	0.050	4.41	3.55	3.16	2.93	2.77	2.66	2.58	2.51	2.46
	0.010	8.29	6.01	5.09	4.58	4.25	4.01	3.84	3.71	3.60
	0.001	15.38	10.39	8.49	7.46	6.81	6.35	6.02	5.76	5.56
19	**0.100**	2.99	2.61	2.40	2.27	2.18	2.11	2.06	2.02	1.98
	0.050	4.38	3.52	3.13	2.90	2.74	2.63	2.54	2.48	2.42
	0.010	8.18	5.93	5.01	4.50	4.17	3.94	3.77	3.63	3.52
	0.001	15.08	10.16	8.28	7.27	6.62	6.18	5.85	5.59	5.39
20	**0.100**	2.97	2.59	2.38	2.25	2.16	2.09	2.04	2.00	1.96
	0.050	4.35	3.49	3.10	2.87	2.71	2.60	2.51	2.45	2.39
	0.010	8.10	5.85	4.94	4.43	4.10	3.87	3.70	3.56	3.46
	0.001	14.82	9.95	8.10	7.10	6.46	6.02	5.69	5.44	5.24

ν_2	α	ν_1 10	12	15	20	25	30	40	50	60
10	**0.100**	2.32	2.28	2.24	2.20	2.17	2.16	2.13	2.12	2.11
	0.050	2.98	2.91	2.85	2.77	2.73	2.70	2.66	2.64	2.62
	0.010	4.85	4.71	4.56	4.41	4.31	4.25	4.17	4.12	4.08
	0.001	8.75	8.45	8.13	7.80	7.60	7.47	7.30	7.19	7.12
11	**0.100**	2.25	2.21	2.17	2.12	2.10	2.08	2.05	2.04	2.03
	0.050	2.85	2.79	2.72	2.65	2.60	2.57	2.53	2.51	2.49
	0.010	4.54	4.40	4.25	4.10	4.01	3.94	3.86	3.81	3.78
	0.001	7.92	7.63	7.32	7.01	6.81	6.68	6.52	6.42	6.35
12	**0.100**	2.19	2.15	2.10	2.06	2.03	2.01	1.99	1.97	1.96
	0.050	2.75	2.69	2.62	2.54	2.50	2.47	2.43	2.40	2.38
	0.010	4.30	4.16	4.01	3.86	3.76	3.70	3.62	3.57	3.54
	0.001	7.29	7.00	6.71	6.40	6.22	6.09	5.93	5.83	5.76
13	**0.100**	2.14	2.10	2.05	2.01	1.98	1.96	1.93	1.92	1.90
	0.050	2.67	2.60	2.53	2.46	2.41	2.38	2.34	2.31	2.30
	0.010	4.10	3.96	3.82	3.66	3.57	3.51	3.43	3.38	3.34
	0.001	6.80	6.52	6.23	5.93	5.75	5.63	5.47	5.37	5.30
14	**0.100**	2.10	2.05	2.01	1.96	1.93	1.91	1.89	1.87	1.86
	0.050	2.60	2.53	2.46	2.39	2.34	2.31	2.27	2.24	2.22
	0.010	3.94	3.80	3.66	3.51	3.41	3.35	3.27	3.22	3.18
	0.001	6.40	6.13	5.85	5.56	5.38	5.25	5.10	5.00	4.94
15	**0.100**	2.06	2.02	1.97	1.92	1.89	1.87	1.85	1.83	1.82
	0.050	2.54	2.48	2.40	2.33	2.28	2.25	2.20	2.18	2.16
	0.010	3.80	3.67	3.52	3.37	3.28	3.21	3.13	3.08	3.05
	0.001	6.08	5.81	5.54	5.25	5.07	4.95	4.80	4.70	4.64
16	**0.100**	2.03	1.99	1.94	1.89	1.86	1.84	1.81	1.79	1.78
	0.050	2.49	2.42	2.35	2.28	2.23	2.19	2.15	2.12	2.11
	0.010	3.69	3.55	3.41	3.26	3.16	3.10	3.02	2.97	2.93
	0.001	5.81	5.55	5.27	4.99	4.82	4.70	4.54	4.45	4.39
17	**0.100**	2.00	1.96	1.91	1.86	1.83	1.81	1.78	1.76	1.75
	0.050	2.45	2.38	2.31	2.23	2.18	2.15	2.10	2.08	2.06
	0.010	3.59	3.46	3.31	3.16	3.07	3.00	2.92	2.87	2.83
	0.001	5.58	5.32	5.05	4.78	4.60	4.48	4.33	4.24	4.18
18	**0.100**	1.98	1.93	1.89	1.84	1.80	1.78	1.75	1.74	1.72
	0.050	2.41	2.34	2.27	2.19	2.14	2.11	2.06	2.04	2.02
	0.010	3.51	3.37	3.23	3.08	2.98	2.92	2.84	2.78	2.75
	0.001	5.39	5.13	4.87	4.59	4.42	4.30	4.15	4.06	4.00
19	**0.100**	1.96	1.91	1.86	1.81	1.78	1.76	1.73	1.71	1.70
	0.050	2.38	2.31	2.23	2.16	2.11	2.07	2.03	2.00	1.98
	0.010	3.43	3.30	3.15	3.00	2.91	2.84	2.76	2.71	2.67
	0.001	5.22	4.97	4.70	4.43	4.26	4.14	3.99	3.90	3.84
20	**0.100**	1.94	1.89	1.84	1.79	1.76	1.74	1.71	1.69	1.68
	0.050	2.35	2.28	2.20	2.12	2.07	2.04	1.99	1.97	1.95
	0.010	3.37	3.23	3.09	2.94	2.84	2.78	2.69	2.64	2.61
	0.001	5.08	4.82	4.56	4.29	4.12	4.00	3.86	3.77	3.70

ν_2	α	ν_1 = 1	2	3	4	5	6	7	8	9
21	**0.100**	2.96	2.57	2.36	2.23	2.14	2.08	2.02	1.98	1.95
	0.050	4.32	3.47	3.07	2.84	2.68	2.57	2.49	2.42	2.37
	0.010	8.02	5.78	4.87	4.37	4.04	3.81	3.64	3.51	3.40
	0.001	14.59	9.77	7.94	6.95	6.32	5.88	5.56	5.31	5.11
22	**0.100**	2.95	2.56	2.35	2.22	2.13	2.06	2.01	1.97	1.93
	0.050	4.30	3.44	3.05	2.82	2.66	2.55	2.46	2.40	2.34
	0.010	7.95	5.72	4.82	4.31	3.99	3.76	3.59	3.45	3.35
	0.001	14.38	9.61	7.80	6.81	6.19	5.76	5.44	5.19	4.99
23	**0.100**	2.94	2.55	2.34	2.21	2.11	2.05	1.99	1.95	1.92
	0.050	4.28	3.42	3.03	2.80	2.64	2.53	2.44	2.37	2.32
	0.010	7.88	5.66	4.76	4.26	3.94	3.71	3.54	3.41	3.30
	0.001	14.20	9.47	7.67	6.70	6.08	5.65	5.33	5.09	4.89
24	**0.100**	2.93	2.54	2.33	2.19	2.10	2.04	1.98	1.94	1.91
	0.050	4.26	3.40	3.01	2.78	2.62	2.51	2.42	2.36	2.30
	0.010	7.82	5.61	4.72	4.22	3.90	3.67	3.50	3.36	3.26
	0.001	14.03	9.34	7.55	6.59	5.98	5.55	5.23	4.99	4.80
25	**0.100**	2.92	2.53	2.32	2.18	2.09	2.02	1.97	1.93	1.89
	0.050	4.24	3.39	2.99	2.76	2.60	2.49	2.40	2.34	2.28
	0.010	7.77	5.57	4.68	4.18	3.85	3.63	3.46	3.32	3.22
	0.001	13.88	9.22	7.45	6.49	5.89	5.46	5.15	4.91	4.71
26	**0.100**	2.91	2.52	2.31	2.17	2.08	2.01	1.96	1.92	1.88
	0.050	4.23	3.37	2.98	2.74	2.59	2.47	2.39	2.32	2.27
	0.010	7.72	5.53	4.64	4.14	3.82	3.59	3.42	3.29	3.18
	0.001	13.74	9.12	7.36	6.41	5.80	5.38	5.07	4.83	4.64
27	**0.100**	2.90	2.51	2.30	2.17	2.07	2.00	1.95	1.91	1.87
	0.050	4.21	3.35	2.96	2.73	2.57	2.46	2.37	2.31	2.25
	0.010	7.68	5.49	4.60	4.11	3.78	3.56	3.39	3.26	3.15
	0.001	13.61	9.02	7.27	6.33	5.73	5.31	5.00	4.76	4.57
28	**0.100**	2.89	2.50	2.29	2.16	2.06	2.00	1.94	1.90	1.87
	0.050	4.20	3.34	2.95	2.71	2.56	2.45	2.36	2.29	2.24
	0.010	7.64	5.45	4.57	4.07	3.75	3.53	3.36	3.23	3.12
	0.001	13.50	8.93	7.19	6.25	5.66	5.24	4.93	4.69	4.50
29	**0.100**	2.89	2.50	2.28	2.15	2.06	1.99	1.93	1.89	1.86
	0.050	4.18	3.33	2.93	2.70	2.55	2.43	2.35	2.28	2.22
	0.010	7.60	5.42	4.54	4.04	3.73	3.50	3.33	3.20	3.09
	0.001	13.39	8.85	7.12	6.19	5.59	5.18	4.87	4.64	4.45
30	**0.100**	2.88	2.49	2.28	2.14	2.05	1.98	1.93	1.88	1.85
	0.050	4.17	3.32	2.92	2.69	2.53	2.42	2.33	2.27	2.21
	0.010	7.56	5.39	4.51	4.02	3.70	3.47	3.30	3.17	3.07
	0.001	13.29	8.77	7.05	6.12	5.53	5.12	4.82	4.58	4.39
31	**0.100**	2.87	2.48	2.27	2.14	2.04	1.97	1.92	1.88	1.84
	0.050	4.16	3.30	2.91	2.68	2.52	2.41	2.32	2.25	2.20
	0.010	7.53	5.36	4.48	3.99	3.67	3.45	3.28	3.15	3.04
	0.001	13.20	8.70	6.99	6.07	5.48	5.07	4.77	4.53	4.34

ν_2	α	ν_1 10	12	15	20	25	30	40	50	60
21	**0.100**	1.92	1.87	1.83	1.78	1.74	1.72	1.69	1.67	1.66
	0.050	2.32	2.25	2.18	2.10	2.05	2.01	1.96	1.94	1.92
	0.010	3.31	3.17	3.03	2.88	2.79	2.72	2.64	2.58	2.55
	0.001	4.95	4.70	4.44	4.17	4.00	3.88	3.74	3.64	3.58
22	**0.100**	1.90	1.86	1.81	1.76	1.73	1.70	1.67	1.65	1.64
	0.050	2.30	2.23	2.15	2.07	2.02	1.98	1.94	1.91	1.89
	0.010	3.26	3.12	2.98	2.83	2.73	2.67	2.58	2.53	2.50
	0.001	4.83	4.58	4.33	4.06	3.89	3.78	3.63	3.54	3.48
23	**0.100**	1.89	1.84	1.80	1.74	1.71	1.69	1.66	1.64	1.62
	0.050	2.27	2.20	2.13	2.05	2.00	1.96	1.91	1.88	1.86
	0.010	3.21	3.07	2.93	2.78	2.69	2.62	2.54	2.48	2.45
	0.001	4.73	4.48	4.23	3.96	3.79	3.68	3.53	3.44	3.38
24	**0.100**	1.88	1.83	1.78	1.73	1.70	1.67	1.64	1.62	1.61
	0.050	2.25	2.18	2.11	2.03	1.97	1.94	1.89	1.86	1.84
	0.010	3.17	3.03	2.89	2.74	2.64	2.58	2.49	2.44	2.40
	0.001	4.64	4.39	4.14	3.87	3.71	3.59	3.45	3.36	3.29
25	**0.100**	1.87	1.82	1.77	1.72	1.68	1.66	1.63	1.61	1.59
	0.050	2.24	2.16	2.09	2.01	1.96	1.92	1.87	1.84	1.82
	0.010	3.13	2.99	2.85	2.70	2.60	2.54	2.45	2.40	2.36
	0.001	4.56	4.31	4.06	3.79	3.63	3.52	3.37	3.28	3.22
26	**0.100**	1.86	1.81	1.76	1.71	1.67	1.65	1.61	1.59	1.58
	0.050	2.22	2.15	2.07	1.99	1.94	1.90	1.85	1.82	1.80
	0.010	3.09	2.96	2.81	2.66	2.57	2.50	2.42	2.36	2.33
	0.001	4.48	4.24	3.99	3.72	3.56	3.44	3.30	3.21	3.15
27	**0.100**	1.85	1.80	1.75	1.70	1.66	1.64	1.60	1.58	1.57
	0.050	2.20	2.13	2.06	1.97	1.92	1.88	1.84	1.81	1.79
	0.010	3.06	2.93	2.78	2.63	2.54	2.47	2.38	2.33	2.29
	0.001	4.41	4.17	3.92	3.66	3.49	3.38	3.23	3.14	3.08
28	**0.100**	1.84	1.79	1.74	1.69	1.65	1.63	1.59	1.57	1.56
	0.050	2.19	2.12	2.04	1.96	1.91	1.87	1.82	1.79	1.77
	0.010	3.03	2.90	2.75	2.60	2.51	2.44	2.35	2.30	2.26
	0.001	4.35	4.11	3.86	3.60	3.43	3.32	3.18	3.09	3.02
29	**0.100**	1.83	1.78	1.73	1.68	1.64	1.62	1.58	1.56	1.55
	0.050	2.18	2.10	2.03	1.94	1.89	1.85	1.81	1.77	1.75
	0.010	3.00	2.87	2.73	2.57	2.48	2.41	2.33	2.27	2.23
	0.001	4.29	4.05	3.80	3.54	3.38	3.27	3.12	3.03	2.97
30	**0.100**	1.82	1.77	1.72	1.67	1.63	1.61	1.57	1.55	1.54
	0.050	2.16	2.09	2.01	1.93	1.88	1.84	1.79	1.76	1.74
	0.010	2.98	2.84	2.70	2.55	2.45	2.39	2.30	2.25	2.21
	0.001	4.24	4.00	3.75	3.49	3.33	3.22	3.07	2.98	2.92
31	**0.100**	1.81	1.77	1.71	1.66	1.62	1.60	1.56	1.54	1.53
	0.050	2.15	2.08	2.00	1.92	1.87	1.83	1.78	1.75	1.73
	0.010	2.96	2.82	2.68	2.52	2.43	2.36	2.27	2.22	2.18
	0.001	4.19	3.95	3.71	3.45	3.28	3.17	3.03	2.94	2.87

ν_2	α	ν_1 = 1	2	3	4	5	6	7	8	9
32	**0.100**	2.87	2.48	2.26	2.13	2.04	1.97	1.91	1.87	1.83
	0.050	4.15	3.29	2.90	2.67	2.51	2.40	2.31	2.24	2.19
	0.010	7.50	5.34	4.46	3.97	3.65	3.43	3.26	3.13	3.02
	0.001	13.12	8.64	6.94	6.01	5.43	5.02	4.72	4.48	4.30
33	**0.100**	2.86	2.47	2.26	2.12	2.03	1.96	1.91	1.86	1.83
	0.050	4.14	3.28	2.89	2.66	2.50	2.39	2.30	2.23	2.18
	0.010	7.47	5.31	4.44	3.95	3.63	3.41	3.24	3.11	3.00
	0.001	13.04	8.58	6.88	5.97	5.38	4.98	4.67	4.44	4.26
34	**0.100**	2.86	2.47	2.25	2.12	2.02	1.96	1.90	1.86	1.82
	0.050	4.13	3.28	2.88	2.65	2.49	2.38	2.29	2.23	2.17
	0.010	7.44	5.29	4.42	3.93	3.61	3.39	3.22	3.09	2.98
	0.001	12.97	8.52	6.83	5.92	5.34	4.93	4.63	4.40	4.22
35	**0.100**	2.85	2.46	2.25	2.11	2.02	1.95	1.90	1.85	1.82
	0.050	4.12	3.27	2.87	2.64	2.49	2.37	2.29	2.22	2.16
	0.010	7.42	5.27	4.40	3.91	3.59	3.37	3.20	3.07	2.96
	0.001	12.90	8.47	6.79	5.88	5.30	4.89	4.59	4.36	4.18
36	**0.100**	2.85	2.46	2.24	2.11	2.01	1.94	1.89	1.85	1.81
	0.050	4.11	3.26	2.87	2.63	2.48	2.36	2.28	2.21	2.15
	0.010	7.40	5.25	4.38	3.89	3.57	3.35	3.18	3.05	2.95
	0.001	12.83	8.42	6.74	5.84	5.26	4.86	4.56	4.33	4.14
37	**0.100**	2.85	2.45	2.24	2.10	2.01	1.94	1.89	1.84	1.81
	0.050	4.11	3.25	2.86	2.63	2.47	2.36	2.27	2.20	2.14
	0.010	7.37	5.23	4.36	3.87	3.56	3.33	3.17	3.04	2.93
	0.001	12.77	8.37	6.70	5.80	5.22	4.82	4.53	4.30	4.11
38	**0.100**	2.84	2.45	2.23	2.10	2.01	1.94	1.88	1.84	1.80
	0.050	4.10	3.24	2.85	2.62	2.46	2.35	2.26	2.19	2.14
	0.010	7.35	5.21	4.34	3.86	3.54	3.32	3.15	3.02	2.92
	0.001	12.71	8.33	6.66	5.76	5.19	4.79	4.49	4.26	4.08
39	**0.100**	2.84	2.44	2.23	2.09	2.00	1.93	1.88	1.83	1.80
	0.050	4.09	3.24	2.85	2.61	2.46	2.34	2.26	2.19	2.13
	0.010	7.33	5.19	4.33	3.84	3.53	3.30	3.14	3.01	2.90
	0.001	12.66	8.29	6.63	5.73	5.16	4.76	4.46	4.23	4.05
40	**0.100**	2.84	2.44	2.23	2.09	2.00	1.93	1.87	1.83	1.79
	0.050	4.08	3.23	2.84	2.61	2.45	2.34	2.25	2.18	2.12
	0.010	7.31	5.18	4.31	3.83	3.51	3.29	3.12	2.99	2.89
	0.001	12.61	8.25	6.59	5.70	5.13	4.73	4.44	4.21	4.02
50	**0.100**	2.81	2.41	2.20	2.06	1.97	1.90	1.84	1.80	1.76
	0.050	4.03	3.18	2.79	2.56	2.40	2.29	2.20	2.13	2.07
	0.010	7.17	5.06	4.20	3.72	3.41	3.19	3.02	2.89	2.78
	0.001	12.22	7.96	6.34	5.46	4.90	4.51	4.22	4.00	3.82
60	**0.100**	2.79	2.39	2.18	2.04	1.95	1.87	1.82	1.77	1.74
	0.050	4.00	3.15	2.76	2.53	2.37	2.25	2.17	2.10	2.04
	0.010	7.08	4.98	4.13	3.65	3.34	3.12	2.95	2.82	2.72
	0.001	11.97	7.77	6.17	5.31	4.76	4.37	4.09	3.86	3.69
120	**0.100**	2.75	2.35	2.13	1.99	1.90	1.82	1.77	1.72	1.68
	0.050	3.92	3.07	2.68	2.45	2.29	2.18	2.09	2.02	1.96
	0.010	6.85	4.79	3.95	3.48	3.17	2.96	2.79	2.66	2.56
	0.001	11.38	7.32	5.78	4.95	4.42	4.04	3.77	3.55	3.38

ν_2	α	ν_1 10	12	15	20	25	30	40	50	60
32	**0.100**	1.81	1.76	1.71	1.65	1.62	1.59	1.56	1.53	1.52
	0.050	2.14	2.07	1.99	1.91	1.85	1.82	1.77	1.74	1.71
	0.010	2.93	2.80	2.65	2.50	2.41	2.34	2.25	2.20	2.16
	0.001	4.14	3.91	3.66	3.40	3.24	3.13	2.98	2.89	2.83
33	**0.100**	1.80	1.75	1.70	1.64	1.61	1.58	1.55	1.53	1.51
	0.050	2.13	2.06	1.98	1.90	1.84	1.81	1.76	1.72	1.70
	0.010	2.91	2.78	2.63	2.48	2.39	2.32	2.23	2.18	2.14
	0.001	4.10	3.87	3.62	3.36	3.20	3.09	2.94	2.85	2.79
34	**0.100**	1.79	1.75	1.69	1.64	1.60	1.58	1.54	1.52	1.50
	0.050	2.12	2.05	1.97	1.89	1.83	1.80	1.75	1.71	1.69
	0.010	2.89	2.76	2.61	2.46	2.37	2.30	2.21	2.16	2.12
	0.001	4.06	3.83	3.58	3.33	3.16	3.05	2.91	2.82	2.75
35	**0.100**	1.79	1.74	1.69	1.63	1.60	1.57	1.53	1.51	1.50
	0.050	2.11	2.04	1.96	1.88	1.82	1.79	1.74	1.70	1.68
	0.010	2.88	2.74	2.60	2.44	2.35	2.28	2.19	2.14	2.10
	0.001	4.03	3.79	3.55	3.29	3.13	3.02	2.87	2.78	2.72
36	**0.100**	1.78	1.73	1.68	1.63	1.59	1.56	1.53	1.51	1.49
	0.050	2.11	2.03	1.95	1.87	1.81	1.78	1.73	1.69	1.67
	0.010	2.86	2.72	2.58	2.43	2.33	2.26	2.18	2.12	2.08
	0.001	3.99	3.76	3.51	3.26	3.10	2.98	2.84	2.75	2.69
37	**0.100**	1.78	1.73	1.68	1.62	1.58	1.56	1.52	1.50	1.48
	0.050	2.10	2.02	1.95	1.86	1.81	1.77	1.72	1.68	1.66
	0.010	2.84	2.71	2.56	2.41	2.31	2.25	2.16	2.10	2.06
	0.001	3.96	3.73	3.48	3.23	3.07	2.95	2.81	2.72	2.66
38	**0.100**	1.77	1.72	1.67	1.61	1.58	1.55	1.52	1.49	1.48
	0.050	2.09	2.02	1.94	1.85	1.80	1.76	1.71	1.68	1.65
	0.010	2.83	2.69	2.55	2.40	2.30	2.23	2.14	2.09	2.05
	0.001	3.93	3.70	3.45	3.20	3.04	2.92	2.78	2.69	2.63
39	**0.100**	1.77	1.72	1.67	1.61	1.57	1.55	1.51	1.49	1.47
	0.050	2.08	2.01	1.93	1.85	1.79	1.75	1.70	1.67	1.65
	0.010	2.81	2.68	2.54	2.38	2.29	2.22	2.13	2.07	2.03
	0.001	3.90	3.67	3.43	3.17	3.01	2.90	2.75	2.66	2.60
40	**0.100**	1.76	1.71	1.66	1.61	1.57	1.54	1.51	1.48	1.47
	0.050	2.08	2.00	1.92	1.84	1.78	1.74	1.69	1.66	1.64
	0.010	2.80	2.66	2.52	2.37	2.27	2.20	2.11	2.06	2.02
	0.001	3.87	3.64	3.40	3.14	2.98	2.87	2.73	2.64	2.57
50	**0.100**	1.73	1.68	1.63	1.57	1.53	1.50	1.46	1.44	1.42
	0.050	2.03	1.95	1.87	1.78	1.73	1.69	1.63	1.60	1.58
	0.010	2.70	2.56	2.42	2.27	2.17	2.10	2.01	1.95	1.91
	0.001	3.67	3.44	3.20	2.95	2.79	2.68	2.53	2.44	2.38
60	**0.100**	1.71	1.66	1.60	1.54	1.50	1.48	1.44	1.41	1.40
	0.050	1.99	1.92	1.84	1.75	1.69	1.65	1.59	1.56	1.53
	0.010	2.63	2.50	2.35	2.20	2.10	2.03	1.94	1.88	1.84
	0.001	3.54	3.32	3.08	2.83	2.67	2.55	2.41	2.32	2.25
120	**0.100**	1.65	1.60	1.55	1.48	1.44	1.41	1.37	1.34	1.32
	0.050	1.91	1.83	1.75	1.66	1.60	1.55	1.50	1.46	1.43
	0.010	2.47	2.34	2.19	2.03	1.93	1.86	1.76	1.70	1.66
	0.001	3.24	3.02	2.78	2.53	2.37	2.26	2.11	2.02	1.95

6 χ^2 분포의 임계값

예) 기각역 확률이 $\alpha = 0.05$이고 자유도가 4일 때 χ^2 임계값은 9.488이다.

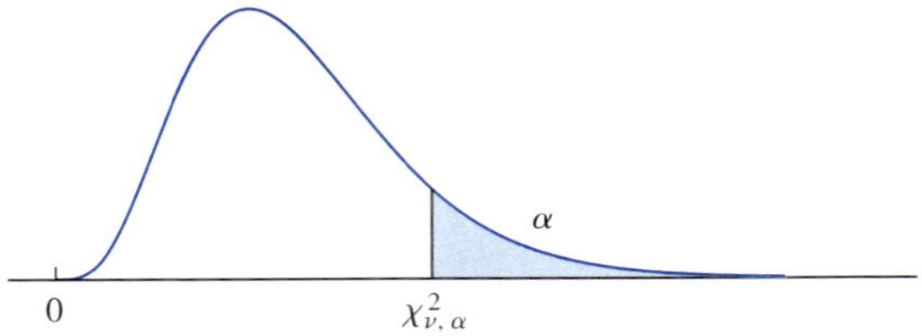

ν	α 0.995	0.99	0.975	0.95	0.90	0.10	0.05	0.025	0.01	0.005
1	0.000	0.000	0.001	0.004	0.016	2.706	3.841	5.024	6.635	7.879
2	0.010	0.020	0.051	0.103	0.211	4.605	5.991	7.378	9.210	10.597
3	0.072	0.115	0.216	0.352	0.584	6.251	7.815	9.348	11.345	12.838
4	0.207	0.297	0.484	0.711	1.064	7.779	9.488	11.143	13.277	14.860
5	0.412	0.554	0.831	1.145	1.610	9.236	11.070	12.833	15.086	16.750
6	0.676	0.872	1.237	1.635	2.204	10.645	12.592	14.449	16.812	18.548
7	0.989	1.239	1.690	2.167	2.833	12.017	14.067	16.013	18.475	20.278
8	1.344	1.646	2.180	2.733	3.490	13.362	15.507	17.535	20.090	21.955
9	1.735	2.088	2.700	3.325	4.168	14.684	16.919	19.023	21.666	23.589
10	2.156	2.558	3.247	3.940	4.865	15.987	18.307	20.483	23.209	25.188
11	2.603	3.053	3.816	4.575	5.578	17.275	19.675	21.920	24.725	26.757
12	3.074	3.571	4.404	5.226	6.304	18.549	21.026	23.337	26.217	28.300
13	3.565	4.107	5.009	5.892	7.042	19.812	22.362	24.736	27.688	29.819
14	4.075	4.660	5.629	6.571	7.790	21.064	23.685	26.119	29.141	31.319
15	4.601	5.229	6.262	7.261	8.547	22.307	24.996	27.488	30.578	32.801
16	5.142	5.812	6.908	7.962	9.312	23.542	26.296	28.845	32.000	34.267
17	5.697	6.408	7.564	8.672	10.085	24.769	27.587	30.191	33.409	35.718
18	6.265	7.015	8.231	9.390	10.865	25.989	28.869	31.526	34.805	37.156
19	6.844	7.633	8.907	10.117	11.651	27.204	30.144	32.852	36.191	38.582
20	7.434	8.260	9.591	10.851	12.443	28.412	31.410	34.170	37.566	39.997
21	8.034	8.897	10.283	11.591	13.240	29.615	32.671	35.479	38.932	41.401
22	8.643	9.542	10.982	12.338	14.041	30.813	33.924	36.781	40.289	42.796
23	9.260	10.196	11.689	13.091	14.848	32.007	35.172	38.076	41.638	44.181
24	9.886	10.856	12.401	13.848	15.659	33.196	36.415	39.364	42.980	45.559
25	10.520	11.524	13.120	14.611	16.473	34.382	37.652	40.646	44.314	46.928
26	11.160	12.198	13.844	15.379	17.292	35.563	38.885	41.923	45.642	48.290
27	11.808	12.879	14.573	16.151	18.114	36.741	40.113	43.195	46.963	49.645
28	12.461	13.565	15.308	16.928	18.939	37.916	41.337	44.461	48.278	50.993
29	13.121	14.256	16.047	17.708	19.768	39.087	42.557	45.722	49.588	52.336
30	13.787	14.953	16.791	18.493	20.599	40.256	43.773	46.979	50.892	53.672
31	14.458	15.655	17.539	19.281	21.434	41.422	44.985	48.232	52.191	55.003
32	15.134	16.362	18.291	20.072	22.271	42.585	46.194	49.480	53.486	56.328
33	15.815	17.074	19.047	20.867	23.110	43.745	47.400	50.725	54.776	57.648
34	16.501	17.789	19.806	21.664	23.952	44.903	48.602	51.966	56.061	58.964
35	17.192	18.509	20.569	22.465	24.797	46.059	49.802	53.203	57.342	60.275
36	17.887	19.233	21.336	23.269	25.643	47.212	50.998	54.437	58.619	61.581
37	18.586	19.960	22.106	24.075	26.492	48.363	52.192	55.668	59.893	62.883
38	19.289	20.691	22.878	24.884	27.343	49.513	53.384	56.896	61.162	64.181
39	19.996	21.426	23.654	25.695	28.196	50.660	54.572	58.120	62.428	65.476
40	20.707	22.164	24.433	26.509	29.051	51.805	55.758	59.342	63.691	66.766

찾아보기

영문 및 기타

ㄱ

ㄴ